"十三五"普通高等教育规划教材

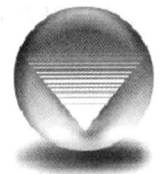

中级财务会计

主　编　杨瑞平　李玉敏

中国财经出版传媒集团

中国财政经济出版社

图书在版编目（CIP）数据

中级财务会计／杨瑞平，李玉敏主编．—北京：中国财政经济出版社，2018.8
"十三五"普通高等教育规划教材
ISBN 978－7－5095－8341－8

Ⅰ.①中…　Ⅱ.①杨…②李…　Ⅲ.①财务会计－高等学校－教材　Ⅳ.①F234.4

中国版本图书馆 CIP 数据核字（2018）第 136439 号

责任编辑：葛　新　　　　　责任校对：杨瑞琦
封面设计：陈宇琰

中国财政经济出版社 出版

URL：http：//edu.cfeph.cn
E－mail：jiaoyu@cfeph.cn

（版权所有　翻印必究）

社址：北京市海淀区阜成路甲 28 号　邮政编码：100142
营销中心电话：010－88191537　编辑部门电话：010－88190640
北京时捷印刷有限公司印刷　各地新华书店经销
787×1092 毫米　16 开　28.75 印张　666 000 字
2018 年 8 月第 1 版　2021 年 1 月北京第 3 次印刷
定价：56.00 元
ISBN 978－7－5095－8341－8
（图书出现印装问题，本社负责调换）
本社质量投诉电话：010－88190744
打击盗版举报热线：010－88191661　QQ：2242791300

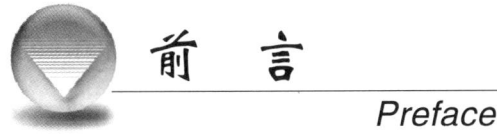
前 言
Preface

本书依托山西省"1331 工程"重点创新团队建设计划（晋教科〔2017〕12 号）；山西省高等学校教学改革重点项目——"MOOCS"下《中级财务会计》研究性教学改革研究：结构、模式与条件（J2017055）；2018 年度山西财经大学研究生课程建设项目——财务会计研究（晋财大研〔2018〕19 号）。

本书是山西财经大学会计学专业系列教材之一，是山西省省级精品课程"中级财务会计"的主教材。本书是在 2015 年版的基础上，根据我国财政部发布的最新会计准则而编写的。本书适用于高等院校会计学专业的本科生教学，也可作为从事会计实务工作的人员、企业管理人员、自学人员、会计专业教师的参考书。

财务会计是现代企业会计的一个重要分支，现代财务会计既继承了传统会计模式特有的程序与方法中的精华，又随着社会经济环境的变化而不断发展、完善。当前，随着市场经济的发展与资本市场的日益发达，财务会计提供信息的功能愈来愈受到社会各方面的关注，尤其是在全世界范围内不断出现的会计丑闻，又使财务会计处于国家的高度管制之中。同时社会经济环境的变化也使财务会计基本理论与实务面临越来越多的现实问题。为此，本书内容的设计力求体现财务会计的理论性、现实性、规范性和前瞻性；力求实现理论与实践的统一。本书以我国财政部和有关立法机构最新颁布实施的一系列会计规范性文件为编写依据，立足于财务会计实务，结合财务会计理论的最新研究成果，吸收国内外同类优秀教材的优点，为读者提供融理论与实践为一体的财务会计知识。

本书由杨瑞平、李玉敏任主编，主编负责大纲的编写以及对全书进行修改、总纂。本书各章的编写分工为：李玉敏（第一章）；李荔（第二章、第三章）；房林中（第四章、第十五章）；杨瑞平、牛莉莹（第五章）；药茜（第六章、第八章）；李宽（第七章）；张利云（第九章、第十八章、第十九章）；王晓亮（第十章）；宋晓敏（第十一章）；赵新顺（第十二章）；黄贤环（第十三章）；李长艳（第十四章）；宋坤（第十六章）；许晓泽（第十七章）；黄义（第二十章、二十一章）。

由于编者水平有限，书中难免存在错误和不妥之处，恳请读者批评指正。在此我们也向中国财政经济出版社、参考资料的作者以及为本书提供帮助的人士表示衷心的感谢。

编　者

2018 年 6 月

目录
Contents

第一章 财务会计基本理论 (1)

第一节 财务会计的本质与特征 …………………………………… (1)
第二节 财务会计概念框架 ………………………………………… (3)
第三节 财务会计目标与社会环境 ………………………………… (4)
第四节 会计基本假设 ……………………………………………… (6)
第五节 会计信息的质量特征 ……………………………………… (8)
第六节 会计要素及其确认与计量 ………………………………… (12)
第七节 财务会计规范 ……………………………………………… (17)

第二章 货币资金和应收款项 (20)

第一节 现金 ………………………………………………………… (20)
第二节 银行存款 …………………………………………………… (23)
第三节 其他货币资金 ……………………………………………… (29)
第四节 应收款项 …………………………………………………… (31)

第三章 金融资产 (42)

第一节 金融资产概述 ……………………………………………… (42)
第二节 以公允价值计量且其变动计入当期损益的金融资产 … (47)
第三节 以摊余成本计量的金融资产 ……………………………… (51)
第四节 以公允价值计量且其变动计入其他综合收益的
　　　　金融资产 …………………………………………………… (55)
第五节 金融资产减值 ……………………………………………… (58)

第四章 存货 ……………………………………………………………………（63）

  第一节 存货概述 ………………………………………………………（63）
  第二节 原材料 …………………………………………………………（75）
  第三节 其他存货 ………………………………………………………（81）
  第四节 存货清查 ………………………………………………………（88）

第五章 长期股权投资 ……………………………………………………………（90）

  第一节 长期股权投资概述 ……………………………………………（90）
  第二节 长期股权投资的初始计量 ……………………………………（91）
  第三节 长期股权投资的后续计量 ……………………………………（95）
  第四节 长期股权投资方法的转换与重分类 …………………………（102）
  第五节 合营安排 ………………………………………………………（107）

第六章 固定资产 …………………………………………………………………（113）

  第一节 固定资产概述 …………………………………………………（113）
  第二节 固定资产的初始计量 …………………………………………（116）
  第三节 固定资产的后续计量 …………………………………………（125）
  第四节 固定资产的处置 ………………………………………………（136）

第七章 无形资产和投资性房地产 ………………………………………………（141）

  第一节 无形资产的确认和初始计量 …………………………………（141）
  第二节 内部研究开发费用的确认和计量 ……………………………（147）
  第三节 无形资产的后续计量 …………………………………………（151）
  第四节 无形资产的处置 ………………………………………………（154）
  第五节 投资性房地产 …………………………………………………（155）

第八章 资产减值 …………………………………………………………………（166）

  第一节 资产减值概述 …………………………………………………（166）
  第二节 资产可收回金额的计量和减值损失的确定 …………………（168）
  第三节 资产组的认定及减值处理 ……………………………………（175）
  第四节 商誉减值的处理 ………………………………………………（183）

第九章 负债 (186)

第一节 流动负债 (186)
第二节 非流动负债 (208)

第十章 所有者权益 (220)

第一节 所有者权益概述 (220)
第二节 实收资本 (222)
第三节 资本公积和其他权益工具 (226)
第四节 其他综合收益 (232)
第五节 留存收益 (233)

第十一章 收入 (238)

第一节 收入概述 (238)
第二节 收入的确认与计量 (239)
第三节 合同成本 (250)
第四节 收入的会计处理 (251)
第五节 特定交易的会计处理 (258)

第十二章 费用 (266)

第一节 费用概述 (266)
第二节 生产成本和劳务成本 (268)
第三节 期间费用 (272)

第十三章 政府补助 (275)

第一节 政府补助概述 (275)
第二节 政府补助的会计处理 (278)
第三节 政府补助的列示与披露 (287)

第十四章 利润 (289)

第一节 本年利润 (289)
第二节 所得税 (294)
第三节 利润分配 (310)

第十五章　财务会计报告 (313)

　　第一节　财务会计报告概述 …………………………………… (313)
　　第二节　资产负债表 …………………………………………… (316)
　　第三节　利润表 ………………………………………………… (325)
　　第四节　现金流量表 …………………………………………… (334)
　　第五节　所有者权益变动表 …………………………………… (363)
　　第六节　会计报表附注 ………………………………………… (366)

第十六章　会计政策、会计估计变更和会计差错更正 (372)

　　第一节　会计政策及其变更 …………………………………… (372)
　　第二节　会计估计变更 ………………………………………… (378)
　　第三节　会计差错更正 ………………………………………… (380)

第十七章　或有事项 (384)

　　第一节　或有事项概述 ………………………………………… (384)
　　第二节　预计负债的确认和计量 ……………………………… (387)
　　第三节　或有事项的披露 ……………………………………… (392)

第十八章　资产负债表日后事项 (398)

　　第一节　资产负债表日后事项概述 …………………………… (398)
　　第二节　资产负债表日后调整事项 …………………………… (402)
　　第三节　资产负债表日后非调整事项 ………………………… (408)

第十九章　关联方关系及其交易 (411)

　　第一节　关联方关系及其披露 ………………………………… (411)
　　第二节　关联方交易及其披露 ………………………………… (416)
　　第三节　关联方披露举例 ……………………………………… (418)

第二十章　债务重组 (423)

　　第一节　债务重组概述 ………………………………………… (423)
　　第二节　债务重组的会计处理 ………………………………… (424)

第二十一章 非货币性资产交换 (434)

第一节 非货币性资产交换概述 …………………………………… (434)

第二节 非货币性资产交换的会计处理 …………………………… (435)

主要参考文献 ………………………………………………………… (447)

第一章 财务会计基本理论

第一节 财务会计的本质与特征

财务会计是现代会计的一个重要分支,一方面它继承了传统会计中一套比较科学严密的处理程序的精华;另一方面它又结合现代市场经济的需求而不断发展和完善。在现代市场经济条件下,财务会计已经成为包括投资者、债权人、政府部门以及其他各方面了解和掌握企业财务状况、经营成果和现金流量的重要信息来源,并成为指导社会资源合理流动、保障市场经济秩序、加强经济管理和财务管理、提高经济效益的重要保证。

一、财务会计的本质

现代市场经济的基本要求是实现社会资源的最优配置。然而,在任何国家,相对于人口的不断增加和需求的日益增长来说,社会资源总是相对稀缺的。因此,要充分有效地利用社会资源促进生产的发展,就必须作出正确有效的经济决策,而正确有效的经济决策的关键在于选择最佳的投资方向。只有这样才能把社会资源配置到经济效益最好的方面。

在市场经济中,企业是资源配置与运用的主体和基础。商品生产和劳务提供是在千千万万个企业中进行的。一方面社会通过各种手段把资源配置于每一个企业;另一方面企业则运用资源实现自我发展。市场经济形成的各种经济机制和竞争法则,随时有可能把资源从效率低、效益差的部门和企业中抽走,从而流向效率高、效益好的部门和企业。资源配置始终处于动态之中,市场的作用促进资源的配置和运用不断趋于优化。

在现代市场经济的环境中,市场的所有参与者,不论是企业内部还是企业外部,所有同企业经济活动有着现实和潜在利害关系的集团和个人,都会密切关注企业经营、投资、理财等行为及其经济后果,以便基于各自的利益,及时作出有利于各自利益的决策。然而,正确合理的决策必须要以信息为基础。具体到一个企业,与正确决策相关的信息则是涉及一个企业的资金、成本、盈利,也就是一个企业在特定日期的财务状况、特定期间的经营成果和现金流量。财务会计正是为了满足这一要求应运而生的,它通过一个人造的特殊信息系统，按照科学的程序和方法，把人们正确决策所需要的企业财务状况、经营成果及现金流量的信息，以特殊的方式传递给与企业利益相关的使用者，使他们了解企业的过去、现在和未来，并作出使各自利益最大化的决策，从而最终实现社会资源的最优化配置，并有效解决社会资源在各企业的高效率运营。因此，财务会计从本质上来讲是一个信息系统。

财务会计作为一个信息系统有其特殊的方面。它所提供的信息是以财务信息为主的经济信息。这些信息的提供以其独特的目标为导向，通过确认、计量、记录、报告等环节，将能够了解、评价、预测企业财务状况、经营成果和现金流量的信息，并以特殊的形式把这些信息向外部输出。

二、财务会计的特征

财务会计作为现代会计的一个重要分支，与传统会计及其他会计分支相比有其明显的特点及标志。

首先，财务会计是在传统会计的基础上发展起来的，它继承了传统会计中比较科学严密的精华，如现代财务会计的确认、计量、记录、报告等四大主要环节，仍然是传统会计的程序及方法。但现代财务会计又不是传统会计的简单延续，它随着现代市场经济的发展，对传统会计又有新的发展和突破，如会计确认基础、会计计量模式、会计记录的方法、财务报告的形式及内容等方面均有实质性的突破。

其次，随着现代市场经济的发展，会计信息使用者对会计信息产生了多样化的需求，因此现代会计便形成了财务会计、管理会计等许多分支，它们作为会计信息系统的子系统，均有其特定的目标及相应的处理程序及方法，但其生成的会计信息既相互交叉，又相互利用。

综上所述，我们可将财务会计的特点概括为：

第一，财务会计主要向企业外部会计信息使用者报告企业的财务状况、经营业绩及现金变动；

第二，财务报告是财务会计向外部传递会计信息的主要手段；

第三，财务报告的数据及信息皆来自过去的交易或事项，列入财务报告中的项目都以货币金额表示；

第四，财务报告中的数据必须经过确认、计量、记录等程序，并按特定的要求予以披露；

第五，财务会计的系统运行必须以特定的目标为导向，以基本假设为前提，并遵守会计准则的要求，力求（而不是绝对）使财务会计信息的质量达到相关、可靠、可比和可理解。

根据财务会计的本质与特征，我们可将财务会计定义为：财务会计是以财务会计准则为依据，对一个特定会计主体引起的会计要素变动的交易或事项，通过运用确认、计量、记录和报告等程序，向企业外部利益相关的信息使用者提供反映整个主体的财务状况、经营业绩、现金流量及有助于使用者作出决策等信息的一个信息系统。

第二节 财务会计概念框架

财务会计概念框架是以财务会计的目标为导向,以财务会计的基本假设为前提的相互联系、协调一致、前后一贯的概念体系,也称为财务会计的概念体系。

财务会计作为向外部信息使用者提供财务信息的信息系统,是一个由企业控制的系统。而信息使用者则主要是企业外部。信息提供者与使用者的分离势必要求对系统的运行,尤其是对提供信息的质量,作出真实公允的保证。在会计实务中,对企业财务会计行为和财务报表进行规范,主要是通过"财务会计准则"进行的。而准则的制定则必然要受到财务会计概念框架所指导。同时,理解财务会计概念框架对认识和改进财务会计理论和实务都具有重要的理论和实际意义。

一、财务会计概念框架的组成内容

尽管人们对财务会计概念框架的组成内容及逻辑关系认识不同,但通常认为,财务会计概念框架主要由以下内容组成:

(1) 财务会计目标。财务会计目标是构建财务会计概念框架的逻辑起点,它决定了财务会计信息系统运行的方向。

(2) 财务会计基本假设。财务会计的基本假设是财务会计运行的基本前提,它由财务会计所依赖的社会环境所决定,它制约了财务会计信息的空间、时间和量化的主要尺度。

(3) 财务会计信息的质量特征。财务会计信息的质量特征是实现财务会计目标的必要补充,是连接财务会计理论与实务的桥梁。

(4) 财务会计的要素及确认与计量。财务会计的要素是指构筑财务报表的基本构件,它决定了符合财务会计目标和信息质量特征的财务信息在财务报表中应以什么项目向外部提供。而财务会计的确认与计量则是说明企业的交易或事项在何时、以何种要素和多少金额在财务报表要素中表述。

二、财务会计概念框架的作用

财务会计概念框架是财务会计理论的重要组成部分,它对于确定财务会计的结构和方向,促进公正的相关信息的提供,促进市场经济的发展和社会资源的有效合理配置都具有重要意义。但由于财务会计实务是由财务会计准则加以规范的,而财务会计准则的制定又主要依据财务会计概念框架,因此,财务会计概念框架的作用主要表现在其对财务会计准则的影响。

首先,财务会计概念框架能够用来指导财务会计准则的制定。只有依据科学合理的财务会计概念框架制定的财务会计准则才能保证财务会计准则有理论的指导,并保证财务会计准则前后连贯和内在一致,这一点已被历史和发达国家的会计实践所证明。其次,财务会计概念框架可以用来发展财务会计准则。财务会计准则作为财务会计的规范不是一成不变的。随着社会环境的变化及信息使用者要求的提高,财务会计准则必然要不断发展完善,要不断地研究和解决新的会计问题,财务会计概念框架正是为其发展提供了一个理论依据。

第三节 财务会计目标与社会环境

一、财务会计目标

财务会计作为一个以提供财务信息为主的经济信息系统,与其他任何人造系统一样,都必须以一定的目标作为系统运行的基本条件和最终归宿。同时,财务会计目标作为财务会计概念框架的逻辑起点,对财务会计要素及其确认与计量、会计信息质量特征都必将产生决定性的影响。

财务会计目标,实际上要回答谁是会计信息的使用者,他们需要什么样的信息等问题。

财务会计的信息使用者,结合目前特定的社会环境,根据现代契约理论、委托代理理论、现代产权理论、相关法律约束以及企业自愿披露等因素,主要可以划分为投资者、债权人、政府及其有关监管部门、社会公众以及与企业利益相关的个人及集团。这些信息使用者利用财务会计信息进行着使其利益最优化的决策。尽管上述的信息使用者对会计信息的要求各有不同,但他们所共同关注的财务会计信息则主要包括能够反映企业财务状况、经营成果以及现金流动的信息。财务会计的目标,正是借助于财务会计报告这一特定手段,向信息使用者传递他们决策所需的会计信息。

我国《企业会计准则——基本准则》规定,财务报告的目标是向财务报告使用者提供与企业财务状况、经营成果和现金流量等有关的会计信息,反映企业管理层受托责任履行情况,有助于财务报告使用者作出经济决策。这可理解为是财务会计的目标,具体可概括为:财务会计信息一是要有助于各类信息使用者进行正确决策,二是要帮助各类信息使用者正确判断企业的现实状况并预测企业未来发展前景。

财务报告使用者主要包括投资者、债权人、政府及其有关部门和社会公众等。满足投资者的信息需要是企业财务报告编制的首要出发点。近年来,我国企业改革持续深入,产权日益多元化,资本市场快速发展,机构投资者及其他投资者队伍日益壮大,对会计信息的要求日益提高,在这种情况下,投资者更加关心其投资的风险和报酬,他们需要会计信息来帮助其作出决策,还需要信息来帮助其评估企业支付股利的能力等。因此,基本准则将投资者作为企业财务报告的首要使用者,凸现了投资者的地位,体现了保护投资者利益的要求,是市场经济发展的必然。

根据投资者决策有用目标，财务报告所提供的信息应当如实反映企业所拥有或者控制的经济资源、对经济资源的要求权以及经济资源及其要求权的变化情况；如实反映企业的各项收入、费用、利得和损失的金额及其变动情况；如实反映企业各项经营活动、投资活动和筹资活动等所形成的现金流入和现金流出情况等，从而有助于现在的或者潜在的投资者正确、合理地评价企业的资产质量、偿债能力、盈利能力和营运效率等；有助于投资者根据相关会计信息作出理性的投资决策；有助于投资者评估与投资有关的未来现金流量的金额、时间和风险等。

除了投资者之外，企业财务报告的使用者还有债权人、政府及其有关部门、社会公众等。例如，企业贷款人、供应商等债权人通常十分关心企业的偿债能力和财务风险，他们需要信息来评估企业能否如期支付贷款本金及其利息，能否如期支付所欠购货款等；政府及其有关部门作为经济管理和经济监管部门，通常关心经济资源分配的公平、合理，市场经济秩序的公正、有序，宏观决策所依据信息的真实可靠等，他们需要信息来监管企业的有关活动（尤其是经济活动）、制定税收政策、进行税收征管和国民经济统计等；社会公众也关心企业的生产经营活动，包括对所在地经济作出的贡献，如增加就业、刺激消费、提供社区服务等。因此，在财务报告中提供有关企业发展前景及其能力、经营效益及其效率等方面的信息，可以满足社会公众的信息需要。应当讲，这些使用者的许多信息需求是共同的。由于投资者是企业资本的主要提供者，通常情况下，如果财务报告能够满足这一群体的会计信息需求，也就可以满足其他使用者的大部分信息需求。

现代企业制度强调企业所有权和经营权相分离，企业管理层是受委托人之托经营管理企业及其各项资产，负有受托责任。即企业管理层所经营管理的企业各项资产基本上均为投资者投入的资本（或者留存收益作为再投资）或者向债权人借入的资金所形成的，企业管理层有责任妥善保管并合理、有效运用这些资产。企业投资者和债权人等也需要及时或者经常性地了解企业管理层保管、使用资产的情况，以便于评价企业管理层的责任情况和业绩，并决定是否需要调整投资或者信贷政策，是否需要加强企业内部控制和其他制度建设，是否需要更换管理层等。因此，财务报告应当反映企业管理层受托责任的履行情况，有助于外部投资者和债权人等评价企业的经营管理责任和资源使用的有效性。

财务报告目标要求满足投资者等财务报告使用者决策的需要，体现为财务报告的决策有用观。财务报告目标要求反映企业管理层受托责任的履行情况，体现为财务报告的受托责任观。财务报告的决策有用观和其受托责任观是统一的，投资者出资委托企业管理层经营，希望获得更多的投资回报，实现股东财富的最大化，从而进行可持续投资；企业管理层接受投资者的委托从事生产经营活动，努力实现资产安全完整，保值增值，防范风险，促进企业可持续发展，就能够更好地持续履行受托责任，为投资者提供回报，为社会创造价值，从而构成企业经营者的目标。由此可见，财务报告的决策有用观和受托责任观是有机统一的。

二、社会环境对财务会计的影响

现代财务会计是一个动态的、发展的过程。一方面财务会计的发展受社会环境变化的影响；另一方面财务会计又反作用于社会环境。

(一) 社会环境对财务会计的影响

一定时期的财务会计目标和财务会计实践必然与特定的社会环境相适应。

首先，社会环境影响会计信息的需求。国家的经济发展状况、经济管理体制以及企业的规模及组织形式不仅会影响会计信息的需求，也会影响所需会计信息的质量。如从历史的角度看，当存在委托与受托关系的现代企业形成后，随着所有权与经营权的日益分离，作为资源提供一方的所有者与债权人主要通过会计信息来评估管理当局受托责任的履行情况，这时的会计信息也主要是提供评估管理当局对受托责任履行情况的信息，会计信息的内容及数量相对较少，计量属性单一，信息质量特征主要是强调可靠准确。而随着企业组织形式的复杂化和资本市场的发展，造成了企业股东与债权人日益分散，并且投资者的数目日益增多，在这种情况下，会计信息的使用者主要通过会计信息进行决策，这时的会计信息也主要是提供与信息使用者决策相关的会计信息，会计信息的内容及数量增多，计量属性多样，信息质量特征主要是相关和可靠。

其次，社会环境影响会计程序与方法。社会环境影响企业会计提供信息的能力，这主要表现在科学技术进步影响财务会计的程序与方法，而市场经济的发展和生产力水平的提高也在一定程度上影响财务会计的程序与方法。如合并会计报表的编制、现金流量表的编制以及电子计算机在会计中的运用等。

最后，社会环境影响会计信息提供者的提供意愿。在现代市场经济条件下，信息提供者为了自身的经济利益，往往愿意对外提供更多与决策相关的信息。

(二) 财务会计对社会环境的反作用

尽管社会环境对财务会计的发展能够产生决定性的影响，但财务会计并不是完全消极被动地适应环境的变化，财务会计也会反作用于社会环境。财务会计对社会环境的反作用主要表现在会计信息的有用性。

财务会计信息的有用性主要表现在：财务会计信息有利于社会资源的优化配置；有利于国民经济的宏观调控；有利于现代企业制度的建立与完善；有利于强化企业内部经营管理。

第四节 会计基本假设

会计基本假设是对财务会计信息系统运行所依存的客观环境中与财务会计相关因素进行的抽象与概括，是财务会计信息系统运行与发展的基本前提与制约条件。会计假设作为财务会计概念框架中的基本概念，是会计核算对象确定、会计方法选择、会计数据收集的依据。会计基本假设包括会计主体、持续经营、会计分期和货币计量。

一、会计主体

会计主体假设，也称经济主体假设，是指会计所反映的经济活动是与某一特定单位的经管责任相联系的。会计主体假设规定了会计核算的空间范围和界限，规定了纳入会计处理的对象。

财务会计系统是一个微观的经济信息系统，它所加工的数据和提供的信息不是漫无边际的，而是局限于一个特定的具有独立性或相对独立性的单位之内，那些与本单位无关的信息则不属于本会计主体的信息系统所核算的范围。

明确会计主体假设，首先，要求严格区分本会计主体与其他会计主体之间的利益界限，即在会计处理中，只有那些影响本主体经济利益的各项交易或事项才能加以确认与计量，反之则不能加以确认和计量；其次，要求把握会计处理的立场，即对一笔经济业务的处理作为一个会计主体必须有自己明确的立场；最后，要求掌握会计数据进入会计信息系统应满足的条件，即只有与本会计主体利益相关的交易或事项才能进入本主体的会计信息系统。

以什么范围作为会计主体，关键取决于法规、管理等要求，或者说是取决于信息使用者的需要。然而需要注意的是，会计主体不同于法律主体。一般来说，法律主体必然是一个会计主体，而会计主体不一定是法律主体，如分厂、分公司或企业集团等。

二、持续经营

持续经营是指会计主体的生产经营活动在可预见的将来将延续下去。

在现代市场经济条件下，由于存在激烈的市场竞争，任何企业都面临着巨大的风险，任何企业的经营期限都是很难确定的。尽管破产关闭的企业属客观存在，但能够持续经营的企业则为大多数。持续经营假设认为，在没有相反证据的情况下，会计主体在可预见的将来能够按现时的形式和目的持续不断地经营下去，这就将一个会计主体的经营前景从高度的不确定性转化为相对的确定性，从而为财务会计原则和方法的选择创造了必要的前提。如现行的资产、负债、所有者权益、收入、费用的确认和计量，均与这一假设密切相关，如不存在这一假设，其确认与计量的原则及方法将失去存在的意义。

当然，任何企业都存在破产、清算的风险。当其清算已显而易见时，我们就应放弃这一假设，从而改变会计核算的原则及方法，并在财务报告中对信息使用者提供更加恰当的信息。

三、会计分期

会计分期是指将会计主体持续不断的经营活动人为地划分为时间长度相等的期间。

企业自创立之日起，直到解散停业止，其生产经营活动是连续不断的。在企业经营期间，各种经济业务不断发生，财务状况也在不断变化，并产生经营成果。从理论上讲，企业经营成果只有在其停止之日才能正确地计算出来。然而如在企业停止之日计算经营成果，虽然结果准确，但事过境迁，一切均成定局，再准确的信息在此时也无任何价值。这样，为了保证信息使用者能够及时地获得有用的信息，就需要人为地将连续不断的生产经营活动划分为一定的期间，并假定在该期间结束时经营终止，从而为信息使用者提供相关的、及时的会计信息。

在会计实务中，会计期间可分为年度、半年度、季度和月度等。按年度提供的财务报告称为年度报告；按半年度、季度、月度提供的财务报告称为中期报告。

由于会计分期，才产生了本期与非本期的区别，从而出现权责发生制与收付实现制的区别，才使不同类型的会计主体有了记账的基准，进而出现了应收、应付、折旧、摊销等会计处理方法。

四、货币计量

货币计量是指货币作为经济活动的共同计量单位，是会计计量的基础。

财务会计作为一个经济信息系统，主要是对信息使用者提供与决策有关的信息，而会计信息的表述除运用文字说明外，更多地需要用数量表述。在数量表述中，虽然有货币量度、实物量度及劳动量度供选择使用，但市场经济及货币本身的属性决定了货币计量是会计核算中所有交易或事项以及财务报表表述的一种共同的计量单位。只有这样才能够使不同形态的财产物资项目相加减，才能使收入与费用相配比计算利润。同时也意味着以货币形式量化的数据对信息使用者理解信息并作出理性决策等方面是有用的。

但是，货币计量在会计实务中运用是以币值不变为假定前提的，然而货币作为一种特殊的商品，其本身的价值并非一成不变，因此当物价发生剧烈变动时，以货币（名义货币）作为主要计量单位的假设则不尽合理。同时货币计量假设还将一些信息使用者非常关注的但无法以货币量化的重要信息排除在会计计量系统之外，因此受到人们的批评。

第五节 会计信息的质量特征

财务会计的目标规定了信息使用者需要哪些信息，财务会计假设则制约了财务会计信息的空间、时间和量化的主要尺度，那么什么样的会计信息才是有用的，或者说会计信息应达到什么样的质量标准，这就需要研究会计信息的质量特征。

会计信息质量关系到投资者决策、完善资本市场以及市场经济秩序等重大问题，我国会计准则明确规定，会计信息质量要求是对企业财务报告中所提供高质量会计信息的基本规范，是使财务报告中所提供会计信息对投资者等使用者决策有用应具备的基本特征，根据基本准则规定，它包括可靠性、相关性、可理解性、可比性、实质重于形式、重要性、谨慎性和及时性等。其中，可靠性、相关性、可理解性和可比性是会计信息的首要质量要求，是企业财务报告中所提供会计信息应具备的基本质量特征；实质重于形式、重要性、谨慎性和及时性是会计信息的次级质量要求，是对可靠性、相关性、可理解性和可比性等首要质量要求的补充和完善，尤其是在对某些特殊交易或者事项进行处理时，需要根据这些质量要求来把握其会计处理原则。另外，及时性还是会计信息相关性和可靠性的制约因素，企业需要在相关性和可靠性之间寻求一种平衡，以确定信息及时披露的时间。

一、可靠性

可靠性要求企业应当以实际发生的交易或者事项为依据进行确认、计量和报告，如实反映符合确认和计量要求的各项会计要素及其他相关信息，保证会计信息真实可靠、内容完整。可靠性是高质量会计信息的重要基础和关键所在，如果企业以虚假的经济业务进行确认、计量、报告，属于违法行为，不仅会严重损害会计信息质量，而且会误导投资者，干扰资本市场，导致会计秩序混乱。为了贯彻可靠性要求，企业应当做到：

（1）以实际发生的交易或者事项为依据进行确认、计量，将符合会计要素定义及其确认条件的资产、负债、所有者权益、收入、费用和利润等如实反映在财务报表中，不得根据虚构的、没有发生的或者尚未发生的交易或者事项进行确认、计量和报告。

（2）在符合重要性和成本效益原则的前提下，保证会计信息的完整性，不得随意遗漏或者减少应予披露的信息，与使用者决策相关的有用信息都应当充分披露。

（3）在财务报告中的会计信息应当是中立的、无偏的。如果企业在财务报告中为了达到事先设定的结果或效果，通过选择或列示有关会计信息以影响决策和判断的，这样的财务报告信息就不是中立的。

二、相关性

相关性要求企业提供的会计信息应当与投资者等财务报告使用者的经济决策需要相关，有助于投资者等财务报告使用者对企业过去、现在或者未来的情况作出评价或者预测。

会计信息是否有用，是否具有价值，关键是看其与使用者的决策需要是否相关，是否有助于决策或者提高决策水平。相关的会计信息应当能够有助于使用者评价企业过去的决策，证实或者修正过去的有关预测，因而具有反馈价值。相关的会计信息还应当具有预测价值，有助于使用者根据财务报告所提供的会计信息预测企业未来的财务状况、经营成果和现金流量。

会计信息质量的相关性要求以可靠性为基础的，两者之间是统一的，并不矛盾，不应将两者对立起来。也就是说，会计信息在可靠性前提下，尽可能地做到相关性，以满足投资者等财务报告使用者的决策需要。

三、可理解性

可理解性要求企业提供的会计信息应当清晰明了，便于投资者等财务报告使用者理解和使用。企业编制财务报告、提供会计信息的目的在于使用，而要使使用者有效使用会计信息，应当能让其了解会计信息的内涵，弄懂会计信息的内容，这就要求财务报告所提供的会计信息应当清晰明了，易于理解。只有这样才能提高会计信息的有用性，实现财务报告的目标，满足向投资者等财务报告使用者提供决策有用信息的要求。投资者等财务报告使用者通过阅读、分析、使用财务报告信息，能够了解企业的过去和现状以及企业净资产或企业价值的变化过程，预测企业未来发展趋势，从而作出科学决策。

可理解性是联系会计信息与使用者的桥梁，有用的信息必须为使用者所理解，否则再相关、可靠的信息也是无用的。

会计信息提供的主要目的就是为了帮助信息使用者进行决策，那么企业所披露的会计信息就应该具备简明、可理解的特征，使具备一定知识而且也愿意花费一定时间与精力分析会计信息的使用者能够了解企业所提供的会计信息。会计信息的可理解性一方面要求会计信息清晰明了，便于理解和利用；另一方面还要保证会计信息的使用者能够准确、及时、完整地把握会计信息的基本内涵。但可理解性绝不是放弃会计学科的特有规律，一味地强调会计信息通俗易懂。

四、可比性

可比性要求企业提供的会计信息应当相互可比。这主要包括两层含义：

（1）同一企业不同时期可比。为了便于投资者等财务报告使用者了解企业财务状况、经营成果和现金流量的变化趋势，比较企业在不同时期的财务报告信息，全面、客观地评价过去、预测未来，作出决策，会计信息质量的可比性要求同一企业不同时期发生的相同或者相似的交易或者事项，应当采用一致的会计政策，不得随意变更。但是，满足会计信息可比性要求，并非表明企业不得变更会计政策，如果按照规定或者在会计政策变更后可以提供更可靠、更相关的会计信息，可以变更会计政策。有关会计政策变更的情况，应当在附注中予以说明。

（2）不同企业相同会计期间可比。为了便于投资者等财务报告使用者评价不同企业的财务状况、经营成果和现金流量及其变动情况，会计信息质量的可比性要求不同企业同一会计期间发生的相同或者相似的交易或者事项，应当采用统一规定的会计政策，确保会计信息口径一致、相互可比，以使不同企业按照一致的确认、计量和报告要求提供有关会计信息。

五、实质重于形式

实质重于形式要求企业应当按照交易或者事项的经济实质进行会计确认、计量和报告，不仅仅以交易或者事项的法律形式为依据。

企业发生的交易或事项在多数情况下其经济实质和法律形式是一致的，但在有些情况下也会出现不一致。例如，企业按照销售合同销售商品但又签订了售后回购协议，虽然从法律形式上看实现了收入，但如果企业没有将商品所有权上的主要风险和报酬转移给购货方，没有满足收入确认的各项条件，即使签订了商品销售合同或者已将商品交付给购货方，也不应当确认销售收入。

又如，在企业合并中，经常会涉及"控制"的判断，有些合并，从投资比例来看，虽然投资者拥有被投资企业50%或50%以下股份，但是投资企业通过章程、协议等有权决定被投资企业财务和经营政策的，就不应当简单地以持股比例来判断控制权，而应当根据实质重于形式的原则来判断投资企业对被投资单位的控制程度。

再如，关联交易中，通常情况下，关联交易只要交易价格是公允的，关联交易属于正常交易，既可按照准则规定进行确认、计量、报告。但在某些情况下，关联交易有可能会出现不公允，虽然这个交易的法律形式没有问题，但从交易的实质来看，可能会出现关联方之间转移利益或操纵利润的行为，损害会计信息质量。由此可见，在会计职业判断中，正确贯彻实质重于形式原则至关重要。

六、重要性

重要性要求企业提供的会计信息应当反映与企业财务状况、经营成果和现金流量有关的所有重要交易或者事项。财务会计在会计信息的生成或披露过程中，应区别交易或者事项的重要程度，采用不同的会计处理方法和程序。具体来讲，对资产、负债、损益等有较大影响，并进而影响信息使用者据以作出合理判断的重要会计事项，必须按照规定的会计方法和程序进行处理，并在财务报告中予以充分、准确地披露；对于次要的会计事项，在不影响会计信息真实性和不至于误导信息使用者作出正确判断的前提下，可适当简化核算手续，采用简便的会计处理方法。

重要性与会计信息的成本效益直接相关。按重要性原则提供会计信息能够使提供的会计信息效益大于成本，并能提高会计信息的决策价值。在评价某些项目的重要性时，很大程度上取决于会计人员职业判断。一般来说，重要性可以从质和量两个方面进行分析。从性质方面看，当某一事项有可能对决策产生重大影响时，就属于重要性事项；从数量方面看，当某一事项的数量达到一定数量时就可能对决策产生影响，就应当将其作为重要事项。

七、谨慎性

谨慎性要求企业对交易或者事项进行会计确认、计量和报告时应当保持应有的谨慎，不应高估资产或者收益、低估负债或者费用。

在市场经济环境下，企业的生产经营活动面临着许多风险和不确定性，如应收款项的可收回性、固定资产的使用寿命、无形资产的使用寿命、售出存货可能发生的退货或者返修等。会计信息质量的谨慎性要求，需要企业在面临不确定性因素的情况下作出职业判断时，应当保持应有的谨慎，应充分估计各种风险和损失，既不高估资产或者收益，也不低估负债或者费用。例如，对于企业发生的或有事项，通常不能确认或有资产，只有当相关经济利益基本确定能够流入企业时，才能作为资产予以确认；相反，相关的经济利益很可能流出企业而且构成现时义务时，应当及时确认为预计负债，这些都体现了会计信息质量的谨慎性要求。

再如，企业在进行所得税会计处理时，只有在确凿证据表明未来期间很可能获得足够的应纳税所得额用来抵扣暂时性差异时，才应当确认相关的递延所得税资产；而对于发生的相关应纳税暂时性差异，则应当及时足额确认递延所得税负债，这些也是会计信息谨慎性要求的具体体现。

谨慎性的应用不允许企业设置秘密准备，如果企业故意低估资产或者收入，或故意高估负债或者费用，将不符合会计信息的可靠性和相关性要求，损害会计信息质量，扭曲企业实际的财务状况和经营成果，从而对使用者的决策产生误导，这是不符合会计准则要求的。

八、及时性

及时性要求企业对于已经发生的交易或者事项，应当及时进行确认、计量和报告，不得提前或者延后。

会计信息的价值在于帮助所有者或者其他方面作出经济决策，具有时效性。即使是可靠的、相关的会计信息，如果不及时提供，就失去了时效性，对于使用者的效用就大大降低，甚至不再具有实际意义。在会计确认、计量和报告过程中贯彻及时性，一是要求及时收集会计信息，即在经济交易或者事项发生后，及时收集整理各种原始单据或者凭证；二是要求及时处理会计信息，即按照会计准则的规定，及时对经济交易或者事项进行确认或者计量，并编制财务报告；三是要求及时传递会计信息，即按照国家规定的有关时限，及时地将编制的财务报告传递给财务报告使用者，便于其及时使用和决策。

第六节 会计要素及其确认与计量

财务会计目标解决了财务会计应向信息使用者提供哪些与决策相关的信息，财务会计假设为财务会计信息的时空界限和计量范围作了具体的规范，会计信息质量特征则补充了财务会计目标要求提供有用信息的"有用"标准。那么，符合财务会计目标和信息质量特征的会计要素在财务报表中应由哪些基本组成部分组成？它们的定义和特性有哪些？报表中的这些组成部分是通过什么程序进入财务报表的？这是本节我们主要讨论的问题，也是财务会计概念框架中的基本概念。

一、财务会计要素

财务会计要素是对财务会计核算对象的基本分类，是设定财务报表结构和内容的依据，也是财务会计确认与计量的依据。会计要素的界定和分类可以使财务会计系统更加科学严密，为投资者等财务报告使用者提供更加有用的信息。

财务会计要素仅限于资产负债表及利润表两个基本财务报表的基本组成部分，不涉及其他财务报告。当前，各国及国际会计准则均对财务报表的要素作了规定，但却不尽相同。我国《企业会计准则》采用的是六个会计要素，即资产、负债、所有者权益、收入、费用和利润。这六个要素构成两个基本财务报表，即资产负债表和利润表，它们分别反映了一个会计主体特定时点财务状况的静态信息和一个会计主体在某一会计期间经营成果的动态信息。

二、财务会计的确认与计量

（一）财务会计确认与计量的含义

财务会计确认与计量是财务会计为实现其目标，向信息使用者提供会计信息的一项重要的程序，它主要解决当一个会计主体发生交易或者事项后应在什么时间、以什么要素、按什么金额加以记录并计入财务报表的问题。

财务会计确认是将某一项目作为一项资产、负债、所有者权益、收入、费用等要素正式加以记录并正式地列入某一主体财务报表的过程。确认一个项目和有关的信息，要符合以下四个基本条件：①可定义性，即项目必须符合某个财务报表要素的定义；②可计量性，即要能够利用某种计量属性进行计量；③相关性，即有关信息要有助于使用者正确决策；④可靠性，即有关信息必须是真实可靠的。财务会计确认在会计实务中又包括初始确认和再确认等步骤，即归集于账簿过程和最终表述在财务报表的过程。

财务会计的计量是对财务报表要素进行数量表述的过程。财务会计的计量主要包括选择计量属性和选择计量单位两个问题，它们组合形成了所谓的财务会计计量模式。当前，财务会计的计量单位通常采用名义货币单位，一般不考虑币值变动对购买力的影响。而计量属性则主要包括历史成本、现行成本、现行市价、可变现净值、未来现金流量现值、公允价值等。在现行的会计实务中，财务报表项目往往不一定采用一种计量属性，而是根据项目的特性选择不同的计量属性，从而形成了财务报表中多种计量属性并存的现象。

（二）财务会计确认与计量的基础

财务会计的确认、计量和报告应当以权责发生制为基础。

权责发生制（应计制）是揭示财务会计确认的时间基础。权责发生制要求收入或费用的确认应当以收入或费用的实际发生为确认标准。凡属本期已获得的收入，不论其是否收到款项，均作为本期的收入处理；凡属本期应当负担的费用，不论其款项是否支付，都应作为本期的费用处理；凡不属于本期的收入或费用，即使已经收到或付出款项，也不应作为本期的收入或费用确认。可见，权责发生制基础是以是否归属本期为标准确认收入与费用的。

与权责发生制基础相对应的是收付实现制（现金制）。在这一基础上，某期收入和费用的确认，则以款项的实际收付为标准，并不考虑应计收入、应计费用的存在。

相比而言，权责发生制不论在提供信息的完整性方面，还是在收入、费用及利润和其他要素的确认方面，都比收付实现制更为合理，但会计处理程序则显复杂。按国际会计惯例，当前绝大多数企业都采用权责发生制会计，我国会计准则也规定，企业在会计核算中应以权责发生制为确认基础。但由于权责发生制在会计实务中会给企业留有较多的盈利操纵空间，而收付实现制基础下的会计数据又不具有权责发生制利润以外的信息含量，所以世界上大多数国家都要求在两张基本财务报表以外编制以收付实现制为基础的现金流量表，以弥补权责发生制确认基础的不足。

三、财务会计要素的定义及其确认条件

（一）资产的定义及其确认条件

资产是指企业过去的交易或者事项形成的、由企业拥有或者控制的、预期会给企业带来经济利益的资源。根据资产的定义，资产具有以下特征：

(1) 资产应为企业拥有或者控制的资源；

(2) 资产预期会给企业带来经济利益；

（3）资产是由企业过去的交易或者事项形成的。

将一项资源确认为资产，需要符合资产的定义，还应同时满足以下两个条件：

（1）与该资源有关的经济利益很可能流入企业；

（2）该资源的成本或者价值能够可靠地计量。

（二）负债的定义及其确认条件

负债是指企业过去的交易或者事项形成的、预期会导致经济利益流出企业的现时义务。根据负债的定义，负债具有以下特征：

（1）负债是企业承担的现时义务；

（2）负债预期会导致经济利益流出企业；

（3）负债是由企业过去的交易或者事项形成的。

将一项现时义务确认为负债，需要符合负债的定义，还应当同时满足以下两个条件：

（1）与该义务有关的经济利益很可能流出企业；

（2）未来流出的经济利益的金额能够可靠地计量。

（三）所有者权益的定义及其确认条件

所有者权益是指企业资产扣除负债后由所有者享有的剩余权益。所有者权益的来源包括所有者投入的资本、直接计入所有者权益的利得和损失、留存收益等，通常由实收资本（或股本）、资本公积（含资本溢价或股本溢价、其他资本公积）、盈余公积和未分配利润构成。

所有者投入的资本是指所有者投入企业的资本部分，它既包括构成企业注册资本或者股本部分的金额，也包括投入资本超过注册资本或者股本部分的金额，即资本溢价或者股本溢价，这部分投入资本在我国企业会计准则体系中被计入了资本公积，并在资产负债表中的资本公积项目下反映。

直接计入所有者权益的利得和损失是指不应计入当期损益、会导致所有者权益发生增减变动的、与所有者投入资本或者向所有者分配利润无关的利得或者损失。其中，利得是指由企业非日常活动所形成的、会导致所有者权益增加的、与所有者投入资本无关的经济利益的流入，利得包括直接计入所有者权益的利得和直接计入当期利润的利得。损失是指由企业非日常活动所发生的、会导致所有者权益减少的、与向所有者分配利润无关的经济利益的流出，损失包括直接计入所有者权益的损失和直接计入当期利润的损失。直接计入所有者权益的利得和损失主要包括以公允价值计量且变动计入所有者权益金融资产的公允价值变动额、现金流量套期中套期工具公允价值变动额（有效套期部分）等。

留存收益是企业历年实现的净利润留存于企业的部分，主要包括累计计提的盈余公积和未分配利润。

所有者权益的确认、计量主要取决于资产、负债、收入、费用等其他会计要素的确认和计量。所有者权益即为企业的净资产，是企业资产总额中扣除债权人权益后的净额，反映所有者（股东）财富的净增加额。通常企业收入增加时，会导致资产的增加，相应地会增加所有者权益；企业发生费用时，会导致负债增加，相应地会减少所有者权益。因此，企业日常经营的好坏和企业资产、负债的质量直接决定着企业所有者权益的增减变化和资本的保值增值。

所有者权益反映的是企业所有者对企业资产的索取权，负债反映的是企业债权人对企业资产的索取权，而且通常债权人对企业资产的索取权要优先于所有者对企业资产的索取权。因此，所有者享有的是企业资产的剩余索取权，两者在性质上有本质区别，因此企业在会计确认、计量和报告中应当严格区分负债和所有者权益，以如实反映企业的财务状况，尤其是企业的偿债能力和产权比率等。在实务中，企业某些交易或者事项可能同时具有负债和所有者权益的特征，在这种情况下，企业应当将属于负债和所有者权益的部分分开核算和列报。例如，企业发行的可转换公司债券，企业应当将其中的负债部分和权益性工具部分进行分拆，分别确认负债和所有者权益。

（四）收入的定义及其确认条件

收入是指企业在日常活动中形成的、会导致所有者权益增加的、与所有者投入资本无关的经济利益的总流入。根据收入的定义，收入具有以下特征：

（1）收入是企业在日常活动中形成的；

（2）收入会导致所有者权益的增加；

（3）收入是与所有者投入资本无关的经济利益的总流入。

企业收入的来源渠道多种多样，不同收入来源的特征有所不同，其收入确认条件也往往存在一些差别，如销售商品、提供劳务、让渡资产使用权等。一般而言，收入的确认至少应当符合以下条件：一是与收入相关的经济利益很可能流入企业；二是经济利益流入企业的结果会导致资产的增加或者负债的减少；三是经济利益的流入额能够可靠计量。

（五）费用的定义及其确认条件

费用是指企业在日常活动中发生的、会导致所有者权益减少的、与向所有者分配利润无关的经济利益的总流出。根据费用的定义，费用具有以下特征：

（1）费用是企业在日常活动中形成的；

（2）费用会导致所有者权益的减少；

（3）费用是与向所有者分配利润无关的经济利益的总流出。

费用的确认除了应当符合定义外，还应当符合以下条件：一是与费用相关的经济利益很可能流出企业；二是经济利益流出企业的结果会导致资产的减少或者负债的增加；三是经济利益的流出额能够可靠计量。

（六）利润的定义及其确认条件

利润是指企业在一定会计期间的经营成果，利润包括收入减去费用后的净额、直接记入当期利润的利得和损失等。其中收入减去费用后的净额反映企业日常活动的经营业绩，直接计入当期利润的利得和损失反映企业非日常活动的业绩。直接计入当期利润的利得和损失是指应当计入当期损益、最终会引起所有者权益发生增减变动的、与所有者投入资本或者向所有者分配利润无关的利得或者损失。企业应当严格区分收入和利得、费用和损失之间的区别，以更加全面地反映企业的经营业绩。

利润反映收入减去费用、利得减去损失后的净额。利润的确认主要依赖于收入和费用以及利得和损失的确认，其金额的确定也主要取决于收入、费用、利得、损失金额的计量。

四、财务会计要素计量属性及其应用

（一）会计要素的计量属性

会计计量是为了将符合确认条件的会计要素登记入账并列报于财务报表而确定其金额的过程。企业应当按照规定的会计计量属性进行计量，确定相关金额。计量属性是指所予计量的某一要素的特性方面。从会计角度看，计量属性反映的是会计要素金额的确定基础，主要包括历史成本、重置成本、可变现净值、现值和公允价值等。

1. 历史成本

历史成本又称实际成本，就是取得或制造某项财产物资时所实际支付的现金或其他等价物。在历史成本计量下，资产按照其购置时支付的现金或者现金等价物的金额，或者按照购置资产时所付出的对价的公允价值计量。负债按照其因承担现时义务而实际收到的款项或者资产的金额，或者承担现时义务的合同金额，或者按照日常活动中为偿还负债预期需要支付的现金或者现金等价物的金额计量。

2. 重置成本

重置成本又称现行成本，是指按照当前市场条件，重新取得同样一项资产所需支付的现金或现金等价物金额。在重置成本计量下，资产按照现在购买相同或者相似资产所需支付的现金或者现金等价物的金额计量。负债按照现在偿付该项债务所需支付的现金或者现金等价物的金额计量。在实务中，重置成本多应用于盘盈固定资产的计量等。

3. 可变现净值

可变现净值是指在正常生产经营过程中，以资产预计售价减去进一步加工成本和预计销售费用以及相关税费后的净值。在可变现净值计量下，资产按照其正常对外销售所能收到现金或者现金等价物的金额扣减该资产至完工时估计将要发生的成本、估计的销售费用以及相关税费后的金额计量。可变现净值通常应用于存货资产减值情况下的后续计量。

4. 现值

现值是指对未来现金流量以恰当的折现率进行折现后的价值，是考虑货币时间价值的一种计量属性。在现值计量下，资产按照预计从其持续使用和最终处置中所取得的未来净现金流入量的折现金额计量。负债按照预计期限内需要偿还的未来净现金流出量的折现金额计量。

5. 公允价值

公允价值是指市场参与者在计量日发生的有序交易中，出售一项资产所能收到或者转移一项负债所需支付的价格。在公允价值计量下，资产和负债分别按出售资产所能收到或转移负债所需支付的价格计量。

（二）各种计量属性之间的关系

在各种会计要素计量属性中，历史成本通常反映的是资产或者负债过去的价值，而重置成本、可变现净值、现值以及公允价值通常反映的是资产或者负债的现时成本或者现时价值，是与历史成本相对应的计量属性。公允价值相对于历史成本而言，具有很强的时间概念，也就是说，当前环境下某项资产或负债的历史成本可能是过去环境下该项资产或负债的公允价值，而当前环境下某项资产或负债的公允价值也许就是未来环境下该项资产或

负债的历史成本。一项交易在交易时点通常是按公允价值交易的，随后就变成了历史成本，资产或者负债的历史成本许多就是根据交易时有关资产或者负债的公允价值确定的。例如，在非货币性资产交换中，如果交换具有商业实质，且换入、换出资产的公允价值能够可靠计量，换入资产入账成本的确定应当以换出资产的公允价值为基础，除非有确凿证据表明换入资产的公允价值更加可靠。在非同一控制下的企业合并交易中，合并成本也是以购买方在购买日为取得对被购买方的控制权而付出的资产、发生或承担的负债等的公允价值确定的。在应用公允价值时，当相关资产或者负债不存在活跃市场的报价或者不存在同类或者类似资产的活跃市场报价时，需要采用估值技术来确定相关资产或者负债的公允价值，而在采用估值技术估计相关资产或者负债的公允价值时，现值往往是比较普遍的一种估值方法，在这种情况下，公允价值就是以现值为基础确定的。

（三）计量属性的应用原则

我国《企业会计准则——基本准则》规定，企业在对会计要素进行计量时，一般应当采用历史成本，采用重置成本、可变现净值、现值、公允价值计量的，应当保证所确定的会计要素金额能够取得并可靠计量。

企业会计准则体系引入公允价值这一计量属性，是因为随着我国资本市场的发展，越来越多的股票、债券、基金等金融产品在交易所挂牌上市，使得这类金融资产的交易已经形成了较为活跃的市场，因此，我国已经具备了引入公允价值的条件。在这种情况下，引入公允价值更能反映企业的实际情况，对投资者等财务报告使用者的决策更具有相关性。

在引入公允价值过程中，我国充分考虑了国际财务报告准则中公允价值应用的三个级次，即：第一，资产或负债等存在活跃市场的，活跃市场中的报价应当用于确定其公允价值；第二，不存在活跃市场的，参考熟悉情况并自愿交易的各方最近进行的市场交易中使用的价格或参照实质上相同或相似的其他资产或负债等的市场价格确定其公允价值；第三，不存在活跃市场，且不满足上述两个条件的，应当采用估值技术等确定公允价值。

企业会计准则体系引入公允价值是适度、谨慎和有条件的，原因是考虑到我国尚属新兴和转型的市场经济国家，如果不加限制地引入公允价值，有可能出现公允价值计量不可靠，甚至借机人为操纵利润的现象。

第七节 财务会计规范

财务会计信息对社会来讲是一种公共产品，在市场经济日益发展和资本市场日益发达的今天，财务会计信息对社会公众的利益会产生直接或间接的重大影响，因此，纵观世界各国，财务会计都是一个备受社会各界高度关注和高度管制的领域。由于全世界范围内会计丑闻不断出现，对财务会计进行严格的规范更加受到人们的高度重视。

财务会计规范是涉及财务会计领域的会计法规、会计准则和会计制度的总称。在我国，财务会计规范主要包括会计法律、会计准则、会计制度和财务会计报告条例等。

一、会计法律

会计法律是指由国家最高权力机关——全国人民代表大会及其常务委员会制定的会计法律规范。在财务会计领域,《中华人民共和国会计法》属于会计法律。它是会计法规体系中权威最高、最具法律效力的法律规范,是制定其他各层次会计法规的依据,是会计工作的基本法。

现行的《中华人民共和国会计法》于1985年首次颁布施行,1993年12月29日经第八届全国人民代表大会常务委员会第五次会议决定第一次修正,1999年10月31日经第九届全国人民代表大会常务委员会第十二次会议修订,2017年11月4日经第十二届全国人民代表大会常务委员会第十三次会议决定第二次修正。该法分为七章五十二条,除了指出立法目的、规定适用范围、对会计工作全国和地方管理的权限划分以及国家统一会计制度的制定外,还对会计核算、会计监督、会计机构和会计人员、法律责任等方面作了规定,并规定了会计工作应达到的要求。

二、会计准则

财务会计准则是约束和规范财务会计行为,指导财务报表的规范。它既是财务会计核算的标准和规范,也是评价财务会计工作质量的准绳。财务会计准则的产生是市场经济发展的需要,是市场经济发展中不可或缺的经济约束机制。财务会计准则作为具有一定权威性、强制性和约束力的规范,是从长期的会计实践中概括和总结出来的,一般分为两个层次,即基本会计准则和具体会计准则。基本会计准则是各项具体准则的指导和规范,它为其他准则提供理论基础、一般原则和基本概念。具体会计准则是指对财务会计要素确认、计量和报告的具体规范。

财务会计准则在西方国家主要由民间的制定机构负责制定,但在我国则由国家财政部制定,说明在我国财务会计准则具有法规性和强制性的特点。

我国会计准则建设从1988年起步,1993年我国实施了《企业会计准则——基本准则》,从1997年的第1项具体会计准则——《企业会计准则——关联方关系及其交易的披露》起,至2006年2月15日前具体发布实施了16项具体会计准则。2006年2月15日我国正式发布了会计准则体系,包括1项基本准则、38项具体准则和应用指南,企业会计准则体系自2007年1月1日起在我国上市公司范围内施行,之后逐步扩大到所有大中型企业。2014年又发布了3个具体会计准则,并修订了部分具体会计准则。我国会计准则的发布实施,实现了与国际会计准则的实质趋同,对于规范财务会计行为、提高会计信息质量、适应参与国际竞争的要求都具有重大的意义。

就会计准则体系的法律定位而言,我国企业会计准则属于法规体系的组成部分。在我国企业会计准则体系中,基本准则属于部门规章,是财政部以部长令的形式签署公布的;具体准则、应用指南和解释属于规范性文件,财政部以财会字文件印发。会计准则作为法规体系,具有强制性的特点,要求企业必须执行,否则就属于违规行为。

三、会计制度

会计制度是进行会计工作所应遵循的规则、方法、程序的总称。会计制度的结构和内容包括：

（1）一般规定。一般规定部分对会计要素和重要经济业务事项的确认、计量、报告等以条款的形式作了原则规定。

（2）会计科目和会计报表。会计科目和会计报表部分规定了经济业务事项应当设置的会计科目及使用说明、会计报表的格式及编制说明。

（3）附录。附录部分列举了主要会计事项的具体账务处理方法。

目前，会计制度由企业根据《企业会计准则》结合自身的业务特点和管理要求自行制定，是会计人员进行日常会计核算的直接依据。

会计规范的具体内容将在本书有关章节中予以具体介绍。

关键词

财务会计　财务会计概念框架　会计要素　财务会计确认与计量

复习思考题

1. 财务会计的本质与特征是什么？
2. 什么是财务会计概念框架？构建财务会计概念框架有何意义？
3. 我国财务会计准则有哪些内容？
4. 财务会计确认与计量的含义是什么？

第二章 货币资金和应收款项

企业的货币资金和应收款项都应归属于金融资产,但这部分资产是所有业务的结算工具,所以本章单独介绍。其中,货币资金包括现金、银行存款和其他货币资金,应收款项包括应收票据、应收账款、预付账款及其他应收款等。

第一节 现　金

一、现金核算的范围

现金有广义和狭义之分,广义现金是指所有的货币资金,而狭义现金仅指企业的库存现金,即存放在企业的财会部门由出纳员保管的现款,包括人民币现金和外币现金。企业的现金既可直接用于支付各项费用和用于清偿各种债务,也可立即投入流通,随时随地用于购买所需商品物资。它是交易的媒介,是清偿各种债务的支付手段。企业可随时将现金存入银行,供以后随时支用。现金还具有不受任何契约限制,可以随时自由支付的特点。需要指出的是,出纳员手中持有的邮票、职工借条等都不属于现金的范围。本章中的现金为狭义现金概念。

二、现金的管理与控制

(一) 现金的管理

1. 现金的使用范围

根据国家现金管理制度和结算制度的规定,企业收支的各种款项必须按照国务院颁发的《现金管理暂行条例》的规定办理,在规定的范围内使用现金。现金的使用范围包括:①职工工资、津贴;②个人劳务报酬;③根据国家规定颁发给个人的科学技术、文化艺术、体育等各种奖金;④各种劳保、福利费用以及国家规定的对个人的其他支出;⑤向个人收购农副产品和其他物资的价款;⑥出差人员必须随身携带的差旅费;⑦结算起点(结算起点为 1 000 元)以下的零星支出;⑧中国人民银行确定需要支付现金的其他支出。

属于上述现金结算范围的支出，企业可以根据需要向银行提取现金支付，不属于上述现金结算范围的款项支付一律通过银行进行转账结算。

2. 库存现金限额

库存现金限额是指为保证开户单位日常零星支出按规定允许留存的现金的最高数额。库存现金的限额由开户银行根据开户单位的实际需要和距离银行远近等情况核定。其限额一般为开户单位 3 – 5 天的日常零星支出所需的现金。远离银行或交通不便的开户单位，银行最多可以根据其 15 天的日常零星支出来核定其库存现金限额。其中，正常开支需要量不包括开户单位每月发放工资和不定期差旅费等大额现金支出。库存现金一经核定，要求开户单位必须严格遵守，不能任意超过限额。超过限额的现金应及时存入银行，库存现金低于限额时，可以签发现金支票从银行提取现金，补足限额。

3. 现金的日常管理

出纳员必须做到对库存现金日清、日结，不得以不符合制度的凭证抵充库存现金，即不得"白条抵库"，做到账款相符。每天营业终了要核对实际库存现金和现金日记账余额，如发现问题，应及时查明原因并予以处理。

企业不得保留账外公款，不得设置"小金库"。

企业不得坐支现金，即企业需要支付现金时可以从库存限额中支付或从开户银行提取，不得从本企业的现金收入中直接支付。因特殊情况需要坐支现金的，应当事先报经开户银行审查批准，由开户银行核定坐支范围和限额。企业应定期向银行报送坐支现金金额和使用情况。

(二) 现金的控制

现金因具有普遍的可接受性和高度的流动性，在日常频繁的现金收支过程中，极易因盗窃、挪用或其他舞弊行为而发生短缺。为了保护企业资产的安全完整，必须建立健全严格的内部控制制度。现金的控制主要包括现金收入和现金支出的内部控制。

1. 现金收入的内部控制

现金收入内部控制的目的是保证全部现金收入无一遗漏地入账。现金收入内部控制的基本要点是：

(1) 签发现金收款收据与收款应由不同的人员经办。一般由销售部门经办销售业务的人员填制销售发票和收款收据，由会计部门出纳员据以收款，会计人员据以记账。各部门相互牵制、相互核对，以防弊端。

(2) 现金收入都应开具收款收据。

(3) 领用收据时须由领用人签收领用数量和起讫编号。收据存根由收据保管人回收，并负责保管。要定期查对已领用尚未使用的空白收据，以防止短缺和遗失。已使用过的发票和收据，要清点、登记、封存和保管，并按规定程序审批后销毁。

(4) 开出收据的存根应与已入账的收据联按编号逐张核对金额，核对无误后予以注销，确保现金收入全部入账。

(5) 一切现金收入必须当日入账，并尽可能在当日送存银行，当日不能送存银行的应于次日送存银行。

2. 现金支出的内部控制

现金支出内部控制的主要目的是保证全部现金支付都经有关主管人员授权批准。现金支出内部控制的基本要点是：

（1）现金支出必须经过适当授权。

（2）采购、出纳、记账工作应分别由不同的经办人员负责，不能职责不清、一人监管。

（3）任何一项需要付款的业务都必须有原始凭证，由经办人签字证明，分管主管同意，并经有关会计人员审核后，出纳人员才能据以付款。

（4）付款的凭证，要加盖"银行付讫"或"现金付讫"图章，予以注销，并定期装订成册，由专人保管，以防重复付款、盗窃和篡改。

（5）现金支出凭证要连续编号，现金支出要及时完整的入账。

三、现金的会计处理

现金的核算包括总分类核算和明细分类核算。总分类核算是通过设置"库存现金"账户进行的。该账户借方登记库存现金的收入数，贷方登记库存现金的支出数，余额在借方，表示企业持有的库存现金。为了加强对库存现金的管理和控制，全面、系统、详细地反映库存现金的增减变动情况，企业应设置"现金日记账"，由出纳员根据审核无误的收付款凭证，按照经济业务的发生先后顺序逐日逐笔登记。"现金日记账"必须做到日清日结，与库存现金实存数核对，做到账款相符。每月末，应将"现金日记账"余额与库存现金总账余额相核对，做到账账相符。

有外币现金收支业务的企业，还应当按照人民币现金、外币现金的币种设置明细账户进行明细核算。

（一）库存现金收支的账务处理

企业收到现金，应借记"库存现金"科目，贷记有关科目。

【例2-1】甲企业零售商品一批，收到现金23 200元，其中3 200元为增值税税款。甲企业编制的会计分录如下：

借：库存现金　　　　　　　　　　　　　　　　　　　　　　23 200
　　贷：主营业务收入　　　　　　　　　　　　　　　　　　20 000
　　　　应交税费——应交增值税（销项税额）　　　　　　　3 200

企业支出库存现金时，应借记有关科目，贷记"库存现金"科目。

【例2-2】甲企业用现金向职工发放工资，共计45 000元。甲企业编制的会计分录如下：

借：应付职工薪酬　　　　　　　　　　　　　　　　　　　　45 000
　　贷：库存现金　　　　　　　　　　　　　　　　　　　　45 000

（二）库存现金溢缺的账务处理

为了保证库存现金与账面金额相符，应定期或不定期地对库存现金进行清查，做到日清月结。库存现金清查的主要方法是实地盘点，即由出纳人员和会计人员将库存现金的实有数和账面余额进行核对。

清查结果，如发现账款不符，应查明原因及时处理。在未处理前，发生的库存现金溢余或短缺，应通过"待处理财产损溢——待处理流动资产损溢"账户进行核算，待查明原因后，予以转销。企业发现库存现金短缺，则应借记"待处理财产损溢——待处理流动资产损溢"科目，贷记"库存现金"科目。查明原因，属于应由责任人或保险公司赔偿的部分，记入"其他应收款"科目；属于无法查明的其他原因，根据管理权限，经批准后记入"管理费用"科目。如发现库存现金溢余，则借记"库存现金"科目，贷记"待处理财产损溢——待处理流动资产损溢"科目。属于应支付给有关人员或单位的，应记入"其他应付款"科目；属于无法查明原因的现金溢余，经批准后，转作"营业外收入"科目。

【例 2-3】甲企业在 4 月 30 日的财产清查中发现短缺现金 45 元，经查明应由出纳员王某赔偿。甲企业编制的会计分录如下：

借：待处理财产损溢——待处理流动资产损溢　　　　　　45
　　贷：库存现金　　　　　　　　　　　　　　　　　　　　　45

查明原因，由出纳员负责赔偿：

借：其他应收款——应收库存现金短缺款（王某）　　　　45
　　贷：待处理财产损溢——待处理流动资产损溢　　　　　　45

【例 2-4】甲企业在财产清查中，发现库存现金溢余 80 元，原因无法查清，经批准转作营业外收入。甲企业编制的会计分录如下：

发现库存现金溢余时：

借：库存现金　　　　　　　　　　　　　　　　　　　　80
　　贷：待处理财产损溢——待处理流动资产损溢　　　　　　80

经批准后转销时：

借：待处理财产损溢——待处理流动资产损溢　　　　　　80
　　贷：营业外收入——库存现金溢余　　　　　　　　　　　80

值得注意的是，企业发现的资产盘盈和盘亏，应查明原因，在期末结账前处理完毕。处理后，"待处理财产损溢"账户期末无余额。

第二节　银行存款

一、银行存款核算的内容

银行存款是企业存放在银行或其他金融机构的各种款项，包括人民币存款和外币存款。企业除了保留少量库存现金以供日常零星开支需要外，其余现金都必须存入银行。除了在规定的范围内使用库存现金直接支付外，其余都必须通过银行办理转账结算。所谓转账结算是指由银行将结算款项从付款单位的存款账户中划转到收款单位的存款账户中。

二、银行存款的管理与控制

银行存款的管理属于货币资金管理范畴,企业应加强对银行存款的预算管理和内部控制。按照《支付结算办法》的规定,凡是独立核算的企业都必须在当地银行开设账户,办理存款、取款和转账等结算。企业在银行开立人民币存款账户,必须遵守中国人民银行颁发的《银行账户管理办法》的各项规定。一个单位只能选择一家银行的一个营业机构开立一个基本账户,不得在多家银行机构开立存款账户,也不得在同一银行的几个分支机构开立一般存款账户。企业收到的现金和超过库存限额的现金应及时送存银行。企业的各项经济往来,除了按照国家现金管理规定可以使用现金的以外,都必须通过银行账户办理转账结算。

企业必须按规定合理使用银行账户,不得出租或出借银行账户;企业应指定专人签发银行支票,不得签发与预留银行印鉴不符的支票,签发支票时,必须有足够的存款可供支付,既不得签发空头支票,也不得签发远期支票;及时、正确地登记与银行往来的一切业务,并定期与银行核对账目。

三、银行结算方式及会计处理

(一)银行结算方式的种类

根据《支付结算办法》的规定,企业的货币资金收付业务,通常可以采用九种结算方式办理转账结算。

1. 支票

支票是单位或个人签发的,委托办理支票存款业务的银行在见票时无条件支付确定的金额给收款人或持票人的票据。

单位或个人在同一票据交换区域的各种款项结算,均可采用支票结算方式。支票由银行统一印制,标明"现金"字样的支票为现金支票,只能用于提取现金;标明"转账"字样的支票是转账支票,只能用于转账。未标明"现金"或"转账"字样的支票为普通支票,普通支票既可用于支取现金,又可用于转账。在普通支票左上角划两条平行线,为划线支票,划线支票只能用于转账,不得支取现金。

支票的提示付款期限为自出票日起10天,中国人民银行另有规定的除外。超过提示付款期限的,持票人开户银行不予受理,付款人不予付款。转账支票可以在票据交换区域内背书转让。

存款人领购支票必须填写"票据和结算凭证领用单"并加盖预留银行印鉴。存款账户结清时,必须将全部剩余空白支票交回银行注销。

企业如签发空头支票,银行除退票外,并按票面金额处以5%但不低于1 000元的罚款;持票人有权要求出票人赔偿支票金额2%的赔偿金。签发支票时,应使用蓝黑墨水或碳素墨水,将支票上的各项要素填写齐全,并在支票上加盖其预留银行印鉴。银行也可以与出票人约定使用支付密码作为银行审核支付支票金额的条件。

2. 银行本票

银行本票是银行签发的,承诺自己在见票时无条件支付确定的金额给收款人或持票人的票据。银行本票由银行签发并保证兑付，而且见票即付，具有信誉高，支付功能强等特点。用其购买材料物资，销货方可以见票付货，购货方可以凭票提货；债权债务双方可以凭票清偿；收款人将本票交存银行，银行即可为其入账。无论单位或个人，在同一票据交换区域支付各种款项，都可以使用银行本票。

银行本票分为定额本票和不定额本票。定额本票面值分别为 1 000 元、5 000 元、10 000 元和 50 000 元。在票面划去转账字样的，为现金本票，只能用于支取现金。

银行本票的付款期限为自出票日起最长不超过 2 个月，在付款期限内银行见票即付。超过提示付款期限不获付款的，在票据权力时效内向出票银行作出说明，并提供本人身份证明或单位证明，可持银行本票向银行请求付款。

企业支付购货款等款项时，应向银行提交"银行本票申请书"，说明收款人名称、申请人名称、支付金额、申请日期等事项并签章。申请人或收款人为单位的，银行不予签发现金银行本票。出票银行受理"银行本票申请书"后，收妥款项签发银行本票。不定额本票用压数机压印出票金额，出票银行在银行本票上签章后交给申请人。

申请人取得银行本票后，即可向填明的收款单位办理结算。收款单位可以根据需要在票据交换区域内背书转让银行本票。

收款企业在收到银行本票时，应该在提示付款时在本票背面"持票人向银行提示付款签章"处加盖预留银行印鉴，同时填写进账单，连同银行本票一并交开户银行转账。

3. 银行汇票

银行汇票是汇款人将款项交存当地出票银行，由出票银行签发的，由其在见票时，按照实际结算金额无条件支付给收款人或持票人的票据。

银行汇票的特点是使用灵活、票随人到、兑现性强。其适用于先收款后发货或钱货两清的商品交易。单位和个人各种款项结算均可使用银行汇票。银行汇票可以用于转账，填明"现金"字样的银行汇票也可用于支取现金。

银行汇票的付款期限为自出票日起 1 个月。超过提示付款期限不获付款的，在票据权力时效内向出票银行作出说明，并提供本人身份证明或单位证明，可持银行本票向银行请求付款。

银行汇票的收款人可以将银行汇票背书转让给他人。背书转让以不超过出票金额的实际结算金额为限，未填写实际结算金额或实际结算金额超过出票金额的银行汇票不得背书转让。收款企业在收到付款单位送来的银行汇票时，应在出票金额以内根据实际需要的款项办理结算，并将实际结算金额和多余金额准确、清晰地填入银行汇票和解讫通知的有关栏内，银行汇票的实际结算金额低于出票金额的，多余金额由出票银行退交申请人。

4. 商业汇票

商业汇票是出票人签发的，委托付款人在指定日期无条件支付确定的金额给收款人或者持票人的票据。在银行开立存款账户的法人以及其他组织之间须具有真实的交易关系或债权债务关系，才能使用商业汇票。商业汇票的付款期限由交易双方商定，但最长不得超过 6 个月。商业汇票的提示付款期限为自汇票到期日起 10 日内。

存款人领购商业汇票，必须填写"票据和结算凭证领用单"并加盖预留银行印鉴。存款账户结清时，必须将全部剩余空白商业汇票交回银行注销。

商业汇票可以由付款人签发并承兑，也可以由收款人签发交由付款人承兑。定日付款或者出票后定期付款的商业汇票，持票人应当在汇票到期日前向付款人提示承兑；见票后定期付款的商业汇票，持票人应当自出票日起1个月内向付款人提示承兑。汇票未按规定期限提示承兑的，持票人丧失对其前手的追索权。付款人应当自收到提示承兑的汇票之日起3日内承兑或者拒绝承兑。付款人拒绝承兑的，必须出具拒绝承兑的证明。

商业汇票可以背书转让，符合条件的商业承兑汇票的持票人可持未到期的商业承兑汇票连同贴现凭证，向银行申请贴现。

商业汇票按承兑人的不同，可分为商业承兑汇票和银行承兑汇票。商业承兑汇票由银行以外的付款人承兑，承兑时不得附有条件，商业承兑汇票到期，如承兑人的存款不足以支付票款，开户银行应将汇票退还给持票企业，银行不负责付款，由双方自行协商解决。银行承兑汇票一般由在银行开立存款账户的存款人签发，由银行承兑，并向申请承兑人按票面金额收取0.5‰的手续费。银行承兑汇票到期，如付款人存款不足支付，银行应支付不足部分，同时将该部分资金转作对付款企业的贷款，并按每天0.5‰对该部分贷款计收罚息。

5. 信用卡

信用卡是指商业银行向个人和单位发行的，凭以向特约单位购物、消费和向银行存取现金，且具有消费信用的特制载体卡片。信用卡按使用对象分为单位卡和个人卡；按信用等级分为金卡和普通卡。

凡在中国境内金融机构开立基本存款账户的单位均可申领单位卡。单位卡可申领若干张，持卡人不得出租或转借信用卡。单位卡账户的资金一律从其基本存款账户转账存入，不得交存现金，不得将销货收入的款项存入单位卡。单位卡一律不得用于10万元以上的商品交易、劳务供应款项的结算，也不得支取现金。

信用卡在规定的限额和期限内允许善意透支，透支期限不得超过60天。透支利息，自签单日或银行记账日起15日内按日息0.5‰计算，超过15日在30日以内按日息1‰计算，超过30日或透支金额超过规定限额的，按日息1.5‰计算。透支计息不分段，按透支的最后期限或者最高金额的最高利率档次计算。

单位或个人申领信用卡，应按规定填制申请表，连同有关资料一并送交发卡银行。符合条件并按银行要求交存一定金额的备用金后，银行为申领人开立信用卡存款账户，并发给信用卡。

6. 汇兑

汇兑是汇款人委托银行将其款项支付给收款人的结算方式。单位和个人的各种款项的结算，均可使用汇兑结算方式。

汇兑分为信汇和电汇。信汇是汇款人委托银行以邮寄的方式将款项划转给收款人；电汇是汇款人委托银行以电报的方式将款项划转给收款人。汇兑适用于异地之间的款项结算。

采用汇兑结算方式，付款单位汇出款项时，应填写汇款凭证，列明收款单位名称、汇款金额、汇款用途等，送达开户银行，委托开户行将款项汇往收汇银行。收汇银行将汇款收进单位存款户后，通知收款单位。

7. 委托收款

委托收款是收款人委托银行向付款人收取款项的结算方式。无论单位和个人都可凭已承兑商业汇票、债券、存单等付款人债务证明委托银行收取款项。委托收款在同城、异地均可使用。委托收款还适用于收取电费、电话费等付款人众多、分散的公用事业费等有关款项。委托收款结算款项可以采用邮寄和电报两种方式划回。

企业委托银行收款应提供债务证明并填写银行印制的委托收款凭证。企业的开户银行受理后，将委托收款凭证寄交付款单位开户银行，由付款单位开户银行审核，并通知付款单位。付款单位收到银行交给的委托收款凭证及债务证明，应签收并在3日内审查债务证明是否真实，确认之后通知银行付款。

付款单位如在3日内不通知银行，银行视同企业同意付款并在第4日将该笔款项从付款单位账户中划出。如付款单位3日内审查有关债务证明后，认为应该拒绝付款，应出具拒绝付款理由书，向银行提出拒绝付款。

8. 托收承付

托收承付是根据购销合同由收款人发货后委托银行向异地付款人收取款项，由付款人向银行承认付款的结算方式。使用托收承付结算方式的收款单位和付款单位，必须是国有企业、供销合作社以及经营管理较好，并经开户银行审查同意的城乡集体所有制工业企业。办理托收承付结算的款项必须是商品交易，以及因商品交易而产生的劳务供应款项。代销、赊销、寄销商品不得办理托收承付结算。

托收承付款项划回方式分为邮寄和电报两种。每笔金额结算起点为10 000元，新华书店系统每笔金额起点为1 000元。

采用托收承付结算方式时，购销双方必须签有符合合同法的购销合同，并在合同中订明使用托收承付结算方式。销货单位按合同发货后，填写托收承付凭证，连同运输部门的发运证件等一起送往开户银行办理托收手续。开户银行受理后，将托收结算凭证回联退给企业，将其他结算凭证寄往购货方开户银行，由其通知购货单位承认付款。

购货单位收到通知后，应立即审查。货款承付分为验单承付和验货承付。验单承付的承付期为3天，从付款人开户银行发出承付通知的次日算起（遇法定休假日顺延）；验货承付的承付期为10天，从运输部门向验货企业发出提货通知的次日算起。承付期内，付款单位未表示拒付，银行即视为同意支付，在期满后的次日上午银行开始营业时，将款项划给收款人。

对于下列情况，付款人可以在承付期内向银行提出全部或部分拒绝付款：①没有签订购销合同或购销合同未写明托收承付结算方式的款项；②未经双方事先达成协议，收款人提前交货或因逾期交货付款人不再需要该项货物的款项；③未按合同规定的到货地址发货的款项；④代销、寄销、赊销商品的款项；⑤验单付款，发现所刻货物的品种、规格、数量、价格与合同规定不符；⑥验货付款，经查验货物与合同规定或与发货清单不符的款项；⑦货款已经支付或计算错误的款项。

付款人在承付期内提出拒绝付款的，应填写"拒绝付款理由书"，注明拒绝付款理由，涉及合同的应引证合同上的有关条款。属于商品质量问题，需要提出质量问题的证明及其有关数量的纪录；属于外贸部门进口商品，应当提出国家商品检验或运输等部门出具的证明,向开户银行办理拒付手续。

银行负责受理审查拒付理由书。如银行同意部分或全部拒绝付款的,应在拒绝付款理由书上签注意见,并将拒付理由书、拒付证明、拒付商品清单和有关单证邮寄收款人开户银行转交销货企业。

付款人开户银行对付款人逾期支付的款项,根据逾期付款金额和付款天数,按每天万分之五计算赔偿金。逾期付款天数从承付期满日算起。银行审查拒绝付款期间不算作付款人逾期付款,但对无理的拒绝付款而增加银行审查时间的,从承付期满日起计算逾期付款赔偿金。赔偿金实行定期扣付,每月计算一次,于次月3日内单独划给收款人。赔偿金的扣付列为企业销货收入扣款顺序的首位。付款人科目余额不足支付时,应排列在工资之前,并对该科目采取"只收不付"的控制办法,直至足额扣付赔偿金后才准予办理其他款项的支付,由此产生的经济后果由付款人自负。

9. 信用证

信用证是国际结算的一种主要方式。经中国人民银行批准经营结算业务的商业银行总行,以及经商业银行总行批准开办信用证结算业务的分支机构,也可以办理国内企业之间商品交易的信用证结算业务。

采用信用证结算方式,收款单位收到信用证后,即备货装运,签发有关发票账单,连同运输单据和信用证送交银行,根据退还的信用证等有关凭证编制收款凭证;付款单位在接到开证行的通知时,根据付款的有关单据编制付款凭证。

(二) 会计处理

上述九种结算方式除和"银行存款"账户核算有关外,主要通过以下账户进行核算:银行汇票、银行本票、信用证、信用卡在"其他货币资金"账户中核算;商业汇票在"应收(付)票据"账户中核算;委托收款和托收承付在向银行办妥委托收款手续后应作为"应收账款"处理。其他货币资金、应收账款和应收(付)票据在以后章节中会详细介绍,这里只介绍银行存款的核算。

1. 银行存款的总分类核算

企业在核算银行存款时,应设置"银行存款"账户,该账户借方登记通过银行收到的款项,贷方登记从银行支出的款项,借方余额表示银行存款的结余数。

【例2-5】甲企业收到A公司货款56 000元存入银行。甲企业编制的会计分录如下:

借:银行存款　　　　　　　　　　　　　　　　　　　　56 000
　　贷:应收账款　　　　　　　　　　　　　　　　　　　　　56 000

【例2-6】甲企业开出支票一张,从银行提取现金45 000元,备发工资。甲企业编制的会计分录如下:

借:库存现金　　　　　　　　　　　　　　　　　　　　45 000
　　贷:银行存款　　　　　　　　　　　　　　　　　　　　　45 000

2. 银行存款的明细分类核算

为了加强对银行存款的管理,及时掌握银行存款的收付变化及结存情况,企业必须按照开户银行和其他金融机构、存款种类等,分别设置"银行存款日记账"账户,由出纳员根据收付款凭证,按照业务发生的先后顺序逐日逐笔序时登记。每日终了应结出余额。

如果企业除人民币存款以外，还有外币存款，应在"银行存款"账户下按照人民币和外币币种分别开设明细账户进行核算。

第三节 其他货币资金

一、其他货币资金的核算内容

其他货币资金是指由于存放地点和用途不同，区别于库存现金和银行存款的各种货币资金。其具体包括外埠存款、银行汇票存款、银行本票存款、信用证保证金存款、信用卡存款、存出投资款等。

为了反映和监督其他货币资金收支和结存的总括情况，企业应设置"其他货币资金"总账账户。该账户借方登记其他货币资金的增加数，贷方登记其他货币资金的减少数，借方余额表示其他货币资金的结存数。

为了反映各种其他货币资金的收支结存情况，应在"其他货币资金"总账账户下按照其他货币资金的种类设置明细账，其明细账户有"外埠存款""银行汇票""银行本票""信用卡""信用证保证金""存出投资款"等。

二、其他货币资金的会计处理

（一）外埠存款

外埠存款是企业到外地进行临时或零星采购时，汇往采购地银行开立采购专户的款项。企业汇出款项时，须填写汇款委托书，加盖"采购资金"字样。汇入银行对汇入的采购款项，以汇款单位的名义开立采购账户。采购资金存款不计利息，除采购员差旅费可以支取少量现金外，一律转账。采购专户只付不收，付完结束账户。

企业将款项委托当地银行汇往外地开立采购专户，根据汇出款项凭证，编制的会计分录如下：

借：其他货币资金——外埠存款
　　贷：银行存款

企业收到采购人员交来供应单位发票账单等报销凭证，编制的会计分录如下：

借：在途物资等
　　应交税费——应交增值税（进项税额）
　　贷：其他货币资金——外埠存款

企业将多余的外埠存款转回当地银行，根据银行的收款通知，编制的会计分录如下：

借：银行存款
　　贷：其他货币资金——外埠存款

（二）银行汇票存款

银行汇票存款是企业为取得银行汇票按照规定存入银行的款项。

企业将款项交存开户银行，向银行提交"银行汇票委托书"，取得汇票后，根据银行盖章的委托书存根联，编制的会计分录如下：

借：其他货币资金——银行汇票
　　贷：银行存款

企业根据发票账单及开户银行转来的银行汇票有关副联等凭证，编制的会计分录如下：

借：在途物资等
　　应交税费——应交增值税（进项税额）
　　贷：其他货币资金——银行汇票

银行汇票如有多余金额，或因超过付款期限以及其他原因等未曾使用退还款项，根据多余款项或退还款项，编制的会计分录如下：

借：银行存款
　　贷：其他货币资金——银行汇票

（三）银行本票存款

银行本票存款是企业为取得银行本票按照规定存入银行的款项。

企业将款项交存开户银行，向银行提交"银行本票申请书"，取得本票后，根据银行盖章的申请书存根联，编制的会计分录如下：

借：其他货币资金——银行本票
　　贷：银行存款

企业根据采购物资等的发票账单有关凭证，编制的会计分录如下：

借：在途物资等
　　应交税费——应交增值税（进项税额）
　　贷：其他货币资金——银行本票

因超过付款期限及其他原因等未曾使用退还款项，编制的会计分录如下：

借：银行存款
　　贷：其他货币资金——银行本票

（四）信用证保证金存款

信用证保证金存款是指采用信用证结算方式的企业为取得信用证按规定存入银行的款项。

企业向银行申请开立信用证，应按规定向银行提交开证申请书、信用证申请人承诺书和购销合同。企业向银行交纳保证金，根据银行退回的进账单第一联，编制的会计分录如下：

借：其他货币资金——信用证保证金
　　贷：银行存款

企业根据开证行交来的信用证来单通知书及有关单据列明的金额，编制的会计分录如下：

借：在途物资等
　　应交税费——应交增值税（进项税额）
　贷：其他货币资金——信用证保证金

企业收到未用完的信用证保证金余款，编制的会计分录如下：
借：银行存款
　贷：其他货币资金——信用证保证金

（五）信用卡存款

信用卡存款是指企业为取得信用卡按照规定存入银行的款项。

企业申领信用卡，按银行要求交存备用金，根据银行盖章退回的交存备用金的进账单，编制的会计分录如下：
借：其他货币资金——信用卡
　贷：银行存款

企业信用卡在使用过程中，需要向其账户续存资金的，会计分录同上。

企业收到银行转来的信用卡存款的付款凭证及所附发票账单，经核对无误后，编制的会计分录如下：
借：管理费用等
　贷：其他货币资金——信用卡

（六）存出投资款

存出投资款是指企业已存入证券公司但尚未购买相关金融资产的资金。

企业向证券公司划出资金时，应按照实际划出的金额，编制的会计分录如下：
借：其他货币资金——存出投资款
　贷：银行存款

购买股票、债券等时，按实际发生的金额，编制的会计分录如下：
借：交易性金融资产等
　贷：其他货币资金——存出投资款

第四节　应收款项

应收款项包括应收票据、应收账款、预付账款、其他应收款项等。

一、应收票据

（一）应收票据的确认

票据是指出票人签发的，约定自己或委托付款人在见票时或指定的日期向收款人或持票人无条件支付一定金额并可转让的有价证券，具体包括汇票、本票和支票。

在我国，大部分票据都是即期票据，可以即刻收款或存入银行成为货币资金，不需作应收票据处理。如支票在"银行存款"账户中核算,银行汇票和银行本票在"其他货币资金"账户中核算。只有商业汇票才作应收票据处理,因此,应收票据核算企业因销售商品、提供劳务等而收到的商业汇票。

(二) 应收票据的计价

商业汇票按承兑人不同,可分为商业承兑汇票和银行承兑汇票。实务中企业收到票据时,都按照票据的面值入账。这是因为商业汇票的期限较短(最长不超过 6 个月),利息金额相对来说不大,用现值记账不但计算麻烦,而且还要逐期摊销折价也过于繁琐。

(三) 应收票据的会计处理

企业应设置"应收票据"账户,销售商品、提供劳务收到应收票据或收到票据用于抵偿应收账款时,按面值记入该账户的借方;票据贴现或转让以及票据到期,收到款项或承兑人拒付,按票据面值记入该账户的贷方。其余额在借方表示尚未到期的应收票据的面值。应收票据按开出、承兑商业汇票的单位进行明细核算。

1. 销售商品、提供劳务等收到商业汇票

企业销售商品、提供劳务等收到开出、承兑的商业汇票,按商业汇票的票面金额借记"应收票据"科目,按确认的收入贷记"主营业务收入"等科目,如涉及增值税销项税额的,还应贷记"应交税费——应交增值税(销项税额)"科目。

【例 2-7】A 企业向 B 企业销售一批产品,货款 20 000 元,适用的增值税税率为 16%,同时收到 B 企业开出并承兑的商业汇票一张,面值为 23 200 元,期限为 3 个月。A 企业编制的会计分录如下:

借:应收票据　　　　　　　　　　　　　　　　　　23 200
　　贷:主营业务收入　　　　　　　　　　　　　　　　20 000
　　　　应交税费——应交增值税(销项税额)　　　　　3 200

2. 商业汇票到期

企业持有的商业汇票到期,应按实际收到的金额借记"银行存款"科目,贷记"应收票据"科目。如商业汇票到期,付款人无力支付款项,应将到期的商业汇票面值转入"应收账款"科目。

【例 2-8】接【例 2-7】,3 个月后,上述票据到期,收回票面金额 23 200 元存入银行。A 企业编制的会计分录如下:

借:银行存款　　　　　　　　　　　　　　　　　　23 200
　　贷:应收票据　　　　　　　　　　　　　　　　　　23 200

假如票据到期,B 企业无力支付票据款项,A 企业应将到期票据的票面金额转入"应收账款"账户。A 企业编制的会计分录如下:

借:应收账款　　　　　　　　　　　　　　　　　　23 200
　　贷:应收票据　　　　　　　　　　　　　　　　　　23 200

3. 应收票据转让

应收票据转让是指持票人因偿付货款等原因,将未到期的商业汇票背书后转让给其他单位或个人的业务活动。

企业可以将自己持有的未到期的商业汇票背书转让。所谓背书,是指持票人在票据背

面签字表示转让,签字人称为背书人,接受票据人称为被背书人。背书人对票据的到期付款负有连带责任。

企业将持有的应收票据背书转让,以取得所需材料物资时,应按计入物资成本的价值借记"材料采购""原材料""库存商品"等科目,按取得的专用发票上注明的增值税税额,借记"应交税费——应交增值税(进项税额)"科目,按票据的面值,贷记"应收票据"科目,如有差额,借记或贷记"银行存款"等科目。

【例2-9】接【例2-7】,假如A企业将持有的该票据背书转让给乙公司,从乙公司购买材料18 000元,增值税税率为16%,原材料已验收入库。A企业编制的会计分录如下:

借:原材料　　　　　　　　　　　　　　　　　　　　　　　　18 000
　　应交税费——应交增值税(进项税额)　　　　　　　　　　 2 880
　　银行存款　　　　　　　　　　　　　　　　　　　　　　　 2 320
　　贷:应收票据　　　　　　　　　　　　　　　　　　　　　　23 200

4. 应收票据贴现

企业持有的应收票据在到期前如果出现资金短缺,可以将未到期的商业汇票向其开户银行申请贴现,以获得所需资金。所谓贴现,是指票据持有人将未到期的票据在背书后送交银行,银行受理后从票据面值中扣除按银行贴现率计算的贴现利息,然后将余额付给持票人的一种行为。应收票据贴现有以下两种情况:一是企业与银行等金融机构签订的协议规定,在贴现的应收票据到期,债务人未按期偿还,申请贴现的企业不负有任何还款的责任;二是企业与银行等金融机构签订的协议规定,在贴现的应收票据到期,债务人未按期偿还,申请贴现的企业负有向银行还款的责任,该种情况下,应作为企业对银行的短期借款,而背书的商业汇票是此项借款的担保品。由此可见,票据贴现实质上是企业的一种融通资金的形式。

企业持未到期的商业汇票向银行贴现,应按实际收到的金额(即面值减去贴现息后的净额),借记"银行存款"科目,按贴现利息部分,借记"财务费用"科目,按商业汇票的面值,贷记"应收票据"或"短期借款"科目。

【例2-10】A企业2018年6月21日以某客户在5月10日开出的期限为4个月,票面金额为4 000元的商业汇票一张向银行申请贴现,贴现利息为80元。该贴现不附追索权。A企业编制的会计分录如下:

借:银行存款　　　　　　　　　　　　　　　　　　　　　　　 3 920
　　财务费用　　　　　　　　　　　　　　　　　　　　　　　　　80
　　贷:应收票据　　　　　　　　　　　　　　　　　　　　　　 4 000

如贴现附追索权,企业不应终止确认应收票据,此时应贷记"短期借款"账户。

企业应当设置"应收票据备查簿",逐笔登记商业汇票的种类、号数和出票日、票面金额、交易合同号和付款人、承兑人、背书人的姓名或单位名称、到期日、背书转让日、贴现日、贴现率和贴现净额以及收款日和收回金额、退票情况等资料。商业汇票到期结算票款或退票后,在备查簿中应予注销。

二、应收账款

(一) 应收账款的确认

应收账款是指企业因销售商品、提供劳务等经营活动应收取的款项。其具体包括企业因销售商品、产品或提供劳务等原因，应向购货方或接受劳务方收取的款项及代垫的运杂费等。

企业的应收账款有其特定的核算范围。首先，应收账款是指因销售活动或提供劳务而形成的债权，不包括投资于股票的应收股利、购买债券的应收利息、职工欠款等；其次，应收账款作为企业的一项流动债权，其收回期最多不超过一年，所以超过一年的应收分期销货款以及购买的长期债券等都不应包含在应收账款中；最后，应收账款是指本企业应收客户的款项，不包括企业存出的保证金和押金、购货的预付定金等。

应收账款的确认与收入的确认密切相关。因此，当满足收入确认条件后，如果现金暂时未流入企业，意味着赊销已经成立，企业在确认收入的同时，应确认与此相关的应收账款。

(二) 应收账款的计价

应收账款的计价是指确定应收账款的入账金额，并估计其可回收的金额。在多数情况下，应收账款应按买卖双方成交时的价格计算，并按实际发生额入账。同时还需要考虑商业折扣和现金折扣等因素。

1. 商业折扣

商业折扣是指企业根据市场供需情况，或针对不同的客户，在商品价目单所列的价格上给予一定的扣除。

商业折扣是企业常用的一种促销手段。为扩大销路，增加销量，提高盈利水平，企业往往采用销量越大，价格越低的销售策略，即所谓的"薄利多销"。商业折扣一般用百分比来表示，如5%、10%、20%等。

商业折扣一般在商品交易发生时即已确认，它仅仅是确定实际交易价格的一种手段，不需在买卖双方任何一方的账上反映，所以商业折扣对应收账款的入账价值没有什么实质性的影响。因此，在存在商业折扣的情况下，企业应收账款入账金额应以扣除商业折扣后的实际售价确定。

2. 现金折扣

现金折扣是债权人为鼓励债务人在规定的期限内早日付款，而向债务人提供的债务折扣。现金折扣通常发生在以赊销方式销售商品或提供劳务的交易中。企业为了鼓励客户在规定的期限内尽早偿付货款，往往与债务人达成协议，债务人在不同的期限内付款可享受不同比例的现金折扣。现金折扣一般用符号"折扣/付款期限"来表示，例如，购销双方约定付款期限为30天，买方如在10天内付款可按售价给予2%的折扣，买方如超过10天在20天内付款可按售价给予1%的折扣，超过20天在30天内付款则不予折扣，用符号可表示为"2/10、1/20、n/30"。对于存在现金折扣的情况下，应收账款的入账金额在会计上有两种确认方法，即总价法和净价法。

(1) 总价法。总价法是将未减去现金折扣前的金额作为实际售价，记作应收账款的入账价值。现金折扣只有客户在折扣期内支付货款时才予以确认。在这种情况下,销货方把给予客户的现金折扣视为企业融资的一项理财费用,会计上作为财务费用处理。目前,我国会计实务中通常采用此方法。

(2) 净价法。净价法是将扣减最大现金折扣后的金额作为实际售价,据以确认应收账款的入账价值。该方法把客户能够享有现金折扣视为正常现象,认为客户一般都会提前付款。如客户不能享受折扣,表明不能有效地调度资金,而销货方收到的客户未享有的折扣应视为企业提供信贷而获得的利息收入,冲减财务费用。税法规定,现金折扣是企业的一项理财活动,在计算增值税销项税额时,不应以扣除现金折扣后的金额为依据。

(三) 应收账款的会计处理

企业应设置"应收账款"账户核算应收账款业务。以下分别不同情况加以介绍:

(1) 企业发生的应收账款,在没有商业折扣和现金折扣时,按应收的全部金额入账。

【例 2-11】A 企业销售甲商品,货款总额为 40 000 元,适用的增值税税率为 16%,代对方垫付运杂费 1 200 元,已办好委托银行收款手续。A 企业编制的会计分录如下:

```
借:应收账款                          47 600
    贷:主营业务收入                    40 000
        应交税费——应交增值税(销项税额)   6 400
        银行存款                        1 200
```

收到货款后,根据银行的收款通知,A 企业编制的会计分录如下:

```
借:银行存款                          47 600
    贷:应收账款                       47 600
```

(2) 企业发生的应收账款,在有商业折扣的情况下,应按扣除商业折扣后的金额入账。

【例 2-12】A 企业销售甲商品,商品价目单中所列示的价格为每件 100 元,共销售 500 件,并给予对方 10% 的商业折扣,适用的增值税税率为 16%。A 企业编制的会计分录如下:

```
借:应收账款                          52 200
    贷:主营业务收入                    45 000
        应交税费——应交增值税(销项税额)   7 200
```

(3) 企业发生的应收账款,在有现金折扣的情况下,如采用总价法进行核算,发生的现金折扣作为财务费用处理。

【例 2-13】接【例 2-12】,扣除商业折扣后的货款总额为 45 000 元,假如购销双方约定的付款条件为"2/20、n/30",其他条件不变。A 企业编制的会计分录如下:

```
借:应收账款                          52 200
    贷:主营业务收入                    45 000
        应交税费——应交增值税(销项税额)   7 200
```

如在 20 天内收到款项,A 企业编制的会计分录如下:

```
借:银行存款                          51 156
    财务费用                           1 044
```

贷：应收账款　　　　　　　　　　　　　　　　　　　　　　52 200
如超过折扣期限，则全额收回，A 企业编制的会计分录如下：
　　借：银行存款　　　　　　　　　　　　　　　　　　　　　　52 200
　　　贷：应收账款　　　　　　　　　　　　　　　　　　　　　　52 200
（4）企业发生的应收账款，在有现金折扣的情况下，如采用净价法进行核算，购货方未享受的现金折扣作为企业提供信贷的收入，冲减财务费用。

三、预付账款

（一）预付账款的核算内容

预付账款是企业按照购销合同规定或劳务合同规定，预先支付给供货企业或劳务供应企业的款项，如预付的材料、商品采购货款，预先支付必须在以后收回的农副产品预购定金等。

（二）预付账款的会计处理

对购货企业来说，预付账款是一种流动资产，在预付时应记入"预付账款"账户的借方，等到以后收到预购的材料、商品或接受对方提供的劳务时，贷记该账户。"预付账款"的借方余额表示企业实际预付的款项，如为贷方余额，则反映企业尚未补付的款项。

预付账款与应收账款虽然都是企业的流动资产，但两者性质不同。应收账款是企业应收销售客户的账款，预付账款是企业预付给购货客户的账款，所以应该分别设置账户进行核算。

【例 2-14】A 企业预付给某供应企业购买材料货款 10 000 元。A 企业编制的会计分录如下：
　　借：预付账款　　　　　　　　　　　　　　　　　　　　　　10 000
　　　贷：银行存款　　　　　　　　　　　　　　　　　　　　　　10 000
收到材料后，专用发票上注明材料价款为 10 000 元，增值税税款为 1 600 元。A 企业编制的会计分录如下：
　　借：原材料　　　　　　　　　　　　　　　　　　　　　　　10 000
　　　　应交税费——应交增值税（进项税额）　　　　　　　　　　1 600
　　　贷：预付账款　　　　　　　　　　　　　　　　　　　　　　11 600
补付款项 1 600 元时，A 企业编制的会计分录如下：
　　借：预付账款　　　　　　　　　　　　　　　　　　　　　　1 600
　　　贷：银行存款　　　　　　　　　　　　　　　　　　　　　　1 600

如果企业预付的款项大于实际收到的材料、商品或劳务的结算款项，也应先按照实际收到的货物金额，借记"原材料"等科目，按增值税专用发票上列明的税额，借记"应交税费——应交增值税（进项税额）"科目，按上述两项合计数贷记"预付账款"科目。待实际收到对方退回多余款项时，再借记"银行存款"科目，贷记"预付账款"科目。

在预付货款不多的企业，也可以通过"应付账款"科目核算。预付时，借记"应付账款"科目，收到商品或劳务时再予以冲销。

【例 2-15】接【例 2-14】，通过"应付账款"账户，A 企业编制的会计分录如下：

借：应付账款　　　　　　　　　　　　　　　　　　　　　　　　　10 000
　　　贷：银行存款　　　　　　　　　　　　　　　　　　　　　　　　　10 000

实际收到材料时，A企业编制的会计分录如下：

借：原材料　　　　　　　　　　　　　　　　　　　　　　　　　　10 000
　　应交税费——应交增值税（进项税额）　　　　　　　　　　　　1 600
　　　贷：应付账款　　　　　　　　　　　　　　　　　　　　　　　　　11 600

补付款项1 600元时，A企业编制的会计分录如下：

借：应付账款　　　　　　　　　　　　　　　　　　　　　　　　　1 600
　　　贷：银行存款　　　　　　　　　　　　　　　　　　　　　　　　　1 600

这样处理后应付账款的某些明细账户有可能出现借方余额，但在期末，这一借方余额应列在资产负债表的资产方，而其他应付给债权人的应付账款，仍应列在负债方。

四、其他应收款项

（一）其他应收款项的核算内容

其他应收款项是指企业除应收账款、应收票据、预付账款等以外的各种应收、暂付给其他单位或个人的款项。其包括应收的各种赔款、罚款、存出保证金、应向职工收取的各种垫付款、不设置"备用金"科目的企业拨出的备用金、购买债券的应计利息以及购买股票产生的应收股利等。其他应收款项一般与企业的主营业务没有直接的关系，属于非购销活动产生的债权。企业应将这些项目单独归类，在资产负债表中单独反映，以便会计信息使用者把这些项目与由于购销业务而发生的应收项目识别清楚。

（二）其他应收款项的会计处理

企业应收的各种赔款、罚款、存出保证金、应向职工收取的各种垫付款、备用金等通过设置"其他应收款"账户进行核算。而对购买债券的应计利息，单独设置"应收利息"账户核算，对购买股票应收的已经宣告发放的股利，在"应收股利"账户中单独核算。"应收利息"和"应收股利"的核算在有关的其他金融资产中详细介绍，这里只介绍"其他应收款"账户的核算。

企业核定出应收的赔款、罚款金额、存出保证金以及代职工垫付款项时，应借记"其他应收款"科目，贷记"固定资产清理""营业外收入""银行存款"等科目。实际收回款项时，借记"银行存款"等科目，贷记"其他应收款"科目。

【例2-16】 A企业由于水灾造成一幢厂房倒塌，在清理过程中，核定应收保险赔偿45 000元。A企业编制的会计分录如下：

借：其他应收款　　　　　　　　　　　　　　　　　　　　　　　　45 000
　　　贷：固定资产清理　　　　　　　　　　　　　　　　　　　　　　　45 000

【例2-17】 A企业用银行存款代职工垫付水电费3 600元，A企业编制的会计分录如下：

借：其他应收款　　　　　　　　　　　　　　　　　　　　　　　　3 600
　　　贷：银行存款　　　　　　　　　　　　　　　　　　　　　　　　　3 600

假如该月发放工资时，核定出应付工资总额25 000元，扣除垫付款后，其余额以库存现金付给职工。A 企业编制的会计分录如下：

借：应付职工薪酬　　　　　　　　　　　　　　　　25 000
　　贷：库存现金　　　　　　　　　　　　　　　　　　　21 400
　　　　其他应收款　　　　　　　　　　　　　　　　　　 3 600

五、应收债权出售和融资

企业在生产经营过程中，有时可能会出现资金短缺的情况，此时企业就有可能将持有的未到期应收债权出售或用于融资。应收债权出售和融资的会计处理涉及不附追索权出售和附追索权出售两种类型。

（一）不附追索权出售的会计处理

企业将应收债权不附追索权予以出售，通常是指企业将其按照销售商品、提供劳务的销售合同所产生的应收债权出售给银行等金融机构，根据企业、债权人及银行等金融机构之间的协议，在所售应收债权到期无法收回时，银行等金融机构不能够向出售应收债权的企业进行追偿的，企业应将所出售的应收债权予以转销（终止确认），结转计提的相关坏账准备，确认按协议约定预计将发生的销售退回、销售折让、现金折扣等，并确认出售损益。

【例 2–18】2018 年 5 月 10 日，甲公司销售一批商品给乙公司，开出的增值税专用发票上注明销售价款 200 000 元，增值税销项税额为 32 000 元，款项尚未收到。按销售合同规定，该款项的到期日为 2018 年 10 月 30 日。2018 年 6 月 18 日，甲公司因急需资金，经与某银行协商，将该应收账款出售给银行，价款为 156 000 元。销售合同规定，在应收乙公司货款到期无法收回时，银行不能向甲公司追偿。甲公司根据以往的销售经验，预计该商品发生销售退回的金额为 23 200 元，其中 3 200 元为增值税销项税额，成本为 12 000 元，实际发生的销售退回由甲公司承担。2018 年 7 月 2 日，甲公司收到乙公司退回的商品，实际价款为 23 200 元。假定不考虑其他因素，甲公司编制的会计分录如下：

（1）2018 年 6 月 18 日出售应收债权时：

借：银行存款　　　　　　　　　　　　　　　　　　156 000
　　营业外支出　　　　　　　　　　　　　　　　　　 52 800
　　其他应收款　　　　　　　　　　　　　　　　　　 23 200
　　贷：应收账款　　　　　　　　　　　　　　　　　　 232 000

（2）2018 年 7 月 2 日收到退回的商品时：

借：主营业务收入　　　　　　　　　　　　　　　　 20 000
　　应交税费——应交增值税（销项税额）　　　　　 3 200
　　贷：其他应收款　　　　　　　　　　　　　　　　　 23 200

（3）结转退回商品成本时：

借：库存商品　　　　　　　　　　　　　　　　　　 12 000
　　贷：主营业务成本　　　　　　　　　　　　　　　　 12 000

（二）附追索权出售的会计处理

企业在出售应收债权的过程中如附有追索权，即在有关应收债权到期无法从债务人处收回时,银行等金融机构有权向出售应收债权的企业追偿,或按照协议约定,企业有义务按照约定金额自银行等金融机构回购部分应收债权,应收债权的坏账风险由售出应收债权的企业负担,如企业将应收债权作为质押从银行等金融机构取得借款,则企业应继续确认所转移金融资产整体,即不应终止确认应收债权,并将收到的对价确认为一项金融负债。

该应收债权与确认的相关金融负债不得相互抵销。在随后的会计期间,企业应当继续确认该金融资产产生的收入和该金融负债产生的费用。所转移的金融资产以摊余成本计量的,确认的相关负债不得指定为以公允价值计量且其变动计入当期损益的金融负债。

企业发生的借款利息及向银行等金融机构偿付借入款项的本息时的会计处理,应按照有关借款核算的规定进行处理,直接计入偿还期的损益或采取预提的方法进行核算。

会计期末,企业应根据债务单位的情况,按相关会计准则的规定合理计提用于质押的应收债权的坏账准备。对于发生的与用于质押的应收债权相关的销售退回、销售折让及坏账等,应及时比照相关的规定进行处理。

企业应设置备查账簿,详细记录质押的应收债权的账面余额、质押期限及回款情况等。

【例2-19】2018年5月8日,甲公司销售一批商品给乙公司,开出的增值税专用发票上注明销售价款500 000元,增值税销项税额为80 000元,款项尚未收到。按销售合同规定,该款项的到期日为2018年12月31日。2018年7月1日,甲公司因急需资金,经与某银行协商,将该应收账款作质押取得6个月期的流动资金借款500 000元,年利率6%,利息到期与本金一并偿还。假定不考虑其他因素,甲公司编制的会计分录如下:

(1) 7月1日取得借款时:

借:银行存款　　　　　　　　　　　　　　　　　　　　　　500 000
　　贷:短期借款　　　　　　　　　　　　　　　　　　　　　　500 000

(2) 每月末预提借款利息时:

借:财务费用　　　　　　　　　　　　　　　　　　　　　　2 500
　　贷:应付利息　　　　　　　　　　　　　　　　　　　　　　2 500

(3) 12月31日偿还本息时:

借:短期借款　　　　　　　　　　　　　　　　　　　　　　500 000
　　应付利息　　　　　　　　　　　　　　　　　　　　　　　15 000
　　贷:银行存款　　　　　　　　　　　　　　　　　　　　　　515 000

六、应收款项减值

资产负债表日,企业应对应收款项估计其预期信用损失,并根据预计结果对应收款项进行减值处理。一项应收款项是否减值应考虑如下因素:债务人发生重大财务困难;债务人违反合同,如偿付利息或本金违约或逾期;债权人出于对债务人财务困难有关的经济或合同考虑,给予债务人在任何其他情况下都不会作出的让步;债务人很可能破产或进行其他财务重组等。

企业应设置"坏账准备"账户核算应收款项减值。企业应把每期估计的坏账损失金额,一方面计入"坏账准备"账户;另一方面计入"信用减值损失"账户,待实际发生坏账损失时，冲销坏账准备和应收款项的金额。在资产负债表上，应收预付款项应按扣除所计提的坏账准备金额后的净额列示。

应收款项减值的会计处理方法具体如下：

未执行2017年修订的《企业会计准则第22号——金融工具确认和计量》的企业，继续采用账龄分析法进行处理。即认为应收款项的逾期时间越长，发生坏账损失的可能性就越大。

执行2017年修订的《企业会计准则第22号——金融工具确认和计量》的企业，采用预期信用损失法处理。按照《企业会计准则第22号——金融工具确认和计量》的规定，企业可在计量预期信用损失时运用简便方法。例如，对于应收款项的预期信用损失，企业可以参照历史信用损失经验，编制应收款项逾期天数与固定准备率对照表（如若未逾期为1%；如若逾期不到30日为2%；如若逾期不到30日-90（不含）日为3%；如若逾期不到90日-180（不含）日为20%等），以此为基础计算预期信用损失。如果企业的历史经验表明不同细分客户群体发生损失的情况存在显著差异，那么企业应当对客户群体进行恰当的分组，在分组基础上运用上述简便的方法。企业对客户群体进行恰当的分组的标准可以采用：地理区域、产品类型、客户评级、担保物以及客户类型（如批发和零售客户）等。

【例2-20】A企业2015年应收款项账龄及估计坏账损失如表2-1所示。

表2-1　　　　A企业2015年应收款项账龄及估计坏账损失表　　　　单位：元

应收款项账龄	应收款项余额	估计损失%	估计损失金额
未到期	40 000	0.5	200
过期1个月	50 000	1	500
过期2个月	35 000	2	700
过期3个月	20 000	2.5	500
过期4个月	10 000	4	400
过期5个月	8 000	10	800
过期5个月以上	2 000	20	400
合　计	165 000		3 500

在表2-1中，A企业在2015年12月31日"坏账准备"账户的账面余额调整后应为3 500元，企业需要根据调整前"坏账准备"账户的账面余额，计算本期应提的坏账准备金额。假设调整前"坏账准备"账户的余额为贷方2 300元，则本期应提的坏账准备的金额为1 200元（3 500-2 300）。A企业编制的会计分录如下：

借：资产减值损失　　　　　　　　　　　　　　　　　　　　　　　　1 200
　　贷：坏账准备　　　　　　　　　　　　　　　　　　　　　　　　　　　1 200

在2016年A企业应收某公司3 900元应收账款发生了坏账损失。A企业编制的会计分录如下：

借：坏账准备　　　　　　　　　　　　　　　　　　　　　　　　　　3 900

贷：应收账款　　　　　　　　　　　　　　　　　　　　　　　　　　3 900

　　2016年末，按上述相同的方法计算出各账龄段应收款项余额与该段估计坏账比例乘积之和为4 000元。

　　调整前"坏账准备"账户的余额为借方400元，本期应提的坏账准备的金额为4 400元（4 000＋400）。A企业编制的会计分录如下：

　　借：资产减值损失　　　　　　　　　　　　　　　　　　　　　　　　4 400
　　　　贷：坏账准备　　　　　　　　　　　　　　　　　　　　　　　　　　4 400

　　2017年预付给B公司的购货款500元由于B公司宣告破产从而发生坏账损失。A企业编制的会计分录如下：

　　借：坏账准备　　　　　　　　　　　　　　　　　　　　　　　　　　　500
　　　　贷：预付账款　　　　　　　　　　　　　　　　　　　　　　　　　　　500

　　2018年末，按上述相同的方法计算出各账龄段应收款项余额与该段估计坏账比例乘积之和为3 000元。

　　调整前"坏账准备"账户的余额为贷方3 500元，则本期应提的坏账准备的金额为－500元（3 000－3 500），即应冲减坏账准备500元。A企业编制的会计分录如下：

　　借：坏账准备　　　　　　　　　　　　　　　　　　　　　　　　　　　500
　　　　贷：资产减值损失　　　　　　　　　　　　　　　　　　　　　　　　　500

关键词

　　货币资金　内部控制制度　应收款项　附追索权

复习思考题

1. 货币资金包括哪些内容？各有何特点？
2. 货币资金的各组成部分应如何进行管理？如何进行会计处理？
3. 什么是票据贴现？应如何进行会计处理？
4. 如何判断一项应收款项减值？应收款项减值应如何进行会计处理？

第三章 金融资产

第一节 金融资产概述

金融资产来源于金融工具,金融工具是指形成一方的金融资产并形成其他方的金融负债或权益工具的合同。金融工具包括金融资产、金融负债和权益工具。其中,合同的形式多种多样,可以是书面的,也可以不采用书面形式。实务中的金融工具合同通常采用书面形式,非合同的资产不属于金融资产。

一、金融资产的内容

金融资产是指企业持有的现金、其他方的权益工具、从其他方收取现金或其他金融资产的合同权利以及衍生金融资产(衍生金融资产将在《高级财务会计》中讲解)。

其中,企业持有其他方的权益工具是指企业作为股东身份持有的其他企业发行的股票或占有其他企业的股权,其中能够对被投资单位实施控制、共同控制或施加重大影响的股权投资,在本书第五章长期股权投资中单独介绍,本章只涉及对被投资单位的影响力达不到控制、共同控制以及重大影响的权益性投资;从其他方收取现金或其他金融资产的合同权利包括企业的银行存款、应收账款、应收票据、其他应收款、贷款以及持有的其他企业发行的债券等。另外,预付账款因其产生的未来经济利益是商品或服务,不是收取现金或其他金融资产的权利,因此不属于金融资产。

二、金融资产的分类

金融资产分类是金融资产确认和计量的基础。企业应当根据其管理金融资产的业务模式和金融资产的合同现金流量特征,对金融资产进行合理的分类。金融资产一般划分为以下三类:一是以摊余成本计量的金融资产;二是以公允价值计量且其变动计入其他综合收益的金融资产;三是以公允价值计量且其变动计入当期损益的金融资产。金融资产的分类一经确定,不得随意变更。

(一) 企业管理金融资产的业务模式

1. 业务模式评估

企业管理金融资产的业务模式是指企业如何管理其金融资产以产生现金流量。业务模式决定企业所管理金融资产现金流量的来源是收取合同现金流量、出售金融资产还是两者兼有。

一个企业可能会采用多个业务模式管理其金融资产。例如，企业持有一组以收取合同现金流量为目标的投资组合，同时还持有另一组既以收取合同现金流量为目标又以出售该金融资产为目标的投资组合。

企业确定其管理金融资产的业务模式时，应当注意以下方面：

（1）企业应当在金融资产组合的层次上确定管理金融资产的业务模式，而不必按照单个金融资产逐项确定业务模式。金融资产组合的层次应当反映企业管理该金融资产的层次。有些情况下，企业可能将金融资产组合分拆为更小的组合，以合理反映企业管理该金融资产的层次。例如，企业购买一个抵押贷款组合，以收取合同现金流量为目标管理该组合中的一部分贷款，以出售为目标管理该组合中的其他贷款，则属于这种情况。

（2）企业应当以企业关键管理人员决定的对金融资产进行管理的特定业务目标为基础，确定管理金融资产的业务模式。企业的业务模式并非企业自愿指定，而是一种客观事实，通常可以从企业为实现其设定目标而开展的特定活动中得以反映。企业应当考虑在业务模式评估日可获得的所有相关证据，包括企业评价和向关键管理人员报告金融资产业绩的方式、影响金融资产业绩的风险及其管理方式以及相关业务管理人员获得报酬的方式（如报酬是基于所管理资产的公允价值还是所收取的合同现金流量）。

（3）企业应当以客观事实为依据，确定管理金融资产的业务模式，不得以按照合理预期不会发生的情形为基础确定。例如，对于某金融资产组合，如果企业预期仅会在压力情形下将其出售，且企业合理预期该压力情形不会发生，则该压力情形不得影响企业对该类金融资产的业务模式的评估。

此外，如果金融资产实际现金流量的实现方式不同于评估业务模式时的预期（如企业出售的金融资产数量超出或少于在对资产作出分类时的预期），只要企业在评估业务模式时已经考虑了当时所有可获得的相关信息，这一差异不构成企业财务报表的前期差错，也不改变企业在该业务模式下持有的剩余金融资产的分类。但是，企业在评估新的金融资产的业务模式时，应当考虑这些信息。

2. 以收取合同现金流量为目标的业务模式

在以收取合同现金流量为目标的业务模式下，企业管理金融资产旨在通过在金融资产存续期内收取合同付款来实现现金流量，而不是通过持有并出售金融资产产生整体回报。例如，甲企业购买了一个贷款组合，且该组合中有包含已发生信用减值的贷款。如果贷款不能按时偿付，甲企业将通过各类方式尽可能实现合同现金流量，如通过邮件、电话或其他方法与借款人联系催收。同时，甲企业签订了一项利率互换合同，将贷款组合的利率由浮动利率转换为固定利率。此时，甲企业管理该贷款组合的业务模式是以收取合同现金流量为目标。即使甲企业预期无法收取全部合同现金流量（部分贷款已发生信用减值），但并不影响其业务模式。此外，甲企业签订利率互换合同也不影响贷款组合的业务模式。

3. 以收取合同现金流量和出售金融资产为目标的业务模式

在以收取合同现金流量和出售金融资产为目标的业务模式下，企业的关键管理人员认为收取合同现金流量和出售金融资产对于实现其管理目标而言都是不可或缺的。例如，企业的目标是管理日常流动性需求同时维持特定的收益率，或将金融资产的存续期与相关负债的存续期进行匹配。

与以收取合同现金流量为目标的业务模式相比，此业务模式涉及的出售通常频率更高、价值更大。因为出售金融资产是此业务模式的目标之一，在该业务模式下不存在出售金融资产的频率或者价值的明确界限。如甲银行持有金融资产组合以满足其每日流动性需求，甲银行为了降低其管理流动性需求的成本，高度关注该金融资产组合的回报，组合回报包括收取的合同付款和出售金融资产的利得或损失。此时，甲银行管理该金融资产组合的业务模式即以收取合同现金流量和出售金融资产为目标。

4. 其他业务模式

如果企业管理金融资产的业务模式，不是以收取合同现金流量为目标，也不是既以收取合同现金流量又出售金融资产来实现其目标，该金融资产应当分类为以公允价值计量且其变动计入当期损益的金融资产。例如，企业持有金融资产的目的是交易性的或者基于金融资产的公允价值作出决策并对其进行管理。在这种情况下，企业管理金融资产的目标是通过出售金融资产以实现现金流量。

（二）金融资产的合同现金流量特征

金融资产的合同现金流量特征是指金融工具合同约定的、反映相关金融资产经济特征的现金流量属性。企业分类为以摊余成本计量的金融资产和以公允价值计量且其变动计入其他综合收益的金融资产，其合同现金流量特征应当与基本借贷安排相一致。即相关金融资产在特定日期产生的合同现金流量仅为对本金和以未偿付本金金额为基础的利息的支付。

本金是指金融资产在初始确认时的公允价值，本金金额可能因提前还款等原因在金融资产的存续期内发生变动；利息包括对货币时间价值、与特定时期未偿付本金金额相关的信用风险以及其他基本借贷风险、成本和利润的对价。其中，货币时间价值是利息要素中仅因为时间流逝而提供对价的部分，不包括为所持有金融资产的其他风险或成本提供的对价，但货币时间价值要素有时可能存在修正。在货币时间价值要素存在修正的情况下，企业应当对相关修正进行评估，以确定其是否满足上述合同现金流量特征的要求。此外，金融资产包含可能导致其合同现金流量的时间分布或金额发生变更的合同条款（如包含提前还款特征）的，企业应当对相关条款进行评估（如评估提前还款特征的公允价值是否非常小），以确定其是否满足上述合同现金流量特征的要求。

（三）金融资产的具体分类

1. 以摊余成本计量的金融资产

金融资产同时符合下列条件的，应当分类为以摊余成本计量的金融资产：

（1）企业管理该金融资产的业务模式是以收取合同现金流量为目标。

（2）该金融资产的合同条款规定，在特定日期产生的现金流量，仅为对本金和以未偿付本金金额为基础的利息的支付。

该类金融资产包括银行存款、贷款、应收账款、以收取合同现金流量为目的的债权投资等金融资产。

2. 以公允价值计量且其变动计入其他综合收益的金融资产

金融资产同时符合下列条件的，应当分类为以公允价值计量且其变动计入其他综合收益的金融资产：

（1）企业管理该金融资产的业务模式既以收取合同现金流量为目标又以出售该金融资产为目标。

（2）该金融资产的合同条款规定，在特定日期产生的现金流量，仅为对本金和以未偿付本金金额为基础的利息的支付。

企业持有的债券投资，如企业管理该债券的业务模式既以收取合同现金流量为目标又以出售该债券为目标，则该债券投资应当分类为以公允价值计量且其变动计入其他综合收益的金融资产。

另外，根据会计准则的规定，企业持有的权益工具投资，其合同现金流量特征不符合基本借贷安排，因此一般不能划分为该类金融资产。但在初始确认时，企业可以将非交易性权益工具投资指定为以公允价值计量且其变动计入其他综合收益的金融资产，并按规定确认股利收入。该指定一经作出，不得撤销。企业投资其他上市公司股票或者非上市公司股权的，如果其目的是非交易性的，又达不到长期股权投资标准的，就属于这种情形。

3. 以公允价值计量且其变动计入当期损益的金融资产

该类金融资产是指除以摊余成本计量的金融资产和以公允价值计量且其变动计入其他综合收益的金融资产之外的金融资产。

企业持有的普通股股票的合同现金流量是收取被投资企业未来股利分配以及其清算时获得剩余收益的权利。由于股利及获得剩余收益的权利均不符合本金和利息的定义，因此企业持有的普通股股票应当分类为以公允价值计量且其变动计入当期损益的金融资产。

另外在初始确认时，如果能够消除或显著减少会计错配，企业可以将金融资产指定为以公允价值计量且其变动计入当期损益的金融资产。该指定一经作出，不得撤销。

三、金融资产的重分类

（一）金融资产重分类的原则

企业改变其管理金融资产的业务模式时，应当按照规定对所有受影响的相关金融资产进行重分类。所以，金融资产（即非衍生债权资产）可以在以摊余成本计量、以公允价值计量且其变动计入其他综合收益和以公允价值计量且其变动计入当期损益之间进行重分类。企业管理金融资产业务模式的变更是一种极其少见的情形。

企业对金融资产进行重分类，应当自重分类日起采用未来适用法进行相关会计处理，不得对以前已经确认的利得、损失（包括减值损失或利得）或利息进行追溯调整。重分类日是指导致企业对金融资产进行重分类的业务模式发生变更后的首个报告期间的第一天。例如，甲上市公司决定于2018年3月22日改变某金融资产的业务模式，则重分类日为2018年4月1日（即下一个季度会计期间的期初）；乙上市公司决定于2018年10月15日改变某金融资产的业务模式，则重分类日为2019年1月1日。

需要注意的是，如果企业管理金融资产的业务模式没有发生变更，而金融资产的条款发生变更但未导致终止确认时，不允许重分类。如果金融资产条款发生变更导致金融资产终止确认的，不属于重分类，企业应当终止确认原金融资产，同时按照变更后的条款确认一项新金融资产。

（二）金融资产重分类的计量

1. 以摊余成本计量的金融资产的重分类

（1）企业将一项以摊余成本计量的金融资产重分类为以公允价值计量且其变动计入当期损益的金融资产的，应当按照该资产在重分类日的公允价值进行计量，原账面价值与公允价值之间的差额计入当期损益。

（2）企业将一项以摊余成本计量的金融资产重分类为以公允价值计量且其变动计入其他综合收益的金融资产的，应当按照该金融资产在重分类日的公允价值进行计量，原账面价值与公允价值之间的差额计入其他综合收益。该金融资产重分类不影响其实际利率和预期信用损失的计量。

2. 以公允价值计量且其变动计入其他综合收益的金融资产的重分类

（1）企业将一项以公允价值计量其变动计入其他综合收益的金融资产重分类为以摊余成本计量的金融资产的，应当将之前计入其他综合收益的累计利得或损失转出，调整该金融资产在重分类日的公允价值，并以调整后的金额作为新的账面价值，即视同该金融资产一直以摊余成本计量。该金融资产重分类不影响其实际利率和预期信用损失的计量。

（2）企业将一项以公允价值计量且其变动计入其他综合收益的金融资产重分类为以公允价值计量且其变动计入当期损益的金融资产的，应当继续以公允价值计量该金融资产。同时，企业应当将之前计入其他综合收益的累计利得或损失从其他综合收益转入当期损益。

3. 以公允价值计量且其变动计入当期损益的金融资产的重分类

（1）企业将一项以公允价值计量且其变动计入当期损益的金融资产重分类为以摊余成本计量的金融资产的，应当以其在重分类日的公允价值作为新的账面余额。

（2）企业将一项以公允价值计量且其变动计入当期损益的金融资产重分类为以公允价值计量且其变动计入其他综合收益的金融资产的，应当继续以公允价值计量该金融资产。

对以公允价值计量且其变动计入当期损益的金融资产进行重分类的，企业应当根据该金融资产在重分类日的公允价值确定其实际利率。同时，企业应当自重分类日起对该金融资产适用金融资产减值的相关规定，并将重分类日视为初始确认日。

第二节 以公允价值计量且其变动计入当期损益的金融资产

一、以公允价值计量且其变动计入当期损益的金融资产的确认

以公允价值计量且其变动计入当期损益的金融资产是指除以摊余成本计量的金融资产和以公允价值计量且其变动计入其他综合收益的金融资产以外的金融资产。其具体包括以下内容：

（一）以交易为目的持有的金融资产

金融资产满足下列条件之一的，表明企业持有该金融资产的目的是交易性的：

（1）取得相关金融资产的目的主要是为了近期内出售，如企业以赚取差价为目的从二级市场购入的债券投资、股票投资及基金投资等。

（2）相关金融资产在初始确认时属于集中管理的可辨认金融工具组合的一部分，且有客观证据表明近期实际存在短期获利模式。比如，企业基于其投资策略和风险管理的需要，将某些金融资产进行组合从事短期获利活动，对于组合中的金融资产应采用公允价值计量，并将其公允价值变动计入当期损益。

（3）相关金融资产属于衍生工具，如国债期货、远期合同、股指期货等，其公允价值变动大于零时，应将其相关变动金额确认为交易性金融资产，同时计入当期损益。但符合财务担保合同定义的衍生工具以及被指定为有效套期工具的衍生工具除外。如果衍生工具被指定为有效套期关系中的套期工具，那么该衍生工具初始确认后的公允价值变动应根据其对应的套期关系（即公允价值套期、现金流量套期或境外经营净投资套期）不同，采用相应的方法进行处理。

（二）直接指定为以公允价值计量且其变动计入当期损益的金融资产

企业将某项金融资产指定为以公允价值计量且其变动计入当期损益的金融资产，通常是指该金融资产在初始确认时，如果能够消除或显著减少会计错配，企业可以将金融资产指定为以公允价值计量且其变动计入当期损益的金融资产。这是由于该指定可以消除或明显减少金融资产的计量基础不同所导致的相关利得或损失在确认或计量方面不一致的情况。比如，甲金融企业的某金融负债和某金融资产密切相关且均具利率敏感性，企业将该金融资产划分为以公允价值计量且其变动计入其他综合收益的金融资产，而将相关负债却划分为以公允价值计量且其变动计入当期损益的金融负债。在这种情况下，该金融资产期末以公允价值计量但公允价值变动金额计入所有者权益，而相关的金融负债却以公允价值计量但公允价值变动金额计入当期损益，由此出现会计计量基础不同导致会计处理结果不能较好地反映交易实质的情况。如果将该金融资产指定为以公允价值计量且其变动计入当期损益的金融资产，就可以避免上述问题。

另外，企业在非同一控制下的企业合并中确认的或有对价构成金融资产的，该金融资产应分类为以公允价值计量且其变动计入当期损益的金融资产，不得指定为以公允价值计量且其变动计入其他综合收益的金融资产。

二、以公允价值计量且其变动计入当期损益的金融资产的计量

（一）初始计量

企业取得的该类金融资产应以公允价值计量。在交易过程中发生的交易费用应直接计入当期损益（投资收益），如支付的价款中包含有已到付息期尚未领取的利息或已宣告尚未领取的现金股利应作为应收项目处理。

（二）后续计量

企业取得交易性金融资产后，在每个会计期末，应以公允价值反映其价值，如公允价值发生变动，其变动计入当期损益。

三、以公允价值计量且其变动计入当期损益的金融资产的会计处理

企业应设置"交易性金融资产"账户核算其所持有的以公允价值计量且其变动计入当期损益的金融资产的公允价值。其借方登记企业取得交易性金融资产时的公允价值及取得后公允价值上升的金额，贷方登记取得交易性金融资产后公允价值下降的金额及企业处置交易性金融资产的账面价值，期末借方余额表示企业持有的交易性金融资产的公允价值。该账户可按交易性金融资产的种类或品种，分别设置"成本""公允价值变动"明细账户进行明细核算。

（一）取得的会计处理

企业取得以公允价值计量且其变动计入当期损益的金融资产，按其公允价值借记"交易性金融资产——成本"，交易费用直接计入"投资收益"账户。交易费用是指可直接归属于购买或处置金融资产的增量费用，即企业没有发生购买或处置相关金融资产的情形就不会发生的费用，具体包括支付给代理机构、咨询公司、券商、证券交易所、政府有关部门等的手续费、佣金、相关税费以及其他必要支出，不包括债券溢价、折价、融资费用、内部管理成本等与交易不直接相关的费用。如支付的价款中包含有已宣告尚未领取的现金股利或已到付息期尚未领取的利息应借记"应收股利"或"应收利息"科目，贷记银行存款等科目。

【例3-1】A企业2017年1月1日用银行存款从证券市场购入一项债券资产（分期付息，到期还本债券，面值1 000 000元，利率3%），支付价款1 030 000元（含已到付息期尚未领取的利息30 000元），另支付交易费用20 000元。A企业根据其管理该债券的业务模式和该债券的合同现金流量特征，将其划分为以公允价值计量且其变动计入当期损益的金融资产。A企业编制的会计分录如下：

借：交易性金融资产——成本　　　　　　　　　　　　　1 000 000
　　应收利息　　　　　　　　　　　　　　　　　　　　　 30 000
　　投资收益　　　　　　　　　　　　　　　　　　　　　 20 000
　贷：银行存款　　　　　　　　　　　　　　　　　　　　1 050 000

【例3-2】B企业2017年2月5日用存出投资款从证券市场购入甲企业股票50 000股，划分为以公允价值计量且其变动计入当期损益的金融资产。该股票每股市价4.60元，另支付相关税费690元。B企业编制的会计分录如下：

借：交易性金融资产——成本　　　　　　　　　　　　230 000
　　投资收益　　　　　　　　　　　　　　　　　　　　　690
　　贷：其他货币资金——存出投资款　　　　　　　　　230 690

（二）股利和利息的会计处理

交易性金融资产的股利和利息应区分不同情况分别处理：

（1）交易性金融资产取得时支付的价款中包含的已宣告尚未领取的现金股利或已到付息期尚未领取的利息，实际收到时冲减"应收股利"和"应收利息"，不作为投资收益处理。

（2）交易性金融资产持有期间被投资单位宣告的现金股利或在资产负债表日按分期付息、一次还本债券的票面利率计算的债券利息，应借记"应收股利""应收利息"科目，贷记"投资收益"科目。需要注意的是，对于股利收入，只有同时满足以下三个条件才能计入当期损益：一是企业收取股利的权利已经确立；二是与股利相关的经济利益很可能流入企业；三是股利的金额能够可靠计量。后面章节涉及股利的处理与此相同。

（3）交易性金融资产的股票投资如获得股票股利，企业不做账务处理，但需进行备查登记，登记后每股投资成本减少。后面章节涉及收到的股票股利也都不做账务处理。

【例3-3】接【例3-1】，收到支付价款中所含利息30 000元，存入银行。A企业编制的会计分录如下：

借：银行存款　　　　　　　　　　　　　　　　　　　30 000
　　贷：应收利息　　　　　　　　　　　　　　　　　　30 000

2017年末，计算出应收该债券利息30 000元，A企业编制的会计分录如下：

借：应收利息　　　　　　　　　　　　　　　　　　　30 000
　　贷：投资收益　　　　　　　　　　　　　　　　　　30 000

【例3-4】接【例3-2】，甲企业2017年4月3日宣告每10股派现金股利3元，B企业应收现金股利15 000元。B企业编制的会计分录如下：

借：应收股利　　　　　　　　　　　　　　　　　　　15 000
　　贷：投资收益　　　　　　　　　　　　　　　　　　15 000

（三）公允价值变动的会计处理

资产负债表日，交易性金融资产的公允价值高于其账面价值，应借记"交易性金融资产——公允价值变动"科目，贷记"公允价值变动损益"科目；如交易性金融资产的公允价值低于其账面价值，做相反会计分录。

【例3-5】接【例3-1】，假如2017年末该债券公允价值为1 100 000元，A企业编制的会计分录如下：

借：交易性金融资产——公允价值变动　　　　　　　　100 000
　　贷：公允价值变动损益　　　　　　　　　　　　　　100 000

【例3-6】接【例3-2】，假如2017年末甲企业股票市价为每股4.00元，其公允价值低于账面价值 30 000 元。B 企业编制的会计分录如下：

  借：公允价值变动损益   30 000
    贷：交易性金融资产——公允价值变动   30 000

（四）处置的会计处理

出售交易性金融资产应按实际收到的金额借记"银行存款"等科目，按交易性金融资产的账面价值贷记"交易性金融资产"科目，按其差额，借记或贷记"投资收益"科目。

同时将原计入交易性金融资产的公允价值变动的金额转出，借记或贷记"公允价值变动损益"科目，贷记或借记"投资收益"科目。

另外，按照相关税法规定，企业转让金融商品需交纳增值税。金融商品转让按照卖出价扣除买入价后的余额为销售额。转让金融商品出现的正负差，按盈亏相抵后的余额为销售额。若相抵后出现负差，可结转下一纳税期与下期转让金融商品销售额相抵，但年末仍出现负差的，不得转入下一个会计年度。转让金融资产应交增值税时，借记"投资收益"科目，贷记"应交税费——转让金融商品应交增值税"科目。

【例 3-7】接【例 3-5】，2018 年 3 月 10 日 A 企业将该债券处置，扣除相关税费后所得净收入 20 万元，该款项已存入银行。A 企业编制的会计分录如下：

  借：银行存款   1 200 000
    贷：交易性金融资产——成本   1 000 000
         ——公允价值变动   100 000
      投资收益   100 000

同时将原计入交易性金融资产的公允价值变动金额转出，A 企业编制的会计分录如下：

  借：公允价值变动损益   100 000
    贷：投资收益   100 000

同时计算转让金融资产应交增值税：

（1 200 000 - 1 000 000）/（1 + 6%）× 6% = 11 320.75（元）

  借：投资收益   11 320.75
    贷：应交税费——转让金融商品应交增值税   11 320.75

【例 3-8】接【例 3-6】，2018 年 5 月 20 日 B 企业将甲公司股票售出，收到款项 180 000 元，仍作为存出投资款管理。B 企业编制的会计分录如下：

  借：其他货币资金——存出投资款   180 000
    交易性金融资产——公允价值变动   30 000
    投资收益   20 000
    贷：交易性金融资产——成本   230 000

同时将原计入交易性金融资产的公允价值变动金额转出，B 企业编制的会计分录如下：

  借：投资收益   30 000
    贷：公允价值变动损益   30 000

该损失额50 000元暂时不做增值税的账务处理，留待下月抵减其他转让金融商品收益，以后期间按照抵减该损失后的销售额计算交纳增值税。如果到当年的年末仍没有其他转让金融资产的收益，则该损失不得转入下一个会计年度。

第三节 以摊余成本计量的金融资产

一、以摊余成本计量的金融资产的确认

以摊余成本计量的金融资产是指同时符合以下两个条件的金融资产：
（1）企业管理该金融资产的业务模式是以收取合同现金流量为目标。
（2）该金融资产的合同条款规定，在特定日期产生的现金流量，仅为对本金和以未偿付本金金额为基础的利息的支付。

该类金融资产包括银行存款、应收账款、以收取合同现金流量为目的的债权投资等金融资产。银行存款和应收款项在第二章中已经讲解，本节内容只涉及以收取合同现金流量为目的的债权投资。企业应设置"债权投资"账户核算该部分投资。

二、以摊余成本计量的金融资产的计量

（一）初始计量

企业初始取得该债权投资应以公允价值与相关税费的合计金额来计量。如取得该投资支付的款项中包含有已到付息期尚未领取的利息，应当从初始计量金额中扣除，作为"应收利息"单独反映。

债权投资初始确认时，还应计算确定其实际利率。实际利率是指将金融资产在预期存续期的估计未来现金流量，折现为该金融资产账面余额所使用的利率。在确定实际利率时，应当在考虑金融资产所有合同条款（如提前还款、展期、看涨期权或其他类似期权等）的基础上估计预期现金流量，但不应当考虑预期信用损失。

合同各方之间支付或收取的、属于实际利率组成部分的各项费用、交易费用及溢价或折价等，应当在确定实际利率时予以考虑。

（二）后续计量

企业取得债权投资后，应当采用实际利率法按摊余成本对该项投资进行后续计量。摊余成本是指金融资产的初始确认金额经下列调整后的结果：
（1）扣除已偿还的本金；
（2）加上或减去采用实际利率法将该初始确认金额与到期日金额之间的差额进行摊销形成的累计摊销额；
（3）扣除累计计提的损失准备。

按摊余成本与实际利率计算的利息应计入当期损益，贷记"投资收益"科目。

处置债权投资时,应将所取得的价款与债权投资账面价值之间的差额,计入"投资收益"科目。同时应当按照处置金融商品的损益计算交纳增值税,增值税的会计处理和交易性金融资产的处理相同,这里不再赘述。

三、债权投资的会计处理

企业应设置"债权投资"账户核算该部分投资。该账户可按债权投资的类别和品种分别"成本""利息调整""应计利息"等进行明细核算。

(一)债权投资取得的核算

企业取得债权投资应按债券的面值,借记"债权投资——成本"科目,按支付的价款中包含的已到付息期尚未领取的利息,借记"应收利息"科目,按实际支付的金额,贷记"银行存款"等科目,按其差额,借记或贷记"债权投资——利息调整"科目。

【例3-9】2013年初,B公司用银行存款购买了一项债券,剩余年限5年,划分为以摊余成本计量的金融资产。公允价值为900 000元,交易费用为50 000元,每年初按票面利率可收得固定利息40 000元。该债券在第6年初兑付时可得本金(面值)1 100 000元。B公司编制的会计分录如下:

借:债权投资——成本　　　　　　　　　　　1 100 000
　　贷:银行存款　　　　　　　　　　　　　　　 950 000
　　　　债权投资——利息调整　　　　　　　　　150 000

【例3-10】2015年1月3日,A公司用银行存款购入乙公司当年1月1日发行的3年期债券100张,划分为以摊余成本计量的金融资产。该债券票面利率6%,面值每张1 000元。A公司以每张1 050元的价格买入,另付相关税费500元。该债券每年计息一次,2018年1月1日到期一并还本付息。A公司编制的会计分录如下:

借:债权投资——成本　　　　　　　　　　　　100 000
　　　　　　——利息调整　　　　　　　　　　　　5 500
　　贷:银行存款　　　　　　　　　　　　　　　105 500

(二)债权投资收益的核算

1. 分期付息一次还本债券

资产负债表日,债权投资为分期付息、一次还本债券的,应按票面利率计算确定的应收未收利息,借记"应收利息"科目,按债权投资摊余成本和实际利率计算确定的利息收入,贷记"投资收益"科目,按其差额,借记或贷记"债权投资——利息调整"科目。

【例3-11】接【例3-9】,B公司预计的未来现金流量为每年初40 000元及到期日的1 100 000元本金,设其折成现值950 000元的实际利率为r,则:

$40\,000 \times (1+r)^{-1} + 40\,000 \times (1+r)^{-2} + \cdots + 1\,140\,000 \times (1+r)^{-5} = 950\,000$

采用插值法计算:

$r \approx 6.96\%$

其摊余成本及投资收益的计算如表3-1所示。

表 3 – 1		摊余成本及投资收益计算表		单位：元
年 份	年初摊余成本 a	利息收益 b = a × r	现金流量 c	年末摊余成本 d = a + b – c
2013	950 000	66 120	40 000	976 120
2014	976 120	67 937	40 000	1 004 057
2015	1 004 057	69 882	40 000	1 033 939
2016	1 033 939	71 962	40 000	1 065 901
2017	1 065 901	74 099	1 140 000	0

表 3 – 1 中 b – c 即为应摊销的利息调整金额。

由于计算的原因所导致的误差应计入最后一年的利息收益中。

2013 年末 B 公司编制的会计分录如下：

借：应收利息　　　　　　　　　　　　　　　40 000
　　债权投资——利息调整　　　　　　　　　26 120
　　　贷：投资收益　　　　　　　　　　　　　　　　66 120

2014 年末 B 公司编制的会计分录如下：

借：应收利息　　　　　　　　　　　　　　　40 000
　　债权投资——利息调整　　　　　　　　　27 937
　　　贷：投资收益　　　　　　　　　　　　　　　　67 937

2015 年末 B 公司编制的会计分录如下：

借：应收利息　　　　　　　　　　　　　　　40 000
　　债权投资——利息调整　　　　　　　　　29 882
　　　贷：投资收益　　　　　　　　　　　　　　　　69 882

2016 年末 B 公司编制的会计分录如下：

借：应收利息　　　　　　　　　　　　　　　40 000
　　债权投资——利息调整　　　　　　　　　31 962
　　　贷：投资收益　　　　　　　　　　　　　　　　71 962

2017 年末 B 公司编制的会计分录如下：

借：应收利息　　　　　　　　　　　　　　　40 000
　　债权投资——利息调整　　　　　　　　　34 099
　　　贷：投资收益　　　　　　　　　　　　　　　　74 099

2. 一次还本付息债券

资产负债表日，债权投资为一次还本付息债券的，应按票面利率计算的应收未收利息，借记"债权投资——应计利息"科目，按债权投资摊余成本和实际利率计算确定的利息收入，贷记"投资收益"科目，按其差额，借记或贷记"长期股权投资——利息调整"科目。

【例 3 – 12】接【例 3 – 10】，A 公司预计的未来现金流量为 3 年后的 118 000 元，假定实际利率为 r，则：

$118\,000 \times (1 + r) - 3 = 105\,500$

同样采用插值法计算：

$r \approx 3.8\%$

其摊余成本及投资收益的计算如表3-2所示。

表3-2　　　　摊余成本及投资收益计算表　　　　单位：元

年 份	年初摊余成本 a	利息收益 b = a × r	现金流量 c	年末摊余成本 d = a + b − c
2015	105 500	4 009	0	109 509
2016	109 509	4 161	0	113 670
2017	113 670	4 330	118 000	0

表3-2中利息收益与每期应计利息之间的差额即为摊销的利息调整金额。

由于计算原因导致的误差应计入最后一年的利息收益中。

2015年末A公司编制的会计分录如下：

借：债权投资——应计利息　　　　　　　　　　　　　　6 000
　　贷：投资收益　　　　　　　　　　　　　　　　　　　4 009
　　　　债权投资——利息调整　　　　　　　　　　　　　1 991

2016年末A公司编制的会计分录如下：

借：债权投资——应计利息　　　　　　　　　　　　　　6 000
　　贷：投资收益　　　　　　　　　　　　　　　　　　　4 161
　　　　债权投资——利息调整　　　　　　　　　　　　　1 839

2017年末A公司编制的会计分录如下：

借：债权投资——应计利息　　　　　　　　　　　　　　6 000
　　贷：投资收益　　　　　　　　　　　　　　　　　　　4 330
　　　　债权投资——利息调整　　　　　　　　　　　　　1 670

（三）债权投资到期收回的核算

企业将债券投资持有至到期，从债券的发行方收回货币资金。如为分期付息债券，按实际收到的金额，借记"银行存款"等科目，按债券的面值，贷记"债权投资——成本"科目；如为一次还本付息债券，应按实际收到的本金和利息之和，借记"银行存款"等科目，按债券的面值，贷记"债权投资——成本"科目，按累计的利息贷记"债权投资——应计利息"科目。

【例3-13】接【例3-11】，B公司在2018年初将该债券兑付，收到本金及最后一次利息共计1 140 000元，存入银行。B公司编制的会计分录如下：

借：银行存款　　　　　　　　　　　　　　　　　　　1 140 000
　　贷：债权投资——成本　　　　　　　　　　　　　　1 100 000
　　　　应收利息　　　　　　　　　　　　　　　　　　　40 000

【例3-14】接【例3-12】，A公司在2018年初收到该债券的本息和共计118 000

元,存入银行。A 公司编制的会计分录如下:

借:银行存款　　　　　　　　　　　　　　　　　　　118 000
　　贷:债权投资——成本　　　　　　　　　　　　　　　　100 000
　　　　　　——应计利息　　　　　　　　　　　　　　　　18 000

(四) 债权投资出售的核算

企业持有债权投资的目的是为了收取债券的本金及利息,但在极个别情况下,为了满足企业流动性需求,企业可能将未到期的债权投资出售。企业出售债权投资应按实际收到的金额,借记"银行存款"等科目,按其账面余额,贷记"债权投资"科目,差额计入"投资收益"科目。如已计提减值准备,也应同时结转。

【例 3-15】 接【例 3-9】,假定 B 公司在 2015 年 4 月 1 日将该债券投资出售,扣除相关税费所得净收入 1 003 000 元,出售日的账面余额为成本明细账借方 1 100 000 元,利息调整成本明细账贷方 95 943 元 (150 000 - 26 120 - 27 937)。假定 B 公司没有对该投资计提减值准备。B 公司编制的会计分录如下:

借:银行存款　　　　　　　　　　　　　　　　　　　1 003 000
　　债权投资——利息调整　　　　　　　　　　　　　　　95 943
　　投资收益　　　　　　　　　　　　　　　　　　　　　1 057
　　贷:债权投资——成本　　　　　　　　　　　　　　　1 100 000

第四节　以公允价值计量且其变动计入其他综合收益的金融资产

一、以公允价值计量且其变动计入其他综合收益的金融资产的确认

按照金融资产分类的规定,以公允价值计量且其变动计入其他综合收益的金融资产包括两部分内容:一是符合该类资产分类条件的金融资产,该部分一般为债券投资,应在其他债权投资中进行处理;二是直接指定为以公允价值计量且其变动计入其他综合收益的金融资产,该部分一般为股权投资,应在其他权益工具投资中处理。

(一) 其他债权投资

在初始确认时,同时满足下列两个条件的,应属于其他债权投资:

(1) 企业管理该金融资产的业务模式既以收取合同现金流量为目标又以出售该金融资产为目标。

(2) 该金融资产的合同条款规定,在特定日期产生的现金流量,仅为对本金和以未偿付本金金额为基础的利息的支付。

企业持有的债券投资,如企业管理该债券的业务模式既以收取合同现金流量为目标又以出售该债券为目标,则该债券应当在其他债权投资中核算。

（二）其他权益工具投资

在初始确认时，企业可以将非交易性权益工具投资指定为以公允价值计量且其变动计入其他综合收益的金融资产。如投资其他上市公司股票或者非上市公司股权的，其目的是非交易性的，又对被投资单位无控制、无共同控制、无重大影响的，就属于这种情形。该指定部分的投资应在其他权益工具投资中核算。

二、以公允价值计量且其变动计入其他综合收益的金融资产的计量

（一）初始计量

企业取得以公允价值计量且其变动计入其他综合收益的金融资产时，按取得时该金融资产的公允价值和相关交易费用之和作为初始确认金额。支付的价款中包含的已到付息期但尚未领取的债券利息或已宣告但尚未发放的现金股利，应单独确认为应收项目。

（二）后续计量

对于其他债权投资，在持有期间应采用实际利率法计算投资收益。每期计算投资收益的金额应当视同其一直按摊余成本来计量，即该金融资产计入损益的金额与按摊余成本计量而计入损益的金额是相等的。资产负债表日，应当以公允价值计量，其公允价值变动金额计入权益项目（其他综合收益）。当企业处置该金融资产时，原计入其他综合收益的累计金额应当转出，计入当期损益。

对于其他权益工具投资，在持有期间取得的现金股利应当计入投资收益。资产负债表日，应当以公允价值计量，其公允价值变动计入权益项目（其他综合收益）。当企业处置该金融资产时，原计入其他综合收益的累计金额也应当转出，但不应计入当期损益，而应计入留存收益。

三、以公允价值计量且其变动计入其他综合收益的金融资产的会计处理

（一）其他债权投资

企业应设置"其他债权投资"账户核算企业持有的该部分金融资产的公允价值。该账户按其他债权投资的类别和品种，分别设置"成本""利息调整""应计利息""公允价值变动"等明细账户进行明细核算。

1. 其他债权投资取得的核算

企业取得其他债权投资的，应按债券的面值，借记"其他债权投资——成本"科目，按支付的价款中包含的已到付息期但尚未领取的利息，借记"应收利息"科目，按实际支付的金额，贷记"银行存款"等科目，按差额，借记或贷记"其他债权投资——利息调整"科目。

【例3-16】D公司2018年1月1日用银行存款从证券市场购入B公司同日发行的5年期债券，划分为以公允价值计量且其变动计入其他综合收益的金融资产。该债券面值为400 000元，票面利率4%，到期一次还本付息。D公司连同手续费共支付378 000元。D公司编制的会计分录如下：

借：其他债权投资——成本　　　　　　　　　　　　400 000
　　贷：其他债权投资——利息调整　　　　　　　　　　　　22 000

银行存款		378 000

2. 其他债权投资收益的核算

（1）分期付息、一次还本债券。资产负债表日，其他债权投资为分期付息、一次还本债券的，应按票面利率计算确定的应收未收利息，借记"应收利息"科目，按摊余成本和实际利率计算确定的利息收入，贷记"投资收益"科目，按其差额，借记或贷记"其他债权投资——利息调整"科目。其计算和账务处理与债权投资基本相同，这里不再举例。

（2）一次还本付息债券。资产负债表日，其他债权投资为一次还本付息债券的，应按票面利率计算确定的应收未收利息，借记"其他债权投资——应计利息"科目，按摊余成本和实际利率计算确定的利息收入，贷记"投资收益"科目，按其差额，借记或贷记"其他债权投资——利息调整"科目。其计算和账务处理与债权投资基本相同，这里不再举例。

3. 其他债权投资公允价值变动的核算

资产负债表日，债券的公允价值高于其账面余额的差额，应借记"其他债权投资——公允价值变动"科目，贷记"其他综合收益——其他债权投资公允价值变动"科目；如公允价值低于其账面余额，则按差额做相反的会计分录。需要注意的是，对于其他债权投资产生的其他综合收益，在年末进行所得税会计处理时，其产生的递延所得税资产或负债，一方面调整递延所得税资产或负债；另一方面调整其他综合收益，具体处理在第十四章中详述。

4. 其他债权投资出售的核算

企业出售该金融资产，应按实际收到的金额，借记"银行存款"等科目，按其账面余额，贷记"其他债权投资"科目，按应从所有者权益中转出的公允价值累计变动额，借记或贷记"其他综合收益"科目，按其差额，贷记或借记"投资收益"科目。

（二）其他权益工具投资

企业应设置"其他权益工具投资"账户核算企业持有的该部分金融资产的公允价值。该账户按其他权益工具投资的类别和品种，分别设置"成本""公允价值变动"明细账户进行明细核算。

1. 其他权益工具投资取得的核算

企业取得其他权益工具投资，应按其公允价值与交易费用之和，借记"其他权益工具投资——成本"科目，按支付的价款中包含的已宣告但尚未领取的现金股利，借记"应收股利"科目，按实际支付的金额，贷记"银行存款"等科目。

【例3-17】 C公司于2017年5月9日以银行存款从证券市场购入A公司股票100 000股，初始确认时被指定为以公允价值计量且其变动计入其他综合收益的金融资产。市价为每股8.00元，另支付手续费2 000元，A公司于2017年4月23日宣告每10股派3元现金股利，2017年5月23日为股权登记日。C公司编制的会计分录如下：

借：其他权益工具投资——成本	772 000	
应收股利	30 000	
贷：银行存款		802 000

2. 其他权益工具投资收益的核算

企业持有该股票投资期间,如被投资单位宣告分派现金股利,企业应借记"应收股利"科目,贷记"投资收益"科目。实际收到现金股利时,应借记"银行存款"等科目,贷记"应收股利"科目。

3. 其他权益工具投资公允价值变动的核算

资产负债表日,公允价值高于其账面余额的差额,应借记"其他权益工具投资——公允价值变动"科目,贷记"其他综合收益——其他权益工具投资公允价值变动"科目;如公允价值低于其账面余额,则按差额做相反的会计分录。同样对于其他权益工具投资产生的其他综合收益,也需要进行所得税的会计处理,具体处理在第十四章中详述。

【例3-18】 接【例3-17】,假如A公司股票在2016年末每股市价为12.00元。C公司编制的会计分录如下:

借:其他权益工具投资——公允价值变动　　　　　　　　　　428 000
　　贷:其他综合收益——其他权益工具投资公允价值变动　　　　428 000

假如A公司股票在2017年末每股市价为10元,则C公司应编制的会计分录如下:

借:其他综合收益——其他权益工具投资公允价值变动　　　　200 000
　　贷:其他权益工具投资——公允价值变动　　　　　　　　　　200 000

(三) 其他权益工具投资出售的核算

企业出售该金融资产,应按实际收到的金额,借记"银行存款"等科目,按其账面余额,贷记"其他权益工具投资(成本、公允价值变动)"科目,按其差额,贷记或借记"投资收益"科目。同时将持有期间的其他综合收益转入留存收益,计入"利润分配——未分配利润"科目。

【例3-19】 接【例3-18】,C公司在2018年3月4日将A公司股票全部出售,扣除相关税费所得净收入1 124 000元,存入银行。C公司编制的会计分录如下:

借:银行存款　　　　　　　　　　　　　　　　　　　　　1 124 000
　　贷:其他权益工具投资——成本　　　　　　　　　　　　　　772 000
　　　　　　　　　　　——公允价值变动　　　　　　　　　　228 000
　　　　投资收益　　　　　　　　　　　　　　　　　　　　　124 000
借:其他综合收益　　　　　　　　　　　　　　　　　　　　228 000
　　贷:利润分配——未分配利润　　　　　　　　　　　　　　　228 000

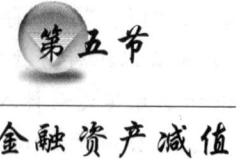

第五节　金融资产减值

一、金融资产减值概述

金融资产减值应当采用"预期信用损失法"。在该方法下,减值准备的计提不以减值的实际发生为前提，而是以未来可能的违约事件造成的损失的期望值来计量当期（资产负债表日）应当确认的减值准备。

企业应当以预期信用损失为基础，对金融资产进行减值会计处理并确认损失准备，本章所涉及的金融资产，除以公允价值计量且其变动计入当期损益的金融资产不需进行减值处理外，其余的金融资产在资产负债表日都需要进行减值测试。

损失准备是指针对按照以摊余成本计量的金融资产的预期信用损失计提的准备，按照以公允价值计量且其变动计入其他综合收益的金融资产的累计减值金额计提的准备。

预期信用损失是指以发生违约的风险为权重的金融工具信用损失的加权平均值。

信用损失是指企业按照原实际利率折现的、根据合同应收的所有合同现金流量与预期收取的所有现金流量之间的差额，即全部现金短缺的现值。其中，对于企业购买或源生的已发生信用减值的金融资产，应按照该金融资产经信用调整的实际利率折现。经信用调整的实际利率是指将购入或源生的已发生信用减值的金融资产在预计存续期的估计未来现金流量，折现为该金融资产摊余成本的利率。在确定经信用调整的实际利率时，应当在考虑金融资产的所有合同条款（如提前还款、展期、看涨期权或其他类似期权等）以及初始预期信用损失的基础上估计预期现金流量。由于预期信用损失考虑付款的金额和时间分布，因此即使企业预计可以全额收款但收款时间晚于合同规定的到期期限，也会产生信用损失。

在估计现金流量时，企业应当考虑金融工具在整个预计存续期的所有合同条款（如提前还款、展期、看涨期权或其他类似期权等）。企业所考虑的现金流量应当包括出售所持担保品获得的现金流量，以及属于合同条款组成部分的其他信用增级所产生的现金流量。

企业通常能够可靠估计金融工具的预计存续期。在极少数情况下，金融工具预计存续期无法可靠估计的，企业在计算确定预期信用损失时，应当基于该金融工具的剩余合同期间。

二、金融资产减值的三个阶段

根据《企业会计准则第22号——金融工具确认和计量》的规定，可以将金融资产发生信用减值的过程分为三个阶段，对于不同阶段的金融资产的减值按照不同的会计处理方法进行处理。

1. 信用风险自初始确认后未显著增加（第一阶段）

对于处于该阶段的金融资产，企业应当按照未来12个月的预期信用损失计量其损失准备，并按照其账面余额（即未扣除减值准备）和实际利率计算利息收入。

2. 信用风险自初始确认后已显著增加但尚未发生信用减值（第二阶段）

对于处于该阶段的金融资产，企业应当按照该资产整个存续期的预期信用损失计量损失准备，并按照其账面余额（即未扣除减值准备）和实际利率计算利息收入。

3. 初始确认后发生信用损失减值（第三阶段）

对于处于该阶段的金融资产，企业应当按照该资产整个存续期的预期信用损失计量损失准备，但对利息收入的计算不同于处于前两个阶段的金融资产。对于已发生信用减值的金融资产，企业应当按照其摊余成本（账面余额减已计提减值准备，即账面价值）和实际利率计算利息收入。

需要注意的是，上述三个阶段的划分，适用于购买或源生时未发生信用减值的金融资产。对于购买或源生时已发生信用减值的金融资产，企业应当仅将初始确认后整个存续期内预期信用损失的变动确认为损失准备，并按其摊余成本和经信用调整的实际利率计算利息收入。

三、对信用风险显著增加的判断

企业在评估金融工具的信用风险自初始确认后是否已显著增加时，应当考虑金融工具预计存续期内发生违约风险的变化，而不是预期信用损失金额的变化。企业应当通过比较金融工具在资产负债表日发生违约的风险与在初始确认日发生违约的风险，以确定金融工具预计存续期内发生违约风险的变化情况。在为确定是否发生违约风险而对违约进行界定时，企业所采用的界定标准应当与其内部针对相关金融工具的信用风险管理目标保持一致，并考虑财务限制条款等其他定性指标。

企业通常应当在金融工具逾期前确认该工具整个存续期预期信用损失。企业在确定信用风险自初始确认后是否显著增加时，企业无须付出不必要的额外成本或努力即可获得合理且有依据的前瞻性信息的，不得仅依赖逾期信息来确定信用风险自初始确认后是否显著增加；企业必须付出不必要的额外成本或努力才可获得合理且有依据的逾期信息以外的单独或汇总的前瞻性信息的，可以采用逾期信息来确定信用风险自初始确认后是否显著增加。

无论企业采用何种方式评估信用风险是否显著增加，通常情况下，如果逾期超过30日，则表明金融工具的信用风险已经显著增加。除非企业在无须付出不必要的额外成本或努力的情况下即可获得合理且有依据的信息，证明即使逾期超过30日，信用风险自初始确认后仍未显著增加。如果企业在合同付款逾期超过30日前已确定信用风险显著增加，则应当按照整个存续期的预期信用损失确认损失准备。如果交易对手方未按合同规定时间支付约定的款项，则表明该金融资产发生逾期。

企业在评估金融工具的信用风险自初始确认后是否已显著增加时，应当考虑违约风险的相对变化，而非违约风险变动的绝对值。在同一后续资产负债表日，对于违约风险变动的绝对值相同的两项金融资产，初始确认时违约风险较低的金融工具比初始确认时违约风险较高的金融工具的信用风险变化更为显著。

企业确定金融工具在资产负债表日只具有较低的信用风险的，可以假设该金融工具的信用风险自初始确认后并未显著增加。如果金融工具的违约风险较低，借款人在短期内履行其合同现金流量义务的能力很强，并且即便较长时期内经济形势和经营环境存在不利变化但未必一定降低借款人履行其合同现金流量义务的能力，该金融工具被视为具有较低的信用风险。

四、预期信用损失的计量

企业计量金融工具预期信用损失的方法应当反映下列各项要素：

(1) 通过评价一系列可能的结果而确定的无偏概率加权平均金额。
(2) 货币时间价值。
(3) 在资产负债表日无须付出不必要的额外成本或努力即可获得的有关过去事项、当前状况以及未来经济状况预测的合理且有依据的信息。

企业应当按照下列方法确定有关金融工具的信用损失：

(1) 对于金融资产，信用损失应为企业应收取的合同现金流量与预期收取的现金流量之间差额的现值。

(2) 对于资产负债表日已发生信用减值但并非购买或源生已发生信用减值的金融资产，信用损失应为该金融资产账面余额与按原实际利率折现的估计未来现金流量的现值之间的差额。

企业应当以概率加权平均为基础对预期信用损失进行计量。企业对预期信用损失的计量应当反映发生信用损失的各种可能性，但不必识别所有可能的情形。在计量预期信用损失时，企业需考虑的最长期限为企业面临信用风险的最长合同期限（包括考虑续约选择权），而不是更长期间，即使该期间与业务实践相一致。

五、金融资产减值的账务处理

(一) 减值准备的计提和转回

企业应当在资产负债表日计量金融资产预期信用损失。如果该预期信用损失大于该工具（或组合）当前减值准备的账面金额，企业应当将其差额确认为减值损失，借记"信用减值损失"科目，根据金融资产的种类，贷记"债权投资减值准备"或"其他综合收益——信用减值准备"等科目。如果资产负债表日计算的预期信用损失小于该工具（或组合）当前减值准备的账面金额（例如，从按照整个存续期预期信用损失计量损失准备转为按照未来12个月预期信用损失计量损失准备时，可能出现这一情况），则应当将差额确认为减值利得，做相反的会计分录。

(二) 已发生信用损失金融资产的核销

企业实际发生信用损失，认定相关金融资产无法收回，经批准予以核销的，应当根据批准的核销金额，借记"债权投资减值准备"或"其他综合收益——信用减值准备"等科目，贷记"债权投资""其他债权投资""其他权益工具投资"等科目。若核销金额大于已计提的损失准备，还应按其差额借记"信用减值损失"科目。

【例 3-20】 A 公司 2015 年初购入 B 公司同期发行的 5 年期债券，划分为以摊余成本计量的金融资产。该债券面值 5 000 万元，A 公司实际支付 4 900 万元，票面年利率为 10%（利息按年支付），假定初始确认时确定的实际利率 r 为 10.53%。初始确认时，A 公司已经确定其不属于购入或源生的已发生信用减值的金融资产。

2017 年 12 月 31 日，有客观证据表明 B 公司发生了严重财务困难，其债券在二级市场价格严重下跌。A 公司认为，该金融资产的信用风险自初始确认后并无显著增加，应按 12 个月内预期信用损失计量损失准备，据此认定该投资发生了减值。综合考虑其预期信用损失，损失准备为 40 万元。为简化起见，本例不考虑利息。A 公司应编制的会计分录如下：

借：信用减值损失　　　　　　　　　　　　　　　　　400 000
　　贷：债权投资减值准备　　　　　　　　　　　　　　　　400 000

关键词

金融资产　摊余成本　实际利率　金融资产减值　预期信用损失

复习思考题

1. 什么是金融资产？其分为哪几类？
2. 以摊余成本计量的金融资产应如何确认与计量？
3. 以公允价值计量且其变动计入其他综合收益的金融资产应如何进行后续计量？其他综合收益在金融资产处置时应如何处理？
4. 以公允价值计量且其变动计入当期损益的金融资产应如何进行会计处理？
5. 金融资产减值应如何确认与计量？

第四章 存　货

第一节　存货概述

一、存货的概念及分类

（一）存货的定义及内容

《企业会计准则第1号——存货》规定，存货是指企业在正常生产经营过程中持有以备出售的产成品或商品、处在生产过程中的在产品、在生产过程或提供劳务过程中耗用的材料和物料等。

具体来讲，存货包括各类原材料、在产品、半成品、产成品、商品以及包装物、低值易耗品、委托代销商品等。

（1）原材料。其是指企业在生产过程中经加工改变其形态或性质并构成产品主要实体的各种原料及主要材料、辅助材料、外购半成品（外购件）、修理用备件（备品备件）、包装材料、燃料等。

（2）在产品。其是指企业正在制造尚未完工的生产物，包括正在各个生产工厂加工的产品和已加工完毕但尚未检验或已检验但尚未办理入库手续的产品。

（3）半成品。其是指经过一定生产过程并已检验合格交付半成品仓库保管，但尚未制造完工成为产成品，仍需进一步加工的中间产品。但不包括从一个生产车间转给另一个生产车间继续加工的自制半成品以及不能单独计算成本的自制半成品。

（4）产成品。其是指工业企业已经完成全部生产过程并验收入库，可以按照合同规定的条件送交订货单位，或者可以作为商品对外销售的产品。企业接受外来原材料加工制造的代制品和为外单位加工修理的代修品，制造和修理完成验收入库后，应视同企业的产成品。

（5）商品。其是指商品流通企业的商品，包括外购或委托加工完成验收入库用于销售的各种商品。

（6）包装物。其是指为了包装本企业商品而储备的各种包装容器，如桶、箱、瓶、坛、袋等。其主要作用是盛装、装潢产品或商品。但下列包装物在会计上不作为包装物存货进行核算：

①各种包装用的材料，如纸、绳、铁丝、铁皮等，应作为原材料进行核算。

②企业在生产经营过程中用于储存和保管产品或商品、材料、半成品、零部件等，而不随同产品或商品出售、出租或出借的包装物，如企业在经营过程中周转使用的包装容器，应按其价值大小和使用年限长短分别归入固定资产或低值易耗品进行核算。

（7）低值易耗品。其是指不能作为固定资产的各种用具物品，如工具、管理用具、玻璃器皿、劳动保护用品，以及在经营过程中周转使用的容器等。其特点是单位价值较低，使用期限相对于固定资产较短，在使用过程中基本保持其原有实物形态不变。

（8）委托代销商品。其是指企业委托其他单位代销的商品。

需要注意的是，为建造固定资产等各项工程而储备的各种材料，虽然也具有存货的某些特征（如流动性），但它们并不符合存货的定义，因此不能作为企业的存货进行核算。企业的特准储备以及按国家指令专项储备的资产也不符合存货的定义，因而也不属于企业的存货。

（二）存货的特点

从存货的定义可以发现存货具有以下特点：

（1）存货属于有形资产，具有物质实体。存货的这一特征，使其区别于企业的许多其他无实物形态的资产，如无形资产、应收账款、应收票据、短期投资、长期投资等，同时也将现金与银行存款排除在存货的范围之外。

（2）存货属于流动资产，具有较大的流动性，但其流动性又低于现金、应收账款等其他流动资产。存货的这一特征，使其区别于企业其他各种有物质实体存在的资产，如固定资产、在建工程等。企业的低值易耗品由于价值较低、较容易损坏、使用期限较短、具有较大的流动性，因此将其列入存货的范围之内。

（3）企业持有存货的目的在于准备在正常经营过程中予以出售，如商品、产成品以及某些半成品等；或者将在生产或提供劳务的过程中耗用，制成产成品后再予以出售，如材料、包装物、低值易耗品等；或者仍然处在生产过程中，如在产品、半成品等。存货的这一特征，使其与企业储存的用于工程建造的各种工程物资相区别。

（4）存货具有实效性和发生潜在损失的可能性。在正常的生产经营活动过程中，存货将能够转换为货币资产或其他资产。但长期不能销售或耗用的商品、材料等，就有可能变为积压物资或者需降价销售，从而造成企业的损失。

（三）存货的分类

为了加强存货的管理，提供有用的会计信息，企业应科学合理地对存货进行分类。一般情况下，存货可按照其存放地点进行分类或按照企业的性质和经营范围并结合存货的用途进行分类。

1. 存货按照其存放地点进行分类

（1）库存存货。其是指已验收合格并入库的各种存货。

（2）在途存货。其是指货款已经支付、正在运输途中的存货以及已经运达企业但尚未验收入库的存货。

（3）加工中的存货。其是指本企业正在加工中的存货和委托其他单位加工的存货。

（4）委托代销存货。其是指本企业委托其他单位代销的存款。

2. 存货按照企业的性质和存货的用途进行分类

（1）制造业存货。其是指企业购进后直接用于生产制造，并构成产品实体的商品物资。这类存货的特点是在出售前这些存货需要经过企业生产加工过程，改变其原有的实物形态或使用功能。这类存货主要发生在工业企业之中，包括原材料、委托加工材料、包装物和低值易耗品、库存商品及自制半成品、在产品等。

（2）商品流通企业存货。其是指企业购进以供直接销售的商品物资。这类存货的特点是，在出售之前这些商品物资的原有实物形态一般保持不变。这类存货主要指在商品流通企业所购销的商品、委托加工物资等。

（3）其他行业存货。其是指企业购进后为近期的生产活动所耗用的物料和服务性行业未完工的修理物品。这类存货的主要特点是为了满足企业的各种消耗性需要，而不是为了将其直接销售或加工制成产品后再出售。这类存货主要指服务业企业（如旅行社、饭店、宾馆、游乐场所、美容美发场所、照相馆、修理厂等）供业务活动使用的物品，这类企业既不生产产品也不经销产品，但其一般都存有各种少量物料用品、办公用品、家具用具等，这些用品也作为存货处理。

二、存货的确认

某一资产项目如果要作为存货予以确认，首先，需要符合存货的定义；其次，还需要符合存货的确认条件，即，与该存货有关的经济利益很可能流入企业，该存货的成本能够可靠地计量。

在确认存货时，应判断其是否很可能给企业带来经济利益，或者其所包含的经济利益是否很可能流入企业。通常，拥有存货的法定所有权是存货包含的经济利益很可能流入本企业的一个重要标志。例如，一般情况下，根据销售合同已经售出（取得现金或收取现金的权利），所有权已经转移的存货，因其所含经济利益已不能再流入本企业，即使该存货尚未运离本企业，也不能再作为企业的存货进行核算。再如，委托代销商品，由于其所有权并未转移至受托方，因而委托代销的商品仍是委托企业存货的一部分。总之，企业在判断存货所含经济利益能否流入企业时，通常应结合考虑该项存货法定所有权的归属。

资产确认的基本前提是成本能够可靠地计量。存货作为企业资产的组成部分，要予以确认也必须能够对其成本进行可靠地计量。存货的成本能够可靠地计量必须以取得确凿、可靠的证据为依据，并且具有可验证性。如果存货成本不能可靠地计量，则不能确认为一项存货。

关于存货的确认需要注意以下几点：

第一，关于代销商品。代销商品（也称为托销商品）是指一方委托另一方代其销售商品。从商品所有权的转移来分析，代销商品在售出以前所有权属于委托方，受托方只是代对方销售商品。因此代销商品应作为委托方的存货处理。但为了使受托方加强对代销商品的核算和管理，企业会计制度也要求受托方对其受托代销商品纳入账内核算。

第二，关于在途商品。对于销售方按销售合同、协议规定已确认销售（如已收到货款等），而尚未发运给购货方的商品，应作为购货方的存货而不应再作为销货方的存货；对于购货方已收到商品但尚未收到销货方结算发票等的商品，购货方应作为其存货处理；对于购货方已经确认为购进（如已付款等）而尚未到达入库的在途商品，购货方应将其作为存货处理。

第三，关于购货约定。对于约定未来购入的商品，由于企业并没有实际的购货行为发生，因此不作为企业的存货，也不确认有关的负债和费用。

三、存货的初始计量

存货初始计量是指企业取得存货时如何确定其入账价值。存货初始入账价值确定的准确与否，关系到存货发出、存货期末计量、存货信息披露的可靠性问题。根据《企业会计准则第1号——存货》的规定，存货应当按照成本进行初始计量。存货成本包括采购成本、加工成本和其他成本。

1. 采购成本

存货的采购成本包括购买价款、相关税费、运输费、装卸费、保险费以及其他可归属于存货采购成本的费用。

（1）采购价格。企业购入的材料或商品，应根据发票账单的金额确认采购价格，但不包括按规定可予以抵扣的增值税税额。在存在商业折扣、回扣和类似项目的情况下，应将扣除商业折扣、回扣和类似项目后的余额确认为采购价格。对于进口商品而言，进口商品的采购价格包括国外进价和应分摊的外汇价差。其中，国外进价一律以到岸价为基础，如对外合同以离岸价成交的，商品离开对方口岸后，应由我方负担的运杂费、保险费、佣金等费用计入商品的进价。收入的佣金冲减进价，不易按商品认定的，冲减营业费用。

（2）进口关税。其是指从中华人民共和国境外购入的货物和物品，根据税法规定所交纳的进口关税。

（3）其他税金。其是指企业购买、自制或委托加工存货发生的消费税、资源税和不能从销项税额中抵扣的增值税进项税额以及其他费用，但不包括按规定根据运输费的一定比例计算的可抵扣的增值税额以及按规定收到的先征后返的增值税、消费税。

（4）保险费。其是指企业在存货的购置过程中发生的财产保险费等。

（5）其他可直接归属于存货采购成本的费用，即采购成本中除上述各项外的可直接归属于存货采购成本的费用，如在采购过程中发生的仓储费、包装费、大宗物资的市内运杂费、运输途中的合理损耗、入库前的挑选费用等。

商品流通企业在采购存货过程中发生的运输费、装卸费、保险费以及其他可归属于存货采购成本的费用等进货费用，应当计入存货采购成本，也可以先进行归集，期末根据所购商品的存销情况进行分摊。对于已售商品的进货费用，计入当期损益；对于尚未售出商品的进货费用，计入期末存货成本。

2. 加工成本

存货的加工成本包括直接人工以及按照一定方法分配的制造费用。

（1）直接人工。直接人工是指企业在生产产品过程中，直接从事产品生产的工人工资和职工福利费。直接人工与间接人工相对应，它们之间的划分依据是生产工人是否与所生产的产品直接相关。

（2）制造费用。制造费用是指企业为生产产品和提供劳务而发生的各项间接费用。企业应当根据制造费用的性质合理地选择制造费用分配方法。

3. 其他成本

存货的其他成本是指除采购成本、加工成本以外的，使存货达到目前场所和状态所发生的其他支出，如为特定客户设计产品所发生的设计费用等。

需要指出的是，根据《企业会计准则第1号——存货》的规定，下列费用应当在发生时确认为当期损益，不计入存货成本：

第一，非正常消耗的直接材料、直接人工和制造费用。其是指企业在正常的生产经营活动过程中，发生的超过定额标准或有关标准的直接材料、直接人工和制造费用。发生这些费用对存货达到目前场所和状态没有什么帮助，因此不应该计入存货的成本，而应在其发生时直接计入当期损益。

第二，仓储费用。其是指企业在存货加工和销售环节发生的仓储费用，不包括在生产过程中为达到下一个生产阶段所必需的仓储费用。在生产过程中为达到下一个生产阶段所必需的仓储费用，应在发生时直接计入存货成本。比如，酿酒企业为使生产的酒类达到规定的标准，而必须发生的仓储费用应直接计入酒的成本，而不应在其发生时直接计入当期损益。

第三，不能归属于使存货达到目前场所和状态的其他支出。

4. 接受投资取得存货

《企业会计准则第1号——存货》规定，投资者投入存货的成本，应当按照投资合同或协议约定的价值确定，但合同或协议约定价值不公允的除外。

投资者投入的存货按确认的价值，借记"原材料"等科目，按专用发票上注明的增值税进项税额，借记"应交税费——应交增值税（进项税额）"科目，按占被投资方股权总额的比例，贷记"实收资本（股本）"科目，按借贷双方的差额，贷记"资本公积"科目。

四、存货发出的计价

发出存货按实际成本核算的计价方法包括先进先出法、加权平均法和个别计价法等。企业应当根据各类存货的实物流转方式、企业管理的要求、存货的性质等实际情况，合理地选择确定发出存货成本的计价方法以及当期发出存货的实际成本。

1. 先进先出法

先进先出法是以先购入的存货应先发出这样一种存货实物流转假设为前提，对发出存货进行计价的方法。采用这种方法，先购入的存货成本在后购入存货成本之前转出，据此确定发出存货和期末存货的成本。

【例4-1】2018年3月1日，某股份有限公司结存A种原材料600千克，每千克单价2.00元；3月8日、3月20日、3月31日分别购进A种原材料400千克、600千克、400千克，每千克单价分别是2.20元、2.30元、2.50元；3月14日、3月28日分别发出A

种原材料800千克、400千克。按先进先出法计价时,发出和结存A种原材料的成本如表4-1所示。

表4-1   A种原材料成本表

日期		收入			发出			结存		
月	日	数量（千克）	单价（元）	金额（元）	数量（千克）	单价（元）	金额（元）	数量（千克）	单价（元）	金额（元）
3	1							600	2.00	1 200
3	8	400	2.20	880				600 400	2.00 2.20	1 200 880
3	14				600 200	2.00 2.00	1 200 440	200	2.20	440
3	20	600	2.30	1 380				200 600	2.20 2.30	440 1 380
3	28				200 200	2.20 2.30	440 460	400	2.30	920
3	31	400	2.50	1 000				400 400	2.30 2.50	920 1 000

根据表4-1可知：

本月发出A种原材料的成本 = 1 200 + 440 + 440 + 460 = 2 540（元）

月末结存A种原材料的成本 = 920 + 1 000 = 1 920（元）

采用先进先出法进行存货计价，可以随时确定发出存货的成本，从而保证了产品成本和销售成本计算的及时性，并且期末存货成本是按最近购货成本确定的，比较接近现行的市场价值。但采用该方法计价，有时对同一批发出存货要采用两个或两个以上的单位成本计价，计算繁琐，对存货进出频繁的企业更是如此。从该方法对财务报告的影响来看，在物价上涨期间会高估当期利润和存货价值；反之，会低估当期利润和存货价值。

2. 加权平均法

加权平均法可细分为月末一次加权平均法和移动加权平均法。

（1）月末一次加权平均法。其是指以本月全部进货数量加上月初存货数量作为权数，去除当月全部进货成本加上月初存货成本，计算出存货的加权平均单位成本，以此为基础计算当月发出存货的成本和期末存货的成本的一种方法。计算存货的加权平均单位成本的公式如下：

$$存货加权平均单位成本 = \frac{月初库存存货的实际成本 + \sum\left(本月各批进货的实际单位成本 \times 本月各批进货的数量\right)}{月初库存存货数量 + 本月各批进货数量之和}$$

本月发出存货的成本 = 本月发出存货的数量 × 存货加权平均单位成本

本月月末库存存货成本 = 月末库存存货的数量 × 存货加权平均单位成本

【例4-2】沿用【例4-1】资料。

$$加权平均单价 = \frac{600 \times 2.00 + 400 \times 2.2 + 600 \times 2.3 + 400 \times 2.50}{600 + 400 + 600 + 400} = 2.23（元）$$

本月发出 A 种原材料的成本 = 1 200 × 2.23 = 2 676（元）

月末结存 A 种原材料的成本 = 800 × 2.23 = 1 784（元）

采用月末一次加权平均法，只在月末一次计算加权平均单位成本并结转发出存货成本即可，平时不对发出存货计价，因而日常核算工作量较小，简便易行，适用于存货收发比较频繁的企业。但也正因为存货计价集中在月末进行，所以平时无法提供发出存货和结存存货的单价及金额，不利于存货的管理。

（2）移动加权平均法。移动加权平均法是指以本次进货的成本加上原有库存存货的成本，除以本次进货数量加上原有存货的数量，据以计算加权平均单位成本，作为计算发出存货成本依据的一种方法。计算存货加权平均单位成本的公式如下：

$$存货加权平均单位成本 = \frac{原有库存存货的实际成本 + 本次进货的实际成本}{原有库存存货的数量 + 本次进货的数量}$$

本次发出存货的成本 = 本次发出存货的数量 × 本次发出存货前存货的加权平均单位成本

本月月末库存存货成本 = 月末库存存货的数量 × 本月月末存货加权平均单位成本

【例 4 - 3】沿用【例 4 - 1】的资料。

3 月 8 日购入原材料后的平均单价 = （1 200 + 880）÷（600 + 400）= 2.08（元）

3 月 20 日购入原材料后的平均单价 = （416 + 1 380）÷（200 + 600）= 2.245（元）

3 月 31 日购入原材料后的平均单价 = （898 + 1 000）÷（400 + 400）= 2.3725（元）

3 月 14 日发出原材料的成本 = 800 × 2.08 = 1 664（元）

3 月 28 日发出原材料的成本 = 400 × 2.245 = 898（元）

3 月 31 日结存原材料的成本 = 800 × 2.3725 = 1 898（元）

采用移动加权平均法也应采用倒挤的方法，将计算尾差挤入发出存货成本。即先按移动加权平均单位成本计算结存存货成本，然后倒减出发出存货成本，以保证各批发出存货后以及期末时结存存货的数量、单位成本与总成本的一致性。

和月末一次加权平均法相比，移动加权平均法的特点是将存货的计价和明细账的登记分散在平时进行，从而可以随时掌握发出存货的成本和结存存货的成本，为存货管理及时提供所需信息。但采用这种方法，每次收货都要计算一次加权平均单位成本，计算工作量较大，不适合收发货比较频繁的企业使用。

3. 个别计价法

个别计价法，又称个别认定法、具体辨认法、分批实际法，是指按照各项存货，逐一辨认各批发出存货和期末存货所属的购进批次或生产批次，分别按其购入或生产所确定的单位成本作为计算各批次发出存货和期末存货成本的方法。采用这种方法，一般需具备两个条件：一是存货项目必须是可以辨别认定的；二是必须要有详细的记录，据以了解每一个别存货或每批存货项目的具体情况。其计算公式如下：

每次（批）存货的发出成本 = 该次（批）存货的发出数量 × 该次（批）存货的实际单价

采用这种方法，计算发出存货的成本和期末存货的成本比较合理、准确，但实际操作的工作量较大，困难也较大。

在制造业，个别计价法主要适用于为某一特定的项目专门购入或制造单独存放的存货。这种方法不能用于可互换使用的存货，如果用于可互换使用的存货，则可能导致企业任意选用较高或较低的单价进行计价，以调理当期的利润。

个别计价法的特点是存货的成本流转与实物流转完全一致，因而能准确地反映本期发出存货和期末结存存货的成本。但采用该方法必须具备详细的存货收、发、存记录，日常核算非常繁琐，存货实物流转的操作程序也相当复杂。一般来说，个别计价法只适用于不能替代使用的存货或为特定项目专门购入或制造的存货的计价，以及品种数量不多、单位价值较高或体积较大、容易辨认的存货的计价，如房产、船舶、飞机、重型设备以及珠宝、名画等贵重物品。但随着越来越多的企业采用计算机信息系统进行会计处理，使个别计价法广泛应用于发出存货的计价成为可能。

五、存货的期末计价

（一）存货期末计价的方法

《企业会计准则第1号——存货》规定，资产负债表日，存货应当按照成本与可变现净值孰低计量。所谓"成本与可变现净值孰低"是指对期末存货按照成本与可变现净值两者之中较低者进行计价的方法。即当成本低于可变现净值时，存货按成本计价；当可变现净值低于成本时，存货按可变现净值计价。

这里的"成本"是指存货的历史成本，即按前面所介绍的以历史成本为基础的发出存货计价方法（如先进先出法等）计算的期末存货的实际成本，如果企业在存货成本的日常核算中采用简化核算方法（如计划成本法、零售价法），则"成本"为经调整后的实际成本。

（二）可变现净值的确定

1. 影响可变现净值的因素

企业在确定存货的可变现净值时，应当以取得的可靠证据为基础，并且考虑持有存货的目的、资产负债表日后事项的影响等因素。

（1）在对可变现净值加以确定时，应以取得的可靠证据为基础。这里的"可靠证据"是指对确定存货的可变现净值有直接影响的确凿证明，如产品的市场销售价格、与企业产品相同或类似商品的市场销售价格、供货方提供的价格。

（2）持有存货的目的。企业持有存货通常有以下几个目的：

①持有以备出售，即商品类存货，包括商品、产成品等存货，其中又分为有合同约定的存货和没有合同约定的存货。

②将在生产或提供劳务过程中耗用，并构成产品或劳务价值的一部分，即原材料类存货，包括原材料、在产品、委托加工材料等。

③用于出售的材料等；为出售而仍处于生产过程中的在产品；用于债务担保的存货；其他，如低值易耗品、包装物等。

（3）资产负债表日后事项的影响。所谓资产负债表日后事项，是指自年度资产负债表日至财务报告批准报出日之间发生的需要调整或说明的事项。它包括两类：一类是对资产负债表日存在的情况提供进一步证据的事项；另一类是资产负债表日后才发生的事项。前者称为调整事项；后者称为非调整事项。这里所说的资产负债表日后事项是指其中的非调整事项，即指在资产负债表日该状况并不存在，而是期后才发生或存在的事项。

2. 可变现净值的确定方法

（1）产成品、商品和用于出售的原材料等直接用于出售的存货，其可变现净值根据在正常生产经营过程中，以存货的估计售价减去估计的销售费用和相关税金后的金额确定。

（2）用于生产的材料、在产品或自制半成品等需要经过加工的存货，其可变现净值根据在正常生产经营过程中，以存货的估计售价减去至完工估计将要发生的成本、估计的销售费用以及相关税金后的金额确定。

3. 可变现净值中估计售价的确定

（1）对于用于出售的存货，其估计的售价按下列原则确定：

①为执行销售合同或者劳务合同而持有的存货，通常应当以产成品或商品的合同价格作为其可变现净值的基础。

如果企业与购买方签订了销售合同（或劳务合同，下同）并且销售合同订购的数量大于或等于企业持有的存货数量，在这种情况下，在确定与该项销售合同直接相关存货的可变现净值时，应当以销售合同价格作为其可变现净值的计量基础。

如果企业销售合同所规定的标的物还没有生产出来，但持有专门用于该标的物生产的材料，其可变现净值也应当以合同价格作为计量基础。

②如果企业持有存货的数量多于销售合同订购的数量，超出部分的存货可变现净值应当以产成品或商品的一般销售价格作为计量基础。没有销售合同约定的存货，但不包括用于出售的材料，其可变现净值应当以产成品或商品的一般销售价格（即市场销售价格）作为计量基础。

【例4-4】2018年1月1日，甲公司与乙公司签订了一份不可撤销的销售合同，双方约定，2018年2月15日，甲公司应按180 000元/台的价格向乙公司提供A型号机器10台。2018年1月31日，甲公司A型号机器的账面价值（成本）为1 920 000元，数量为12台，单位成本为160 000元/台。2018年1月31日，A型号机器的市场销售价格为200 000元/台。

解析：

本例中，根据甲公司与乙公司签订的销售合同规定，该批A型号机器的销售价格已由销售合同约定，但是其库存数量大于销售合同约定的数量，因此，在这种情况下，对于销售合同约定的数量（10台）的A型号机器的可变现净值应以销售合同约定的价格总额1 800 000元（180 000×10）作为计量基础，而对于超出部分（2台）的A型号机器的可变现净值应以一般销售价格总额400 000元（200 000×2）作为计量基础。

③用于出售的材料等，应当以市场价格作为其可变现净值的计量基础。这里的市场价格是指材料等的市场销售价格。

【例4-5】2018年，甲公司根据市场需求的变化，决定停止生产B型号机器。为减少不必要的损失，决定将原材料中专门用于生产 B 型号机器的外购原材料——钢材全部出售，2018 年 6 月 30 日其账面价值（成本）为 900 000 元，数量为 10 吨。根据市场调查，此种钢材的市场销售价格为 60 000 元/吨，同时销售这 10 吨钢材可能发生销售费用及税金 10 000 元。

解析：

本例中，在这种情况下，由于企业已决定不再生产 B 型号机器，因此，该批钢材的可变现净值不能再以 B 型号机器的销售价格作为其计量基础，而应按钢材出售的市场销售价格作为计量基础。即该批钢材的可变现净值为 590 000 元（60 000×10−10 000）。

（2）对于企业持有准备继续加工或消耗的存货，其可变现净值采用下列原则确定：

①对于用于生产而持有的材料等（如原材料、在产品、委托加工材料等），如果用其生产的产成品的可变现净值预计高于成本，则该材料应当按照成本计量。其中，"可变现净值高于成本"中的成本是指产成品的生产成本。

【例 4−6】2018 年 1 月 31 日，甲公司库存原材料——A 材料的账面价值（成本）为 1 500 000 元，市场购买价格总额为 1 400 000 元，假设不发生其他购买费用；用 A 材料生产的产成品——B 型机器的可变现净值高于成本。确定 2018 年 1 月 31 日 A 材料的价值。

解析：

本例中，2018 年 1 月 31 日，A 材料的账面价值（成本）高于其市场价格，但是由于用其生产的产成品——B 型机器的可变现净值高于成本，也就是用该原材料生产的最终产品此时并没有发生价值减损，因而，在这种情况下，A 材料即使其账面价值（成本）已高于市场价格，也不应计提存货跌价准备，仍应按 1 500 000 元列示在 2018 年 1 月 31 日资产负债表的存货项目之中。

②如果材料价格的下降等原因表明产成品的可变现净值低于成本，则该材料应当按可变现净值计算。

【例 4−7】2018 年 1 月 31 日，甲公司库存原材料——C 材料的账面价值（成本）为 600 000 元，市场购买价格总额为 550 000 元，假设不发生其他购买费用。由于 C 材料市场销售价格下降，市场上用 C 材料生产的 D 型机器的市场销售价格总额由 1 500 000 元降为 1 350 000 元，但生产成本仍为 1 400 000 万元，将 C 材料加工 D 型机器尚需投入 800 000 元，估计销售费用及税金为 50 000 元。确定 2018 年 1 月 31 日 C 材料的价值。

解析：

根据上述资料，可按以下步骤进行确定：

第一步，计算用该原材料所生产的产成品的可变现净值。

D 型机器的可变现净值 = D 型机器估计售价 − 估计销售费用及税金
= 1 350 000 − 50 000 = 1 300 000（元）

第二步，将用该原材料所生产的产成品的可变现净值与其他成本进行比较。

D 型机器的可变现净值 1 300 000 元小于其成本 1 400 000 元，即 C 材料价格的下降和 D 型机器销售价格的下降表明 D 型机器的可变现净值低于成本，因此，C 材料应当按可变现净值计量。

第三步，计算该原材料的可变现净值，并确定其期末价值。

C 材料的可变现净值 = D 型机器的售价总额 – 将 C 材料加工成 D 型机器尚需投入的成本 – 估计销售费用及税金

= 1 350 000 – 800 000 – 50 000 = 500 000（元）

C 材料的可变现净值 500 000 元小于其成本 600 000 元，因此，C 材料的期末价值应为其可变现净值 500 000 元，即 C 材料应按 500 000 元列示在 2018 年 1 月 31 日资产负债表的存货项目之中。

（三）期末存货减值的核算

根据《企业会计准则第 1 号——存货》的规定，资产负债表日，存货应当按照成本与可变现净值孰低计量。存货成本高于其可变现净值的，应当计提存货跌价准备，计入当期损益。

1. 期末存货出现减值的迹象

如果存在以下情况之一，企业应当计提存货跌价准备：①市价持续下跌，并且在可预见的未来无回升的希望；②企业使用该项原材料生产的产品的成本大于产品的销售价格；③企业因产品更新换代，原有库存原材料已不适应新产品的需要，而该原材料的市场价格又低于其账面成本；④因企业所提供的商品或劳务过时或消费者偏好改变而使市场的需求发生变化，导致市场价格逐渐下跌；⑤其他足以证明该项存货实质上已经发生减值的情形。

2. 期末存货跌价准备的计提方法

根据企业会计准则的规定，存货跌价准备的计提方法应区别不同情况，分别采用不同的计提方法。

（1）存货跌价准备应按单个存货项目的成本与可变现净值计量。也就是说，在计提存货跌价准备时，企业应将每个存货项目的成本与可变现净值逐一进行比较，取其较低者作为计量存货的依据，并且将成本高于可变现净值的差额作为存货跌价准备予以计提。企业应当根据管理要求以及所拥有存货的特点，具体规定各个存货项目的确定标准，例如，企业可以将某一型号和规格的存货作为一个存货项目计提存货跌价准备；也可以将某一品牌和规格的存货作为一个存货项目计提存货跌价准备；还可以将原材料、在产品、产成品分别作为一个存货项目计提存货跌价准备。

（2）如果某些项目存货具有类似用途与在同一地区生产和销售的产品系列相关，且实际上难以将其与该产品系列的其他项目区别开来进行估价的存货，可以合并计量成本与可变现净值。

（3）对于数量繁多、单价较低的存货，可以按存货类别计量成本与可变现净值。也就是说，如果某一类存货的数量繁多，并且单价较低，企业可以按照存货类别来计量成本与可变现净值，即按照存货类别的成本总额与可变现净值总额进行比较，每个类别取其较低者确定存货价值。

3. 存货计提跌价准备的会计分录

期末，企业计算出存货可变现净值低于成本的差额，借记"资产减值损失——计提的存货跌价准备"科目，贷记"存货跌价准备"科目。如果已计提跌价准备的存货的价值又得以恢复，应按恢复增加的数额，借记"存货跌价准备"科目，贷记"资产减值损失——计提的存货跌价准备"科目。但是，如果已计提跌价准备的存货的价值以后又得以恢复，其冲减的跌价准备的金额，应以"存货跌价准备"科目的余额冲减至零为限。

【例4-8】2018年3月31日，甲公司的一批A种存货账面余额为100 000元，预计可变现净值为90 000元，甲应计提的存货跌价准备为10 000元。甲公司编制的会计分录如下：

借：资产减值损失——计提的存货跌价准备　　　　　　　　　10 000
　　贷：存货跌价准备　　　　　　　　　　　　　　　　　　　　10 000

2018年4月30日，甲公司的上述A种存货账面余额为100 000元，预计可变现净值为85 000元，甲公司应补提的存货跌价准备为5 000元。甲公司编制的会计分录如下：

借：资产减值损失——计提的存货跌价准备　　　　　　　　　5 000
　　贷：存货跌价准备　　　　　　　　　　　　　　　　　　　　5 000

2018年5月31日，甲公司上述A种存货的可变现净值又有恢复，账面余额为100 000元，预计可变现净值97 000元，甲公司应冲减计提的存货跌价准备为12 000元。甲公司编制的会计分录如下：

借：存货跌价准备　　　　　　　　　　　　　　　　　　　　12 000
　　贷：资产减值损失——计提的存货跌价准备　　　　　　　　12 000

4. 存货跌价准备的转销

企业计提存货跌价准备，如果其中有部分存货已经销售，则企业在结转销售成本时，应同时结转对其已计提的存货跌价准备。对于因债务重组、非货币性资产交换转出的存货，也应同时结转已计提的存货跌价准备。如果按存货类别计提存货跌价准备的，应当按照发生销售、债务重组、非货币性资产交换等转出存货的成本占该存货未转出前该类别存货成本的比例结转相应的存货跌价准备。

【例4-9】2018年1月31日，甲公司库存A机器5台，每台成本为5 000元，已经计提的存货跌价准备合计为6 000元。2018年6月10日，甲公司将库存的5台A机器全部以每台6 000元的价格售出，适用的增值税税率为16%，货款未收到。甲公司编制的会计分录如下：

借：应收账款　　　　　　　　　　　　　　　　　　　　　　34 800
　　贷：主营业务收入——A机器　　　　　　　　　　　　　　30 000
　　　　应交税费——应交增值税（销项税额）　　　　　　　　4 800
借：主营业务成本——A机器　　　　　　　　　　　　　　　　19 000
　　存货跌价准备——A机器　　　　　　　　　　　　　　　　6 000
　　贷：库存商品——A机器　　　　　　　　　　　　　　　　　25 000

原 材 料

一、原材料核算的内容

原材料是指在生产过程中经加工改变其形态或性质并构成产品主要实体的各种原料及主要材料、辅助材料、外购半成品、修理用备件、包装材料、燃料等。

为了完整全面提供原材料的会计信息，原材料按实际成本计价核算时，企业需要设置"原材料""在途物资"等总账科目，登记原材料的收、发、结余的变化情况。原材料按计划成本计价核算时，企业应当设置"材料采购""材料成本差异"等总账科目，登记原材料计划成本增加或减少的变化情况。

"原材料"科目用于核算库存各种材料的收发与结存情况。在原材料按实际成本核算时，本科目的借方登记入库材料的实际成本，贷方登记发出材料的实际成本，期末余额在借方，反映企业库存材料的实际成本。在原材料采用计划成本核算时，本科目的借方登记入库材料的计划成本，贷方登记发生材料的计划成本，期末余额在借方，反映企业库存材料的计划成本。

"在途物资"科目用于核算企业采用实际成本（进价）进行材料、商品等物资的日常核算、价款已付尚未验收入库的各种物资（即在途物资）的采购成本，本科目应当按照供应单位和物资品种进行明细核算。"在途物资"科目的借方登记企业购入的在途物资的实际成本，贷方登记验收入库的在途物资的实际成本，期末余额在借方，反映企业在途物资的采购成本。

"材料采购"科目借方登记采购材料的实际成本，贷方登记入库材料的计划成本。借方大于贷方表示超支，从"材料采购"科目贷方转入"材料成本差异"科目的借方；贷方大于借方表示节约，从"材料采购"科目借方转入"材料成本差异"科目的贷方；期末为借方余额，反映企业在途材料的采购成本。

"材料成本差异"科目反映企业已入库各种材料的实际成本与计划成本的差异，借方登记超支差异及发出材料应负担的节约差异，贷方登记节约差异及发出材料应负担的超支差异。期末如为借方余额，反映企业库存材料的实际成本大于计划成本的差异（即超支差异）；如为贷方余额，反映企业库存材料实际成本小于计划成本的差异（即节约差异）。

二、原材料的明细分类核算

以上设置的总账科目是用来登记原材料金额的变化情况。为了提供更加详细的既有实物资料又有金额资料的会计信息，需要根据原材料的类别或品种设置有关原材料明细科目进行原材料的明细分类核算。

原材料按实际成本计价核算时，需要设置的明细分类账主要有：原料及材料明细账；

辅助材料明细账；外购半成品明细账；修理用备件明细账；燃料明细账；其他材料明细账等。明细账的格式一般为数量金额式账户。明细分类核算既要登记原材料数量增减变化还要登记原材料的单价金额增减变化情况。

原材料按计划成本计价核算时，需要按原材料的分类或品种设置有关材料采购明细分类账、原材料明细分类账、材料成本差异明细账等明细账户。材料采购明细账一般为多栏式明细分类账，分别记录各种原材料实际成本、计划成本、实物数量、材料成本差异等有关信息的变化情况。材料成本差异明细账一般为多栏式明细账，分别记录各种材料成本差异增加、结转、差异率、差异余额等有关信息的变化情况。

三、原材料按实际成本计价收发的核算

（一）原材料增加的核算

1. 外购原材料的核算

企业外购材料时，由于结算方式和采购地点的不同，材料入库和货款的支付在时间上不一定完全同步，相应地，其账务处理也有所不同。

（1）对于发票账单与材料同时到达的采购业务，企业在支付货款或开出承兑商业汇票，材料验收入库后，应根据发票账单等结算凭证确定的材料成本，借记"原材料"科目，根据取得的增值税专用发票上注明的（不计入材料采购成本的）税额，借记"应交税金——应交增值税（进项税额）"（一般纳税人，下同）科目，按照实际支付的款项或应付票据面值，贷记"银行存款"或"应付票据"等科目。

【例4-10】某企业经有关部门核定为一般纳税人，某日该企业购入原材料一批，取得的增值税专用发票上注明的原材料价款为2 000 000元，增值税税额为320 000元，发票账单等结算凭证已经收到，货款已通过银行转账支付，原材料已验收入库。某企业编制的会计分录如下：

借：原材料　　　　　　　　　　　　　　　　　　　　　2 000 000
　　应交税费——应交增值税（进项税额）　　　　　　　　320 000
　　贷：银行存款　　　　　　　　　　　　　　　　　　　　　　2 320 000

（2）对于已经付款或已开出承兑商业汇票，但材料尚未到达或尚未验收入库的采购业务，应根据发票账单等结算凭证，借记"在途物资""应交税金——应交增值税（进项税额）"等科目，贷记"银行存款"或"应付票据"等科目；待材料到达、验收入库后，再根据收料单，借记"原材料"科目，贷记"在途物资"科目。

【例4-11】沿用【例4-10】的资料，并假设购入材料业务中的发票账单等结算凭证已到，货款已经支付，但材料尚未运到。企业应于收到发票等结算凭证时，编制会计分录如下：

借：在途物资　　　　　　　　　　　　　　　　　　　　2 000 000
　　应交税费——应交增值税（进项税额）　　　　　　　　320 000
　　贷：银行存款　　　　　　　　　　　　　　　　　　　　　　2 320 000

上述材料收到并验收入库时，应编制会计分录如下：

借：原材料　　　　　　　　　　　　　　　　　　　　　2 000 000

　　　　贷：在途物资　　　　　　　　　　　　　　　　　　　　　2 000 000

　　（3）对于材料已到达并已验收入库，但发票账单等结算凭证未到，货款尚未支付的采购业务，应于月末，按材料的暂估价值，借记"原材料"科目，贷记"应付账款——暂估应付账款"科目。下月初用红字做同样的记账凭证予以冲回，以便下月付款或开出承兑商业汇票后，按正常程序借记"原材料""应交税金——应交增值税（进项税额）"等科目，贷记"银行存款"或"应付票据"等科目。

【例 4 - 12】沿用【例 4 - 10】的资料，假设资料中购入材料业务的材料已经运到，并验收入库，但发票等结算凭证尚未收到，货款尚未支付。月末，按照暂估价入账，假设其暂估价为 1 800 000 元。某企业编制的会计分录如下：

　　　　借：原材料　　　　　　　　　　　　　　　　　　　　　1 800 000
　　　　　　贷：应付账款——暂估应付账款　　　　　　　　　　　　1 800 000
　　下月初用红字将上述分录原账冲回时：
　　　　借：原材料　　　　　　　　　　　　　　　　　　　　　1 800 000
　　　　　　贷：应付账款——暂估应付账款　　　　　　　　　　　　1 800 000
　　收到有关结算凭证，并支付货款时：
　　　　借：原材料　　　　　　　　　　　　　　　　　　　　　2 000 000
　　　　　　应交税金——应交增值税（进项税额）　　　　　　　　　320 000
　　　　　　贷：银行存款　　　　　　　　　　　　　　　　　　　2 320 000

　　（4）采用预付货款的方式采购材料，应在预付材料价款时，按照实际预付金额，借记"预付账款"科目，贷记"银行存款"科目；已经预付货款的材料验收入库，根据发票账单等结算凭证所列的价款、税额等，借记"原材料""应交税费——应交增值税（进项税额）"等科目，贷记"预付账款"科目；预付款项不足补付货款的，按补付金额，借记"预付账款"科目，贷记"银行存款"科目；退回多预付的款项，借记"银行存款"科目，贷记"预付账款"科目。

【例 4 - 13】2018 年 1 月 20 日，甲公司与星光股份有限公司签订购销合同，购入原材料一批。根据合同规定，甲公司应向星光股份有限公司预付货款 360 000 元的 80%，即 288 000 元，款项已通过银行转账支付。甲公司编制的会计分录如下：

　　　　借：预付账款——星光股份有限公司　　　　　　　　　　　288 000
　　　　　　贷：银行存款　　　　　　　　　　　　　　　　　　　　288 000

　　1 月 31 日，甲公司收到星光股份有限公司的原材料，并已验收入库。发票等结算凭证已到，取得的增值税专用发票上注明的原材料价款为 400 000 元，增值税进项税额为 64 000 元，合计金额为 464 000 元，所欠款项 176 000 元已通过银行转账支付。甲公司编制的会计分录如下：

　　　　借：原材料　　　　　　　　　　　　　　　　　　　　　　400 000
　　　　　　应交税费——应交增值税（进项税额）　　　　　　　　　 64 000
　　　　　　贷：预付账款——星光股份有限公司　　　　　　　　　　464 000
　　补付货款时：

借：预付账款——星光股份有限公司　　　　　　　　　176 000
　　贷：银行存款　　　　　　　　　　　　　　　　　　　　176 000

但是，对于存货采购过程中发生的物资毁损、短缺等，除合理的损耗应当作为存货的其他可直接归属于存货采购的费用计入采购成本外，其他应区别不同情况进行会计处理：

第一，从供应单位、外部运输机构等收回的物资短缺或其他赔款，应冲减物资的采购成本。

第二，因遭受意外灾害发生的损失和尚待查明原因的途中损耗，应比照盘亏存货来进行会计处理。

2. 投资者投入的原材料的核算

投资者投入存货的成本应当按照投资合同或协议约定的价值确定，但合同或协议约定价值不公允的除外。

【例 4 – 14】2018 年 1 月 1 日，A、B、C 三方共同投资设立了甲有限责任公司（以下简称甲公司）。A 以其生产的产品作为投资（甲公司作为原材料管理和核算），该批产品的公允价值为 5 000 000 元。甲公司取得的增值税专用发票上注明的不含税价款为 5 000 000 元，增值税税额为 800 000 元。假定甲公司的实收资本总额为 10 000 000 元，A 在甲公司享有的份额为 35%。甲公司为一般纳税人，适用的增值税税率为 16%；甲公司采用实际成本法核算存货。甲公司编制的会计分录如下：

甲公司接受的该批材料的入账价值 = 5 000 000（元）
A 在甲公司享有的实收资本金额 = 10 000 000 × 35% = 3 500 000（元）
A 在甲公司投资的资本溢价 = 5 000 000 + 800 000 – 3 500 000 = 2 300 000（元）

借：原材料　　　　　　　　　　　　　　　　　　　　　5 000 000
　　应交税费——应交增值税（进项税额）　　　　　　　　800 000
　　贷：实收资本——A　　　　　　　　　　　　　　　　　3 500 000
　　　　资本公积——资本溢价　　　　　　　　　　　　　　2 300 000

（二）发出原材料的核算

企业各部门领用的原材料种类多、范围广。为简化日常核算工作，平时一般只登记原材料明细分类账，反映各种原材料的收发和结存金额，月末汇总编制"发料凭证汇总表"，据以登记总分类账，设置"原材料"科目，进行原材料发出的总分类核算。借记"生产成本""制造费用""管理费用""在建工程"等科目，贷记"原材料"科目。

【例 4 – 15】甲公司 1 月份"发料凭证汇总表"记录如下：基本生产车间领用 K 材料 500 000 元，辅助生产车间领用 K 材料 40 000 元，车间管理部门领用 K 材料 5 000 元，企业行政管理部门领用 K 材料 4 000 元，计 549 000 元。甲公司编制的会计分录如下：

借：生产成本——基本生产成本　　　　　　　　　　　　500 000
　　　　　　——辅助生产成本　　　　　　　　　　　　　40 000
　　制造费用　　　　　　　　　　　　　　　　　　　　　5 000
　　管理费用　　　　　　　　　　　　　　　　　　　　　4 000
　　贷：原材料——K 材料　　　　　　　　　　　　　　　549 000

四、原材料按计划成本计价收发的核算

(一) 计划成本计价的核算程序

采用计划成本进行存货日常核算的企业,其基本核算程序如下:

(1) 企业应先制定各种存货的计划成本目录,规定存货的分类、各种存货的名称、规格、编号、计量单位和计划单位成本。计划单位成本在年度内一般不作调整。

(2) 平时收到存货时,应按计划单位成本计算出收入存货的计划成本,填入收料单内,并将实际成本与计划成本的差额作为"材料成本差异"分类登记。

(3) 平时发出的存货都按计划成本计算,月份终了再将本月发出存货应负担的成本差异进行分摊,随同本月发出存货的计划成本计入有关账户,将发出存货的计划成本调整为实际成本。发出存货应负担的成本差异必须按月分摊,不得在季末或年末一次分摊。

(二) 材料成本差异率的计算

采用计划成本法对存货进行日常会计处理时,会计期末需要通过"材料成本差异"科目,将发出存货和期末存货调整为实际成本。其调整的基本公式如下:

实际成本 = 计划成本 ± 成本差异

材料成本差异随着材料的入库而形成,包括外购材料、自制材料、委托加工完成材料入库等;同时也随着材料出库而减少,如领用材料、出售材料、消耗材料等。期初和当期形成的材料成本差异,应在当期已发出材料和期末结存材料之间进行分配,属于已消耗材料应分配的材料成本差异,从"材料成本差异"科目转入有关科目。企业应当在月份终了时计算材料成本差异率,据以分配当月形成的材料成本差异。材料成本差异率的计算公式如下:

$$\text{本月材料成本差异率} = \frac{\text{月初结存材料的成本差异} + \text{本月收入材料的成本差异}}{\text{月初结存材料的计划成本} + \text{本月收入材料的计划成本}} \times 100\%$$

需要说明的是,本月收入材料的计划成本中不包括暂估入账的材料的计划成本。材料成本差异率的计算方法一经确定,不得随意变更。如果确需变更,应在会计报表附注中予以说明。企业应按照存货的类别,如原材料、包装物、低值易耗品等,对材料成本差异进行明细核算,但不能使用一个综合差异率来分摊发出存货和结存存货应负担的材料成本差异。

经过材料成本差异的分配,本月发出材料应分配的成本差异从"材料成本差异"科目转出之后,属于月末库存材料应分配的成本差异仍保留在"材料成本差异"科目内,作为库存材料的调整项目,编制资产负债表时,存货项目中的材料存货,应当列示加(减)材料成本差异后的实际成本。

【例 4 – 16】某企业材料存货采用计划成本记账,2018 年 1 月份"原材料"科目某类材料的期初余额 56 000 元,"材料成本差异"科目期初借方余额 4 500 元,原材料单位计划成本 12 元,本月 10 日进货 1 500 公斤,进价 10 元;20 日进货 2 000 公斤,进价 13 元,本月 15 日和 25 日车间分别领用材料 2 000 公斤。某企业编制的会计分录如下:

(1) 1 月 10 日进货,支付材料货款 15 000 元,运输费 500 元,材料进项税额 2 400 元(材料增值税税率为 16%),运输费的增值税进项税额为 50 元(运输费 500 × 10%,

运输费增值税税率为10%），进项税额合计2 450元，应计入材料采购成本的运输费为500元。

借：物资采购　　　　　　　　　　　　　　　　　　　　　15 500
　　应交税费——应交增值税（进项税额）　　　　　　　　　2 450
　　贷：银行存款　　　　　　　　　　　　　　　　　　　　　　17 950

（2）1月11日第一批材料验收入库。

借：原材料　　　　　　　　　　　　　　　　　　　　　　　18 000
　　贷：物资采购　　　　　　　　　　　　　　　　　　　　　　15 500
　　　　材料成本差异　　　　　　　　　　　　　　　　　　　　2 500

（3）1月15日车间领料2 000公斤。

借：生产成本　　　　　　　　　　　　　　　　　　　　　　24 000
　　贷：原材料　　　　　　　　　　　　　　　　　　　　　　　24 000

（4）1月20日进货，支付材料货款26 000元，增值税进项税额4 160元，运输费1 000元，增值税进项税额100元，进项税额合计4 260元。

借：物资采购　　　　　　　　　　　　　　　　　　　　　　27 000
　　应交税费——应交增值税（进项税额）　　　　　　　　　4 260
　　贷：银行存款　　　　　　　　　　　　　　　　　　　　　　31 260

（5）1月22日第二批材料验收入库。

借：原材料　　　　　　　　　　　　　　　　　　　　　　　24 000
　　材料成本差异　　　　　　　　　　　　　　　　　　　　　3 000
　　贷：物资采购　　　　　　　　　　　　　　　　　　　　　　27 000

（6）1月25日车间第二次领料2 000公斤。

借：生产成本　　　　　　　　　　　　　　　　　　　　　　24 000
　　贷：原材料　　　　　　　　　　　　　　　　　　　　　　　24 000

（7）1月31日计算分摊本月领用材料的成本差异。

本月材料成本差异率 $= \dfrac{4\ 500 - 2\ 500 + 3\ 000}{56\ 000 + 18\ 000 + 24\ 000} \times 100\% = 5.10\%$

本月领用材料应负担的成本差异 =（24 000 + 24 000）× 5.10% = 2 448（元）

借：生产成本　　　　　　　　　　　　　　　　　　　　　　2 448
　　贷：材料成本差异　　　　　　　　　　　　　　　　　　　　2 448

将上述会计分录过入"原材料"和"材料成本差异"科目，并结出余额。

原材料		材料成本差异	
月初余额 56 000	（3）24 000	月初余额 4 500	（2）2 500
（2）18 000	（6）24 000	（5）3 000	（7）2 448
（5）24 000			
月末余额 50 000		月末余额 2 552	

月末编制资产负债表时，存货项目中的原材料存货，应当根据"原材料"科目的余额 50 000 元加上"材料成本差异"科目的借方余额 2 552 元，即以 52 552 元列示。

第三节 其他存货

一、包装物的核算

（一）包装物的内容

包装物是指为了包装本企业商品而储备的各种包装容器，如桶、箱、瓶、坛、袋等。其核算内容包括：

(1) 生产过程中用于包装产品作为产品组成部分的包装物；
(2) 随同商品出售而不单独计价的包装物；
(3) 随同商品出售而单独计价的包装物；
(4) 出租或出借给购买单位使用的包装物。

（二）包装物的账务处理

为了反映和监督包装物的增减变动及其价值损耗、结存等情况，企业应当设置"周转材料——包装物"账户进行核算，借方登记包装物的增加，贷方登记包装物的减少，期末余额在借方，通常反映企业期末结存包装物的余额。

对于生产领用包装物，应根据领用包装物的实际成本或计划成本，借记"生产成本"科目，贷记"周转材料——包装物""材料成本差"等科目。随同商品出售而不单独计价的包装物，应于包装物发出时按其实际成本计入销售费用。随同商品出售而单独计价的包装物，一方面反映其销售收入，计入其他业务收入；另一方面应反映其实际销售成本，计入其他业务成本。多次使用的包装物应当根据使用次数分次进行摊销。

企业发出包装物的核算，可以采用一次转销法摊销包装物成本，也可采用五五摊销法摊销包装物成本。实务中应按发出包装物的不同用途分别进行处理。

1. 生产领用包装物

企业生产部门领用的用于包装产品的包装物，构成了产品的组成部分，因此应将包装物的成本计入产品生产成本。生产领用包装物，借记"生产成本"等科目，贷记"包装物"科目。

2. 随同商品出售的包装物

随同商品出售但不单独不计价的包装物，应于包装物发出时，按其实际成本计入销售费用，借记"销售费用"科目，贷记"包装物"科目。

随同商品出售单独计价的包装物，在随同商品出售时要单独计价，单独反映其销售收入，相应也应单独反映其销售成本，因此，应于商品出售时视同材料销售处理，借记"其他业务成本"科目，贷记"包装物"科目。

3. 出租、出借包装物

企业多余或闲置未用的包装物可以出租、出借给外单位使用。出租、出借包装物，在第一次领用新包装物时，按出租、出借包装物的实际成本，借记"其他业务成本"（出租包装物）或"销售费用"（出借包装物）科目，贷记"包装物"科目。

收到出租包装物的租金，借记"现金""银行存款"等科目，贷记"其他业务收入"等科目。

收到出租、出售包装物的押金，借记"现金""银行存款"等科目，贷记"其他应付款"科目，退回押金做相反会计分录。对于逾期未退包装物。按没收的押金，借记"其他应付款"科目，按应交的增值税，贷记"应交税费——应交增值税（销项税额）"科目，按其差额，贷记"其他业务收入"科目。这部分没收的押金收入应交的消费税等税费计入其他业务成本，借记"其他业务成本"科目，贷记"应交税费——应交消费税"等科目。

出租、出借的包装物不能使用而报废时，按其残料价值，借记"原材料"等科目，贷记"其他业务成本"（出租包装物）"销售费用"（出借包装物）等科目。

出租、出借包装物频繁、数量多、金额大的企业，出租、出借包装物的成本也可以采用五五摊销法计算出租、出借包装物的摊销价值，其中，五五摊销法是指包装物在领用时先摊销其价值的一半，在报废时再摊销其价值的另一半的方法，在这种情况下"包装物"科目应设置"库存未用包装物""库存已用包装物""出租包装物""出借包装物""包装物摊销"五个明细科目。

（三）包装物业务举例

1. 生产领用包装物

【例 4-17】甲公司对包装物采用计划成本核算，某月生产产品领用包装物的计划成本为 100 000 元，材料成本差异率为 -3%。甲公司编制的会计分录如下：

    借：生产成本   97 000
        材料成本差异   3 000
        贷：周转材料——包装物   100 000

2. 随同商品出售包装物

随同商品出售而不单独计价的包装物，应按其实际成本计入销售费用，借记"销售费用"科目，按其计划成本，贷记"周转材料——包装物"科目，按其差额，借记或贷记"材料成本差异"科目。

【例 4-18】甲公司某月销售商品领用不单独计价包装物的计划成本为 50 000 元。材料成本差异率为 -3%。甲公司编制的会计分录如下：

    借：销售费用   48 500
        材料成本差异   1 500
        贷：周转材料——包装物   50 000

【例 4-19】甲公司某月销售商品领用单独计价包装物的计划成本为 80 000 元，销售收入为 100 000 元，增值税税额为 16 000 元，款项已存入银行。该包装物的材料成本差异率为 3%。甲公司编制的会计分录如下：

(1) 出售单独计价包装物时:
借: 银行存款　　　　　　　　　　　　　　　　　　　　　116 000
　　贷: 其他业务收入　　　　　　　　　　　　　　　　　100 000
　　　　应交税费——应交增值税(销项税额)　　　　　　16 000
(2) 结转所售单独计价包装物的成本时:
借: 其他业务成本　　　　　　　　　　　　　　　　　　　82 400
　　贷: 周转材料——包装物　　　　　　　　　　　　　　80 000
　　　　材料成本差异　　　　　　　　　　　　　　　　　2 400

二、低值易耗品的核算

(一) 低值易耗品的核算的内容

作为存货核算和管理的低值易耗品,一般划分为一般工具、专用工具、替换设备、管理工具、劳动保护用品和其他用具等。

(二) 低值易耗品的摊销方法

常用的低值易耗品的摊销方法有一次转销法、五五摊销法和分次摊销法。

1. 一次转销法

一次转销法是指低值易耗品在领用时就将其全部账面价值计入有关成本费用的方法。一次转销法通常适用于价值较低或极易损坏的管理用具和小型工具、卡具以及在单件小批生产方式下为制造某批定货所用的专用工具。

2. 五五摊销法

五五摊销法是指低值易耗品在领用时先摊销其账面价值的一半,在报废时再摊销其账面价值的另一半。即低值易耗品分两次各按50%进行摊销。五五摊销法通常既适用于价值较低、使用期限较短的低值易耗品,也适用于每期领用数量和报废数量大致相等的物品。

3. 分次摊销法

分次摊销法是指根据低值易耗品可供使用的估计次数,将其价值按比例分摊计入有关成本费用的一种方法。某期摊销额可用下列公式计算:

$$某期应摊销额 = \frac{低值易耗品账面价值}{预计使用次数} \times 该期实际使用次数$$

(三) 低值易耗品的账务处理

为了反映和监督低值易耗品的增减变动及其结存情况,企业应当设置"周转材料——低值易耗品"账户,借方登记低值易耗品的增加,贷方登记低值易耗品的减少,期末余额在借方,通常反映企业期末结存低值易耗品的金额。

低值易耗品等企业的周转材料符合存货定义和条件的,按照使用次数分次计入成本费用。金额较小的,可在领用时一次计入成本费用,以简化核算,但为加强实物管理,应当在备查簿上进行登记。

采用分次摊销法摊销低值易耗品,低值易耗品在领用时摊销其账面价值的单次平均摊销额。分次摊销法适用于可供多次反复使用的低值易耗品。在采用分次摊销法情况下,需要单独设置"周转材料——低值易耗品——在用""周转材料——低值易耗品——在库""周转材料——低值易耗品——摊销"明细科目。

如果低值易耗品已经发生毁损、遗失等，不能再继续使用的，应将其账面价值全部转入当期成本费用。

【例4-20】甲公司的基本生产车间领用专用工具一批，实际成本为100 000元，不符合固定资产定义，采用分次摊销法进行摊销。该专用工具的估计使用次数为两次。甲公司编制的会计分录如下：

领用专用工具时：
借：周转材料——低值易耗品——在用　　　　　　　　　100 000
　　贷：周转材料——低值易耗品——在库　　　　　　　　　　　100 000

第一次领用时摊销其价值的一半：
借：制造费用：　　　　　　　　　　　　　　　　　　　50 000
　　贷：周转材料——低值易耗品——摊销　　　　　　　　　　　50 000

第二次领用时摊销其价值的一半：
借：制造费用：　　　　　　　　　　　　　　　　　　　50 000
　　贷：周转材料——低值易耗品——摊销　　　　　　　　　　　50 000

同时：
借：周转材料——低值易耗品——摊销　　　　　　　　　100 000
　　贷：周转材料——低值易耗品——在用　　　　　　　　　　　100 000

三、委托加工物资的核算

委托外单位加工完成的存货，以实际耗用的原材料或者半成品、加工费、运输费、装卸费等费用以及按规定应计入成本的税金，作为实际成本，其在会计处理上主要包括拨付加工物资、支付加工费用和税金、收回加工物资和剩余物资等几个环节。

1. 拨付委托加工物资

企业发给外单位加工的物资，应将物资的实际成本由"原材料""库存商品"等科目转入"委托加工物资"科目，借记"委托加工物资"科目，贷记"原材料"或"库存商品"等科目。

2. 支付加工费、增值税等

企业支付的加工费、应负担的运杂费、增值税等，借记"委托加工物资""应交税金——应交增值税（进项税额）"等科目，贷记"银行存款"等科目。

3. 缴纳的消费税

需要缴纳消费税的委托加工物资，其由受托方代收代交的消费税，应分别以下情况处理：

（1）委托加工的物资收回后直接用于销售的，委托方应将受托方代收代交的消费税计入委托加工物资的成本，借记"委托加工物资"科目，贷记"应付账款""银行存款"等科目。

（2）委托加工的物资收回用于连续生产应税消费用品的，委托方应按准予抵扣的受托方代收代交的消费税额，借记"应交税金——应交消费税"科目，贷记"应付账款""银行存款"等科目。

4. 加工完成收回加工物资

加工完成验收入库的物资和剩余物资，按加工收回物资的实际成本和剩余物资的实际成本，借记"库存商品""原材料"等科目，贷记"委托加工物资"科目。

【例4-21】A企业委托B企业加工材料一批（属于应税消费品），原材料成本10 000元，支付的加工费为8 000元（不含增值税），消费税税率为10%，材料加工完成验收入库，加工费用等已经支付。双方适用的增值税税率为16%。A企业按实际成本对原材料进行日常核算，A企业编制的会计分录如下：

（1）发出委托加工材料。

借：委托加工物资　　　　　　　　　　　　　　　　　　　　　10 000
　　贷：原材料　　　　　　　　　　　　　　　　　　　　　　　　10 000

（2）支付加工费用。

消费税组成计税价格 $= \dfrac{10\ 000 + 8\ 000}{1 - 10\%} = 20\ 000$（元）

（受托方）代收代交的消费税 $= 20\ 000 \times 10\% = 2\ 000$（元）

应交增值税 $= 8\ 000 \times 16\% = 1\ 280$（元）

①A企业收回加工后的材料用于连续生产应税消费品时：

借：委托加工物资　　　　　　　　　　　　　　　　　　　　　　8 000
　　应交税费——应交增值税（进项税额）　　　　　　　　　　　1 280
　　　　　　——应交消费税　　　　　　　　　　　　　　　　　2 000
　　贷：银行存款　　　　　　　　　　　　　　　　　　　　　　11 280

②A企业收回加工后的材料直接用于销售时：

借：委托加工物资　　　　　　　　　　　　　　　　　　　　　10 000
　　应交税费——应交增值税（进项税额）　　　　　　　　　　　1 280
　　贷：银行存款　　　　　　　　　　　　　　　　　　　　　　11 280

（3）加工完成收回委托加工材料。

①A企业收回加工后的材料用于连续生产应税消费品时：

借：原材料　　　　　　　　　　　　　　　　　　　　　　　　18 000
　　贷：委托加工物资　　　　　　　　　　　　　　　　　　　　18 000

②A企业收回加工后的材料直接用于销售时：

借：原材料（或库存商品）　　　　　　　　　　　　　　　　　20 000
　　贷：委托加工物资　　　　　　　　　　　　　　　　　　　　20 000

需要说明的是，企业购入、自制、委托外单位加工完成验收入库的包装物和低值易耗品，通过"包装物"和"低值易耗品"科目核算，核算方法比照原材料的核算。

四、库存商品的核算

（一）库存商品的内容

库存商品是指企业完成全部生产过程并已验收入库、合乎标准规格和技术条件，可以按照合同规定的条件送交订货单位,或可以作为商品对外销售的产品以及外购或委托加工完成验收入库用于销售的各种产品。

库存商品具体包括库存产成品、外购商品、存放在门市部准备出售的商品、发出展览的商品、寄存在外的商品、接受来料加工制造的代制品和为外单位加工修理的代修品等。已完成销售手续但购买单位在月末未提取的产品,不应作为企业的库存商品,而应作为代管商品处理,单独设置代管商品备查簿进行登记。

库存商品可以采用实际成本核算,也可以采用计划成本核算,其方法与原材料相似。采用计划成本核算时,库存商品实际成本与计划成本的差异,可单独设置"产品成本差异"科目核算。

为了反映和监督库存商品的增减变动及其结存情况,企业应当设置"库存商品"科目,借方登记验收入库的库存商品成本,贷方登记发出的库存商品成本,期末余额在借方,反映各种库存商品的实际成本或计划成本。

(二) 生产企业库存商品的账务处理

1. 验收入库商品

对于库存商品采用实际成本核算的企业,当库存商品生产完成并验收入库时,应按实际成本,借记"库存商品"科目,贷记"生产成本——基本生产成本"科目。

【例4-22】甲公司"商品入库汇总表"记载,某月已验收入库A产品1 000台,实际单位成本5 000 000元,计5 000 000元;B产品2 000台,实际单位成本1 000元,计2 000 000元。甲公司编制的会计分录如下:

```
借:库存商品——A产品                        5 000 000
         ——B产品                        2 000 000
    贷:生产成本——基本生产成本——A产品           5 000 000
              基本生产成本——B产品           2 000 000
```

2. 发出商品

企业销售商品、确认收入结转销售成本,借记"主营业务成本"等科目,贷记"库存商品"科目。

【例4-23】甲公司月末未汇总的发出商品中,当月已实现销售的A产品有500台,B产品有1 500台。该月A产品实际单位成本5 000元,B产品实际单位成本1 000元。在结转其销售成本时,甲公司编制的会计分录如下:

```
借:主营业务成本                              4 000 000
    贷:库存商品——A产品                       2 500 000
             ——B产品                       1 500 000
```

(三) 商品流通企业库存商品的账务处理

商品流通企业除可以采用前面内容讲解过的实际成本计价法外还可以采用毛利率法和零售价法进行日常核算。

1. 毛利率法

毛利率法是根据本期销售净额乘以前期实际(或本月计划)毛利率匡算本期销售毛利,并计算发出存货成本的一种方法。其计算公式如下:

$$毛利率 = \frac{销售毛利}{销售净额} \times 100\%$$

销售净额 = 商品销售收入 - 销售折让和销售退回

销售毛利 = 销售净额 × 毛利率

销售成本 = 销售净额 - 销售毛利

期末存货成本 = 期初存货成本 + 本期购货成本 - 本期销售成本

【例 4-24】 某商场采用毛利率法进行核算，2018 年 4 月 1 日针织品库存余额 18 000 000 元，本月购进 30 000 000 元，本月销售收入 34 000 000 元，上季度该类商品毛利率为 25%。本月已销商品和月末库存商品的成本计算如下：

销售毛利 = 34 000 000 × 25% = 8 500 000（元）

销售成本 = 34 000 000 - 8 500 000 = 25 500 000（元）

月末库存商品成本 = 18 000 000 + 30 000 000 - 25 500 000 = 22 500 000（元）

采用这种方法，商品销售成本按商品大类销售额计算，在大类商品账上结转成本，计算手续简便。商品明细账平时只记数量，不记金额，每季末的最后一个月再根据月末结存数量，按照最后进价法等计价方法，先计算月末存货成本，然后再计算该季度的商品销售成本，用该季度的商品销售成本减去前两个月已结转的成本，计算出第三个月应结转的销售成本，从而对前两个月用毛利率计算的成本进行调整。商品流通企业由于经营商品的品种繁多，如果分品种计算商品成本，工作量将大大增加，而且一般来讲，商品流通企业同类商品的毛利率大致相同，因此采用毛利率法既能减轻工作量，又能满足对存货管理的需要。

2. 零售价法

零售价法是指用成本占零售价的百分比计算期末存货成本的一种方法。采用这种方法的基本内容如下：

（1）期初存货和本期购货同时按成本和零售价记录，以便计算可供销售的存货成本和售价总额。

（2）本期销货只按售价记录，从本期可供销售的存货售价总额中减去本期销售的售价总额，计算出期末存货的售价总额。

（3）计算存货成本占零售价的百分比，即成本率，其计算公式如下：

$$成本率 = \frac{期初存货成本 + 本期购货成本}{期初存货售价 + 本期购货售价} \times 100\%$$

（4）计算期末存货成本，其计算公式如下：

期末存货成本 = 期末存货售价总额 × 成本率

（5）计算本期销售成本，其计算公式如下：

本期销售成本 = 期初存货成本 + 本期购货成本 - 期末存货成本

零售价法主要适用于商品零售企业，如百货商店或超级市场等，由于这类企业的商品都要标明零售价格，而且商品的型号、品种、款式繁多，难于采用其他方法计价。

在我国的会计实务中，商品零售企业广泛采用零售价法核算。这种方法是通过设置"商品进销差价"科目进行处理的，平时商品存货的进、销、存均按售价记账，售价与进价的差额计入"商品进销差价"科目,期末通过计算进销差价率的办法计算本期已销商品应分摊的进销差价,并据以调整本期销售成本。进销差价率的计算公式如下:

$$进销差价率 = \frac{期初库存商品进销差价 + 本期发生的商品进销差价}{期初库存商品售价 + 本期发生的商品售价} \times 100\%$$

本期已销售商品应分摊的进销差价 = 本期商品销售收入 × 进销差价率

发出存货成本 = 本期销售收入 × (1 - 进销差价率)

【例4-25】某商场采用售价金额核算法进行核算,2018年5月期末库存商品的进价成本为1 000 000元,售价总额为1 100 000元,本月购进该商品的进价成本为750 000元,售价总额为900 000元,本月销售收入为1 200 000元。有关计算如下:

商品进销差价率 = (100 000 + 150 000) / (1 100 000 + 900 000) × 100% = 12.5%

已销商品应分摊的商品进销差价 = 1 200 000 × 12.5% = 150 000(元)

本期销售商品的实际成本 = 1 200 000 - 150 000 = 1 050 000(元)

期末结存商品的实际成本 = 1 000 000 + 750 000 - 1 050 000 = 700 000(元)

第四节 存货清查

一、存货清查核算的内容

存货清查是指对存货的实地盘点,确定存货的实有数量,并与账面结存数核对,从而确定存货实存数与账面结存数是否相符的一种专门方法。

为了反映和监督企业在财产清查中查明的各种存货的盘盈、盘亏和毁损情况,企业应当设置"待处理财产损溢"账户,借方登记存货的盘亏、毁损金额及盘盈的转销金额,贷方登记存货的盘盈金额及盘亏的转销金额。企业清查的各种存货损溢,应在期末结账前处理完毕,期末处理后,"待处理财产损溢"账户应无余额。

二、存货清查结果的会计处理

（一）存货盘盈的账务处理

企业发生存货盘盈时,借记"原材料""库存商品"等科目,贷记"待处理财产损溢"科目;在按管理权限报经批准后,借记"待处理财产损溢"科目,贷记"管理费用"科目。

【例4-26】甲公司在财产清查中盘盈A材料1 000千克,实际单位成本60元,经查属于材料收发计量方面的错误。甲公司应编制如下会计分录:

(1) 批准处理前:

借:原材料　　　　　　　　　　　　　　　　　　　　60 000
　　贷:待处理财产损溢　　　　　　　　　　　　　　　　60 000

(2) 批准处理后：

借：待处理财产损溢　　　　　　　　　　　　　　　　　60 000

　　贷：管理费用　　　　　　　　　　　　　　　　　　　　　　600 000

（二）存货盘亏及毁损的账务处理

企业发生存货盘亏及毁损时，借记"待处理财产损溢"科目，贷记"原材料""库存商品"等科目。在按管理权限报经批准后应作如下账务处理：对于入库的残料价值，记入"原材料"等科目；对于应由保险公司和过失人的赔款，记入"其他应收款"科目；扣除残料价值和应由保险公司、过失人赔款后的净损失，属于一般经营损失的部分，记入"管理费用"科目，属于非常损失的部分，记入"营业外支出"科目。

【例4-27】甲公司在财产清查中发现盘亏B残料500千克，实际单位成本200元，经查属于一般经营损失。假定不考虑相关税费。甲公司编制的会计分录如下：

(1) 批准处理前：

借：待处理财产损溢　　　　　　　　　　　　　　　　　100 000

　　贷：原材料　　　　　　　　　　　　　　　　　　　　　　　100 000

(2) 批准处理后：

借：管理费用　　　　　　　　　　　　　　　　　　　　100 000

　　贷：待处理财产损溢　　　　　　　　　　　　　　　　　　　100 000

关键词

存货　可变现净值　存货取得计价　存货发出计价　存货期末计价

复习思考题

1. 简述存货的范围及特征。
2. 存货历史成本的构成内容有哪些？
3. 存货发出的计价方法有哪些？优缺点如何？
4. 简述成本与可变现净值孰低法的含义、理论依据及会计处理。

第五章 长期股权投资

第一节 长期股权投资概述

一、长期股权投资的概念

长期股权投资是指投资方对被投资单位实施控制、重大影响的权益性投资,以及对其合营企业的权益性投资。

长期股权投资的取得方式主要有长期股票投资和其他长期股权投资两种。长期股票投资是指在证券市场上以货币资金购买其他单位的股票,成为被投资单位的股东;其他长期股权投资是指以资产(包括货币资金、无形资产和实物资产等)投资于其他单位,从而成为被投资单位股东。

二、长期股权投资的特点

企业对其他单位的长期股权投资,其目的通常是为了长期持有,以期成为被投资企业的重要股东,按所持股份享有权益并承担责任,与被投资单位建立密切的关系,以分担经营风险;或对被投资单位施加重大影响,或达到控制被投资单位的目的。因此,长期股权投资通常具有投资金额大、投资期限长、投资风险大以及能为企业带来较大的利益等特点。

三、长期股权投资的内容

我国《企业会计准则第2号——长期股权投资》规定,长期股权投资主要包括以下内容:

(1)企业持有的能够对被投资单位实施控制的权益性投资,即对子公司投资。

(2)企业持有的能够与其他合营方一同对被投资单位实施共同控制的权益性投资,即对合营企业投资。

（3）企业持有的能够对被投资单位施加重大影响的权益性投资，即对联营企业投资。

需要注意的是，下列各项适用其他相关会计准则：

（1）外币长期股权投资的折算，适用《企业会计准则第19号——外币折算》。

（2）风险投资机构、共同基金以及类似主体持有的、在初始确认时按照《企业会计准则第22号——金融工具确认和计量》的规定以公允价值计量且其变动计入当期损益的金融资产，投资性主体对不纳入合并财务报表的子公司的权益性投资，以及长期股权投资准则未予规范的其他权益性投资，适用《企业会计准则第22号——金融工具确认和计量》。

（3）长期股权投资的披露，适用《企业会计准则第41号——在其他主体中权益的披露》。

第二节 长期股权投资的初始计量

长期股权投资在初始取得时，根据取得的方式不同可以分为企业合并中形成的长期股权投资和企业合并以外形成的长期股权投资。其取得方式不同，初始成本的确定也不同。

一、企业合并形成的长期股权投资的初始计量

（一）同一控制下的企业合并

（1）合并方以支付现金、转让非现金资产或承担债务方式作为合并对价的，应当在合并日按照被合并方所有者权益在最终控制方合并财务报表中的账面价值的份额作为长期股权投资的初始投资成本。长期股权投资初始投资成本与支付的现金、转让的非现金资产以及所承担债务账面价值之间的差额，应当调整资本公积，资本公积不足冲减的，调整留存收益。

【例5-1】A企业集团内部甲子公司于2018年1月1日以一项设备作为合并对价，取得同一集团内部另外一家企业60%的股权。该设备原始价值为1 300万元，累计折旧300万元，公允价值为1 600万元。合并日，被合并方所有者权益在最终控制方合并财务报表中的账面价值为1 500万元。甲子公司账面上确认的股本溢价为80万元，盈余公积为10万元，期末未分配利润为600万元。则甲子公司长期股权投资的成本为900万元（1 500×60%），差额100万元调整（冲减）资本公积和留存收益。甲子公司编制的会计分录如下：

借：长期股权投资 9 000 000
　　累计折旧 3 000 000
　　资本公积——股本溢价 800 000
　　盈余公积 100 000
　　利润分配——未分配利润 100 000

　　　　贷：固定资产　　　　　　　　　　　　　　　　　　　　　13 000 000

　　如果合并日，被合并方所有者权益在最终控制方合并财务报表中的账面价值为 1 800 万元，则甲子公司长期股权投资的初始成本为 1 080 万元（1 800×60%），差额 80 万元调增资本公积。甲子公司编制会计分录如下：

　　　　借：长期股权投资　　　　　　　　　　　　　　　　　　　10 800 000
　　　　　　累计折旧　　　　　　　　　　　　　　　　　　　　　 3 000 000
　　　　　　贷：固定资产　　　　　　　　　　　　　　　　　　　13 000 000
　　　　　　　　资本公积——股本溢价　　　　　　　　　　　　　　　 800 000

　　（2）合并方以发行权益性证券作为合并对价的，应当在合并日按照被合并方所有者权益在最终控制方合并财务报表中的账面价值的份额作为长期股权投资的初始投资成本。按照发行股份的面值总额作为股本，长期股权投资初始投资成本与所发行股份面值总额之间的差额，应当调整资本公积（资本溢价或股本溢价），资本公积不足冲减的，调整留存收益。

　　【例 5-2】A 企业、B 企业同为甲公司的子公司。A 企业 2018 年 2 月 1 日发行 600 万股普通股（每股面值 1 元，市价 3 元）作为对价取得 B 企业 60% 的股权，合并日，B 企业所有者权益在最终控制方合并财务报表中的账面价值为 1 300 万元。则 A 企业长期股权投资的成本为 780 万元（1 300×60%），差额 180 万元调增资本公积。A 企业编制的会计分录如下：

　　　　借：长期股权投资　　　　　　　　　　　　　　　　　　　 7 800 000
　　　　　　贷：股本　　　　　　　　　　　　　　　　　　　　　 6 000 000
　　　　　　　　资本公积——股本溢价　　　　　　　　　　　　　 1 800 000

　　在确定同一控制下企业合并形成的长期股权投资时，应注意合并前合并方与被合并方适用的会计政策是否相同，如果双方采用的会计政策不同，则合并方在合并日，应当按照合并方会计政策对被合并方的财务报表相关项目进行调整，然后在此基础上再确定长期股权投资的初始成本。

　　（二）非同一控制下的企业合并

　　非同一控制下的企业合并，购买方在购买日应当按照《企业会计准则第 20 号——企业合并》的有关规定确定的合并成本作为长期股权投资的初始投资成本。

　　购买方应以付出的资产、发生或承担的负债以及发行的权益性证券的公允价值，作为合并中形成的长期股权投资的初始投资成本。其中，作为合并对价付出非货币性资产的，其公允价值与其账面价值的差额，应作为资产处置损益计入合并当期损益。如果资产为存货，应当确认为主营业务收入、主营业务成本、其他业务收入、其他业务成本；如为固定资产、无形资产，应当将差额确认为营业外收入或营业外支出。

　　值得注意的是，合并方或购买方为企业合并发生的审计、法律服务、评估咨询等中介费用以及其他相关管理费用，应当于发生时计入当期损益。

　　【例 5-3】A 企业 2018 年 1 月以所持有的无形资产作为合并对价，自 B 企业的控股股东处购入 B 企业 70% 的股权，作为合并对价的无形资产账面成本为 8 000 万元，累计摊销为 200 万元，其目前市场价格为 12 000 万元。合并中，A 企业为核实 B 企业的资产价

值,聘请有关机构对该项合并进行咨询,以银行存款支付咨询费用100万元。A企业编制的会计分录如下:

借:长期股权投资　　　　　　　　　　　　　　　　　　　12 000
　　累计摊销　　　　　　　　　　　　　　　　　　　　　　200
　　贷:无形资产　　　　　　　　　　　　　　　　　　　　　8 000
　　　　营业外收入——处置非流动资产收益　　　　　　　　4 200
借:管理费用　　　　　　　　　　　　　　　　　　　　　　100
　　贷:银行存款　　　　　　　　　　　　　　　　　　　　　100

企业合并中形成的长期股权投资初始投资成本的确定还应当注意以下几个问题:

(1) 通过多次交换交易,非同一控制下分步取得股权最终实现控股合并的,在个别财务报表中,应当以购买日之前原持有的被购买方股权投资账面价值加上购买日新增投资成本之和,作为该项投资的初始投资成本,不需要追溯调整。购买日之前持有的股权投资因采用权益法核算而确认的其他综合收益,应当在处置该项投资时采用与被投资单位直接处置相关资产或负债相同的基础进行会计处理。购买日之前持有的股权投资按照《企业会计准则第22号——金融工具确认和计量》的有关规定进行会计处理的,原计入其他综合收益的累计公允价值变动应当在购买日转入当期损益。

(2) 当企业合并合同或协议中提供了根据未来或有事项的发生而对合并成本进行调整时,符合《企业会计准则第13号——或有事项》规定的确认条件的,应确认的支出也应作为企业合并成本的一部分。某些情况下,合并各方可能在合并合同或协议中约定根据未来一项或多项或有事项的发生对合并成本进行一定的调整,例如,企业合并合同中规定,如果被购买方在未来特定期间实现利润达到既定水平,购买方需要在已经支付的企业合并对价基础上支付额外的对价。如果在购买日预计被购买方的盈利水平很可能会达到合同规定的标准,应将按照合同或协议约定需支付的金额计入企业合并成本。

(3) 无论是同一控制下的企业合并还是非同一控制下的企业合并形成的长期股权投资,实际支付的价款或对价中包含的已宣告但尚未发放的现金股利或利润,应作为应收项目单独处理,不构成长期股权投资成本。

(4) 无论是同一控制下的企业合并还是非同一控制下的企业合并,合并形成的直接相关费用都计入当期损益。

【例5-4】A企业于2017年1月1日以银行存款3 000万元取得B企业30%的股权,并对B企业能够实施重大影响,所以采用权益法核算。假定A企业取得投资时初始投资成本与应在B企业享有的投资份额相等,2017年末A企业因B企业形成利润而确认投资收益200万元。2018年1月1日,A企业又以银行存款4 000万元向B企业投资取得其30%的股权。假定合并前两个企业没有任何关系。A企业按照净利润的10%提取盈余公积。则A企业在2018年1月1日的合并中形成的长期股权投资的初始成本为7 200万元(3 200+4 000)。A企业购买日编制的会计分录如下:

借:长期股权投资——B企业　　　　　　　　　　　　　40 000 000
　　贷:银行存款　　　　　　　　　　　　　　　　　　　40 000 000
借:长期股权投资——B企业　　　　　　　　　　　　　32 000 000

贷：长期股权投资——成本　　　　　　　　　　　　　　30 000 000
　　　　　　　　　——损益调整　　　　　　　　　　　　　2 000 000

二、非企业合并方式取得的长期股权投资初始成本的确定

（一）以支付现金取得的长期股权投资

以支付现金取得的长期股权投资，应当按照实际支付的购买价款作为初始投资成本。初始投资成本包括与取得长期股权投资直接相关的费用、税金及其他必要支出。

【例5-5】A企业于2018年4月1日购入B企业100 000股股票，每股价格15.2元，另支付相关税费5 000元。A企业购入B企业的股份占其表决权资本的10%，并准备长期持有。A企业4月1日购买股票时编制的会计分录如下：

　　借：长期股权投资——B企业　　　　　　　　　　　　　1 525 000
　　　　贷：银行存款　　　　　　　　　　　　　　　　　　　　1 525 000

（二）以发行权益性证券取得的长期股权投资

以发行权益性证券取得的长期股权投资，应当按照发行权益性证券的公允价值作为初始投资成本。与发行权益行证券直接相关的费用，应当按照《企业会计准则第37号——金融工具列报》的有关规定确定。

【例5-6】A企业于2018年1月10日通过增发4 000万股（每股面值1元）股票取得对B企业30%的股权，按照增发前后的平均股价计算，该4 000万股股票的公允价值为5 400万元。为增发该部分股票，A企业支付了200万元的佣金和手续费。A企业编制的会计分录如下：

　　借：长期股权投资　　　　　　　　　　　　　　　　　　5 400
　　　　贷：股本　　　　　　　　　　　　　　　　　　　　　　4 000
　　　　　　资本公积——股本溢价　　　　　　　　　　　　　　1 400
　　借：资本公积——股本溢价　　　　　　　　　　　　　　　200
　　　　贷：银行存款　　　　　　　　　　　　　　　　　　　　　200

（三）以非货币性资产交换取得的长期股权投资

以非货币性资产交换取得的长期股权投资，其初始投资成本应当按照《企业会计准则第7号——非货币性资产交换》的有关规定确定。

（四）通过债务重组取得的长期股权投资

通过债务重组取得的长期股权投资，其初始投资成本应当按照《企业会计准则第12号——债务重组》的有关规定确定。

三、股权购买日的确定

确定股权购买日是进行长期股权投资账务处理的重要前提，也是确定被购买企业的利润是否可以纳入购买企业利润表的关键。企业在购买其他企业股权的过程中，涉及审计报告日、评估基准日、购买合同签署日、股东大会同意日等几个重要日期。这些日期都是确认股权转让所不可缺少的，但应以哪个日期作为股权购买日呢？从理论上讲，企业购买其他企业股权，应以被购买企业对净资产和经营上的控制权实际上转让给购买企业的日期作

为购买日,即被购买企业应以其净资产和经营的控制权及其主要风险和报酬已经转移出去,并且相关的经济利益能流入企业为标志;购买企业应以被购买企业净资产和经营的控制权及其主要风险和报酬已经转移进来为标志。在实务中,只有当保护相关各方权益的所有条件均被满足时,才能认定控制权已经转让给了购买企业。这些条件包括:

(1) 企业合并合同或协议已获股东大会等内部权力机构通过。企业合并一般涉及的交易规模较大,无论是合并当期还是合并以后期间均会对企业的生产经营产生重大影响,在能够对企业合并进行确认形成实质性的交易前,该交易或事项应经过企业的内部权力机构批准,如对于股份有限公司,其内部权力机构一般指股东大会。

(2) 按照国家有关规定,企业购并需要经过国家有关部门的批准,取得相关批准文件是对企业合并交易或事项进行会计处理的前提之一。

(3) 参与合并各方已办理了必要的财产权交接手续。作为购买方,其通过企业合并无论是取得对被购买方的股权还是取得被购买方的全部净资产,能够形成与取得股权或净资产相关的风险和报酬的转移,一般需办理相关的财产权交接手续,从而从法律上保障有关风险和报酬的转移。

(4) 购买方已支付了购买价款的大部分(一般应超过50%),并且有能力、有计划支付剩余款项。购买方要取得与被购买方净资产相关的风险和报酬,其前提是必须支付一定的对价,一般在形成购买日之前,购买方应当已经支付了购买价款的大部分,并且从其目前财务状况判断有能力支付剩余款项。

(5) 购买方实际上已经控制了被购买方的财务和经营政策,享有相应的收益并承担相应的风险。

长期股权投资的后续计量

根据投资企业对被投资单位的影响程度及其是否存在活跃市场、公允价值能否可靠计量等进行划分,长期股权投资在持有期间应当分别采用成本法和权益法进行核算。

一、长期股权投资的成本法

(一) 成本法的定义

成本法是指初始投资按取得的成本计量,投资后投资方追加投资或者投资方减少投资时,投资方应当相应调整其账面投资成本,其余情况投资成本不变。

(二) 成本法的适用范围

投资方能够对被投资单位实施控制的长期股权投资应当采用成本法核算。

控制是指投资方拥有对被投资方的权力,通过参与被投资方的相关活动而享有可变回报,并且有能力运用对被投资方的权力影响其回报金额。相关活动是指对被投资方的回报产生重大影响的活动。被投资方的相关活动应当根据具体情况进行判断,通常包括商品或劳务的销售和购买、金融资产的管理、资产的购买和处置、研究与开发活动以及融资活动等。

投资方应当在综合考虑所有相关事实和情况的基础上对是否控制被投资方进行判断。一旦相关事实和情况的变化导致对控制定义所涉及的相关要素发生变化的，投资方应当进行重新评估。相关事实和情况主要包括：

（1）被投资方的设立目的。
（2）被投资方的相关活动以及如何对相关活动作出决策。
（3）投资方享有的权利是否使其目前有能力主导被投资方的相关活动。
（4）投资方是否通过参与被投资方的相关活动而享有可变回报。
（5）投资方是否有能力运用对被投资方的权力影响其回报金额。
（6）投资方与其他方的关系。

如果事实和情况表明一项或多项发生了变化，则投资方应重新评估其是否控制被投资方。

除非有确凿证据表明其不能主导被投资方相关活动。下列情况表明投资方对被投资方拥有权力：

（1）投资方持有被投资方半数以上的表决权的。
（2）投资方持有被投资方半数或以下的表决权，但通过与其他表决权持有人之间的协议能够控制半数以上表决权的。

投资方持有被投资方半数或以下的表决权，但综合考虑下列事实和情况后，判断投资方持有的表决权足以使其目前有能力主导被投资方相关活动的，视为投资方对被投资方拥有权力：

（1）投资方持有的表决权相对于其他投资方持有的表决权份额的大小，以及其他投资方持有表决权的分散程度。
（2）投资方和其他投资方持有的被投资方的潜在表决权，如可转换公司债券、可执行认股权证等。
（3）其他合同安排产生的权利。
（4）被投资方以往的表决权行使情况等其他相关事实和情况。

（三）成本法的会计处理原则

采用成本法核算的长期股权投资应当按照初始投资成本计价；追加或收回投资应当调整长期股权投资的成本；被投资单位宣告分派的现金股利或利润，应当确认为当期投资收益。

（四）成本法的账务处理

1. 初始投资的账务处理

初始投资时，投资方应当按照取得的投资成本，借记"长期股权投资——××公司"科目，按照实际支付的价款，贷记"银行存款"科目，如果实际支付的价款中存在已宣告尚未发放的现金股利，则应当将其计入"应收股利"科目。

2. 被投资单位宣告分派的现金股利或利润时的账务处理

在成本法下，被投资单位宣告分派现金股利或利润时，投资企业应当按照享有被投资单位宣告发放的现金股利或利润确认投资收益。

【例 5-7】 A 企业 2017 年 7 月 1 日向 B 企业投资，B 企业 2017 年形成净利润 120 万元，其中 1-6 月份形成净利润 50 万元，A 企业的持股比例为 10%，B 企业是 2017 年 1 月 1 日成立的，B 企业 2018 年 5 月 10 日宣告分派 2017 年现金股利 80 万元。A 企业编制的会计分录如下：

借：应收股利　　　　　　　　　　　　　　　　80 000（800 000×10%）
　　贷：投资收益　　　　　　　　　　　　　　　　　　　　80 000

【例 5-8】 A 企业于 2017 年 1 月 1 日购入丁公司股票 80 000 股，每股价格 9 元，另付相关税费 3 000 元，占丁公司有表决权资本的 55%，准备长期持有。丁公司 2017 年度实现净利润 640 000 元。丁公司于 2018 年 4 月 10 日宣告派发 2017 年度的现金股利，每股 0.3 元。A 企业编制的会计分录如下：

2017 年 1 月 1 日购买投资时：

借：长期股权投资——丁公司　　　　　　　　　　723 000
　　贷：银行存款　　　　　　　　　　　　　　　　　　　723 000

2018 年 4 月 10 日分得现金股利时：

借：应收股利　　　　　　　　　　　　　　　　　24 000
　　贷：投资收益——股利收入　　　　　　　　　　　　　24 000

3. 被投资单位分派股票股利的账务处理

股票股利是股份公司用增发的股票代替现金派发给股东的股利。当作股利发放的股票，又称红股，俗称送股。当股份公司实现净利润但现金不足时，为了满足股东的要求，通常会派发股票股利。分派股票股利，第一，不会使所有者权益总额发生变动，而仅仅是所有者权益内部各个项目结构发生变动；第二，不需要企业拿出现金。从理论上讲，被投资单位派发股票股利，既没有使资产减少，也没有使所有者权益减少，但每股净资产降低了，表明股份稀释；投资企业既没有增加资产，也没有增加所有者权益，仅仅是股份的增加。股份的增加也没有使持股比例增加，而是以更多的股份代表原有的持股比例，所享有的权益也未变化，表明每股应享有被投资单位净资产份额的减少，每股投资成本降低。虽然所收到的股票有市价，但这种市价已存在于原投资的股票中。在除权日，由于派发股票股利而使开盘价格等比例降低，即使以后填权，使投资的总价值增加，市价又回升至除权前的水平，但在股票未出售前，属于未实现的增值，根据收入实现原则，也不能将股票股利确认为一项收益。因此，股票股利不能作为一种收益加以确认。但为了反映收到股票股利的情况，企业应在备查账簿中登记所增加的股数，以表明每股投资成本的减少，部分处置该项收到股票股利的投资时，应按投资成本与收到股票股利后的全部股份计算的平均每股成本结转处置部分的成本。

4. 收到被投资单位发放的现金股利的账务处理

投资方收到被投资单位发放的现金股利时，应借记"银行存款"科目，贷记"应收股利"科目。

二、长期股权投资的权益法

（一）权益法的定义

权益法是指初始投资以取得的成本计价，投资以后，当被投资企业发生经济业务引起其所有者权益总额发生增减变动时，投资企业按其享有被投资企业所有者权益的份额，对长期股权投资的账面价值进行相应调整的一种方法。

（二）权益法的适用范围

投资方对联营企业和合营企业的长期股权投资，应当采用权益法核算。

投资方对联营企业的权益性投资，其中一部分通过风险投资机构、共同基金、信托公司或包括投连险基金在内的类似主体间接持有的，无论以上主体是否对这部分投资具有重大影响，投资方都可以按照《企业会计准则第 22 号——金融工具确认和计量》的有关规定，对间接持有的该部分投资选择以公允价值计量且其变动计入当期损益，并对其余部分采用权益法核算。

（三）权益法的账务处理

1. 初始投资时的账务处理

长期股权投资的初始投资成本大于投资时应享有被投资单位可辨认净资产公允价值份额的，不调整长期股权投资的初始投资成本；长期股权投资的初始投资成本小于投资时应享有被投资单位可辨认净资产公允价值份额的，其差额应当计入当期损益，同时调整长期股权投资的成本。

被投资单位可辨认净资产的公允价值，应当比照《企业会计准则第 20 号——企业合并》的有关规定确定。

【例 5-9】A 企业于 2018 年 1 月 1 日，以 700 000 元投资于甲公司普通股，占甲公司普通股的 30%，并对甲公司有重大影响，A 企业按权益法核算对甲公司的投资。甲公司 2018 年 1 月 1 日所有者权益构成如下（假定该时点被投资单位各项可辨认资产、负债的公允价值与其账面价值相同）：普通股股本 1 200 000 元，资本公积——股票溢价 800 000 元，盈余公积 400 000 元，未分配利润 200 000 元，合计 2 600 000 元。

A 企业于投资时应享有的份额为 780 000 元（2 600 000×30%），而长期股权投资成本为 700 000 元，所以，应计入取得投资当期的损益为 80 000 元。A 企业取得长期股权投资编制的会计分录如下：

借：长期股权投资——甲公司（投资成本）　　　　　　700 000
　　贷：银行存款　　　　　　　　　　　　　　　　　　　　　700 000
借：长期股权投资——甲公司（投资成本）　　　　　　 80 000
　　贷：营业外收入　　　　　　　　　　　　　　　　　　　　 80 000

本例中，若假定取得投资时点上的甲公司的可辨认净资产的公允价值为 2 000 000 元，则 A 企业应享有的份额为 600 000 元，小于 700 000 元的初始投资成本，则不调整长期股权投资成本。A 企业编制的会计分录如下：

借：长期股权投资——甲公司（投资成本）　　　　　　700 000
　　贷：银行存款　　　　　　　　　　　　　　　　　　　　　700 000

2. 投资损益确认的账务处理

（1）被投资单位当年实现净利润，投资方确认投资收益的账务处理。投资方取得长期股权投资后，应当按照应享有或应分担的被投资单位实现的净利润，确认其投资收益，同时调整长期股权投资的账面价值；投资方在确认应享有被投资单位净损益的份额时，应当以取得投资时被投资单位可辨认净资产的公允价值为基础，对被投资单位的净利润进行调整后确认。编制的会计分录如下：

借：长期股权投资——损益调整
　　贷：投资收益

【例5-10】甲企业于2018年1月1日以银行存款5 000万元取得乙公司30%的股权，采用权益法核算长期股权投资，2018年1月1日乙公司可辨认净资产的公允价值为17 000万元，取得投资时被投资单位仅有一项管理用固定资产的公允价值与账面价值不相等，除此以外，其他可辨认资产、负债的账面价值与其公允价值相等。该固定资产原值为2 000万元，已计提折旧400万元，乙公司预计总的使用年限为10年，净残值为零，按照直线法计提折旧；甲企业预计该固定资产公允价值为4 000万元，预计其剩余使用年限为8年，净残值为零，按照直线法计提折旧。双方采用的会计政策、会计期间相同，不考虑所得税因素。2018年度乙公司实现净利润为1 000万元。2018年末甲企业长期股权投资的账面价值为5 310万元（5 100+210）。甲企业编制的会计分录如下：

借：长期股权投资——乙公司——成本　　　5 100（17 000×30%）
　　贷：银行存款　　　　　　　　　　　　　　　　5 000
　　　　营业外收入　　　　　　　　　　　　　　　　100

2018年度乙公司实现净利润为1 000万元的调整：

调整后的净利润=1 000-（4 000÷8-2 000÷10）=700（万元）

借：长期股权投资——乙公司——损益调整　　210（700×30%）
　　贷：投资收益　　　　　　　　　　　　　　　　　210

投资方计算确认应享有或应分担被投资单位的净损益时，与联营企业、合营企业之间发生的未实现内部交易损益按照应享有的比例计算归属于投资方的部分，应当予以抵销，在此基础上确认投资收益。

投资方与被投资单位发生的未实现内部交易损失，属于所转让资产发生减值损失的，有关的未实现内部交易损失不应予以抵销。

【例5-11】甲企业于持有乙公司有表决权股份的20%，能够对乙公司生产经营施加重大影响。2017年11月，甲公司将其账面价值为600万元的商品以900万元的价格出售给乙公司，乙公司将取得的商品作为存货核算，截至2017年末该存货出售60%。假定甲企业取得该项投资时，乙公司各项可辨认资产、负债的公允价值与其账面价值相同，两者在以前期间未发生过内部交易。乙公司2017年实现净利润为1 000万元。假定不考虑所得税影响。

甲企业在该项交易中实现利润300万元，其中的24万元（300×40%×20%）是针对本企业持有的对联营企业的权益份额，在采用权益法计算确认投资损益时应予抵销，甲企业编制的会计分录如下：

借：长期股权投资——损益调整	1 760 000	[（1 000 – 120）×20%]
贷：投资收益		1 760 000

（2）被投资单位当年发生净亏损，投资方确认投资损失的账务处理。被投资单位当年发生净亏损，投资方确认投资损失时，应当以长期股权投资的账面价值以及其他实质上构成对被投资单位净投资的长期权益减记至零为限，投资方负有承担额外损失义务的除外。

被投资单位以后实现净利润的，投资方在其收益分享额弥补未确认的亏损分担额后，恢复确认收益分享额。具体处理如下：

首先，减记长期股权投资的账面价值。借记"投资收益"账户，贷记"长期股权投资——损益调整"账户。

其次，长期股权投资的账面价值减记至零时，如果账面上存在其他实质上构成对被投资单位净投资的长期权益项目，应以该长期权益的账面价值为限减记长期权益的账面价值，同时确认投资损失。借记"投资收益"账户，贷记"长期应收款"账户。

再次，在长期股权投资和长期权益的账面价值减记至零时，如果按照投资合同或协议约定需要投资企业承担额外义务的，应当按照预计承担的金额确认为投资损失，同时确认预计负债。借记"投资收益"账户，贷记"预计负债——（预计承担的金额）"账户。

最后，在进行上述处理后，如果还存在未确认亏损，应当在备查簿中登记，等投资方以后年度实现盈利时，再按照上述相反顺序予以冲减。

【例5-12】A企业于2015年1月1日向乙企业投出原价为1 000 000元，已提折旧100 000元的一项固定资产，获得乙企业有表决权资本的30%，其投资成本与应享有乙企业所有者权益的份额相等。假定乙企业各项可辨认净资产的公允价值与账面价值相等。2015年度乙企业全年实净利润1 000 000元，2016年2月18日乙企业宣告分派2015年的现金股利600 000元，2016年乙企业全年发生亏损4 000 000元；在当年末A企业还有应向乙企业收取的长期应收款150 000元，A企业不承担额外损失。2017年乙企业全年实现净利润1 600 000元，假定A企业和乙企业的所得税率均为25%，A企业编制的会计分录如下：

（1）2015年投资时：

借：固定资产清理	900 000
累计折旧	100 000
贷：固定资产	1 000 000
借：长期股权投资——乙企业——成本	900 000
贷：固定资产清理	900 000

（2）2015年12月31日确认投资收益时：

借：长期股权投资——乙企业（损益调整）	300 000
贷：投资收益——股权投资收益	300 000

2015年末"长期股权投资——乙企业"账户的账面余额为1 200 000元（900 000 + 300 000）。

（3）2016年2月18日宣派现金股利时：

借：应收股利——乙企业	180 000
贷：长期股权投资——乙企业（损益调整）	180 000

宣告分派股利后，"长期股权投资——乙企业"账户的账面余额为 1 020 000 元（1 200 000 - 180 000）。

(4) 2016 年 12 月 31 日确认应负担的亏损为 1 200 000 元（4 000 000×30%），由于"长期股权投资——乙企业"账户的账面余额仅有 1 020 000 元，又由于长期应收款账面有 150 000 元，故只能确认亏损 1 170 000 元，未确认的亏损 30 000 元只在备查簿中登记。

借：投资收益——股权投资损失　　　　　　　　　　　1 170 000
　　贷：长期股权投资——乙企业（损益调整）　　　　　　　　1 020 000
　　　　长期应收款　　　　　　　　　　　　　　　　　　　　　150 000

2016 年 12 月 31 日"长期股权投资——乙企业"账户以及长期应收款的账面余额均为零。

(5) 2017 年 12 月 31 日，冲减未入账的亏损 30 000 元，并恢复"长期应收款"150 000 元和"长期股权投资——乙企业"账户的账面价值 300 000 元（1 600 000×30% - 30 000 - 150 000）。

借：长期应收款　　　　　　　　　　　　　　　　　　　150 000
　　长期股权投资——乙企业（损益调整）　　　　　　　　300 000
　　贷：投资收益——股权投资收益　　　　　　　　　　　　　450 000

3. 其他综合收益确认的账务处理

投资方取得长期股权投资后，应当按照应享有或应分担的被投资单位形成的其他综合收益的份额，确认其他综合收益，同时调整长期股权投资的账面价值。

借：长期股权投资——其他综合收益
　　贷：其他综合收益

被投资单位采用的会计政策及会计期间与投资方不一致的，应当按照投资方的会计政策及会计期间对被投资单位的财务报表进行调整，并据以确认投资收益和其他综合收益等。

4. 应收股利确认的账务处理

由于投资企业的长期股权投资已包含应享有被投资单位净资产的份额，而被投资单位分派利润或现金股利必然使净资产减少。因此，投资企业按应分得的利润或现金股利确认应收股利，同时冲减长期股权投资的账面价值。

5. 收到被投资单位分派的现金股利的账务处理

收到被投资单位分派的现金股利时：

借：银行存款
　　贷：应收股利

6. 其他权益变动确认的账务处理

投资方对于被投资单位除净损益、其他综合收益和利润分配以外所有者权益的其他变动，应当调整长期股权投资的账面价值并计入资本公积，并在备查簿中予以登记，投资方在后续处置股权投资但对剩余股权仍采用权益法核算时，应按处置比例将这部分资本公积转入当期投资收益；对剩余股权终止权益法核算时，将这部分资本公积全部转入当期投资收益。

【例5-13】甲公司持有乙公司30%的股份，能够对乙公司施加重大影响，采用权益法核算。2018年3月1日，乙公司接受其母公司实质上属于资本性投入的现金捐赠800万元，乙公司将其计入资本公积（股本溢价）。不考虑其他因素，甲公司编制的会计分录如下：

应享有其他权益变动份额 = 800 × 30% = 240（万元）

借：长期股权投资——其他权益变动　　　　　　　　　　　　2 400 000
　　贷：资本公积——其他资本公积　　　　　　　　　　　　　　　2 400 000

长期股权投资方法的转换与重分类

一、长期股权投资方法的转换

（一）追加投资引起的方法转换

投资方因追加投资等原因对被投资单位由原来实施重大影响而变为实施控制时，长期股权投资的核算方法应当由权益法变为成本法。成本法初始成本的确定需要考虑企业合并的类型。

（1）同一控制下的被投资单位实施控制的，应当按照取得的被合并方所有者权益在最终控制方合并报表中账面价值的份额，作为改按成本法核算的初始投资成本。

（2）非同一控制下的被投资单位实施控制的，在编制个别财务报表时，应当按照原持有的股权投资账面价值加上新增投资成本之和，作为改按成本法核算的初始投资成本。购买日之前持有的股权投资因采用权益法核算而确认的其他综合收益，应当在处置该项投资时采用与被投资单位直接处置相关资产或负债相同的基础进行会计处理。例题见【例5-4】。

（二）处置投资引起的方法转换

投资方因处置部分权益性投资等原因丧失了对被投资单位的控制的，在编制个别财务报表时，处置后的剩余股权能够对被投资单位实施共同控制或施加重大影响的，应当改按权益法核算，并对该剩余股权视同自取得时即采用权益法核算进行追溯调整，简言之，长期股权投资由成本法核算转为权益法核算应当追溯调整，具体操作如下：

（1）比较剩余长期股权投资的成本与按照剩余持股比例计算原投资时应享有被投资单位可辨认净资产公允价值的份额，前者大于后者的，属于投资作价中体现的商誉部分，不调整长期股权投资的账面价值；前者小于后者的，在调整长期股权投资成本的同时，调整留存收益。

（2）对于原取得投资时至处置投资时之间被投资单位实现净损益中投资方应享有的份额应当调整长期股权投资的账面价值，同时，对于原取得投资时至处置投资当期期初被投资单位实现的净损益（扣除已宣告发放的现金股利和利润）中应享有的份额，调整留存收益,对于处置投资当期期初至处置投资之日被投资单位实现的净损益中享有的份额,调整当期损益;在被投资单位其他综合收益变动中应享有的份额,在调整长期股权投资账面价值的同时,应当计入其他综合收益;除净损益、其他综合收益和利润分配外的其他原因导致被投资单位其他所有者权益变动中应享有的份额,在调整长期股权投资账面价值的同时,应当计入资本公积(其他资本公积)。

【例5-14】甲公司原持有乙公司60%的股份,账面余额9 000万元,乙公司可辨认净资产公允价值总额为13 500万元(假定公允价值于账面价值相同),准备长期持有,甲公司对该投资采用成本法核算。甲公司按照净利润的10%提取盈余公积。2017年7月10日,甲公司将其持有的对乙公司20%的股份出售给某企业,取得价款5 400万元,当日乙公司可辨认净资产公允价值总额为24 000万元。按照准则规定,甲公司对该投资采用权益法核算,假定甲公司在取得对乙公司60%的股份后,乙公司实现的净利润为7 500万元,其中,自甲公司取得投资日至2017年初实现净利润5 000万元。未发生其他交易。甲公司编制的会计分录如下:

(1)出售时:

借:银行存款　　　　　　　　　　　　　　　　　　　54 000 000
　　贷:长期股权投资　　　　　　　　　　　　　　　　　30 000 000
　　　　投资收益　　　　　　　　　　　　　　　　　　　24 000 000

(2)转换时:

借:长期股权投资——乙公司　　　　　　　　　　　　30 000 000
　　贷:盈余公积　　　　　　　　　　　　　　　　　　　 2 000 000
　　　　利润分配——未分配利润　　　　　　　　　　　 18 000 000
　　　　投资收益　　　　　　　　　　　　　　　　　　　10 000 000

二、长期股权投资的重分类

(一)追加投资引起的重分类

1. 公允价值计量的金融资产重分类为具有共同控制或重大影响的长期股权投资

投资方因追加投资等原因能够对被投资单位施加重大影响或实施共同控制但不构成控制的,应当按照《企业会计准则第22号——金融工具确认和计量》确定的原持有的股权投资的公允价值加上新增投资成本之和,作为改按权益法核算的初始投资成本。原持有的股权投资分类为公允价值计量的金融资产的,其公允价值与账面价值之间的差额,以及原计入其他综合收益或公允价值变动损益的累计公允价值变动应当转入改按权益法核算的当期损益。

【例5-15】甲公司于2016年2月10日取得乙公司10%的股份,成本900万元,当日乙公司可辨认净资产公允价值总额为8 400万元(假定公允价值于账面价值相同),准备长期持有,甲公司对该投资认定为以公允价值计量且变动计入其他综合收益的金融资产核算。2016年末该资产的公允价值为950万元。2017年7月10日,甲公司又以1 800万元的价格取得乙公司12%的股份,当日乙公司可辨认净资产公允价值总额为12 000万元,甲公司对该投资重新分类为长期股权投资,并采用权益法核算。假定甲公司在取得对乙公司 10% 的股份后，乙公司实现的净利润为 900 万元，未发生其他交易。乙公司 2017 年末实现净利润 1 000 万元。甲公司编制的会计分录如下：

（1）2016 年 2 月 10 日投资时：

借：其他权益工具投资——成本　　　　　　　　　　　　9 000 000
　　贷：银行存款　　　　　　　　　　　　　　　　　　　　　　9 000 000

（2）2016 年末调整时：

借：其他权益工具投资——公允价值变动　　　　　　　　500 000
　　贷：其他综合收益　　　　　　　　　　　　　　　　　　　　500 000

（3）2017 年 7 月 10 日追加投资时：

①借：长期股权投资——乙公司　　　　　　　　　　　18 000 000
　　贷：银行存款　　　　　　　　　　　　　　　　　　　　　18 000 000

②借：长期股权投资——乙公司　　　　　　　　　　　10 000 000
　　贷：其他权益工具投资——成本　　　　　　　　　　　　　9 000 000
　　　　　　　　　　　　——公允价值变动　　　　　　　　　500 000
　　贷：投资收益　　　　　　　　　　　　　　　　　　　　　　500 000

③借：其他综合收益　　　　　　　　　　　　　　　　　　500 000
　　贷：投资收益　　　　　　　　　　　　　　　　　　　　　　500 000

投资成本 = 10 000 000 + 18 000 000 = 28 000 000（元）

（4）2017 年末确认投资收益时：

借：长期股权投资——损益调整　　　　　　　　　　　　2 200 000
　　贷：投资收益　　　　　　　　　　　　　　　　　　　　　　2 200 000

2. 公允价值计量的金融资产重分类为具有控制的长期股权投资

投资方因追加投资等原因能够对非同一控制下的被投资单位实施控制的，在编制个别财务报表时，应当按照原持有的股权投资账面价值加上新增投资成本之和，作为改按成本法核算的初始投资成本。原计入其他综合收益的累计公允价值变动应当在改按成本法核算时转入当期损益。

【例 5-16】甲公司与乙公司为两个独立的法人，在合并之前不存在任何关联方关系。2016 年 3 月 1 日，甲公司以支付银行存款 500 万元取得乙公司 10% 有表决权的股份，甲公司将其划分为以公允价值计量且变动计入当期损益的金融资产。2016 年末该金融资产的公允价值为 600 万元。2017 年 7 月 1 日，甲公司又以 2 800 万元的价格取得乙公司 42% 的股份，能够对乙公司实施控制，按照准则规定，甲公司对该投资重新分类为长期股权投资，并采用成本法核算。甲公司编制的会计分录如下：

（1）2016 年 3 月 1 日投资时：

借：交易性金融资产——成本　　　　　　　　　　　　　5 000 000
　　贷：银行存款　　　　　　　　　　　　　　　　　　　　　　5 000 000

（2）2016 年末调整时：

借：交易性金融资产——公允价值变动　　　　　　　　　1 000 000
　　贷：公允价值变动损益　　　　　　　　　　　　　　　　　　1 000 000

（3）2017 年 7 月 1 日追加投资时：

①借：长期股权投资——乙公司　　　　　　　　　　　28 000 000
　　　贷：银行存款　　　　　　　　　　　　　　　　　　　　28 000 000

②借：长期股权投资——乙公司　　　　　　　　　　　6 000 000
　　　贷：交易性金融资产——成本　　　　　　　　　　　　　5 000 000
　　　　　　　　　　　　——公允价值变动　　　　　　　　　1 000 000

③借：公允价值变动损益　　　　　　　　　　　　　　1 000 000
　　　贷：投资收益　　　　　　　　　　　　　　　　　　　　1 000 000

投资成本 = 6 000 000 + 28 000 000 = 34 000 000（元）

（二）处置投资引起的重分类

1. 具有共同控制或重大影响的长期股权投资重分类为公允价值计量的金融资产

投资方因处置部分股权投资等原因丧失了对被投资单位的共同控制或重大影响的，处置后的剩余股权应当重新分类为公允价值计量的金融资产，其在丧失共同控制或重大影响之日的公允价值与账面价值之间的差额计入当期损益。原股权投资因采用权益法核算而确认的其他综合收益，应当在终止采用权益法核算时采用与被投资单位直接处置相关资产或负债相同的基础进行会计处理，因被投资方除净损益、其他综合收益和利润分配以外的其他所有者权益变动而确认的所有者权益，应当在终止采用权益法核算时全部转入当期损益。

【例 5 - 17】 甲公司持有乙公司 30% 的股权，对乙公司具有重大影响，2017 年 11 月 11 日甲公司将持有乙公司 20% 的股权出售，取得价款 2 600 万元存入银行，至此甲公司无法对乙公司施加重大影响，甲公司将持有乙公司剩余股权重分类为以公允价值计量且变动计入其他综合收益的金融资产核算，剩余股权的公允价值为 1 300 万元。出售时，甲公司对乙公司长期股权投资账面价值 3 600 万元，其中投资成本 2 700 万元，损益调整 400 万元，其他综合收益为 300 万元，除净损益、其他综合收益和利润分配外的其他所有者权益变动为 200 万元。不考虑相关税费等其他因素影响。甲公司编制的会计分录如下：

（1）2017 年 11 月 11 日出售时：

借：银行存款　　　　　　　　　　　　　　　　　　26 000 000
　　贷：长期股权投资　　　　　　　　　　　　　　　　　　24 000 000
　　　　投资收益　　　　　　　　　　　　　　　　　　　　　2 000 000

（2）其他综合收益转入当期损益时：

借：其他综合收益　　　　　　　　　　　　　　　　3 000 000
　　贷：投资收益　　　　　　　　　　　　　　　　　　　　　3 000 000

（3）其他权益变动的结转时：

借：资本公积——其他资本公积　　　　　　　　　　2 000 000
　　贷：投资收益　　　　　　　　　　　　　　　　　　　　　2 000 000

（4）剩余股权重分类时：

借：其他权益工具投资——成本　　　　　　　　　　13 000 000
　　贷：长期股权投资　　　　　　　　　　　　　　　　　　12 000 000

　　　　投资收益　　　　　　　　　　　　　　　　　　　　　　　　1 000 000

2. 具有控制权的长期股权投资重分类为公允价值计量的金融资产

原持有的对被投资单位具有控制的长期股权投资，因部分处置等原因导致持股比例下降，不能再对被投资单位实施控制的，处置后的剩余股权应当重新分类为公允价值计量的金融资产，在丧失控制之日的公允价值与账面价值之间的差额计入当期投资收益。

【例 5-18】甲公司持有乙公司 60% 有表决权的股份，能对乙公司的生产经营决策施加控制，甲公司对该项投资采用成本法核算。2018 年 5 月 8 日甲公司将该项投资 50% 的股份对外售出，剩余 10% 股份，出售以后无法再对乙公司施加控制，且也不能实施共同控制、重大影响。甲公司将处置后的剩余股权重新分类为以公允价值计量且变动计入当期损益的金融资产。出售时，该项长期股权投资的账面价值为 4 800 万元，公允价值 6 000 万元。出售 50% 股份取得价款 5 000 万元存入银行。甲公司编制的会计分录如下：

甲公司 2018 年 5 月 8 日出售时：

借：银行存款　　　　　　　　　　　　　　　　　　　　　50 000 000
　　贷：长期股权投资——成本　　　　　　　　　　　　　　　40 000 000
　　　　投资收益　　　　　　　　　　　　　　　　　　　　10 000 000
借：交易性金融资产——乙公司　　　　　　　　　　　　　　10 000 000
　　贷：长期股权投资——乙公司　　　　　　　　　　　　　　 8 000 000
　　　　投资收益　　　　　　　　　　　　　　　　　　　　 2 000 000

三、长期股权投资的处置

出于规避风险，获取现金流入等目的，长期股权投资也可以在适当的时间进行处置。处置长期股权投资的投资损益应当在符合条件时才能确认。处置长期股权投资按所收到的处置收入与长期股权投资账面价值的差额确认为当期投资损益。处置长期股权投资时应同时结转已计提的减值准备，原计入资本公积和其他综合收益项目的金额应转入"投资收益"科目。部分处置某项长期股权投资时应按该项投资的总平均成本确定其处置部分的成本，并按相应比例结转已计提的减值准备。

处置长期股权投资时，按照实际收到的款项，借记"银行存款"科目，按照提取的减值准备借记"长期股权投资减值准备"科目，按照长期股权投资的账面价值，贷记"长期股权投资"科目，按照尚未收到的现金股利，贷记"应收股利"科目，按其出售差额，借或贷"投资收益"科目。

投资方全部处置权益法核算的长期股权投资时，原权益法核算的相关其他综合收益应当在终止采用权益法核算时采用与被投资单位直接处置相关资产或负债相同的基础进行会计处理，因被投资方除净损益、其他综合收益和利润分配以外的其他所有者权益变动而确认的所有者权益，应当在终止采用权益法核算时全部转入当期投资收益。

投资方部分处置权益法核算的长期股权投资，剩余股权仍采用权益法核算的，原权益法核算的相关其他综合收益应当采用与被投资单位直接处置相关资产或负债相同的基础处理并按比例结转，因被投资方除净损益、其他综合收益和利润分配以外的其他所有者权益变动而确认的所有者权益，应当按比例转入当期投资收益。

第五节 合营安排

一、合营安排的定义和特征

合营安排是一项由两个或两个以上的参与方共同控制的安排。合营安排具有下列特征：

第一，各参与方受到该安排的约束。合营安排通过相关约定对各参与方予以约束。相关约定是指据以判断是否存在共同控制的一系列具有执行力的合约。

第二，两个或两个以上的参与方对该安排实施共同控制。共同控制与控制、重大影响不同。共同控制是两个或两个以上的参与方实施；控制是单一参与方实施；重大影响是指参与人只拥有参与安排的财务和经营政策的决策的权力，但并不能控制或者与其他方一起共同控制这些政策的制定。

二、合营安排的认定

要认定一项安排是否为合营安排，需要把握"共同控制""参与方"等概念。其中，是否存在共同控制是判断一项安排是否为合营安排的关键。

（一）共同控制

共同控制是指按照相关约定对某项安排所共有的控制，并且该安排的相关活动必须经过分享控制权的参与方一致同意后才能决策。相关活动是指对某项安排的回报产生重大影响的活动。某项安排的相关活动应当根据具体情况进行判断，通常包括商品或劳务的销售和购买、金融资产的管理、资产的购买和处置、研究与开发活动以及融资活动等。

在相关约定中设定了就相关活动作出决策所需的最低表决权比例时，若存在多种参与方的组合形式均能满足表决权比例要求的情形，则该安排就不是合营安排；除非相关约定明确指出，需要其中哪些参与方一致同意才能就相关活动作出决策。

（二）合营安排中的不同参与方

只要两个或两个以上的参与方对该安排实施共同控制，一项安排就可以被认定为合营安排，并不要求所有参与方都对该安排享有共同控制。对合营安排享有共同控制的参与方（分享控制权的参与方）被称为"合营方"；对合营安排不享有共同控制的参与方被称为"非合营方"。

三、合营安排的分类

合营安排分为共同经营和合营企业。共同经营是指合营方享有该安排相关资产且承担该安排相关负债的合营安排。合营企业是指合营方仅对该安排的净资产享有权利的合营安排。合营方应当根据其在合营安排的正常经营中享有的权利和承担的义务确定合营安排的分类。对权利和义务进行评价时,应当考虑该合营安排的结构、法律形式以及合营安排中约定的条款、其他相关事实和情况等因素。

合营安排是为不同目的而设立的,可以采用不同的结构和法律形式。一些安排不要求采用单独主体的形式开展其活动,另一些安排则涉及构造单独主体。在实务中,主体可以从合营安排是否通过单独主体达成为起点,判断合营安排是共同经营还是合营企业。

(一) 合营安排未通过单独主体达成

单独主体是指具有单独可辨认的财务架构的主体,包括单独的法人主体和不具备法人资格但法律所认可的主体。当合营安排未通过单独主体达成时,该合营安排为共同经营。在这种情况下,合营方通常通过相关约定享有与该安排相关资产的权利、并承担与该安排相关负债的义务,同时享有相应收入的权利、并承担相应费用的责任,因此该合营安排应当划分为共同经营。

【例5-19】 A、B、C三家公司于2017年7月1日共同出资9 200万元购买某大型设备,其中,A公司出资3 100万元,B公司出资2 700万元,C公司出资3 400万元,三方约定按照出资比例享有权利与义务。

解析:

本例中,由于关于该安排的相关活动的决策需要A公司、B公司、C公司一致同意方可作出,所以A公司、B公司、C公司共同控制该安排,该安排为合营安排。由于A、B、C三家公司只是各自出资相应部分购买大型设备,并未成立一个单独主体,因此该合营安排不可能是合营企业,只可能是共同经营。

(二) 合营安排通过单独主体达成

如果合营安排是通过单独主体达成,在判断该合营安排是共同经营还是合营企业时,通常首先分析单独主体的法律形式,法律形式不足以判断时,将法律形式与合同安排结合进行分析,法律形式和合同安排均不足以判断时,进一步考虑其他事实和情况。

1. 分析单独主体的法律形式

各参与方应当根据该单独主体的法律形式,判断该安排是赋予参与方享有与安排相关资产的权利并承担与安排相关负债的义务,还是赋予参与方享有该安排的净资产的权利。各参与方通过单独主体达成合营安排的情形下,单独主体的法律形式决定在单独主体中的资产和负债是单独主体自己的资产和负债,而不是参与方的资产和负债,基于单独主体的法律形式赋予各参与方的权利和义务,可以初步判定该项安排是合营企业;当单独主体的法律形式没有将参与方和单独主体分离(即单独主体持有的资产和负债是各参与方的资产和负债)时,基于单独主体的法律形式赋予参与方权利和义务的判断,可以判定该项安排为共同经营。

2. 分析合同安排

当单独主体的法律形式并不能将合营安排的资产的权利和对负债的义务赋予该安排的参与方时,还需要进一步分析各参与方之间是否通过合同安排赋予该安排的参与方对合营安排资产的权利和对合营安排负债的义务。

有时,法律形式和合同安排均表明一项合营安排中的合营方对该安排的净资产享有权利,此时,若不存在相反的其他事实和情况,该合营安排应当被划分为合营企业。

有时，仅从法律形式判断，一项合营安排符合合营企业的特征，但是综合考虑合同安排后，合营方享有该合营安排相关资产并且承担该安排相关负债，此时，该合营安排应当被划分为共同经营。

3. 分析其他事实和情况

如果一项安排的法律形式与合同安排均没有将该安排的资产的权利和对负债的义务赋予该安排的参与方，则应考虑其他事实和情况，包括合营安排的目的和设计，其与参与方的关系及其现金流的来源等。在某些情况下，合营安排设立的主要目的是为参与方提供产出，这表明参与方可能按照约定实质上享有合营安排所持资产几乎全部的经济利益。这种安排下，参与方根据相关合同或法律约定有购买产出的义务，并往往通过阻止合营安排将其产出出售给其他第三方的方式来确保参与方能获得产出。该安排产生的负债实质上是由参与方通过购买产出支付的现金流量而得以清偿。因此，如果参与方实质上是该安排持续经营和清偿债务所需现金流的唯一来源，这表明参与方承担了与该安排相关的负债。综合考虑该合营安排的其他相关事实和情况，表明参与方实质上享有合营安排所持资产几乎全部的经济利益，合营安排所产生的负债的清偿实质上也持续依赖于向参与方收取的产出的销售现金流，该合营安排的实质为共同经营。

四、共同经营参与方的会计处理

（一）一般会计处理

合营方应当确认其与共同经营中利益份额相关的下列项目，并按照相关企业会计准则的规定进行会计处理：①确认单独所持有的资产，以及按其份额确认共同持有的资产；②确认单独所承担的负债，以及按其份额确认共同承担的负债；③确认出售其享有的共同经营产出份额所产生的收入；④按其份额确认共同经营因出售产出所产生的收入；⑤确认单独所产生的费用，以及按其份额确认共同经营发生的费用。

当合营安排各参与方同意共同拥有和经营一项资产时，相关约定规定了各参与方对共同经营资产的权利，以及来自该项资产的收入或产出和相应的经营成本在各参与方之间分配的方式。每一个合营方对其在共同资产中的份额、同意承担的负债份额进行会计处理，并按照相关约定确定其在产出、收入和费用中的份额。

【例 5-20】甲为一家轮船设计研究院，乙公司为一家大型机械制造企业，甲研究院与乙公司达成意向为 MB 船舶公司加工制造一艘船舶，双方于 2017 年 1 月 6 日签订了合同，合同金额为 10 000 万元，当日 MB 船舶公司预付合同价款的 30% 给乙公司，剩余 70% 款项在 2017 年底船舶验收合格后支付，截至 2017 年底，乙公司实际发生成本 6 000 万元。

甲研究院与乙公司协议如下：①甲研究院负责船舶的图纸设计与技术服务；乙公司提供厂房、生产设备、人工、材料等其他支出；②乙公司负责整个项目的运作，但涉及重大事项决策需要经双方共同决定；③乙公司负责款项结算，工程结束后乙公司将合同价款 25% 交付甲研究院。

乙公司编制的会计分录如下：

（1）收到预付账款时：

借:银行存款 30 000 000
　　贷:预收账款 30 000 000
(2) 实际发生成本时:
借:生产成本——共同控制经营 60 000 000
　　贷:银行存款、原材料等 60 000 000
(3) 船舶建造完工时:
借:库存商品——共同控制资产 60 000 000
　　贷:生产成本——共同控制经营 60 000 000
(4) 确认收入时:
借:银行存款 70 000 000
　　预收账款 30 000 000
　　贷:其他业务收入 75 000 000
　　　　其他应付款——甲研究院 25 000 000
借:其他业务成本 60 000 000
　　贷:库存商品 60 000 000
借:其他应付款——甲研究院 25 000 000
　　贷:银行存款 25 000 000

(二) 合营方向共同经营投出或者出售资产 (不构成业务) 的会计处理

合营方向共同经营投出或出售资产等 (该资产构成业务的除外),在共同经营将相关资产出售给第三方或相关资产消耗之前,应当仅确认归属于共同经营其他参与方的利得或损失。交易表明投出或出售的资产发生符合《企业会计准则第 8 号——资产减值》等规定的资产减值损失的,合营方应当全额确认该损失。

【例 5 - 21】2017 年 12 月 1 日甲公司与乙公司合作共同组建 AB 公司,注册资金为 600 万元,甲公司以无形资产出资,出资时无形资产账面余额为 250 万元,公允价值为 300 万元;乙公司现金出资 300 万元,双方各占 50% 份额,假定不考虑其他因素。甲公司编制的会计分录如下:

借:长期股权投资——成本 3 000 000
　　贷:无形资产 2 500 000
　　　　营业外收入 500 000
甲公司依据所占份额:
借:营业外收入 250 000
　　贷:长期股权投资 250 000

(三) 合营方自共同经营购买不构成业务的资产的会计处理

合营方自共同经营购买资产等 (该资产构成业务的除外),在将该资产等出售给第三方之前,应当仅确认因该交易产生的损益中归属于共同经营其他参与方的部分。购入的资产发生符合《企业会计准则第 8 号——资产减值》等规定的资产减值损失的,合营方应当按其承担的份额确认该部分损失。

(四) 合营方取得共同经营（构成业务）的利益份额的会计处理

合营方取得共同经营中的利益份额，且该共同经营构成业务时，应当按照《企业会计准则第 20 号——企业合并》等相关准则进行相应的会计处理，但其他相关准则的规定不能与本准则的规定相冲突。企业应当按照《企业会计准则第 20 号——企业合并》的相关规定判断该共同经营是否构成业务。该处理原则不仅适用于收购现有的构成业务的共同经营中的利益份额，也适用于与其他参与方一起设立共同经营，且由于有其他参与方注入既存业务，使共同经营设立时即构成业务。

(五) 对共同经营不享有共同控制的参与方的会计处理

对共同经营不享有共同控制的参与方（非合营方），不论是否具有共同控制，只要能够享有共同经营相关资产的权利并承担共同经营相关负债的义务，对在共同经营中的利益份额采用与合营方相同的会计处理。否则，应当按照相关会计准则的规定对其利益份额进行会计处理。例如，如果该参与方对于合营安排的净资产享有权利并具有重大影响，应按照长期股权投资准则等相关规定进行会计处理；如果该参与方对于合营安排的净资产享有权利并且无重大影响，应按照《企业会计准则第 22 号——金融工具确认和计量》等准则的相关规定进行会计处理；向共同经营投出构成业务的资产的，以及取得共同经营的利益份额的，则按照《企业会计准则第 33 号——合并财务报表》《企业会计准则第 20 号——企业合并》等相关准则进行会计处理。

五、合营企业参与方的会计处理

合营企业中，合营方应当按照《企业会计准则第 2 号——长期股权投资》的规定核算其对合营企业的投资。

对合营企业不享有共同控制的参与方（非合营方）应当根据其对该合营企业的影响程度进行相关会计处理：①对该合营企业具有重大影响的，应当按照《企业会计准则第 2 号——长期股权投资》的规定核算其对该合营企业的投资；②对该合营企业不具有重大影响的，应当按照《企业会计准则第 22 号——金融工具确认和计量》的规定核算其对该合营企业的投资。

【例 5-22】2018 年 2 月 3 日，甲、乙、丙三家公司共同出资设立 A 公司，甲公司占 A 公司注册资金的 40%，乙公司占 A 公司注册资金的 55%，丙公司占 A 公司注册资金的 5%，甲、乙公司共同控制 A 公司，丙公司对 A 公司不具有重大影响，只是参与分红而已。

解析：

甲、乙公司应当做长期股权投资核算，采用权益法后续计量；丙公司做以公允价值计量且变动计入其他综合收益的金融资产核算。

关键词

长期股权投资　成本法　权益法　控制　合营安排　重大影响

复习思考题

1. 长期股权投资初始成本应当如何确定？
2. 投资企业对子公司的投资为何采用成本法核算？
3. 在长期股权投资权益法下，投资损益的确认需要考虑哪些因素？
4. 如何判断合营安排是共同经营还是合营企业？

第六章 固定资产

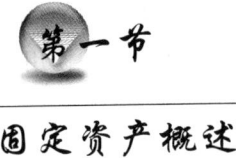

固定资产概述

一、固定资产的定义

固定资产的实物形态有厂房、建筑物、机器、机械、运输工具以及其他与生产经营有关的设备、器具、工具等。由实物形态可以看出,固定资产是企业的主要劳动资料,是企业赖以生存的物质基础。

《企业会计准则第4号——固定资产》对固定资产的定义是:"固定资产是指同时具有下列特征的有形资产:①为生产商品、提供劳务、出租或经营管理而持有的;②使用寿命超过一个会计年度。"

固定资产的定义揭示了固定资产具有以下三个特征:

第一,为生产商品、提供劳务、出租或经营管理而持有。企业的固定资产是为生产商品、提供劳务、出租或经营管理而持有,以使用为目的,不以直接销售和投资为目的。例如,房屋建筑物,以使用为目的,是企业的固定资产;同样是房屋建筑物,以销售为目的,如房地产开发企业以销售为目的的房屋建筑物,则是房地产开发企业的存货,不是其固定资产;同样是房屋建筑物,如以经营租赁方式出租,以投资赚取租金为目的,则该房屋建筑物是投资性房地产,不是固定资产。需要指出的是,固定资产定义中的"出租"是指出租机器设备类固定资产,不包括以经营租赁方式出租的房屋建筑物。

第二,固定资产的使用寿命超过一个会计年度。固定资产的使用寿命是指企业使用固定资产的预计期间,或者该固定资产所能生产产品或提供劳务的数量。一般情况下,固定资产的使用寿命是指使用固定资产的预计期间。从前文所述的固定资产实物形态看,固定资产使用寿命正常情况下超过一年,属于企业的长期资产。作为长期资产,固定资产在其使用过程中不改变原有的实物形态,其价值是以折旧的方式逐渐地转移到成本费用中去,减少固定资产的账面价值,与企业的存货形成明显的对照。企业的存货,例如,工业企业的原材料，虽然也是为生产商品、提供劳务或经营管理而持有，但其一旦使用，往往会改变原有的实物形态，其价值一次转入到成本费用中去。因此，存货的使用寿命不会超过一个会计期间，有别于企业的固定资产。需要说明的是，工业企业所持有的包装物、低值易耗品，施工企业所持有的钢模板、木模板、脚手架等，其使用年限往往超过一年，在使用过程中也不会改变其实物形态，也能为企业带来经济利益，但由于数量多、单价低，考虑成本效益原则，在会计实务中通常将其确认为企业的存货，而不将其确认为企业的固定资产。

第三，固定资产是有形资产。固定资产是有形资产，具有实物形态。这一特征将固定资产与无形资产区别开来。无形资产虽然也是为生产商品、提供劳务、出租或经营管理而持有的，使用寿命超过一个会计年度，符合固定资产的前两个特征，但其没有实物形态，不符合有形资产的特征，因此不属于企业的固定资产。

依据固定资产的特征，我们也可以将固定资产的定义概括地表述为：固定资产是企业为生产商品、提供劳务、出租或经营管理持有，使用寿命超过一个会计年度，在使用过程中保持原有实物形态的有形资产。

二、固定资产的分类

（一）按经济用途分类

按经济用途分类，固定资产分为生产经营用固定资产和非生产经营用固定资产。

（1）生产经营用固定资产。其是指直接参加或直接服务于生产经营过程的各种固定资产，如用于生产经营的厂房、建筑物、机器设备、运输设备、器具工具等。

（2）非生产经营用固定资产。其是指不直接服务于生产经营过程的各种固定资产，如职工宿舍、食堂、浴室、活动中心等职工福利设施及其有关的设备器具等。

（二）按使用情况分类

按使用情况分类，固定资产分为使用中固定资产、未使用固定资产、出租固定资产和不需用固定资产。

（1）使用中固定资产。其是指企业正在使用的生产经营用固定资产和非生产经营用固定资产。实务中，对于房屋建筑物，无论是否使用均视为使用中固定资产；对于季节性生产经营或大修理暂时停用的固定资产、存放在生产车间或经营场所轮换使用或备用的固定资产，视为使用中固定资产。

（2）未使用固定资产。其是指已购建完成尚未交付使用的新增固定资产以及因改建、扩建暂时停用的固定资产。

（3）出租固定资产。其是指出租给其他企业临时使用的固定资产。

（4）不需用固定资产。其是指多余或不适用的固定资产。

（三）按所有权分类

按所有权分类，固定资产分为自有固定资产和租入固定资产。

（1）自有固定资产。其是指企业拥有所有权的固定资产。

（2）租入固定资产。其是指企业以租赁方式从其他单位租入的固定资产。企业租入的固定资产依据租赁合同拥有使用权，同时负有支付租金的义务，但租赁资产的所有权属于出租单位。租入固定资产又可分为经营租入固定资产和融资租入固定资产。

（四）固定资产的综合分类

在会计实务中，往往将以上几种分类结合起来，采用综合标准对固定资产进行分类，从而形成固定资产的综合分类，即：①生产经营用固定资产；②非生产经营用固定资产；③租出固定资产；④未使用固定资产；⑤不需用固定资产；⑥土地（指按规定单独估价作为固定资产入账的土地）；⑦融资租入固定资产。

在会计实务中，企业应根据固定资产的定义，结合本企业的实际情况，制定固定资产目录、分类方法、每类或每项固定资产的使用寿命、折旧方法等，为进行固定资产的实物管理和价值核算提供依据。

三、固定资产的确认

企业将一项资产确认为固定资产，需要符合固定资产的定义，同时应满足两个条件。

1. 与该固定资产有关的经济利益很可能流入企业

预期经济利益流入企业是资产的重要特征。企业确认固定资产时，需要判断该项固定资产有关的经济利益是否很可能流入企业。如果与该项固定资产有关的经济利益很可能流入企业，并同时满足固定资产确认的其他条件，那么企业应将其确认为固定资产。否则，不应确认为固定资产。

判断一项固定资产的经济利益是否很可能流入企业，其判断标志是该项固定资产所有权上的风险和报酬是否归属于企业。通常情况下，企业拥有一项固定资产的所有权，其所有权上的风险和报酬归属于企业，经济利益很可能流入企业。企业自有固定资产属于这种情形，在满足固定资产确认的其他条件的情况下，应确认为企业的固定资产。但在特定情况下，如企业融资租入固定资产，资产的所有权不属于企业，但与所有权有关的风险和报酬转移给了企业，其经济利益很可能流入企业，则该项资产就应确认为企业的一项固定资产。

2. 该固定资产的成本能够可靠地计量

成本能够可靠计量是资产确认的一项条件。确认固定资产，应有确凿证据证明固定资产的成本能够可靠地计量。但在特定情况下，需要根据取得的最新资料对固定资产的成本进行合理估计，如果能够合理估计固定资产的成本，则视为固定资产能够可靠地计量。例如，对于已达到预定可使用状态但尚未办理竣工决算的固定资产，企业需要根据工程预算、工程造价或者工程实际发生的成本等资料，按估计价值确定固定资产的成本，待办理竣工决算后，按决算的实际成本调整原估计价值。

第二节 固定资产的初始计量

一、固定资产的初始计量原则

固定资产的初始计量是指确定固定资产的取得成本。固定资产的取得成本包括企业为购建某项固定资产达到预定可使用状态前所发生的一切合理的、必要的支出。

固定资产达到预定可使用状态是指所购建的固定资产已经达到设计的标准和要求，具备生产能力或可发挥作用。固定资产是否达到预定可使用状态，需要根据具体情况分析判断。如果购入不需要安装的固定资产，购入即可使用，购入后即达到预定可使用状态；如果购入需安装的固定资产，在安装调试后达到设计标准和要求，具备生产能力或可发挥作用才意味着达到预定可使用状态。

固定资产达到预定可使用状态前所发生的一切合理的、必要的支出，有直接发生的，如购置固定资产支付的价款、运杂费、安装费等；也有间接发生的，如因购建固定资产借款应分担的借款利息、外币借款折算差额以及应分摊的其他间接费用等。

一些特殊行业的特定固定资产，在确定其成本时应考虑该固定资产使用寿命终了时的弃置费用因素。弃置费用通常是指根据国家法律和行政法规、国际公约的规定，企业应承担的环境保护和生态恢复等义务所确定的支出，如核电站核设施弃置和恢复环境义务，石油天然气企业油气水井弃置费用等。弃置费用是预计的未来发生的事项，通常金额较大，因此在确定固定资产的成本考虑弃置费用因素时，应以预计弃置费用的现值计量。

二、取得固定资产成本的确定

固定资产的取得有多种方式，包括外购、自行建造、投资者投入、非货币性资产交换、债务重组、融资租赁和企业合并等。固定资产的取得方式不同，其成本的具体构成内容及确定方法不尽相同。

1. 外购固定资产的成本

外购固定资产的成本包括购买价款、相关税费以及固定资产达到预定可使用状态前所发生的应归属该项固定资产的运输费、装卸费、安装费和专业人员服务费等。

实际工作中，企业可能用一笔款项同时购入多项没有单独标价的资产。如果这些资产符合固定资产的定义，满足固定资产的确认条件，则应将各项资产单独确认为固定资产，并按各项固定资产公允价值的比例对总成本进行分配，分别确定各项固定资产的成本。

企业购买固定资产通常在正常信用条件期限内付款，但也会超过正常信用条件（付款期一般超过3年）付款的，例如，以分期付款方式购买固定资产，合同规定的付款期限较长，超过正常信用条件付款。在这种情况下，其合同总价款通常包含了购买方占用销货方资金的融资费用，具有融资性质。因此，固定资产的成本不能以各期付款额之和确定，而应以各期付款额的现值为基础确定。实际支付的价款与购买价款现值之间的差额，应当在信用期间内采用实际利率法进行摊销，计入相关资产的成本或者当期损益。

2. 自行建造固定资产的成本

除了外购固定资产，企业还可以根据自身的技术、物力、人力等条件自行建造固定资产。自行建造的固定资产成本由建造该项资产达到预定可使用状态前所发生的必要支出构成，包括工程物资成本、人工成本、相关税费、应予资本化的借款费用以及应分摊的间接费用等。所建造的固定资产达到预定可使用状态，但尚未办理竣工决算的，应根据工程预算、造价或者工程实际成本等，按暂估价值转入固定资产，并按有关计提折旧的规定计提固定资产折旧。待办理竣工决算后，按决算金额调整固定资产的原暂估价值，但不需要调整原已计提的折旧额。

3. 投资者投入固定资产的成本

投资者投入固定资产的成本应当按照投资合同或协议约定的价值确定。投资合同或协议约定的价值不公允的，应按照该项固定资产的公允价值确定其成本。

4. 以非货币性资产交换、债务重组取得的固定资产成本

以非货币性资产交换、债务重组取得的固定资产成本应当分别按非货币性资产交换、债务重组的有关规定确定（参见本书第二十一章、第二十章相关内容）。

5. 融资租入固定资产的成本

融资租入固定资产的成本应按租赁期开始日租赁资产公允价值与最低租赁付款额现值两者中较低者，加上可归属于租赁项目的手续费、律师费、印花税等初始直接费用确定。

6. 企业合并取得固定资产的成本

企业合并取得固定资产的成本应分别同一控制下的企业合并和非同一控制下的企业合并确定。同一控制下的企业合并应当按照合并日被合并方的账面价值计量。非同一控制下的企业合并，被购买方固定资产所带来的经济利益很可能流入企业且公允价值能够可靠计量的，应当按照购买日该项固定资产的公允价值计量。

三、取得固定资产的会计处理

固定资产的核算应设置"固定资产"和"累计折旧"账户。

"固定资产"账户用来核算固定资产的原始价值。该账户的借方登记增加固定资产的原始价值，贷方登记减少固定资产的原始价值，期末借方余额反映期末固定资产的原始价值。

"累计折旧"账户用来核算固定资产的累计折旧价值。该账户贷方登记固定资产计提的折旧、增加固定资产转入的折旧，借方登记减少固定资产转销的已提折旧，期末贷方余额反映固定资产的累计折旧。

为了反映固定资产的使用、保管和增减变动情况，企业应按固定资产的类别设置"固定资产登记簿"二级账，按固定资产项目设置固定资产卡片，对固定资产及其累计折旧进行明细分类核算。

（一）外购固定资产的会计处理

企业外购固定资产分为不需要安装的固定资产和需要安装的固定资产两种情形。不需要安装的固定资产的会计处理，应按确定的固定资产成本借记"固定资产"科目，取得

增值税专用发票、海关完税证明或公路发票等增值税扣税凭证，并经税务机关认证可以抵扣的，应按专用发票上注明的增值税进项税额，借记"应交税费——应交增值税（进项税额）"科目，贷记"银行存款""应付票据""其他应付款"等科目。需要安装固定资产的会计处理，应按购入固定资产确定的成本加上安装费用等，先计入"在建工程"账户，待安装完毕达到预定可使用状态时再转入"固定资产"账户。

企业作为一般纳税人，自2016年5月1日后取得并按固定资产核算的不动产或者2016年5月1日后取得的不动产在建工程，取得增值税专用发票并经税务机关认证的，应按确定的固定资产成本，借记"固定资产""在建工程"科目，其进项税额按现行增值税制度规定自取得之日起分2年从销项税额中抵扣，应按增值税专用发票上注明的增值税进项税额的60%作为当期可抵扣的进项税额，借记"应交税费——应交增值税（进项税额）"，按专用发票上注明的增值税进项税额的40%作为自本月起第13个月可抵扣的进项税额，借记"应交税费——待抵扣进项税额"，按应付或实际支付的金额，贷记"应付账款""银行存款"等科目。上述待抵扣的进项税额在允许抵扣时，再从"应交税费——待抵扣进项税额"转入"应交税费——应交增值税（进项税额）"。

企业作为小规模纳税人，购入固定资产时支付的增值税税额应计入固定资产成本，不通过"应交税费——应交增值税"科目核算。

【例6-1】2017年6月1日，A公司购入一栋大楼作为办公大楼并交付使用，取得的增值税专用发票上注明价款为80 000 000元，增值税税额为12 800 000元，款项以银行存款支付。A公司为增值税一般纳税人，购入不动产，进项税额分2年抵扣，当年可抵扣60%，下一年可抵扣40%。A公司编制的会计分录如下：

(1) 2017年6月1日，购入固定资产时：

借：固定资产 80 000 000
　　应交税费——应交增值税（进项税额） 7 680 000
　　　　　　——待抵扣进项税额 5 120 000
　　贷：银行存款 92 800 000

(2) 2018年6月1日，进项税额可抵扣销项税额时：

借：应交税费——应交增值税（进项税额） 5 120 000
　　贷：应交税费——待抵扣进项税额 5 120 000

【例6-2】2017年6月20日，B公司购入需安装的生产用设备一台，取得的设备增值税专用发票上注明的价款为800 000元，增值税税额为128 000元；取得的货物运输业增值税专用发票上注明的运费金额为4 300元，增值税税额为430元；款项均以银行存款支付。该设备由B公司自行安装。安装设备时，领用本公司原材料23 000元，购进该批原材料的进项税额为3 680元；应分配的本公司安装工人的工资为5 600元。B公司编制的会计分录如下：

(1) 支付设备价款、增值税、运费时：

借：在建工程 804 300
　　应交税费——应交增值税（进项税额） 128 430
　　贷：银行存款 932 730

(2) 发生安装费用时：

借：在建工程　　　　　　　　　　　　　　　　　　　　28 600
　　贷：原材料　　　　　　　　　　　　　　　　　　　　　　23 000
　　　　应付职工薪酬　　　　　　　　　　　　　　　　　　　 5 600

(3) 安装设备达到预定可使用状态时：

借：固定资产　　　　　　　　　　　　　　　　　　　　832 900
　　贷：在建工程　　　　　　　　　　　　　　　　　　　　832 900

企业外购固定资产，如果其价款超过正常信用期限延期支付，实质上具有融资性质的，应按购买价款的现值作为入账价值，借记"在建工程""固定资产"科目；按应支付的价款，贷记"长期应付款"科目；按长期应付款与其现值的差额，借记"未确认融资费用"科目。未确认融资费用按实际利率法摊销。符合资本化条件的未确认融资费用分摊额应计入"在建工程"科目，不符合资本化条件的计入"财务费用"科目。

【例6-3】C公司购入一台需安装的专用设备，设备总价款5 000 000元（不考虑增值税）。购货合同约定，C公司于2017年1月1日首付2 000 000元，其余3 000 000元采用分期付款方式分3年每年末支付1 000 000元。2017年1月1日，该设备运达C公司并开始安装，发生安装费共计370 300元。首付和安装费均以银行存款支付。2017年12月31日，该设备达到预定可使用状态。假定A公司适用的折现率为8%。C公司的账务处理如下：

(1) 计算设备总价款的现值。

设备总价款的现值 = 2 000 000 + 1 000 000 × PA（3, 8%）
　　　　　　　　 = 2 000 000 + 1 000 000 × 2.5771
　　　　　　　　 = 4 577 100（元）

(2) 计算设备总价款与其现值的差额。

设备总价款与其现值的差额 = 5 000 000 - 4 577 100 = 422 900（元）

(3) 2017年1月1日购入时，编制的会计分录如下：

借：在建工程　　　　　　　　　　　　　　　　　　　4 577 100
　　未确认融资费用　　　　　　　　　　　　　　　　　 422 900
　　贷：长期应付款　　　　　　　　　　　　　　　　　　3 000 000
　　　　银行存款　　　　　　　　　　　　　　　　　　　2 000 000

(4) 2017年发生安装费时，编制的会计分录如下：

借：在建工程　　　　　　　　　　　　　　　　　　　　370 300
　　贷：银行存款　　　　　　　　　　　　　　　　　　　　370 300

(5) 信用期间，分摊未确认融资费用如表6-1所示。

表6-1　　　　　　　　　　未确认融资费用分摊表　　　　　　　　　　单位：元

日　期	支付价款 ①	确认的融资费用 ② = 期初④ × 8%	应付本金减少额 ③ = ① - ②	应付本金余额 期末④ = 期初④ - ③
2017年初				2 577 100*
2017年末	1 000 000	206 168	793 832	1 783 268

续表

日 期	支付价款 ①	确认的融资费用 ② = 期初④ × 8%	应付本金减少额 ③ = ① - ②	应付本金余额 期末④ = 期初④ - ③
2018 年末	1 000 000	142 661.44	857 338.56	925 929.44
2019 年末	1 000 000	74 070.56*	925 929.44	0
合 计	3 000 000	422 900	2 577 100	0

注：* 2 577 100 = 4 577 100 - 2 000 000；

* 74 070.56 = 422 900 - 206 168 - 142 661.44。

(6) 2017 年 12 月 31 日，编制的会计分录如下：

借：在建工程　　　　　　　　　　　　　　　　　　　206 168
　　贷：未确认融资费用　　　　　　　　　　　　　　　206 168
借：长期应付款　　　　　　　　　　　　　　　　　1 000 000
　　贷：银行存款　　　　　　　　　　　　　　　　1 000 000

(7) 2017 年 12 月 31 日，设备达到预定可使用状态，编制的会计分录如下：

借：固定资产　　　　　　　　　　　　　　　　　5 153 568
　　贷：在建工程　　　　　　　　　　　　　　　　5 153 568

(8) 2018 年 12 月 31 日设备达到预定可使用状态之后，未确认融资费用的分摊额不再符合资本化条件，应计入当期损益。编制的会计分录如下：

借：财务费用　　　　　　　　　　　　　　　　　142 661.44
　　贷：未确认融资费用　　　　　　　　　　　　　142 661.44
借：长期应付款　　　　　　　　　　　　　　　　1 000 000
　　贷：银行存款　　　　　　　　　　　　　　　1 000 000

(9) 2019 年 12 月 31 日，编制的会计分录如下：

借：财务费用　　　　　　　　　　　　　　　　　74 070.56
　　贷：未确认融资费用　　　　　　　　　　　　　74 070.56
借：长期应付款　　　　　　　　　　　　　　　　1 000 000
　　贷：银行存款　　　　　　　　　　　　　　　1 000 000

企业外购固定资产存在弃置义务的，应在取得固定资产时，将弃置费用按其现值计入固定资产成本，借记"在建工程"或"固定资产"科目，贷记"预计负债"科目。在该项固定资产使用寿命内，按预计负债的摊余成本和实际利率计算确定各期的利息费用。计算确定的各期利息费用，应借记"财务费用科目，贷记"预计负债"科目。

【例 6-4】D 公司为核电企业。2017 年 5 月 2 日，该公司购入需安装的核电设备一台，增值税专用发票注明的价款为 3 100 000 元，增值税税额 496 000 元，价税合计 3 596 000 元。设备安装期间，支付安装费用并取得增值税专用发票，注明安装费 65 000 元，增值税税额 10 400 元。设备价款、增值税和安装费均以银行存款支付。2017 年 12 月 31 日，设备安装完毕，交付使用。该设备预计使用寿命 10 年。按照有关规定，该设备使用期满弃置时存在弃置义务，预计发生弃置费用 300 000 元。假定适用的折现率为 10%。D 公司编制

的会计分录如下:

(1) 2017年5月2日,购入设备,支付款项时:

借:在建工程　　　　　　　　　　　　　　　　　　　　　3 100 000
　　应交税费——应交增值税(进项税额)　　　　　　　　496 000
　　贷:银行存款　　　　　　　　　　　　　　　　　　　　　3 596 000

(2) 设备安装期间,支付安装费时:

借:在建工程　　　　　　　　　　　　　　　　　　　　　　65 000
　　应交税费——应交增值税(进项税额)　　　　　　　　10 400
　　贷:银行存款　　　　　　　　　　　　　　　　　　　　　75 400

(3) 设备安装完毕,交付使用,将设备购建成本转入固定资产成本,同时将预计弃置费用按其现值计入固定资产成本。

预计弃置费用现值 = 300 000 × PV (10, 10%)
　　　　　　　　 = 300 000 × 0.3855
　　　　　　　　 = 115 650 (元)

固定资产成本 = 3 100 000 + 65 000 + 115 650 = 3 280 650 (元)

借:固定资产　　　　　　　　　　　　　　　　　　　　　3 280 650
　　贷:在建工程　　　　　　　　　　　　　　　　　　　　　3 165 000
　　　　预计负债　　　　　　　　　　　　　　　　　　　　　115 650

(4) 编制预计负债利息费用计算表,采用实际利率法,按预计负债的摊余成本和适用的折现率(实际利率)计算确定2017年至2027年各年的利息费用,如表6-2所示。

表6-2　　　　　　　　　　　预计负债利息费用计算　　　　　　　　　　单位:元

年　度	利息费用	预计负债账面价值
	① = 期初② × 10%	期末② = 期初② + ①
2017		115 650
2018	11 565	127 215
2019	12 721.50	139 936.50
2020	13 993.65	153 930.15
2021	15 393.02	169 323.17
2022	16 932.32	186 255.49
2023	18 625.55	204 881.04
2024	20 488.10	225 369.14
2025	22 536.91	247 906.05
2026	24 790.61	272 696.66
2027	27 303.34*	300 000

注:* 为尾数调整。

2018年确认预计负债利息费用,编制会计分录:

借:财务费用　　　　　　　　　　　　　　　　　　　　　11 565

贷：预计负债　　　　　　　　　　　　　　　　　　　　　　　　　11 565

2019年至2027年确认预计负债利息费用的会计分录与2018年相同，只是确认的金额不同，具体金额见表6-2各年的"利息费用"。

（二）自行建造固定资产的会计处理

企业自行建造固定资产通常需要较长的建造期间。为了反映建造期间发生的各项支出，归集建造固定资产的实际成本，企业应设置"工程物资"和"在建工程"账户。

"工程物资"账户核算企业为在建工程准备的各种物资的成本，包括工程用材料、尚未安装的设备以及为生产准备的工器具等。该账户的借方登记购置入库的工程物资的成本，贷方登记领用出库的工程物资的成本，借方余额反映在库工程物资的成本。"工程物资"账户可按"专用材料""专用设备""工器具"等进行明细核算。

"在建工程"账户核算企业基建、更新改造等在建工程发生的支出。该账户的借方登记在建工程发生的各项支出，贷方登记工程达到预定可使用状态时结转的固定资产成本，借方余额反映尚未达到预定可使用状态的在建工程的成本。"在建工程"账户可按"建筑工程""安装工程""在安装设备""待摊支出"以及单项工程等进行明细核算。

工程物资、在建工程发生减值的，可以单独设置"工程物资减值准备""在建工程减值准备"账户，对工程物资、在建工程减值进行核算。

企业自行建造固定资产有自营方式建造固定资产和出包方式建造固定资产两种方式。在不同的建造方式下，会计核算的内容及方法不尽相同。

1. 自营方式建造固定资产的会计处理

自营方式建造固定资产是企业自行进行工程物资采购，利用自身生产能力建造固定资产。较为常见的是采用这种方式自行建造企业的专用机器设备。其他情形下，企业较少采用自营方式建造固定资产，多数情况下采用出包方式。

自营方式建造固定资产的成本应当按照直接材料、直接人工、直接机械施工费等计量。在确定自营方式建造固定资产的成本时，还应注意以下几个方面的问题：

（1）为建造固定资产购入的工程物资，如果是用于自营机器设备的建造，所支付的增值税额全部作为进项税额单独核算；如果是用于房屋建筑物等不动产建筑工程，支付的增值税额应自取得之日起分2年从销项税额中抵扣，第1年抵扣60%，第2年抵扣40%。

（2）为建造固定资产领用的存货，如果是用于自营机器设备的建造，应按成本转出，计入在建工程成本；如果是用于房屋建筑物等不动产建筑工程，存货按成本转出，计入在建工程成本，其相关的增值税进项税额，同样应自取得之日起分2年从销项税额中抵扣，第1年抵扣60%，第2年抵扣40%。

（3）建设期间发生的工程物资盘亏、报废及毁损的净损失，计入在建工程成本；盘盈的工程物资或处置净收益，冲减在建工程成本。

（4）工程完工后发生的工程物资盘盈、盘亏、报废、毁损，计入当期损益。

（5）在建工程完工，达到预定可使用状态时，待摊支出应分配计算，计入各工程成本。

自营方式建造固定资产，其在建工程领用工程物资、原材料、库存商品，借记"在建工程"科目，贷记"工程物资""原材料""库存商品"等科目。采用计划成本计价的,应同时结转应分摊的成本差异。在建工程应负担的职工薪酬,借记"在建工程"科目,贷记"应付职工薪酬"科目。辅助生产部门提供水、电、修理、运输等劳务,借记"在建工程"科目,贷记"生产成本——辅助生产成本"科目。在建工程发生的借款费用,满足借款费用资本化条件的,借记"在建工程"科目,贷记"长期借款""应付利息"等科目。

【例6-5】甲企业为增值税一般纳税人,2017年7月1日,自行建造厂房一幢,购入为工程准备的各种物资650 000元,专用发票注明增值税税额104 000元,全部用于工程建设。领用本企业生产的水泥一批,实际成本为520 000元,相关进项税额83 200元。应付工程人员工资130 000元,支付安装费并取得增值税专用发票,价款39 000元,增值税税额3 900元。工程完工并达到预定可使用状态。

甲企业编制的会计分录如下:

(1) 购入工程物资时:

借:工程物资　　　　　　　　　　　　　　　　　　650 000
　　应交税费——应交增值税(进项税额)　　　　　 62 400
　　应交税费——待抵扣进项税额　　　　　　　　　41 600
　　贷:银行存款　　　　　　　　　　　　　　　　754 000

(2) 领用全部工程物资时:

借:在建工程　　　　　　　　　　　　　　　　　　650 000
　　贷:工程物资　　　　　　　　　　　　　　　　650 000

(3) 工程领用本企业生产的水泥时:

借:在建工程　　　　　　　　　　　　　　　　　　520 000
　　贷:库存商品　　　　　　　　　　　　　　　　520 000

同时,根据现行增值税规定,核算自产产品相关进项税额中以后期间可抵扣的部分(40%):

借:应交税费——待抵扣进项税额　　　　　　　　　33 280
　　贷:应交税费——应交增值税(进项税额转出)　 33 280

(4) 分配工程人员工资时:

借:在建工程　　　　　　　　　　　　　　　　　　130 000
　　贷:应付职工薪酬　　　　　　　　　　　　　　130 000

(5) 支付工程安装费时:

借:在建工程——××厂房　　　　　　　　　　　　39 000
　　应交税费——应交增值税(进项税额)　　　　　 2 340
　　应交税费——待抵扣进项税额　　　　　　　　　1 560
　　贷:银行存款　　　　　　　　　　　　　　　　42 900

(6) 工程完工时:

借:固定资产　　　　　　　　　　　　　　　　　　1 339 000
　　贷:在建工程　　　　　　　　　　　　　　　　1 339 000

2. 出包方式建造固定资产的会计处理

出包方式建造固定资产是企业通过招标方式将工程项目发包给建筑承包商，由承包商组织工程项目施工建造固定资产。企业新建、改建和扩建房屋、建筑物工程通常采用这种方式。

出包方式建造固定资产的成本由建造该项固定资产达到预定可使用状态前发生的必要支出构成，包括建筑工程支出、安装工程支出和待摊支出。建筑工程支出、安装工程支出是工程的主要支出，其具体的支出，如人工费、材料费、机械使用费等，由建筑承包商核算；出包企业按合同规定的结算方式和工程进度定期与建筑承包商办理工程价款的结算，结算的工程价款作为出包企业的建筑工程支出和安装工程支出计入在建工程成本。待摊支出是指建设期间发生的，不能直接计入某项固定资产价值，应由所建造的各项固定资产共同负担的相关费用，包括为建造工程发生的管理费、可行性研究费、临时设施费、公证费、监理费、应负担的税金、符合资本化支出条件的借款费用、建设期间发生的工程物资盘亏、报废及毁损净损失以及负荷联合试车费等。发生的待摊支出，出包企业先进行归集，然后分配于达到可使用状态的各项固定资产。

待摊支出的分配可按下列公式计算：

$$待摊支出分配率 = \frac{累计发生的待摊支出}{建筑工程支出 + 安装工程支出 + 在安装设备支出} \times 100\%$$

某项工程应分配的待摊支出 = 该项工程支出 × 待摊支出分配率

出包方式建造固定资产期间，企业按合同向建造承包商预付工程款时，借记"预付账款"科目，贷记"银行存款"科目；按合理估计的出包工程进度和合同规定结算的工程进度款，借记"在建工程"科目，贷记"预付账款""银行存款"科目；发生待摊支出时，借记"在建工程——待摊支出"科目，贷记"银行存款"等科目；在建工程达到预定可使用状态时，应计算分配待摊支出，借记"在建工程——××工程"科目，贷记"在建工程——待摊支出"科目，同时借记"固定资产"科目，贷记"在建工程"科目。同样，如果企业以出包方式建造不动产，则在企业按工程进度和合同规定向建造承包商结算进度款，并取得对方开具的增值税专用发票时，按专用发票上注明的价款，借记"在建工程"，按专用发票上注明的增值税税额的60%，借记"应交税费——应交增值税（进项税额）"，按专用发票上注明的增值税税额的40%，借记"应交税费——待抵扣进项税额"，按实际支付的金额，贷记"银行存款"科目。

【例6-6】甲企业为增值税一般纳税人，2017年6月1日，将一幢厂房的建造工程出包给乙企业（一般纳税人）承建，根据合理估计的发包工程进度和合同规定向乙企业结算进度款并取得其开具的增值税专用发票注明工程款1 020 000元，增值税税额102 000元。2018年11月1日，工程完工后，收到乙企业有关工程结算单据和增值税专用发票，补付工程款并取得乙企业开具的增值税专用发票，注明工程款680 000元，增值税税额68 000元。工程完工并达到预定可使用状态。甲企业编制的会计分录如下：

（1）按合理估计的发包工程进度和合同规定向乙企业结算进度款时：

借：在建工程 1 020 000
　　应交税费——应交增值税（进项税额） 61 200
　　应交税费——待抵扣进项税额 40 800

　　　　贷：银行存款　　　　　　　　　　　　　　　　　　1 122 000
（2）补付工程款时：
　　借：在建工程　　　　　　　　　　　　　　　　　　　　680 000
　　　　应交税费——应交增值税（进项税额）　　　　　　　40 800
　　　　应交税费——待抵扣进项税额　　　　　　　　　　 27 200
　　　　贷：银行存款　　　　　　　　　　　　　　　　　　 748 000
（3）工程完工并达到预定可使用状态时：
　　借：固定资产　　　　　　　　　　　　　　　　　　　1 700 000
　　　　贷：在建工程　　　　　　　　　　　　　　　　　　1 700 000

（三）投资者投入固定资产的会计处理

企业接受投资者投入固定资产应当按照确定的成本借记"固定资产"科目，按其在注册资本或股本中所占份额贷记"实收资本"或"股本"科目，按其差额，贷记"资本公积——资本溢价或股本溢价"科目。

【例6-7】丙股份有限公司与H公司签订一项投资协议。协议约定，H公司以一座大型物流仓库投资丙股份有限公司。该仓库的价值以评估价值确定，评估价值为13 000 000元。仓库评估价值可折算丙股份有限公司面值为1元的普通股5 000 000股。该仓库已交付丙股份有限公司使用。丙股份有限公司编制的会计分录如下：

　　借：固定资产　　　　　　　　　　　　　　　　　　 13 000 000
　　　　贷：股本　　　　　　　　　　　　　　　　　　　 5 000 000
　　　　　　资本公积　　　　　　　　　　　　　　　　　 8 000 000

（四）其他方式取得固定资产的会计处理

除了上述以外购、自行建造、投资者投入方式取得固定资产，企业还可以其他方式取得固定资产。企业以其他方式取得固定资产主要包括债务重组、非货币性资产交换、企业合并、租赁等方式。债务重组、非货币性资产交换取得固定资产的会计处理参见本书第二十章和第二十一章相关内容。企业合并、租赁方式取得固定资产的会计处理参见《高级财务会计》相关内容。

第三节　固定资产的后续计量

固定资产的后续计量主要包括固定资产折旧的计提、后续支出的计量以及资产减值损失的确定等。本节主要阐述固定资产的折旧和后续支出的计量，固定资产减值参见本书第八章相关内容。

一、固定资产折旧

（一）固定资产折旧的定义

固定资产折旧是指在固定资产使用寿命内，按照确定的方法对应计折旧额进行系统分摊。应计折旧额是指应当计提折旧的固定资产原价扣除其预计净残值后的金额。已计提减值准备的固定资产，还应当扣除已计提的固定资产减值准备累计金额。

（二）影响固定资产折旧的因素

影响固定资产折旧的因素主要有四个。

1. 固定资产原价

固定资产原价，即固定资产原始价值，又称固定资产原值，是指固定资产的成本。由于固定资产折旧本质上是对固定资产成本的系统分摊，因此固定资产原价是影响固定资产折旧的一个主要因素。

2. 预计净残值

预计净残值是指假定固定资产预计使用寿命已满并处于使用寿命终了时，企业从该项资产处置中获得的扣除预计处置费用后的金额。由于预计净残值在固定资产使用寿命期间没有被消耗，因此计算折旧时应从固定资产原价中扣除，其也是影响固定资产折旧的一个因素。

3. 固定资产的使用寿命

固定资产的使用寿命是指企业使用固定资产的预计期间，或者该固定资产所能生产产品或提供劳务的数量。固定资产折旧是在其使用寿命期间的折旧，因此固定资产的使用寿命是影响其折旧的一个因素。

企业应当根据固定资产的性质和使用情况，合理确定固定资产的使用寿命。企业确定固定资产的使用寿命应当考虑下列因素：

（1）预计生产能力或实物产量。

（2）预计有形损耗和无形损耗。固定资产的有形损耗是指固定资产由于使用和自然力的作用而引起的使用价值及其价值的损失，如机器、机械、设备等由于使用发生磨损，房屋建筑物由于自然力的作用发生侵蚀等。固定资产的无形损耗是指由于科学技术的进步和劳动生产率的提高而带来的固定资产价值上的损失，如因新技术的出现使得原有的固定资产生产技术水平显得陈旧落后、市场需求变化使得原有固定资产生产的产品过时等。

（3）法律或者类似规定对固定资产的限制。

4. 固定资产减值准备

固定资产减值准备是指固定资产已计提的减值准备累计金额。固定资产计提减值准备表明固定资产发生减值损失，且该损失计入了计提期的当期损益。因而在固定资产计提减值准备后的使用寿命内计提折旧时，应按扣除固定资产减值准备后的金额重新确定固定资产应计折旧额。由此，固定资产减值准备也是影响固定资产折旧的一个因素。

（三）固定资产折旧范围

除以下情况外，企业应当对所有固定资产计提折旧：

（1）已提足折旧仍继续使用的固定资产；

(2) 单独计价入账的土地。

在确定固定资产折旧范围时,还需要注意以下几点:

(1) 固定资产应当按月计提折旧。固定资产达到预定可使用状态时开始计提折旧,终止确认时或划分为持有待售非流动资产时停止计提折旧。为了简化核算,当月增加的固定资产,当月不计提折旧,从下月起计提折旧;当月减少的固定资产,当月仍计提折旧,从下月起不计提折旧。

(2) 固定资产提足折旧后,不论能否继续使用,均不再计提折旧,提前报废的固定资产也不补提折旧。所谓提足折旧是指已经提足该项固定资产的应计折旧额。

(3) 已达到预定可使用状态但尚未办理竣工决算的固定资产应按估计价值确定其成本,并计提折旧;待办理竣工决算后按实际成本调整原估计价值,但不需要调整原已计提的折旧额。

(4) 更新改造停止使用的固定资产应将其账面价值转入在建工程,停止计提折旧;更新改造达到预定可使用状态转为固定资产后,应按重新确定的固定资产原价、使用寿命、预计净残值和折旧方法计提折旧。

(四) 固定资产折旧方法

固定资产折旧方法是对固定资产应计折旧额进行系统分摊所采用的计算方法,包括年限平均法、工作量法、双倍余额递减法和年数总和法。

1. 年限平均法

年限平均法又称直线法,是将固定资产的应计折旧额平均分摊于固定资产预计使用寿命内的一种折旧方法。采用这种折旧方法计算的每期折旧额均相等。其计算公式如下:

$$年折旧率 = \frac{1 - 预计净残值率}{预计使用寿命} \times 100\%$$

$$预计净残值率 = \frac{预计净残值}{固定资产原价} \times 100\%$$

年折旧额 = 固定资产原价 × 年折旧率

或:

年折旧额 = (固定资产原价 − 预计净残值)/预计使用寿命

月折旧率 = 年折旧率/12

月折旧额 = 固定资产原价 × 月折旧率

【例6−8】某企业一台生产用机器,原价145 000元,预计使用年限10年,预计净残值率4%。采用年限平均法计提折旧。

年折旧率 = (1 − 4%) ÷ 10 × 100% = 9.6%

月折旧率 = 9.6% ÷ 12 = 0.8%

月折旧额 = 145 000 × 0.8% = 1 160 (元)

上述固定资产折旧的计算公式以及【例6−8】是单项固定资产折旧的计算公式及折旧的计算,所使用的折旧率称为个别折旧率。从原理上讲,企业的固定资产应当使用个别折旧率单项计算固定资产折旧,并按各项固定资产的用途计入成本费用。但是,一个企业往往拥有众多的固定资产,使用个别折旧率单项计算固定资产折旧,其计算工作量就会很大。为此,在实际工作中,企业也可以按分类折旧率和综合折旧率计算折旧。

(1) 按分类折旧率计算折旧。按分类折旧率计算折旧是将性质和预计使用寿命相同或相近的固定资产归为一类,计算该类固定资产的平均折旧率,据以计算该类固定资产的折旧额。其计算公式如下:

$$某类固定资产年折旧率 = \frac{该类固定资产年折旧之和}{该类固定资产原价之和} \times 100\%$$

各类固定资产年折旧额 = 该类固定资产原价 × 该类固定资产年折旧率

(2) 按综合折旧率计算折旧。按综合折旧率计算折旧是以企业全部固定资产折旧额与全部固定资产原价计算综合折旧率,再以该折旧率计算全部固定资产各期的折旧额。其计算公式如下:

$$固定资产年综合折旧率 = \frac{全部固定资产年折旧额}{全部固定资产原价之和} \times 100\%$$

全部固定资产年折旧额 = 全部固定资产原价之和 × 年综合折旧率

按个别折旧率计算折旧,计算工作量大,但准确性高;按分类折旧率计算折旧,较按个别折旧率计算折旧工作量小,但准确性较差;按综合折旧率计算折旧,计算工作量最小,但准确性最差。在我国,使用较多的是按分类折旧率计算折旧。

企业的固定资产,在生产经营过程中很少发生增减变动,甚至有的年份一年都不会发生固定资产的增减变动。因而,在会计实务中,企业按月计算固定资产折旧时,是以上月固定资产计提的折旧额为基础,调整增加和减少固定资产的折旧额,计算本月应计提的折旧额。其计算公式如下:

$$本月固定资产应计提折旧额 = 上月固定资产计提的折旧额 + 上月增加固定资产应计提的折旧额 - 上月减少固定资产应计提的折旧额$$

由于本月计提的固定资产折旧应按固定资产用途计入成本费用,因此上述公式在会计实务中是以表6-3的形式运用的。

表6-3　　　　　　　　　　　固定资产折旧计算表
（年限平均法）
2018年1月
单位:元

使用部门	固定资产项目	上月折旧额	上月增加固定资产		上月减少固定资产		本月折旧额	费用分配
			原价	月折旧额	原价	月折旧额		
一车间	厂房	11 000					11 000	制造费用
	机器设备	15 000	89 000	710			15 710	
二车间	厂房	13 000					13 000	制造费用
	机器设备	17 000			120 000	950	16 050	
厂部	房屋设备	26 000					26 000	管理费用
		2 450					2 450	
合计		84 450	89 000	710	120 000	950	84 210	

从表6-3可以看出,按年限平均法计算固定资产折旧既减少了各月计算固定资产折

旧的工作量，也满足了所计提的折旧费用计入相应成本费用的需要。

按年限平均法计算固定资产折旧的优点是易于理解，使用简便。但是年限平均法也有其局限性：首先，固定资产在其使用寿命内的不同时期所带来的经济利益往往不同。一般来说，固定资产在其使用寿命的前期，工作效率相对较高，所带来的经济利益也就多，而在其使用寿命的后期，工作效率呈下降趋势，所带来的经济利益也就逐渐减少，而年限平均法没有考虑这一因素，显然是不合理的。其次，固定资产在不同期间实际使用时间和强度可能不同，也就是说，固定资产在不同期间的实际有形损耗可能不同，而年限平均法在其使用寿命期内平均分摊应计折旧额，没有考虑这一因素，更没有考虑固定资产的无形损耗，使得固定资产计提的折旧与实际损耗不符。最后，随着使用时间的延长，固定资产日益陈旧，其修理费用逐年增加，而年限平均法在使用寿命内等额计提折旧，使得固定资产的实际使用成本逐年增加，与其所带来的经济利益没有形成合理配比。

2. 工作量法

工作量法是将固定资产的应计折旧额按固定资产提供的预计工作总量（如总工作小时、总行驶里程、总产量等）分配的一种折旧方法。其计算公式如下：

$$单位工作量折旧额 = \frac{固定资产原价 \times (1 - 预计净残值率)}{预计总工作量}$$

某项固定资产月折旧额 = 该项固定资产当月工作量 × 单位工作量折旧额

【例6-9】某企业的一辆集装箱货车原价180 000元，预计总行驶里程300 000公里，预计净残值率5%，按工作量法计算折旧。本月行驶3 500公里。该货车本月折旧计算如下：

单位里程折旧额 = 180 000 × （1 - 5%） ÷ 300 000 = 0.57（元）

本月应计提折旧额 = 3 500 × 0.57 = 1 995（元）

按工作量法计算折旧，固定资产使用工作量越大，计提的折旧额越多；反之则越少。该方法与固定资产的有形损耗相匹配，克服了年限平均法只注重固定资产使用年限不考虑固定资产使用强度的不足。但工作量法只着眼于考量固定资产的使用强度，未能考虑固定资产停用期间的自然侵蚀，更没有考虑固定资产的无形损耗；并且，由于修理费用的逐年递增，单位工作量负担的实际使用成本并不均衡；此外，固定资产总工作量的预计和每个期间实际工作量的核定也会耗费成本。

3. 双倍余额递减法

双倍余额递减法是在不考虑固定资产预计净残值的情况下，根据每期期初固定资产原价减去累计折旧后的金额和双倍的直线法折旧率计算固定资产折旧的一种折旧方法。其计算公式如下：

年折旧率 = 2/预计使用寿命 × 100%

年折旧额 = 固定资产账面净值 × 年折旧率

月折旧额 = 年折旧额/12

由于每年固定资产净值没有扣除预计净残值，出于系统计算的考虑，采用双倍余额递减法，通常在其折旧年限到期前2年内，将固定资产净值扣除预计净残值后的余额平均摊销。

【例6-10】某企业一项生产用设备原价530 000元，预计使用寿命5年，预计净残值20 000元。采用双倍余额抵减法计提折旧，如表6-4所示。

年折旧率 = 2 ÷ 5 × 100% = 40%

表 6-4 固定资产折旧计算表
（双倍余额递减法）
单位：元

年份	年初账面净值	折旧率	折旧额	累计折旧	年末账面净值
第 1 年	530 000	40%	212 000	212 000	318 000
第 2 年	318 000	40%	127 200	339 200	190 800
第 3 年	190 800	40%	76 320	415 520	114 480
第 4 年	114 480	—	47 240	462 760	67 240
第 5 年	67 240	—	47 240	510 000	20 000

从表 6-4 中可以看出，运用双倍余额递减法计提折旧，除最后 2 年，每年的折旧率不变，折旧基数逐年递减，折旧额逐年递减。其结果是在固定资产使用寿命内，前期多提折旧，后期少提折旧，使固定资产成本在使用寿命内尽早得到补偿，相对加快了折旧的速度。因此，双倍余额递减法被认为是一种加速折旧法。

按双倍余额递减法计提折旧，首先，由于前期多提折旧，后期少提折旧，与固定资产前期使用效率高，能带来较多的经济利益，后期使用效率较低，带来的经济利益较少的实际情况相对应，使得固定资产在其使用寿命内收入与费用能够实现较为合理的配比。其次，固定资产维修费用前期发生较少，后期发生较多，与固定资产前期多提折旧，后期少提折旧相对应，在一定程度上均衡了固定资产的使用成本。最后，固定资产前期多提折旧，后期少提折旧，使固定资产成本在使用寿命内尽早得到补偿，在一定程度上可以降低无形损耗可能带来的损失。另外，在税法允许的前提下，采用双倍余额递减法，前期计入成本费用的折旧费用较大，后期较小；相应地，前期利润较小，可以少交所得税，后期利润较大，多交所得税，相当于在一定期限内延迟纳税，能够使企业获得财务收益。

双倍余额递减法的诸多优点克服了年限平均法和工作量法相应的一些缺点。但是，并不是所有固定资产均适合采用双倍余额递减法，例如，企业的仓库，其使用不会出现前期使用效率较高，能给企业带来较多的经济利益，而后期则使用效率较低，带来的经济利益较少的情况。因此，双倍余额递减法也是有其局限性的。此外，采用双倍余额递减法只能单项计算固定资产折旧，若采用该方法的固定资产较多，则计算工作量较大。

双倍余额递减法适用于工作效率逐年递减，维修费逐年增加，后期创造的收益有较大的不确定性的固定资产。

4. 年数总和法

年数总和法，又称年限合计法，是以固定资产原价减去预计净残值的余额乘以一个逐年递减的分数计算每年的折旧额。"逐年递减的分数"是变动的折旧率，其分子是固定资产尚可使用寿命，其分母是预计使用寿命逐年年数之和。其计算公式如下：

年折旧率 = 尚可使用寿命/预计使用寿命的年数总和 × 100%

年折旧额 =（固定资产原价 - 预计净残值）× 年折旧率

月折旧额 = 年折旧额/12

【例 6-11】 沿用【例 6-10】的资料，采用年数总和法计算各年折旧额，如表 6-5 所示。

表 6-5　　　　　　　　　　　固定资产折旧计算表
（年数总和法）　　　　　　　　　　　　　单位：元

年份	尚可使用寿命	原价—预计净残值	年折旧率	年折旧额	累计折旧
第1年	5	510 000	5/15	170 000	170 000
第2年	4	510 000	4/15	136 000	306 000
第3年	3	510 000	3/15	102 000	408 000
第4年	2	510 000	2/15	68 000	476 000
第5年	1	510 000	1/15	34 000	510 000

年数总和法也是一种加速折旧的方法，其优点、局限性和适用范围与双倍余额递减法基本相同。两者之间的差异主要表现在折旧的计算上：年数总和法折旧基数保持不变，折旧率逐年递减；双倍余额递减法则是折旧率保持不变，折旧基数逐年递减。从加速折旧的角度看，双倍余额递减法比年数总和法的折旧速度相对较快。

从以上年限平均法、工作量法、双倍余额递减法和年数总和法的介绍中可以看出，不同的固定资产折旧方法，直接影响固定资产应计折旧额在预计使用寿命内分摊于各期的折旧费用，最终影响各期的净收益。因此，企业应当根据与固定资产有关的经济利益的预期实现方式，合理选择确定固定资产折旧方法。由于收入可能受到投入、生产过程、销售等因素的影响，这些因素与固定资产有关经济利益的预期消耗方式无关，因此，企业不应以包括使用固定资产在内的经济活动所产生的收入为基础进行折旧。固定资产折旧方法一经确定，不得随意变更，如需变更应当符合《企业会计准则第 4 号——固定资产》的规定。

（五）固定资产折旧的会计处理

固定资产折旧的会计处理，一方面应反映固定资产折旧的增加，计入"累计折旧"账户；另一方面应反映计提固定资产折旧引起的成本费用的增加，计入相关资产成本或当期损益。

固定资产计提的折旧计入资产成本还是当期损益是按固定资产的用途确定的：企业基本生产车间使用的固定资产，计提的折旧计入制造费用；销售部门使用的固定资产，计提的折旧记入销售费用；管理部门使用的固定资产，计提的折旧计入管理费用；经营租出的固定资产，计提的折旧计入其他业务成本；自行建造固定资产过程中使用的固定资产，计提的折旧计入在建工程；未使用的固定资产，计提的折旧计入管理费用。

会计实务中，根据所采用的折旧方法，通过编制固定资产折旧计算表计算折旧。采用年限平均法计提折旧的固定资产，其折旧计算表如表 6-3 所示；采用双倍余额递减法、年数总和法计提折旧的固定资产，其折旧计算表如表 6-4、表 6-5 所示。如果一个企业采用多种折旧方法对固定资产计提折旧，就会编制多张固定资产折旧计算表。为了便于账务处理，应将多张采用不同方法计算的固定资产折旧计算表按折旧费用分配对象汇总，编制企业固定资产折旧计算分配汇总表（如表 6-6 所示），据以进行企业本月计提固定资产折旧的账务处理。

【例 6-12】某企业本月计算分配的固定资产折旧汇总如表 6-6 所示。

表 6-6　　　　　　　　　固定资产折旧计算分配汇总表
2018 年 1 月　　　　　　　　　　　　　　　　　　　　　　单位：元

使用部门	固定资产项目	本月折旧额	折旧费用分配对象
一车间	厂房 机器设备	11 000 15 710	制造费用
二车间	厂房 机器设备	13 000 20 163	制造费用
销售部门	房屋	6 200	销售费用
管理部门	房屋 设备	26 000 2 450	管理费用
经营租出固定资产	房屋	2 082	其他业务成本
未使用固定资产	设备	1 320	管理费用
合　计		97 925	

以表 6-6 为依据，编制本月计提折旧的会计分录如下：

借：制造费用　　　　　　　　　　　　　　　　　　　　　　59 873
　　销售费用　　　　　　　　　　　　　　　　　　　　　　 6 200
　　管理费用　　　　　　　　　　　　　　　　　　　　　　29 770
　　其他业务成本　　　　　　　　　　　　　　　　　　　　 2 082
　　贷：累计折旧　　　　　　　　　　　　　　　　　　　　97 925

（六）固定资产使用寿命、预计净残值和折旧方法的复核

在固定资产使用过程中，其所处的经济环境、技术环境以及其他环境有可能对固定资产使用寿命和预计净残值产生较大影响。例如，固定资产使用强度比正常情况大大加强，致使固定资产实际使用寿命大大缩短；替代该项固定资产的新产品的出现导致其实际使用寿命缩短，预计净残值减少；等等。为真实反映固定资产为企业提供经济利益的期间及每期实际的资产消耗，企业至少应当于每年年度终了，对固定资产使用寿命和预计净残值进行复核。如有确凿证据表明，固定资产使用寿命预计数与原先估计数有差异，应当调整固定资产使用寿命；如果固定资产净残值预计数与原先估计数有差异，应当调整预计净残值。

固定资产使用过程中所处经济环境、技术环境以及其他环境的变化也可能导致与固定资产有关的经济利益的预期消耗方式发生重大改变。如果固定资产给企业带来经济利益的方式发生重大变化，企业也应相应改变固定资产折旧方法。例如，某企业以前年度采用年限平均法计提固定资产折旧，此次年度复核中发现，与该固定资产相关的技术发生很大变化，年限平均法已很难反映该项固定资产给企业带来经济利益的方式，因此决定改年限平均法为加速折旧法。

企业应当结合自身的实际情况，制定固定资产目录、分类方法、每类或每项固定资产

的使用寿命、预计净残值、折旧方法等。固定资产使用寿命、预计净残值和折旧方法的改变应作为会计估计变更，按照《企业会计准则第 28 号——会计政策、会计估计变更和差错更正》处理。

二、固定资产的后续支出

固定资产的后续支出是指固定资产使用过程中发生的更新改造支出和修理费用等。

固定资产发生的后续支出，符合资本化条件的，划分为资本化的后续支出，计入固定资产成本或其他相关资产的成本（如与生产产品相关的固定资产的后续支出计入相关产成品的成本）；不符合资本化条件的，划分为费用化的支出，计入当期损益。

（一）资本化的后续支出

固定资产使用过程中发生的更新改造支出，是为了提高固定资产的生产能力，提高产品质量，降低生产成本，延长固定资产使用寿命等，以增强固定资产获取未来经济利益的能力。当更新改造支出有关的经济利益很可能流入企业，其成本能够可靠计量，且其受益期限超过一个会计年度时，应将更新改造支出资本化，计入固定资产成本。

固定资产更新改造时，应将原固定资产的账面价值转入"在建工程"科目，同时停止计提折旧；更新改造发生的支出计入"在建工程"科目；更新改造完工并达到预定可使用状态，将"在建工程"转为"固定资产"，并按重新确定的固定资产原值、预计净残值、预计使用寿命和折旧方法计提折旧。固定资产发生的可资本化的后续支出通过"在建工程"科目核算，发生后续支出取得增值税专用发票的，应按前述规定区分动产和不动产分别进行核算。

【例 6-13】2017 年 1 月 1 日，某企业为提高生产能力和产品质量，对一条生产线进行改扩建。至 3 月 31 日，改扩建工程完工，验收合格投入使用。该生产线原于 2013 年 12 月 20 日建成投入使用，原值 3 500 000 元，预计净残值率 4%，预计使用寿命 10 年，采用年限平均法计提折旧。该生产线改扩建过程中发生各种支出共计 430 000 元，全部以银行存款支付，假定不考虑相关税费。改扩建达到预定可使用状态后，该生产线预计尚可使用年限为 9 年，预计净残值率 4%，采用年限平均法计提折旧。经改扩建后的生产线，延长了使用年限，提高了生产能力和产品质量，能为企业带来更多的经济利益。

该生产线改扩建及其折旧的有关会计分录如下：

(1) 2017 年 1 月 1 日，生产线开始改扩建时：

借：在建工程　　　　　　　　　　　　　　　　　　　　2 492 000
　　累计折旧　　　　　　　　　　　　　　　　　　　　1 008 000
　　贷：固定资产　　　　　　　　　　　　　　　　　　　　　　3 500 000

(2) 发生改扩建各种支出时：

借：在建工程　　　　　　　　　　　　　　　　　　　　　430 000
　　贷：银行存款　　　　　　　　　　　　　　　　　　　　　　430 000

(3) 改扩建生产线达到预定可使用状态时：

借：固定资产　　　　　　　　　　　　　　　　　　　　2 922 000
　　贷：在建工程　　　　　　　　　　　　　　　　　　　　　　2 922 000

(4) 2017年3月31日，转为固定资产后，从下月起，按重新确定的应计折旧额、使用寿命和折旧方法计提折旧。

应计折旧额 = 2 922 000 × (1 - 4%) = 2 805 120 (元)

年折旧额 = 2 805 120 ÷ 9 = 311 680 (元)

月折旧额 = 311 680 ÷ 12 = 25 973.33 (元)

固定资产更新改造可能涉及替换原固定资产的某个组成部分。当该更新改造发生的后续支出符合资本化条件时，应将其计入固定资产成本，同时应将被替换部分的账面价值扣除。

【例6-14】某企业对一台注塑机进行节能改造。改造前，注塑机原值236 000元（含电阻加热设备，当时市场单价12 000元，企业未对其单独作为一项固定资产核算），预计净残值为零，预计使用寿命8年，已使用2年。在改造过程中，将原注塑机的电阻加热设备更换为电磁感应加热设备。电磁感应加热设备购买价款30 000元，增值税税额4 800元，价税合计34 800元。另支付安装费用并取得增值税专用发票，注明安装费500元，增值税税额50元。款项均以银行存款支付。经改造后的注塑机节能60%，大幅降低能耗。某企业编制的会计分录如下：

(1) 节能改造开始，将原注塑机账面价值转入在建工程。

原注塑机累计折旧 = 236 000 ÷ 8 × 2 = 59 000 (元)

借：在建工程　　　　　　　　　　　　　　　　　177 000
　　累计折旧　　　　　　　　　　　　　　　　　 59 000
　　贷：固定资产　　　　　　　　　　　　　　　　　　　236 000

(2) 购入电磁感应加热设备，并交付安装。

借：工程物资　　　　　　　　　　　　　　　　　 30 000
　　应交税费——应交增值税（进项税额）　　　　 4 800
　　贷：银行存款　　　　　　　　　　　　　　　　　　　34 800

借：在建工程　　　　　　　　　　　　　　　　　 30 000
　　贷：工程物资　　　　　　　　　　　　　　　　　　　30 000

(3) 支付安装费。

借：在建工程　　　　　　　　　　　　　　　　　　　 500
　　应交税费——应交增值税（进项税额）　　　　　　 50
　　贷：银行存款　　　　　　　　　　　　　　　　　　　　 550

(4) 终止确认被替换的电阻加热设备。假定报废处理，无残值。

电阻加热设备的账面价值 = 12 000 - 12 000 ÷ 8 × 2
　　　　　　　　　　　= 9 000 (元)

借：营业外支出　　　　　　　　　　　　　　　　　9 000
　　贷：在建工程　　　　　　　　　　　　　　　　　　　　9 000

(5) 替换电磁感应加热设备的注塑机达到预定可使用状态，交付使用。

固定资产入账价值 = 177 000 + 30 000 + 500 - 9 000 = 198 500 (元)

借：固定资产　　　　　　　　　　　　　　　　　198 500

贷：在建工程　　　　　　　　　　　　　　　　　　　　　　　198 500

经营租赁租入的固定资产发生的改良支出，受益期限超过一个会计年度的，应将该项支出资本化，计入"长期待摊费用"。以经营租赁方式租入的固定资产，企业不作为固定资产入账，只做备查记录，所发生的改良支出资本化账务处理，不能计入"固定资产"。发生资本化改良支出时，应通过"在建工程"科目核算，借记"在建工程"科目，贷记"银行存款"等科目；改良工程达到预定可使用状态时，将改良成本从"在建工程"科目转入"长期待摊费用"账户，借记"长期待摊费用"科目，贷记"在建工程"科目。转入"长期待摊费用"科目的改良支出，在剩余租赁期与改良支出受益期两者中较短的期间内，采用合理的方法摊销，借记"管理费用""销售费用"等科目，贷记"长期待摊费用"科目。

（二）费用化的后续支出

固定资产的后续支出，不符合资本化条件的，应当费用化，直接计入当期损益，如固定资产的修理费用。

固定资产的修理费用是指修理和维护固定资产发生的各种费用。

固定资产的修理按其修理范围的大小、费用支出的多少和时间间隔的长短划分，分为日常修理和大修理。固定资产日常修理是保持和恢复固定资产固有性能，使其处于正常工作状态的经常性修理，其特点是修理范围小、费用支出少、修理间隔时间短。固定资产大修理是保持和恢复固定资产固有性能，使其处于正常工作状态的定期修理和局部更新，其特点是修理范围大、费用支出多、修理间隔时间长。

固定资产日常修理的作用是保持和恢复固定资产固有性能，不增加固定资产的价值，不会提高固定资产的生产能力，不会带来更多的经济利益。因此，固定资产日常修理发生的修理费用应当直接计入当期损益。在账务处理上，生产车间和管理部门的固定资产发生的修理费用直接计入"管理费用"账户；专设销售机构的固定资产发生的修理费用直接计入"销售费用"账户；不需要通过"在建工程"账户核算。

【例6-15】甲公司为增值税一般纳税人，2018年8月1日，自行对管理部门使用的设备进行日常修理，发生修理费并取得增值税专用发票注明修理费2 000元，增值税税额320元。甲公司编制的会计分录如下：

借：管理费用　　　　　　　　　　　　　　　　　　　　　　　2 000
　　应交税费——应交增值税（进项税额）　　　　　　　　　　320
　　贷：银行存款　　　　　　　　　　　　　　　　　　　　　2 320

固定资产大修理的主要作用也是保持和恢复固定资产固有性能。但是，有的大修理对固定资产进行局部更新，其支出可能符合资本化条件。因此，对于固定资产大修理发生的修理费用，应区别不同情况作相应的会计处理：对于不符合资本化条件的大修理支出，应当费用化，直接计入当期损益；对于符合资本化条件的大修理支出，可以计入固定资产成本或其他相关资产的成本。固定资产在定期大修理间隔期间应照提折旧。

修理费用是最常见的费用化固定资产后续支出。除此之外，固定资产更新改造支出不满足资本化条件的，也应当费用化，在发生时直接计入当期损益。

第四节 固定资产的处置

固定资产处置是指对固定资产退出生产经营过程所做的处理,包括固定资产的出售、报废、毁损、对外投资、债务重组、非货币性资产交换等。

本节主要介绍固定资产出售、报废、毁损等会计处理,对于固定资产对外投资、债务重组、非货币性资产交换参见本书第五章、第二十章和第二十一章相关内容。

一、固定资产终止确认的条件

固定资产满足下列条件之一的,应当予以终止确认:

(1) 该固定资产处于处置状态。企业的固定资产因出售、报废、毁损、对外投资、债务重组、非货币性资产交换等处于处置状态,已不再用于生产商品、提供劳务、出租或经营管理,则不再符合固定资产的定义,应当终止确认。

(2) 该固定资产预期通过使用或处置不能产生经济利益。企业持有的固定资产,如果预期通过使用或处置不能产生经济利益,则不符合固定资产确认的条件之一"与该固定资产有关的经济利益很可能流入企业",应当终止确认。

终止确认的固定资产应从其账户和资产负债表中予以转销,做相应的会计处理。

二、固定资产处置的会计处理

企业处置固定资产,其会计处理主要区分以下三种情形:

(1) 企业出售、转让划归为持有待售类别的,按照持有待售非流动资产、处置组的相关章内容进行会计处理。

(2) 未划归为持有待售类别而出售、转让的,通过"固定资产清理"账户归集所发生的损益,其产生的利益或损失转入"资产处置损益"账户,计入当期损益。

(3) 固定资产因报废毁损等原因而终止确认的,通过"固定资产清理"账户归集所发生的损益,其产生的利得或损失计入营业外收入或营业外支出。

企业通过"固定资产清理"账户核算固定资产处置的,其会计处理具体包括以下几个环节:

(1) 固定资产转入清理。企业因出售、报废、毁损、对外投资、非货币性资产交换、债务重组等转出固定资产时,按固定资产账面价值,借记"固定资清理"科目,按已计提的累计折旧,借记"累计折旧"科目,按已计提的减值准备,借记"固定资产减值准备"科目,按固定资产原值,贷记"固定资产"科目。

(2) 发生的清理费用等。固定资产清理过程中发生的有关费用以及应支付的相关税费,借记"固定资产清理"科目,贷记"银行存款""应交税费"等科目。

(3) 收回出售固定资产的价款、残料价值和变价收入等。企业收回出售固定资产的价款、残料价值和变价收入等，应冲减清理支出。按实际收到的出售价款以及残料变价收入等，借记"银行存款"等科目，贷记"固定资产清理""应交税费——应交增值税（销项税额）"等科目。残料入库，按残料价值，借记"原材料"等科目，贷记"固定资产清理"科目。

（4）保险赔偿等的处理。企业计算或收到的应由保险公司或过失人赔偿的损失，应冲减清理支出，借记"其他应收款""银行存款"等科目，贷记"固定资产清理"科目。

（5）清理净损益的处理。固定资产清理完成后，对清理净损益应区分不同情况进行处理：属于正常出售、转让所产生的利得或损失，借记或贷记"资产处置损益"账户，贷记或借记"固定资产清理"账户；属于已丧失使用功能正常报废所产生的利得或损失，借记或贷记"营业外支出——非流动资产报废"账户，贷记或借记"固定资产清理"账户；属于自然灾害等非正常原因造成的，借记或贷记"营业外支出——非常损失"账户，贷记或借记"固定资产清理"账户。

【例6-16】甲公司为增值税一般纳税人，现因转产将一台生产用设备对外出售。该设备原值249 000元，已提折旧121 512元，未计提减值准备。发生自行清理费用1 000元，以银行存款支付。该设备出售价款136 000元，适用的增值税税率为16%，价税合计157 760元，开具增值税专用发票。出售款项已存入银行。甲公司编制的会计分录如下：

（1）出售固定资产转入清理时：

借：固定资产清理　　　　　　　　　　　　　　　　　　127 488
　　累计折旧　　　　　　　　　　　　　　　　　　　　121 512
　　　贷：固定资产　　　　　　　　　　　　　　　　　　　249 000

（2）支付清理费用时：

借：固定资产清理　　　　　　　　　　　　　　　　　　 1 000
　　　贷：银行存款　　　　　　　　　　　　　　　　　　　 1 000

（3）收到出售设备款项时：

借：银行存款　　　　　　　　　　　　　　　　　　　　157 760
　　　贷：固定资产清理　　　　　　　　　　　　　　　　　136 000
　　　　　应交税费——应交增值税（销项税额）　　　　　　 21 760

（4）结转固定资产清理净损益时：

借：固定资产清理　　　　　　　　　　　　　　　　　　 7 512
　　　贷：资产处置损益　　　　　　　　　　　　　　　　　 7 512

【例6-17】甲公司为增值税一般纳税人，现有一台机器使用期满，经批准予以报废。机器原值62 500元，已提折旧55 625元，已提减值准备5 000元。残料估价300元验收入库。以银行存款支付自行清理费用500元。甲公司编制的会计分录如下：

（1）报废固定资产转入清理时：

借：固定资产清理　　　　　　　　　　　　　　　　　　 1 875
　　累计折旧　　　　　　　　　　　　　　　　　　　　 55 625
　　固定资产减值准备　　　　　　　　　　　　　　　　 5 000
　　　贷：固定资产　　　　　　　　　　　　　　　　　　　 62 500

(2) 残料估价入库时：

借：原材料　　　　　　　　　　　　　　　　　　　　　300
　　　贷：固定资产清理　　　　　　　　　　　　　　　　　　300

(3) 支付清理费用时：

借：固定资产清理　　　　　　　　　　　　　　　　　　500
　　　贷：银行存款　　　　　　　　　　　　　　　　　　　　500

(4) 结转报废固定资产净损失时：

借：营业外支出——非流动资产报废　　　　　　　　　2 075
　　　贷：固定资产清理　　　　　　　　　　　　　　　　　2 075

固定资产的报废主要是指固定资产使用期满或超期使用的固定资产不能再使用的正常报废，也包括由于技术进步等原因导致使用该固定资产已不能带来经济利益的提前报废。报废固定资产的净损失，计入"营业外支出——非流动资产报废"。

【例6-18】甲公司为增值税一般纳税人，现有一座厂房因地质灾害发生毁损。厂房原值890 000元，已提折旧640 000元，未计提减值准备。其残料估计价值3 500元，已办理入库。发生清理费用并取得增值税专用发票注明清理费用12 000元，增值税税额1 920元。经保险公司核定应赔偿损失150 000元，款项已存入银行。甲公司编制的会计分录如下：

(1) 毁损固定资产转入清理时：

借：固定资产清理　　　　　　　　　　　　　　　　250 000
　　累计折旧　　　　　　　　　　　　　　　　　　640 000
　　　贷：固定资产　　　　　　　　　　　　　　　　　　890 000

(2) 支付清理费用时：

借：固定资产清理　　　　　　　　　　　　　　　　 12 000
　　应交税费——应交增值税（进项税额）　　　　　　1 920
　　　贷：银行存款　　　　　　　　　　　　　　　　　　 13 920

(3) 残料估价入库时：

借：原材料　　　　　　　　　　　　　　　　　　　　3 500
　　　贷：固定资产清理　　　　　　　　　　　　　　　　 3 500

(4) 收到保险公司赔款时：

借：银行存款　　　　　　　　　　　　　　　　　　150 000
　　　贷：固定资产清理　　　　　　　　　　　　　　　　150 000

(5) 结转毁损固定资产净损失时：

借：营业外支出——非常损失　　　　　　　　　　　108 500
　　　贷：固定资产清理　　　　　　　　　　　　　　　　108 500

固定资产的毁损包括人为责任事故造成的毁损和自然灾害造成的毁损。固定资产毁损的净损失，按固定资产账面价值加上发生的清理费用，扣除残料变价收入以及保险赔款和责任人赔款后的净额计算。固定资产毁损的净损失，计入"营业外支出——非常损失"。

三、固定资产清查

为了保护固定资产安全完整,企业应建立健全固定资产管理制度,加强对固定资产的管理。企业应定期或者至少于每年年末对固定资产进行清查盘点,以保证固定资产核算的真实性和完整性。如果清查盘点中发现固定资产账簿记录与实物不符,应编制"固定资产盘盈盘亏报告表",详细登记盘盈、盘亏固定资产的名称、原值、已提折旧、已提减值准备等内容。清查固定资产的损溢,应及时查明原因,并按照规定程序报批处理。

企业在财产清查中盘亏的固定资产,应通过"待处理财产损溢"账户核算。盘亏固定资产时,应将盘亏固定资产的账面价值转入"待处理财产损溢——待处理固定资产损溢"账户,按管理权限报经批准处理后,以可收回的保险赔偿或过失人赔偿,计入"其他应收款"账户;固定资产盘亏净损失,计入"营业外支出——盘亏损失"账户。

【例6-19】甲公司为增值税一般纳税人,2018年末进行财产清查时,盘亏设备一台。设备原值7 500元,已提折旧1 500元。经批准,作为营业外支出处理。该设备在购入时,按16%的增值税率抵扣了增值税销项税额。甲公司编制的会计分录如下:

(1) 盘亏时:

借:待处理财产损溢——待处理固定资产损溢　　　　　　　6 000
　　累计折旧　　　　　　　　　　　　　　　　　　　　　1 500
　　　贷:固定资产　　　　　　　　　　　　　　　　　　　　7 500

(2) 转出不可抵扣的进项税额时:

借:待处理财产损溢——待处理固定资产损溢　　　　　　　960
　　　贷:应交税费——应交增值税(进项税额转出)　　　　　960

(3) 经批准,作为营业外支出处理时:

借:营业外支出——盘亏损失　　　　　　　　　　　　　　6 960
　　　贷:待处理财产损溢——待处理固定资产损溢　　　　　6 960

企业在财产清查中盘盈的固定资产,根据《企业会计准则第28号——会计政策、会计估计变更和差错更正》的规定,应当作为重要的前期差错进行会计处理。该盘盈的固定资产,在按管理权限报经批准处理前,先通过"以前年度损益调整"账户核算。盘盈时,按重置成本确定固定资产的入账价值,借记"固定资产"科目,贷记"以前年度损益调整"科目。

关键词

固定资产　固定资产入账价值　固定资产折旧　固定资产清理

复习思考题

1. 固定资产有哪些特征?
2. 固定资产入账价值如何确定?
3. 固定资产折旧的计算方法有哪些?优缺点如何?
4. 固定资产的后续支出如何划分?应如何进行会计处理?
5. 固定资产的处置主要有哪几种情况?应如何进行会计处理?

第七章 无形资产和投资性房地产

第一节 无形资产的确认和初始计量

一、无形资产的定义及特征

无形资产是指企业拥有或者控制的没有实物形态的可辨认非货币性资产,包括专利权、非专利技术、商标权、著作权、特许权、土地使用权等。

无形资产具有以下特征:

1. 无形资产不具有实物形态

无形资产,通常表现为某种权利、某项技术或某种获取超额利润的综合能力,它们没有实物形态。无形资产与有形资产相比,两者都是由企业拥有或者控制,预期能为企业带来经济利益的资源。但不同的是,有形资产的存在有实物形态,其使用会发生实物消耗或者损耗;而无形资产本身没有实物形态,其使用没有实物消耗或者损耗。因此不具有实物形态是无形资产区别于有形资产的一个显著特征。

无形资产不具有实物形态,预期能为企业带来经济利益,有赖于企业的有形资产。首先,无形资产的存在依赖有形载体,例如,专利权依赖专利证书;商标权依赖注册的商品或服务标记;计算机软件依赖存储介质;等等。其次,无形资产的使用也依赖企业的有形资产,没有企业的有形资产,无形资产就成为无本之木,不能为企业带来经济利益。尽管如此,但并不改变无形资产本身不具有实物形态的特性。

2. 无形资产具有可辨认性

无形资产不具有实物形态,只有可辨认才能识别无形资产,并与其他资产区分开来。因此具有可辨认性是无形资产的特征之一。

满足下列条件之一的,符合无形资产的可辨认性:

(1)能够从企业中分离或者划分出来,并能单独或者与相关合同、资产或负债一起用于出售、转移、授予许可、租赁或者交换。

（2）源自合同性权利或其他法定权利，无论这些权利是否可以从企业或其他权利和义务中转移或者分离。

根据可辨认条件，企业持有的专利权、非专利技术、商标权、著作权、特许权和土地使用权等都具有可辨认性。而企业自创的商誉以及内部产生的品牌、报刊名等，虽然不具有实物形态，也能为企业带来经济利益，但是它们的存在无法与企业自身分离，不能单独用于出售、转移、授予许可、租赁或者交换；也不是源自合同性权利或其他法定权利，不符合可辨认条件，不能作为无形资产核算。至于企业合并中取得的商誉，从计量上讲，是企业合并成本大于合并中取得的各项可辨认资产、负债公允价值份额的差额，代表的是合并方为从不能单独辨认并独立确认的资产和负债中获得预期经济利益所付出的代价。商誉预期能为企业带来经济利益，是与企业整体价值联系在一起的，取决于企业资产之间的协同作用。因此，商誉无法与企业整体的资产区别开来，不符合可辨认条件，不能作为无形资产核算，而应作为一项资产——"商誉"单独予以确认。

3. 无形资产属于非货币性资产

货币性资产是指企业持有的货币资金和将以固定或可确定的金额收取的资产。货币性资产本身是没有实物形态的资产，在这一点上其与无形资产有相同之处，如企业的应收账款。但无形资产在持有过程中，为企业带来的经济利益具有不确定性，不属于以固定或可确定的金额收取的资产，即不属于货币性资产。因此，在无形资产定义中，将无形资产定义为"非货币性资产"，就把无形资产与货币性资产区分开来。

二、无形资产的内容

无形资产一般包括专利权、非专利技术、商标权、著作权、特许权和土地使用权等。

（一）专利权

专利权是指国家专利主管机关依法授予发明创造专利申请人，对其发明创造在法定期限内所享有的专有权利，包括发明专利权、实用新型专利权和外观设计专利权。专利权具有排他性、时间性和地域性等特点。我国发明专利权的期限为 20 年，实用新型专利权和外观设计专利权的期限为 10 年，均自申请日起计算。

（二）非专利技术

非专利技术又称专有技术，是指不为外界所知，在生产经营活动中已采用了的、不享有法律保护的各种技术和诀窍。非专利技术一般包括工业专有技术、商业贸易专有技术、管理专有技术等。非专利技术不是专利法保护的对象，没有有效期限，其独占性的维持依靠自我保密。非专利技术具有经济性、保密性和动态性等特点。

（三）商标权

商标是用来辨认特定的商品或劳务的标记。商标权是指专门在某类指定的商品或产品上使用特定的名称或图案的权利。企业通过自创并经商标局核准注册的商标为注册商标，包括商品商标、服务商标、集体商标和证明商标。商标注册人享有商标专用权，受法律保护。我国《商标法》规定，注册商标的有效期限为 10 年，自核准注册之日起计算。注册商标有效期，需要继续使用的，商标注册人应当在期满前 12 个月内按照规定办理续展手续；在此期间未能办理的，可以给予 6 个月的宽展期。每次续展注册的有效期为 10 年，自该商标上一届有效期满次日起计算。期满未办理续展手续的，注销其注册商标。由此可见，注册商标只要续展注册，就可以供企业长期使用。

（四）著作权

著作权，又称版权，是指作者对其创作的文学、艺术和自然科学、社会科学、工程技术等作品依法享有的某些特殊权利。著作权包括发表权、署名权、修改权和保护作品完整权，还包括复制权、发行权、出租权、展览权、表演权、放映权、广播权、信息网络传播权、摄制权、改编权、翻译权、汇编权以及应当由著作权人享有的其他权利。著作权人包括作者和其他依法享有著作权的公民、法人或者其他组织。著作权属于作者，创作作品的公民是作者。由法人或者其他组织主持，代表法人或者其他组织意志创作，并由法人或者其他组织承担责任的作品，法人或者其他组织视为作者。作者的署名权、修改权和保护作品完整权的保护期不受限制。公民的作品，其发表权、复制权、发行权、出租权、展览权、表演权、放映权、广播权、信息网络传播权、摄制权、改编权、翻译权、汇编权以及应当由著作权人享有的其他权利的保护期，为作者终生及其死亡后50年，截止于作者死亡后第50年的12月31日；如果是合作作品，截止于最后死亡的作者死亡后第50年的12月31日；法人或者其他组织的作品、著作权（署名权除外）由法人或者其他组织享有的职务作品，保护期为50年，截止于作品首次发表后第50年的12月31日，但作品自创作完成后50年内未发表的，法律不再保护。

（五）特许权

特许权，又称经营特许权、专营权，是指企业在某一地区经营或销售某种特定商品的权利，或是一家企业接受另一家企业使用其商标、商号、技术秘密等的权利。前者一般是由政府机构授权，准许企业使用或在一定地区享有经营某种业务的特权，如水、电、邮电通讯等专营权，烟草专卖权等。后者指企业间依照签订的合同，一家企业使用另一家企业的商标、商号、技术秘密等的权利，如连锁分店使用总店的名称等。特许权业务涉及特许权转让人和受让人两方。在特许权转让合同中应规定特许权转让的期限、转让人和受让人的权利和义务。转让人应向受让人提供商标、商号等使用权，传授专有技术，并负责培训营业人员，提供经营所必需的设备和特殊原料。受让人则需要向转让人支付取得特许权的费用，开业后则按营业收入的一定比例或其他计算方法支付享用特许权的费用。受让人要为转让人保守特许权所涉及的商业秘密。

（六）土地使用权

土地使用权是指国家准许企业在一定期间内对国有土地享有开发、利用、经营的权利。根据我国《土地管理法》的规定，我国土地所有权实行公有制，任何单位和个人不得侵占、买卖或者以其他形式非法转让；土地使用权可以依法转让。企业取得土地使用权的方式大致有行政划拨取得、外购取得（如以缴纳土地出让金方式取得）及由投资者投入取得。通常情况下，企业外购取得（如以缴纳土地出让金方式取得）的土地使用权、投资者投入的土地使用权作为无形资产核算。企业过去按规定已经单独估价入账作为固定资产核算的土地，仍应作为固定资产核算。

三、无形资产的确认条件

一项资产，符合无形资产的定义，同时满足下列两个条件，才能确认为无形资产：

（1）与该无形资产有关的经济利益很可能流入企业。与资产有关的经济利益很可能流入企业，是资产确认的一项条件。作为企业资产组成的无形资产，必须满足这一条件，否则，不能确认为无形资产。

无形资产产生的经济利益可能包括在销售商品、提供劳务的收入中，也可能体现在企业使用无形资产而减少或节约的成本中，或者表现为因出售无形资产的所有权、转让无形资产的使用权等取得的收入中。因此，判断与无形资产有关的经济利益是否很可能流入企业，应结合产品、劳务等的市场情况和企业的成本情况加以综合判断，并需要注意是否存在相关的新技术、新产品冲击与无形资产相关的技术和据其生产的产品的市场等。如果能够证实某个无形资产项目应用后确实能够带来经济利益，并且能够证实该无形资产项目已经具有发挥这种作用的能力，则可认为该无形资产项目产生的经济利益很可能流入企业。除此之外，判断与无形资产有关的经济利益是否很可能流入企业，还应对无形资产预计使用寿命内可能存在的各种因素作出合理估计。例如，企业是否有足够的硬件设备、相关的原材料、人力资源等支持和配合无形资产获得相关经济利益。在判断经济利益是否很可能流入企业时，应对无形资产预计使用寿命内存在的各种因素作出最稳健的估计。

（2）该无形资产的成本能够可靠地计量。成本能够可靠计量是资产确认的一项条件。无形资产的确认也应满足这一条件。因无形资产不具有实物形态，不具有再生性，其实际成本和重置成本有时很难计量。故而成本能够可靠地计量这一确认条件就显得更为重要。如果无形资产的成本不能可靠计量，则不能将其确认为无形资产。例如，企业内部产生的品牌、报刊名等，因其成本无法可靠计量，不能确认为企业的无形资产。

四、无形资产的初始计量

无形资产应当按实际成本进行初始计量。无形资产的成本包括企业为取得无形资产并使之达到预定用途而发生的全部支出。

（一）无形资产取得成本的确定

企业取得无形资产有多种方式，包括外购、投资者投入、债务重组、非货币性资产交换、政府补助取得、土地使用权取得和企业合并取得等。无形资产的取得方式不同，其成本构成内容也不尽相同。

1. 外购无形资产

外购无形资产的成本包括购买价款、相关税费以及直接归属于使该项无形资产达到预定用途所发生的其他支出。其中，直接归属于使该项无形资产达到预定用途所发生的其他支出，包括使无形资产达到预定用途所发生的专业服务费用、测试无形资产是否能够正常发挥作用的费用等，但不包括为引入新产品进行宣传发生的广告费、管理费用及其他间接费用，也不包括在无形资产已经达到预定用途以后发生的费用。无形资产已经达到预定用途以后发生的支出，不构成无形资产的成本。

如果购买无形资产的价款超过正常信用条件延期支付（如付款期在3年以上），实质上具有融资性质的，无形资产的成本应以购买价款的现值为基础确定，现值与应付价款之间的差额作为未确认融资费用，在信用期内按实际利率法或直线法分摊，除按照《企业会计准则第17号——借款费用》规定应予资本化的以外，其余的计入当期损益。

如果是一揽子外购，或是随同其他资产外购，没有单独计价的无形资产，应按该无形资产和其他资产的公允价值相对比例确定其取得成本。

2. 投资者投入无形资产

投资者投入无形资产的成本应当按照投资合同或协议约定的价值确定。合同或协议约定价值不公允的，应按无形资产的公允价值作为初始成本。

3. 债务重组和非货币性资产交换取得的无形资产

企业通过债务重组和非货币性资产交换取得的无形资产，其成本的确定参见本书第二十章和第二十一章相关内容。

4. 通过政府补助取得的无形资产

通过政府补助取得的无形资产成本应当按照公允价值计量。公允价值不能可靠取得的，按照名义金额计量，即按1元计量。

5. 土地使用权的处理

企业取得的土地使用权通常应确认为无形资产。土地使用权用于自行建造厂房等地上建筑物时，土地使用权的账面价值不与地上建筑物合并计算成本，而仍作为无形资产进行核算；土地使用权与地上建筑物分别进行摊销和提取折旧。但下列情况除外：

（1）房地产企业取得的土地使用权用于建造对外出售的房屋建筑物，相关的土地使用权应当计入所建造的房屋建筑物成本。

（2）企业外购的房屋建筑物，实际支付的价款中包括土地及建筑物的价值，则应对支付的价款按照合理的方法（如公允价值）在土地及地上建筑物之间进行分配；如果确实无法在土地及地上建筑物之间进行合理分配的，应当全部作为固定资产核算。

计入无形资产的土地使用权改变用途，将其用于出租或增值目的时，应将其转为投资性房地产核算。

6. 企业合并取得的无形资产的成本

企业通过合并方式取得被合并方或者被购买方的可辨认无形资产的成本，应根据企业合并性质的不同而定。

（1）同一控制下企业合并中取得的可辨认无形资产，应当按照合并日在被合并方的账面价值计量。

（2）非同一控制下企业合并中取得被购买企业原已确认的可辨认无形资产，其公允价值能够可靠计量的，应当单独确认为无形资产并按照购买日的公允价值计量。

在非同一控制下企业合并中，购买企业还可能取得被购买企业原未确认的无形资产，但其公允价值能够可靠计量。对此，购买企业应在购买日将其独立于商誉确认为一项无形资产。例如，取得被购买企业正在进行当中的一个研究开发项目，符合无形资产的定义且其公允价值能够可靠计量，则购买企业应将其独立于商誉确认为一项无形资产。

（二）无形资产取得的会计处理

为了反映和监督无形资产的增减变化及持有情况，企业应设置"无形资产"账户，其借方登记取得无形资产的成本,贷方登记处置无形资产转销的成本,借方余额反映持有无形资产的成本。"无形资产"账户应按其内容设置明细账,进行明细分类核算。

1. 外购无形资产

企业购入无形资产时应根据购入无形资产的成本,借记"无形资产"科目,贷记"银行存款"等科目。

如果外购无形资产的价款超过正常信用条件延期支付,实质上具有融资性质的,应按规定计算确定的入账价值借记"无形资产"科目,按应支付的购买价款贷记"长期应付款"科目,按两者之间的差额,借记"未确认融资费用"科目。在信用期内按期支付价款时,借记"长期应付款"科目,贷记"银行存款"科目;同时按实际利率法对未确认融资费用摊销,借记"财务费用"科目,贷记"未确认融资费用"科目。

【例7-1】甲公司因生产需要购买A公司的一项专利技术,双方签订的协议规定,甲公司一次性支付A公司1 500 000元后取得该专利技术的所有权;另发生相关税费及专业服务费30 000元。款项均以银行存款支付。甲公司编制的会计分录如下:

借:无形资产——专利权　　　　　　　　　　　　　　　1 530 000
　　贷:银行存款　　　　　　　　　　　　　　　　　　　　　1 530 000

【例7-2】乙公司购入一块土地的使用权,以银行存款支付12 600 000元,准备建造厂房等工程。乙公司编制的会计分录如下:

借:无形资产——土地使用权　　　　　　　　　　　　　12 600 000
　　贷:银行存款　　　　　　　　　　　　　　　　　　　　　12 600 000

【例7-3】2016年1月6日丙企业与C公司签订一项协议,协议约定丙企业采用分期付款方式购买C公司一项商标权,该商标权总计价款为6 000 000元,付款期3年。支付方式为:协议生效日丙企业支付3 000 000元,3年期间的每年末各支付1 000 000元。假设折现率为8%。为了简化核算,假定不考虑相关税费。丙企业编制的会计分录如下:

商标权的取得成本 = 3 000 000 + 1 000 000 × PA(3,8%) = 5 577 100(元)

(1) 丙企业取得商标权时:

借:无形资产——商标权　　　　　　　　　　　　　　　5 577 100
　　未确认融资费用　　　　　　　　　　　　　　　　　　422 900
　　贷:银行存款　　　　　　　　　　　　　　　　　　　　　3 000 000
　　　　长期应付款　　　　　　　　　　　　　　　　　　　　3 000 000

(2) 第1年末,按协议付款时:

借:长期应付款　　　　　　　　　　　　　　　　　　　1 000 000
　　贷:银行存款　　　　　　　　　　　　　　　　　　　　　1 000 000

(3) 第1年末,按实际利率法摊销未确认融资费用时:

借:财务费用　　　　　　　　　　　　　　　　　　　　　206 168
　　贷:未确认融资费用　　　　　　　　　　　　　　　　　　206 168

(其余2年付款及摊销略)

2. 投资者投入的无形资产

企业收到投资者作为资本或合作条件投入的无形资产时应按投资合同约定的资产价

值，借记"无形资产"科目，按照投资者投入的属于注册资本部分贷记"实收资本"或"股本"科目，两者之间的差额，计入"资本公积"科目。

【例 7-4】 丁公司与 D 公司签订一项投资合同。合同约定：D 公司以一项非专利技术——工业专有技术投资丁公司，该工业专有技术价值为 6 500 000 元（该价值较公允），折合丁公司每股面值 1 元的普通股 200 万股。丁公司编制的会计分录如下：

借：无形资产——工业专有技术　　　　　　　　　　6 500 000
　　贷：股本——D 公司　　　　　　　　　　　　　　2 000 000
　　　　资本公积　　　　　　　　　　　　　　　　　4 500 000

企业通过债务重组和非货币性资产交换取得的无形资产的会计处理参见本书第二十章、第二十一章相关内容；通过政府补助取得的无形资产的会计处理参见本书第十三章相关内容；通过企业合并取得无形资产的会计处理参见《高级财务会计》相关内容。

第二节　内部研究开发费用的确认和计量

在市场经济条件下，为了提高竞争力，企业往往投入大量人力、物力和财力从事内部研究和开发活动，以图改善工艺、改进现有产品、开拓新产品等。但是，内部研究和开发往往存在技术风险、竞争风险、财务风险和市场风险，使得研究和开发的结果具有很大的不确定性。因此，企业的研究和开发所发生的支出是否会形成企业的一项无形资产，是否或者何时能够为企业产生预期未来经济利益，都存在不确定因素。为此，在会计核算中，出于稳健，企业应将研究开发活动划分为研究和开发两个阶段，分别进行核算。研究阶段发生的费用不予资本化，而应计入当期损益；开发阶段发生的支出，符合资本化条件的，才可确认为无形资产。实务中，具体划分研究阶段和开发阶段，以及是否符合资本化条件，应当根据企业的实际情况以及相关信息予以判断。

一、研究阶段和开发阶段的划分

企业自行研究开发的项目应当划分为研究阶段和开发阶段。

（一）研究阶段

研究是指为获取并理解新的科学或技术而进行的独创性的有计划调查。例如，意在获取知识而进行的活动；研究成果或其他知识的应用研究、评价和最终选择；材料、设备、产品、工序、系统或服务的替代品的研究；新的或经改进的材料、设备、产品、工序、系统或服务的可能替代品的配置、设计、评价和最终选择等。研究阶段的特点是：

（1）计划性。所谓计划性，即研究阶段是建立在有计划的调查基础之上，已经董事会或者相关管理层的批准，并着手收集相关资料，进行市场调查。

（2）探索性。研究阶段基本上是探索性的，是为进一步的开发活动进行资料及相关方面的准备。在这一阶段不会形成阶段性成果。

（二）开发阶段

开发是指在进行商业性生产或使用前，将研究成果或其他知识应用于某项计划或设计，以生产出新的具有实质性改进的材料、装置、产品等。例如，生产或使用前的原型和模型的设计、建造和测试；含新技术的工具、夹具、模具的设计；不具有商业性生产经济规模的试生产设施的设计、建造和运营；新的或经改造的材料、设备、产品、工序、系统或服务所选定的替代品的设计、建造和测试等。开发阶段的特点是：

（1）具有针对性。开发阶段是建立在研究阶段基础上的，因而对项目的开发具有针对性。

（2）形成成果的可能性较大。

（三）研究阶段和开发阶段的区别

（1）目标不同。研究阶段一般目标不明确，不具有针对性；而开发阶段都针对具体目标，如产品、工艺等。

（2）对象不同。研究阶段一般很难具体化到特定项目上；而开发阶段往往形成对象化的成果。

（3）风险不同。研究阶段的成功率很难确定，一般成功率不高，风险比较大；而开发阶段成功率较高，风险相对较小。

（4）结果不同。研究阶段的结果多是研究报告等基础性成果，而开发阶段的结果多是具体的新技术、新产品等。

二、内部研究开发费用的确认和计量

（一）内部研究开发费用确认和计量的原则

研究阶段与开发阶段目标、对象、风险和结果不同，反映在会计核算上，研究阶段发生的费用与开发阶段发生的费用的确认和计量不同。

研究阶段，已进行的研究活动将来是否会转入开发，开发后是否会形成无形资产均具有较大的不确定性，即无法确定研究阶段的支出是否会形成一项无形资产。因此，对于内部研究阶段的支出应于发生时计入当期损益，不予资本化。

开发阶段，由于开发阶段相对于研究阶段更进一步，对项目的开发具有针对性；相对于研究阶段，开发阶段很大程度上具备了形成一项新产品或新技术的基本条件。此时，企业应作出合理判断，如果开发阶段有关支出满足资本化的条件，则所发生的开发支出可予资本化，确认为无形资产的成本；如果不满足资本化条件的，应当计入当期损益。

（二）开发阶段有关支出资本化的条件

开发阶段的支出同时满足以下条件时，应当予以资本化：

（1）完成该无形资产以使其能够使用或出售在技术上具有可行性。开发阶段的支出是否予以资本化，首先应判断无形资产的开发在技术上是否具有可行性。无形资产的开发在技术上具有可行性，该无形资产才有可能完成并最终用得以使用或出售。无形资产的开发在技术上是否具有可行性，应当以目前阶段的成果为基础，并提供相关的证据和材料，应证明企业进行开发所需的技术条件等已经具备，基本上不存在技术上的障碍和其他不确定性。比如，企业已经完成了全部计划、设计和测试活动，这些活动是使资产能够达到设计规划书中的功能、特征和技术所必需的活动或经过专家鉴定。

（2）具有完成该无形资产并使用或出售的意图。开发无形资产形成成果后，是为出售还是为自己使用并从使用中获得经济利益，应当依管理当局的意图而定。因此，企业管理当局应能够说明其持有拟开发无形资产的目的，并具有完成该项无形资产开发并使其能够使用或出售的可能性。

（3）无形资产产生经济利益的方式，包括能够证明运用该无形资产生产的产品存在市场或无形资产自身存在市场，无形资产将在内部使用的，应当证明其有用性。作为无形资产确认，必须证明运用该无形资产能够为企业带来未来经济利益。有关的无形资产形成以后，如果主要形成新产品、新工艺的，应对无形资产生产的产品市场进行估计，并能够证明所生产的产品存在市场，且能够带来经济利益的流入。有关的无形资产形成以后，如果主要用于对外出售，应能够证明市场上存在对该类无形资产的需求，开发以后存在外在的市场可以出售并能够带来经济利益的流入。如果无形资产形成以后，不是用于生产产品，也不是用于对外出售，而是在企业内部使用，应能够证明在企业内部使用时对企业的有用性。

（4）有足够的技术、财务资源和其他资源支持，以完成该无形资产的开发，并有能力使用或出售该无形资产。其主要包括：①为完成该项无形资产开发具有技术上的可靠性。开发的无形资产并使其形成成果在技术上的可靠性是继续开发活动的关键。因此，必须有确凿证据证明企业继续开发该项无形资产有足够的技术支持和技术能力。②财务资源和其他资源支持。财务和其他资源支持是能够完成该项无形资产的经济基础。因此，企业必须能够说明为完成该项无形资产开发所需的财务资源和其他资源是否能够足以支持完成该项无形资产的开发。③能够证明企业在开发过程中所需的技术、财务资源和其他资源，以及企业获得这些资源的相关计划等。例如，在企业自有资金不足情况下，是否存在外部其他方面的资金支持等。④有能力使用或出售该无形资产以取得收益。

（5）归属于该无形资产开发阶段的支出能够可靠地计量。企业对研究开发活动发生的支出应单独核算，如发生的研究开发人员的工资、材料费等。在企业同时从事多项研究开发活动情况下，所发生的支出同时用于支持多项研究开发活动的，应按照一定的标准在各项研究开发活动之间进行分配；无法明确分配的，应予费用化计入当期损益，不计入开发活动的成本。

（三）内部开发无形资产的计量

内部开发形成的无形资产，其成本由可直接归属于该无形资产的创造、生产并使该无形资产能够以管理层预定的方式运作的所有必要支出组成。可直接归属于该无形资产的成本包括开发该无形资产时耗费的材料、劳务成本、注册费、在开发该无形资产过程中使用的其他专利权和特许权的摊销、借款费用资本化的利息支出，以及为使该无形资产达到预定用途前所发生的其他费用。

在开发无形资产过程中发生的除上述可直接归属于无形资产开发活动的其他销售费用、管理费用等间接费用，无形资产达到预定用途前发生的可辨认的无效和初始运作损失，为运行该无形资产发生的培训支出等不构成无形资产的开发成本。

需要注意的是，内部开发无形资产的成本仅包括在满足资本化条件的时点至无形资产达到预定用途前发生的支出总和,对于同一项无形资产在开发过程中达到资本化条件之前已经费用化计入损益的支出不再进行调整。

三、内部研究开发费用的会计处理

为了反映和监督企业研究和开发无形资产过程中发生的各项支出,企业应设置"研发支出"账户,并按研究开发项目,分别设置"费用化支出""资本化支出"明细账进行明细分类核算。"研发支出——费用化支出"账户,借方登记研发过程中发生的各种费用化支出,贷方登记按月结转的费用化支出,期末无余额。"研发支出——资本化支出"账户借方登记研发过程中发生的满足资本化条件的各种支出,贷方登记结转的达到预定用途形成无形资产的资本化支出,借方余额反映正在进行的无形资产研究开发项目满足资本化条件的支出。

企业自行研究开发无形资产发生的研发支出,不满足资本化条件的,应于发生时借记"研发支出——费用化支出"科目,贷记"银行存款"等科目;期末结转时借记"管理费用"科目,贷记"研发支出——费用化支出"科目。对自行开发过程中发生的符合资本化条件的有关支出,应于发生时借记"研发支出——资本化支出"科目,贷记"银行存款"等科目;自行开发项目达到预定用途形成无形资产时,按其应予资本化的支出借记"无形资产"科目,贷记"研发支出——资本化支出"科目。

【例7-5】A公司自行研究开发一项新产品的专利技术。在研究开发过程中,发生材料费76 000元,人工工资158 000元,以及以银行存款支付的其他费用22 000元,总计256 000元。其中符合资本化条件的支出235 000元。期末,该专利技术达到预定用途。A公司编制的会计分录如下:

(1) 发生研发支出时:

借:研发支出——费用化支出　　　　　　　　　　　　21 000
　　　　　——资本化支出　　　　　　　　　　　　　235 000
　　贷:原材料　　　　　　　　　　　　　　　　　　　76 000
　　　　应付职工薪酬　　　　　　　　　　　　　　　158 000
　　　　银行存款　　　　　　　　　　　　　　　　　　22 000

(2) 期末时:

借:管理费用　　　　　　　　　　　　　　　　　　　　21 000
　　无形资产　　　　　　　　　　　　　　　　　　　235 000
　　贷:研发支出——费用化支出　　　　　　　　　　　21 000
　　　　　　　　——资本化支出　　　　　　　　　　235 000

第三节 无形资产的后续计量

无形资产的后续计量主要包括无形资产的摊销和无形资产的减值。本节主要阐述无形资产的摊销。对于无形资产减值参见本书第八章相关内容。

无形资产的摊销是将无形资产成本在其使用寿命内采用系统合理的方法分摊于相关成本费用。无形资产的摊销以其使用寿命为基础。因此无形资产的摊销需要估计、确定无形资产的使用寿命。

一、估计无形资产的使用寿命

企业应当于取得无形资产时分析判断其使用寿命。

无形资产的使用寿命包括法定寿命和经济寿命两个方面。无形资产的使用寿命受法律、规章或合同的限制，称为法定寿命。例如，我国法律规定发明专利权的有效期为20年，实用新型专利权和外观设计专利权的有效期为10年。有些无形资产如非专利技术的使用寿命则不受法律保护和限制。经济寿命是指无形资产可以为企业带来经济利益的年限。

由于受技术进步、市场竞争等因素的影响，无形资产的经济寿命往往短于法定寿命。因此，在估计无形资产的使用寿命时，应当综合考虑各方面相关因素的影响，合理确定无形资产的使用寿命。

（一）估计无形资产使用寿命应考虑的因素

估计无形资产的使用寿命一般应考虑以下因素：

（1）运用该资产生产的产品通常的寿命周期、可获得的类似资产使用寿命的信息。

（2）技术、工艺等方面的现阶段情况及对未来发展趋势的估计。

（3）以该资产生产的产品或提供服务的市场需求情况。

（4）现在或潜在的竞争者预期采取的行动。

（5）为维护该资产带来经济利益能力的预期维护支出，以及企业预计支付有关支出的能力。

（6）对该资产控制期限的相关法律规定或类似限制，如特许使用期、租赁期等。

（7）与企业持有其他资产使用寿命的关联性等。

（二）无形资产使用寿命的确定

在具体确定无形资产的使用寿命时，应遵循下列原则：

（1）对持有的来源于合同性权利或其他法定权利，且合同规定或法律规定有明确使用年限的，其使用寿命不应超过合同性权利或其他法定权利的期限；合同性权利或其他法定权利在到期时因续约等延续、且有证据表明企业续约不需要付出重大成本的，续约期应当计入使用寿命。

（2）对合同或法律没有规定使用寿命的，企业应当考虑各方面的情况，如与同行业的情况进行比较、参考历史经验，或聘请相关专家进行论证等，进行综合判断来确定无形资产能为企业带来经济利益的期限。

（3）确实无法合理确定无形资产为企业带来经济利益期限的，应当将其作为使用寿命不确定的无形资产。

（三）无形资产使用寿命的复核

企业至少应当于每年年度终了对无形资产使用寿命进行复核。对于使用寿命有限的无形资产，如果其使用寿命与以前估计不同的，应当改变其摊销期限。对于使用寿命不确定的无形资产，如果有证据表明该无形资产的使用寿命是有限的，应当估计其使用寿命，并按有关使用寿命有限的无形资产进行会计处理。

二、使用寿命有限的无形资产

使用寿命有限的无形资产应当在其使用寿命内采用系统合理的摊销方法对应摊销金额进行摊销。

（一）摊销金额和残值

无形资产的应摊销金额为其成本扣除预计残值后的金额。已计提减值准备的无形资产还应扣除已计提的无形资产减值准备累计金额。

无形资产的残值一般为零，但下列情况除外：

（1）有第三方承诺在无形资产使用寿命结束时购买该无形资产。

（2）可以根据活跃市场得到预计残值信息，并且该市场在无形资产使用寿命结束时很可能存在。

无形资产的残值意味着在其使用寿命结束之前企业预计将会处置该无形资产，并且从该处置中取得收益。估计无形资产的残值应以该无形资产处置时的可收回金额为基础。此时的可收回金额是指在预计出售日，出售一项使用寿命已满且处于类似使用状况下，同类无形资产预计的处置价格（扣除相关税费）。残值确定以后，在持有无形资产的期间，至少于每年年度终了应对其进行复核。如果复核结果与原估计不同的，应按照会计估计变更处理。如果无形资产的残值重新估计以后高于其账面价值的，无形资产不再摊销，直至降至低于账面价值时再恢复摊销。

（二）摊销期限和摊销方法

无形资产的摊销期应当自其可供使用（即达到预定用途）时起至终止确认时止。在实务中，当月增加的无形资产，当月开始摊销；当月减少的无形资产，当月不再摊销。

无形资产的摊销方法与固定资产的折旧方法类似，有类似固定资产加速折旧的方法、产量法和直线法。企业选择无形资产摊销方法应当反映与该项无形资产有关的经济利益的预期实现方式，并一致地运用于不同的会计期间。例如，对受技术陈旧因素影响较大的专利权和专有技术等无形资产，可采用类似固定资产加速折旧的方法进行摊销；有特定产量限制的特许权或专利权等无形资产，可采用产量法进行摊销；无法确定预期实现方式的，应当采用直线法摊销。

对使用寿命有限的无形资产，企业至少应当于每年年度终了对其摊销方法进行复核。

如果无形资产有关的经济利益的预期实现方式与以前估计不同的,应当改变其摊销方法。

(三) 摊销的会计处理

为了反映和监督使用寿命有限的无形资产摊销及累计摊销,企业应设置"累计摊销"账户,其贷方登记无形资产的摊销,借方登记处置无形资产转销的累计摊销,贷方余额反映企业持有无形资产的累计摊销。"累计摊销"账户应按无形资产项目进行明细分类核算。

无形资产的摊销金额一般应当计入当期损益;但如果某项无形资产是专门用于生产某种产品的,其未来经济利益是通过所生产的产品实现的,则无形资产的摊销费用应构成该产品成本的一部分。

【例7-6】沿用【例7-3】资料。假定购入的商标权的使用寿命为10年,净残值为零,采用直线法摊销。2016年1月31日,按月摊销该无形资产。丙企业编制的会计分录如下:

借:管理费用　　　　　　　　　　　　　　　　　　　46 475.83
　　贷:累计摊销　　　　　　　　　　　　　　　　　　46 475.83

【例7-7】2017年1月1日,B公司购入一项外观设计专利权,专门用于生产甲产品,其未来经济利益通过所生产的产品实现。该专利权的公允价值为600 000元。B公司的入账成本为610 000元,法定保护期限为10年,企业预计运用该外观设计生产的产品8年内会为企业带来经济利益。取得该专利时,有第三方向B公司承诺在第3年末按照该专利取得日公允价值的50%购买该专利权。B公司准备在第3年末将该项专利权出售给第三方。根据该类产品外观设计近年来的改进情况判断,该专利权受设计陈旧因素影响较大,采用年数总和法进行摊销。

外观设计专利权应摊销金额 = 610 000 - 600 000 × 50% = 310 000(元)

摊销期为企业实际使用期间 = 3 年

2017 年应摊销额 = 310 000 × 3/6 = 155 000(元)

2017 年各月应摊销额 = 155 000/12 = 12 916.67(元)

2017年1月31日,B公司编制的会计分录如下:

借:制造费用　　　　　　　　　　　　　　　　　　　12 916.67
　　贷:累计摊销　　　　　　　　　　　　　　　　　　12 916.67

三、使用寿命不确定的无形资产

在取得无形资产时,如果有确凿证据表明无法合理估计其使用寿命,应作为使用寿命不确定的无形资产。使用寿命不确定的无形资产在持有期间内不需要摊销,但至少应于每年年度终了进行减值测试。已发生减值的,应当计提减值准备,借记"资产减值损失",贷记"无形资产减值准备"。关于资产减值的相关内容参见本书第八章。

第四节 无形资产的处置

无形资产的处置主要是指无形资产对外出售、捐赠或者是预期不能为企业带来经济利益,从而不再符合确认条件的无形资产终止确认并转销。

一、无形资产的出售

企业出售无形资产,表明企业放弃无形资产所有权,会计上应按照《企业会计准则第42号——持有待售的非流动资产、处置组和终止经营》的相关规定处理,应将无形资产的账面价值予以转销。出售无形资产不属于企业的日常经营活动的,其利得或损失应计入"资产处置损益——非流动资产处置利得"或"资产处置损益——非流动资产处置损失"。

【例7-8】C企业出售其拥有的一项发明专利权,该专利权的账面成本为1 050 000元,净残值为零,累计摊销700 000元,已计提减值准备200 000元,出售所得价款100 000元存入银行,假定不考虑其他相关因素。C企业编制的会计分录如下:

借:银行存款 100 000
　　累计摊销 700 000
　　无形资产减值准备 200 000
　　资产处置损益——非流动资产处置损失 50 000
　贷:无形资产——专利权 1 050 000

二、无形资产的出租

企业将无形资产出租给其他企业,让渡无形资产的使用权,并收取租金,属于企业的日常经营活动。其租金收入在满足收入确认条件时,应确认为企业的其他业务收入。在取得租金收入时,借记"银行存款"等科目,贷记"其他业务收入"科目;月末摊销无形资产成本时,借记"其他业务成本"科目,贷记"累计摊销"科目。

【例7-9】2017年1月1日,D公司将一项购入的实用新型专利技术出租。该专利技术成本350 000元,累计摊销192 500元,摊销期限10年,采用直线法摊销。租赁合同约定,承租方按使用该专利技术所生产的产品的销售数量支付租金,每销售1件该产品支付租金3元;租赁期2年,每年末结算租金。本年承租方销售该专利技术生产的产品30 000件,年末收到承租方支付的租金90 000元存入银行。假定不考虑其他相关因素,D公司编制的会计分录如下:

(1)收到租金时:

借:银行存款 90 000
　贷:其他业务收入 90 000

（2）按年对该项专利技术摊销时：
借：其他业务成本　　　　　　　　　　　　　　　　35 000
　　贷：累计摊销　　　　　　　　　　　　　　　　　　　　35 000

三、无形资产的报废

企业拥有的无形资产如果预期不能为企业带来经济利益，应当将其报废。报废的无形资产不再符合无形资产的确认条件，应当终止确认，其账面价值应当予以转销。

报废的无形资产转销时，应按该无形资产累计摊销借记"累计摊销"科目，按已计提的减值准备借记"无形资产减值准备"科目，按账面余额贷记"无形资产"科目，按其差额借记"营业外支出——非流动资产报废"科目。

【例 7-10】 A 企业购入一项非专利技术，其账面成本为 503 000 元，累计摊销 326 950 元，已提减值准备 150 000 元。由于新技术、新产品的出现，该非专利技术已无使用价值和转让价值，决定将其报废。A 企业编制的会计分录如下：

借：累计摊销　　　　　　　　　　　　　　　　　　326 950
　　无形资产减值准备　　　　　　　　　　　　　　　150 000
　　营业外支出——非流动资产报废　　　　　　　　　 26 050
　　贷：无形资产——非专利技术　　　　　　　　　　　　503 000

第五节　投资性房地产

一、投资性房地产的定义和特征

投资性房地产是指为赚取租金或资本增值，或者两者兼有而持有的房地产。投资性房地产应当能够单独计量和出售。投资性房地产主要有以下特征：

（1）投资性房地产是一种经营性活动。投资性房地产的主要形式是出租建筑物、出租土地使用权，是让渡房地产的使用权换取租金的一种交易活动，是企业为完成其经营目标所从事的经营性活动以及与之相关的其他活动之一。企业将持有并准备增值后转让的土地使用权待增值后用以转让，也是企业为完成其经营目标所从事的经营性活动以及与之相关的其他活动之一。因此，投资性房地产是企业的一种经营性活动。

（2）投资性房地产的用途、状态、目的等方面区别于作为生产经营活动场所的房地产和用于销售的房地产。对于建筑物和土地使用权，如果是为了赚取租金或资本增值而出租、持有，该建筑物和土地使用权属于投资性房地产；如果是为了生产商品、提供劳务或经营管理而持有，企业自用的建筑物和土地使用权，属于企业的固定资产和无形资产；房地产企业为了销售的房地产（建筑物和土地使用权），属于房地产企业的存货。建筑物和土地使用权的用途、状态、目的不同，为企业带来经济利益的方式不同。因此应当分别核算。企业取得的建筑物和土地使用权符合投资性房地产定义和确认条件的，应作为投资性房地产核算。

二、投资性房地产的范围

(一) 属于投资性房地产的项目

1. 已出租的土地使用权

已出租的土地使用权是指通过出让或转让方式取得的、以经营租赁方式出租的土地使用权。企业取得土地使用权通常包括在一级市场上以缴纳土地出让金的方式取得的土地使用权，也包括在二级市场上接受其他单位转让的土地使用权。

对于以经营租赁方式租入土地使用权再转租给其他单位的，不能确认为投资性房地产。

2. 持有并准备增值后转让的土地使用权

持有并准备增值后转让的土地使用权是指企业取得的、准备增值后转让的土地使用权。这类土地使用权很可能给企业带来资本增值收益，符合投资性房地产的定义，属于企业的投资性房地产。

按照国家有关规定认定的闲置土地，不属于持有并准备增值后转让的土地使用权，也就不属于投资性房地产。

3. 已出租的建筑物

已出租的建筑物是指企业拥有产权的、以经营租赁方式出租的建筑物，包括自行建造或开发活动完成后用于出租的建筑物。

企业在判断和确认已出租的建筑物时，应当把握以下要点：

(1) 用于出租的建筑物是指企业拥有产权的建筑物。企业以经营租赁方式租入再转租的建筑物不属于投资性房地产。

(2) 已出租的建筑物是企业已经与其他方签订了租赁协议，约定以经营租赁方式出租的建筑物。一般应自租赁协议规定的租赁期开始日起经营租出的建筑物才属于已出租的建筑物。通常情况下，对企业持有以备经营出租的空置建筑物，如董事会或类似机构作出书面决议，明确表明将其用于经营租出且持有意图短期内不再发生变化的，即使尚未签订租赁协议，也应视为投资性房地产。空置建筑物是指企业新购入、自行建造或开发完成但尚未使用的建筑物，以及不再用于日常生产经营活动且经整理后达到可经营出租状态的建筑物。

(3) 企业将建筑物出租，按租赁协议向承租人提供的相关服务在整个协议中不重大的，应当将该建筑物确认为投资性房地产。如企业将办公楼出租并向承租人提供保安、维修等辅助服务在整个协议中不重大的，应当将该建筑物确认为投资性房地产。

(二) 不属于投资性房地产的项目

1. 自用房地产

自用房地产，即为生产商品、提供劳务或经营管理而持有的房地产。例如，企业生产经营用的厂房、办公楼；企业生产经营用的土地使用权。前者属于企业的固定资产，后者属于无形资产。再如，企业拥有并自行经营的旅馆饭店，其经营目的是通过向客户提供服务取得服务收入。因此，企业自行经营的旅馆饭店是企业的经营场所，应当属于自用房地产。

2. 作为存货的房地产

作为存货的房地产通常指房地产开发企业在正常经营过程中销售的或为销售而正在开发的房屋和土地。这种房地产属于房地产开发企业的存货，其生产、销售构成房地产开发企业的主营业务活动。因此存货性质的房地产不属于投资性房地产。

三、投资性房地产的确认和初始计量

（一）投资性房地产的确认

投资性房地产的确认，应符合投资性房地产的定义，同时满足下列条件：

（1）与该投资性房地产有关的经济利益很可能流入企业。

（2）该投资性房地产的成本能够可靠地计量。

投资性房地产的确认时点，对于出租的土地使用权和出租的建筑物应为租赁期开始日，即土地使用权和建筑物进入出租状态开始赚取租金的日期；对于企业持有以备经营出租的空置建筑物，如董事会或类似机构作出书面决议，明确表明将其用于经营租出且持有意图短期内不再发生变化的，即使尚未签订租赁协议，也应视为投资性房地产，其确认时点为董事会或类似机构作出书面决议的日期；对持有并准备增值后转让的土地使用权，其作为投资性房地产的确认时点，应为企业将自用土地使用权停止自用准备增值后转让的日期。

（二）投资性房地产的初始计量

1. 外购投资性房地产

外购投资性房地产的成本包括购买价款、相关税费和可直接归属于该资产的其他支出。

2. 自行建造投资性房地产

自行建造投资性房地产的成本由建造该项资产达到预定可使用状态前所发生的必要支出构成，包括土地开发费、建筑成本、安装成本、应予资本化的借款费用、支付的其他费用和分摊的间接费用等。建造过程中发生的非正常损失，直接计入当期损益，不计入建造成本。

3. 其他方式取得的投资性房地产

以其他方式取得的投资性房地产按相关规定确定。

（三）投资性房地产的会计处理

为了反映和监督投资性房地产的增减变化情况，企业应设置相应的账户。由于投资性房地产的后续计量有成本模式和公允价值模式，因此在不同计量模式下所设置的账户有所不同。

在成本模式下，应设置"投资性房地产""投资性房地产累计折旧（摊销）""投资性房地产减值准备"账户。按投资性房地产的类别和项目设置明细账，进行明细分类核算。

在公允价值模式下，应设置"投资性房地产"账户，二级账户按投资性房地产的类

别和项目设置,三级账户分别设置"成本"和"公允价值变动"明细账户,进行明细分类核算。出于简便,习惯上用"投资性房地产——成本""投资性房地产——公允价值变动"表示公允价值模式下的明细账户。

1. 外购的投资性房地产的会计处理

外购投资性房地产应按取得时的实际成本,在成本模式下,借记"投资性房地产"科目,贷记"银行存款"等科目;在公允价值模式下,借记"投资性房地产——成本"科目,贷记"银行存款"等科目。

【例7-11】2016年1月3日,甲公司计划购买一家房地产开发公司开发的写字楼中的两层用于对外出租。1月8日甲公司与乙公司签订经营租赁合同,约定自购买日起将其出租给乙公司,租期3年。1月15日甲公司支付19 000 000元购买了写字楼中的两层,并交给乙企业使用。假定不考虑其他因素。甲公司编制的会计分录如下:

采用成本模式时:

借:投资性房地产　　　　　　　　　　　　　　　19 000 000
　　贷:银行存款　　　　　　　　　　　　　　　　19 000 000

采用公允价值模式时:

借:投资性房地产——成本　　　　　　　　　　　19 000 000
　　贷:银行存款　　　　　　　　　　　　　　　　19 000 000

2. 自行建造的投资性房地产

企业自行建造的投资性房地产按应计入投资性房地产成本的金额,在成本模式下,借记"投资性房地产"科目,贷记"在建工程"等科目;在公允价值模式下,借记"投资性房地产——成本"科目,贷记"在建工程"等科目。

四、投资性房地产的后续计量

(一) 计量模式

企业通常应当采用成本模式对投资性房地产进行后续计量。如果有确凿证据表明投资性房地产的公允价值能够持续可靠取得的,对投资性房地产可以采用公允价值模式进行后续计量。但是,同一企业只能采用一种模式对所有的投资性房地产进行后续计量,不得同时采用两种计量模式。

成本模式是投资性房地产按成本入账后,持有期间各期期末,按投资性房地产的摊余成本计量,并列示于资产负债表。在成本模式下,企业对投资性房地产应计提折旧或摊销;发生减值的,应当计提减值准备。

公允价值模式是投资性房地产按成本入账后,持有期间各期期末,按投资性房地产的公允价值计量,并列示于资产负债表。在公允价值模式下,投资性房地产不计提折旧或摊销,也不计提减值准备。

采用公允价值模式应当同时满足下列条件:

(1) 投资性房地产所在地有活跃的房地产交易市场。

(2) 企业能够从房地产交易市场上取得同类或类似房地产的市场价格及其他相关信息,从而对投资性房地产的公允价值作出科学合理的估计。"同类或类似"的房地产,对建筑物而言，是指所处地理位置和地理环境相同、性质相同、结构类型相同或相近、新旧程度相同或相近，可使用状况相同或相近的建筑物；对土地使用权而言，是指同一位置区域、所处地理环境相同或相近、可使用状况相同或相近的土地。

（二）成本模式下的会计处理

采用成本模式进行后续计量的投资性房地产，与企业的固定资产、无形资产类似，按月计提折旧（或摊销），借记"其他业务成本"科目，贷记"投资性房地产累计折旧（摊销）"科目。投资性房地产取得收入时，应借记"银行存款"等科目，贷记"其他业务收入"科目。

【例 7-12】沿用【例 7-11】资料。假设该写字楼预计使用寿命 35 年，预计净残值为零，采用年限平均法计提折旧。按租赁合同约定，甲公司每月收取租金 100 000 元。假设甲公司采用成本模式进行后续计量。甲公司编制的会计分录如下：

按月计提折旧时：

借：其他业务成本　　　　　　　　　　　　　　　　　　　　　45 238.10
　　贷：投资性房地产累计折旧　　　　　　　　　　　　　　　　　45 238.10

按月取得租金收入时：

借：银行存款　　　　　　　　　　　　　　　　　　　　　　　100 000
　　贷：其他业务收入　　　　　　　　　　　　　　　　　　　　　100 000

（三）公允价值模式下的会计处理

采用公允价值模式进行后续计量的投资性房地产，应当在资产负债表日按投资性房地产的公允价值计量。资产负债表日，投资性房地产的公允价值高于其账面价值的，应按其差额或增值部分借记"投资性房地产——公允价值变动"科目，贷记"公允价值变动损益"科目；公允价值低于其账面价值的差额做相反处理。

采用公允价值模式进行后续计量的投资性房地产，在后续计量中，不计提折旧或进行摊销。

【例 7-13】沿用【例 7-11】资料。假设甲公司采用公允价值模式进行后续计量。2016年12月31日，该投资性房地产的公允价值为 19 500 000 元。甲公司编制的会计分录如下：

借：投资性房地产——公允价值变动　　　　　　　　　　　　　500 000
　　贷：公允价值变动损益　　　　　　　　　　　　　　　　　　　500 000

（四）投资性房地产后续计量的变更

企业对投资性房地产的计量模式一经确定，不得随意变更。如果有确凿证据表明投资性房地产的公允价值能够持续可靠取得的，允许对投资性房地产从成本模式转为公允价值模式计量。从成本模式转为公允价值模式时，应当作为会计政策变更处理，并将其与账面价值的差额调整期初留存收益。已采用公允价值模式计量的投资性房地产，不得从公允价值模式转为成本模式。

【例 7-14】C 公司 2015 年初将一栋办公楼用于出租，采用成本模式进行后续计量。2017 年 1 月 1 日，该投资性房地产满足采用公允价值模式条件，C 公司决定采用公允价值模式对投资性房地产进行后续计量。2017 年 1 月 1 日该房地产账面价值 27 000 000 元，其中，原价 30 000 000 元，累计折旧 3 000 000 元，未计提减值准备；公允价值为 2 800 000 元。

甲企业按10%计提盈余公积。2017年1月1日，C公司编制的会计分录如下：

借：投资性房地产——成本　　　　　　　　　　　　　28 000 000
　　投资性房地产累计折旧　　　　　　　　　　　　　　3 000 000
　　贷：投资性房地产　　　　　　　　　　　　　　　　　　30 000 000
　　　　盈余公积　　　　　　　　　　　　　　　　　　　　　100 000
　　　　利润分配——未分配利润　　　　　　　　　　　　　　900 000

五、投资性房地产的后续支出和减值

（一）投资性房地产的后续支出

在投资性房地产持有期间，为了提高投资性房地产的使用效能，维护投资性房地产的正常使用，往往需要对投资性房地产进行改建、扩建、装修或者修理维护，发生相关的后续支出。投资性房地产相关的后续支出，满足投资性房地产确认条件的，应当资本化，记入投资性房地产的成本；不满足投资性房地产确认条件的，应当费用化，计入当期损益。

【例7-15】A公司与B企业签订的厂房经营租赁合同期满，A公司决定对该厂房进行改扩建，以提高出租租金。2017年7月1日，该房地产账面价值7 452 000元，其中原价8 100 000元，已提折旧648 000元，未计提减值准备。改扩建期间发生各项支出共计700 000元，均以银行存款支付。10月20日，改扩建工程完工，厂房达到预定可使用状态，并于当日按经营租赁合同出租给丁企业使用。假设A公司采用成本模式进行后续计量。A公司编制的有关会计分录如下：

（1）投资性房地产转入改扩建时：

借：投资性房地产——厂房（在建）　　　　　　　　　7 452 000
　　投资性房地产累计折旧　　　　　　　　　　　　　　　648 000
　　贷：投资性房地产——厂房　　　　　　　　　　　　　　8 100 000

（2）发生改扩建支出时：

借：投资性房地产——厂房（在建）　　　　　　　　　　700 000
　　贷：银行存款　　　　　　　　　　　　　　　　　　　　　700 000

（3）厂房改扩建完工并出租时：

借：投资性房地产——厂房　　　　　　　　　　　　　8 152 000
　　贷：投资性房地产——厂房（在建）　　　　　　　　　　8 152 000

【例7-16】沿用【例7-15】资料。假设A公司对投资性房地产采用公允价值模式进行后续计量。2017年7月1日，"投资性房地产——成本"账面余额为借方8 100 000元，"投资性房地产——公允价值变动"账面余额为借方1 900 000元。A公司编制的有关会计分录如下：

（1）投资性房地产转入改扩建时：

借：投资性房地产——厂房（在建）　　　　　　　　　10 000 000
　　贷：投资性房地产——成本　　　　　　　　　　　　　　8 100 000
　　　　　　　　　　——公允价值变动　　　　　　　　　　1 900 000

（2）发生改扩建支出时：

借：投资性房地产——厂房（在建）　　　　　　　　　　　　　　700 000
　　贷：银行存款　　　　　　　　　　　　　　　　　　　　　　　　700 000
（3）改扩建工程完工并出租时：
借：投资性房地产——成本　　　　　　　　　　　　　　　　　10 700 000
　　贷：投资性房地产——厂房（在建）　　　　　　　　　　　　　10 700 000

对于不满足投资性房地产确认条件的后续支出，例如，日常维护和修理发生的一些支出，应于发生时，借记"其他业务成本"等科目，贷记"银行存款"等科目。

（二）投资性房地产的减值

采用成本模式计量的投资性房地产，与企业自用的房地产一样，应在资产负债表日判断是否存在减值迹象。如果存在减值迹象，应当进行减值测试，估计其可收回金额。当可收回金额低于其账面价值时，应当将账面价值减记至可收回金额，减记的金额确认为资产减值损失，应借记"资产减值损失"科目，贷记"投资性房地产减值准备"科目。如果已计提减值准备的投资性房地产的价值又得以恢复，不得转回。资产减值迹象与测试、可收回金额的估计、减值损失的确认和计量参见本书第八章相关内容。

六、投资性房地产的转换

（一）投资性房地产转换的形式

投资性房地产的转换是指投资性房地产转换为自用房地产，或者自用房地产转换为投资性房地产。投资性房地产的转换是因房地产用途发生改变而对房地产进行的重新分类，不是后续计量。投资性房地产的转换形式主要有：

（1）投资性房地产开始自用。
（2）作为存货的房地产改为出租。
（3）自用土地使用权停止自用，用于赚取租金或资本增值。
（4）自用建筑物停止自用，改为出租。

（二）投资性房地产转换日的确定

投资性房地产转换日是指房地产的用途发生改变、状态相应发生改变的日期。

（1）投资性房地产开始自用，其转换日为房地产达到自用状态，企业开始将房地产用于生产商品、提供劳务或者经营管理的日期。

（2）作为存货的房地产改为出租，或者自用建筑物、土地使用权停止自用改为出租，转换日为租赁期开始日。

（3）投资性房地产转换为存货，转换日为租赁期届满、企业董事会或类似机构作出书面决议明确表明将其重新开发用于对外销售的日期。

（4）自用土地使用权停止自用，改为用于资本增值，转换日为停止自用、企业董事会或类似机构作出书面决议的日期。

（三）投资性房地产转换为自用房地产的会计处理

1. 采用成本模式进行后续计量的投资性房地产转换为自用房地产的会计处理

采用成本模式进行后续计量（以下简称"成本模式计量"或"公允价值模式计量"）的投资性房地产转换为自用房地产，应当按该项投资性房地产在转换日的账面原价、累计折旧或摊销以及减值准备，分别转入"固定资产"或"无形资产"、"累计折旧"或"累计摊销"、"固定资产减值准备"或"无形资产减值准备"科目。

【例 7-17】D 公司的投资性房地产采用成本模式计量。2017 年 8 月 1 日，D 公司将原出租到期的办公楼收回，开始自用。该房地产账面原价 12 000 000 元，累计折旧 4 230 000 元。转换日，D 公司编制的会计分录如下：

借：固定资产　　　　　　　　　　　　　　　　　12 000 000
　　投资性房地产累计折旧　　　　　　　　　　　　4 230 000
　　贷：投资性房地产　　　　　　　　　　　　　　　　12 000 000
　　　　累计折旧　　　　　　　　　　　　　　　　　　 4 230 000

2. 采用公允价值模式计量的投资性房地产转换为自用房地产的会计处理

采用公允价值模式计量的投资性房地产转换为自用房地产，应当以其转换日的公允价值作为自用房地产的账面价值，公允价值与原账面价值的差额计入当期损益。转换时，按投资性房地产的公允价值，借记"固定资产"或"无形资产"科目，按该项投资性房地产的成本，贷记"投资性房地产——成本"科目，按该项投资性房地产的累计公允价值变动，贷记或借记"投资性房地产——公允价值变动"科目，按其差额，贷记或借记"公允价值变动损益"科目。

【例 7-18】假设 D 公司的投资性房地产采用公允价值模式计量。8 月 1 日，该房地产的公允价值为 15 500 000 元；账面价值 15 000 000 元，其中成本 12 000 000 元，公允价值变动增值为 3 000 000 元。转换日，D 公司编制的会计分录如下：

借：固定资产　　　　　　　　　　　　　　　　　15 500 000
　　贷：投资性房地产——成本　　　　　　　　　　　　12 000 000
　　　　投资性房地产——公允价值变动　　　　　　　　 3 000 000
　　　　公允价值变动损益　　　　　　　　　　　　　　　 500 000

（四）自用房地产转换为投资性房地产的会计处理

1. 自用房地产转换为按成本模式计量的投资性房地产

（1）作为存货的房地产转换为采用成本模式计量的投资性房地产。其通常是指房地产开发企业将其持有的开发产品以经营租赁方式出租，开发产品转换为投资性房地产。

作为存货的房地产转换为采用成本模式计量的投资性房地产，应当按该项存货在转换日的账面价值，借记"投资性房地产"科目，按原已计提的跌价准备，借记"存货跌价准备"科目，按其账面成本，贷记"开发产品"等科目。

【例 7-19】F 公司是从事房地产开发的企业。2017 年 6 月 26 日，F 公司与丁企业签订经营租赁合同，约定将自行开发的一栋写字楼出租给丁企业使用，租赁期开始日为 7 月 1 日。7 月 1 日，该写字楼的账面成本为 31 000 000 元，未计提存货跌价准备。F 公司投资性房地产采用成本模式计量。转换日，F 公司编制的会计分录如下：

借：投资性房地产　　　　　　　　　　　　　　　31 000 000
　　贷：开发产品　　　　　　　　　　　　　　　　　　31 000 000

（2）自用房地产转换为投资性房地产。自用房地产转换为投资性房地产，应当按照该项建筑物或土地使用权在转换日的原价、累计折旧以及减值准备，分别转入"投资性房地产""投资性房地产累计折旧（摊销）""投资性房地产减值准备"科目。

【例7-20】 A公司将原自用的一座仓库用于出租，租赁期开始日为2017年7月6日。仓库原价1 000 000元，累计折旧750 000元。A公司的投资性房地产采用成本模式计量。转换日，A公司编制的会计分录如下：

借：投资性房地产　　　　　　　　　　　　　　　　1 000 000
　　累计折旧　　　　　　　　　　　　　　　　　　　　750 000
　　贷：固定资产　　　　　　　　　　　　　　　　　　　　　1 000 000
　　　　投资性房地产累计折旧　　　　　　　　　　　　　　　　750 000

2. 自用房地产转换为采用公允价值模式计量的投资性房地产

（1）作为存货的房地产转换为采用公允价值模式计量的投资性房地产。作为存货的房地产转换为采用公允价值模式计量的投资性房地产，应当按该项存货在转换日的公允价值，借记"投资性房地产——成本"科目，按原已计提的跌价准备，借记"存货跌价准备"科目，按其账面成本，贷记"开发产品"等科目。同时，按转换日公允价值小于账面价值的差额，借记"公允价值变动损益"科目；按转换日公允价值大于账面价值的差额，贷记"其他综合收益"科目。当该项投资性房地产处置时，因转换计入"其他综合收益"的部分应转入当期损益。

【例7-21】 沿用【例7-19】资料。假设F公司投资性房地产采用公允价值模式计量。7月1日，该写字楼的公允价值为36 000 000元。转换日，F公司编制的会计分录如下：

借：投资性房地产——成本　　　　　　　　　　　　36 000 000
　　贷：开发产品　　　　　　　　　　　　　　　　　　　　31 000 000
　　　　其他综合收益　　　　　　　　　　　　　　　　　　　5 000 000

（2）自用房地产转换为采用公允价值模式计量的投资性房地产。自用房地产转换为采用公允价值模式计量的投资性房地产，应当按照该项建筑物或土地使用权在转换日的公允价值，借记"投资性房地产——成本"科目，按已计提的累计折旧或摊销，借记"累计折旧"或"累计摊销"科目，按已计提的减值准备，借记"固定资产减值准备"或"无形资产减值准备"科目，按转换日房地产的账面原值，贷记"固定资产"或"无形资产"科目。同时，按转换日公允价值小于账面价值的差额，借记"公允价值变动损益"科目；按转换日公允价值大于账面价值的差额，贷记"其他综合收益"科目。

【例7-22】 沿用【例7-20】资料。假设A公司的投资性房地产采用公允价值模式计量。租赁期开始日，仓库的公允价值为3 000 000元。2017年12月31日，仓库的公允价值为2 800 000元。A公司编制的会计分录如下：

（1）转换日：

借：投资性房地产——成本　　　　　　　　　　　　3 000 000
　　累计折旧　　　　　　　　　　　　　　　　　　　　750 000
　　贷：固定资产　　　　　　　　　　　　　　　　　　　　　1 000 000
　　　　其他综合收益　　　　　　　　　　　　　　　　　　　2 750 000

（2）2017年12月31日：

借：公允价值变动损益　　　　　　　　　　　　　　　　200 000
　　贷：投资性房地产——公允价值变动　　　　　　　　　　　　200 000

七、投资性房地产的处置

投资性房地产的处置主要是指投资性房地产的出售、转让、报废和毁损，也包括因非货币性交易等原因而发生投资性房地产的减少。

企业的投资性房地产发生出售、转让、报废或毁损，应当将处置收入扣除其账面价值和相关税费后的金额计入当期损益。

（一）采用成本模式计量的投资性房地产的处置

企业出售、转让按成本模式计量的投资性房地产，应按实际收到的金额，借记"银行存款"科目，贷记"其他业务收入"科目；并结转投资性房地产的账面价值，借记"其他业务成本"科目，借记"投资性房地产累计折旧（摊销）"科目，借记"投资性房地产减值准备"科目，贷记"投资性房地产"科目。

【例7-23】A公司采用成本模式计量的一座厂房租赁期满，将其出售给承租人。该厂房原价2 000 000元，已提折旧1 850 000元。出售价款600 000元，款项已存入银行。A公司编制的会计分录如下：

借：银行存款　　　　　　　　　　　　　　　　　　　600 000
　　贷：其他业务收入　　　　　　　　　　　　　　　　　　　600 000
借：其他业务成本　　　　　　　　　　　　　　　　　　150 000
　　投资性房地产累计折旧　　　　　　　　　　　　　　1 850 000
　　贷：投资性房地产　　　　　　　　　　　　　　　　　　2 000 000

（二）采用公允价值模式计量的投资性房地产的处置

企业出售、转让按公允价值模式计量的投资性房地产，应按实际收到的金额，借记"银行存款"等科目，贷记"其他业务收入"科目；按该项投资性房地产的账面余额，借记"其他业务成本"科目，贷记"投资性房地产——成本"贷记或借记"投资性房地产——公允价值变动"科目；同时，按该项投资性房地产的公允价值变动，借记或贷记"公允价值变动损益"科目，贷记或借记"其他业务收入"科目。如果存在该项投资性房地产在转换日计入其他综合收益的金额，应将其转入其他业务收入，借记"其他综合收益"科目，贷记"其他业务收入"科目。

【例7-24】甲公司对投资性房地产采用公允价值模式计量。该公司因新办公楼建成，遂将自用的一栋旧办公楼以经营租赁方式出租给乙公司。合同约定：租赁期开始日为2016年1月1日，租期2年，乙公司每年1月1日支付租金900 000元。旧办公楼原价5 000 000元，累计折旧4 300 000元，公允价值15 000 000元。2016年12月31日，该办公楼的公允价值为16 000 000元；2017年12月31日，公允价值为15 500 000元。2018年1月，租赁期届满，甲公司收回办公楼，将其出售给丙公司，出售价款15 500 000元，款项已存入银行。甲公司编制的有关会计分录如下：

（1）2016年1月1日，固定资产转换为投资性房地产时：

借：投资性房地产——成本　　　　　　　　　　　　　15 000 000

累计折旧	4 300 000
贷：固定资产	5 000 000
其他综合收益	14 300 000

(2) 2016年1月1日，收取当年租金时：

借：银行存款	900 000
贷：其他业务收入	900 000

(3) 2016年12月31日，公允价值变动时：

借：投资性房地产——公允价值变动	1 000 000
贷：公允价值变动损益	1 000 000

(4) 2017年1月1日，收取当年租金时：

借：银行存款	900 000
贷：其他业务收入	900 000

(5) 2017年12月31日，公允价值变动时：

借：公允价值变动损益	500 000
贷：投资性房地产——公允价值变动	500 000

(6) 2018年1月，出售投资性房地产时：

借：银行存款	15 500 000
贷：其他业务收入	15 500 000
借：其他业务成本	15 500 000
贷：投资性房地产——成本	15 000 000
——公允价值变动	500 000
借：公允价值变动损益	500 000
贷：其他业务收入	500 000
借：其他综合收益	14 300 000
贷：其他业务收入	14 300 000

关键词

无形资产　无形资产摊销　投资性房地产　投资性房地产后续计量

复习思考题

1. 不同方式取得的无形资产，其成本应如何确定？
2. 企业内部研究开发分为哪几个阶段？各阶段有何特点？如何进行相应的会计处理？
3. 企业无形资产的摊销方法应如何选择？所摊销的费用应如何进行会计处理？
4. 投资性房地产成本模式与公允价值模式的会计处理有何不同？

第八章 资产减值

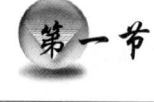

第一节 资产减值概述

一、资产减值的特征和范围

资产是指企业过去的交易或者事项形成的、由企业拥有或者控制的、预期会给企业带来经济利益的资源。预期会给企业带来经济利益是资产的本质特征。如果某项资源不能够再为企业带来经济利益，那么，该资源就不符合资产的定义，不能再确认为资产；如果某资产带来的经济利益低于其账面价值，则低于其账面价值的部分不符合资产的定义，该资产不能再以原账面价值予以确认。事实上，由于市场条件和经营环境的变化、科学技术的进步以及企业经营管理不善等原因，都可能导致企业的资产产生未来经济利益的能力大大下降。此时，企业资产发生了减值，如果一味地以该资产的原账面价值进行计量，则可能导致企业资产不实、利润虚增等现象。因此在会计期末企业应当确认资产的减值损失，以便准确反映资产负债表日资产的真实价值，正确计算期间损益。这也是会计信息质量谨慎性要求的具体体现。

由于企业资产的特性不同，其减值的会计处理也有差异，所以资产减值适用的具体准则也不尽相同。企业会计准则体系中，关于资产减值的处理规定散见于不同的准则。例如，存货、建造合同形成的资产、递延所得税资产、融资租赁中出租人未担保余值、未探明石油天然气矿区权益、消耗性生物资产、由金融工具确认和计量准则所规范的金融资产等的减值，分别适用存货、建造合同、所得税、租赁、石油天然气开采、生物资产、金融工具确认和计量等会计准则。

本章所阐述的是《企业会计准则第8号——资产减值》的相关内容。该准则主要规范了企业下列非流动资产的减值会计问题：①对子公司、联营企业和合营企业的长期股权投资；②采用成本模式进行后续计量的投资性房地产；③固定资产；④生产性生物资产；⑤无形资产；⑥商誉；⑦探明石油天然气矿区权益和井及相关设施等。

根据资产减值准则，当企业上述资产的可收回金额低于其账面价值时，即表明资产发生了减值，企业应当确认资产减值损失，并把资产的账面价值减记至其可收回金额。

二、资产减值迹象与测试

（一）资产减值迹象的判断

关于何时确认减值损失，国际上有三种不同的确认标准：①永久性标准。其是指当资产的账面价值超过资产的公允价值（或可收回金额），并且能够判断该状况是永久性的时候，确认减值损失。②可能性标准。其是指当资产的账面价值超过资产的公允价值（或可收回金额），并且能够判断该减值损失在将来很可能发生时，确认相应的减值损失。③经济性标准。其是指当资产的账面价值超过资产的公允价值（或可收回金额）时，就确认减值损失。我国《企业会计准则第8号——资产减值》对资产减值的确认与《国际财务报告准则》的规定趋同，采用经济性标准。

《企业会计准则第8号——资产减值》规定，企业在资产负债表日应当判断资产是否存在可能发生减值的迹象，某项资产如存在减值迹象，应当估计其可收回金额，以确定减值损失；如不存在减值迹象，不应估计资产的可收回金额。资产的减值迹象主要可从外部信息来源和内部信息来源两个方面加以判断。

1. 外部信息来源

（1）资产的市价在当期大幅度下跌，其跌幅明显高于因时间的推移或者正常使用而预计的下跌。

（2）企业经营所处的经济、技术或者法律等环境以及资产所处的市场在当期或者将在近期发生重大变化，从而对企业产生不利影响。

（3）市场利率或者其他市场投资报酬率在当期已经提高，从而影响企业计算资产预计未来现金流量现值的折现率，导致资产可收回金额大幅度降低。

（4）企业所有者权益的账面价值远高于其市值等。

2. 内部信息来源

（1）如果有证据表明资产已经陈旧过时或者其实体已经损坏。

（2）资产已经或者将被闲置、终止使用或者计划提前处置。

（3）企业内部报告的证据表明资产的经济绩效已经低于或者将低于预期，例如，资产所创造的净现金流量或者实现的营业利润远远低于原来的预算或者预计金额、资产发生的营业损失远远高于原来的预算或者预计金额、资产在建造或者收购时所需的现金支出远远高于最初的预算、资产在经营或者维护中所需的现金支出远远高于最初的预算等。

需要说明的是，上述所列举的资产减值迹象并非全部的资产减值迹象，企业应当根据实际情况来认定资产可能发生减值的迹象。

（二）资产减值的测试

有确凿证据表明资产存在减值迹象的，应当在资产负债表日进行减值测试，估计资产的可收回金额。资产存在减值迹象是资产是否需要进行减值测试的必要前提，但因企业合并形成的商誉和使用寿命不确定的无形资产除外，对于这两类资产无论是否存在减值迹象，都应当至少于每年年度终了进行减值测试。根据《企业会计准则第20号——企业合并》和《企业会计准则第 6 号——无形资产》的规定,因企业合并所形成的商誉和使用寿命不确定的无形资产在后续计量中不再进行摊销,但是考虑到这两类资产的价值和产生的未来经济利益有较大的不确定性,为了避免资产价值高估,应及时确认商誉和使用寿命不确定的无形资产的减值损失,如实反映企业财务状况和经营成果。故对于这两类资产企业至少应当于每年年度终了进行减值测试。同样地,对于尚未达到可使用状态的无形资产,由于其价值通常具有较大的不确定性,也应当每年进行减值测试。

企业在判断资产减值迹象以决定是否需要估计资产可收回金额时,应当遵循重要性原则。根据这一原则,企业资产存在下列情况的,可以不估计其可收回金额:

(1)以前报告期间的计算结果表明,资产可收回金额远高于其账面价值,之后又没有发生消除这一差异的交易或事项的,企业在资产负债表日可以不需重新估计该资产的可收回金额。

(2)以前报告期间的计算与分析表明,资产可收回金额对于《企业会计准则第 8 号——资产减值》中所列示的一种或者多种减值迹象反应不敏感,在本报告期间又发生了这些减值迹象的,在资产负债表日企业可以不需因为上述减值迹象的出现而重新估计该资产的可收回金额。比如,在当期市场利率或者其他市场投资报酬率提高的情况下,如果企业计算资产未来现金流量现值时所采用的折现率不大可能受到该市场利率或者其他市场投资报酬率提高的影响;或者即使会受到影响,但以前期间的可收回金额敏感性分析表明,该资产预计未来现金流量也很可能相应增加,因而不大可能导致资产的可收回金额大幅度下降的,企业可以不必对资产可收回金额进行重新估计。

资产可收回金额的计量和减值损失的确定

一、资产可收回金额计量的基本要求

企业资产存在减值迹象的,应当进行减值测试,估计其可收回金额,并将估计的资产可收回金额与其账面价值相比较,以确定资产是否发生了减值,以及是否需要确认资产减值损失,计提资产减值准备。估计资产可收回金额时,原则上应以单项资产为基础进行估计。如果企业难以对单项资产的可收回金额进行估计的,应当以该资产所属的资产组为基础确定资产组的可收回金额。本节主要介绍单项资产可收回金额的计量。

资产的可收回金额应当根据该资产的公允价值减去处置费用后的净额与资产预计未来现金流量的现值两者之间较高者确定。以固定资产为例,一方面,固定资产可以对外出售,此时其价值表现为"公允价值减去处置费用后的净额";另一方面,固定资产可以持续使用,此时其价值表现为"资产预计未来现金流量的现值"。当资产存在减值迹象时,在对一项资产是处置还是继续使用的两个方案的选择中,如果不考虑其他因素的影响,企业通常会选择收益较高的方案。

要估计资产的可收回金额，通常需要同时估计该资产的公允价值减去处置费用后的净额和该资产预计未来现金流量的现值。但下列情况可以有例外或者做特殊考虑：

（1）资产的公允价值减去处置费用后的净额与其预计未来现金流量的现值只要有一项超过了资产的账面价值，就表明该资产没有发生减值，不需再估计另一项金额。

（2）没有确凿证据或理由表明该资产预计未来现金流量的现值显著高于其公允价值减去处置费用后的净额的，可以将该资产的公允价值减去处置费用后的净额视为该资产的可收回金额。企业持有待售的资产就属于这种情况。企业持有该资产期间（处置之前）所能产生的现金流量可能很少，其最终取得的未来现金流量往往就是资产的处置净收入。因而在这种情况下，以资产的公允价值减去处置费用后的净额作为该资产的可收回金额是适宜的。

（3）资产的公允价值减去处置费用后的净额如果无法可靠估计的，应当以该资产预计未来现金流量的现值作为其可收回金额。

二、资产的公允价值减去处置费用后净额的估计

资产的公允价值减去处置费用后的净额通常反映的是资产如果被出售或者处置时可以收回的净现金流入。其中，资产的公允价值是指市场参与者在计量日发生的有序交易中出售一项资产所能收到的价格；处置费用是指可以直接归属于资产处置的增量成本，包括与资产处置有关的法律费用、相关税费、搬运费以及为使资产达到可销售状态所发生的直接费用等，但财务费用和所得税费用等不包括在内。

企业在估计资产的公允价值减去处置费用后的净额时，应当按照下列顺序进行：

首先，应当根据公平交易中资产的销售协议价格减去可直接归属于该资产处置费用的金额确定资产的公允价值减去处置费用后的净额。这是估计资产的公允价值减去处置费用后的净额的最佳方法，企业应当优先采用这一方法。但在实务中，企业的资产往往都是内部持续使用的，取得资产的销售协议价格并不容易，为此需要采用其他方法估计资产的公允价值减去处置费用后的净额。

其次，在资产不存在销售协议但存在活跃市场的情况下，应当根据该资产的市场价格减去处置费用后的金额确定。资产的市场价格通常应当按照资产的买方出价确定。但如果难以获得资产在估计日的买方出价的，企业可以以资产最近的交易价格作为其公允价值减去处置费用后的净额的估计基础，其前提是资产的交易日和估计日之间有关经济、市场环境等没有发生重大变化。

最后，在既不存在资产销售协议又不存在资产活跃市场的情况下，企业应当以可获取的最佳信息为基础，并根据熟悉情况的交易双方自愿进行公平交易愿意提供的交易价格减去资产处置费用后的金额，估计资产的公允价值减去处置费用后的净额。在实务中，该金额可以参考同行业类似资产的最近交易价格或者结果进行估计。

如果企业按照上述要求仍然无法可靠估计资产的公允价值减去处置费用后的净额的，应当以该资产预计未来现金流量的现值作为其可收回金额。

三、资产预计未来现金流量现值的估计

资产预计未来现金流量的现值,应当按照资产在持续使用过程中和最终处置时所产生的预计未来现金流量,选择恰当的折现率对其进行折现后的金额加以确定。因此,预计资产预计未来现金流量的现值,应当综合考虑以下因素:①资产的预计未来现金流量;②资产的使用寿命;③折现率。其中资产使用寿命的预计与《企业会计准则第 4 号——固定资产》《企业会计准则第 6 号——无形资产》等规定的使用寿命的预计方法相同。下面主要介绍资产的未来现金流量和折现率的预计方法。

(一) 资产未来现金流量的预计

1. 预计资产未来现金流量的基础

预计资产未来现金流量时,企业管理层应当在合理和有依据的基础上对资产剩余使用寿命内整个经济状况进行最佳估计,并将资产未来现金流量的预计建立在经企业管理层批准的最近财务预算或者预测数据之上。但是出于数据可靠性和便于操作等方面的考虑,建立在该预算或者预测基础之上的预计现金流量最多涵盖 5 年,企业管理层如能证明更长的期间是合理的,可以涵盖更长的期间。

如果资产未来现金流量的预计还包括最近财务预算或者预测期之后的现金流量,企业应当以该预算或者预测期之后年份稳定的或者递减的增长率为基础进行估计。企业管理层如能证明递增的增长率是合理的,可以以递增的增长率为基础进行估计。在对预算或者预测期之后年份的现金流量进行预计时,所使用的增长率除了企业能够证明更高的增长率是合理的之外,不应当超过企业经营的产品、市场、所处的行业或者所在国家或者地区的长期平均增长率,或者该资产所处市场的长期平均增长率。在恰当、合理的情况下,该增长率可以是零或者负数。

由于经济环境随时都在变化,资产的实际现金流量往往会与预计数有出入,而且预计资产未来现金流量时的假设也有可能发生变化,因此企业管理层在每次预计资产未来现金流量时,应当首先分析以前期间现金流量预计数与现金流量实际数出现差异的情况,以评判当期现金流量预计所依据的假设的合理性。通常情况下,企业管理层应确保当期现金流量预计所依据的假设与前期实际结果相一致。

2. 预计未来现金流量应当包括的内容

预计的资产未来现金流量应当包括下列内容:

(1) 资产持续使用过程中预计产生的现金流入。

(2) 为实现资产持续使用过程中产生的现金流入所必需的预计现金流出(包括为使资产达到预定可使用状态所发生的现金流出)。该现金流出应当是可直接归属于或者可通过合理和一致的基础分配到资产中的现金流出,后者通常是指那些与资产直接相关的间接费用。

对于在建工程、开发过程中的无形资产等,企业在预计其未来现金流量时,应当包括预期为使该类资产达到预定可使用(或可销售)状态而发生的全部现金流出数。

(3) 资产使用寿命结束时,处置资产所收到或者支付的净现金流量。该现金流量应当是在公平交易中熟悉情况的交易双方自愿进行交易时,企业预期可从资产的处置中获取

或者支付的、减去预计处置费用后的金额。

3. 预计未来现金流量应当考虑的因素

(1) 以资产的当前状况为基础预计资产的未来现金流量。企业资产在使用过程中有时会因为改良、重组等原因而发生变化。因此，在预计资产未来现金流量时，企业应当以资产的当前状况为基础，不应当包括与将来可能会发生的、尚未作出承诺的重组事项或者与资产改良有关的预计未来现金流量。其具体包括：

第一，企业已经承诺重组的，在确定资产的未来现金流量的现值时，预计的未来现金流入数和流出数应当反映重组所能节约的费用和由重组所能带来的其他利益，以及因重组所导致的估计未来现金流出数。其中重组所能节约的费用和由重组所带来的其他利益通常应当根据企业管理层批准的最近财务预算或者预测数据进行估计；因重组所导致的估计未来现金流出数应当根据《企业会计准则第13号——或有事项》所确认的因重组所发生的预计负债金额进行估计。

第二，企业在发生与资产改良（包括提高资产的营运绩效）有关的现金流出之前，预计的资产未来现金流量仍然应当以资产的当前状况为基础，不应当包括因与该现金流出相关的未来经济利益增加而导致的预计未来现金流入金额。

第三，企业未来发生的现金流出如果是为了维持资产正常运转或者资产正常产出水平而必要的支出或者属于资产维护支出，应当在预计资产未来现金流量时将其考虑在内。

(2) 预计资产的未来现金流量不应当包括筹资活动和所得税收付产生的现金流量。企业预计的资产未来现金流量不应当包括筹资活动产生的现金流入或者流出以及与所得税收付有关的现金流量。其原因：一是所筹集资金的货币时间价值已经通过折现因素予以考虑；二是折现率是以税前基础计算确定的，因此现金流量的预计也必须建立在税前基础之上，这样可以有效避免在资产未来现金流量现值的计算过程中可能出现的重复计算等问题，以保证现值计算的正确性。

(3) 对通货膨胀因素的考虑应当和折现率相一致。企业在预计资产未来现金流量和折现率时，考虑因一般通货膨胀而导致物价上涨的因素应当采用一致的基础。如果折现率考虑了因一般通货膨胀而导致物价上涨影响因素，资产预计未来现金流量也应予以考虑；反之，如果折现率没有考虑因一般通货膨胀而导致物价上涨影响因素，资产预计未来现金流量也应当剔除这一影响因素。总之，在考虑通货膨胀因素的问题上，资产未来现金流量的预计和折现率的预计应当保持一致。

(4) 内部转移价格应当予以调整。在一些企业集团里，出于集团整体战略发展的考虑，某些资产生产的产品或者其他产出可能是供其集团内部其他企业使用或者对外销售的，所确定的交易价格或者结算价格基于内部转移价格，而内部转移价格很可能与市场交易价格不同。在这种情况下，为了如实测算企业资产的价值，就不应当简单地以内部转移价格为基础预计资产未来现金流量，而应当采用在公平交易中企业管理层能够达到的最佳的未来价格估计数进行预计。

4. 预计资产未来现金流量的方法

预计资产未来现金流量通常应当根据资产未来每期最有可能产生的现金流量进行预测。这种方法通常称为传统法，它使用单一的未来每期预计现金流量和单一的折现率计算资产未来现金流量的现值。

【例8-1】 甲企业2012年12月购入一项固定资产，原始价值8 000 000元，预计使用年限为10年，预计净残值为零，采用年限平均法计提折旧，至2017年底未计提过减值准备。2017年末发现该固定资产存在减值迹象，表现为企业经营所处的经济、技术环境以及该固定资产所处的市场在当期已经发生较大变化，并预计将在未来期间发生重大变化，从而对企业产生不利影响，因此对该固定资产进行减值测试。企业预计未来5年里在正常的情况下，该固定资产每年可为企业产生的现金流量分别为1 200 000元、1 000 000元、800 000元、600 000元、400 000元。

解析：

因为该现金流量通常为最有可能产生的现金流量，所以，企业计算该固定资产未来现金流量的现值时，应以上述现金流量的预计数为基础计算确定。

在实务中，有时影响资产未来现金流量的因素较多，情况较为复杂，带有较大的不确定性。在这种情况下，如果使用单一的现金流量无法如实反映资产创造现金流量的实际情况，而采用期望现金流量法更为合理时，企业应当采用期望现金流量法预计资产未来现金流量。在期望现金流量法下，资产未来每期现金流量应当根据每期现金流量期望值进行预计。每期现金流量期望值按照各种可能情况下的现金流量与其发生的概率加权计算。

【例8-2】 沿用【例8-1】资料，假定该固定资产生产的产品受市场行情波动影响大，在产品行情好、一般、差三种可能情况下，其实现的现金流量有较大差异。该企业采用期望现金流量法预计资产未来现金流量。假设该固定资产预计未来5年的现金流量情况如表8-1所示。

表8-1　各年现金流量概率分布及发生情况　　　　单位：万元

年份	产品行情好（30%）	产品行情一般（60%）	产品行情差（10%）
2018	150	120	60
2019	140	100	40
2020	120	80	20
2021	100	60	0
2022	80	40	0

根据表8-1提供的情况，企业计算每年预计未来现金流量（期望现金流量）如下：
2018年的预计现金流量 = 150×30% + 120×60% + 60×10% = 123（万元）
2019年的预计现金流量 = 140×30% + 100×60% + 40×10% = 106（万元）
2020年的预计现金流量 = 120×30% + 80×60% + 20×10% = 86（万元）
2021年的预计现金流量 = 100×30% + 60×60% = 66（万元）
2022年的预计现金流量 = 80×30% + 40×60% = 48（万元）

企业在预计资产未来现金流量的现值时，如果资产未来现金流量的发生时间不确定，应当根据资产在每一种可能情况下的现值及其发生概率加权计算预计资产未来现金流量的现值。

（二）折现率的预计

计算资产未来现金流量现值时的折现率应当是反映当前市场货币时间价值和资产特定风险的税前利率。该折现率是企业在购置或者投资资产时所要求的必要报酬率。不过，如果在预计资产的未来现金流量时已经对资产特定风险的影响作了调整的，折现率的估计不需要考虑这些特定风险。如果用于估计折现率的基础是税后的，应当将其调整为税前的折现率，以便与资产未来现金流量的估计基础相一致。

企业在确定折现率时，应当首先以该资产的市场利率为依据。如果该资产的利率无法从市场获得的，可以使用替代利率估计。在估计替代利率时，企业应当充分考虑资产剩余使用寿命期间的货币时间价值和其他相关因素，比如，资产未来现金流量金额及其时间的预计离散程度、资产内在不确定性的定价等。如果资产预计未来现金流量已经对这些因素作了有关调整的，应当予以剔除。

在估计替代利率时，可以根据企业加权平均资金成本、增量借款利率或者其他相关市场借款利率作适当调整后确定。调整时应当考虑与资产预计现金流量有关的特定风险以及其他有关政治风险、货币风险和价格风险等。

企业在估计资产未来现金流量现值时，通常应使用单一的折现率。但是，如果资产未来现金流量的现值对未来不同期间的风险差异或者利率的期间结构反应敏感的，企业应当在未来各不同期间采用不同的折现率。

（三）资产未来现金流量现值的预计

在预计资产未来现金流量和折现率的基础上，企业可直接根据该资产的预计未来现金流量按照预计的折现率在预计期限内加以折现，即可确定资产未来现金流量的现值。其计算公式如下：

资产未来现金流量的现值（PV）＝ ∑ [第 t 年预计资产未来现金流量（NCF_t）÷（1＋折现率 R）^{t}]

【例 8－3】沿用【例 8－1】资料，假设甲企业当初购置该固定资产用的是银行长期借款资金，借款年利率为 10%。甲企业认为 10% 是该固定资产的最低必要报酬率，已考虑了与该固定资产有关的货币时间价值和特定风险。因此，在计算该固定资产未来现金流量的现值时，使用 10% 作为折现率（税前）。该固定资产未来现金流量现值的计算如表 8－2 所示。

表 8－2　　　　　预计未来现金流量现值的计算　　　　　单位：万元

年　份	预计未来现金流量	10% 的折现系数	预计未来现金流量的现值
2018	120	0.909	109.08
2019	100	0.826	82.6
2020	80	0.751	60.08
2021	60	0.683	40.98
2022	40	0.621	24.84
合计	400		317.58

经过以上计算，该固定资产未来现金流量的现值为 3 175 800 元。

(四) 外币未来现金流量及其现值的估计

企业使用资产所收到的未来现金流量有可能为外币,在这种情况下,企业应当按照下列顺序确定资产未来现金流量的现值:

首先,应当以该资产所产生的未来现金流量的结算货币为基础预计其未来现金流量,并按照该货币适用的折现率计算资产的现值。

其次,将该外币现值按照计算资产未来现金流量现值当日的即期汇率进行折算,从而折现成按照记账本位币表示的资产未来现金流量的现值。

最后,在该现值基础上比较资产公允价值减去处置费用后的净额以及资产的账面价值,以确定是否需要确认减值损失以及确认多少减值损失。

四、资产减值损失的确定

(一) 资产减值损失的确认与计量

经过对资产公允价值减去处置费用后的净额的估计,以及资产预计未来现金流量的现值的估计后,应按两者之中的较高者作为该资产可收回金额。

如果可收回金额的计量结果表明,资产的可收回金额低于其账面价值,企业应当将资产可收回金额低于账面价值的部分确认为资产减值损失。此时,企业应将资产的账面价值减记至其可收回金额,减记的金额确认为资产减值损失,计入当期损益,同时计提相应的资产减值准备。这样企业当期确认的资产减值损失反映在利润表中,计提的资产减值准备作为相关资产的备抵项目反映于资产负债表中,从而夯实企业资产价值,避免利润虚增,如实反映企业的财务状况和经营成果。

资产减值损失确认后,该资产的折旧、摊销应当在未来期间作相应调整,即应以计提减值准备后的账面价值为基础确认每期折旧和摊销,以使该资产在剩余使用寿命内,系统地分摊调整后的资产账面价值(扣除预计净残值)。

考虑到固定资产、无形资产、商誉等资产发生减值后,一方面价值回升的可能性比较小,通常属于永久性减值;另一方面从会计信息谨慎性要求考虑,为了避免确认资产重估增值和操纵利润,资产减值损失一经确认,在以后会计期间不得转回。以前期间计提的资产减值准备,只有在资产处置、出售、对外投资、以非货币性资产交换方式换出、在债务重组中抵偿债务等时,才可予以转出。

【例 8-4】沿用【例 8-1】和【例 8-2】资料,甲企业的该固定资产 2017 年末的账面价值为 4 000 000 元。假设经计算该固定资产如果出售,按公允价值减去处置费用后的净额为 3 600 000 元;如果持续使用,计算的预计未来现金流量的现值为 3 175 800 元,则该固定资产的可收回金额为 3 600 000 元。

固定资产减值损失 = 4 000 000 - 3 600 000 = 400 000(元)

如果估计的公允价值减去处置费用后的净额为 4 050 000 元,则因其超过了账面价值 4 000 000 元,表明该固定资产没有发生减值,可不再预计该固定资产未来现金流量的现值。

(二) 资产减值损失的会计处理

为了核算企业确认的资产减值损失和计提的资产减值准备,企业应当设置"资产减值损失"账户,按照资产类别进行明细核算,反映各类资产在当期确认的资产减值损失金额;同时,应当根据不同的资产类别,设置相应的"资产减值准备"账户,如"固定资产减值准备""在建工程减值准备""投资性房地产减值准备""无形资产减值准备""商誉减值准备""长期股权投资减值准备""生产性生物资产减值准备"等账户。"资产减值准备"账户备抵调整资产账面价值,其贷方登记计提的资产减值准备,借方登记处置时转销的资产已提减值准备,期末贷方余额反映企业已提取的资产减值准备。本账户应按单项资产进行明细分类核算。

企业发生资产减值损失时,应借记"资产减值损失"科目,贷记相应的"资产减值准备"科目。转销处置资产的已提减值准备时,借记相应的"资产减值准备"科目,贷记"固定资产清理"等相关科目。"资产减值损失"账户余额于期末转入"本年利润"账户,结转后,该科目无余额。

【例8-5】接【例8-4】,甲企业2017年末应对该固定资产计提减值准备400 000元。假定计提减值准备后不影响该固定资产预计使用年限和净残值。2017年甲企业计提减值准备和以后期间计提折旧编制的会计分录如下:

2017年末计提减值准备时:

借:资产减值损失　　　　　　　　　　　　　　　　400 000
　　贷:固定资产减值准备——××　　　　　　　　　　　　400 000

2018年1月计提折旧时:

借:制造费用　　　　　　　　　　　　　　　　　　60 000
　　贷:累计折旧　　　　　　　　　　　　　　　　　　　60 000

如果该企业2018年末对该固定资产进行检查,其可收回金额为2 900 000元,则2018年末可收回金额2 900 000元大于其账面价值2 880 000元,2018年不计提减值准备,也不对以前确认的减值损失作转回处理。

若2018年对该固定资产检查,其可收回金额为2 800 000元,则该企业2018年末应计提减值准备80 000元。

第三节

资产组的认定及减值处理

《企业会计准则第8号——资产减值》规定,如果有迹象表明一项资产可能发生减值的,企业应当以单项资产为基础估计其可收回金额。如果企业难以对单项资产的可收回金额进行估计的,应当以该资产所属的资产组为基础确定资产组的可收回金额。这说明对资产减值进行确认和计量过程中,有时或者经常需要以资产组为单位进行测试。因此资产组的认定十分重要。

一、资产组的认定

(一) 资产组的概念

资产组是企业可以认定的最小资产组合,其产生的现金流入应当基本上独立于其他资产或者资产组。资产组应当由创造现金流入的相关资产组成。

(二) 认定资产组应当考虑的因素

(1) 资产组的认定应当以资产组产生的主要现金流入是否独立于其他资产或者资产组的现金流入为依据。因此资产组能否独立产生现金流入是认定资产组的最关键因素。比如,企业的某一生产线、营业网点、业务部门等,如果能够独立于其他部门或单位等创造收入、产生现金流,或者其创造的收入和现金流入绝大部分独立于其他部门或单位,并且属于可认定的最小的资产组合的,通常应将该生产线、营业网点、业务部门等认定为一个资产组。

【例8-6】某矿业公司拥有一个煤矿,该煤矿建有一条与煤矿的生产和运输相配套的通往铁路运输网的专用铁路线。该专用铁路线除非报废出售,其在持续使用过程中难以脱离煤矿相关的其他资产而产生单独的现金流入。因此,企业难以对专用铁路线的可收回金额进行单独估计,专用铁路线和煤矿其他相关资产必须结合在一起,成为一个资产组,以估计该资产组的可收回金额。

在资产组的认定中,企业几项资产的组合生产的产品(或者其他产出)存在活跃市场的,无论这些产品或者其他产出是用于对外出售还是仅供企业内部使用,均表明这几项资产的组合能够独立创造现金流入,在符合其他相关条件的情况下,应当将这些资产的组合认定为资产组。

【例8-7】甲企业拥有A、B、C三个分厂,并分布于不同地区,它们共同生产一种产品。其中A生产产品组件,B、C进行产品组装并负责销售。B、C的组装依赖于A所生产组件的供应,B、C的销售依赖于企业总部所分配的销售份额。关于资产组的分析如下:

A生产的组件存在活跃市场的分析:

若A生产的产品(即组件)存在活跃市场,A很可能是一个单独的资产组。原因是A生产的产品尽管主要用于B和C,但是由于该产品存在活跃市场,可以带来独立的现金流量,因此通常应当认定为一个单独的资产组。在确定未来现金流量的现值时,企业应当调整其财务预算或预测,将未来现金流量的预计建立在公平交易的前提下A生产产品的未来价格最佳估计数,而不是其内部转移价格。

对于B和C而言,即使B和C组装的最终产品存在活跃市场,但因B和C的现金流入依赖于企业总部所规定的销售份额,B和C的未来现金流入不可能单独确定。而B和C只有组合在一起,才可能成为产生基本上独立于其他资产的现金流入的最小的资产组合。因而B和C应当认定为一个资产组。在确定资产组未来现金流量的现值时,企业也应当调整其财务预算或预测,将未来现金流量的预计建立在公平交易的前提下从A所购入产品的未来价格最佳估计数,而不是其内部转移价格。

A生产的组件不存在活跃市场的分析:

若 A 生产的产品（即组件）不存在活跃市场，A 的现金流入依赖于 B 或者 C 生产的最终产品的销售，因此，A 很可能难以单独产生现金流入，其可收回金额很可能难以单独估计。

而对于 B 和 C 而言，其组装的最终产品即使存在活跃市场，但因 B 和 C 的现金流入依赖于企业总部所规定的销售份额，B 和 C 在产能和销售上的管理是统一的，因此 B 和 C 也难以单独产生现金流量，因而也难以单独估计其可收回金额。

结论：

A 生产的组件不存在活跃市场的情况下，A、B、C 均不可能成为单独的资产组。A、B、C 组合在一起才很可能是一个可以认定的、能够基本上独立产生现金流入的最小的资产组合，从而应将 A、B、C 的组合认定为一个资产组。

（2）资产组的认定应当考虑企业管理层管理生产经营活动的方式（如是按照生产线、业务种类，还是按照地区或者区域等）和对资产的持续使用或者处置的决策方式等。比如，企业各生产线都是独立生产、管理和监控的，那么各生产线很可能应当认定为单独的资产组；如果某些机器设备是相互关联、相互依存的，其使用和处置是一体化决策的，那么，这些机器设备很可能应当认定为一个资产组。

【例 8-8】某企业生产某知名运动品牌的服装、鞋帽和器械三种产品。每种产品设一个工厂，每个工厂在生产、销售、核算和管理等方面都相对独立。在这种情况下，每个工厂通常应当认定为单独的一个资产组。

【例 8-9】某企业是一家专门生产 L 专利品牌运动鞋的企业，拥有 A、B 两个生产车间，两车间在生产过程中共同运用 L 专利。A 车间主要生产运动鞋底和鞋帮等部件；A 车间生产的部件由 B 车间负责最后制作为成品鞋并销售；A 车间生产的该部件不向社会销售，没有活跃市场。因 A、B 两个车间相互关联、相互依存，企业对 A、B 两个车间资产的使用和处置等是一体化决策的，因此 A 车间和 B 车间通常应当认定为一个资产组。

（三）资产组认定后不得随意变更

资产组一经确定，各个会计期间应当保持一致，不得随意变更。即资产组的各项资产构成通常不能随意变更。如甲设备在 2017 年归属于 A 资产组，在无特殊情况下，该设备在 2018 年仍然应当归属于 A 资产组，而不能随意将其变更至其他资产组。但是，如果由于企业重组、变更资产用途等原因导致资产组构成确需变更的，企业可以进行变更。但企业管理层应当证明该变更是合理的，并按规定在报表附注中作相应说明。

二、资产组减值测试

资产组减值测试的原理与单项资产是一致的，即企业需要预计资产组的可收回金额和计算资产组的账面价值，并将两者进行比较，如果资产组的可收回金额低于其账面价值，表明资产组发生了减值损失，应当予以确认。

（一）资产组账面价值和可收回金额的确定

资产组账面价值的确定基础应当与其可收回金额的确定方式相一致。如果资产组账面价值与其可收回金额在不同的基础上进行估计和比较，就难以正确估计资产组的减值损失。

资产组的账面价值包括可直接归属于资产组并可以合理和一致地分摊至资产组的资产

账面价值,通常不应当包括已确认负债的账面价值,但如不考虑该负债金额就无法确定资产组可收回金额的除外。这是因为在预计资产组的可收回金额时,既不包括与该资产组的资产无关的现金流量,也不包括与已在财务报表中确认的负债有关的现金流量。因此,为了与资产组可收回金额的确定基础相一致,资产组的账面价值也不应当包括这些项目。例如,【例8-9】中资产组的账面价值应当包括A车间和B车间的厂房、设备,以及生产过程中所应用的L专利等资产的账面价值。

资产组在处置时如要求购买者承担一项负债(如环境恢复负债等),该负债金额已经确认并计入相关资产账面价值,而且企业只能取得包括上述资产和负债在内的单一公允价值减去处置费用后的净额的,为了比较资产组的账面价值和可收回金额,在确定资产组的账面价值及其预计未来现金流量的现值时,应当将已确认的负债金额从中扣除。

资产组的可收回金额应当按照该资产组的公允价值减去处置费用后的净额与其预计未来现金流量的现值两者之间较高者确定。

【例8-10】某公司经批准在某山区进行铜矿开采。根据规定,公司在铜矿完成开采后应当恢复该地区山体表层植被原貌。为此,企业在山体表层植被挖走后,确认一项3 000 000元的预计负债,并计入矿山成本。

2017年12月31日,随着开采进展,公司发现矿山中的铜矿储量远低于预期,公司对该矿山进行了减值测试。考虑到矿山的现金流量状况,整座矿山被认定为一个资产组。该资产组在2017年末的账面价值为7 000 000元(包括确认的恢复山体原貌的预计负债)。

假设在减值测试中计算确定,矿山(资产组)如果2017年末出售,买方愿意出价4 920 000元(已考虑恢复山体原貌成本,即已经扣除这一成本因素),预计处置费用为120 000元。则该资产组的公允价值减去处置费用后的净额为4 800 000元。

如果继续持有和经营该矿山,预计其未来现金流量的现值为7 200 000元(未包括山体恢复费用)。如果考虑山体恢复费用因素的预计负债,矿山未来现金流量的现值为4 200 000元。

解析:

资产组公允价值减去处置费用后的净额为4 800 000元(该金额已经考虑了恢复费用),未来现金流量的现值在考虑了恢复费用后的金额为4 200 000元,则该资产组的可收回金额为4 800 000元。

资产组账面价值的确定基础应当与其可收回金额的确定方式相一致。上述该资产组的可收回金额已经考虑了恢复费用,所以应计算资产组考虑恢复费用的账面价值。资产组的账面价值在扣除了已确认的恢复山体原貌的预计负债3 000 000元后的金额为4 000 000元。

结论:

资产组的可收回金额4 800 000元大于其账面价值4 000 000元,资产组没有发生减值,不必确认减值损失。

(二)资产组减值的会计处理

根据减值测试的结果,如果资产组的可收回金额低于其账面价值,则企业应当首先确定资产组的减值损失。资产组减值损失金额应当按照以下顺序进行分摊:

首先,抵减分摊至资产组中的商誉的账面价值。

其次，根据资产组中除商誉之外的其他各项资产的账面价值所占比重，按比例抵减其他各项资产的账面价值。

最后，按各单项资产的减值损失抵减其账面价值，并计入当期损益。抵减后的各资产的账面价值不得低于以下三者之中最高者：该资产的公允价值减去处置费用后的净额（如可确定）、该资产预计未来现金流量的现值（如可确定）和零。因此而导致的未能分摊的减值损失金额，应当按照相关资产组中其他各项资产的账面价值所占比重进行分摊。

【例 8-11】W 公司有一条甲生产线，生产光学器材，由 A、B、C 三部机器构成，初始成本分别为 800 000 元、1 200 000 元和 2 000 000 元。预计使用年限为 10 年，预计净残值为零，以年限平均法计提折旧。A、B、C 三部机器均无法单独产生现金流量，但整条生产线构成完整的产销单位，属于一个资产组。

2017 年该生产线所生产光学产品有替代产品上市，到年底导致公司光学产品销路锐减 40%，因此公司于年末对该条生产线进行减值测试。2017 年末 A 机器的公允价值减去处置费用后的净额为 300 000 元，B、C 机器都无法合理估计其公允价值减去处置费用后的净额以及未来现金流量的现值。

至 2017 年末整条生产线已使用 5 年，预计尚可使用 5 年。

计算该资产组的账面价值、可收回金额及各项资产的减值损失如下：

(1) 2017 年 12 月 31 日资产组账面价值。

资产组账面价值 = 40 + 60 + 100 = 200（万元）

(2) 估计资产组可收回金额。假设经估计生产线未来 5 年现金流量及其恰当的折现率后，计算该生产线未来现金流量的现值为 1 200 000 元，公司无法合理估计其公允价值减去处置费用后的净额，则以预计未来现金流量的现值作为其可收回金额。即资产组可收回金额为 1 200 000 元。

(3) 比较资产组的账面价值与其可收回金额，并确认相应的减值损失，具体计算如表 8-3 所示。

表 8-3　　　　　　　　　　资产组减值损失分摊表　　　　　　　　　　单位：元

项　　目	机器 A	机器 B	机器 C	整条生产线（资产组）
账面价值	400 000	600 000	1 000 000	2 000 000
可收回金额				1 200 000
减值损失				800 000
减值损失分摊比例	20%	30%	50%	
分摊减值损失	100 000*	240 000	400 000	740 000
分摊后账面价值	300 000	360 000	600 000	
尚未分摊的减值损失				60 000
二次分摊比例		37.50%	62.50%	
二次分摊减值损失		22 500	37 500	60 000
二次分摊后应确认减值损失总额		262 500	437 500	
二次分摊后账面价值		337 500	562 500	

注：*按照分摊比例，A 机器应分摊减值损失 16 万元（80×20%），但由于 A 机器的公允价值减去处置费用后的净额为 30 万元。因此 A 机器最多只能确认损失 10 万元，未能分摊的减值损失 6 万元（16-10）应当在 B 机器和 C 机器之间进行再分摊。

2017年12月31日，W公司编制的会计分录如下：

借：资产减值损失——机器A　　　　　　　　　　　　　　　100 000
　　　　　　　　——机器B　　　　　　　　　　　　　　　262 500
　　　　　　　　——机器C　　　　　　　　　　　　　　　437 500
　　贷：固定资产减值准备——机器A　　　　　　　　　　　100 000
　　　　　　　　　　　　——机器B　　　　　　　　　　　262 500
　　　　　　　　　　　　——机器C　　　　　　　　　　　437 500

三、总部资产减值测试

企业总部资产包括企业集团或其事业部的办公楼、电子数据处理设备、研发中心等资产。企业总部资产的显著特征是难以脱离其他资产或者资产组产生独立的现金流入，而且其账面价值难以完全归属于某一资产组。因此总部资产通常难以单独进行减值测试，需要结合其他相关资产组或者资产组组合进行。

资产组组合是指由若干个资产组组成的最小资产组组合，包括资产组或者资产组组合，以及按合理方法分摊的总部资产部分。

在资产负债表日，如果有迹象表明某项总部资产可能发生减值的，企业应当计算确定该总部资产所归属的资产组或者资产组组合的可收回金额，然后将其与相应的账面价值相比较，据以判断是否需要确认减值损失。

企业对某一资产组进行减值测试，应当先认定所有与该资产组相关的总部资产，再根据相关总部资产能否按照合理和一致的基础分摊至该资产组分别下列情况处理：

（1）对于相关总部资产能够按照合理和一致的基础分摊至该资产组的部分，应当将该部分总部资产的账面价值分摊至该资产组，再据以比较该资产组的账面价值（包括已分摊的总部资产的账面价值部分）和可收回金额，并按照前述有关资产组减值测试的顺序和方法处理。

（2）对于相关总部资产中有部分资产难以按照合理和一致的基础分摊至该资产组的，应当按照下列步骤处理：

首先，在不考虑相关总部资产的情况下，估计和比较资产组的账面价值和可收回金额，并按照前述有关资产组减值测试的顺序和方法处理。

其次，认定由若干个资产组组成的最小的资产组组合，该资产组组合应当包括所测试的资产组与可以按照合理和一致的基础将该部分总部资产的账面价值分摊其上的部分。

最后，比较所认定的资产组组合的账面价值（包括已分摊的总部资产的账面价值部分）和可收回金额，并按照前述有关资产组减值测试的顺序和方法处理。

【例8-12】 甲公司系高科技企业，拥有A、B、C三个资产组（生产线），公司的经营管理活动由总部负责。由于甲公司的竞争对手通过技术创新推出了更高技术含量的产品，并且受到市场欢迎，从而对甲公司产品产生了重大不利影响，为此，甲公司于2017年末对各资产组进行了减值测试。2017年末，A、B、C资产组的账面价值分别为100万元、150万元和200万元，没有商誉。其预计剩余使用寿命分别为10年、20年和20年，采用年限平均法计提折旧。

甲公司的总部资产包括一栋办公大楼和一个研发中心。2017年末，办公大楼的账面价值为150万元，公司认为办公大楼的账面价值可以在合理和一致的基础上分摊至各资产组，按照各资产组的账面价值和剩余使用寿命加权平均计算的账面价值分摊比例进行分摊；研发中心的账面价值为50万元，公司认为研发中心的账面价值难以在合理和一致的基础上分摊至各相关资产组，因此，确定将其计入由A、B、C资产组以及总部资产构成的资产组组合（即整个甲公司）进行减值测试。

假定各资产组和资产组组合的公允价值减去处置费用后的净额难以确定，企业根据它们的预计未来现金流量的现值来计算其可收回金额，计算现值所用的折现率为15%，计算过程如表8-4所示。

表8-4 单位：万元

年份	资产组A		资产组B		资产组C		包括研发中心在内的最小资产组组合（甲公司）	
	未来现金流量	现值	未来现金流量	现值	未来现金流量	现值	未来现金流量	现值
1	18	16	9	8	10	9	39	34
2	31	23	16	12	20	15	72	54
3	37	24	24	16	34	22	105	69
4	42	24	29	17	44	25	128	73
5	47	24	32	16	51	25	143	71
6	52	22	33	14	56	24	155	67
7	55	21	34	13	60	22	162	61
8	55	18	35	11	63	21	166	54
9	53	15	35	10	65	18	167	48
10	48	12	35	9	66	16	169	42
11			36	8	66	14	132	28
12			35	7	66	12	131	25
13			35	6	66	11	131	21
14			32	5	65	9	128	18
15			30	4	62	8	122	15
16			26	3	60	6	115	12
17			22	2	57	5	108	10
18			18	1	51	4	97	8
19			14	1	42.5	3	85	6
20			10	1	35	2	71	4
现值合计		199		164		271		720

在对资产组进行减值测试时，首先应当认定与其相关的总部资产。本例中，将办公大

楼的账面价值按比例分摊于三个资产组。随后，公司应当确定各资产组的可收回金额，并将其与账面价值（包括已分摊的办公大楼的账面价值部分）相比较，以确定相应的资产减值损失。由于研发中心的账面价值难以按照合理和一致的基础分摊至资产组，所以，确定由 A、B、C 三个资产组和总部资产组成最小资产组组合（即整个甲公司），计算该资产组组合的可收回金额，并将其与账面价值（包括已分摊的办公大楼账面价值和研发中心的账面价值）相比较，以确定相应的减值损失。具体计算过程如表 8-5 所示。

表 8-5   单位：万元

项 目	资产组 A	资产组 B	资产组 C	合 计	办公大楼	研发中心	总 计
分摊前资产组账面价值	100	150	200	450	150	50	650
各资产组剩余使用寿命	10	20	20				
按使用寿命计算的权重	1	2	2				
加权计算后的账面价值	100	300	400	800			
办公大楼分摊比例	12.5%	37.5%	50%	100%			
办公大楼分摊到各资产组的金额	18.75	56.25	75	150			
分摊后资产组账面价值	118.75	206.25	275	600			
资产组可收回金额	199	164	271				
分摊后资产组减值损失	0	42.25	4				46.25
归属于办公大楼的减值损失	0	11.52	1.09		12.61		
归属于分摊前资产组的减值损失	0	30.73	2.91	33.64			
减值后各资产（组）的账面价值	100	119.27	197.09	416.36	137.39	50	603.75

根据上述计算可知，资产组 A、B、C 的可收回金额分别为 199 万元、164 万元和 271 万元，相应的账面价值（包括分摊的办公大楼账面价值）分别为 118.75 万元、206.25 万元和 275 万元，故资产组 A 未发生减值，资产组 B 和 C 应分别确认 42.25 万元和 4 万元减值损失，并将该减值损失在办公大楼和资产组之间进行分摊。根据分摊结果，因资产组 B 发生减值损失 42.25 万元，从而导致办公大楼减值 11.52 万元（42.25×56.25/206.25），导致资产组 B 中所包括资产发生减值 30.73 万元（42.25×150/206.25）；因资产组 C 发生减值损失 4 万元，从而导致办公大楼减值 1.09 万元（4×75/275），导致资产组 C 中所包括资产发生减值 2.91 万元（4×200/275）。

经过上述减值测试后，资产组 A、B、C 和办公大楼的账面价值分别为 100 万元、119.27 万元、197.09 万元和 137.39 万元，研发中心的账面价值仍为 50 万元，由此包括研发中心在内的最小资产组组合（即甲公司）的账面价值总额为 603.75 万元，但其可收回金额为 720 万元，高于其账面价值，因此，企业不必再进一步确认减值损失。

对于上述资产组所确定的减值损失，还应进一步按照资产组所包括的各单项资产确定资产减值损失，并计入当期损益。本例从略。

第四节 商誉减值的处理

一、商誉减值测试的基本要求

商誉是非同一控制下的企业合并中,企业合并成本大于取得的被购买方可辨认净资产公允价值的差额。它代表的是合并中取得的由于不符合确认条件未予确认的资产以及被购买方有关资产产生的协同效应或合并盈利能力。按照企业会计准则要求,在非同一控制下的企业合并中,购买方对合并成本大于取得的被购买方可辨认净资产公允价值的差额,应当确认为商誉;初始确认后的商誉,应当以其成本扣除累计减值准备后的金额计量。企业应对商誉进行减值测试。

企业合并形成的商誉,是企业的一种特殊资产,企业至少应当在每年年度终了对其进行减值测试。由于商誉难以独立产生现金流量,因此商誉应当结合与其相关的资产组或者资产组组合进行减值测试。这些资产组或者资产组组合应当是能够从企业合并的协同效应中受益的资产组或者资产组组合,但不应当大于按照《企业会计准则第 35 号——分部报告》和《企业会计准则解释第 3 号》所确定的报告分部。

企业进行资产减值测试时,对于因企业合并形成的商誉的账面价值,应当自购买日起按照合理的方法分摊至相关的资产组;难以分摊至相关的资产组的,应当将其分摊至相关的资产组组合。

企业因重组等原因改变了其报告结构,从而影响到已分摊商誉的一个或者若干个资产组或者资产组组合构成的,应当按照合理的方法,将商誉重新分摊至受影响的资产组或者资产组组合。

二、商誉减值测试的方法与会计处理

企业在对包含商誉的相关资产组或者资产组组合进行减值测试时,如与商誉相关资产组或者资产组组合存在减值迹象的,首先,应当对不包含商誉的资产组或者资产组组合进行减值测试,计算可收回金额,并与相关账面价值相比较,确认相应的减值损失。其次,再对包含商誉的资产组或者资产组组合进行减值测试,比较这些相关资产组或者资产组组合的账面价值(包括所分摊的商誉的账面价值部分)与其可收回金额,如相关资产组或者资产组组合的可收回金额低于其账面价值的,应当就其差额确认相应的减值损失。减值损失金额应当首先抵减分摊至资产组或者资产组组合中商誉的账面价值。最后,再根据资产组或者资产组组合中除商誉之外的其他各项资产的账面价值所占比重,按比例抵减其他各项资产的账面价值。

与资产减值测试的处理一样,以上资产账面价值的抵减也应当作为各单项资产(包括商誉)的减值损失处理,计入当期损益。抵减后的各资产的账面价值不得低于以下三

者之中最高者：该资产的公允价值减去处置费用后的净额（如可确定的）、该资产预计未来现金流量的现值（如可确定的）和零。因此而导致的未能分摊的减值损失金额，应当按照相关资产组或者资产组组合中其他各项资产的账面价值所占比重进行分摊。

按企业合并准则的规定，企业合并所形成的商誉是母公司根据其在子公司所拥有的权益而确认的商誉，子公司中归属于少数股东的商誉并没有在合并财务报表中予以确认。因此，在对与商誉相关资产组或者资产组组合进行减值测试时，由于其可收回金额的预计包括归属于少数股东的商誉价值部分，因此为了使减值测试建立在一致的基础上，企业应当调整资产组的账面价值，将归属于少数股东权益的商誉包括在内，然后比较调整后的资产组账面价值与其可收回金额，以确定资产组（包括商誉）是否发生了减值。

上述资产组如发生减值的，应当首先抵减商誉的账面价值，但由于上述方法计算的商誉减值损失包括了应由少数股东权益承担的部分，而少数股东权益拥有的商誉价值及其减值损失都不在合并财务报表中反映，合并财务报表只反映归属于母公司的商誉减值损失，因此应当将商誉减值损失在可归属于母公司和少数股东权益部分之间按比例进行分摊，以确认归属于母公司的商誉减值损失。

【例8-13】甲企业2017年1月1日以8 000 000元的价格收购了乙企业80%的股权。在购买日乙企业的可辨认资产的公允价值为7 500 000元，没有负债和或有负债。因此甲企业在购买日编制的合并资产负债表中确认商誉2 000 000元（8 000 000 - 7 500 000 × 80%）、乙企业可辨认净资产7 500 000元和少数股东权益1 500 000元（7 500 000 × 20%）。

假定乙企业的所有资产被认定为一个资产组。由于该资产组包括商誉，因此至少应当于每年年度终了进行减值测试。

2018年末甲企业确定该资产组的可收回金额为5 000 000元，可辨认净资产的账面价值为6 750 000元。由于乙企业作为一个单独的资产组的可收回金额5 000 000元中包括归属于少数股东权益在商誉价值中享有的部分。因此出于减值测试的目的，在与资产组的可收回金额进行比较之前，必须对资产组的账面价值进行调整，使其包括归属于少数股东权益的商誉价值500 000元 [（8 000 000 ÷ 80% - 7 500 000）× 20%]。然后再据以比较该资产组的账面价值和可收回金额，确定是否发生了减值损失。

其测试过程如表8-6所示。

表8-6　　　　　　　　　　商誉减值测试过程表　　　　　　　　　　　　单位：万元

2017年末	商誉	可辨认资产	合计
账面价值	200	675	875
未确认归属于少数股东权益的商誉价值	50	—	50
调整后账面价值	250	675	925
可收回金额			500
减值损失			425

上述计算结果表明，资产组发生了减值损失4 250 000元，应当首先冲减商誉的账面

价值,然后再将剩余部分分摊至资产组中的其他资产。4 250 000 元的减值损失中有 2 500 000 元应当属于商誉减值损失。不过由于在合并报表中确认的商誉仅限于甲企业持有乙企业 80% 股权部分,因此甲企业只需要在合并报表中确认归属于甲企业的商誉减值损失 2 000 000 元。资产组减值损失中剩余的 1 750 000 元(4 250 000 - 2 500 000)应当冲减乙企业可辨认资产的账面价值,作为乙企业可辨认资产的减值损失。减值损失的分摊过程如表 8-7 所示。

表 8-7 商誉减值分摊表 单位:万元

2017 年末	商誉	可辨认资产	合计
账面价值	200	675	875
确认的减值损失	-200	-175	-375
确认减值损失后的账面价值	—	500	500

关键词

资产减值 资产减值损失 可收回金额 资产组 资产组组合

复习思考题

1. 资产减值的迹象有哪些?
2. 资产可收回金额如何计量?
3. 资产减值损失如何确认与计量?
4. 什么是资产组?资产组减值如何进行会计处理?
5. 总部资产如何进行减值测试?
6. 商誉减值如何进行会计处理?

第九章 负债

第一节 流动负债

一、短期借款

(一) 短期借款的内容

短期借款是企业为了保证维持正常生产经营所需的经营资金,或为了抵偿某项债务而向银行或其他金融机构等借入的,期限在一年以内(含一年)的各种借款。企业借入的款项,无论用途是什么,只要期限在一年以内,都属于短期借款。企业的各种短期借款是根据银行和金融机构的信贷政策和企业经营活动的需求形成的,如生产周转借款、临时借款等。短期借款可按借款种类、贷款人及币种进行明细核算。

(二) 短期借款的会计处理

短期借款的会计处理包括三个方面的内容:即取得借款、借款利息的计提和归还借款。为了核算短期借款的取得和归还,企业应设置"短期借款"账户,该账户贷方登记取得的借款,借方登记归还的借款,期末余额在贷方表示尚未归还的借款。短期借款计提或实际支付利息时通过"财务费用"和"应付利息"账户核算。

1. 短期借款的取得

企业取得短期借款时,先转入存款账户,待使用时再从中支付。但若用短期借款直接归还应付账款或应付票据时,则不需转入存款账户。

【例 9-1】A 公司 2017 年 6 月 1 日从银行取得偿还期为 6 个月的借款 50 000 元,年利率为 6%,其中:40 000 元用于归还到期的应付票据款,属于临时借款,其余 10 000 元属于生产周转借款。A 公司编制的会计分录如下:

借:应付票据　　　　　　　　　　　　　　　　　　　　　40 000
　　银行存款　　　　　　　　　　　　　　　　　　　　　10 000
　贷:短期借款——临时借款　　　　　　　　　　　　　　　40 000

——生产周转借款　　　　　　　　　　　　　　　　　10 000

2. 短期借款的利息费用

短期借款的利息作为企业筹资费用，应当计入当期损益。但由于短期借款利息的结算情况不尽相同，应分别采用不同的会计处理方法：

（1）如果短期借款的利息按月支付，或到期连同本金一起支付但利息数额不大，则作为财务费用直接计入当期损益。

【例9－2】 沿用【例9－1】资料，若A公司取得的临时借款是按月支付利息，生产周转借款是到期连同本金一起支付利息。

①每月支付临时借款利息时，A公司编制的会计分录如下：

借：财务费用　　　　　　　　　　　　　　　　　　　　200
　　贷：银行存款　　　　　　　　　　　　　　　　　　　　　200

②到期连同本金一起支付生产周转借款利息时，A公司编制的会计分录如下：

借：财务费用　　　　　　　　　　　　　　　　　　　　300
　　短期借款——生产周转借款　　　　　　　　　　　　10 000
　　贷：银行存款　　　　　　　　　　　　　　　　　　　10 300

（2）如果短期借款的利息按期（季、半年）支付，或到期连同本金一起支付但利息数额较大，则应按月计提并计入当期损益。企业实际支付的短期借款利息与计提利息的差额计入当期损益。

【例9－3】 接【例9－1】，若A公司取得的临时借款为400 000元，但利息按季支付。生产周转借款100 000元，利息随同本金到期一并支付。

①每月预提临时借款利息时，A公司编制的会计分录如下：

借：财务费用　　　　　　　　　　　　　　　　　　　2 000
　　贷：应付利息　　　　　　　　　　　　　　　　　　　　2 000

②按季支付临时借款利息时，A公司编制的会计分录如下：

借：应付利息　　　　　　　　　　　　　　　　　　　6 000
　　贷：银行存款　　　　　　　　　　　　　　　　　　　　6 000

③每月预提生产周转借款利息时，A公司编制的会计分录如下：

借：财务费用　　　　　　　　　　　　　　　　　　　　500
　　贷：应付利息　　　　　　　　　　　　　　　　　　　　500

④到期连同本金一起支付生产周转借款利息时，A公司编制的会计分录如下：

借：应付利息　　　　　　　　　　　　　　　　　　　3 000
　　短期借款——生产周转借款　　　　　　　　　　　100 000
　　贷：银行存款　　　　　　　　　　　　　　　　　　103 000

3. 短期借款的归还

企业在短期借款到期归还本金时，应借记"短期借款"科目，贷记"银行存款"科目。

【例9－4】 沿用【例9－1】资料，若A公司的短期借款50 000元已到期，利息已全部支付。A公司编制的会计分录如下：

借：短期借款——临时借款　　　　　　　　　　　　　　　　40 000
　　　　　　——生产周转借款　　　　　　　　　　　　　　10 000
　　贷：银行存款　　　　　　　　　　　　　　　　　　　　　　50 000

二、应付账款

（一）应付账款的确认与计价

1. 应付账款及其确认

应付账款是指企业因购买材料、商品或接受劳务等经营性活动应支付的款项。应付账款入账时间的确定从原则上讲应以与所购货物所有权有关的风险和报酬已经转移或劳务已经接受为标志。但是，由于应付账款的偿付期限较短，为简化核算工作，在实际工作中应区别情况处理。在货物和发票账单同时到达的情况下，应付账款一般待货物验收入库后才按发票账单登记入账，这主要是为了确认所购入的货物是否在质量、数量和品种上都与合同上订明的条件相符，以免因先入账而在验收入库时发现购入货物错、漏、破损等问题再行调账。在货物与发票账单不是同时到达的情况下，应分别采用以下不同的方法进行处理：

（1）在发票账单先到货物后到情况下，一般是等货物到达验收入库后才根据发票金额登记应付账款。

（2）在货物先到发票账单后到情况下，采用月内等待发票账单到达入账，月终发票账单未到先估价入账，待下月初用相反的分录予以冲回，直到发票账单到达入账的方法。

2. 应付账款的计价

应付账款一般是按照未来应付的金额入账，而不是按照应付金额的现值入账。如果供货方代垫运杂费，且需向供货方支付增值税，则运杂费和增值税均应计入应付账款之中。应付账款不再单独计算利息，业务发生时的金额即为未来应付的金额，延期付款的利息已经隐含在业务发生时的金额之内。

企业在购货时如果享有一定的现金折扣，可选择总价法、净价法和混合法三种方法进行会计处理。总价法是指应付账款按扣除现金折扣之前的发票金额入账，如果在折扣期内付款而享受现金折扣，则视为一种理财收益，冲减企业的财务费用。净价法是指应付账款按扣除现金折扣之后的发票金额入账，如果超过折扣期付款而丧失现金折扣，则视为一种理财费用，增加企业的财务费用。混合法是指应付账款按扣除现金折扣前的发票金额入账，货物采购按扣除现金折扣后的发票金额入账，两者的差额计入设置的"备抵购货折扣"账户。如果在折扣期内付款，应冲销"备抵购货折扣"账户，如果超过折扣期付款，则将未享受的折扣款转作财务费用。"备抵购货折扣"账户是"应付账款"账户的备抵账户，在资产负债表上作为"应付账款"项目的减项处理。

上述三种处理现金折扣的方法各有特点，我国目前会计实务中一般采用总价法。

（二）应付账款的会计处理

为了反映和监督应付账款的发生、归还和结欠情况，企业应设置"应付账款"账户。"应付账款"的明细账户应按供货和提供劳务单位或个人名称设置。

【例9-5】B公司2017年5月1日向D公司购入一批原材料，发票中注明的买价为

100 000 元，增值税为 16 000 元，共计 116 000 元。原材料已全部验收入库，但货款未付。D 公司的付款条件为 "2/10、N/30"。假设现金折扣不考虑增值税，B 公司采用总价法进行会计处理。B 公司编制的会计分录如下：

① 5 月 1 日购入原材料时：

借：原材料 100 000
　　应交税费——应交增值税（进项税额） 16 000
　　贷：应付账款——D 公司 116 000

② 5 月 8 日支付货款时：

借：应付账款——D 公司 116 000
　　贷：银行存款 114 000
　　　　财务费用 2 000

③ 5 月 20 日支付货款时：

借：应付账款——D 公司 116 000
　　贷：银行存款 116 000

由于债权单位撤销或其他原因，企业无法或无需支付的应付账款计入营业外收入。

三、应付票据

（一）应付票据及其内容

应付票据是由出票人出票，委托付款人在指定日期无条件支付特定的金额给收款人或者持票人的票据。与应付账款相比，应付票据具有两个特点：一是其偿付金额和日期都相当明确；二是带息票据通常要在期末登记其利息费用。

应付票据分为带息票据和不带息票据两种。在实际工作中，应付票据按其票面价值入账。但如果应付票据是带息的，则应在中期和年末，对尚未支付的应付票据计提利息，计入当期财务费用。

（二）应付票据的会计处理

为了反映和监督应付票据的发生、偿还和结欠情况，企业应设置"应付票据"账户。应付票据的明细账户应按票据种类和收款人名称设置。为了具体反映和监督应付票据的承兑和兑付情况，应设置"应付票据备查簿"，详细记录每一应付票据的种类、号数、付款日期和金额以及注销等情况。

1. 带息票据

带息票据是指在票据到期日付款人按票面金额加计利息支付的票据。这种票据的到期值等于面值加利息。企业出具带息票据应按票据面值计入"应付票据"账户，期末计提利息时应计入当期"财务费用"账户和"应付票据"账户。票据到期支付票款时，尚未计提的利息部分直接计入"财务费用"账户。

对于到期不能支付的商业承兑汇票，且在票据到期时并未签发新的票据，应将"应付票据"账面余额及未付利息转入"应付账款"账户。对于到期无力支付的银行承兑汇票，应将"应付票据"的账面余额及未付利息转入"短期借款"账户，并按规定支付逾期贷款利息。

【例9-6】C公司2017年10月31日购入一批材料，价值20 000元，假定增值税税率16%，当即出具一张面值23 200元、期限为4个月、年利率为9%的带息商业承兑汇票。该企业由于票据到期时无力付款，故于第2年3月31日将到期值连同1‰的罚款以银行存款一并归还。C公司编制的会计分录如下：

①2017年10月31日购入材料时：

借：原材料　　　　　　　　　　　　　　　　　　　　20 000
　　应交税费——应交增值税（进项税额）　　　　　　 3 200
　　贷：应付票据　　　　　　　　　　　　　　　　　　　　　23 200

②2017年12月31日计提本年度应付利息时：

借：财务费用　　　　　　　　　　　　　　　　　　　　　348
　　贷：应付利息　　　　　　　　　　　　　　　　　　　　　　348

③2018年2月28日票据到期无力支付时：

借：应付票据　　　　　　　　　　　　　　　　　　　23 200
　　财务费用　　　　　　　　　　　　　　　　　　　　　348
　　应付利息　　　　　　　　　　　　　　　　　　　　　348
　　贷：应付账款　　　　　　　　　　　　　　　　　　　　　23 896

④2018年3月31日支付票据款时：

借：应付账款　　　　　　　　　　　　　　　　　　　23 896
　　营业外支出　　　　　　　　　716（23 896×1‰×30）
　　贷：银行存款　　　　　　　　　　　　　　　　　　　　　24 612

2. 不带息票据

不带息票据是指在票据到期日按票面金额支付不计利息的票据。严格地说，并无所谓不带息票据。不带息票据有两种情况：一种是票据面值所记载的金额不含利息；另一种是面值中已包含了部分的应计利息。前一种情况可按票据的面值记账，后一种情况则有两种处理方法：一是对面值中所包含利息部分不单独核算，将其视为不含利息的应付票据，按面值记账；二是按一定的利率计算票据面值中所含的利息，将其从购入资产的成本中扣除后记账。由于应付票据期限较短，会计实务中一般采用第一种方法进行核算。

【例9-7】D公司2018年6月1日购入一批价款400 000元，增值税税率为16%的材料，当即开出一张面值为464 000元、期限为6个月的无息银行承兑汇票。向银行申请承兑时支付手续费为2‰。企业在票据到期时，存款账户只有200 000元，余款在1个月后连同5‰的罚款一并支付。D公司编制的会计分录如下：

①支付承兑手续费时：

借：财务费用　　　　　　　　　　　　　　　　　　　　　928
　　贷：银行存款　　　　　　　　　　　　　　　　　　　　　　928

②6月1日购入材料时：

借：原材料　　　　　　　　　　　　　　　　　　　　400 000
　　应交税费——应交增值税（进项税额）　　　　　　64 000
　　贷：应付票据　　　　　　　　　　　　　　　　　　　　464 000

③票据到期无足额款项支付时：
借：应付票据 464 000
　　贷：银行存款 200 000
　　　　短期借款 264 000
④1 月后支付余款及罚息时：
借：短期借款 264 000
　　营业外支出 39 600 （264 000×5‰×30）
　　贷：银行存款 303 600

四、预收账款

（一）预收账款及内容

预收账款是指企业在销货或提供劳务之前，按照合同规定预先向购货单位或接受劳务供应的单位收取的款项。预收账款应在一年或一个营业周期内用产品或劳务来偿付。如预收货款、租金、报刊杂志订阅费等。

（二）预收账款的会计处理

为了反映和监督预收账款的增减变动及其结存情况，企业应设置"预收账款"账户。该账户属于负债类账户，贷方登记企业向购货方预收的款项及购货方补付的款项，借方登记企业如期向购货方交货或提供劳务而实现的收入以及退回多交的款项，期末余额在贷方表示尚未实现收入或结清的预收款项，期末余额在借方表示应补收的款项。"预收账款"的明细账户应按购货单位设置。

对于预收账款的核算，实际工作中有两种方法：一是将发生的预收账款单独设置"预收账款"账户进行核算，并将其期末数直接填列在资产负债表中。这种方法在预收账款较多的企业采用；二是将预收的款项通过"应收账款"账户进行核算，即发生预收账款登记在"应收账款"的贷方，待交货或提供劳务结算时登记在"应收账款"账户的借方。这种方法虽然能在"应收账款"账户中完整反映与购货方的结算情况，但在填列资产负债表时需根据"应收账款"的明细账户进行分析填列，因此在预收账款不多的企业采用。

【例 9-8】 E 公司 2018 年 6 月 1 日与 B 公司签订货款金额为 100 000 元（不含增值税），预计 3 个月交货，先预收 50% 货款，完工交货全部结付的供销合同一份，增值税税率为 16%。

（1）采用单独设置"预收账款"账户的方法，E 公司编制的会计分录如下：

①5 月 1 日预收货款时：
借：银行存款 50 000
　　贷：预收账款——B 公司 50 000
②8 月 1 日交付货物时：
借：预收账款——B 公司 116 000
　　贷：主营业务收入 100 000
　　　　应交税费——应交增值税（销项税额） 16 000

③收到购货单位结付款时：

借：银行存款　　　　　　　　　　　　　　　　　66 000
　　贷：预收账款——B公司　　　　　　　　　　　　　66 000

（2）采用不单独设置"预收账款"账户的方法，E公司编制的会计分录如下：

①5月1日预收货款时：

借：银行存款　　　　　　　　　　　　　　　　　50 000
　　贷：应收账款——B公司　　　　　　　　　　　　　50 000

②8月1日交付货物时：

借：应收账款——B公司　　　　　　　　　　　　116 000
　　贷：主营业务收入　　　　　　　　　　　　　　　100 000
　　　　应交税费——应交增值税（销项税额）　　　　　16 000

③收到购货单位结付款时：

借：银行存款　　　　　　　　　　　　　　　　　66 000
　　贷：应收账款——B公司　　　　　　　　　　　　　66 000

五、其他应付款

其他应付款是指企业在商品交易或劳务供应业务以外发生的应付和暂收款项。其主要包括存入保证金、应付租入固定资产和包装物的租金、应付的赔款和罚款以及暂收其他单位的款项等。

为了反映和监督其他应付款的增减变动及结存情况，企业应设置"其他应付款"账户进行核算。企业发生的其他各种应付、暂收款项，借记"管理费用"等科目，贷记"其他应付款"科目，支付的其他各种应付、暂收款项，借记"其他应付款"科目，贷记"银行存款"等科目。

【例9-9】E公司出租一批包装物给C公司，收到C公司交来押金5 000元。包装物到期C公司只交回一半，其余一半已毁损，没收一半押金（增值税略）。E公司编制的会计分录如下：

①收到押金时：

借：银行存款　　　　　　　　　　　　　　　　　5 000
　　贷：其他应付款——C公司　　　　　　　　　　　　5 000

②到期退还一半押金，其余一半押金没收时：

借：其他应付款——C公司　　　　　　　　　　　　5 000
　　贷：银行存款　　　　　　　　　　　　　　　　　2 500
　　　　营业外收入　　　　　　　　　　　　　　　　　2 500

六、应付职工薪酬

应付职工薪酬是指企业为获得职工提供的服务或解除劳动关系而应给予的各种形式的报酬或补偿。

(一) 职工薪酬的内容

企业的职工包括三类人员：一是与企业订立劳动合同的所有人员，含全职、兼职和临时职工；二是未与企业订立正式劳动合同，但由企业正式任命的企业治理层和管理层人员，如董事会成员、监事会成员和审计委员会成员等；三是在企业的计划和控制下，虽未与企业订立正式劳动合同或未由其正式任命，但为企业提供与职工类似服务的人员，如通过企业与劳务中介公司签订合同而向企业提供服务的人员也属于企业职工。

职工薪酬主要包括以下内容：短期薪酬、离职后福利、辞退福利和其他长期职工福利。企业提供给职工配偶、子女、受赡养人、已故员工遗属及其他受益人等的福利，也属于职工薪酬。

1. 短期薪酬

短期薪酬是指企业在职工提供相关服务的年度报告期间结束后 12 个月内需要全部予以支付的职工薪酬，因解除与职工的劳动关系给予的补偿除外。

短期薪酬的主要内容有：

（1）职工工资、奖金、津贴和补贴。其是指企业按照构成工资总额的计时工资、计件工资、支付给职工的超额劳动报酬等劳动报酬，为了补偿职工特殊或额外的劳动消耗和因其他特殊原因支付给职工的津贴，以及为了保证职工工资水平不受物价影响支付给职工的物价补贴等。

（2）职工福利费。其是指企业向职工提供的生活困难补助、丧葬补助费、抚恤费、职工异地安家费、防暑降温费等职工福利支出。

（3）医疗保险费、工伤保险费和生育保险费等社会保险费。其是指企业按照国家规定的基准和比例计算，向社会保险经办机构缴存的医疗保险费、工伤保险费和生育保险费。

（4）住房公积金。其是指企业按照国家规定的基准和比例计算，向住房公积金管理机构缴存的住房公积金。

（5）工会经费和职工教育经费。其是指企业为了改善职工文化生活、为职工学习先进技术和提高文化水平和业务素质，用于开展工会活动和职工教育及职业技能培训等相关支出。

（6）短期带薪缺勤。其是指职工虽然缺勤但企业仍向其支付报酬的安排，包括年休假、病假、婚假、产假、丧假、探亲假等。长期带薪缺勤属于其他长期职工福利。

（7）短期利润分享计划。其是指因职工提供服务而与职工达成的基于利润或其他经营成果提供薪酬的协议。长期利润分享计划属于其他长期职工福利。

（8）其他短期薪酬。其是指除上述薪酬以外的其他为获得职工提供的服务而给予的短期薪酬。

2. 离职后福利

离职后福利是指企业为获得职工提供的服务而在职工退休或与企业解除劳动关系后，提供的各种形式的报酬和福利，属于短期薪酬和辞退福利的除外。

离职后福利计划是指企业与职工就离职后福利达成的协议，或者企业为向职工提供离职后福利制定的规章或办法等。离职后福利计划按照企业承担的风险和义务情况可以分为设定提存计划和设定受益计划。其中，设定提存计划是指企业向独立的基金缴存固定费用后，不再承担进一步支付义务的离职后福利计划。设定受益计划是指除设定提存计划以外的离职后福利计划。

3. 辞退福利

辞退福利是指企业在职工劳动合同到期之前解除与职工的劳动关系，或者为鼓励职工自愿接受裁减而给予职工的补偿。

辞退福利主要内容有：

（1）在职工劳动合同尚未到期前，不论职工本人是否愿意，企业决定解除与职工的劳动关系而给予的补偿。

（2）在职工劳动合同尚未到期前，为鼓励职工自愿接受裁减而给予的补偿，职工有权利选择继续在职或接受补偿离职。

辞退福利通常采取解除劳动关系时一次性支付补偿的方式，也可以采取在职工不再为企业带来经济利益后，将职工工资支付到辞退后未来某一期间的方式。

企业应当根据辞退福利的定义和包括的内容区分辞退福利与正常退休的养老金。辞退福利是在职工与企业签订的劳动合同到期前，企业根据法律与职工本人或职工代表（如工会）签订的协议，或者基于商业惯例，承诺当其提前终止对职工的雇佣关系时支付的补偿，引发补偿的事项是辞退，因此企业应当在辞退职工时进行辞退福利的确认和计量。职工在正常退休时获得的养老金，是其与企业签订的劳动合同到期时，或者职工达到了国家规定的退休年龄时获得的退休后生活补偿金额，引发补偿的事项是职工在职时提供的服务，而不是退休本身，因此企业应当在职工提供服务的会计期间进行养老金的确认和计量。

另外，职工虽然没有与企业解除劳动合同，但未来不再为企业提供服务，不能为企业带来经济利益，企业承诺提供实质上具有辞退福利性质的经济补偿的，如发生"内退"的情况，在其正式退休日期之前应当比照辞退福利处理，在其正式退休日期之后，应当按照离职后福利处理。

4. 其他长期职工福利

其他长期职工福利是指除短期薪酬、离职后福利、辞退福利之外所有的职工薪酬，包括长期带薪缺勤、长期残疾福利、长期利润分享计划等。

（二）短期薪酬的确认和计量

企业应当在职工为其提供服务的会计期间将实际发生的短期薪酬确认为负债，并计入当期损益，其他会计准则要求或允许计入资产成本的除外。

1. 一般短期薪酬的确认和计量

企业发生的职工工资、津贴和补贴等短期薪酬，应当根据职工提供服务情况和工资标准等计算应计入职工薪酬的工资总额，并按照受益对象计入当期损益或相关资产成本；

企业为职工缴纳的医疗保险费、工伤保险费、生育保险费等社会保险费和住房公积金，以及按规定提取的工会经费和职工教育经费，应当在职工为其提供服务的会计期间，根据规定的计提基础和计提比例计算确定相应的职工薪酬金额，并确认相关负债，按照受益对象计入当期损益或相关资产成本；

企业发生的职工福利费,应当在实际发生时根据实际发生额计入当期损益或相关资产成本。企业向职工提供非货币性福利的,应当按照公允价值计量。以自产的产品作为非货币性福利提供给职工的,应当按照该产品的公允价值和相关税费确定职工薪酬金额,并计入当期损益或相关资产成本。相关收入的确认、销售成本的结转以及相关税费的处理,与正常商品销售的会计处理相同。以外购的商品作为非货币性福利提供给职工的,应当按照该商品的公允价值和相关税费确定职工薪酬的金额,并计入当期损益或相关资产成本。

【例9-10】A公司2018年8月应发工资1 000万元,其中:生产部门直接生产人员工资500万元,生产部门管理人员工资100万元,公司管理部门人员工资150万元,公司专设的产品销售机构人员工资50万元,在建工程人员工资160万元,公司开发管理系统人员工资40万元。根据国家和地方政府的有关规定,该企业按照工资总额8%、2%、1%和6%分别计提医疗保险费、工伤保险费、生育保险费和住房公积金,并缴纳相关机构,按照工资总额的2%和2.5%计提工会经费和职工教育经费。假定该公司管理系统处于开发阶段,并符合准则规定的资本化为无形资产的条件。A公司编制的会计分录如下:

应付职工薪酬的计算:

应计入生产成本的职工薪酬金额 = 500 + 500 × (8% + 2% + 1% + 6% + 2% + 2.5%)
= 607.5(万元)

应计入制造费用的职工薪酬金额 = 100 + 100 × (8% + 2% + 1% + 6% + 2% + 2.5%)
= 121.5(万元)

应计入管理费用的职工薪酬金额 = 150 + 150 × (8% + 2% + 1% + 6% + 2% + 2.5%)
= 182.25(万元)

应计入销售费用的职工薪酬金额 = 50 + 50 × (8% + 2% + 1% + 6% + 2% + 2.5%)
= 60.75(万元)

应计入在建工程的职工薪酬金额 = 160 + 160 × (8% + 2% + 1% + 6% + 2% + 2.5%)
= 194.4(万元)

应计入无形资产的职工薪酬金额 = 40 + 40 × (8% + 2% + 1% + 6% + 2% + 2.5%)
= 48.6(万元)

①应付职工薪酬分配时:

借:生产成本 6 075 000
　　制造费用 1 215 000
　　管理费用 1 822 500
　　销售费用 607 500
　　在建工程 1 944 000
　　研发支出——资本化支出 486 000
　　贷:应付职工薪酬——工资 10 000 000
　　　　　　　　　——社会保险费 1 100 000
　　　　　　　　　——住房公积金 600 000
　　　　　　　　　——工会经费 200 000
　　　　　　　　　——职工教育经费 250 000

②实际发放或支付时：

借：应付职工薪酬——工资　　　　　　　　　　　　　10 000 000
　　　　　　　　——社会保险费　　　　　　　　　　　1 100 000
　　　　　　　　——住房公积金　　　　　　　　　　　　600 000
　　　　　　　　——工会经费　　　　　　　　　　　　　200 000
　　　　　　　　——职工教育经费　　　　　　　　　　　250 000
　　贷：银行存款　　　　　　　　　　　　　　　　　　12 150 000

【例9-11】A公司2018年8月发放防暑降温费100万元，其中：生产部门直接生产人员50万元，生产部门管理人员10万元，公司管理部门人员15万元，公司专设的产品销售机构人员5万元，在建工程人员16万元，公司开发管理系统人员4万元。假定该公司管理系统处于开发阶段，并符合准则规定的资本化为无形资产的条件。A公司编制的会计分录如下：

①决定发放时：

借：生产成本　　　　　　　　　　　　　　　　　　　　500 000
　　制造费用　　　　　　　　　　　　　　　　　　　　100 000
　　管理费用　　　　　　　　　　　　　　　　　　　　150 000
　　销售费用　　　　　　　　　　　　　　　　　　　　 50 000
　　在建工程　　　　　　　　　　　　　　　　　　　　160 000
　　研发支出——资本化支出　　　　　　　　　　　　　 40 000
　　贷：应付职工薪酬——职工福利费　　　　　　　　1 000 000

②实际发放时：

借：应付职工薪酬——职工福利费　　　　　　　　　　1 000 000
　　贷：银行存款　　　　　　　　　　　　　　　　　1 000 000

【例9-12】A公司为一家电生产企业，共有职工1 000名，2018年8月，A公司以其生产成本为6 000元的空调和外购的每台不含税价格为1 000元的微波炉作为福利发放给公司职工。该型号空调的售价为每台8 000元，公司适用的增值税税率为16%，购买微波炉取得的增值税专用发票税率为16%。假定1 000名职工中有600名为生产工人，200名为车间管理人员，50名为销售机构人员，30名为在建工程人员，120名为总部管理人员。A公司编制的会计分录如下：

①公司决定发放空调时：

空调的售价总额=8 000×1 000=8 000 000（元）

空调的增值税销项税额=8 000×1 000×16%=1 280 000（元）

空调的价税合计=8 000 000+1 280 000=9 280 000（元）

借：生产成本　　　　　　　　　　　　　　　　　　　5 568 000
　　制造费用　　　　　　　　　　　　　　　　　　　1 856 000
　　销售费用　　　　　　　　　　　　　　　　　　　　464 000
　　在建工程　　　　　　　　　　　　　　　　　　　　278 400
　　管理费用　　　　　　　　　　　　　　　　　　　1 113 600

贷：应付职工薪酬——非货币性福利　　　　　　　　　　　　9 280 000
②实际发放空调时：
借：应付职工薪酬——非货币性福利　　　　　　　　　　　　9 280 000
　　贷：主营业务收入　　　　　　　　　　　　　　　　　　　8 000 000
　　　　应交税费——应交增值税（销项税额）　　　　　　　　1 280 000
借：主营业务成本　　　　　　　　　　　　　　　　　　　　　6 000 000
　　贷：库存商品　　　　　　　　　　　　　　　　　　　　　6 000 000
③公司发放微波炉时：
微波炉的进价总额＝1 000×1 000＝1 000 000（元）
微波炉的进项税额＝1 000×16%×1 000＝160 000（元）
微波炉的价税合计＝1 000 000＋160 000＝1 160 000（元）
借：生产成本　　　　　　　　　　　　　　　　　　　　　　　696 000
　　制造费用　　　　　　　　　　　　　　　　　　　　　　　232 000
　　销售费用　　　　　　　　　　　　　　　　　　　　　　　 58 000
　　在建工程　　　　　　　　　　　　　　　　　　　　　　　 34 800
　　管理费用　　　　　　　　　　　　　　　　　　　　　　　139 200
　　贷：应付职工薪酬——非货币性福利　　　　　　　　　　　1 160 000
借：应付职工薪酬——非货币性福利　　　　　　　　　　　　1 160 000
　　贷：银行存款　　　　　　　　　　　　　　　　　　　　　1 160 000

2. 短期带薪缺勤的确认与计量

（1）累积带薪缺勤。累积带薪缺勤是指带薪权利可以结转下期的带薪缺勤，本期尚未用完的带薪缺勤权利可以在未来期间使用。企业应当在职工提供了服务从而增加了其未来享有的带薪缺勤权利时，确认与累积带薪缺勤相关的职工薪酬，并以累积未行使权利而增加的预期支付金额计量。

有些累积带薪缺勤在职工离开企业时，对于未行使的权利，职工有权获得现金支付。职工在离开企业时能够获得现金支付的，企业应当确认企业必须支付的、职工全部累积未使用权利的金额。企业应当根据资产负债表日因累积未使用权利而导致的预期支付的追加金额，作为累积带薪缺勤费用进行预计。

【例9-13】丁公司累积带薪缺勤制度规定，每个职工每年可享受5个工作日带薪休假，未使用的休假只能向后结转一个日历年度，超过1年未使用的权利作废，不能在职工离开公司时获得现金支付；职工休假以后进先出为基础，即首先从当年可享受的权利中扣除，再从上年结转的带薪休假余额中扣除。2016年12月31日，每个职工当年平均未使用带薪缺勤为2天。丁公司1 000名职工预计2017年有950名职工将享受不超过5天的带薪休假，不需要考虑带薪缺勤。剩余50名职工每人将平均享受6天半休假，假定这50名职工全部为总部各部门经理，平均每名职工每个工作日工资为300元。丁公司编制的会计分录如下：

2016年12月31日：
借：管理费用　　　　　　　　　　　　　　　　　　　　　　　22 500

贷:应付职工薪酬——累积带薪缺勤　　22 500[50×(6.5－5)×300]

假定2017年12月31日,上述50名部门经理中有40名享受了6天半休假,并随同正常工资以银行存款支付。另有10名只享受了5天,那么上年计入的管理费用要冲回。

2017年12月31日:

借:应付职工薪酬——累积带薪缺勤　　18 000[40×(6.5－5)×300]
　　贷:银行存款　　　　　　　　　　　　　　　　　　　　　　18 000
借:应付职工薪酬——累积带薪缺勤　　4 500[10×(6.5－5)×300]
　　贷:管理费用　　　　　　　　　　　　　　　　　　　　　　4 500

(2) 非累积带薪缺勤及其会计处理。非累积带薪缺勤是指带薪权利不能结转下期的带薪缺勤,本期尚未用完的带薪缺勤权利将予以取消,并且职工离开企业时也无权获得现金支付。我国企业职工休婚假、产假、丧假、探亲假、休假期间的工资通常属于非累积带薪缺勤。由于职工提供服务本身不能增加其能够享受的福利金额,企业在职工未缺勤时不应当计提相关费用和负债。为此,企业应当在职工实际发生缺勤的会计期间确认与非累积带薪缺勤相关的职工薪酬。企业确认职工享有的与非累积带薪缺勤权利相关的薪酬,视同职工出勤确认的当期损益或相关资产成本。通常情况下,与非累积带薪缺勤相关的职工薪酬已经包括在企业每期向职工发放的工资等薪酬中,因此不必额外做相应的账务处理。

3. 短期利润分享计划(或奖金计划)的确认和计量

企业制定有短期利润分享计划的,如当职工完成规定业绩指标,或者在企业工作了特定期限后,能够享有按照企业净利润的一定比例计算的薪酬,企业应进行有关会计处理。

利润分享计划同时满足下列条件的,企业应当确认相关的应付职工薪酬,并计入当期损益或相关资产成本:

(1) 企业因过去事项导致现在具有支付职工薪酬的法定义务或推定义务。
(2) 因利润分享计划所产生的应付职工薪酬义务金额能够可靠估计。

职工只有在企业工作一段特定期间才能分享利润的,企业在计量利润分享计划产生的应付职工薪酬时,应当反映职工因离职而无法享受利润分享计划福利的可能性。

如果企业在职工为其提供相关服务的年度报告期间结束后12个月内,不需要全部支付利润分享计划产生的应付职工薪酬,该利润分享计划应当适用其他长期职工福利的有关规定。

企业根据经营业绩或职工贡献等情况提取的奖金,属于奖金计划,应当比照短期利润分享计划进行处理。

【例9-14】丙公司于2017年初制定和实施了一项短期利润分享计划,以对公司管理层进行激励。该计划规定,公司全年的净利润指标为1 000万元,如果在公司管理层的努力下完成的净利润超过1 000万元,公司管理层将可以分享超过1 000万元净利润部分的10%作为额外报酬。假定至2017年12月31日,丙公司全年实际完成净利润1 500万元。假定不考虑离职等其他因素,则丙公司管理层按照利润分享计划可以分享利润50万元[(1 500－1 000)×10%]作为其额外的薪酬。丙公司编制的会计分录如下:

借:管理费用　　　　　　　　　　　　　　　　　　　　　　　500 000
　　贷:应付职工薪酬——利润分享计划　　　　　　　　　　　　500 000

(三) 离职后福利的确认与计量

离职后福利是指企业为获得职工提供的服务而在职工退休或与企业解除劳动关系后,提供的各种形式的报酬和福利,属于短期薪酬和辞退福利的除外。离职后福利包括退休福利(如养老金和一次性的退休支付)及其他离职后福利(如离职后人寿保险和离职后医疗保障)。

企业向职工提供了离职后福利的,无论是否设立了单独主体接受提存金并支付福利,均应当适用《企业会计准则第9号——职工薪酬》的相关要求对离职后福利进行会计处理。

职工正常退休时获得的养老金等离职后福利,是职工与企业签订的劳动合同到期或者职工达到了国家规定的退休年龄时,获得的离职后生活补偿金额。企业给予补偿的事项是职工在职时提供的服务而不是退休本身,因此企业应当在职工提供服务的会计期间对离职后福利进行确认和计量。

离职后福利计划是指企业与职工就离职后福利达成的协议,或者企业为向职工提供离职后福利制定的规章或办法等。企业应当按照企业承担的风险和义务情况,将离职后福利计划分类为设定提存计划和设定受益计划两种类型。

1. 设定提存计划的确认和计量

设定提存计划是指企业向单独主体(如基金等)缴存固定费用后,不再承担进一步支付义务的离职后福利计划。

对于设定提存计划,企业应当根据在资产负债表日为换取职工在会计期间提供的服务而应向单独主体缴存的提存金,确认为职工薪酬负债,并计入当期损益或相关资产成本。

【例9-15】甲公司根据所在地政府规定,按照职工工资总额的12%计提基本养老保险费,缴存当地社会保险经办机构。2017年8月,甲公司缴存的基本养老保险费,应计入生产成本的金额为120万元,应计入制造费用的金额为24万元,应计入管理费用的金额为43.2万元。甲公司编制的会计分录如下:

借:生产成本　　　　　　　　　　　　　　　　　1 200 000
　　制造费用　　　　　　　　　　　　　　　　　　240 000
　　管理费用　　　　　　　　　　　　　　　　　　432 000
　　贷:应付职工薪酬——设定提存计划　　　　　　　　　1 872 000

2. 设定受益计划的确认和计量

设定受益计划是指除设定提存计划以外的离职后福利计划。设定提存计划和设定受益计划的区分,取决于离职后福利计划的主要条款和条件所包含的经济实质。在设定提存计划下,企业的义务以企业应向独立主体缴存的提存金金额为限,职工未来所能取得的离职后福利金额取决于向独立主体支付的提存金金额,以及提存金所产生的投资回报,从而精算风险和投资风险实质上要由职工来承担。在设定受益计划下,企业的义务是为现在及以前的职工提供约定的福利,并且精算风险和投资风险实质上由企业来承担。

当企业负有下列义务时,该计划就是一项设定受益计划:

(1) 计划福利公式不仅仅与提存金金额相关,且要求企业在资产不足以满足该公式的福利时提供进一步的提存金。

(2) 通过计划间接地或直接地对提存金的特定回报作出担保。

【例 9 – 16】 甲公司在 2014 年 1 月 1 日设立了一项设定受益计划,并于当日开始实施。该设定受益计划规定:①甲公司向所有在职员工提供统筹外补充退休金,这些职工在退休后每年可以额外获得 12 万元退休金,直至去世。②职工获得该额外退休金基于自该计划开始日起为公司提供的服务,而且应当自该设定受益计划开始日起一直为公司服务至退休。

为简化起见,假定符合计划的职工为 100 人,当前平均年龄为 40 岁,退休年龄为 60 岁,还可以为公司服务 20 年。假定在退休前无人离职,退休后平均剩余寿命为 15 年。假定适用的折现率为 10%。并且假定不考虑未来通货膨胀影响等其他因素。

计算设定受益计划义务及其现值如表 9 – 1 所示。

表 9 – 1　　　　　　　　　　计算设定受益计划义务及其现值　　　　　　　　单位:万元

	退休后第 1 年	退休后第 2 年	退休后第 3 年	……	退休后第 14 年	退休后第 15 年
(1) 当年支付	1 200	1 200	1 200	……	1 200	1 200
(2) 折现率	10%	10%	10%	……	10%	10%
(3) 复利现值系数	0.9091	0.8264	0.7513	……	0.2633	0.2394
(4) 退休点现值	1 091	992	902	……	316	287
(5) 退休点现值合计	9 127					

注:(5) = (1) × (3)。

计算职工服务期间每期服务成本如表 9 – 2 所示。

表 9 – 2　　　　　　　　　　计算职工服务期间每期服务成本　　　　　　　　单位:万元

	服务第 1 年	服务第 2 年	……	服务第 19 年	服务第 20 年
福利归宿					
– 以前年度	0	436.35	……	8 214.30	8 670.65
– 当年	436.35	436.35	……	436.35	436.35
– 以前年度 + 当年	436.35	912.70	……	8 670.65	9 127
期初义务	0	74.62	……	6 788.68	7 882.41
利息	0	7.46	……	678.87	788.24
当期服务成本	74.62*	82.08*	……	414.86*	436.35*
期末义务	74.62	164.16	……	7 882.41	9 127

注:*74.62 = 456.35/ (1 + 10%)^{19};*82.08 = 456.35/ (1 + 10%)^{18};
*414.86 = 456.35/ (1 + 10%);*436.35 = 9 127/20。

服务第 1 年至第 20 年的账务处理如下:
服务第 1 年末,甲公司编制的会计分录如下:
借:管理费用(或相关资产成本)　　　　　　　　　　　　　　746 200
　　贷:应付职工薪酬——离职后福利——设定受益计划义务　　　　746 200

服务第 2 年末，甲公司编制的会计分录如下：

借：管理费用（或相关资产成本） 820 800
　　贷：应付职工薪酬——离职后福利——设定受益计划义务　　820 800
借：财务费用（或相关资产成本） 74 600
　　贷：应付职工薪酬——离职后福利——设定受益计划义务　　74 600

服务第 3 年至第 20 年，以此类推处理。

（四）辞退福利的确认与计量

辞退福利是指企业在职工劳动合同到期之前解除与职工的劳动关系，或者为鼓励职工自愿接受裁减而给予职工的补偿。由于导致义务产生的事项是终止雇佣而不是为获得职工的服务，企业应当将辞退福利作为单独一类职工薪酬进行会计处理。

企业在确定提供的经济补偿是否为辞退福利时，应当区分辞退福利和正常退休养老金。

企业向职工提供辞退福利的，应当在企业不能单方面撤回因解除劳动关系计划或裁减建议所提供的辞退福利时、企业确认与涉及支付辞退福利的重组相关的成本或费用时，两者孰早日确认辞退福利产生的职工薪酬负债，并计入当期损益。

企业有详细、正式的重组计划并且该重组计划已对外公告时，表明已经承担了重组义务。重组计划包括重组涉及的业务、主要地点、需要补偿的职工人数及其岗位性质、预计重组支出、计划实施时间等。

实施职工内部退休计划的，企业应当比照辞退福利处理。在内退计划符合《企业会计准则第 9 号——职工薪酬》规定的确认条件时，企业应当按照内退计划规定，将自职工停止提供服务日至正常退休日期间、企业拟支付的内退职工工资和缴纳的社会保险费等，确认为应付职工薪酬，一次性计入当期损益，不能在职工内退后各期分期确认因支付内退职工工资和为其缴纳社会保险费等产生的义务。

企业应当按照辞退计划条款的规定，合理预计并确认辞退福利产生的职工薪酬负债，并具体考虑下列情况：

（1）对于职工没有选择权的辞退计划，企业应当根据计划条款规定的拟解除劳动关系的职工数量、每一职位的辞退补偿等确认职工薪酬负债。

（2）对于自愿接受裁减建议的辞退计划，由于接受裁减的职工数量不确定，企业应当根据《企业会计准则第 13 号——或有事项》规定，预计将会接受裁减建议的职工数量，根据预计的职工数量和每一职位的辞退补偿等确认职工薪酬负债。

（3）对于辞退福利预期在其确认的年度报告期间期末后 12 个月内完全支付的辞退福利，企业应当适用短期薪酬的相关规定。

（4）对于辞退福利预期在年度报告期间期末后 12 个月内不能完全支付的辞退福利，企业应当适用《企业会计准则第 9 号——职工薪酬》关于其他长期职工福利的相关规定，即实质性辞退工作在一年内实施完毕但补偿款项超过一年支付的辞退计划，企业应当选择恰当的折现率，以折现后的金额计量应计入当期损益的辞退福利金额。

【例 9-17】甲公司是一家空调制造企业。2017 年 9 月，为了能够在下一年度顺利实施转产，甲公司管理层制定了一项辞退计划，计划规定，从 2018 年 1 月 1 日起，企业将以职工自愿方式辞退柜式空调生产车间的职工。辞退计划的详细内容包括拟辞退的职工所在部门、数量、各级别职工能够获得的补偿以及计划大体实施的时间等均已与职工沟通，并达成一致意见，辞退计划已于 2017 年 12 月 10 日经董事会正式批准，辞退计划将于下一个年度内实施完毕。2017 年 12 月 31 日，甲公司预计各级别职工拟接受辞退职工数量的最佳估计数（最可能发生数）及其应支付的补偿总额为 1 400 万元。甲公司编制的会计分录如下：

  借：管理费用   14 000 000
    贷：应付职工薪酬——辞退福利   14 000 000

（五）其他长期职工福利的确认与计量

（1）企业向职工提供的其他长期职工福利，符合设定提存计划条件的，应当按照设定提存计划的有关规定进行处理。

（2）除符合设定提存计划的长期职工福利应当按照设定受益计划的有关规定，确认和计量其他长期职工福利净负债或净资产。在报告期末，企业应当将其他长期职工福利产生的职工薪酬成本确认为下列组成部分：①服务成本；②其他长期职工福利净负债或净资产的利息净额；③重新计量其他长期职工福利净负债或净资产所产生的变动。为简化相关会计处理，上述项目的总净额应计入当期损益或相关资产成本。

长期残疾福利水平取决于职工提供服务期间长短的，企业应当在职工提供服务的期间确认应付长期残疾福利义务，计量时应当考虑长期残疾福利支付的可能性和预期支付的期限；长期残疾福利与职工提供服务期间长短无关的，企业应当在导致职工长期残疾的事件发生的当期确认应付长期残疾福利义务。

七、应交税费

应交税费是指企业按照税法和税制规定，应向国家税务机关缴纳的各种税金。目前，我国企业按规定应缴纳的税金主要有：增值税、消费税、资源税、土地增值税、城市维护建设税、教育费附加、企业所得税、个人所得税、房产税、土地使用税、车船使用税、车辆购置税、契税、耕地占用税和矿产资源补偿等。

为了反映和监督各种税费的结算情况，企业应设置"应交税费"账户。应交税费的明细账户应按税种设置。企业除印花税、车辆购置税、耕地占用税以及其他不需要预计应交的税费外，其他各项税金都应通过"应交税费"账户进行核算。

（一）应交增值税

我国现行《增值税暂行条例》规定，企业购入货物、接受应税劳务及应税服务支付的增值税，可以从销售货物、提供劳务及应税服务按规定收取的增值税额中抵扣。

按照规定准予从销项税额中抵扣的进项税额通常包括：①从销售方取得的增值税专用发票上注明的增值税额；②从销售方取得的税控机动车销售统一发票注明的增值税额；③从海关取得的完税凭证上注明的增值税额；④购进免税农产品，按照农产品收购发票或者销售发票注明的价款或收购金额的一定比率计算的进项税额。

企业应交的增值税，在"应交税费"账户下设置"应交增值税""未交增值税"明细账户核算。一般纳税人还应在"应交税费——应交增值税"明细账内分别设置有关专栏。

1. 一般纳税人应交增值税的核算

应交增值税对于一般纳税人来讲，属于一种价外税，即销售货物、提供应税劳务和应税服务收取的增值税不计入销售收入，购进货物和接受应税劳务支付的增值税一般也不记入货物和劳务的成本，在价外单独核算。

一般纳税人的增值税核算有三个主要特点：①有权使用增值税专用发票；②增值税实行抵扣方式上交；③实行价外计征，故与损益无关。为了反映和监督增值税的结算情况，企业应设置"应交税费——应交增值税"账户，并按其内容分设专栏进行明细核算。企业对应交增值税设置的专栏有以下几个：即"进项税额""销项税额""进项税额转出""出口退税""已交税金""转出未交增值税""转出多交增值税""减免税款""出口抵减内销产品应纳税额"，其中，前五个属于常用专栏。

（1）"进项税额"的核算。该专栏记录企业因购进货物或接受应税劳务而支付的，准予从销项税额中抵扣的增值税。

【例9-18】A公司为一般纳税人，2018年6月发生下列购进业务：①购入原材料一批，价款100 000元，增值税税率16%；运费1 000元，增值税税率10%，共计117 100元，原材料已验收入库，款已支付，取得了增值税专用发票；②购入免税的农产品一批，作为原材料已入库。收购价80 000元，款已支付，取得农产品收购发票，按10%扣除率抵扣；③购入全新的不需要安装的机器设备一台，买价200 000元，增值税税率16%，装卸搬运费2 000元，增值税税率6%，共计234 120元，款已支付，取得了增值税专用发票；④支付给广告公司广告费100 000元，增值税税率6%，取得了增值税专用发票。⑤购进办公大楼一栋用于办公，会计上作固定资产处理，并于次月开始计提折旧。取得该大楼的增值税专用发票并认证相符，专用发票注明的金额为1 000万元，增值税税率10%，增值税税额为100万元。A公司编制的会计分录如下：

①购入原材料时：

借：原材料　　　　　　　　　　　　　　　　　　　　　101 000
　　应交税费——增值税（进项税额）　　　　　　　　　　16 100
　　贷：银行存款　　　　　　　　　　　　　　　　　　　　　117 100

②购入免税农产品时：

借：原材料　　　　　　　　　　　　　　　　　　　　　　72 000
　　应交税费——应交增值税（进项税额）　　　　　　　　　8 000
　　贷：银行存款　　　　　　　　　　　　　　　　　　　　　80 000

③购入机器设备时：

借：固定资产　　　　　　　　　　　　　　　　　　　　　202 000
　　应交税费——应交增值税（进项税额）　　　　　　　　　32 120
　　贷：银行存款　　　　　　　　　　　　　　　　　　　　　234 120

④支付广告费时：

借：销售费用　　　　　　　　　　　　　　　　　　　　　100 000
　　应交税费——应交增值税（进项税额）　　　　　　　　　6 000

贷：银行存款	106 000

⑤购买办公大楼时：

借：固定资产——办公楼	10 000 000
应交税费——待抵扣进项税额	1 000 000
贷：银行存款（应付账款）	11 000 000
借：应交税费——应交增值税（进项税额）	600 000
贷：应交税费——待抵扣进项税额	600 000

第2年：

借：应交税费——应交增值税（进项税额）	400 000
贷：应交税费——待抵扣进项税额	400 000

（2）"销项税额"的核算。该专栏记录企业因销售商品、提供应税劳务和应税服务收取的增值税。增值税销项税额的确定是根据销售额乘以增值税税率计算的。但如果销售额中含有增值税，即价税合一，则销项税额应根据下列公式计算：

销项税额＝含税销售额÷（1＋增值税税率）×增值税税率

根据《增值税暂行条例实施细则》的规定，企业将自产、委托加工或购买的货物分配给股东或投资者；将自产、委托加工的货物用于集体福利或个人消费等行为，应视同销售货物，并计算交纳增值税。对于税法上某些视同销售的行为，如对外捐赠，从会计角度看不属于销售行为，企业不会由于对外捐赠而取得销售收入，增加现金流量。因此，会计核算不作为销售处理，按成本转账。但是，无论会计上是否作销售处理，只要税法规定需要缴纳增值税的，都应当计算交纳增值税销项税额，并计入"应交税费——应交增值税"账户中的"销项税额"专栏。

【例9-19】B公司为一般纳税人，本月将甲产品1 000件用于本公司修建职工澡堂，其价款为100 000元，增值税为16 000元，共计116 000元，成本为85 000元；以原材料一批对外捐赠，其成本为98 000元，计税价格100 000元，按计税价格计算的增值税销项税额为16 000元。B公司编制的会计分录如下：

①领用甲产品时：

借：在建工程	101 000
贷：库存商品	85 000
应交税费——应交增值税（销项税额）	16 000

②用原材料对外捐赠时：

借：营业外支出	114 000
贷：原材料	98 000
应交税费——应交增值税（销项税额）	16 000

（3）"进项税额转出"的核算。该专栏记录企业因购进货物、在产品、产成品等发生非正常损失，而不应从销项税额中抵扣，按规定转出的进项税额。这类业务在购进货物时先计入"进项税额"专栏，待用于非应税项目后，再将其进项税额转出。

【例9-20】甲公司由于失火毁损产成品一批，实际成本50 000元，所耗材料的进项税额为4 250元；另外，将原材料一批用于厂房建造，实际成本20 000元，进项税额

3 200元。甲公司编制的会计分录如下：

①处理毁损产成品时：

借：待处理财产损溢　　　　　　　　　　　　　　54 250
　　贷：库存商品　　　　　　　　　　　　　　　　　　50 000
　　　　应交税费——应交增值税（进项税额转出）　　　4 250

③材料用于厂房建造时：

借：在建工程　　　　　　　　　　　　　　　　　23 200
　　贷：原材料　　　　　　　　　　　　　　　　　　　20 000
　　　　应交税费——应交增值税（进项税额转出）　　　3 200

（4）"出口退税"的核算。该专栏记录企业因出口货物而向税务机关申报办理出口退税而收到退回的税款。企业收到退还的进项税额时，借记"银行存款"科目，贷记"应交税费——应交增值税（出口退税）"科目。

（5）"已交税金"的核算。该专栏记录企业实际交纳的增值税。企业在期末应根据"应交税费——应交增值税"账户借贷两方的发生额计算确定当月应交增值税。其计算公式如下：

应交增值税 = 销项税额 -（进项税额 - 进项税额转出 - 出口退税）

企业依据计算确定的应交增值税额和企业的具体情况，按规定到期交纳增值税时，借记"应交税费——应交增值税（已交税金）"科目，贷记"银行存款"科目。

（6）"转出多交增值税"和"转出未交增值税"的核算。为了分别反映增值税一般纳税人欠交增值税款和待抵扣增值税的情况，确保企业及时足额上交增值税，避免出现企业用以前月份欠交增值税抵扣以后月份未抵扣的增值税的情况，企业应在月份终了从"应交税费——应交增值税"科目中转出当月多交或未交的增值税。转出未交增值税时，借记"应交增值税——应交增值税（转出未交增值税）"科目，贷记"应交税费——未交增值税"科目，转出多交增值税时，借记"应交税费——未交增值税"科目，贷记"应交税费——应交增值税（转出多交增值税）"科目。

值得注意的是，企业缴纳以前各期未交的增值税，应通过"应交税费——未交增值税"科目，而不是通过"应交税费——应交增值税（已交税金）"科目。

2. 小规模纳税人应交增值税的核算

小规模纳税人是指年销售额未达到规定的标准，而且会计核算不健全的纳税人。小规模纳税人进行增值税会计处理时，对购入的货物、接受的劳务和服务无论是否具有增值税专用发票，其支付的增值税额均不计入进项税额，不得由销项税额抵扣，而应计入所购货物成本。相应地，其他企业从小规模纳税企业购入货物或按受劳务支付的增值税额，如果不能取得增值税专用发票，也不能作为进项税额抵扣。

小规模纳税人与一般纳税人核算增值税的区别是：①小规模纳税人无权使用增值税专用发票；②小规模纳税人销售商品、提供劳务和服务，按照销售额的3%实行简易办法计算应纳税额，并直接通过"应交税费——应交增值税"账户进行核算，无需设专栏。

【例9-21】D公司为小规模纳税人，本月购进原材料一批，价款为10 000元，增值税为1 600元，共计11 600元，款已支付。本月该公司销售产品一批，全部价款为30 900

元,其中,增值税为 900 元,款已收到存入银行。D 公司编制的会计分录如下:

①购入原材料时:

借:原材料　　　　　　　　　　　　　　　　　　　　　11 600
　　贷:银行存款　　　　　　　　　　　　　　　　　　　　11 600

②销售产品时:

借:银行存款　　　　　　　　　　　　　　　　　　　　30 900
　　贷:主营业务收入　　　　　　　　　　　　　　　　　30 000
　　　　应交税费——应交增值税　　　　　　　　　　　　　900

(二) 应交消费税

消费税是对在我国境内从事生产、委托加工和进口应征消费税的消费品的单位和个人计征的一种流转税。消费税实行价内税,其应纳税额主要采用从价定率和从量定额两种方法计算确定。

两种计算方法公式如下:

从价定率下的应纳消费税额 = 销售额 × 税率

从量定额下的应纳消费税额 = 销售数量 × 单位税额

为了反映和监督消费税的结算情况,企业应设置"应交税费——应交消费税"账户。

1. 销售应税消费品的会计处理

企业销售应税消费品或用应税消费品换取物资、抵偿债务时,应将发生的消费税借记"税金及附加"科目,贷记"应交税费——应交消费税"科目。当企业用应税消费品对外捐赠或用于在建工程等其他方面时,应将发生的消费税借记"营业外支出""在建工程"等科目,贷记"应交税费——应交消费税"科目。企业实际交纳消费税时,借记"应交税费"科目,贷记"银行存款"科目。

【例 9-22】A 公司为一般纳税人,本月销售应税消费品一批,价款为 50 000 元,增值税税额为 8 000 元,共计 58 000 元。该批产品消费税税率为 10%,实际成本 40 000 元。A 公司编制的会计分录如下:

借:银行存款　　　　　　　　　　　　　　　　　　　　58 000
　　贷:主营业务收入　　　　　　　　　　　　　　　　　50 000
　　　　应交税费——应交增值税(销项税额)　　　　　　 8 000

借:税金及附加　　　　　　　　　　　　　　　　　　　 5 000
　　贷:应交税费——应交消费税　　　　　　　　　　　　 5 000

借:主营业务成本　　　　　　　　　　　　　　　　　　40 000
　　贷:库存商品　　　　　　　　　　　　　　　　　　　40 000

2. 委托加工应税消费品的会计处理

委托加工的应税消费品收回后用于连续生产应税消费品,按规定准予抵扣的,委托方应按代收代缴的消费税款,借记"应交税费——应交消费税"科目,贷记"应付账款""银行存款"等科目,待用委托加工的应税消费品生产出应纳消费税的产品销售时,再交纳消费税。企业应于向委托方交货时,按规定交纳的消费税,借记"税金及附加"科目,贷记"应交税费——应交消费税"科目。

(三) 应交资源税

资源税是国家为了调节资源级差，保障企业公平竞争，对在我国境内开采矿产品以及从事自然资源生产的单位和个人征收的一种税。资源税采用从价定率方法计算。

企业对外销售发生资源税时，应借记"税金及附加"账户，贷记"应交税费——应交资源税"账户；企业自用应税资源税产品时，应借记"生产成本""管理费用"账户；贷记"应交税费——应交资源税"账户；企业交纳资源税时，借记"应交税费——应交资源税"账户，贷记"银行存款"账户。

【例9-23】C公司将其产品煤炭对外销售1 000吨，生产耗用1 000吨，分别应交资源税5 000元。该公司收购未税矿产品150 000元，代扣代缴的资源税50 000元（假设不考虑增值税，且只进行资源税核算）。C公司编制的会计分录如下：

借：税金及附加 5 000
　　生产成本 5 000
　　材料采购 200 000
　贷：应交税费——应交资源税 60 000
　　　银行存款 150 000

(四) 应交土地增值税

土地增值税是国家为了规范土地、房地产市场交易秩序，合理调节土地增值收益，对出让国有土地使用权、地上建筑物及其附着物并取得收入的单位和个人征收的一种税。

经营房地产业务的企业，应将当期营业收入负担的土地增值税计入"税金及附加"科目；经营房地产以外业务的企业，转让国有土地使用权连同地上建筑物及其附着物发生的土地增值税应计入"固定资产清理"科目。企业形成的应交土地增值税应计入"应交税费——应交土地增值税"科目。

(五) 应交城市维护建设税和教育费附加

城市维护建设税是一种附加税，也是一种价内税。现行税法规定城市维护建设税应根据应交增值税、消费税之和的一定比例计算交纳。企业计算确定应交城市维护建设税时，应按其销售对象分别计入"税金及附加"等科目，贷记"应交税费——应交城市维护建设税"科目。实际缴纳时，借记"应交税费——应交城市维护建设税"科目，贷记"银行存款"科目。

教育费附加是国家为了发展教育事业而征收的一项费用。其会计处理与城市维护建设税相同。

(六) 应交个人所得税

个人所得税是国家为了调节个人收入而对个人所得超过一定基数的部分征收的一种税。企业职工按规定应交纳的个人所得税通常由单位代扣代缴。企业代扣代交职工个人所得税，应借记"应付职工薪酬"等科目，贷记"应交税费——应交个人所得税"科目。

(七) 其他税费

企业按规定计算应交的房产税、土地使用税，车船税税金及附加处理，并通过"应交税费"账户核算。企业交纳的印花税，由于不存在与税务机关的结算问题，故直接作为"税金及附加"进行会计处理，不需要通过"应交税费"账户核算。

八、应付股利（应付利润）

应付股利是指股份公司取得净利润后，应向股东分配的现金股利或利润。企业股东大会或类似机构审议批准的利润分配方案、宣告分配的现金股利或利润，在实际支付前形成企业的负债。企业宣告发放现金股利，借记"利润分配"科目，贷记"应付股利"科目。企业实际支付现金股利时，借记"应付股利"科目，贷记"银行存款"科目。应付利润是指非股份公司取得净利润以后应向投资者分配的利润，具体通过设置"应付利润"账户核算。

企业董事会或类似机构通过的利润分配方案中拟分配的现金股利或利润，不应确认为负债，但应在附注中披露。

第二节 非流动负债

一、长期借款

长期借款是指企业向银行或其他金融机构借入的，偿还期在一年以上（不含一年）的各种借款。企业的长期借款可按不同的标准进行分类。

为了反映和监督长期借款的取得、归还和结欠情况，企业应设置"长期借款"账户。该账户属于负债类账户，下设"本金""应计利息""利息调整"三个明细账户。

1. 取得借款的会计处理

企业取得长期借款时，按实际收到的款项，借记"银行存款"科目，按借款本金，贷记"长期借款——本金"科目，按借贷双方之间的差额，借记"长期借款——利息调整"科目。

【例9-24】A公司以设备作抵押于2015年1月1日向建设银行借入年利率为5%，期限3年的长期借款1 200 000元，该借款的实收金额为1 000 000元，利息按年归还，到期还本，款项已存入开户银行。A公司编制的会计分录如下：

借：银行存款　　　　　　　　　　　　　　　　1 000 000
　　长期借款——利息调整　　　　　　　　　　 200 000
　　贷：长期借款——本金　　　　　　　　　　　　　 1 200 000

2. 应计利息的会计处理

在资产负债表日，企业应按长期借款的摊余成本和实际利率计算确定的利息费用，借记"在建工程""财务费用""制造费用"等科目，按借款本金和合同利率计算确定的应付未付利息，贷记"应付利息"科目，按其差额，贷记"长期借款——应计利息"科目。

【例9-25】沿用【例9-24】资料，A公司向建设银行借入的长期借款1 200 000元，用于进行设备更新。该设备更新期1年，借款的实际利率为12.04%。A公司编制的

会计分录如下:

①2015年12月31日计提利息并调整时:

借:在建工程 120 400
　　贷:应付利息 60 000
　　　　长期借款——应计利息 60 400

②2016年12月31日计提利息并调整时:

借:财务费用 127 700
　　贷:应付利息 60 000
　　　　长期借款——应计利息 67 700

③2017年12月31日计提利息并调整时:

借:财务费用 131 900
　　贷:应付利息 60 000
　　　　长期借款——利息调整 71 900

表9-3　　　　　　　各年计提利息及摊销利息调整表　　　　　　　单位:元

年份	年初摊余成本 (1)	实际利息 (2)=(1)×12.04	应付利息 (3)=1 200 000×5%	年末摊余成本 (4)=(1)+(2)-(3)
2015	1 000 000	120 400	60 000	1 060 400
2016	1 060 400	127 700	60 000	1 128 100
2017	1 128 100	131 900	60 000	1 200 000

3. 借款归还的会计处理

企业归还长期借款,按归还的长期借款本金,借记"长期借款——本金"科目,按归还的利息,借记"应付利息"科目,按转销的利息调整金额,贷记"长期借款——利息调整"科目,按实际归还的款项,贷记"银行存款"科目,按借贷双方之间的差额,借记"在建工程""财务费用""制造费用"等科目。

【例9-26】沿用【例9-24】资料,A公司从2016年开始每年初归还利息60 000元,2018年1月1日以银行存款1 260 000元,归还借款本金和最后1年利息。A公司编制的会计分录如下:

①2016年1月1日和2017年1月1日归还利息时:

借:应付利息 60 000
　　贷:银行存款 60 000

②2018年1月1日归还本金和利息时:

借:长期借款——本金 1 200 000
　　应付利息 60 000
　　贷:银行存款 1 260 000

若利息调整明细账户还有余额,应一次性转入财务费用账户。

二、应付债券

应付债券是指企业依照法定程序发行的，约定在一定日期还本付息的具有一定价值的证券。应付债券是企业筹集资金的一种重要形式。按其所筹集资金使用期的不同，应付债券分为短期应付债券和长期应付债券两种。本节所指的应付债券为使用期超过一年的长期应付债券。

为了反映和监督应付债券的变动情况，企业应设置"应付债券"账户。该账户分设"面值""应计利息""利息调整"三个二级账户，应付债券应在二级账户下按债券种类进行明细分类核算。

1. 发行债券的会计处理

企业发行债券时，无论是按面值发行，还是按溢价或折价发行，均应按债券面值计入"应付债券——面值"账户，实际收到的款项与面值的差额，计入"应付债券——利息调整"账户。

【例9-27】 B公司经批准于2015年1月5日发行3年期的企业债券120万元用于生产经营，票面利率为10%，市场利率为8%。该债券每年支付利息，到期一次支付本金。B公司编制的会计分录如下：

债券发行价格 = 债券面值复利现值 + 债券利息年金现值
= 1 200 000 × 0.79383 + 120 000 × 2.57710
= 952 596.00 + 309 252.00
= 12 61 848.00（元）

借：银行存款　　　　　　　　　　　　　　　　　1 261 848
　　贷：应付债券——面值　　　　　　　　　　　　1 200 000
　　　　　　——利息调整　　　　　　　　　　　　　61 848

2. 利息费用的计算和利息调整的核算

企业在资产负债表日，对于分期付息、一次还本债券，应按应付债券的摊余成本和实际利率计算确定的利息费用，借记"在建工程""制造费用""财务费用"等科目，按票面利率计算确定的应付未付利息，贷记"应付利息"科目，按其差额，借记或贷记"应付债券——利息调整"科目。

对于一次还本付息债券，则应按资产负债表日的摊余成本和实际利率计算的利息，借记"在建工程""制造费用""财务费用"等科目，按票面利率计算的利息，贷记"应付债券——应计利息"科目，差额借记或贷记"应付债券——利息调整"科目。

企业应采用实际利率法在债券存续期间内对利息调整进行摊销。实际利率法是指按照应付债券的实际利率计算其摊余成本及各期利息费用的方法。利息调整的摊销应在资产负债表日结算利息费用时进行。

【例9-28】 接【例9-27】，B公司应于每年末计算确定利息费用，溢价发行债券利息费用一览表如表9-4所示。

表9-4 溢价发行债券利息费用一览表 单位：元

付息日期	摊余成本 ①	利息费用 ②=上期①×8%	支付利息 ③	摊销利息调整 ④=③-②
2015.01.01	1 261 848.00			
2015.12.31	1 242 795.84	100 947.84	120 000.00	19 052.16
2016.12.31	1 222 219.51	99 423.67	120 000.00	20 576.33
2017.12.31	1 200 000.00	97 780.49	120 000.00	22 219.51
合计		298 152.00	360 000.00	61 848.00

B 公司编制的会计分录如下：

① 2015 年末计算利息费用时：

借：财务费用　　　　　　　　　　　　　　　　　　　100 947.84
　　应付债券——利息调整　　　　　　　　　　　　　　19 052.16
　　　贷：应付利息　　　　　　　　　　　　　　　　　　　　　120 000

② 2016 年末计算利息费用时：

借：财务费用　　　　　　　　　　　　　　　　　　　99 423.67
　　应付债券——利息调整　　　　　　　　　　　　　　20 576.33
　　　贷：应付利息　　　　　　　　　　　　　　　　　　　　　120 000

③ 2017 年末计算利息费用时：

借：财务费用　　　　　　　　　　　　　　　　　　　97 780.49
　　应付债券——利息调整　　　　　　　　　　　　　　22 219.51
　　　贷：应付利息　　　　　　　　　　　　　　　　　　　　　120 000

④ 每年年末实际支付利息时：

借：应付利息　　　　　　　　　　　　　　　　　　　120 000
　　　贷：银行存款　　　　　　　　　　　　　　　　　　　　　120 000

3. 债券偿还的会计处理

【例9-29】接【例9-27】，若 B 公司的应付债券采用到期一次偿还本息的方式，债券到期并以银行存款支付。B 公司编制的会计分录如下：

① 每年年末偿还利息时：

借：应付利息　　　　　　　　　　　　　　　　　　　120 000
　　　贷：银行存款　　　　　　　　　　　　　　　　　　　　　120 000

② 到期偿还本金时：

借：应付债券——面值　　　　　　　　　　　　　　　1 200 000
　　　贷：银行存款　　　　　　　　　　　　　　　　　　　　　1 200 000

三、长期应付款

（一）长期应付款的内容

长期应付款是指企业发生的除长期借款和应付债券以外的其他各种长期应付款项，主要包括应付融资租入固定资产的租赁费、以分期付款方式购入固定资产发生的应付款项等。

为了反映和监督各种长期应付款的结算情况，企业应设置"长期应付款"账户。该账户属于负债类账户，贷方登记取得的长期应付款，借方登记归还的长期应付款，期末余额在贷方表示尚未归还的长期应付款。其明细账户应按借款种类设置。

（二）应付融资租入固定资产的租赁费

企业融资租入固定资产，按租赁开始日租赁资产的公允价值与最低租赁付款额现值两者中较低者，加上初始直接费用作为租入固定资产的入账价值，借记"固定资产"账户，将最低租赁付款额作为长期应付款的入账价值，贷记"长期应付款"账户，按发生的初始直接费用，贷记"银行存款"账户，按其差额，借记"未确认融资费用"账户。

（三）具有融资性质的延期付款购买资产

企业采用分期付款方式购买固定资产时，有可能延期支付有关价款。如果延期支付的购买价款超过正常信用条件，实质上具有融资性质。所购资产的成本应当以延期支付购买价款的现值为基础确定。实际支付的价款与购买价款现值之间的差额，应当在信用期间内采用实际利率法进行摊销，计入相关资产的成本或者当期损益。

四、借款费用

（一）借款费用的内容

借款费用是指企业因借款而发生的利息及其他相关成本，包括借款利息、折价或者溢价的摊销、辅助费用以及因外币借款而发生的汇兑差额等。

借款费用按其用途的不同可分为专门借款费用和一般借款费用。专门借款费用是指为购建或者生产符合资本化条件的资产取得专门借款所发生的费用，专门借款应当有明确的用途。一般借款费用是指企业取得除专门借款以外的其他借款发生的借款费用。借款费用具体内容包括以下各项：

（1）借款利息。其主要包括企业向银行或其他金融机构等借入资金发生的利息、发行公司债券发生的利息，以及为购建或者生产符合资本化条件的资产而发生的带息债务所承担的利息等。

（2）折价或者溢价的摊销。其主要是指发行公司债券等所发生的折价或者溢价在每期的摊销金额，实质是对债券票面利息的调整。

（3）辅助费用。其是指企业在借款过程中发生的诸如手续费、佣金、印刷费等费用。由于这些费用是因安排借款而发生的，也属于借入资金所付出的代价，是借款费用的构成部分。

（4）外币借款发生的汇兑差额。其是指由于汇率变动导致市场汇率与账面汇率出现差异，从而对外币借款本金及其利息的记账本位币金额所产生的影响金额。由于汇率的变化往往和利率变化相联动，它是企业外币借款所需要承担的风险。因此因外币借款相关汇率变化所导致的汇兑差额属于借款费用的有机组成部分。

（二）借款费用的会计处理原则

我国现行《企业会计准则第17号——借款费用》规定，不同内容和不同用途的借款费用采用不同的处理方法。企业发生的借款费用可直接归属于符合资本化条件的资产的构建或者生产的，应当予以资本化，计入符合资本化条件的资产成本。其他借款费用应当在发生时根据其发生额确认为财务费用，记入当期损益。

符合资本化条件的资产是指需要经过相当长时间的购建或者生产活动才能达到预定可使用或者可销售状态的固定资产、投资性房地产和存货等资产。这里所指的"相当长时间"是指为资产的构建或者生产所必需的时间，通常为一年以上（含一年）。建造合同成本、确认为无形资产的开发支出等在符合条件的情况下，也可以认定为符合资本化条件的资产。

符合借款费用资本化条件的存货主要包括房地产开发企业开发的用于对外出售的房地产开发产品、企业制造的用于对外出售的大型机械设备等。这类存货通常需要经过相当长时间的建造或者生产过程才能达到预定可销售状态。

（三）借款费用的确认

企业要对借款费用进行确认，首先应确定借款费用资本化的三个时间。

1. 借款费用开始资本化的时点

借款费用允许开始资本化必须同时满足以下三个条件：

（1）资产支出已经发生。"资产支出已经发生"，是指企业已经发生了支付现金、转移非现金资产、承担带息债务形式所发生的支出。其中：支付现金是指用货币资金支付符合资本化条件的资产的购建或者生产支出；转移非现金资产是指企业将自己的非现金资产直接用于符合资本化条件的资产的购建或者生产；承担带息债务是指企业为了购建或者生产符合资本化条件的资产所需用物资等而承担的带息应付款项（如带息应付票据）。

（2）借款费用已经发生。借款费用已经发生是指企业已经发生了因购建或者生产符合资本化条件的资产而专门借入款项的借款费用或者占用了一般借款的借款费用。如企业取得专门借款，从开始计息起就应当确认为借款费用已经发生。

（3）为使资产达到预定可使用或可销售状态所必要的购建或生产活动已经开始。为使资产达到预定可使用或可销售状态所必要的购建或生产活动已经开始是指符合资本化条件的资产的实体建造或者生产工作已经开始。如资产主体设备开始安装、厂房实际已经开工建造等。

资产达到预定可使用或者可销售状态是指所购建或者生产的符合资本化条件的资产已经达到建造方、购买方或者企业自身等预先设计、计划或者合同约定的可以使用或者可以销售的状态。具体可从以下几个方面进行判断：①符合资本化条件的资产的实体建造（包括安装）或者生产活动已经全部完成或者实质上已经完成；②所购建或者生产的符合资本化条件的资产与设计要求、合同规定或者生产要求相符或者基本相符；③继续发生在所购建或生产的符合资本化条件的资产上的支出金额很少或者几乎不再发生。

购建或者生产的符合资本化条件的资产需要试生产或者试运行的，在试生产结果表明资产能够正常生产出合格产品，或者试运行结果表明资产能够正常运转或者营业时，应当认为该资产已经达到预定可使用或者可销售状态。

2. 借款费用暂停资本化的时点

符合资本化条件的资产在购建或者生产过程中发生非正常中断，且中断时间连续超过

3个月的,应当暂停借款费用的资本化,其中断期间所发生的借款费用直接计入当期损益。但中断的原因必须是非正常中断,属于正常中断的,相关借款费用仍可资本化。

非正常中断通常是由于企业管理决策上的原因或者其他不可预见的原因等所导致的中断。导致非正常中断的原因主要有:企业与施工方发生纠纷;工程、生产用料没有及时供应;资金周转发生困难;工程、生产发生了安全事故;发生了与购建、生产有关的劳动纠纷等。

正常中断通常是由于因购建或者生产符合资本化条件的资产达到预定可使用或者可销售状态所必要的程序,或者事先可预见的不可抗力因素导致的中断。如因进行必要的质量或安全检查、预见的气候变化等导致的施工或生产停顿,就属于正常中断。

3. 借款费用停止资本化的时点

购建或者生产符合资本化条件的资产达到预定可使用或者可销售状态时,借款费用应当停止资本化,之后发生的借款费用应计入当期损益。

在符合资本化条件资产的实际购建或者生产过程中,如果所购建或者生产的资产分别建造、分别完工,企业应当遵循实质重于形式的原则,区别下列情况界定借款费用停止资本化的时点:①所购建或者生产的符合资本化条件资产的各部分分别完工,每部分在其他部分继续建造或者生产过程中可供使用或者可对外销售,且为使该部分资产达到预定可使用或者可销售状态所必要的购建或者生产活动实质上已经完成的,应当停止与该部分资产相关的借款费用的资本化,因为该部分资产已经达到了预定可使用或者可销售状态;②购建或者生产的资产的各部分分别完工,但必须等到整体完工后才可使用或者对外销售的,应当在该资产整体完工时停止借款费用的资本化。在这种情况下,即使各部分资产分别已经完工,也不能认为该部分资产已经达到了预定可使用或者可销售状态,企业只能在所购建或者生产的资产整体完工时,才能认为资产已经达到了预定可使用或者可销售状态,借款费用才可停止资本化。

(四)借款费用的计量

1. 借款利息费用资本化金额的确定

(1)专门借款利息费用资本化金额的确定。为购建或者生产符合资本化条件的资产而借入专门借款的,应当以专门借款当期实际发生的利息费用,减去将尚未动用的借款资金存入银行取得的利息收入或进行暂时性投资取得的投资收益后的金额确定。专门借款发生的利息费用,在资本化期间内,应当全部计入符合资本化条件的资产成本,不计算借款资本化率。即专门借款利息费用资本化金额的计算不再与资产支出相挂钩。

$$\text{专门借款利息费用资本化金额} = \text{专门借款本期实际发生的利息费用} - \text{专门借款资金存入银行取得的利息收入或进行暂时性投资获取的收益}$$

【例9-30】A公司为购建某设备,于2016年1月1日向银行借入期限2年,年利率10%的长期借款100万元。该工程从2016年1月1日开始,工程进度款分别于2016年1月1日支付25万元、2016年7月1日支付20万元、2017年1月1日支付25万元、2017年7月1日支付20万元。借款利息按年支付。闲置借款资金均用于固定收益债券短期投资,该短期投资月收益率为1%。该设备购建工程于2017年12月31日完工,并达到预定可使用状态。企业为购建该设备的支出金额、闲置借款资金用于短期投资的金额如表9-5

所示。

表 9-5　　　　　　　　　　借款支出一览表　　　　　　　　　　单位：万元

日　期	每期资产支出金额	资产累计支出金额	闲置资金用于短期投资
2016 年 1 月 1 日	250 000	250 000	750 000
2016 年 7 月 1 日	200 000	450 000	550 000
2017 年 1 月 1 日	250 000	700 000	300 000
2017 年 7 月 1 日	200 000	900 000	100 000
合　　计	900 000	—	—

该项专门借款费用的资本化期间为 2016 年 1 月 1 日至 2017 年 12 月 31 日。每年的借款费用资本化金额计算及编制的会计分录如下（假设该项借款的名义利率和实际利率相同）：

2016 年借款费用资本化金额：
2016 年专门借款发生的利息金额 = 1 000 000 × 10% = 100 000（元）
2016 年短期投资收益 = 750 000 × 1% × 6 + 550 000 × 1% × 6 = 78 000（元）
2016 年专门借款费用资本化金额 = 100 000 - 78 000 = 22 000（元）

借：在建工程　　　　　　　　　　　　　　　　　　　　　　　22 000
　　应收利息（银行存款）　　　　　　　　　　　　　　　　　78 000
　　贷：应付利息　　　　　　　　　　　　　　　　　　　　　　　　100 000

2017 年专门借款发生的利息金额：
2017 年专门借款发生的利息金额 = 1 000 000 × 10% = 100 000（元）
2017 年短期投资收益 = 300 000 × 1% × 6 + 100 000 × 1% × 6 = 24 000（元）
2017 年专门借款费用资本化金额 = 100 000 - 24 000 = 76 000（元）

借：在建工程　　　　　　　　　　　　　　　　　　　　　　　76 000
　　应收利息（银行存款）　　　　　　　　　　　　　　　　　24 000
　　贷：应付利息　　　　　　　　　　　　　　　　　　　　　　　　100 000

（2）一般借款利息费用资本化金额的确定。为购建或者生产符合资本化条件的资产而占用了一般借款的，企业应当根据累计资产支出超过专门借款部分的资产支出加权平均数乘以所占用一般借款的资本化率，计算确定一般借款应予资本化的利息金额。若为一笔借款时，则资本化率为其借款利率。若为多笔借款时，则资本化率应当根据一般借款加权平均利率计算确定。即企业占用一般借款购建或者生产符合资本化条件的资产时，一般借款的借款费用的资本化金额的确定应当与资产支出相挂钩。

每一会计期间利息的资本化金额，不应当超过当期相关借款实际发生的利息金额。借款存在折价或者溢价的，应当按照实际利率法确定每一会计期间应摊销的折价或者溢价金额，调整每期利息金额。

有关计算公式如下：

一般借款利息费用资本化金额 = 累计资产支出超过专门借款部分的资产支出加权平均数 × 所占用一般借款的资本化率

$$\begin{aligned}&\text{累计资产支出}\\&\text{加权平均数}\end{aligned}=\sum\left(\text{每笔资产支出金额}\times\frac{\text{每笔资产支出}}{\text{实际占用天数}}\div\text{会计期间涵盖天数}\right)$$

所占用一般借款的资本化率 = 所占用一般借款加权平均利率

$$=\frac{\text{所占用一般借款当期}}{\text{实际发生的利息之和}}\div\frac{\text{所占用一般借款}}{\text{本金加权平均数}}\times100\%$$

其中：$\dfrac{\text{所占用一般借款}}{\text{本金加权平均数}}=\sum\left(\dfrac{\text{所占用每笔}}{\text{一般借款本金}}\times\dfrac{\text{每笔一般借款在}}{\text{当期所占用的天数}}\div\text{当期天数}\right)$

【例9-31】接【例9-30】，假设A公司购建设备占用的资金均为一般借款，除上述一般借款外，还占用了一笔2016年1月1日取得的3年期一般借款。该借款本金50万元，年利率8%。则该设备所用一般借款费用资本化金额计算及编制的会计分录如下：

①所占用一般借款资本化率：

所占用一般借款资本化率 = （1 000 000×10% + 500 000×8%）÷（1 000 000 + 500 000）
　　　　　　　　　　　= 9.33%

②累计资产支出加权平均数：

2016年累计资产支出加权平均数 = 250 000×360/360 + 200 000×6/12 = 350 000

2017年累计资产支出加权平均数 =（250 000 + 450 000）×12/12 + 200 000×6/12
　　　　　　　　　　　　　　 = 800 000

③每期借款费用资本化金额：

2016年借款费用资本化金额 = 350 000×9.33% = 32 655（元）

2016年实际发生的借款费用 = 500 000×8% + 1 000 000×10% = 140 000（元）

2017年借款费用资本化金额 = 800 000×9.33% = 74 640（元）

2017年实际发生的借款费用 = 1 000 000×10% + 500 000×8% = 140 000（元）

上述计算的借款费用资本化金额没有超过这两笔一般借款实际发生的利息费用，可以资本化。具体会计分录为：

2016年12月31日：

借：在建工程	32 655
财务费用	107 345
贷：应付利息	140 000

2017年12月31日：

借：在建工程	74 640
财务费用	65 360
贷：应付利息	140 000

企业在购建或者生产符合资本化条件的资产时，如果专门借款资金不足，又占用了一般借款资金，则应先计算专门借款费用的资本化金额，然后再计算一般借款费用的资本化金额，并进行相应的会计处理。一般借款应予资本化的利息金额，应当根据为购建或者生产符合资本化条件的资产而发生的累计资产支出超过专门借款部分的资产支出加权平均数乘以所占用一般借款的资本化率计算确定。

【例9-32】B公司拟建造办公楼一幢，为此于2016年1月1日向银行专门借款3 000

万元，期限2年，年利率为10%，每年1月1日付息，2015年12月1日借入的一般借款4 000万元，期限3年，年利率为8%，每年12月1日付息。专门借款尚未支出部分均存入银行，月利率为0.5%。该工程于2016年4月1日开工建造，2017年9月30日完工，达到预定可使用状态。但由于施工质量问题，该工程于2016年9月1日至12月31日停工4个月。工程建设期间的支出情况如下：2016年4月1日支付1 000万元；2016年6月1日支付1 000万元；2016年7月1日支付2 000万元；2017年1月1日支付1 000万元；2017年4月1日支付500万元；2017年7月1日支付500万元。该工程有关利息资本化金额的计算和会计分录如下：

①2016年、2017年发生的专门借款和一般借款利息金额：
2016年专门借款发生的利息金额 = 3 000 × 10% = 300（万元）
2016年一般借款发生的利息金额 = 4 000 × 8% = 320（万元）
2017年专门借款发生的利息金额 = 3 000 × 10% = 300（万元）
2017年一般借款发生的利息金额 = 4 000 × 8% = 320（万元）

②2016年借款费用资本化金额和费用化金额及其会计分录：
2016年专门借款费用资本化金额和费用化金额：
2016年专门借款未开始资本化和暂停资本化期间发生的利息金额 = 3 000 × 10% × 210/360 = 175（万元）
2016年专门借款闲置期间取得的利息收入 = 3 000 × 0.5% × 3 + 2 000 × 0.5% × 2 + 1 000 × 0.5% × 1
　　　　　　　　　　　　　　　　　　= 70（万元）
其中：资本化期间内取得的利息收入 = 2 000 × 0.5% × 2 + 1 000 × 0.5% × 1
　　　　　　　　　　　　　　　　　= 25（万元）
2016年专门借款费用资本化金额 = 300 - 175 - 25 = 100（万元）
2016年专门借款费用费用化金额 = 175 - （70 - 25）= 130（万元）
2016年一般借款费用资本化金额和费用化金额：
2016年一般借款资金的支出加权平均数 = 1 000 × 60/360 = 166.67（万元）
2016年一般借款费用资本化金额 = 166.67 × 8% = 13.33（万元）
2016年一般借款费用费用化金额 = 320 - 13.33 = 306.67（万元）
2016年全部借款费用资本化和费用化的金额：
2016年全部借款费用资本化金额 = 100 + 13.33 = 113.33（万元）
2016年全部借款费用费用化金额 = 130 + 306.67 = 436.67（万元）
2016年的会计分录为：
借：在建工程　　　　　　　　　　　　　　　　　　　1 133 300
　　财务费用　　　　　　　　　　　　　　　　　　　4 366 700
　　应收利息（或银行存款）　　　　　　　　　　　　　700 000
　　贷：应付利息　　　　　　　　　　　　　　　　　　　　　6 200 000

③2017年借款费用资本化金额和费用化金额及其会计分录：
2017年专门借款费用资本化金额和费用化金额：

2017 年专门借款费用资本化金额 = 3 000 × 10% × 270/360 = 225（万元）

2017 年专门借款费用费用化金额 = 300 - 225 = 75（万元）

2017 年一般借款费用资本化金额和费用化金额：

2017 年一般借款资金支出加权平均数 = 2 000 × 270/360 + 500 × 180/360 + 500 × 90/360 = 1 875（万元）

2017 年一般借款费用资本化金额 = 1 875 × 8% = 150（万元）

2017 年一般借款费用费用化金额 = 320 - 150 = 170（万元）

2017 年全部借款费用资本化和费用化的金额：

2017 年全部借款费用资本化金额 = 225 + 150 = 375（万元）

2017 年全部借款费用费用化金额 = 75 + 170 = 245（万元）

2017 年的会计分录为：

借：在建工程　　　　　　　　　　　　　　　3 750 000
　　财务费用　　　　　　　　　　　　　　　2 450 000
　　贷：应付利息　　　　　　　　　　　　　　　　6 200 000

2. 借款辅助费用资本化金额的确定

辅助费用是企业为了安排借款而发生的费用，是企业取得借款必须付出的一种代价，因此应作为借款费用的有机组成部分。

根据《企业会计准则第 22 号——金融工具确认和计量》的规定，金融负债可以分为两类：一是以公允价值计量且其变动计入当期损益的金融负债；二是其他金融负债。为购建或者生产符合资本化条件资产的专门借款或者一般借款，通常都属于其他金融负债。对于其他金融负债所发生的辅助费用需要计入借款的初始确认金额，即抵减相关借款的初始金额，从而影响以后各期实际利息的计算。换句话说，由于辅助费用的发生将导致相关借款实际利率的上升，从而需要对各期利息费用作相应调整，在确定借款辅助费用资本化金额时可以结合借款利息资本化金额一起计算。

3. 外币借款汇兑差额资本化金额的确定

当企业为购建或者生产的符合资本化条件的资产所借入的专门借款为外币借款时，由于企业取得外币借款日、使用外币借款日和会计结算日往往并不一致，而外汇汇率又在随时发生变化，因此外币借款会产生汇兑差额。相应地，在借款费用资本化期间内，为购建固定资产而专门借入的外币借款所产生的汇兑差额，是购建固定资产的一项代价，应当予以资本化，计入固定资产成本。出于简化核算的考虑，在资本化期间内，外币专门借款本金及其利息的汇兑差额，应当予以资本化，计入符合资本化条件的资产的成本。而除外币专门借款之外的其他外币借款本金及其利息所产生的汇兑差额应当作为财务费用，计入当期损益。

关键词

应付账款　　　应付职工薪酬　　　应交税费　　　长期借款　　　应付债券　　　借款费用

复习思考题

1. 长期借款账户核算哪些内容?
2. 借款费用的处理原则是什么?
3. 应付债券会计处理包括哪些内容?
4. 借款费用包括哪些主要内容?
5. 借款费用资本化金额如何计算确定?

第十章 所有者权益

第一节 所有者权益概述

一、所有者权益的概念和特征

所有者权益是指企业资产扣除负债后由所有者享有的剩余权益。公司的所有者权益又称为股东权益。

所有者权益和负债同属企业的权益。权益是指对企业资产的求偿权,它包括投资人的索偿权(即所有者权益)和债权人的索偿权(即负债)。所有者权益与负债相比,有如下特征:

(1)所有者权益是一种剩余权益。所有者权益作为一种财产权,包括所有者对投入资本的所有权、占用权、处置权和收益权,但是它只是一种剩余权益。尽管从广义上说,权益既包括负债也包括所有者权益,它们对企业的资产都有相应的索偿权,但是从法律上说,负债的索偿权要比所有者权益的索偿权优先。也就是说,只有在负债的索偿权得到满足后,所有者权益才可能被满足,尤其是企业进行清算时更是如此。

(2)所有者权益的数额取决于资产与负债的数额。所有者权益在数量上等于企业全部的资产减去全部的负债,只要企业资产的金额或负债的金额发生改变,企业的所有者权益数额就会相应发生增减变动。因此,企业的所有者承担了企业经营活动的最终风险,也享有企业经营活动的最终权益。

(3)所有者权益通常是没有期限的。任何企业的设立都需要一定的由所有者投入的资本金。根据多数国家公司法的规定,投入的资本在企业终止经营前不得抽回,因此,所有者投入的资本构成了企业长期性的资本来源,除了依法核减资本和企业破产清算外,所有者权益不能偿还给所有者。而企业取得的负债,无论是流动负债还是非流动负债,都是在发生时就明确了偿还期限和金额的。

(4)所有者权益的核算与企业组织形式密切相关。从会计核算角度看,不同组织形式的企业在对资产、负债、收入、费用和利润的会计核算中一般并无区别，但在所有者权益核算上却差别很大，尤其是公司制企业中的股份有限公司对所有者权益的核算比其他类型企业复杂。由于涉及每个股东、债权人以及其他利益相关者的利益，所有者权益的核算往往在法律上规定得比较详细。负债的形成和偿还与企业的组织形式毫无关系，无论任何企业都要按照借入资金时的约定归还借入的本金和利息，除非债权、债务人另有约定。

（5）所有者有权参与企业的利润分配。作为企业的投资人，所有者有权按照其所持有的出资比例或股份比例参与企业的经营，从企业形成的利润中得到所有者该享有的部分，同时在企业经营遇到风险时，所有者有责任按照其所持有的出资比例或股份比例承担企业的风险。债权人不是企业的所有者，无权分享企业形成的利润，也没有义务承担企业的经营风险，它只能按照约定得到本金和利息。

二、所有者权益的内容

企业的所有者权益主要包括实收资本、资本公积、其他综合收益、盈余公积和未分配利润五部分内容。其中，盈余公积和未分配利润又统称为留存收益。

（一）实收资本

实收资本是指投资者按照企业章程或者合同、协议的约定，实际投入企业的资本。我国有关法律规定，投资者设立企业首先必须投入资本。实收资本是企业所有者权益构成的主体，是企业注册成立的条件之一，也是企业正常运行的必需的资金和承担民事责任的财力保证。

（二）资本公积

资本公积是指投资者或者他人投入到企业、所有权归属于投资者，并且投入金额超过法定资本部分的资金或者资产。资本公积从其形成来源看，它不是由企业实现的利润转化而来的，从本质上讲应当属于投入资本范畴，因此，它与留存收益有根本区别，因为后者是由企业实现的利润转化而来的。

（三）盈余公积

盈余公积是指企业按照国家规定从税后利润中提取的企业积累资金。公司制企业的盈余公积包括法定盈余公积和任意盈余公积。

（四）其他综合收益

其他综合收益是指企业根据其他会计准则规定未在当期损益中确认的各项利得和损失。

（五）未分配利润

未分配利润是企业实现的净利润经过弥补亏损、提取盈余公积和向投资者分配利润后留存在企业的、历年结存的利润。未分配利润通常用于留待以后年度向投资者进行分配。未分配利润的数额一般等于企业当年实现的税后利润加上年初未分配利润，减去当年提取的盈余公积以及本年度分配利润后的余额。

第二节 实收资本

一、实收资本概述

按照我国有关法律规定，投资者设立企业必须投入资本。我国《民法通则》中明确规定，设立企业法人必须要有必要的财产。我国《企业法人登记管理条例》也明确规定，企业申请开业，必须具备符合国家规定并与其生产经营和服务规模相适应的资金数额。我国公司法也将股东出资达到法定资本最低限额作为公司成立的必备条件。除国家另有规定外，企业的实收资本应当与注册资本一致。企业实收资本比原注册资本数额增减超过20%时，应持资金使用证明或验资证明向原登记主管机关申请变更登记。如擅自改变注册资金或抽逃资金等，要受到工商行政管理部门的处罚。

实收资本是投资者投入资本形成法定资本的价值，所有者向企业投入的资本，在一般情况下无需偿还，可以长期周转使用。企业的实收资本按照投资主体的不同分为国家投入资本、法人投入资本、个人投入资本和外商投入资本等；按照投入资本的不同物质形态分为货币投资、实物投资、证券投资和无形资产投资等。投资者投入的资本应当保全，除法律、法规另有规定外，不得抽回。企业可以采用不同的方式筹集资本，即可以一次筹集，也可以分次筹集。

二、实收资本的一般会计处理

由于企业组织形式不同，所有者投入资本的会计核算方法也有所不同。为了真实反映所有者投入企业资本的状况，维护所有者各方在企业的权益，除股份有限公司对股东投入资本应设置"股本"账户外，其余各类企业对所有者投入的资本集中在"实收资本"账户核算。"实收资本"账户的性质属于所有者权益类账户。该账户贷方登记实收资本的增加额，借方登记实收资本的减少额，期末贷方余额反映企业期末实收资本实有数额。该账户按投资者设置明细账，进行明细分类核算。"股本"账户用于核算公司在核定的股本总额及核定的股份总额内实际发行股票的数额。该账户贷方登记公司按核定的股份总额范围内实际发行的股票面值总额，借方登记公司按照法定程序经批准减少的股本数额，贷方期末余额反映公司期末股本实有数额。

企业收到投资时，一般作如下会计处理：收到投资者投入的现金，企业应在实际收到或者存入企业开户银行时，按实际收到的金额，借记"库存现金""银行存款"科目，贷记"实收资本"科目；以实物投资的，应在办妥实物产权转移手续时，借记有关资产科目，贷记"实收资本"科目；以无形资产投资的，按照合同、协议或公司章程规定，移交有关凭证时，借记"无形资产"科目，贷记"实收资本"科目。企业组织形式不同，实收资本的核算也不尽相同。

三、不同组织形式企业实收资本的会计处理

(一) 国有独资公司的投入资本

根据我国《公司法》的规定,国有独资公司是由国家授权投资的机构或者国家授权的部门单独投资设立的有限责任公司。在《公司法》公布前已设立的国有企业,符合《公司法》规定设立有限责任公司条件的,可以依照《公司法》改建为国有独资的有限责任公司。由于国有独资公司的投资主体是国家授权投资的机构或者国家授权的部门,因此,这类企业在组建时,所有者投入的资本全部作为实收资本入账。另外,国有独资公司不发行股票,也不会产生股票溢价收入。所以,国有独资公司在投入资本核算上一个突出的特点是不会产生资本公积。

(二) 有限责任公司的投入资本

有限责任公司(简称有限公司)是指由 2 个以上股东共同出资,每个股东以其所认缴的出资额对公司负担有限责任,公司以其全部资产对其债务承担有限责任的企业法人。它与独资企业主要区别是:有限责任公司的投资者必须是 2 人以上,不像独资企业是单一投资者;对企业承担的责任以出资额为限。我国《公司法》将国家授权机构或者国家授权的部门可以单独投资设立的国有独资公司也划入有限责任公司范围之内。由于单一投资者与多个投资者设立的企业在会计核算上有区别,所以在论述所有者权益的核算问题时,我们把有限责任公司限定为 2 个以上股东共同出资设立的企业,而将国有独资公司单设一类。

有限责任公司的投入资本在"实收资本"账户中核算。初建有限责任公司时,收到的各投资者按照合同、协议或章程投入企业的资本,应全部计入"实收资本"账户,企业的实收资本应当等于企业的注册资本。在企业增资扩股时,如有新投资者介入,新介入的投资者缴付的出资额按其约定比例计算的其在注册资本中所占的份额部分,计入"实收资本"账户,超过部分计入"资本公积——资本溢价"账户。有限责任公司的投资者可以转让其出资,但要经过其他投资者同意,并且原其他投资者享有优先购买权。当转让出资业务发生时,应只在"实收资本"账户进行明细记录,实收资本总额不变,其编制的会计分录为借记"实收资本——××"科目,贷记"实收资本——××"科目。

【例 10-1】 A 有限责任公司由甲、乙、丙 3 位股东各出资 100 万元设立。设立时的实收资本为 300 万元。经过 3 年的经营,该公司留存收益为 90 万元。这时丁投资者有意参加该公司,并表示愿意出资 150 万元而仅占该公司股份的 25%。A 有限责任公司在实际收到丁投资者的投资额时编制的会计分录如下:

借:银行存款　　　　　　　　　　　　　　　　　　　　　1 500 000
　　贷:实收资本——丁投资者　　　　　　　　　　　　　　1 000 000
　　　　资本公积——资本溢价　　　　　　　　　　　　　　　500 000

(三) 股份有限公司的投入资本

股份有限公司(简称股份公司)是指全部资本由等额股份构成并通过发行股票筹集资本,股东以其所持股份对公司承担有限责任,公司以其全部资产对公司债务承担责任的企业法人。股份有限公司与有限责任公司的主要区别是:有限责任公司的全部资本不分为

等额股份，公司向股东签发出资证明而不发行股票；公司股东转让出资，需经股东会讨论通过；股东人数为2人以上50人以下。而股份公司的全部资本划分为等额股份，以发行股票方式筹集资本；股票可以交易或转让；股东数有下限，没有上限。股份公司设立有两种方式，即发起式和募集式。发起式的特点是公司股份全部由发起人认购，一般不会发生设立公司失败的情况，因此其筹资风险小。募集式设立的特点是公司股份除发起人认购外，还可以向其他法人或自然人发行股票进行股份募集。如果向发起人之外的其他法人和内部职工发行股票，称为定向募集式；如果是向社会公众发行股票，则称为社会募集式。社会募集股份的筹资对象是广泛的，在资本市场不景气或股票的发行价格不恰当的情况下，有发行失败（即股票未被全部认购）的可能，因此筹资风险大。按照有关规定，发行失败损失由发起人负担，包括承担筹资费用，承担公司筹建过程中的债务，承担对认股人已缴纳的股数支付银行同期存款利息等责任。发起式和定向募集式设立的公司向股东发放股权证以证明出资；社会募集式设立的公司采用股票方式证明出资。

股份有限责任公司投入资本的核算在"股本"账户进行，其与独资企业和有限责任公司的区别主要表现在以下几个方面：

1. 筹集资本的费用处理不同

采用发股权证来筹集资本，因股东固定，企业可直接发股权证，一般情况下其筹资费用很低，如发生一些诸如股权证明印刷费等少量费用，可以直接计入"财务费用"账户。而采用向社会发放股票方式筹集资本，因发行股票数量多、股东不固定等，需要由企业发起人聘请证券商发行股票，以社会募集式成立的公司，发起人认购的股份不得少于公司股份总数的35%，其余部分可向社会公开募集，而且从广大投资者认购到实际出缴资金需要进行大量的工作。所以，支付给证券商的发行费用一般较高，在会计上应当冲减所有者权益。

2. 对所有者（股东）投入的资金处理不同。

股份公司与其他企业比较，最显著的特点就是将企业的全部股份划分为等额股份，并通过发行股票的方式来筹集资本。在我国，公司发行股票取得的股本应当等于注册资本。股本是股票的面值与股份总数的乘积。企业的股本应在核定的股本总额范围内发行股票取得。但值得注意的是，企业发行股票取得的收入与股本总额往往不一致。公司发行股票取得收入大于股本总额的，称为溢价发行；小于股本总额的，称为折价发行；等于股本总额的，称为面值发行。我国不允许企业折价发行股票。股本是股份公司很重要的指标，在会计核算上股份公司需要设置"股本"账户进行核算。按照《企业会计准则》规定，股份制企业发行股票，应当按股票面值作为资本入账。因此，当企业按面值发行股票时，应将发行股票的数量乘以股票的面值计算的金额计入"股本"账户；当企业按溢价发行股票时，应将发行股票的数量乘以股票的市价计算的金额计入"银行存款"账户，将发行股票的数量乘以股票的面值计算的金额计入"股本"账户，将两者的差额，计入"资本公积——股本溢价"账户。支付给券商的手续费佣金等费用应当分别处理。采用溢价发行股票的，企业应付证券商的发行费用都从溢价收入中支付，冲减"资本公积——其他资本公积"账户。按照面值发行股票的或者溢价收入不足以抵补手续费的，应当冲减盈余公积和留存收益。

3. 对股份公司的增减资本处理不同

股份公司增加股本的途径主要有四种：一是将资本公积金转增股本。会计核算上应当借记"资本公积"科目，贷记"股本"科目。二是将盈余公积金转增股本。会计核算上应当借记"盈余公积"科目，贷记"股本"科目。三是向股东发放股票股利（俗称送股）。在实际向股东发放股票股利时，会计核算上应当借记"利润分配——转作股本的股利"科目，贷记"股本"科目。四是向股东配售股票（俗称配股）。会计核算上应当借记"银行存款"科目，贷记"股本"（相当于面值部分）科目，贷记"资本公积"（配售收入超过面值部分）科目。

股份公司股本减少的原因大体有两种，一是因资本过剩而减资；二是因为企业发生重大亏损而减资。

股份公司因为资本过剩而减资时，一般要通过收购本企业股票的方式发还股款。由于股票的面值与股票的发行价格可能不同，收回股票的价格也可能与发行价格不同。又由于"股本"账户是按股票的面值登记的，因此收购本企业股票时，应按面值注销股本。超过面值付出的价值，可区别不同情况处理：收购的股票凡属溢价发行的，则首先冲销溢价收入，不足部分，凡提取盈余公积的，冲销盈余公积；如盈余公积仍不足以支付收购款的，冲销未分配利润。凡属面值发行股票的，直接冲销盈余公积、未分配利润。如果企业购回的股票支付的价款低于面值总额的，按股票面值，借记"股本"科目，按照实际支付的价款，贷记"银行存款"科目、"库存现金"科目，按其实际支付的价款与面值的差额，贷记"资本公积——其他资本公积"科目。

股份公司因亏损严重而减资时，从理论上讲，并不影响企业的所有者权益总额，似乎可不做账务处理。但考虑到有些公司由于特殊原因而发生了重大亏损，在短期内用利润、公积金弥补亏损有困难；另外按有关规定，企业如有未弥补亏损不能发放股利，而一个企业如果长期不能发放股利，将会动摇投资者的投资信心。所以，企业为了放下包袱，转入正常经营，经股东大会决议可依法实行减资。股份公司因亏损严重而减资时，一般可采用消除股份或者注销每股部分金额的办法以股本弥补亏损。企业应按消除股份面值或注销股份面值金额的合计数，借记"股本"账户，贷记"利润分配——未分配利润"账户。

【例10-2】A股份有限公司在成立时发行股票3 000万股，每股面值1元，发行价格为4元。按合同规定支付给证券商的手续费为发行收入5%，所筹款项在扣除手续费后已划转到银行存款账户。A股份有限公司编制的会计分录如下：

借：银行存款　　　　　　　　　　　　　　　114 000 000
　　贷：股本　　　　　　　　　　　　　　　　　3 000 000
　　　　资本公积——股本溢价　　　　　　　　　8 400 000
或：借：银行存款　　　　　　　　　　　　　120 000 000
　　贷：股本　　　　　　　　　　　　　　　　30 000 000
　　　　资本公积——股本溢价　　　　　　　　90 000 000
　　借：资本公积——股本溢价　　　　　　　　　6 000 000
　　贷：银行存款　　　　　　　　　　　　　　　6 000 000

本例中，若发行价格为1元，支付发行费用30 000元，则A股份有限公司编制的会

计分录如下:

借:银行存款　　　　　　　　　　　　　　　　30 000 000
　　贷:股本　　　　　　　　　　　　　　　　　　　30 000 000
借:盈余公积——股本溢价　　　　　　　　　　　30 000
　　贷:银行存款　　　　　　　　　　　　　　　　　　30 000

【例10-3】B股份有限公司因资本过剩需要减资,经办理有关手续后,收回本公司曾发行面值为1元的普通股100 000股,发行价为每股5元。现以6.4元的价格回购,款项以银行存款支付。B股份有限公司当年盈余公积的期末余额为100万元,B股份有限公司编制的会计分录如下:

借:股本　　　　　　　　　　　　　　　　　　　100 000
　　资本公积　　　　　　　　　　　　　　　　　　400 000
　　盈余公积　　　　　　　　　　　　　　　　　　140 000
　　贷:银行存款　　　　　　　　　　　　　　　　　　640 000

本例中,如果B公司以每股5元的价格赎回,则B股份有限公司编制的会计分录如下:

借:股本　　　　　　　　　　　　　　　　　　　100 000
　　资本公积　　　　　　　　　　　　　　　　　　400 000
　　贷:银行存款　　　　　　　　　　　　　　　　　　500 000

第三节 资本公积和其他权益工具

一、资本公积

(一) 资本公积概述

资本公积是指投资者或者他人投入到企业、所有权归属于投资者,并且投入金额超过法定资本部分的资金或者资产。资本公积的形成与企业的净利润无关,它不是由企业的净利润转化而形成的,它的形成有其特定的来源,从本质上讲属于投入资本的范畴。它随同投入资本进入企业,或从其他渠道进入企业,可供企业长期周转使用,具有资本的属性。但它与实收资本不相同。实收资本是投资者投入企业的资本,并通过资本的投入谋求一定的经济利益;而资本公积有特定的来源,由所有者共同享有,也不一定需要谋求投资回报,其实质是投入资本本身运动产生的增值。资本公积的内容主要包括资本溢价和股本溢价、直接计入所有者权益的利得和损失等。

为了反映资本公积的增减变动情况,会计上需要设置"资本公积"账户进行核算。该账户的性质是所有者权益类。其贷方登记从各种来源渠道形成的资本公积数额,借方登记用资本公积转增资本的数额,期末余额在贷方表示资本公积的结余数额。该账户按资本公积形成的类别设置明细账户，具体包括以下明细账户：

（1）"股（资）本溢价"，反映企业实际收到的所有者投入资金大于注册资本的金额。

（2）"其他资本公积"，反映企业除股（资）本溢价以外的各项资本公积。

（二）资本溢价的会计处理

资本溢价是指在两个以上投资者合资经营的企业进行重组时，新投资者为了取得与原投资者相同的投资比例，而必须付出的出资额中超出原始投资者出资额的那部分资本。新投资者之所以要多付出资金是因为，企业在正常情况下的资本利润率要高于企业初创阶段的资本利润率。企业创立时，需经过筹建、试生产经营、为产品寻找市场、开辟市场等过程，从投入资金到取得投资回报，这中间需要许多时间，并且这种投资具有风险性，在这个过程中资本利润率很低。而企业进行正常生产经营后，在正常情况下资本利润率要高于企业初创阶段。而这高于初创阶段的资本利润率是以初创时必要的垫支资本带来的，企业创办者并为此付出了代价，作为对原投资者的一种补偿，新投资者要付出大于原有投资者的出资额，才能取得与原投资者相同的投资比例。另外，不仅原投资者原有投资从质量上发生了变化，就是从数量上也可能发生变化。这是因为企业经营过程中实现利润的一部分留在企业，形成留存收益，而留存收益也属于投资者收益，但其未转入实收资本。新投资者如与原投资者共享这部分留存收益，也要求其付出大于原投资者的出资额，才能取得与原投资者相同的投资比例。当企业收到投资者缴付的出资额时，应将其等于依约定比例计算的金额，计入"实收资本"账户，将其大于实收资本的差额，计入"资本公积——股本溢价"账户，同时，按全部出资额计入有关资产账户。例题见【例10-1】。

（三）股本溢价的会计处理

股本溢价是指股份有限公司溢价发行股票时，实际收到的款项超过股票面值总额的数额。由于股份有限公司是以发行股票的方式筹集股本，股票是企业签发的证明股东按其所持股份享有权利和承担义务的书面证明，为了反映和便于计算各股东所持股份占企业全部股本的比例，企业的股本总额应按股票的面值与股份总数的乘积计算。国家规定，实收股本总额与注册资本相等。因此，为了提供企业股本总额及其构成以及注册资本等信息，在股份有限公司采用溢价发行股票的情况下，企业发行股票取得的收入在扣除了支付给证券商的手续费用后全部计入"银行存款"账户的借方，相当于股票面值的部分计入"股本"账户的贷方，对于超过股本差额部分计入"资本公积——股本溢价"账户的贷方。例题见【例10-2】。

（四）其他资本公积的会计处理

1. 同一控制下企业合并中形成资本公积的会计处理

同一控制下的企业合并中，合并方以支付现金、转让非现金资产或承担债务方式作为合并对价的，应当在合并日按照取得被合并方所有者权益账面价值的份额作为长期股权投资的初始投资成本，长期股权投资初始投资成本与支付的现金、转让的非现金资产以及所承担债务账面价值之间的差额，应当调整资本公积（资本溢价或股本溢价），资本公积不足冲减的，调整留存收益（盈余公积和未分配利润）。

合并方以发行权益性证券作为合并对价的，应当在合并日按照取得被合并方所有者权益账面价值的份额作为长期股权投资的初始投资成本，按照发行股份的面值总额作为股本，长期股权投资初始投资成本与所发行股份面值总额之间的差额，应当调整资本公积（资本溢价或股本溢价），资本公积不足冲减的，调整留存收益。

2. 股份支付形成资本公积的会计处理

（1）企业为奖励本公司职工而收购本公司股份形成资本公积的会计处理。企业为奖励本公司职工而收购本公司股份，应按实际支付的金额，借记"库存股"科目，贷记"银行存款"等科目。同时，在备查簿中按实际支付的金额，借记"利润分配——未分配利润"科目，贷记"资本公积——其他资本公积"科目。将收购的股份奖励给本公司职工时，借记"资本公积——其他资本公积"科目，贷记"库存股"科目。

企业转让库存股，应按实际收到的金额，借记"银行存款"等科目，按转让库存股的账面余额，贷记"库存股"科目，按其差额，贷记"资本公积——股本溢价"科目；如为借方差额的，借记"资本公积——股本溢价"科目，股本溢价不足冲减的，应依次冲减盈余公积、未分配利润，借记"盈余公积""利润分配——未分配利润"科目。

企业注销库存股，应按股票面值和注销股数计算的股票面值总额，借记"股本"科目，按注销库存股的账面余额，贷记"库存股"科目，按其差额，借记"资本公积——股本溢价"科目，股本溢价不足冲减的，应依次冲减盈余公积、未分配利润，借记"盈余公积""利润分配——未分配利润"科目。

（2）企业以权益结算的股份支付换取职工或其他方提供服务的，应按权益工具授予日的公允价值，借记"管理费用"等相关成本费用科目，贷记"资本公积"科目（其他资本公积）。

在行权日，应按实际行权的权益工具数量计算确定的金额，借记"资本公积"科目（其他资本公积），按计入实收资本或股本的金额，贷记"实收资本"或"股本"科目，按其差额，贷记"资本公积"科目（资本溢价或股本溢价）。

（五）资本公积转增资本的会计处理

按照《公司法》的有关规定，企业的资本公积金可以用于转增资本，但不可以用于弥补企业的亏损。企业采用资本公积转增资本时，在办理完必要的增资手续后，会计上应当借记"资本公积"科目，贷记"实收资本（股本）"科目。

二、其他权益工具

企业发行的除普通股（作为实收资本或股本）以外，按照金融负债和权益工具区分原则分类为权益工具的其他权益工具，按照相关原则进行会计处理。

（一）会计处理的基本原则

企业发行的金融工具应当按照《企业会计准则第22号——金融工具确认和计量》进行初始确认和计量；其后，于每个资产负债表日计提利息或分派股利，按照相关具体企业会计准则进行处理。即企业应当以所发行金融工具的分类为基础，确定该工具利息支出或股利分配等的会计处理。对于归类为权益工具的金融工具，无论其名称中是否包含"债"，其利息支出或股利分配都应当作为发行企业的利润分配，其回购、注销等作为权益的变动处理；对于归类为金融负债的金融工具，无论其名称中是否包含"股"，其利息支出或股利分配原则上按照借款费用进行处理，其回购或赎回产生的利得或损失等计入当期损益。

企业（发行方）发行金融工具，其发生的手续费、佣金等交易费用，如分类为债务工具且以摊余成本计量的，应当计入所发行工具的初始计量金额；如分类为权益工具的，应当从权益（其他权益工具）中扣除。

（二）科目设置

金融工具发行方应当设置下列会计科目，对发行的金融工具进行会计核算：

（1）发行方对于归类为金融负债的金融工具在"应付债券"账户核算。"应付债券"账户应当按照发行的金融工具种类进行明细核算，并在各类工具中按"面值""利息调整""应计利息"设置明细账，进行明细核算（发行方发行的符合流动负债特征并归类为流动负债的金融工具，以相关流动性质的负债类账户进行核算，本教材在账务处理部分均以"应付债券"账户为例）。

对于需要拆分且形成衍生金融负债或衍生金融资产的，应将拆分的衍生金融负债或衍生金融资产按照其公允价值在"衍生工具"账户核算。对于发行的且嵌入了非紧密相关的衍生金融资产或衍生金融负债的金融工具，如果发行方选择将其整体指定为以公允价值计量且其变动计入当期损益的，则应将发行的金融工具的整体在以公允价值计量且其变动计入当期损益的金融负债等科目核算。

（2）在所有者权益类科目中设置"其他权益工具"账户，核算企业发行的除普通股以外的归类为权益工具的各种金融工具。"其他权益工具"账户应按发行金融工具的种类等进行明细核算。

（三）账务处理

1. 发行方的账务处理

（1）发行方发行的金融工具归类为债务工具并以摊余成本计量的，应按实际收到的金额，借记"银行存款"或"存放中央银行款项"等科目，按债务工具的面值，贷记"应付债券——优先股、永续债（面值）"等科目，按其差额，贷记或借记"应付债券——优先股、永续债（利息调整）等"科目。

在该工具存续期间，计提利息并对账面的利息调整进行调整等的会计处理，按照《企业会计准则第22号——金融工具确认和计量》中有关金融负债按摊余成本后续计量的规定进行会计处理。

（2）发行方发行的金融工具归类为权益工具的，应按实际收到的金额，借记"银行存款"或"存放中央银行款项"等科目，贷记"其他权益工具——优先股、永续债等"科目。

分类为权益工具的金融工具，在存续期间分派股利（含分类为权益工具的工具所产生的利息，下同）的，作为利润分配处理。发行方应根据经批准的股利分配方案，按应分配给金融工具持有者的股利金额，借记"利润分配——应付优先股股利、应付永续债利息等"科目，贷记"应付股利——优先股股利、永续债利息等"科目。

（3）发行方发行的金融工具为复合金融工具的，应按实际收到的金额，借记"银行存款"或"存放中央银行款项"等科目，按金融工具的面值，贷记"应付债券——优先股、永续债（面值）等"科目，按负债成分的公允价值与金融工具面值之间的差额，借记或贷记"应付债券——优先股、永续债等（利息调整）"科目，按实际收到的金额扣除负债成分的公允价值后的金额，贷记"其他权益工具——优先股、永续债等"科目。

发行复合金融工具发生的交易费用，应当在负债成分和权益成分之间按照各自占总发行价款的比例进行分摊。与多项交易相关的共同交易费用，应当在合理的基础上采用与其他类似交易一致的方法，在各项交易之间进行分摊。

（4）发行的金融工具本身是衍生金融负债或衍生金融资产或者内嵌了衍生金融负债或衍生金融资产的，按照金融工具确认和计量准则中有关衍生工具的规定进行处理。

（5）由于发行的金融工具原合同条款约定的条件或事项随着时间的推移或经济环境的改变而发生变化，导致原归类为权益工具的金融工具重分类为金融负债的，应当于重分类日，按该工具的账面价值，借记"其他权益工具——优先股、永续债等"科目，按该工具的面值，贷记"应付债券——优先股、永续债等（面值）"科目，按该工具的公允价值与面值之间的差额，借记或贷记"应付债券——优先股、永续债等（利息调整）"科目，按该工具的公允价值与账面价值的差额，贷记或借记"资本公积——资本溢价（或股本溢价）"科目，如资本公积不够冲减的，依次冲减盈余公积和未分配利润。发行方以重分类日计算的实际利率作为应付债券后续计量利息调整等的基础。

因发行的金融工具原合同条款约定的条件或事项随着时间的推移或经济环境的改变而发生变化，导致原归类为金融负债的金融工具重分类为权益工具的，应于重分类日，按金融负债的面值，借记"应付债券——优先股、永续债等（面值）"科目，按利息调整余额，借记或贷记"应付债券——优先股、永续债等（利息调整）"科目，按金融负债的账面价值，贷记"其他权益工具——优先股、永续债等"科目。

（6）发行方按合同条款约定赎回所发行的除普通股以外的分类为权益工具的金融工具，按赎回价格，借记"库存股——其他权益工具"科目，贷记"银行存款"等科目；注销所购回的金融工具，按该工具对应的其他权益工具的账面价值，借记"其他权益工具""科目，按该工具的赎回价格，贷记"库存股——其他权益工具"科目，按其差额，借记或贷记"资本公积——资本溢价（或股本溢价）"科目，如资本公积不够冲减的，依次冲减盈余公积和未分配利润。

发行方按合同条款约定赎回所发行的分类为金融负债的金融工具，按该工具赎回日的账面价值，借记"应付债券"等科目，按赎回价格，贷记"银行存款"等科目，按其差额，借记或贷记"财务费用"科目。

（7）发行方按合同条款约定将发行的除普通股以外的金融工具转换为普通股的，按该工具对应的金融负债或其他权益工具的账面价值，借记"应付债券""其他权益工具"等科目，按普通股的面值，贷记"实收资本（或股本）"科目，按其差额，贷记"资本公积——资本溢价（或股本溢价）"科目（如转股时金融工具的账面价值不足转换为1股普通股而以现金或其他金融资产支付的，还需按支付的现金或其他金融资产的金额，贷记"银行存款"等科目）。

【例10-4】C公司为股份有限公司。该公司经批准于2016年1月1日发行面值100万元，期限3年，利率10%的可转换公司债券。该债券以面值发行，债券期满时一次支付本金，利息按年支付。债券发行1年后可转换为普通股股票，每100元转普通股5股，每股面值为15元。发行债券时类似债券的市场利率为12%，假设该项债券无发行费。

可转换公司债券负债成分的公允价值 = 1 000 000 × 0.71178 + 1 000 000 × 10% × 2.40183
= 711 780 + 240 183 = 951 963（元）

可转换公司债券权益成分的公允价值 = 1 000 000 - 951 963 = 48 037（元）

2016年1月1日发行可转换公司债券时：

借：银行存款 1 000 000
　　应付债券——可转换公司债券（利息调整） 48 037
　　贷：应付债券——可转换公司债券（面值） 1 000 000
　　　　其他权益工具——可转换债券 48 037

2016年12月31日确认利息费用时：

借：财务费用 114 235.56（951 963 × 12%）
　　贷：应付债券——可转换公司债券（利息调整） 14 235.56
　　　　应付利息 100 000

2017年1月1日债券持有人行使转换权时的会计处理为：

可转换的股份数为：(951 963 + 100 000 + 14 235.56) ÷ 100 × 5 = 53 309.93（股）
转换后股票的面值 = 53 309（股）× 15（元）= 799 635（元）
不足1股部分需支付的现金 = 0.93（股）× 15（元）= 13.95（元）

借：应付债券——可转换公司债券（面值） 1 000 000
　　应付利息 100 000
　　其他权益工具——可转换债券 48 037
　　贷：股本 799 635
　　　　应付债券——可转换公司债券（利息调整） 33 801.44
　　　　资本公积——股本溢价 314 586.61
　　　　库存现金 13.95

2. 投资方的账务处理

金融工具投资方（持有人）考虑持有的金融工具或其组成部分是权益工具还是债务工具投资时，应当遵循《企业会计准则第22号——金融工具确认和计量》的相关要求，通常应当与发行方对金融工具的权益或负债属性的分类保持一致。例如，对于发行方归类为权益工具的非衍生金融工具，投资方通常应当将其归类为权益工具投资。

如果投资方因持有发行方发行的金融工具而对发行方拥有控制、共同控制或重大影响的，按照《企业会计准则第2号——长期股权投资》和《企业会计准则第20号——企业合并》的规定进行确认和计量；投资方需编制合并财务报表的，按照《企业会计准则第33号——合并财务报表》的规定编制合并财务报表。

第四节 其他综合收益

一、其他综合收益概述

其他综合收益是指企业根据其他会计准则规定未在当期损益中确认的各项利得和损失。

其他综合收益项目根据其他相关会计准则的规定可划分为两类。

（一）以后会计期间不能重分类进损益的其他综合收益项目

以后会计期间不能重分类进损益的其他综合收益项目主要包括：重新计量设定受益计划净负债或净资产导致的变动；按照权益法核算因被投资单位重新计量设定受益计划净负债或净资产变动导致的权益变动，投资企业按持股比例计算确认的该部分其他综合收益项目，以及在初始确认时企业可以将非交易性权益工具指定为以公允价值计量且其变动计入其他综合收益的金融资产，该指定后不得撤销，即当该类非交易性权益工具终止确认时原计入其他综合收益的公允价值变动损益不得重分类进损益。

（二）以后会计期间在满足规定条件时将重分类进损益的其他综合收益项目

（1）符合《企业会计准则第22号——金融工具确认和计量》规定，同时符合以下两个条件的金融资产应当分类为以公允价值计量且其变动计入其他综合收益：①企业管理该金融资产的业务模式既以收取合同现金流量为目标又以出售该金融资产为目标；②该金融资产的合同条款规定，在特定日期产生的现金流量，仅为对本金和以未偿付本金金额为基础的利息的支付。当该类金融资产终止确认时，之前计入其他综合收益的累计利得或损失应当从其他综合收益中转出，计入当期损益。

（2）按照《企业会计准则第22号——金融工具确认和计量》规定，对金融资产重分类按规定可以将原计入其他综合收益的利得或损失转入当期损益的部分。

（3）长期股权投资权益法核算中确认的其他综合收益。企业采用权益法核算长期股权投资时，随着被投资单位除净损益外其他所有者权益的变动，投资方的长期股权投资账面价值要相应地作出调整，以使长期股权投资的账面价值与应享有被投资单位所有者权益的份额保持一致。在持股比例不变的情况下，被投资单位除净损益以外所有者权益的其他变动，企业按持股比例计算应享有的份额，借记或贷记"长期股权投资——其他权益变动"科目，贷记或借记"其他综合收益"科目。待处置长期股权投资时，再将"其他综合收益"科目余额转入"投资收益"科目。

如果被投资单位的其他综合收益属于"以后会计期间在满足规定条件时将重分类进损益"类别，则投资方确认的份额也属于"以后会计期间在满足规定条件时将重分类进损益"类别。

（4）房地产转换形成的其他综合收益。企业自用房地产或存货转换为采用公允价值模式计量的投资性房地产时,应按转换日的公允价值,借记"投资性房地产"科目,按其账面价值,借记或贷记自用房地产相关科目,转换当日的公允价值大于原账面价值的差额,贷记"其他综合收益"科目。

处置该项投资性房地产时,应转销与其相关的其他综合收益,借记"其他综合收益"账户,贷记"投资收益"账户。

(5)现金流量套期保值涉及有效套期形成的其他综合收益。资产负债表日,满足运用套期会计方法条件的现金流量套期和境外经营投资套期产生的利得或损失,属于有效套期的,借记或贷记有关科目,贷记或借记"其他综合收益"科目,《企业会计准则第24号——套期保值》规定,在一定的条件下,将原直接计入所有者权益中的套期工具利得或损失转出,计入当期损益;属于无效套期的部分,应当计入当期损益。

(6)外币财务报表折算形成的其他综合收益。企业对境外经营的财务报表进行折算时,应当将外币财务报表折算差额在资产负债表中所有者权益项目下单独列示(其他综合收益);企业在处置境外经营时,应当将外币报表折算差额自所有者权益项目转入当期损益,部分处置境外经营的,应当按处置比例计算处置部分的外币财务报表折算差额,转入处置当期损益。

第五节 留存收益

一、留存收益概述

留存收益是指企业通过生产经营活动,从历年实现的利润中提取或形成的留存于企业的内部积累。其是企业经营所得净收益的积累,这部分经营积累为投资者所共有。其具体包括盈余公积和未分配利润两部分。

(一)盈余公积

盈余公积是企业从税后利润中提取的具有特定用途的各种积累资金。盈余公积包括法定盈余公积和任意盈余公积。法定盈余公积是指企业按照法律规定,必须提取所形成的盈余公积。现行财务制度规定,企业在年度终了,必须按当年税后利润扣掉被没收的财物损失,支付各项税收的滞纳金和罚款,以及弥补企业以前年度亏损后的余额的 10% 提取法定盈余公积,但此项公积金已达注册资本的 50% 时可不再提取。任意盈余公积是指股份制企业在用税后利润弥补亏损、提取法定盈余公积和支付优先股股利后,按照公司章程规定或经股东会议决议提取的盈余公积。法定盈余公积可以用于弥补以后年度亏损或补充实收资本(或股本)等,股份制企业经股东特别会议通过,也可用于分配股利。法定盈余公积转增资本(或股本)时,转增后留存的盈余公积不得少于注册资本的 25%。

(二)未分配利润

未分配利润是指企业留待以后年度分配的利润或尚未指定用途的利润,也是企业所有者权益的组成部分。相对于所有者权益的其他部分来说，企业对于未分配利润的使用分配有较大的自主权。从数量上来说，未分配利润是期初未分配利润加上本年度实现的税后利润，减去提取的各种盈余公积和分出利润后的余额。

二、盈余公积的会计处理

为了核算盈余公积的增减变动情况，会计上需要设置"盈余公积"账户。该账户的性质属于所有者权益类账户。其贷方登记按一定标准提取的盈余公积数，借方登记按规定用途使用的盈余公积数，期末余额在贷方，反映盈余公积的结余数。本账户按照盈余公积的种类进行明细核算。

企业提取盈余公积金时，按实际提取数，借记"利润分配——提取盈余公积"科目，贷记"盈余公积——法定盈余公积、任意盈余公积"科目。

当企业发生特大亏损，税后利润仍不足抵补时，按规定可用盈余公积弥补亏损。此时，应按用盈余公积实际弥补亏损的数额，借记"盈余公积——法定盈余公积、任意盈余公积"科目，贷记"利润分配——盈余公积补亏"科目。

当企业按规定用盈余公积转增资本金时，应按实际转增的数额，借记"盈余公积——法定盈余公积、任意盈余公积"科目，贷记"实收资本"（或股本）科目。

股份制企业当年无利润可分配时，为了维护企业股票信誉，也为了使投资者不对企业失去信心，在用盈余公积弥补亏损后，经股东特别会议决定可用盈余公积按不超过股票面值6%的比率分配股利。这时，应按实际用盈余公积分配股利的数额，借记"盈余公积"账户，贷记"应付股利"账户。

三、未分配利润的会计处理

为了核算未分配利润，应在"利润分配"账户下设置"未分配利润"明细账户。年度终了，企业应将全年实现的净利润，自"本年利润"账户转入"利润分配——未分配利润"账户。如为盈利，应借记"本年利润"科目，贷记"利润分配——未分配利润"科目；如为亏损，应借记"利润分配——未分配利润"科目，贷记"本年利润"科目。同时，将"利润分配"账户下的其他明细科目：应付股利、提取盈余公积、盈余公积补亏等科目的余额，转入"未分配利润"明细科目。结转后，"未分配利润"明细科目的贷方余额就是累积的未分配利润数额。如出现借方余额，则表示累积的未弥补亏损数额。

【例10-5】A公司2017年实现净利润2 000 000元，本年提取法定盈余公积200 000元，任意盈余公积100 000元，应付股利为1 300 000元。A公司编制的会计分录如下：

① 借：本年利润　　　　　　　　　　　　　　　　　　2 000 000
　　　贷：利润分配——未分配利润　　　　　　　　　　　　　　2 000 000
② 借：利润分配——提取法定盈余公积　　　　　　　　　200 000
　　　　　　　　　——提取任意盈余公积　　　　　　　　100 000
　　　　　　　　　——应付普通股股利　　　　　　　　1 300 000
　　　贷：盈余公积——法定盈余公积　　　　　　　　　　　　　200 000
　　　　　　　　　——任意盈余公积　　　　　　　　　　　　　100 000

应付股利		1 300 000
③借：利润分配——未分配利润	1 600 000	
贷：利润分配——提取法定盈余公积		200 000
——提取任意盈余公积金		100 000
——应付普通股股利		1 300 000

　　根据上述会计分录处理的结果，"利润分配——未分配利润"科目的贷方余额为400 000元，该项数额为该公司本年末的未分配利润400 000元。假定该公司有年初未分配利润100 000元，则"未分配利润"的年末贷方余额就是500 000元，表示到本年末止累积的未分配利润为500 000元，也就是该公司下年初的未分配利润。

四、未弥补亏损的会计处理

　　企业在生产经营过程中既可能发生盈利，也有可能出现亏损，企业发生亏损时，应当由企业自行弥补。企业弥补亏损的渠道主要有三种：一是用以后年度税前利润弥补。按照现行制度规定，企业发生亏损时，可以用以后5年内实现的税前利润弥补，即税前利润弥补亏损的时间为5年。二是用以后年度实现的税后利润弥补。企业发生的亏损经过5年期间未弥补足额的，尚未弥补的亏损应由所得税后的利润弥补。三是以盈余公积弥补亏损。企业以提取的盈余公积弥补亏损时，应由公司董事会提议，并经股东大会决议批准。企业在当年发生亏损的情况下，与实现利润的情况相同，应当将本年发生的亏损自"本年利润"科目，转入"利润分配——未分配利润"科目，借记"利润分配——未分配利润"科目，贷记"本年利润"科目，结转后，"利润分配"科目的借方余额，即为未弥补亏损的数额。第2年实现了盈利，用同样的方法自"本年利润"科目，转入"利润分配——未分配利润"科目，借记"本年利润"科目，贷记"利润分配——未分配利润"科目，结转后，在"利润分配——未分配利润"科目中自然抵减了上年转来的未弥补亏损（即未分配利润的借方余额），无需再做专门的会计分录。

　　应当注意的是，由于未弥补亏损形成的时间长短不同等原因，以前年度未弥补亏损，有的可以以当年实现的税前利润弥补，有的则须用税后利润弥补。无论是以税前利润还是以税后利润弥补亏损，其会计处理方法相同，所不同的只是两者在企业申报交纳所得税时，税前利润弥补亏损的数额可以抵减当期企业应纳税的所得额，而税后利润弥补亏损的数额不能作为纳税所得额扣除处理。

　　【例10-6】A公司2012年发生亏损1 200 000元。假定2013年到2017年该企业每年均实现利润总额200 000元。假定A公司2018年实现利润总额为400 000元。A公司所得税率为25%。所得税用资产负债表债务法核算。A公司编制的会计分录如下：

2012年末：

借：利润分配——未分配利润	1 200 000	
贷：本年利润		1 200 000
借：递延所得税资产	250 000	
贷：所得税费用		250 000

　　按照现行制度规定，企业在发生亏损以后的5年内可以以税前利润弥补亏损。因此，

A公司在2013年至2017年均可在税前利润弥补亏损。此时，A公司从2013年至2017年每年末编制的会计分录如下：

　　借：本年利润　　　　　　　　　　　　　　　　　200 000
　　　　贷：利润分配——未分配利润　　　　　　　　　　　　　200 000
　　借：所得税费用　　　　　　　　　　　　　　　　 50 000
　　　　贷：递延所得税资产　　　　　　　　　　　　　　　　　 50 000

至2017年末A公司未分配利润有借方余额200 000元（即未弥补亏损）。按现行制度规定，这200 000元的未弥补亏损只能由以后年度的税后利润予以弥补。2018年A公司应交所得税为100 000元（400 000×25%），2018年末A公司税后利润为300 000元（400 000－100 000），2018年末A公司编制的会计分录如下：

　　①借：所得税费用　　　　　　　　　　　　　　　　100 000
　　　　贷：应交税费——应交所得税　　　　　　　　　　　　　100 000
　　②借：本年利润　　　　　　　　　　　　　　　　　100 000
　　　　贷：所得税费用　　　　　　　　　　　　　　　　　　　100 000
　　③借：本年利润　　　　　　　　　　　　　　　　　300 000
　　　　贷：利润分配——未分配利润　　　　　　　　　　　　　300 000

根据上述会计分录处理的结果，"利润分配——未分配利润"科目的贷方余额为100 000元（－200 000＋300 000）。

假定本例中其他资料不变，A公司2018年实现利润总额为200 000元，则2018年A公司编制的会计分录如下：

　　借：所得税费用　　　　　　　　　　　　　　　　　 50 000
　　　　贷：应交税费——应交所得税　　　　　　　　　　　　　 50 000
　　借：本年利润　　　　　　　　　　　　　　　　　　 50 000
　　　　贷：所得税费用　　　　　　　　　　　　　　　　　　　 50 000
　　借：本年利润　　　　　　　　　　　　　　　　　　150 000
　　　　贷：利润分配——未分配利润　　　　　　　　　　　　　150 000

2018年末A公司未分配利润账户的余额（未弥补亏损）为－50 000元（－200 000＋150 000）。

五、以前年度损益调整

企业年终结账后，如果由于以前年度重大会计差错等原因而导致多记利润或少记利润，但是以前年度的账目已经结清，不能再调整以前年度利润的，应通过"以前年度损益调整"账户核算，并将其余额转入"利润分配——未分配利润"明细账户核算。

企业调整增加以前年度利润或调整减少以前年度亏损时，贷记"以前年度损益调整"科目，借记有关科目；由于以前年度损益调整增加的所得税费用，借记"以前年度损益调整"科目，贷记"应交税费——应交所得税"科目；由于以前年度损益调整减少的所得税费用做相反的会计分录。经过上述调整后，应将"以前年度损益调整"科目的余额转入"利润分配——未分配利润"科目。具体核算方法见有关章节。

关键词

所有者权益　实收资本　其他权益工具　资本公积　其他综合收益　留存收益

复习思考题

1. 简述负债和所有者权益的不同。
2. 简述其他权益工具会计处理的基本原则。
3. 简述资本公积、盈余公积的会计处理特点。
4. 简述未分配利润的含义及确定。

第十一章 收　入

第一节　收入概述

一、收入的概念

收入是指企业在日常活动中形成的、会导致所有者权益增加的、与所有者投入资本无关的经济利益的总流入。

日常活动是指企业为完成其经营目标所从事的经常性活动，以及与之相关的其他活动。例如，工商企业销售商品、咨询公司提供咨询服务、建筑公司提供建造服务、安装公司提供安装服务等均属于企业完成其经营目标所从事的日常活动，由此产生的经济利益的总流入构成收入。

二、收入的特征

收入的特征归纳起来有以下几点：

（1）收入从企业的日常活动中产生。如工商企业销售商品、提供劳务产生的收入等均属于日常活动。企业在非日常活动中所形成的经济利益的流入不能确认为收入，而应当计入利得。如工商企业出售生产用的固定资产，则不属于日常活动。因为工商企业购入固定资产是为了使用，而不是为了出售，因此，出售固定资产获得的净收益不构成收入，而是利得。

（2）收入会导致企业所有者权益的增加。与收入相关的经济利益的流入应当会导致所有者权益增加，不会导致所有者权益增加的经济利益的流入不符合收入的定义，不应确认为收入。例如，企业向银行借入款项，尽管也导致了企业经济利益的流入，但该流入并不导致所有者权益的增加，反而使企业承担了一项现时义务。企业对于因借入款项所导致的经济利益的增加，不应将其确认为收入，应当确认一项负债。

（3）收入是与所有者投入资本无关的经济利益的总流入。收入应当会导致经济利益的流入，从而导致资产的增加。例如，企业销售商品，应当收到现金或者在未来有权收到现金才表明该交易符合收入的定义。但是在实务中，经济利益的流入有时是所有者投入资本的增加所导致的，所有者投入资本的增加不应当确认为收入，应当将其直接确认为所有者权益。

企业以存货换取客户的存货、固定资产、无形资产以及长期股权投资等按照《企业会计准则第 14 号——收入》的规定进行会计处理；其他非货币性资产交换按照非货币性资产交换的规定进行会计处理。本章不涉及企业对外股权投资获得的股利收入、进行债券类投资获得的利息收入、与保险合同相关的保费收入等。

第二节 收入的确认与计量

收入的确认是指收入在什么时候作为收入要素记账，并在利润表上反映。收入确认的核心原则是企业应当在履行了合同中的履约义务，即在客户取得相关商品的控制权时确认收入。取得相关商品控制权是指能够主导该商品的使用并从中获得几乎全部的经济利益。基于该核心原则，可以将收入的确认和计量分为五个步骤（"五步法"模型如图 11-1 所示），即识别与客户订立的合同、识别合同中的单项履约义务、确定交易价格、将交易价格分摊至各单项履约义务、履行每一单项履约义务时确认收入。

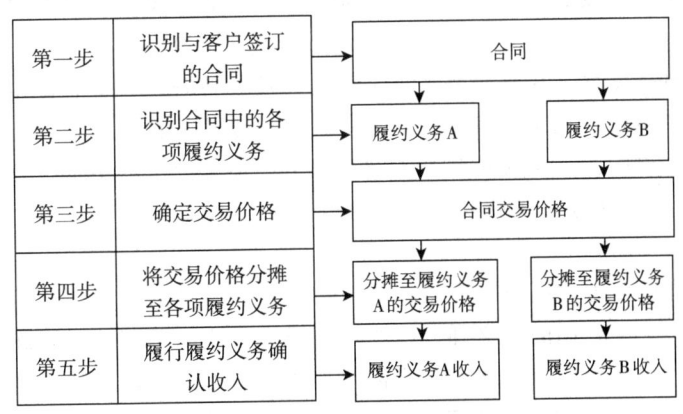

图 11-1 "五步法"模型

【例 11-1】A 公司与 B 公司签订销售合同，向 B 公司销售产品 X 和 Y 以及同时提供相关服务 Z，合同约定价格为 100 000 元，产品 X 和 Y 单独对外出售时的售价分别是 50 000 元，Z 服务单独对外提供时的售价为 25 000 元。X 和 Y 为控制权在某一时点转移的商品，服务 Z 为在一年内逐步转移的服务。

按照"五步法"模型分析：

第一步，识别与客户签订的合同。本例中，A 公司与 B 公司已签署合同。

第二步，识别合同中的各项履约义务。本例中，A公司将产品X、Y和相关服务Z分别出售给客户，B公司能够分别单独地从这三种产品获益，构成三项单独的履约义务。

第三步，确定交易价格。本例中，合同确定的交易价格为100 000元。

第四步，将交易价格分摊至各项履约义务。本例中，将交易价格按照折扣率计算平均分摊至X、Y和相关服务Z，单独售价总额125 000元（50 000＋50 000＋25 000），交易价格总额100 000元，折扣率20%［（100 000÷125 000）×100%］，产品X和Y的交易价格为40 000元（50 000×80%），服务Z的交易价格为20 000元（25 000×80%）。

第五步，履行履约义务确认收入。本例中，产品X、Y的控制权转移时分别确认收入40 000元，服务Z在提供Z服务的期间内确认收入20 000元。

一、识别与客户订立的合同

（一）客户

客户是指与企业订立合同以向该企业购买其日常活动产出的商品或服务并支付对价的一方。客户是为了获取企业日常活动产出的商品或服务。如果一项交易或事件不是因与客户之间的合同而发生，那么该交易或事件产生的收入不属于收入确认的范围，而应当按照其他相关规定进行会计处理。如果合同的对方属于以下情况，则并非客户：例如，对方与主体订立合同以参与一项活动或过程，其中合同各方分担及分享源自该活动或过程（如根据协作安排开发一项资产）的风险及利益，而非获取主体正常经营活动的产出。

【例11-2】A制药公司与B生物科技公司签订一份合作协议，双方共同对一款新药物进行研发和商品化。B生物科技公司负责研发活动，A制药公司负责新药物的商品化。A制药公司与B生物科技公司同意平等参与研发和商品化活动的成果分配。A制药公司在研发阶段达到某些里程碑时需要向B生物科技公司支付款项。

本例中，A制药公司与B生物科技公司共同开展新药物的研发和商品化。双方平等地分享整个研发和商品化的风险和报酬，这是一项共同经营安排。如果该共同经营安排的合同中有其他交易，例如，合营安排将产品销售给某一合作方，则整体合营安排中可能包含了《企业会计准则第14号——收入》规范的内容。

（二）合同

合同是指双方或多方之间订立有法律约束力的权利义务的协议。合同有书面形式、口头形式以及其他形式。合同的定义强调，当双方或多方之间达成的协议确立了有约束力的权利和义务时，才存在合同。合同不一定需要采用书面形式，口头的或其他可验证的方式（如电子邮件的方式），只要是合同确立了对各方具有约束力的权利和义务，合同即存在。

当企业与客户之间的合同同时满足下列条件时，企业应当在客户取得相关商品控制权时确认收入：①合同各方已批准该合同并承诺将履行各自义务；②该合同明确了合同各方与所转让商品或提供劳务相关的权利和义务；③该合同有明确的与所转让商品相关的支付条款；④该合同具有商业实质，即履行该合同将改变企业未来现金流量的风险、时间分布或金额；⑤企业因向客户转让商品而有权取得的对价很可能收回。

在合同开始日即满足前款条件的合同，企业在后续期间无需对其进行重新评估，除非有迹象表明相关事实和情况发生重大变化。合同开始日通常是指合同生效日。

收回价款的可能性只是应用收入确认模型前的先决问题。企业只有在合同开始日即"很可能"收到因向客户转让商品或服务而有权获得的对价时才能应用收入确认模型。对收回价款有问题的合同应用收入模型确认收入的同时应确认大额减值损失。在合同开始日,确定企业是否很可能收回因向客户转让商品或服务而有权取得的对价前,企业可能首先需要确定其有权取得的对价金额。在某些情况下,企业有权获得的对价金额可能低于合同规定的价格。这可能是因为企业向客户提供价格折让或企业有权获得的对价金额因其他原因(如奖金承诺)而发生变化。

【例11-3】A房地产公司与客户B公司订立一项销售合同,以5 000 000元的价格出售一栋建筑物。B公司计划在该建筑物内开设一家餐馆。在该建筑物所在的地区,新餐馆面临激烈竞争且该客户缺乏餐饮行业的经营经验。B公司在合同开始时向A房地产公司支付了不可返还的保证金250 000元,并就剩余95%的已承诺对价与A房地产公司签订长期融资协议。融资安排在无追索权的基础上提供,这意味着如果客户违约,则A房地产公司可重新拥有该建筑物,但不能向B公司索取进一步赔偿,即使抵押物不能涵盖所欠款项的总值。A房地产公司就该建筑物发生的成本为3 000 000元。B公司在合同开始时获得对该建筑物的控制。

本例中,B公司计划主要以其餐饮业务产生的收益来偿还贷款,该业务因行业内竞争激烈和客户的经验有限而面临重大风险,也缺乏可用以偿还贷款的其他收益或资产,同时由于贷款不附追索权,因此客户对该贷款承担的负债有限。虽然如果B公司违约,A房地产公司可重新拥有该建筑物,但不能向B公司索取进一步赔偿。因此,该合同不满足对价很可能收回的条件,A房地产公司应将不可返还的250 000元作为保证金负债进行会计处理。

如果在合同开始日认为"很可能收到对价",从而满足前述五项条件,则应当按照规定确认相关收入,事实和情况的后续变化表明客户信用风险增加,应收款项有发生预期信用损失可能的,应当按照预期信用损失模型对应收款项的坏账准备进行测算和会计处理。

在合同开始日,如果合同不符合前述五项条件,企业应当对其进行持续评估,并在其满足会计准则规定的五项条件时按照《企业会计准则第14号——收入》进行会计处理。对于不符合前述五项条件的合同,只有在企业不再负有向客户转让商品的剩余义务,且已向客户收取的对价无需退回时,将已收取的对价确认为收入;否则,应当将已收取的对价作为负债进行会计处理。

【例11-4】A供电公司与用户B公司签订供电合同,从20×7年1月1日起每月向B公司供电,并在当月月末收取电费。在合同签订时,A供电公司向B公司收取了一次入网费10 000元,并预期能够取得2年的全部电费收入,合同期限为2年。B公司从第7个月起未支付电费。根据当地相关法律规定,A供电公司不能立即停止供电,需要先履行催交程序。B公司经催告后,仍不缴费,则A供电公司可自首次欠费后的第5个月(即该年12月)起停止供电。

本例中,对于每月供电收入:7月份,B公司停止缴费,但是A供电公司经过评估认为仍很有可能取得对价,所以此时仍满足合同成立的条件,仍应继续确认供电收入,但同时需要考虑计提应收账款的坏账;9月份,B公司已持续2个月未缴费,A供电公司经评估认为不是很可能收回对价,此时已不再满足合同成立的条件,不再继续确认供电收入。对于一次性入网费收入:9月份,合同已经不再满足成立的条件,A供电公司收取的一次入网费(在24个月内摊销)无需退还,但是A供电公司仍负有向客户转让商品(或提供服务)的剩余履约义务(需要持续供电到12月份),所以此时不应将入网费确认为收入,而应作为负债;12月份,此时A供电公司收取的一次入网费无需退还,并且A供电公司不再负有向客户转让商品(或提供服务)的剩余履约义务(已经持续供电到12月份),所以此时可将尚未摊销的入网费确认为收入。

企业与客户之间的不具有商业实质的非货币性资产交换不应确认收入,如两家石油公司之间同意交换石油以便及时满足其位于不同指定地点的客户需求的合同。

(三) 合同合并

企业与同一客户(或该客户的关联方)同时订立或在相近时间内先后订立的两份或多份合同,在满足下列条件之一时,应当合并为一份合同进行会计处理:①该两份或多份合同基于同一商业目的而订立并构成一揽子交易。②该两份或多份合同中的一份合同的对价金额取决于其他合同的定价或履行情况。③该两份或多份合同中所承诺的商品(或每份合同中所承诺的部分商品)构成《企业会计准则第14号——收入》规定的单项履约义务。

【例11-5】A软件公司与B公司签订一项软件的授权许可合同,允许B公司使用其开发的客户关系管理软件。3天后,A软件公司与B公司签订了另一份咨询服务合同,A软件公司将根据B公司的IT运行环境,对B公司的客户关系管理软件进行重大的修改或定制。B公司在定制服务完成之前不能使用该软件。

本例中,对于A软件公司,由于这两份合同几乎是在同一时间与同一客户签订的,合同中的商品或服务整体看是一个定制软件,即仅有一项履约义务,因此两份合同应合并。

(四) 合同变更

合同变更是指经合同各方批准对原合同范围或价格作出的变更。企业应当区分下列三种情形对合同变更分别进行会计处理:

(1) 合同变更增加了可明确区分的商品及合同价款,且新增合同价款反映了新增商品单独售价的,应当将该合同变更部分作为一份单独的合同进行会计处理。

(2) 合同变更不属于上述(1)规定的情形,且在合同变更日已转让的商品或已提供的服务与未转让的商品或未提供的服务之间可明确区分的,应当视为原合同终止,同时,将原合同未履约部分与合同变更部分合并为新合同进行会计处理。

(3) 合同变更不属于上述(1)规定的情形,且在合同变更日已转让的商品与未转让的商品之间不可明确区分的,应当将该合同变更部分作为原合同的组成部分进行会计处理,由此产生的对已确认收入的影响,应当在合同变更日调整当期收入。

【例11-6】A设备制造公司与B公司签订一项大型设备制造合同,A设备制造公司为B公司建造1台大型定制设备,合同总金额为1 000 000元,合同预计总成本为700 000元。假定该合同属于在某一时间段内履行的履约义务,A设备制造公司根据累计发生的合同成本占合同预计总成本的比例确定履约进度。第1年末,A设备制造公司累计发生成本

210 000 元，履约进度为 30%（210 000÷700 000），第 1 年末，A 设备制造公司应确认收入 300 000 元（1 000 000×30%）。第 2 年初，A 设备制造公司和 B 公司同意更改定制设备的规格，并将合同价格增加 200 000 元，对应的预计合同总成本增加 100 000 元。

本例中，合同变更后的设备与变更前的设备之间不可明确区分，因此，应当将该合同变更部分作为原合同的组成部分进行会计处理。合同变更后的合同总金额为 1 200 000 元（1 000 000 + 200 000），A 设备制造公司重新估算的设备的预计总成本为 800 000 元（700 000 + 100 000），调整后的已履约进度为 26.25%（210 000÷800 000），A 设备制造公司应在合同变更日调整设备的累计收入 15 000 元（1 200 000×26.25% − 300 000）。

二、识别合同中的单项履约义务

履约义务是指合同中企业向客户转让可明确区分商品的承诺。履约义务既包括合同中明确的承诺，也包括由于企业已公开宣布的政策、特定声明或以往的习惯做法等导致合同订立时客户合理预期企业将履行的承诺。合同开始日，企业应当对合同进行评估，识别该合同所包含的各单项履约义务，并确定各单项履约义务是在某一时段内履行，还是在某一时点履行，然后在履行了各单项履约义务时分别确认收入。

在识别履约义务之前，需要先识别合同中所有已承诺的商品或服务。在很多情况下，合同中已承诺的商品或服务均明确列示与合同中。但有些情况下，企业的商业惯例、公开宣布的政策、特定声明等可能隐含了提供商品或服务的承诺。如果这些惯例或政策使得客户形成企业将向其转让商品或服务的有效预期，则企业在确定履约义务时应当考虑此类隐含的承诺。例如，某汽车制造商一直以来都向通过经销商购买汽车的最终用户提供两年免费维修服务。该为期两年的免费维修服务并未在与经销商的合同中明确说明，而是一般在汽车制造商的汽车广告中说明。汽车制造商向通过经销商购买汽车的最终用户提供两年免费维修服务虽并未在合同中列示，但导致客户形成了企业将向其转让商品或服务的有效预期，因此该维修服务应当作为合同中已承诺的商品或服务的一项。

企业为履行合同而应开展的初始活动通常不构成履约义务，除非该活动向客户转让了承诺的商品。例如，在一项长期的供应合同中，企业需要开展前期的工程设计服务，以开发新的或调整现有的技术，以满足客户的需求，这些初始活动通常是企业向客户转让商品或服务的先决条件，并未向客户转让了相关商品或服务，所以通常并不构成履约义务。

单项履约义务包括两类：一项可明确区分的商品或服务；一系列实质相同且转让模式相同的、可明确区分商品或服务。

（一）一项可明确区分的商品或服务

企业向客户承诺的商品同时满足下列条件的，应当作为可明确区分商品：

（1）客户能够从该商品本身或从该商品与其他易于获得资源一起使用中受益；

（2）企业向客户转让该商品的承诺与合同中其他承诺可单独区分。下列情形通常表明企业向客户转让该商品的承诺与合同中其他承诺不可单独区分：①企业需提供重大的服务以将该商品与合同中承诺的其他商品整合成合同约定的组合产出转让给客户。②该商品将对合同中承诺的其他商品予以重大修改或定制。③该商品与合同中承诺的其他商品具有高度关联性。

（二）一系列实质相同且转让模式相同的、可明确区分商品或服务

企业向客户转让一系列实质相同且转让模式相同的、可明确区分商品的承诺，也应当作为单项履约义务。转让模式相同是指每一项可明确区分商品均满足《企业会计准则第14号——收入》规定的在某一时段内履行履约义务的条件，且采用相同方法确定其履约进度。在判断一系列商品或服务是否构成单项履约义务时，首先需要确定一系列商品或服务中所包含的每项商品或服务都应当是可明确区分的，且是实质上相同的。在考虑一系列可明确区分的商品或服务是否实质上相同时，首先应当确定企业承诺为客户提供的服务的性质。如果承诺的性质是提供特定数量的服务，例如，在合同期内提供每月的薪酬外包服务，评估时应当考虑每项服务是否可明确区分且实质上相同。相反，如果企业承诺的性质是准备好或在一段时间内提供单一服务，例如，提供服务的数量不确定的酒店管理服务，评估时应当考虑每个时间增量（如每小时或每天）而非潜在的活动是否可明确区分且实质上相同。例如，提供每月的薪酬外包服务，承诺的性质是在1年内提供12个实质上相同的可区分明确的服务；提供的是酒店管理服务，承诺的性质是提供每天的管理服务，虽然每天或每天中的不同时段所提供的潜在活动可能都不一样（如职工管理、培训或会计服务），但是企业每天或每天中的不同时段所提供的管理服务是可明确区分的且实质上相同的。

三、确定交易价格

交易价格是指企业因向客户转让商品或服务而预期有权收取的对价金额，不包括代第三方收取的款项（如某些销售税金）以及企业预期将退还给客户的款项，这部分款项应当作为负债进行会计处理，不计入交易价格。

预期有权收取的金额是预期将收取的金额，而并非以企业预计最终收回的金额为基础。即收入应针对折扣及类似项目进行调整，但不应针对预期的坏账作出扣减。企业在确定其预期有权收取的金额时，应考虑导致客户形成企业将仅要求支付部分合同列明价格的有效预期的过往商业惯例、已公布政策或特定声明。例如，如果涉及特定客户的过往商业惯例表明企业通常仅要求支付合同列明价格的90%（即可免除支付余下的10%），对于与同一客户订立的新合同而言，交易价格可确定为合同列明价格的90%。

（一）可变对价

折扣、退款、返利、积分、价格折让、退货、绩效奖金、罚款、特许权使用费等项目都可能产生可变对价。根据事实与情况的不同，企业以期望值或最可能发生金额来估计可变对价的金额。但是，企业可能需要对可计入交易价格的可变对价金额加以限制，企业计入交易价格的可变对价金额以后续"极可能"不会发生重大转回（即对已确认的累计收入金额进行重大下调）的金额为限。即使是固定价格的合同，如果在履约义务得以满足后，也不确定企业是否将有权获得所有对价，则对收入的限制也适用于此类合同。例如，企业与客户签订合同以提供法律服务并收取固定费用，但是只有当法院判决有利于客户时，企业才会取得报酬。尽管法律服务已经提供，但是在法院对案件作出判决之前，企业可能无法确认收入。如果管理层认为该笔收费极可能不会导致累计已确认收入的重大转回，则企业将在法院判决之前确认收入。

对于授予知识产权许可而产生的基于实际销售或使用情况的特许权使用费，在可变对价的限制上给出了一个豁免，提出了更高的收入确认门槛。特许权使用费直到其金额不再可变（即发生后续销售或使用与相关履约全部或部分履行的较晚时间，即使企业拥有证明客户持续出售或使用情况的以往证据），才能计入交易价格。这些豁免仅限于基于实际销售或使用情况的特许权使用费，不适用于其他特许权安排。

每一资产负债表日，企业应当重新估计应计入交易价格的可变对价金额，包括重新评估将估计的可变对价计入交易价格是否受到限制，以如实反映报告期末存在的情况以及报告期内发生的情况变化。

（二）非现金对价

非现金对价的形式包括材料、设备、人工、股权等，企业应以公允价值计量其在交易中交换的任何非现金对价。如果企业不能合理估计非现金对价的公允价值，其将参照该项安排中所承诺商品或服务的单独售价间接计量该对价。客户可能投入商品或服务（如材料或劳动力）以完成合同的履行。企业应评估其是否取得了该客户所投入商品或服务的控制权，以确定这些商品或服务是否为非现金对价，而构成企业的收入。

非现金对价的公允价值可能因对价的形式而发生变动，也可能因对价形式以外的原因而发生变动，例如，非现金对价为股票的，股票本身的价格变动就属于因对价的形式而发生变动。非现金对价的公允价值因对价的形式以外的原因而发生变动的，应当作为可变对价进行处理；非现金对价的公允价值因对价的形式而发生变动的，该变动不应计入交易价格。

（三）重大融资成分

如果合同中存在重大融资成分，则在估计合同的交易价格时，企业需调整承诺的对价金额，以反映货币的时间价值。企业应当按照假定客户在取得商品控制权时即以现金支付的应付金额（现销价格）确定交易价格。该交易价格与合同对价之间的差额，应当在合同期间内采用实际利率法摊销。如果客户在控制权转移前为商品或服务支付预付款，可能导致确认利息费用；而对于延后付款的商品或服务，可能导致确认利息收入。

在评估一份合同是否存在重大融资成分时，企业应考虑的因素包括：①企业预计客户取得商品或服务的控制权与客户支付价款之间时间间隔的长短；②如果客户在取得商品或服务控制权时即以现金支付，应付金额是否会有重大不同；③合同中的利率与相关市场中的现行利率。另外，还有以下两种不存在重大融资成分的情形：①所承诺的对价金额的相当一部分是可变的，并且付款金额（或金额及其时间）因不受企业或客户控制的因素（如基于销售的特许权使用费）而变动。②合同对价与现金售价之间的差额是因为向企业或客户提供融资之外的其他原因（如对不履行义务的保护）而产生的。允许企业在评估是否存在重大融资成分时，考虑合同各方的意图。例如，长期建筑及制造合同中约定有保留款项，即合同价格的一部分要保留到履约义务完成后或者到某一商定时点才支付，设定这样的支付条款可能与融资因素无关。

通常情况下，在实务中如果企业预计客户取得商品或服务的控制权与客户支付价款间隔不超过一年，则可以不考虑合同中存在的重大融资成分。

(四) 应付客户对价

应付客户对价包括向客户支付的现金或授予的奖励积分等,如礼品券、折扣券、批量回扣、货架展位付款等。向客户或向客户购买本企业商品的第三方支付(或预计将支付)的对价应冲减交易价格,除非该付款是为了向客户取得其他可明显区分的商品或服务。企业应在确认相关收入与支付或承诺支付客户对价两者孰晚的时点确认冲减当期收入。

应付客户对价是为了向客户取得其他可明显区分的商品或服务的,其会计处理应当与本企业其他采购的会计处理保持一致。如果应付客户对价超过向客户取得可明显区分商品或服务的公允价值的,超过金额冲减交易价格。

四、将交易价格分摊至各单项履约义务

当合同中包含两项或多项履约义务时,企业应当在合同开始日,按照各单项履约义务所承诺商品的单独售价的相对比例,将交易价格分摊至各单项履约义务。

单独售价是指企业向客户单独销售商品或服务的价格。商品或服务单独售价的最佳证据是在类似环境下向类似客户单独销售该商品或服务时可观察到的价格。然而,如果单独售价无法直接观察获得,则企业应通过以下方式进行估计:①市场调整法。其是指企业根据某商品或类似商品的市场售价考虑本企业的成本和毛利等进行适当调整后,确定其单独售价的方法;②成本加成法。其是指企业根据某商品的预计成本加上其合理毛利后的价格,确定其单独售价的方法;③余值法。其是指企业根据合同交易价格减去合同中其他商品可观察的单独售价后的余值,确定某商品单独售价的方法。在估计单独售价时,企业应当最大限度地采用可观察的输入值,并对类似的情况采用一致的估计方法。

企业在商品近期售价波动幅度巨大,或者因未定价且未曾单独销售而使售价无法可靠确定时,可采用余值法估计其单独售价。

【例11-7】A公司与B公司签订一份销售合同,以1 000 000元的合同价格向B公司销售X、Y、Z三种产品,这三种产品构成三个单独履约义务。X产品的单独售价为300 000元,Y产品的单独售价为750 000元,Z产品的单独售价为450 000元。X产品于合同开始日交付,Y和Z产品在一个月后交付,只有在三种产品全部交付后A公司才有权向B公司收取1 000 000元的合同对价,三种产品的控制权在交付时转移。假定上述价格均不包含增值税。

本例中,X产品应分摊的合同价格为200 000元[(300 000÷1 500 000)×1 000 000],Y产品应分摊的合同价格为500 000元[(750 000÷1 500 000)×1 000 000],Z产品应分摊的合同价格为300 000元[(450 000÷1 500 000)×1 000 000]。A公司编制的会计分录如下:

(1) X产品交付时:

借:合同资产　　　　　　　　　　　　　　　　　　　200 000
　　贷:主营业务收入　　　　　　　　　　　　　　　　200 000

(2) Y和Z产品交付时:

借:应收账款　　　　　　　　　　　　　　　　　　1 000 000
　　贷:合同资产　　　　　　　　　　　　　　　　　　200 000

主营业务收入	800 000

(一) 合同折扣的分摊

合同折扣是指合同中各单项履约义务所承诺商品的单独售价之和高于合同交易价格的金额。对于合同折扣，企业应当在各单项履约义务之间按比例分摊。有确凿证据表明合同折扣仅与合同中一项或多项（而非全部）履约义务相关的，企业应当将该合同折扣分摊至相关一项或多项履约义务。

如果满足下列所有条件，企业应将折扣全部分摊至合同中的一项或多项单独（而非全部）的履约义务：①企业通常按照单独售价单独出售每一项可明确区分的商品或服务（或每一组可明确区分的商品或服务）；②企业通常单独将其中的某些商品或服务捆绑销售，价格是被捆绑商品或服务的单独售价的一定折扣；③归属于该组商品或服务的折扣几乎等于合同的折扣。合同折扣仅与合同中一项或多项（而非全部）履约义务相关，且企业采用余值法估计单独售价的，应当首先在该一项或多项（而非全部）履约义务之间分摊合同折扣，然后采用余值法估计单独售价。

【例11-8】A公司与B公司签订一份销售合同，以1 000 000元的合同价格向B公司销售X、Y、Z三种产品，这三种产品构成三个单独履约义务。X产品经常单独出售，其直接可观察的单独售价为300 000元，Y产品和Z产品一般不单独出售，单独售价不可直接观察，A公司采用市场调整法估计Y产品的单独售价为750 000元，采用成本加成法估计Z产品的单独售价为450 000元。A公司通常将Y产品和Z产品以700 000元的价格组合出售。假定上述价格均不包含增值税。

本例中，X、Y、Z三种产品单独售价合计为1 500 000元，向B公司销售合同的价格为1 000 000元，由于单独售价之和超过所承诺的对价，因此客户实际上因购买一揽子商品而获得了300 000元的折扣。同时，由于A公司通常将Y产品和Z产品以700 000元的价格组合出售，该价格与单独售价的差额为500 000元，与合同折扣金额一致，而A公司的单独售价与单独售价相同，因此合同折扣应归属于Y产品和Z产品。X产品应分摊的合同价格为300 000元，Y产品应分摊的合同价格为437 500元 [(750 000÷1 200 000)×700 000]，Z产品应分摊的合同价格为262 500元 [(450 000÷1 200 000)×700 000]。

(二) 可变对价的分摊

可变对价可能与整个合同相关，也可能仅与合同中的某一特定组成部分相关，该组成部分包括两种情形：①可变对价可能与合同中的一项或多项（而非全部）履约义务有关；②可变对价可能与企业向客户转让的构成单项履约义务的一系列可明确区分商品中的一项或多项（而非全部）商品有关。

对于可变对价及可变对价的后续变动额，如果满足下列所有条件，企业将其分摊至与之相关的一项或多项履约义务，或者分摊至构成单项履约义务的一系列可明确区分商品中的一项或多项商品：①可变对价与某一特定的履约义务或满足该履约义务所产生的结果相关；②分摊至单项履约义务的对价中的可变对价，与企业在考虑了合同中的所有其他履约义务以及付款条款之后，预期将有权就满足该履约义务而收取的对价金额一致。对于已履行的履约义务，其分摊的可变对价后续变动额应当调整变动当期的收入。

【例11-9】A公司与B公司签订一项合同，A公司将其拥有的两项发明专利X和Y

授权 B 公司使用。合同约定，X 专利的授权使用费为 300 000 元，Y 的授权使用费为 B 公司使用该发明专利所生产产品未来销售额的 5%。X 的单独售价为 800 000 元，Y 的单独售价为 1 000 000 元。A 公司估计其基于授权使用 Y 而能够取得的特许权使用费为 1 500 000 元。假定 X 和 Y 授权均构成单项履约义务，属于在某一时点履行的履约义务。

本例中，X 的特许权使用费为固定对价，Y 的特许权使用费为可变对价，且 A 公司估计其基于授权使用 Y 而能够取得的特许权使用费的金额高于 Y 的单独售价。因此，A 公司需要基于单独售价的比例将固定对价和可变对价分摊至 X 和 Y。

（三）交易价格的后续变动

对于交易价格的后续变动额，企业应当运用在合同开始时所采用的基础将交易价格的后续变动分摊至合同中的履约义务。因此，企业不应重新分摊交易价格以反映单独售价在合同开始后的变动。在交易价格发生变动的期间，分摊至已履行的履约义务的金额应确认为收入或收入的减少。

合同变更之后发生可变对价后续变动的，企业应当区分下列三种情形分别进行会计处理：①合同变更属于前文第一种规定情形的，企业应当判断可变对价后续变动与哪一项合同相关，并按照分摊可变对价的相关规定进行会计处理。②合同变更属于前文第二种规定情形，且可变对价后续变动与合同变更前已承诺可变对价相关的，企业应当首先将该可变对价后续变动额以原合同开始日确定的基础进行分摊，然后再将分摊至合同变更日尚未履行履约义务的该可变对价后续变动额以新合同开始日确定的基础进行二次分摊。③合同变更之后发生除上述①、②规定情形以外的可变对价后续变动的，企业应当将该可变对价后续变动额分摊至合同变更日尚未履行的履约义务。

五、履行每一单项履约义务时确认收入

企业应在履约义务得到履行时确认收入，即在客户取得相关商品控制权时确认收入。当特定履约义务涉及的相应商品或服务的控制权转移给客户时，则履约义务得到履行。企业应当在合同开始时确定商品或服务的控制权是在某一时段内或是在某一时点被转移。这一确定过程应当反映经济利益向客户的转移，并且应当从客户角度进行评估。企业应当首先评估履约义务是否在某一时段内得以履行，如果不是，则商品或服务是在某一时点转移。

（一）在某一时段内履行的履约义务

1. 在某一时段内履行的履约义务的收入确认条件

对于在某一时段内履行的履约义务的收入确认，如果满足下列条件之一，则控制权被视为在某一时段内转移，企业应当在该段时间内按照履约进度确认收入：

（1）客户在企业履约的同时取得并消耗企业履约所带来的经济利益。在履约过程中企业是持续的向客户转移商品或服务的控制权，该履约义务属于在某一时段内履行的履约义务，企业应当在该段时间内按照履约进度确认收入。这意味着如果另一企业接手向客户提供剩余的履约义务，其无需在实质上重新执行已由最初的供应商完成的工作。该标准适用于客户在提供服务的同时消耗服务所产生利益的服务合同。

（2）客户能够控制企业履约过程中在建的商品。其适用于客户在企业建造商品的过

程中控制相关资产的情形。该资产可以是有形资产或无形资产，包括在产品、在建工程、尚未完成的研发项目、正在进行的服务等。

（3）企业履约过程中所产出的商品具有不可替代用途，且该企业在整个合同期间内有权就累计至今已完成的履约部分收取款项。该标准针对客户在资产被创建过程中对其无控制权或企业的履约义务不创建任何资产的情况。例如，建造只有客户能够使用的专项资产，或按照客户的指示建造资产。

首先，具有不可替代用途是指因合同限制或实际可行性限制，企业不能轻易地将商品用于其他用途。合同限制是指合同条款规定，合同限制必须是实质性的。如果企业试图主导将商品用于另一用途，则客户能够执行其对该商品的权利，合同限制就是实质性的。某些情况下合同限制不具有实质性，例如，一项商品很大程度上可与其他商品相互替换，企业可以在不违反合同且不发生原本不会发生的与该合同相关的重大成本的情况下，向另一客户转让该商品。实际可行性限制是指若企业主导商品的使用则将发生重大经济损失（如重大返工成本或出售商品的重大损失）。例如，如果商品的设计规格符合某一客户的独特要求或商品位于偏远地区，则企业将该商品用于另一用途将受到实际可行性限制。控制权的判断包括限制其他企业主导商品的使用以及获得商品几乎全部的经济利益，上述不存在其他用途的商品存在限制使用的特征，因此符合控制权转移的判断标准。

其次，企业在整个合同期间内有权就累计至今已完成的履约部分收取款项，即使商品对于企业没有替代用途，还需进一步取得收取付款的权利，也可以在某一时段内确认收入。这要求如果客户因企业不履约之外的原因终止合同，企业有权就结合目前已完成的工作获得报酬。有权就累计至今已完成的履约部分收取款项，该权利具有法律约束力。在许多情况下，仅当在议定的里程碑或履约义务全面得到履行后，企业才具有获得付款的无条件权利。此外，如果客户在其无权终止合同时终止了合同（包括客户未能按承诺履行其义务），该合同可能赋予企业继续向客户转让已承诺的商品或服务并要求客户支付已承诺的商品或服务交换对价的权利。在这种情况下，企业有权就累计至今已完成的履约部分收取款项。

2. 在某一时段内履行的履约义务的收入确认方法

对于在某一时段内履行的履约义务，企业可使用产出法或投入法（如已发生的成本或工时）确定恰当的履约进度，其目的是体现企业将商品或服务的控制权转移给客户的履约过程。当履约进度不能合理确定时，企业已经发生的成本预计能够得到补偿的，应当按照已经发生的成本金额确认收入，直到履约进度能够合理确定为止。

（1）产出法。产出法是根据已转移给客户的商品对于客户的价值确定履约进度，如已生产的数量、合同的关键节点或对已执行工作的监理报告等。

（2）投入法。投入法是根据企业为履行履约义务的投入确定履约进度。对于类似情况下的类似履约义务，企业应当采用相同的方法确定履约进度。如果企业基于发生的成本使用投入法，则需考虑对未安装的商品，以及没有反映在合同价格中的、履约过程中的重大低效损耗（如浪费的材料、人工或其他资源）进行调整。如果企业已向客户转移了合同中一项重要商品的控制权，但该商品将在以后安装，那么在满足一定条件的情况下，企业可就该商品按零利润确认收入。

(二) 在某一时点履行的履约义务

如果履约义务不满足在某一时段内履行的条件,则属于在某一时点履行的履约义务。对于在某一时点履行的履约义务,企业应当在客户取得相关商品控制权时点确认收入。在判断客户是否已取得商品控制权时,企业应当考虑下列迹象:①企业就该商品享有现时收款权利,即客户就该商品负有现时付款义务。②企业已将该商品的法定所有权转移给客户,即客户已拥有该商品的法定所有权。③企业已将该商品实物转移给客户,即客户已实物占有该商品。④企业已将该商品所有权上的主要风险和报酬转移给客户,即客户已取得该商品所有权上的主要风险和报酬。⑤客户已接受该商品。⑥其他表明客户已取得商品控制权的迹象。

第三节 合同成本

一、履行合同发生的成本

企业应对履行合同发生的成本进行分析,属于存货、固定资产、无形资产等规范的,应当按照相关章节的规定进行会计处理,除此之外的履行合同发生的成本,同时满足以下三个条件时应当确认为一项资产:①该成本与一份当前或预期取得的合同直接相关(如与现有合同续约后将提供的服务相关的成本,或者尚未获得批准的特定合同下拟转让资产的设计成本),与履行合同发生的成本直接相关的成本,包括直接人工(如直接向客户提供已承诺服务的员工的工资和薪金)、直接材料(如向客户提供已承诺服务时使用的物料)、制造费用或类似费用(如合同管理和监督成本、履行合同时使用的工具及设备的保险和折旧)、明确由客户承担的成本以及仅因该合同而发生的其他成本(如向分包商支付的款项)。②该成本增加了企业未来用于履行履约义务的资源。③该成本预期能够收回。

企业应当在下列支出发生时,将其计入当期损益:①管理费用。②非正常消耗的直接材料、直接人工和制造费用(或类似费用),这些支出为履行合同发生,但未反映在合同价格中。③与履约义务中已履行部分相关的支出。④无法在尚未履行的与已履行的履约义务之间区分的相关支出。

二、取得合同发生的增量成本

增量成本是指企业不取得合同就不会发生的成本(如销售佣金等)。

企业为取得合同发生的增量成本预期能够收回的,应当作为合同取得成本确认为一项资产。即,对于增量成本且预期能够收回,应将这些成本确认为一项资产。如果该资产摊销期限不超过一年的,可以在发生时计入当期损益。企业为取得合同发生的、除预期能够收回的增量成本之外的其他支出,应当在发生时计入当期损益,例如,无论是否取得合同均会发生的成本,如员工工资、设备成本、差旅费等。但明确由客户承担的除外。

【例 11-10】 A 公司为一家从事在线教育的企业,采用预售卡方式进行销售。客户购买了预售卡,登录在线教育平台激活预售卡后,可以在一年内选择课程进行学习。企业按照预售卡的金额给业务员提成,例如,每销售一张面值 100 元的预售卡,业务员可以获得 10 元的业务提成。

本例中,A 公司支付给业务员 10 元的业务提成属于"取得合同发生的增量成本",应当确认为一项资产。

三、合同成本的后续计量

1. 摊销

确认的资产与合同成本有关的资产应当采用与该资产相关的商品或服务收入确认相同的基础进行摊销,计入当期损益。取得合同发生的增量成本摊销计入费用;履行合同发生的成本摊销计入营业成本。摊销发生变更的(转让商品或服务的预计时间发生重大变动的),应作为会计估计变更处理。

2. 减值

与合同成本有关的资产,其账面价值高于下列两项的差额的,超出部分应当计提减值准备,并确认为资产减值损失:①企业因转让与该资产相关商品或服务预期能够取得的剩余对价;②为转让该相关商品或服务估计将要发生的成本。以前期间减值的因素之后发生变化,可以转回原已计提的资产减值准备,并计入当期损益,但转回后的资产账面价值不应超过假定不计提减值准备情况下该资产在转回日的账面价值。

在确定与合同成本有关的资产的减值损失时,企业应当首先确认与合同有关的其他资产的减值损失;然后按照相关规定确定与合同成本有关的资产的减值损失。企业按照《企业会计准则第 8 号——资产减值》的规定测试相关资产组的减值情况时,应当将确定的与合同成本有关的资产减值后的新账面价值计入相关资产组的账面价值。

第四节 收入的会计处理

一、一般销售商品收入的会计处理

企业销售商品,符合收入确认条件的,应在收入确认时,按确认的收入金额和应收取的增值税,借记"银行存款""应收账款""应收票据"等科目,按确定的收入金额,贷记"主营业务收入"科目,按应收取的增值税,贷记"应交税费——应交增值税(销项税额)科目。同时,结转已销商品的实际成本,按结转的实际成本,借记"主营业务成本"科目,贷记"库存商品"等科目。

【例 11-11】 A 公司是一家生产企业,2018 年 5 月 10 日与 B 公司签订销售合同,向 B 公司销售产品 1 000 件,A 公司为一般纳税人,开出的增值税专用发票上注明的销售额为 5 000 000 元，增值税税额为 800 000 元，A 公司已按合同发货，并以银行存款代垫运杂费 50 000 元，货款尚未收到，该产品的单位成本为 3 000 元。假设该项销售符合收入确认的条件，A 企业编制的会计分录如下：

（1）销售实现时：

借：应收账款　　　　　　　　　　　　　　　　　　　　　5 850 000
　　贷：主营业务收入　　　　　　　　　　　　　　　　　　　　5 000 000
　　　　应交税费——应交增值税（销项税额）　　　　　　　　　　800 000
　　　　银行存款　　　　　　　　　　　　　　　　　　　　　　　50 000

（2）结转主营业务成本：

借：主营业务成本　　　　　　　　　　　　　　　　　　　　3 000 000
　　贷：库存商品　　　　　　　　　　　　　　　　　　　　　　3 000 000

如果企业售出的商品不符合收入确认的条件，不应确认收入。为了单独反映已经发生但尚未确认销售收入的商品成本，企业应设置"发出商品"科目，核算企业在一般销售方式下，已经发出但尚未确认销售收入的商品成本。企业对于发出的商品，在确定不能确认收入时，应按发出商品的实际成本借记"发出商品"科目，贷记"库存商品"科目。期末，"发出商品"账户的余额应并入资产负债表的"存货"项目。

【例 11-12】A 公司于 2017 年 5 月 17 日以托收承付方式向 C 公司销售一批商品，成本为 5 000 000 元，增值税发票上注明售价为 8 000 000 元，增值税税额 1 360 000 元，该批商品已发出，并已向银行办妥托收手续。然而此时得知 C 公司受到突来的洪水冲击，损失严重，资金周转困难，经与购货方交涉，确定此项收入目前收回的可能性不大，A 公司在销售该商品时不能确认收入。因此，应将已发出的商品成本转入"发出商品"账户。A 公司编制的会计分录如下：

（1）发出商品时：

借：发出商品　　　　　　　　　　　　　　　　　　　　　　5 000 000
　　贷：库存商品　　　　　　　　　　　　　　　　　　　　　　5 000 000

（2）将增值税发票上注明的增值税额转入应收账款：

借：应收账款　　　　　　　　　　　　　　　　　　　　　　1 360 000
　　贷：应交税费——应交增值税（销项税额）　　　　　　　　　1 360 000

假设 C 公司恢复生产，并于 2017 年 12 月 10 日向 A 企业承诺近期付款，则 A 公司可以确认收入：

借：应收账款　　　　　　　　　　　　　　　　　　　　　　8 000 000
　　贷：主营业务收入　　　　　　　　　　　　　　　　　　　　8 000 000

同时，结转主营业务成本：

借：主营业务成本　　　　　　　　　　　　　　　　　　　　5 000 000
　　贷：发出商品　　　　　　　　　　　　　　　　　　　　　　5 000 000

收到货款：

借：银行存款　　　　　　　　　　　　　　　　　　　　　　9 360 000
　　贷：应收账款——C 企业　　　　　　9 360 000（8 000 000 + 1 360 000）

二、具有融资性质的分期收款销售商品的会计处理

如果企业销售商品收取的价款采用分期收款方式,实质上具有了融资性质的,则企业在销售商品时,应当按照应收的合同或协议价款的公允价值确定销售商品收入。应收的合同或协议价款的公允价值,通常应当按照其未来现金流量现值或商品现销价格计算确定。应收的合同或协议价款与其公允价值之间的差额,应当在合同或协议期间内按照应收款项的摊余成本和实际利率计算确定的金额进行摊销。按照实际利率法摊销与直线法摊销结果相差不大的,也可以采用直线法进行摊销。

【例 11-13】A 公司与 B 公司签订销售合同,2014 年 1 月 1 日向 B 公司销售一套设备,该套设备现销价格为 3 000 000 元,成本为 2 000 000 元,A 公司与 B 公司协商采用分期收款方式。合同约定分 4 年分期收款,每年年末收取 1 000 000 元,共计 4 000 000 元。假设增值税发票在发出商品时开出,税额为 510 000 元,已收到并存入银行。

根据未来 4 年应收款项的现值等于现销方式下应收款项金额这一公式,可以得出:

$1\,000\,000 \times (P/A, r, 4) + 510\,000 = 3\,000\,000 + 510\,000$

年金现值系数 $(P/A, r, 4) = 3\,000\,000/1\,000\,000 = 3$,查年金现值系数表 $(P/A, 14\%, 4) = 2.9173$;$(P/A, 12\%, 4) = 3.073$。用插入法计算得出 $r = 12.6\%$。即未来应收金额折成现值的利率为 12.6%。相关计算如表 11-1 所示。

表 11-1　　　　　　摊销未实现融资收益和已收本金计算表　　　　　　单位:元

项 目	未收本金 A = 上年 A - 上年 D	利息收益 B = A × 12.6%	收现总额 C	本金收现 D = C - B
2014.1.1	3 000 000			
2014.12.31	3 000 000	378 000	1 000 000	622 000
2015.12.31	2 378 000	299 628	1 000 000	700 372
2016.12.31	1 677 628	211 381	1 000 000	788 619
2017.12.31	889 009.128	110 991	1 000 000	889 009
合计		1 000 000	4 000 000	3 000 000

A 公司编制的会计分录如下:

(1) 2014 年 1 月 1 日:

借:长期应收款　　　　　　　　　　　　　　　　　　　　4 000 000
　　银行存款　　　　　　　　　　　　　　　　　　　　　　510 000
　　贷:主营业务收入　　　　　　　　　　　　　　　　　　　3 000 000
　　　　应交税费——应交增值税(销项税额)　　　　　　　　510 000
　　　　未实现融资收益　　　　　　　　　　　　　　　　　　1 000 000
借:主营业务成本　　　　　　　　　　　　　　　　　　　　2 000 000
　　贷:库存商品　　　　　　　　　　　　　　　　　　　　　2 000 000

(2) 2014 年 12 月 31 日:

借：银行存款　　　　　　　　　　　　　　　　　　　1 000 000
　　贷：长期应收款　　　　　　　　　　　　　　　　　　　　　1 000 000
借：未实现融资收益　　　　　　　　　　　　　　　　378 000
　　贷：财务费用　　　　　　　　　　　　　　　　　　　　　　378 000

（3）2015 年 12 月 31 日：
借：银行存款　　　　　　　　　　　　　　　　　　　1 000 000
　　贷：长期应收款　　　　　　　　　　　　　　　　　　　　　1 000 000
借：未实现融资收益　　　　　　　　　　　　　　　　299 628
　　贷：财务费用　　　　　　　　　　　　　　　　　　　　　　299 628

（4）2016 年 12 月 31 日：
借：银行存款　　　　　　　　　　　　　　　　　　　1 000 000
　　贷：长期应收款　　　　　　　　　　　　　　　　　　　　　1 000 000
借：未实现融资收益　　　　　　　　　　　　　　　　211 381
　　贷：财务费用　　　　　　　　　　　　　　　　　　　　　　211 381

（5）2017 年 12 月 31 日：
借：银行存款　　　　　　　　　　　　　　　　　　　1 000 000
　　贷：长期应收款　　　　　　　　　　　　　　　　　　　　　1 000 000
借：未实现融资收益　　　　　　　　　　　　　　　　110 991
　　贷：财务费用　　　　　　　　　　　　　　　　　　　　　　110 991

三、现金折扣的会计处理

现金折扣是指债权人为鼓励债务人在规定的期限内付款，而向债务人提供的债务扣除，属于可变对价。通常在赊销方式下，企业为了鼓励客户提前偿付货款，与债务人达成协议，债务人在不同期限内付款可享受不同比例的折扣。现金折扣是企业为了尽快回笼资金而发生的理财费用，因此应在实际发生时计入财务费用。

【例 11-14】A 公司在 2017 年 7 月 1 日销售一批商品 100 件，增值税发票上注明的售价为 70 000 元，增值税税额为 11 900 元。合同规定现金折扣条件为 2/10、1/20、n/30，假设该项销售符合收入确认的条件，计算现金折扣时不考虑增值税。A 公司编制的会计分录如下：

（1）2017 年 7 月 1 日销售实现时：
借：应收账款　　　　　　　　　　　　　　　　　　　81 900
　　贷：主营业务收入　　　　　　　　　　　　　　　　　　　　70 000
　　　　应交税费——应交增值税（销项税额）　　　　　　　　　11 900

（2）假设买方在 2017 年 7 月 9 日前付清货款，则应享受 1 400 元（70 000×2%）的现金折扣，A 公司实际收款 80 500 元（81 900-1 400），A 公司编制的会计分录如下：
借：银行存款　　　　　　　　　　　　　　　　　　　80 500
　　财务费用　　　　　　　　　　　　　　　　　　　 1 400
　　贷：应收账款　　　　　　　　　　　　　　　　　　　　　　81 900

(3) 假设买方在 2017 年 7 月 19 日前付清货款，则应享受 700 元（70 000 × 1%）的现金折扣，A 公司实际收款 81 200 元（81 900 – 700），A 公司编制的会计分录如下：

借：银行存款　　　　　　　　　　　　　　　　　　　81 200
　　财务费用　　　　　　　　　　　　　　　　　　　　　700
　　　贷：应收账款　　　　　　　　　　　　　　　　　　　　　81 900

(4) 假设买方在 2017 年 7 月 19 日之后付清货款，不享受现金折扣，A 公司全额收款，A 公司编制的会计分录如下：

借：银行存款　　　　　　　　　　　　　　　　　　　81 900
　　　贷：应收账款　　　　　　　　　　　　　　　　　　　　　81 900

四、销售折让的会计处理

销售折让是指企业在销售商品时，因商品品种、质量等原因在价格上给予买方的减让。销售折让可能发生在企业确认收入之前，也可能发生在企业确认收入之后。发生在收入确认之前的销售折让，其处理相当于商业折扣，只要按扣除销售折让后的净额确认销售收入即可，无需专门作账务处理；销售折让发生在企业确认收入之后，应在实际发生时冲减当期的收入。发生销售折让时，如按规定允许扣减当期销项税额的，应同时用红字冲减"应交税费——应交增值税"账户的"销项税额"专栏。

如果销售折让是在资产负债表日至财务报告批准报出日之间发生的，应按资产负债表日后事项的处理原则进行处理。

【例 11-15】A 公司销售一批商品，增值税发票上注明的销售额为 20 000 元，增值税税额为 3 400 元，买方收到商品后发现商品质量不符合合同规定，要求在价格上给予 5% 的折让。假设该项销售符合收入确认的条件。A 企业编制的会计分录如下：

(1) 销售实现时：

借：应收账款　　　　　　　　　　　　　　　　　　　23 400
　　　贷：主营业务收入　　　　　　　　　　　　　　　　　　　20 000
　　　　　应交税费——应交增值税（销项税额）　　　　　　　　3 400

(2) 发生销售折让时：

借：主营业务收入　　　　　　　　　　　　　　　　　　1 000
　　应交税费——应交增值税（销项税额）　　　　　　　　　170
　　　贷：应收账款　　　　　　　　　　　　　　　　　　　　　1 170

(3) 实际收到款项时：

借：银行存款　　　　　　　　　　　　　　　　　　　22 230
　　　贷：应收账款　　　　　　　　　　　　　　　　　　　　　22 230

五、代销商品的会计处理

在代销方式下，无论是视同买断方式还是收取手续费方式，委托方应在收到代销清单时才能确认收入，委托方在发出商品时，应设置"发出商品"账户，核算企业在委托其他单位代销商品时，已经发出但尚未确认收入的商品成本。受托方在收到代销商品时，借记"受托代销商品"科目,贷记"受托代销商品款"科目,在商品实际售出时,在予以转销。

【例 11-16】 A 公司委托 B 公司代销一批商品 200 件,该商品成本为 300 元/件。A 公司要求 B 公司按每件 70 元的价格出售该商品,A 公司按售价的 20% 支付 B 公司手续费。B 公司实际销售时,即向买方开具一张增值税专用发票,发票上注明商品售价 14 000 元,增值税 2 380 元,A 企业收到 B 公司交来的代销清单时,向 B 公司开具一张相同金额的增值税发票。

A 公司编制的会计分录如下:

① 将商品交付 B 公司:

借:发出商品　　　　　　　　　　　　　　　　　　　60 000
　　贷:库存商品　　　　　　　　　　　　　　　　　　60 000

② 收到代销清单时:

借:应收账款——B 公司　　　　　　　　　　　　　163 800
　　贷:主营业务收入　　　　　　　　　　　　　　　140 000
　　　　应交税费——应交增值税(销项税额)　　　　23 800

结转主营业务成本时:

借:主营业务成本　　　　　　　　　　　　　　　　　60 000
　　贷:发出商品　　　　　　　　　　　　　　　　　　60 000

结转手续费时:

借:销售费用　　　　　　　　　　　　　　28 000 [(140 000×20%)]
　　贷:应收账款——B 公司　　　　　　　　　　　　28 000

③ 收到 B 公司支付的货款 135 800 元(163 800 - 28 000):

借:银行存款　　　　　　　　　　　　　　　　　　　135 800
　　贷:应收账款——B 企业　　　　　　　　　　　　135 800

B 公司编制的会计分录如下:

① 收到 A 公司代销商品:

借:受托代销商品　　　　　　　　　　　　　　　　　140 000
　　贷:受托代销商品款　　　　　　　　　　　　　　140 000

② 实际销售商品:

借:银行存款　　　　　　　　　　　　　　　　　　　163 800
　　贷:应付账款　　　　　　　　　　　　　　　　　　140 000
　　　　应交税费——应交增值税(销项税额)　　　　23 800

收到 A 公司的增值税发票,按可抵扣的进项税额进行抵扣:

借:应交税费——应交增值税(进项税额)　　　　　　23 800
　　贷:应付账款　　　　　　　　　　　　　　　　　　23 800

转销受托代销商品:

借:受托代销商品款　　　　　　　　　　　　　　　　140 000
　　贷:受托代销商品　　　　　　　　　　　　　　　140 000

③归还 A 公司货款并确认代销手续费收入:

借:应付账款　　　　　　　　　　　　　　　　163 800
　　贷:银行存款　　　　　　　　　　　　　　　　　　　135 800
　　　　主营业务收入　　　　　　　　　　　　　　　　　 28 000

六、在一段时间内履行的履约义务的会计处理

企业应当考虑商品或服务的性质,采用产出法或投入法确定恰当的履约进度,并且在确定履约进度时,应当扣除那些控制权尚未转移的商品或服务。

【例 11 - 17】2017 年 10 月 A 公司与 B 公司签订设备安装合同,由 B 公司负责为 A 公司安装一台大型设备,工期大约 5 个月,安装合同总收入 4 000 000 元,安装合同预计总成本 3 000 000 元。至 2017 年 12 月 31 日 B 公司已发生成本 2 100 000 元,预收账款 2 500 000 元。假设该合同符合在某一时段内履行的履约义务的收入确认条件,B 公司采用投入法基于已发生的成本来计量履约进度。

B 公司编制的会计分录如下:

履约进度 = (2 100 000 ÷ 3 000 000) × 100% = 70%

2017 年确认收入 = 4 000 000 × 70% = 2 800 000 (元)

①发生成本时:

借:劳务成本　　　　　　　　　　　　　　　　2 100 000
　　贷:银行存款等　　　　　　　　　　　　　　　　　 2 100 000

②预收劳务款:

借:银行存款　　　　　　　　　　　　　　　　2 500 000
　　贷:预收账款　　　　　　　　　　　　　　　　　　 2 500 000

③确认收入:

借:预收账款　　　　　　　　　　　　　　　　2 800 000
　　贷:主营业务收入　　　　　　　　　　　　　　　　 2 800 000

④结转成本:

借:主营业务成本　　　　　　　　　　　　　　2 100 000
　　贷:劳务成本　　　　　　　　　　　　　　　　　　 2 100 000

七、其他业务收入的会计处理

其他业务收入是指企业除主营业务收入以外的其他销售或其他业务的收入。其核算内容主要包括除商品销售或服务以外的原材料销售、包装物出租和出售、无形资产出租、固定资产出租、投资性房地产出租、用存货进行非货币性交换(非货币性资产交换具有商业实质且公允价值能够可靠计量)或债务重组等业务所取得的收入及发生的成本。企业发生的其他业务收支分别设置"其他业务收入"和"其他业务成本"账户核算。企业取得其他业务收入时,按收到或应收的款项借记"银行存款""应收账款"等科目,按实现的收入贷记"其他业务收入"科目,按增值税专用发票上注明的增值税,贷记"应交税费——应交增值税(销项税额)"科目。企业发生的其他业务成本,借记"其他业务成

本"科目,贷记"银行存款""原材料""包装物""累计折旧""累计摊销""应付职工薪酬"等科目。

【例 11-18】A 公司对外销售一批材料,增值税发票上注明的售价 30 000 元,增值税税额 5 100 元,货款尚未收到,材料成本 18 000 元。A 公司编制的会计分录如下:

(1) 销售实现:

借:应收账款 35 100
　　贷:其他业务收入 30 000
　　　　应交税费——应交增值税(销项税额) 5 100

(2) 结转成本:

借:其他业务成本 18 000
　　贷:原材料 18 000

第五节 特定交易的会计处理

一、附有销售退回条款的销售

对于附有销售退回条款的销售,企业应当在客户取得相关商品控制权时,按照因向客户转让商品而预期有权收取的对价金额(即不包含预期因销售退回将退还的金额)确认收入,按照预期因销售退回将退还的金额确认负债;同时,按照预期将退回商品转让时的账面价值,扣除收回该商品预计发生的成本(包括退回商品的价值减损)后的余额,确认为一项资产,按照所转让商品转让时的账面价值,扣除上述资产成本的净额结转成本。实务中有很多种退货条款,例如,无理由退货、退回老旧过时产品、以旧换新、合同终止时退回产品等。退货权通常使客户有权取得全部或部分退款、抵减其他采购款以及换取另一产品。

每一资产负债表日,企业应当重新估计未来销售退回情况,如有变化,应当作为会计估计变更进行会计处理。

【例 11-19】A 公司是一家电子设备生产企业,B 公司为 A 公司的经销商,2017 年 1 月 1 日 A 公司以每台 500 元的价格(不含增值税)向 B 公司出售 1 000 台电子设备,每台电子设备的成本为 100 元。电子设备已经发出且控制权已经转移给 B 公司。根据双方合同约定,B 公司付款期为 30 天,B 公司在 180 天内可以无理由退货并获得全额退款。甲公司根据以往的经验,估计 6% 的销售将会发生退回。甲公司在转移电子设备的控制权之后没有其他义务,不考虑因退货而导致的额外支出或损失。甲公司为一般纳税人,增值税税率为 16%。A 公司编制的会计分录如下:

(1) 2017 年 1 月 1 日时:

借:应收账款 580 000

贷：主营业务收入　　　　　　　　　　470 000　[500×（1-6%）×1 000]
　　预计负债　　　　　　　　　　　　 30 000　(500×6%×1 000)
　　应交税费——应交增值税（销项税额） 80 000　(500×1 000×16%)
借：主营业务成本　　　　　　　　　　 94 000　[100×1 000×（1-6%）]
　　应收退货成本　　　　　　　　　　　6 000　(100×1 000×6%)
　贷：库存商品　　　　　　　　　　　100 000　(100×1 000)

(2) 2017 年 1 月 31 日时：
借：银行存款　　　　　　　　　　　　580 000
　贷：应收账款　　　　　　　　　　　580 000

二、附有质量保证条款的销售

对于附有质量保证条款的销售，企业应当评估该质量保证是否在向客户保证所销售商品符合既定标准之外提供了一项单独的服务。如果企业提供额外服务的，应当作为一项单独的履约义务，按照《企业会计准则第 14 号——收入》规定进行会计处理；否则，质量保证责任应当按照或有事项的规定进行会计处理。

在评估质量保证是否在向客户保证所销售商品符合既定标准之外提供了一项单独的服务时，企业应当考虑该质量保证是否为法定要求、质量保证期限以及企业承诺履行任务的性质等因素。客户能够选择单独购买质量保证的，该质量保证构成单项履约义务。法定要求一般是为了保护客户购买的商品或服务不存在瑕疵或缺陷，并非是为客户提供了一项单独的质量保证服务，法定要求所承诺的质保不是一项单独的履约义务。质量保证期限越长，所承诺的质量保证就越可能是一项单独的履约义务。如果某些特定任务是保证产品符合约定规格的必要工作，那么这些特定任务可能不构成单独的履约义务。如果企业提供的质量保证同时包含前述两类的，应当分别进行会计处理，如果无法合理区分的，则应当作为一项单独的履约义务进行会计处理。

【例 11-20】A 公司为一家笔记本电脑经销商，与客户签订合同，销售一台笔记本电脑，并就产品质量问题以及由于客户某些使用不当造成的损失（如笔记本电脑进水）提供自销售之日起一年内的免费维修服务，且该维修服务不能单独购买。

本例中，A 公司与客户签订合同提供的商品或服务包括销售笔记本电脑、就产品质量问题提供的维修服务以及就客户使用不当提供的维修服务。A 公司向客户销售笔记本电脑属于一项单独履约义务，应确认商品销售收入；A 公司就产品质量问题提供的维修服务属于为了保证所销售的商品符合法定的标准，不是一项单独的履约义务；A 公司就客户使用不当提供的维修服务，属于在既定标准之外为客户提供了一项单独的服务，应当作为一项单独的履约义务。A 公司应当将销售笔记本电脑和就客户使用不当提供的维修服务作为两项履约义务，将交易价格按照其各自单独售价的相对比例分摊至这两项履约义务；就产品质量问题提供的维修服务，不作为单独的履约义务，应当按照或有事项的规定确认相关的预计负债。

三、主要责任人与代理人

企业应当根据其在向客户转让商品前是否拥有对该商品的控制权,来判断其从事交易时的身份是主要责任人还是代理人。企业在向客户转让商品前能够控制该商品的,该企业为主要责任人,应当按照已收或应收对价总额确认收入;否则,该企业为代理人,应当按照预期有权收取的佣金或手续费的金额确认收入,该金额应当按照已收或应收对价总额扣除应支付给其他相关方的价款后的净额,或者按照既定的佣金金额或比例等确定。

企业向客户提供商品如果存在第三方的参与时,企业向客户转让商品前能够控制该商品的情形包括:①企业自第三方取得商品或其他资产控制权后,再转让给客户,如果该控制权在转让给客户前并不存在,则表明企业在商品或其他资产转让给客户前并不能控制该权利。②企业能够主导第三方代表本企业向客户提供服务。③企业自第三方取得商品控制权后,通过提供重大的服务将该商品与其他商品整合成某组合产出转让给客户,例如,如果企业提供一项重大服务,并将由第三方提供的商品或服务整合为客户订立合同所要求的特定商品或服务,企业在该特定商品或服务转让给客户前控制该商品或服务,这是因为企业首先取得了该特定商品或服务投入的控制权(包括从另一方取得的商品或服务),并且能够主导投入的使用来创造组合产出,即该特定的商品或服务。

在具体判断向客户转让商品前是否拥有对该商品的控制权时,企业不应仅局限于合同的法律形式,例如,企业在向客户转让商品前只是暂时地获得该商品的法定所有权,这并不表明企业一定控制了该商品,而应当综合考虑所有相关事实和情况,这些事实和情况包括:①企业承担向客户转让商品的主要责任。例如,如果企业在与客户签订合同前,取得或承诺取得特定商品或服务,这可能表明在该商品或服务转让给客户之前,企业能够主导该商品或服务的使用,获得该商品或服务几乎所有剩余利益。②企业在转让商品之前或之后承担了该商品的存货风险。存货风险是指存货可能发生减值、毁损或者灭失等造成的损失。③企业有权自主决定所交易商品的价格。确定客户为特定商品或服务所支付的价格可能表明企业能够主导该商品或服务的使用,获得该商品或服务几乎所有剩余利益。但在某些情况下,代理人可能也有自主定价权。例如,代理人在向客户提供服务,安排其他方提供商品或服务时,为了取得额外收入,代理人可能在制定价格时享有一定的灵活性。④其他相关事实和情况。

在判断企业是主要责任人还是代理人时,应当基于企业向客户转让商品之前能否控制该商品为原则,而对于判断主要责任人还是代理人的上述事实和情况可作为判断控制的佐证信息。具体的判断应基于不同合同安排的相关事实与情况,上述事实和情况本身并无重要性程度的差异,上述事实和情况并未凌驾于控制评估之上,也不能孤立地考虑,不构成单独或额外的评价,不应被视为关于在所有情况下均须符合的标准或须考虑的因素。

【例 11-21】A 公司为一家设备制造企业,A 公司与客户 B 公司订立了一项专用设备制造合同。根据合同约定,专用设备的设计规格、销售价格由 A 公司与 B 公司共同确定,B 公司在设备交付后 30 天内向 A 公司付款。同时,A 公司与第三方供应商 C 公司签订合同,由 C 公司负责制造设备,根据合同规定,A 公司安排 C 公司直接向 B 公司交付设备,在向 B 公司交付设备后,A 公司按照与 C 公司合同约定的设备制造价格向 C 公司进行付款。A 公司与 B 公司合同规定设备质量问题由 C 公司负责。但是，因规格错误导致的设备问题由 A 公司承担责任。

本例中，A 公司承诺向 B 公司提供专用设备，A 公司又将设备的制造分包给了第三方供应商 C 公司，但是设备的设计和制造不能明确区分，原因在于两者不是单独可区分的。A 公司对整个合同的管理负责，并且在以上要素的基础上提供了重大服务，合并产出了该专用设备。如果 B 公司对设备的设计规格发生了变化，A 公司有责任重新开发设计专用设备并将变动通知 C 公司，以确保 C 公司产出的设备能够满足新的专用设备要求。因此，A 公司能够主导 C 公司代表本企业向客户提供专用设备，A 公司在向 B 公司转让商品前能够控制该专用设备，A 公司是主要责任人。

【例 11-22】A 公司经营一家电商平台，以使客户能从平台上的供应商处购买商品，这些供应商直接向客户交付商品，商品的采购、定价、发货以及售后服务等全部由供应商负责。当客户通过该电商平台购买商品时，A 公司有权获得相当于售价 10% 的佣金。A 公司的电商平台协助供应商与客户之间按供应商所设定的价格进行支付。A 公司在处理订单之前要求客户付款，且所有订单均不可退款。A 公司在安排供应商向客户提供商品之后没有其他义务。

本例中，商品供应商直接向客户提供其商品，A 公司仅协助双方之间达成交易，并获取佣金，A 公司并未在向客户转让商品前取得商品的控制权，在任何时候都不能主导将商品转让给客户，也不能主导或者阻止供应商向客户转让商品，A 公司不能控制供应商与客户在电商平台上确定的订单所涉及的存货。因此 A 公司应当作为代理人进行会计处理。

四、附有客户额外购买选择权的销售

客户额外购买选择权有多种形式，包括销售激励措施、客户奖励积分、续约选择权、或针对未来商品或服务的其他折扣等。对于附有客户额外购买选择权的销售，企业应当评估该选择权是否向客户提供了一项重大权利。如果客户只有在订立了一项合同的情况下才取得额外购买选择权，并且客户行使该选择权购买商品时，能够享受到超过该地区或该市场中其他同类客户所能够享有的折扣，则通常认为该选择权向客户提供了一项重大权利。

【例 11-23】A 公司是一家商品零售企业，其实施了一项客户奖励积分计划，客户每消费 10 元就获得 1 个积分。客户可使用累计积分免费换取该零售企业销售的商品。根据历史经验，A 公司估计客户通常会累计足够的积分来免费获取商品。假设某客户以 50 元的价格购买了一个商品，获得 5 个积分。根据兑换比例，估计每个积分的单独售价为 0.20 元，即客户获得的 5 分共计 1 元。

本例中，虽然根据估计金额，5 个积分共计 1 元，但是鉴于 A 公司奖励积分计划发生的频率高（对每次交易产生影响），影响广泛（对所有购物活动均有影响），因此该积分提供了一项重大权利应确认为单独的履约义务。

对于附有客户额外购买选择权的销售，企业应当评估该选择权是否向客户提供了一项重大权利。企业提供重大权利的，应当作为单项履约义务，按照本章有关交易价格分摊的规定将交易价格分摊至该履约义务，在客户未来行使购买选择权取得相关商品控制权时，或者该选择权失效时，确认相应的收入。客户额外购买选择权的单独售价无法直接观察

的,企业应当综合考虑客户行使和不行使该选择权所能获得的折扣的差异、客户行使该选择权的可能性等全部相关信息后,予以合理估计。

客户虽然有额外购买商品选择权,但客户行使该选择权购买商品时的价格反映了这些商品单独售价的,不应被视为企业向该客户提供了一项重大权利。

【例 11-24】2017 年 1 月 1 日,A 公司开始推行一项奖励积分计划。根据该计划,客户在 A 公司每消费满 10 元即可获得 1 个积分,每个积分从次月开始在购物时可抵减 1 元。截至 2017 年 1 月 31 日,客户共消费 100 000 元,可获得 10 000 个积分,根据历史经验,A 公司估计该积分的兑换率为 95%。公司评估授予客户的积分为客户提供了一项重大权利,应当作为一项单独履约义务。上述金额均不包含增值税,且假定不考虑增值税的影响。

积分的单独售价 = 1 × 1 000 × 95% = 950(元)

商品的交易价格 = [10 000 ÷ (100 000 + 9 500)] × 100 000 = 91 324(元)

积分的交易价格 = [9 500 ÷ (100 000 + 9 500)] × 10 000 = 8 676(元)

借:银行存款　　　　　　　　　　　　　　　　　　　　　100 000
　　贷:主营业务收入　　　　　　　　　　　　　　　　　　　91 324
　　　　合同负债　　　　　　　　　　　　　　　　　　　　　8 676

截至 2017 年 12 月 31 日,客户共兑换了 4 500 个积分,重新估计兑换率后,预计客户仍将兑换 9 500 个积分。

已兑换积分应当确认的收入 = 8 676 × (4 500 ÷ 9 500) = 4 110(元)

剩余未兑换的积分为 4 566 元,仍为合同负债。

借:合同负债　　　　　　　　　　　　　　　　　　　　　　4 110
　　贷:主营业务收入　　　　　　　　　　　　　　　　　　　4 110

五、授予知识产权许可

知识产权许可包括但不限于软件及技术;电影、音乐及其他媒体和娱乐形式;特许权以及专利权、商标权和版权。企业向客户授予知识产权许可的,应当评估该知识产权许可是否构成单项履约义务。对于不构成单项履约义务的,企业应将知识产权许可和其他商品一同作为一项履约义务进行会计处理。授予知识产权许可不构成单项履约义务的情形包括:①知识产权许可构成有形商品的组成部分,并且对该商品的正常使用不可或缺,例如,企业向客户销售设备和相关软件,该软件内嵌于设备之中,该设备必须安装了该软件才能正常使用。②客户只有将知识产权和相关服务一同使用才能从中获益,例如,客户取得授权许可,但只有通过企业提供的在线服务才能访问相关内容。对于构成单项履约义务的,应当进一步确定其是在某一时段内履行还是在某一时点履行。企业向客户授予知识产权许可,同时满足下列条件时,应当作为在某一时段内履行的履约义务确认相关收入;否则,应当作为在某一时点履行的履约义务确认相关收入:①合同要求或客户能够合理预期企业将从事对该项知识产权有重大影响的活动;②该活动对客户将产生有利或不利影响;③该活动不会导致向客户转让某项商品。

【例 11-25】A 公司是一家影视公司,其制作了一部动画片,每周更新播放一集。A

公司授权一家文具生产商 B 公司在其生产的文具上使用动画片中的卡通人物形象，A 公司无需提供其他商品或服务，B 公司必须使用动画节目中卡通人物的新形象。在签订协议时，B 公司有理由预计 A 公司会继续制作该系列动画片、创作卡通人物、开展宣传活动以提高卡通人物的知名度。在该节目首次播出后，B 公司开始销售带有卡通人物形象的文具。合同约定，在授权期内，B 公司每年向 A 公司支付 100 万元。

本例中，A 公司授权 B 公司在其生产的文具上使用动画片中的卡通人物形象构成一项单独履约义务，A 公司需要进一步确定其是在某一时段内确认相关收入还是在某一时点确认相关收入：①B 公司预计 A 公司会继续制作该系列动画片、创作卡通人物、开展宣传活动以提高卡通人物的知名度；②合同约定 B 公司必须使用动画节目中卡通人物的新形象，因此，A 公司对卡通人物形象的创作、宣传会直接对 B 公司产生影响；③A 公司无需向 B 公司提供其他商品或服务。因此，A 公司应在某一时段内确认相关收入。

企业向客户授予知识产权许可，并约定按客户实际销售或使用情况收取特许权使用费的，应当在下列两项孰晚的时点确认收入：①客户后续销售或使用行为实际发生；②企业履行相关履约义务。

六、售后回购

售后回购是指企业销售商品的同时承诺或有权选择日后再将该商品（包括相同或几乎相同的商品，或以该商品作为组成部分的商品）购回的销售方式。对于售后回购交易，企业应当区分下列两种情形分别进行会计处理：

（1）企业因存在与客户的远期安排而负有回购义务或企业享有回购权利的，表明客户在销售时点并未取得相关商品控制权，企业应当作为租赁交易或融资交易进行相应的会计处理。其中，回购价格低于原售价的，应当视为租赁交易；回购价格不低于原售价的，应当视为融资交易，在收到客户款项时确认金融负债，并将该款项和回购价格的差额在回购期间内确认为利息费用等。企业到期未行使回购权利的，应当在该回购权利到期时终止确认金融负债，同时确认收入。

【例 11-26】2017 年 5 月 1 日，A 公司向 B 公司销售一批汽车，销售价格为 200 万元，同时约定，A 公司将在 2018 年 5 月 1 日以 120 万元的价格回购。

本例中，该交易实质是 B 公司支付了 80 万元的对价取得了汽车 2 年的使用权，甲公司应作为租赁交易进行会计处理。

【例 11-27】2017 年 5 月 1 日，A 公司向 B 公司销售一批汽车，销售价格为 200 万元，同时约定，A 公司将在 2017 年 11 月 1 日以 210 万元的价格回购。

本例中，该交易实质是甲公司以这台设备作为质押取得了 200 万元的借款，6 个月后归还本息合计 210 万元。

（2）企业负有应客户要求回购商品义务的，应当在合同开始日评估客户是否具有行使该要求权的重大经济动因。客户具有行使该要求权重大经济动因的，企业应当将售后回购作为租赁交易或融资交易；否则企业应当将其作为附有销售退回条款的销售交易进行会计处理。

【例 11-28】A 公司销售一台设备给客户，销售价格为 1 000 万元，并约定在 5 年后，客户有权要求甲企业以500万元的价格回购这台设备。假定A公司预期这台设备的市场价值在回购日远低于500万元，假设货币的时间价值不影响对该交易性质的判断。

本例中，由于设备回购价格低于原售价，但显著高于回购日设备的市场价值，因此可以判断客户有重大的经济动机去行使该回售选择权。因此该交易实质上是一个租赁安排。

七、客户未行使的合同权利

企业向客户预收销售商品款项的，应当首先将该款项确认为负债，待履行了相关履约义务时再转为收入。当企业预收款项无需退回，且客户可能会放弃其全部或部分合同权利时，企业预期将有权获得与客户所放弃的合同权利相关的金额的，应当按照客户行使合同权利的模式按比例将上述金额确认为收入；否则，企业只有在客户要求其履行剩余履约义务的可能性极低时，才能将上述负债的相关余额转为收入。对于企业收取的与客户未行使权利相关的款项，如果企业须将该款项转交其他方（如根据适用的关于无人认领财产的法律需转交给政府主体），则企业不能将未行使的权利金额确认为收入，而应该确认为一项负债。

【例11-29】A公司2017年1月1日出售1 000张礼品卡，每张面值50元，可在其所有经营点兑换。A公司根据历史经验，预计未行使礼品卡权利的金额为总额的10%，即5 000元。2017年12月1日，客户兑换了价值22 500元的礼品卡，2018年A公司应当如何对已兑换的礼品卡进行会计处理？

本例中，2017年12月1日A公司应该确认客户已兑换礼品卡收入22 500元，同时应确认客户未行使礼品卡权利收入2 500元［5 000×（22 500÷45 000）］。

八、无需退回的初始费

企业在合同开始（或接近合同开始）日向客户收取的无需退回的初始费（如俱乐部的入会费等）应当计入交易价格。企业应当评估该初始费是否与向客户转让已承诺的商品相关。该初始费与向客户转让已承诺的商品相关，并且该商品构成单项履约义务的，企业应当在转让该商品时，按照分摊至该商品的交易价格确认收入；该初始费与向客户转让已承诺的商品相关，但该商品不构成单项履约义务的，企业应当在包含该商品的单项履约义务履行时，按照分摊至该单项履约义务的交易价格确认收入；该初始费与向客户转让已承诺的商品不相关的，该初始费应当作为未来将转让商品的预收款，在未来转让该商品时确认为收入。

企业收取了无需退回的初始费且为履行合同应开展初始活动，但这些活动本身并没有向客户转让已承诺的商品的，该初始费与未来将转让的已承诺商品相关的，应当在未来转让该商品时确认为收入，企业在确定履约进度时不应考虑这些初始活动；企业为该初始活动发生的支出应当按照合同成本的规定确认为一项资产或计入当期损益。

【例11-30】A公司为一家连锁健身俱乐部，与客户签订了为期2年的合同，客户可在A公司经营的所有健身俱乐部健身。A公司向客户一次性收取150元的入会费，用于补偿俱乐部为客户进行注册登记等发生的成本，俱乐部每年的年费为1 000元。A公司收取的入会费和年费均无需返还。

本例中，登记注册的初始活动并没有向客户转让任何商品或服务，该入会费实质上是客户为健身服务支付的款项的一部分，应作为健身服务收入的预收款在 2 年内分期确认收入。

关键词

收入　合同收入　合同负债　"五步法"模型

复习思考题

1. 简述五步法确认收入的运用。
2. 如何区分代理人和责任人？
3. 对于在某一时段内履行的履约义务，应当如何确认收入？
4. 简述各种特殊业务收入确认的条件。

第十二章 费 用

第一节 费用概述

一、费用的定义和特征

费用是指企业在日常活动中发生的、能够导致所有者权益减少的、与向所有者分配利润无关的经济利益的总流出。费用一般具有如下特征:

(1) 费用是企业在日常活动中发生的。企业日常活动中所发生的费用通常包括销售成本、职工薪酬、折旧费、无形资产摊销等。将费用界定为"企业在日常活动中发生的",一是与收入是"企业日常活动中形成的"界定的"日常活动"相一致,以与收入相配比;二是与非"日常活动"所形成的经济利益的流出相区别。非日常活动所形成的经济利益的流出应当计入损失,而不应当计入费用。

(2) 费用的发生会导致企业资产的减少或负债的增加,最终会导致企业所有者权益的减少。费用发生的目的是获取收入。一项费用的发生常常是一项资产的减少。例如,企业管理费用的发生,往往是现金、银行存款等资产的减少。有时一项费用的发生,也会导致一项负债的增加。例如,工资费用的发生往往会导致"应付职工薪酬"负债的增加。企业资产减少或负债增加的最终结果是企业资源的减少,即经济利益最终流出企业。

由于费用的发生会导致企业资产的减少或负债的增加,而"资产 = 负债 + 所有者权益",所以费用的发生最终会导致企业净资产的减少,即企业所有者权益的减少。

(3) 费用是与向所有者分配利润无关的经济利益的总流出。费用的发生会导致经济利益的流出,从而导致资产的减少或负债的增加。其表现形式包括现金及现金等价物的流出、存货、固定资产和无形资产等的流出或消耗等。费用是与收入相对应的概念,与两者配比产生利润之后的利润分配没有直接关系。因此,分配给投资者利润所产生的经济利益流出属于所有者权益抵减项目,不应确认费用。

二、费用的分类

(一) 费用按经济内容分类

费用按经济内容分类,通常分为下列费用要素:

(1) 外购材料。其是指企业耗用的从外部购进的原料及主要材料、半成品、辅助材料、包装物、修理用备件和低值易耗品等。

(2) 外购燃料。其是指企业耗用的从外部购进的各种固体、气体、液体燃料。

(3) 外购动力。其是指企业耗用的从外部购进的各种动力。

(4) 职工薪酬。其是指企业应计入生产经营费用的职工薪酬。

(5) 折旧费。其是指企业计算的固定资产折旧费。出租固定资产的折旧费除外。

(6) 利息支出。其是指企业为筹集生产经营资金发生的利息支出减去利息收入后的净额。

(7) 其他支出。其是指不属于以上各费用要素的支出,如邮电费、差旅费、租赁费等。

以上费用要素反映的费用称为要素费用。

(二) 费用按经济用途分类

企业的各种费用按经济用途分类,分为生产经营费用和非生产经营费用。企业生产经营费用按其经济用途,又可分为生产成本和期间费用两大类。

1. 生产成本

生产成本是指企业在一定期间生产产品和提供劳务(含服务)发生的费用。生产成本一般划分为下列成本项目:

(1) 直接材料。其是指在生产产品和提供劳务过程中,直接用于产品生产并构成产品实体的原料及主要材料、外购半成品以及辅助材料等。

(2) 直接人工。其是指在生产产品和提供劳务过程中,直接参加产品生产工人的职工薪酬。

(3) 制造费用。其是指企业生产车间(部门)为生产产品和提供劳务而发生的各项间接费用,包括工资和福利费、折旧费、办公费、水电费、机物料消耗、劳动保护费以及其他间接费用。

2. 期间费用

期间费用是指企业本期发生的直接计入当期损益的费用,包括销售费用、管理费用和财务费用。

三、费用的确认和计量

(一) 费用的确认

企业在生产经营过程中发生的耗费,只有符合费用定义,具有费用特征,且符合费用确认条件的,才能确认为企业的费用。

费用确认条件是指确认费用的影响因素和确认标准。费用的确认至少应当符合下列条件:

(1) 与费用相关的经济利益很可能流出企业；
(2) 经济利益流出企业的结果会导致企业资产减少或者负债增加；
(3) 经济利益的流出额能够可靠计量。

不仅如此，费用的确认还应当以权责发生制为基础和遵循配比原则。费用的确认以权责发生制为基础，即，凡属于本期发生的费用，不论其款项是否支付都应作为本期费用确认；反之，不属于本期发生的费用，即使其款项已在本期支付也不确认为本期费用。例如，本年度预付下年度财产保险费15 000元，虽然款项支付是在本年度，但其效用是在下年度，则15 000元不确认为本年度费用，而是确认为下年度费用。费用的确认应遵循配比原则，即，企业的成本费用应当与其收入相互配比，同一会计期间内的成本费用与其各项收入应当在该会计期间内确认。对于企业为生产产品发生的可归属于产品成本的费用，应当在确认产品销售收入时，将已销售产品的成本与其收入相配比，计入当期损益。对于销售费用、管理费用和财务费用，因其发生与会计期间直接相关，经确认应计入当期损益。

（二）费用的计量

费用的计量是指费用应按什么样的金额记录和报告。费用的计量一般以费用发生时的金额作为首要计量标准。

对于减少现金资产形成费用的，应以实际交易价格，即减少的现金资产金额作为费用的入账金额。例如，以现金购买办公用品形成企业的一项管理费用。此时，管理费用的入账金额应以购买办公用品的实际交易价格，即现金减少金额，作为管理费用的入账金额。对于以资产消耗转化的费用，应以其账面价值作为费用确认的基础。例如，固定资产折旧应以固定资产账面价值为基础，计算确认计入成本费用中的折旧费用。对于增加企业负债形成费用的，应以预计未来支付的金额计量费用的金额。若未来实际支付金额与预计金额不一致，则在实际支付时按实际支付金额调整。例如，预计产品质量保证。预计时，以预计的未来产品修理支出金额为基础，计算确认预计期间的销售费用。但在实际发生产品修理费时，其实际修理支出往往与预计的修理金额不一致，则应以实际发生的支出调整修理费用。

第二节 生产成本和劳务成本

一、生产成本核算的一般程序

生产成本是指企业在一定期间为生产一定数量、一定种类产品而发生的各项生产费用。

生产成本核算的过程是对生产过程中发生的费用，按照成本计算对象分别成本费用项目进行归集和分配的过程。成本核算的一般程序可以概括为下列三个步骤：

（1）审核和控制成本费用，归集分配要素费用。对于企业发生的各项费用，应进行严格的审核和控制，确定费用应不应该开支；应开支的费用确定应不应该计入生产成本；应计入生产成本的费用，按成本费用项目归集和分配计入生产成本相关账户。

（2）分配结转辅助生产费用和制造费用。对于归集的辅助生产费用，应按受益对象和收益数量分配计入各受益对象的有关账户；对于归集的制造费用，应按成本计算对象分配计入各成本计算对象的账户。

（3）计算完工产品和月末在产品成本。对于归集于各成本计算对象账户中的月初在产品成本和本月生产费用，若本月未全部完工，则应采用适当的分配方法将其在完工产品和月末在产品之间进行分配，计算出按成本项目反映的完工产品成本和月末在产品成本。

二、要素费用

企业生产过程中发生的各项要素费用按照其用途，分别计入"生产成本——基本生产成本""生产成本——辅助生产成本""制造费用——××车间"总账账户及其所属明细账户，归集分配要素费用。

对于直接用于产品生产并且"生产成本——基本生产成本"明细账专设成本项目的要素费用，应计入"生产成本——基本生产成本"明细账的相关成本项目中。如果是某种产品直接耗用的要素费用，应直接计入这种产品成本明细账的相关成本项目；如果是几种产品共同耗用的要素费用，则应采用适当的分配方法，分配计入这几种产品成本明细账的相关成本项目。

对于基本生产车间间接发生的要素费用，或者直接用于产品生产、但"生产成本——基本生产成本"明细账没有专门设立成本项目的要素费用，计入"制造费用——××车间"明细账。月末，将归集的制造费用分配计入各"生产成本——基本生产成本"明细账。

对于辅助生产车间发生的要素费用，应计入"生产成本——辅助生产成本"明细账。月末，将归集的辅助生产费用分配计入"制造费用——××车间"等明细账。

企业生产过程中发生的要素费用，尽管在费用归集过程中分别计入"生产成本——基本生产成本""基本生产成本——辅助生产成本""制造费用——××车间"明细账，但是"基本生产成本——辅助生产成本""制造费用——××车间"明细账归集的费用最终要分配计入"生产成本——基本生产成本"明细账。月末，归集于"生产成本——基本生产成本"明细账的要素费用，按本月完工产品和月末在产品分别计算本月完工产品成本和月末在产品成本。

（一）外购材料费用的核算

生产过程中领用的外购原材料，应以领料凭证为依据编制"发出材料汇总表"，分配原材料费用。

直接用于产品生产的原材料费用，设有"直接材料"成本项目的，应借记"生产成本——基本生产成本"明细账中的"直接材料"成本项目。如果"发出材料汇总表"中汇总的原材料费用是某种产品耗用的，应直接计入该种产品的"生产成本——基本生产成本"明细账中的"直接材料"成本项目；如果"发出材料汇总表"中汇总的原材料费用是几种产品共同耗用的原材料费用，则应采用适当的方法，分配计入各有关产品"生产成本——基本生产成本"明细账的"直接材料"成本项目。

直接用于辅助生产的原材料费用，其分配方法与前述直接用于产品生产的原材料费用的分配方法相同，计入"生产成本——辅助生产成本"明细账的借方。

间接用于基本生产车间和辅助生产车间生产产品或提供劳务的原材料费用，或因车间组织和管理生产发生的原材料费用，应计入"制造费用——基本生产车间"和"制造费用——辅助生产车间"明细账的借方。

（二）职工薪酬的核算（以工资费用为例）

生产工人和车间管理人员的工资，应根据本月"工资结算汇总表"，分配本月生产工人和车间管理人员的工资费用。

直接进行产品生产的生产工人工资，设有"直接人工"成本项目的，应借记"生产成本——基本生产成本"明细账中的"直接人工"成本项目，贷记"应付职工薪酬——工资"明细账。

直接进行辅助生产的生产工人工资，设有"直接人工"成本项目的，应借记"生产成本——辅助生产成本"明细账中的"直接人工"成本项目，贷记"应付职工薪酬——工资"明细账。

基本生产车间和辅助生产车间的管理人员的工资，应借记"制造费用——基本生产车间"和"制造费用——辅助生产车间"科目，贷记"应付职工薪酬——工资"科目。

（三）折旧费用

生产车间的固定资产应根据其使用情况采用适当的折旧方法计提折旧。固定资产计提折旧形成的折旧费用一般按固定资产的使用车间，借记"制造费用——××车间"科目，贷记"累计折旧"科目。

（四）其他费用

其他费用是指除前述各项要素费用之外的费用，包括办公用品费、邮电费、差旅费、印刷费、租赁费、保险费、试验检验费、排污费、职工培训费等。其他费用一般不专设成本项目，而是在费用发生时按照费用发生的车间分配费用。一般情况下费用发生时，借记"制造费用"科目，贷记"库存现金""银行存款"等科目。

三、辅助生产费用

辅助生产是指为企业基本生产和行政管理部门服务而进行的产品生产和劳务供应。企业的辅助生产一般按其生产产品或提供劳务的种类设立车间或部门，如供电车间、供水车间、锅炉车间、机修车间、运输车间和工具车间等。这些辅助生产车间或部门，有的只生产一种产品或提供一种劳务，如供电、供水、运输等；有的则生产多种产品或提供多种劳务，如生产工具、机修等。

辅助生产车间为生产产品和提供劳务所耗费的各种费用构成了其产品或劳务的成本。对于耗用辅助生产产品和劳务的基本生产来说，这些辅助生产产品和劳务的成本又是一种费用，即辅助生产费用。

辅助生产费用的归集与分配是通过"生产成本——辅助生产成本"总账账户及其所

属明细账进行的。"生产成本——辅助生产成本"账户与"生产成本——基本生产成本"账户一样，一般应按车间类别或产品和劳务的种类设立明细账，账中按照成本项目设立专栏或专行进行明细核算。对于辅助生产车间发生的制造费用可以通过"制造费用——辅助生产车间"账户进行归集与分配，也可以直接计入"生产成本——辅助生产成本"，不通过"制造费用——辅助生产车间"账户核算。

归集辅助生产费用时，应借记"生产成本——辅助生产成本""制造费用——辅助生产车间"账户，贷记"原材料""应付职工薪酬""累计折旧""银行存款"等账户。分配辅助生产车间的制造费用时应采用适当的分配方法分配，借记"生产成本——辅助生产成本"账户，贷记"制造费用——辅助生产车间"账户。分配辅助生产费用时应采用适当的分配方法分配，借记"制造费用"等账户，贷记"生产成本——辅助生产成本"账户。

四、制造费用

制造费用是指生产车间为生产产品或提供劳务而发生的、应计入产品成本但不专设成本项目的各项费用。制造费用主要包括机物料消耗、车间管理人员和辅助生产工人工资及福利费、车间固定资产折旧费、车间照明费、取暖费、运输费、租赁费、保险费、办公费和差旅费等。

生产车间的制造费用的归集和分配通过"制造费用"总账账户及其所属明细账进行。归集制造费用时，应借记"制造费用"科目，贷记"原材料""应付职工薪酬""累计折旧""银行存款"等账户。分配制造费用时应采用适当的分配方法分配，借记"生产成本——基本生产成本"科目的制造费用成本项目，贷记"制造费用"科目。

五、生产费用在完工产品与在产品之间的分配

每月末，在上述生产费用归集和分配完毕后，归集于"生产成本——基本生产成本"账户中的生产费用加上月初在产品成本，应在完工产品与月末在产品之间分配。

生产费用在完工产品与在产品之间的分配，应根据生产特点和管理要求采用适当的分配方法分配，以正确计算完工产品成本和月末在产品成本。

本月生产费用、本月完工产品成本、月初在产品成本和月末在产品成本之间的关系，可用下列公式表示：

月初在产品成本 + 本月生产费用 = 本月完工产品成本 + 月末在产品成本

六、结转完工产品成本

在计算出完工产品成本和月末在产品成本后，应结转完工产品成本。结转完工产品成本时，应借记"库存商品"总账账户及其所属明细账，贷记"生产成本——基本生产成本"总账账户及其所属明细账。结转完工产品成本后，"生产成本——基本生产成本"总账账户及其所属明细账的账户余额就是月末在产品成本。

七、劳务成本

劳务成本是指企业对外提供劳务发生的成本。

企业劳务成本的核算通过"劳务成本"总账账户及其所属明细账进行。"劳务成本"明细账应按提供劳务种类设置和核算。

企业发生的各项劳务成本,应借记"劳务成本"账户,贷记"银行存款""原材料""应付职工薪酬"等账户。结转劳务成本时,借记"主营业务成本""其他业务成本"等科目,贷记"劳务成本"科目。"劳务成本"账户期末借方余额,反映企业尚未完成或尚未结转的劳务成本。

第三节 期间费用

期间费用是指本期发生的、不归属于产品成本的、直接计入当期损益的各项费用。期间费用一般划分为销售费用、管理费用和财务费用。

一、销售费用

销售费用是指企业在销售商品和提供劳务的过程中发生的各项费用。销售费用主要包括企业在销售商品和提供劳务过程中发生的包装费、展览费、广告费、商品维修费、预计产品质量保证损失、运输费、装卸费等以及为销售本企业商品而专设的销售机构(含销售网点、售后服务网点)的职工薪酬、业务费、折旧费、固定资产修理费用等经营费用。

企业发生的销售费用通过"销售费用"总账账户及其所属明细账户核算。"销售费用"明细账户应按费用项目设置和核算。发生的销售费用,应借记"销售费用"科目,贷记"库存现金""银行存款""应付职工薪酬""累计折旧"等科目。期末,"销售费用"账户的余额结转"本年利润"账户后无余额。

【例12-1】某企业以银行存款支付新产品展览费30 000元(假设不考虑增值税)。其编制的会计分录如下:

借:销售费用——展览费　　　　　　　　　　　　　　30 000
　　贷:银行存款　　　　　　　　　　　　　　　　　　30 000

【例12-2】某企业计算分配本月售后服务网点职工工资75 000元。其编制的会计分录如下:

借:销售费用——职工薪酬　　　　　　　　　　　　　75 000
　　贷:应付职工薪酬——工资　　　　　　　　　　　　75 000

【例12-3】某企业以银行存款支付销售网点固定资产修理费5 600元(假设不考虑增值税)。其编制的会计分录如下:

借:销售费用——固定资产修理费　　　　　　　　　　5 600

贷：银行存款　　　　　　　　　　　　　　　　　　　　　　　　　　　5 600

二、管理费用

　　管理费用是指企业为组织和管理企业生产经营所发生的各项费用。管理费用主要包括企业在筹建期间内发生的开办费、董事会和行政管理部门在企业的经营管理中发生的或应由企业统一负担的公司经费（包括行政管理部门职工薪酬、物料消耗、低值易耗品摊销、办公费和差旅费等）、董事会费（包括董事会成员津贴、会议费和差旅费等）、聘请中介机构费、咨询费（含顾问费）、诉讼费、业务招待费、研究费用以及车间和行政管理部门使用的固定资产修理费等。

　　企业发生的管理费用通过"管理费用"总账账户及其所属明细账户核算。"管理费用"明细账户应按费用项目设置和核算。发生的管理费用，应借记"管理费用"科目，贷记"库存现金""银行存款""应付职工薪酬""累计折旧"等科目。期末，"管理费用"账户的余额结转"本年利润"账户后无余额。

　　【例12-4】某企业为开发新产品研究试验一种新技术，为此本月发生下列费用：领用原材料620元；以银行存款支付咨询费3 000元；以库存现金支付资料费110元。该研究开发项目发生的以上费用不满足资本化条件（假设不考虑增值税）。其编制的会计分录如下：

　　（1）分配材料费用时：
　　借：研发支出——费用化支出　　　　　　　　　　　　　　　　　　　　620
　　　　贷：原材料　　　　　　　　　　　　　　　　　　　　　　　　　　　620
　　（2）支付咨询费时：
　　借：研发支出——费用化支出　　　　　　　　　　　　　　　　　　　3 000
　　　　贷：银行存款　　　　　　　　　　　　　　　　　　　　　　　　3 000
　　（3）支付资料费时：
　　借：研发支出——费用化支出　　　　　　　　　　　　　　　　　　　　110
　　　　贷：库存现金　　　　　　　　　　　　　　　　　　　　　　　　　110
　　（4）月末，结转研发支出（费用化支出）时：
　　借：管理费用——研究费用　　　　　　　　　　　　　　　　　　　　3 730
　　　　贷：研发支出——费用化支出　　　　　　　　　　　　　　　　　3 730

　　【例12-5】某公司本月管理人员工资总额为1 200 000元。月末，按工资总额的2%计提工会经费；按工资总额的1.5%计提职工教育经费。其编制的会计分录如下：
　　借：管理费用——工会经费　　　　　　　　　　　　　　　　　　　24 000
　　　　　　　　——职工教育经费　　　　　　　　　　　　　　　　　18 000
　　　　贷：应付职工薪酬——工会经费　　　　　　　　　　　　　　　24 000
　　　　　　　　　　　　——职工教育经费　　　　　　　　　　　　　18 000

　　【例12-6】某企业支付工会活动经费11 000元，支付职工培训费15 000元，款项以银行存款支付。其编制的会计分录如下：
　　借：应付职工薪酬——工会经费　　　　　　　　　　　　　　　　　11 000

——职工教育经费		15 000
贷：银行存款		26 000

三、财务费用

财务费用是指企业为筹集生产经营所需资金等而发生的各项筹资费用。财务费用主要包括利息支出（减利息收入）、汇兑损益以及相关的手续费、企业发生的现金折扣或收到的现金折扣等。

企业发生的财务费用通过"财务费用"总账账户及其所属明细账户核算。"财务费用"明细账户应按费用项目设置和核算。发生的利息支出，应借记"财务费用"科目，贷记"银行存款""长期借款""应付债券"等科目。发生的应冲减财务费用的利息收入、汇兑损益、现金折扣，应借记"银行存款""应付账款"等科目，贷记"财务费用"科目。期末，"财务费用"账户的余额结转"本年利润"账户后无余额。

【例12-7】某企业收到银行结算账户存款利息452.20元。其编制的会计分录如下：

借：银行存款	452.20
贷：财务费用——利息支出	452.20

关键词

费用　生产成本　生产费用　期间费用

复习思考题

1. 简述费用的确认与计量原则。
2. 期间费用包括哪些内容？如何进行相关会计处理？

第十三章 政府补助

政府部门向企业提供经济支持，以鼓励和扶持特殊行业、特殊领域以及地区的发展，是政府宏观调控的重要手段。2006年发布的《企业会计准则第16号——政府补助》及其应用指南施行至今已十多年。随着经济业务日益复杂，该准则执行中存在的一些问题也逐渐显现出来。为更好地满足我国企业相关会计实务需要，进一步规范我国政府补助确认、计量和披露，提高会计信息质量，财政部结合我国实际，同时保持与《国际财务报告准则》的持续趋同，财政部于2017年5月印发了修订后的《企业会计准则第16号——政府补助》，本章就是根据修订后准则编写的。

第一节 政府补助概述

一、政府补助的定义

政府补助是指企业从政府无偿取得的货币性资产或非货币性资产，但不包括政府作为企业所有者投入的资本。

理解政府补助的概念，需要注意以下几点：

（1）政府补助表现为政府向企业转移资产，资源是单向、无对价的转移，而政府作为所有者投入的资本不包括在内，因为企业并非无偿取得这些经济资源。

（2）形式上包括货币性资产和非货币性资产。

（3）"政府"的范围，应作广义理解，包括各级政府及其机构，国际的类似组织也在其范围之内。

目前，我国政府补助主要包括财政拨款、财政贴息、税收返还、无偿划拨非货币性资产、研究开发补贴、政策性补贴等。其中，税收返还包括即征即退、先征后退、先征后返的各种税收，但不包括企业按规定取得的出口退税款，对于企业所得税的直接减免，也不属于政府补助，适用《企业会计准则第18号——所得税》。实务中应注意将政府补助与政府采购、政府投资相区分。企业从政府取得的经济资源，如果与企业销售商品或提供服务等活动密切相关，且是企业商品或服务的对价或者是对价的组成部分，适用《企业会计准则第 14 号——收入》等相关会计准则。企业因政策性搬迁自政府取得的收入，因以搬迁为对价，不具有无偿性，不属于政府补助的范畴，而应按处置非流动资产处理。政府投资是政府以股东身份对企业的资本性投入。由此可见，政府采购与政府投资，均是企业自政府取得的资源但不具有无偿性，因此不作为政府补助处理。

二、政府补助的特征

（一）来源于政府的经济资源

对于企业收到的来源于其他方的补助，有确凿证据表明政府是补助的实际拨付者，其他方只起到代收代付作用的，该项补助也属于来源于政府的经济资源。如家电下乡，节能补贴等。

政府补助是企业从政府直接取得的资产，包括货币性资产和非货币性资产，形成企业的收益。比如，企业取得政府拨付的补助，先征后返（退）、即征即退等办法返还的税款，行政划拨的土地使用权，天然起源的天然林等。不涉及资产直接转移的经济支持不属于《企业会计准则第 16 号——政府补助》规定的政府补助，比如，政府与企业间的债务豁免，除税收返还外的税收优惠，如直接减征、免征、增加计税抵扣额、抵免部分税额等。

需要说明的是，增值税出口退税也不属于政府补助。根据相关税收法规规定，对增值税出口货物实行零税率，即对出口环节的增值部分免征增值税，同时退回出口货物前道环节所征的进项税额。由于增值税是价外税，出口货物前道环节所含的进项税额是抵扣项目，体现为企业垫付资金的性质，增值税出口退税实质上是政府归还企业事先垫付的资金，不属于政府补助。

（二）无偿性

企业取得来源于政府的经济资源，不需要向政府交付商品或服务等对价。政府向企业提供补助属于非互惠交易，具有无偿性的特点。政府并不因此而享有企业的所有权，企业未来也不需要以提供服务、转让资产等方式偿还。这一特征将政府补助与政府作为企业所有者投入的资本、政府采购等政府与企业之间双向、互惠的经济活动区分开来。政府补助通常附有一定的条件，这与政府补助的无偿性并无矛盾，并不表明该项补助有偿，而是企业经法定程序申请取得政府补助后，应当按照政府规定的用途使用该项补助。

虽然政府补助具有无偿性，但是政府为了施行其宏观经济政策，对企业使用政府补助的时间、使用范围以及方向等作出了限制，也即政府补助通常附有一定条件。这些条件主要包括两个方面：一是政策条件，企业只有符合政府补助政策的规定，才有资格申请政府补助。符合政策规定不一定都能够取得政府补助；不符合政策规定、不具备申请政府补助资格的，不能取得政府补助。二是使用条件，企业已获批准取得政府补助的，应当按照政府相关文件等规定的用途使用政府补助。

三、不属于政府补助的情形

（一）政府资本性投入

政府以投资者身份向企业投入资本，享有企业相应的所有权，企业有义务向投资者分配利润，政府与企业之间是投资者与被投资者的关系，属于互惠交易。

政府的资本性投入无论采用何种形式，均不属于政府补助的范畴。如在补助时规定作为"资本公积"处理的专项拨款等就不属于政府补助。

（二）其他不属于政府补助的交易和事项

（1）向出口企业退还的增值税不属于政府补助；

（2）免税、减税、增加计税抵扣或抵免等税收优惠不适用《企业会计准则第 16 号——政府补助》，如企业利用"三废"生产的产品，5 年内减征或免征所得税；

（3）政府与企业间的债务豁免不适用《企业会计准则第 16 号——政府补助》。

四、政府补助的形式

（一）财政拨款

财政拨款是政府无偿拨付企业的资金，通常在拨款时就明确了用途。例如，政府拨给企业用于购建固定资产或进行技术改造工程的专项资金；政府鼓励企业安置职工就业而给予的奖励款项；政府拨付企业的粮食定额补贴；政府拨付企业开展研发活动的研发拨款等。

（二）财政贴息

财政贴息是政府为支持特定领域或区域发展、根据国家宏观经济形势和政策目标，对承贷企业的银行贷款利息给予的补贴。

财政贴息主要有两种方式，一是财政将贴息资金直接拨付给受益企业；二是财政将贴息资金拨付给贷款银行，由贷款银行以政策性优惠利率向企业提供贷款，受益企业按照实际发生的利率计算和确认利息费用。

（三）税收返还

税收返还是政府按照先征后返（退）、即征即退等办法向企业返还的税款，属于以税收优惠形式给予的一种政府补助。除税收返还外，税收优惠还包括直接减征、免征、增加计税抵扣额、抵免部分税额等形式。但是这类税收优惠体现了政策导向，政府并未直接向企业无偿提供资产，不作为《企业会计准则第 16 号——政府补助》规定的政府补助。

（四）无偿划拨非货币性资产

政府无偿划拨非货币性资产在实务中发生较少，有时会存在行政划拨土地使用权、天然起源的天然林等。

五、政府补助分类

根据《企业会计准则第 16 号——政府补助》的规定，政府补助应该划分为与资产相关的政府补助和与收益相关的政府补助，这是因为它们给企业带来的经济利益或弥补相关成本或费用的形式不同，从而导致会计处理上也存在差别。

1. 与资产相关的政府补助

与资产相关的政府补助是指企业取得的、用于购建或以其他方式形成长期资产的政府补助。如专项资金拨入形成的固定资产、无形资产等。通常情况下，相关补助文件会要求企业将补助资金用于取得长期资产的购建。而长期资产能够在较长期间内给企业带来经济利益，会计上有两种处理方法：一是将与资产有关的政府补助确认为递延收益，并随着资产的使用逐步结转入损益，二是将补助冲减资产的账面价值，以反映长期资产的实际取得成本。

2. 与收益相关的政府补助

与收益相关的政府补助是指除与资产相关的政府补助之外的政府补助。此类补助主要用于补偿企业已经发生或即将发生的费用或损失。其受益期相对较短，所以通常在满足补助所附条件时计入当期损益或冲减相关成本。

第二节 政府补助的会计处理

一、政府补助的确认

根据《企业会计准则第 16 号——政府补助》的规定，政府补助在同时满足两个条件时才能予以确认：一是企业能够满足政府补助所附条件；二是企业能够收到政府补助。

【例 13-1】 2018 年 1 月，A 公司收到政府给予的一项附条件补助 800 万元，规定用于研发活动。同时规定如果两年后研发没有成功，需要将补助退还政府。由于该研发项目难度很大，A 公司无法保证产品研发一定能够成功。

解析：

尽管 A 公司已经收到政府补助 800 万元，但是 A 公司 2018 年尚不能保证产品研发成功，不能确保能够满足政府补助所附条件，所以尽管 A 公司 2018 年 1 月收到政府补助款，2018 年也不能确认政府补助 800 万元。

二、政府补助的计量

（一）货币性资产

对于以货币性资产取得政府补助的，应当按照收到或应收的金额计量。对于企业已经实际收到的补助资金，应当按照实际收到的补助金额计量；对于资产负债表日尚未收到补助资金，在符合了相关政策规定后就相应取得了收款权，且与之相关的经济利益很可能流入企业，企业应当在这项补助成为应收款时按照应收的金额计量；对于通过银行转账等方式拨付的补助，通常按照实际收到的金额计量；对于确凿证据表明是按固定定额标准拨付的，如实际销量或储备量与单位补贴定额计算的补助，可以按应收的金额计量。

（二）非货币性资产

政府补助为非货币性资产的，应当按照公允价值计量；公允价值不能可靠取得的，按照名义金额计量。

1. 按照公允价值计量

（1）如该资产附带有关文件、协议、发票、报关单等凭证注明的价值与公允价值差异不大的,应当以有关凭证中注明的价值作为公允价值。

(2) 没有注明价值或注明价值与公允价值差异大、但有活跃交易市场的,根据确凿证据表明的同类或类似市场交易价格作为公允价值。

2. 按照名义金额计量

没有注明价值、且没有活跃交易市场、不能可靠取得公允价值的,按照名义金额计量,名义金额即为人民币1元。如取得的天然林等生物资产。

三、政府补助的账务处理

(一) 政府补助的会计处理方法

政府补助有两种会计处理方法:总额法和净额法。

总额法是指在确认政府补助时,将其全额确认为收益,而不是作为相关资产账面价值或者费用等的扣减。

净额法是将政府补助确认为对相关资产账面价值或者所补偿费用等的扣减。根据《企业会计准则——基本准则》的要求,同一企业不同时期发生的相同或者相似的交易或者事项,应当采用一致的会计政策,不得随意变更。确需变更的,应当在附注中说明。

企业应当根据经济业务的实质,判断某一类政府补助业务应当采用总额法还是净额法。通常情况下,对同类或类似政府补助业务只能选用一种方法,同时企业对该业务应当一贯地运用该方法,不得随意变更。企业对某些补助只能采用一种方法,例如,对一般纳税人增值税即征即退只能采用总额法进行会计处理。

(二) 与资产相关的政府补助

实务中,企业一般先收到补助资金,再按照政府要求将补助资金用于构建固定资产或无形资产等长期资产。企业在收到补助资金时,有两种会计处理方法可供选择:一是总额法,即按照补助资金的金额借记有关资产科目,贷记"递延收益"科目;然后在相关资产使用寿命期内按合理、系统的方法分期计入损益。如果企业先收到补助金,再购建长期资产,则应当在开始对相关资产计提折旧或摊销时将递延收益分期计入损益;如果企业先开始购建长期资产,再收到补助资金,则应当在相关资产的剩余使用寿命期内按照合理、系统的方法将递延收益分期计入损益。企业对与资产相关的政府补助选择总额法后,为避免出现前后方法不一致的情况,结转递延收益时不得冲减相关成本费用,而是将递延收益分期转入"其他收益"或"营业外收入",借记"递延收益"科目,贷记"其他收益"或"营业外收入"科目。相关资产在使用寿命结束时或结束前被处置(出售、转让、报废等),尚未分摊的"递延收益"余额应当一次性转入资产处置当期损益,不再予以递延。二是净额法,即将补助冲减相关资产账面价值,企业按照扣减了政府补助后的资产价值对相关资产计提折旧或进行摊销。在净额法下,企业收到补助款时按照到账的实际金额,借记"银行存款"等科目,贷记"递延收益"科目。购入相关资产时,借记资产类科目,如"固定资产""无形资产"等,贷记"银行存款",同时,借记"递延收益",贷记对应资产类科目。所购入的资产在正常使用期内,计提折旧或摊销等按照通常的方法进行账务处理,不涉及"递延收益"科目。

【例13-2】按照国家有关政策,企业购置环保设备可以申请补贴以补偿其环保支出。

丁企业于 2017 年 5 月 10 日向政府有关部门提交了 420 万元的补助申请作为其购置环保设备的补贴。2017 年 5 月 25 日，丁企业收到了政府补贴款 420 万元。2017 年 6 月 20 日，丁企业购入不需安装环保设备，实际成本为 960 万元，预计使用寿命 10 年，采用直线法计提折旧（不考虑净残值）。假设 2025 年 6 月 20 日，丁企业持有的这台设备毁损。本例中不考虑相关税费。

丁企业采用总额法编制的会计分录如下：

(1) 2017 年 5 月 25 日实际收到财政拨款时：

借：银行存款　　　　　　　　　　　　　　　　4 200 000
　　贷：递延收益　　　　　　　　　　　　　　　　　4 200 000

(2) 2017 年 6 月 20 日购入设备时：

借：固定资产　　　　　　　　　　　　　　　　9 600 000
　　贷：银行存款　　　　　　　　　　　　　　　　　9 600 000

(3) 自 2017 年 7 月起每个资产负债表日（月末）计提折旧，同时分摊递延收益：

①计提折旧（假设该设备用于污染物排放测试，折旧费用计入制造费用）时：

借：制造费用　　　　　　　　　　　　80 000（9 600 000/10/12）
　　贷：累计折旧　　　　　　　　　　　　　　　　　80 000

②分摊递延收益（月末）时：

借：递延收益　　　　　　　　　　　　35 000（4 200 000/10/12）
　　贷：其他收益　　　　　　　　　　　　　　　　　35 000

(4) 2025 年 6 月 20 日设备毁损，同时转销递延收益余额时：

①出售设备：

借：固定资产清理　　　　　　　　　　　　　　1 920 000
　　累计折旧　　　　　　　　　　　　　　　　7 680 000
　　贷：固定资产　　　　　　　　　　　　　　　　　9 600 000

借：营业外支出　　　　　　　　　　　　　　　1 920 000
　　贷：固定资产清理　　　　　　　　　　　　　　　1 920 000

②转销递延收益余额：

借：递延收益　　　　　　　　　　　　　　　　　840 000
　　贷：营业外收入　　　　　　　　　　　　　　　　　840 000

丁企业采用净额法编制的会计分录如下：

(1) 2017 年 5 月 25 日实际收到财政拨款时：

借：银行存款　　　　　　　　　　　　　　　　4 200 000
　　贷：递延收益　　　　　　　　　　　　　　　　　4 200 000

(2) 2017 年 6 月 20 日购入设备时：

借：固定资产　　　　　　　　　　　　　　　　9 600 000
　　贷：银行存款　　　　　　　　　　　　　　　　　9 600 000

借：递延收益　　　　　　　　　　　　　　　　4 200 000
　　贷：固定资产　　　　　　　　　　　　　　　　　4 200 000

(3) 自 2017 年 7 月起每个资产负债表日（月末）计提折旧时：

借：制造费用　　　　　　　　45 000　[（9 600 000 – 4 200 000）/10/12]
　　　贷：累计折旧　　　　　　　　　　　　　　　45 000

(4) 2025 年 6 月 20 日设备毁损时：

借：固定资产清理　　　　　　1 080 000
　　累计折旧　　　　　　　　4 320 000
　　　贷：固定资产　　　　　　　　　　　　　　 5 400 000
借：营业外支出　　　　　　　1 080 000
　　　贷：固定资产清理　　　　　　　　　　　　 1 080 000

实务中与资产相关的政府补助也可能表现为政府向企业无偿划拨长期非货币性资产，如无偿给予的土地使用权和天然起源的天然林等。企业应当在实际取得资产并办妥相关受让手续时按照其公允价值确认和计量，如该资产相关凭证上注明的价值与公允价值差异不大的，应当以有关凭证中注明的价值作为公允价值；如没有注明价值或注明价值与公允价值差异较大、但有活跃市场的，应当根据有确凿证据表明的同类或类似资产市场价格作为公允价值。公允价值不能可靠取得的，按照名义金额计量。对无偿给予的非货币性资产，企业在收到时应当按照公允价值借记相关资产科目，贷记"递延收益"科目，在相关资产使用寿命内按合理、系统的方法分期计入损益，借记"递延收益"科目，贷记"其他收益"或"营业外收入"科目。对以名义金额（1 元）计量的政府补助，在取得时计入当期损益。

（三）与收益相关的政府补助

与收益相关的政府补助应当在其补偿的相关费用或损失发生的期间计入当期损益，即，用于补偿企业以后期间费用或损失的，在取得时先确认为"递延收益"，然后在确认相关费用的期间计入当期"营业外收入"；用于补偿企业已发生费用或损失的，取得时直接计入当期"营业外收入"。

企业在日常活动中按照固定的定额标准取得的政府补助应当按照应收金额计量，借记"其他应收款"科目，贷记"营业外收入"（或"递延收益"）科目。不确定的或者在非日常活动中取得的政府补助应当按照实际收到的金额计量，借记"银行存款"科目，贷记"营业外收入"（或"递延收益"）科目。涉及按期分摊递延收益的，借记"递延收益"科目，贷记"营业外收入"科目。

(1) 用于补偿企业已发生的相关成本费用或损失的，直接计入当期损益或冲减相关成本。

借：银行存款/其他应收款
　　　贷：营业外收入/生产成本/其他收益

(2) 用于补偿企业以后期间的相关成本费用或损失的，确认为递延收益，并在确认相关成本费用或损失的期间，计入当期损益或冲减相关成本。

收到时：

借：银行存款/其他应收款
　　　贷：递延收益

补偿时：

借：递延收益
　　贷：营业外收入/生产成本/其他收益

【例13-3】 甲企业于2016年3月15日与企业所在地地方政府签订合作协议，根据协议约定，当地政府将向甲企业提供1 000万元奖励资金用于企业的人才激励和人才引进奖励，甲企业必须按年向当地政府报送详细的资金使用计划并按规定用途使用资金。协议同时还约定，甲企业自获得奖励起10年内注册地址不迁离本区，否则政府有权追回奖励资金。甲企业于2016年4月10日收到1 200万元补助资金，在2016年末、2017年末、2018年末分别使用了400万元，用于总裁级别类高管发放年度奖金。

假设甲企业收到补助时，客观情况表明甲企业在未来10年内离开该地区的可能性很小，甲企业编制的会计分录如下：

（1）收到时：

借：银行存款　　　　　　　　　　　　　　　　　　　　12 000 000
　　贷：递延收益　　　　　　　　　　　　　　　　　　　　　12 000 000

（2）将补贴资金发放给高管时：

借：递延收益　　　　　　　　　　　　　　　　　　　　　4 000 000
　　贷：管理费用　　　　　　　　　　　　　　　　　　　　　4 000 000

后面两次支付一样处理。

如果企业在收到补助资金时暂时无法确定能否满足政府补助所附条件（即未来10年内不得离开该地区），则应当将收到的补助资金先计入"其他应付款"科目，待客观情况表明企业能够满足政府补助所附条件后再转入"递延收益"科目。

【例13-4】 甲软件企业2018年2月15日收到即征即退的增值税15万元，甲软件企业编制的会计分录如下：

借：银行存款　　　　　　　　　　　　　　　　　　　　　　150 000
　　贷：其他收益　　　　　　　　　　　　　　　　　　　　　　150 000

【例13-5】 甲企业收到了政府支付的自然灾害补助资金160万元，甲企业编制的会计分录如下：

借：银行存款　　　　　　　　　　　　　　　　　　　　　1 600 000
　　贷：营业外收入　　　　　　　　　　　　　　　　　　　　1 600 000

【例13-6】 丁企业是集芳烃技术研发、生产于一体的高新技术企业。芳烃的原料是石脑油。石脑油按成品油项目在生产环节征消费税。根据国家有关规定，对使用燃料油、石脑油生产乙烯芳烃的企业购进并用于生产乙烯、芳烃类化工产品的石脑油、燃料油，按实际耗用数量退还所含消费税。假设丁企业石脑油单价为5 333元/吨（其中，消费税2 105元/吨）。本期将115吨石脑油投入生产，石脑油转换率1.15:1（即1.15吨石脑油可生产1吨乙烯芳烃），共生产乙烯芳烃100吨。丁企业根据当期产量及所购原料供应商的消费税证明，申请退还相应的消费税。当期应退消费税为242 075元（100×1.15×2 105），丁企业在期末结转存货成本和主营业务成本之前，应收退还消费税，其编制的会计分录如下：

借：其他应收款　　　　　　　　　　　　　　　　　　　　　242 075
　　贷：生产成本　　　　　　　　　　　　　　　　　　　　　　　　242 075

【例13-7】某公司2016年12月申请某国家级研发补贴。申报书中有关内容如下：该公司2016年1月启动数字印刷技术开发项目，预计总投资360万元，投资为期3年，已投入资金120万元。项目还需新增投资240万元（其中，购置固定资产80万元、场地租赁费40万元、人员费100万元、市场营销20万元），计划自筹资金120万元、申请财政拨款120万元。2017年1月1日，主管部门批准了某公司的申报，签订补贴协议规定：批准某公司补贴申请，共补贴款项240万元，分两次拨付。合同签订日拨付120万元，结项验收时支付120万元。某公司编制的会计分录如下：

(1) 2017年1月1日，实际收到拨款120万元时：

借：银行存款　　　　　　　　　　　　　　　　　　　　　1 200 000
　　贷：递延收益　　　　　　　　　　　　　　　　　　　　　　　1 200 000

(2) 2017年1月1日至2019年1月1日，每个资产负债表日，分配递延收益（假设按年分配）时：

借：递延收益　　　　　　　　　　　　　　　　　　　　　　600 000
　　贷：营业外收入　　　　　　　　　　　　　　　　　　　　　　600 000

(3) 2018年项目完工并通过验收，于5月1日实际收到拨付120万元时：

借：银行存款　　　　　　　　　　　　　　　　　　　　　1 200 000
　　贷：营业外收入　　　　　　　　　　　　　　　　　　　　　1 200 000

对于同时包含与资产相关部分和与收益相关部分的政府补助，应当区分不同部分分别进行会计处理；难以区分的，应当整体归类为与收益相关的政府补助。

【例13-8】甲公司2015年12月申请某国家级研发补贴。申报书中的有关内容如下：本公司于2015年1月启动数字印刷技术开发项目，预计总投资3 600万元，投资为期3年，已投入资金1 200万元。项目还需新增投资2 400万元（其中，购置固定资产1 200万元、场地租赁费600万元、人员费300万元、市场营销300万元），计划自筹资金1 200万元、申请财政拨款1 200万元。2016年1月1日，主管部门批准了甲公司的申报，签订的补贴协议规定：批准甲公司补贴申请，共补贴款项1 200万元，分两次拨付。申请批准日拨付600万元，结项验收时支付600万元。该开发项目假定于2017年末完工，2018年3月1日通过验收并收到第二笔补贴款。假设按年分配递延收益。甲公司对政府补助采用总额法处理。

解析：

本例属于针对综合性项目的政府补助，因为该项目包括场地租赁费、人员费等费用和购置固定资产，且不能区分哪部分政府补助属于与收益相关的政府补助，哪部分政府补助属于与收益相关的政府补助，因此应按照与收益相关的政府补助原则进行会计处理。

甲公司编制的会计分录如下：

(1) 2016年1月1日，实际收到拨款600万元时：

借：银行存款　　　　　　　　　　　　　　　　　　　　　6 000 000
　　贷：递延收益　　　　　　　　　　　　　　　　　　　　　　6 000 000

(2) 自 2016 年 1 月 1 日至 2017 年 12 月 31 日，每个资产负债表日，分配递延收益时：

借：递延收益　　　　　　　　　　　　　　　　　　　3 000 000
　　贷：营业外收入　　　　　　　　　　　　　　　　　　　　　3 000 000

(3) 2018 年项目通过验收，于 3 月 1 日实际收到拨付 600 万元时：

借：银行存款　　　　　　　　　　　　　　　　　　　6 000 000
　　贷：营业外收入　　　　　　　　　　　　　　　　　　　　　6 000 000

(四) 财政贴息贷款的处理

(1) 财政将贴息资金拨付给贷款银行，由贷款银行以政策性优惠利率向企业提供贷款的，企业可以选择下列方法之一进行会计处理：

①以实际收到的借款金额作为借款的入账价值，按照借款本金和该政策性优惠利率计算相关借款费用。

②以借款的公允价值作为借款的入账价值并按照实际利率法计算借款费用，实际收到的金额与借款公允价值之间的差额确认为递延收益。递延收益在借款存续期内采用实际利率法摊销，冲减相关借款费用。企业选择了上述两种方法之一后，应当一致地运用，不得随意变更。

【例 13-9】2017 年 1 月 1 日，丙企业向银行贷款 100 万元，期限 2 年，按月计息，按季度付息，到期一次还本。由于这笔贷款资金将被用于国家扶持产业，符合财政贴息的条件，所以贷款利率显著低于丙企业取得同类贷款的市场利率。假设丙企业取得同类贷款的年市场利率为 12%，丙企业与银行签订的贷款合同约定的年利率为 6%，丙企业按年向银行支付贷款利息，财政按年向银行拨付贴息资金。贴息后实际支付的年利息率为 6%，贷款期间的利息费用满足资本化条件，计入相关在建工程的成本。相关计算如表 13-1 所示。

表 13-1　　　　　　　　　　　　　　　　　　　　　　　　　　　　　　　　　单位：元

月度	实际支付银行的利息① (1 000 000×12%/12)	财政贴息② (1 000 000×6%/12)	实际现金流③	实际现金流折现④	长期借款各期实际利息⑤	摊销金额⑥	长期借款的期末账面价值⑦
0							893 817
1	10 000	5 000	5 000	4 951	8 938	3 938	897 755
2	10 000	5 000	5 000	4 902	8 978	3 978	901 733
3	10 000	5 000	5 000	4 853	9 017	4 017	905 750
4	10 000	5 000	5 000	4 805	9 058	4 058	909 808
5	10 000	5 000	5 000	4 758	9 098	4 098	913 906
6	10 000	5 000	5 000	4 710	9 139	4 139	918 045
7	10 000	5 000	5 000	4 664	9 180	4 180	922 225
8	10 000	5 000	5 000	4 618	9 222	4 222	926 447
9	10 000	5 000	5 000	4 572	9 264	4 264	930 711
10	10 000	5 000	5 000	4 527	9 307	4 307	935 018
11	10 000	5 000	5 000	4 482	9 350	4 350	939 368

续表

月度	实际支付银行的利息① (1 000 000×12%/12)	财政贴息② (1 000 000×6%/12)	实际现金流③	实际现金流折现④	长期借款各期实际利息⑤	摊销金额⑥	长期借款的期末账面价值⑦
12	10 000	5 000	5 000	4 437	9 394	4 394	943 762
13	10 000	5 000	5 000	4 394	9 438	4 438	948 200
14	10 000	5 000	5 000	4 350	9 482	4 482	952 682
15	10 000	5 000	5 000	4 307	9 527	4 527	957 209
16	10 000	5 000	5 000	4 264	9 572	4 572	961 781
17	10 000	5 000	5 000	4 222	9 618	4 618	966 399
18	10 000	5 000	5 000	4 180	9 664	4 664	971 063
19	10 000	5 000	5 000	4 139	9 711	4 711	975 774
20	10 000	5 000	5 000	4 098	9 758	4 758	980 532
21	10 000	5 000	5 000	4 057	9 805	4 805	985 337
22	10 000	5 000	5 000	4 017	9 853	4 853	990 190
23	10 000	5 000	5 000	3 977	9 902	4 902	995 092
24	10 000	5 000	1 005 000	791 538	9 951	4 951	1 000 000
合计				893 822		106 183 倒挤	

注：*893 817＝5 000×（P/A，1%，24）＋1 000 000×（P/F，1%，24）。为计算简便，表格中的数据均四舍五入取整数，会有尾差。

*实际现金流折现④为各月实际现金流③5 000元按照月市场利率1%（12%/12）折现的金额。

*长期借款各期实际利息⑤为上月长期借款账面价值⑦与月市场利率1%的乘积。

*摊销金额⑥是长期借款各期实际利息⑤扣减每月实际利息支出③5 000元后的金额。

丙企业按方法一编制的会计分录如下：

①2017年1月1日，丙企业取得银行贷款100万元。

借：银行存款　　　　　　　　　　　　　　　　　　　　　　　1 000 000
　　贷：长期借款——本金　　　　　　　　　　　　　　　　　　　　　1 000 000

②2017年1月31日起每月末，丙企业按月计提利息，企业实际承担的利息支出为5 000元（1 000 000×6%/12）。

借：在建工程　　　　　　　　　　　　　　　　　　　　　　　5 000
　　贷：应付利息　　　　　　　　　　　　　　　　　　　　　　　　5 000

丙企业按方法二编制的会计分录如下：

①2017年1月1日，丙企业取得银行贷款100万元时：

借：银行存款　　　　　　　　　　　　　　　　　　　　　　　1 000 000
　　长期借款——利息调整　　　　　　　　　　　　　　　　　　106 183
　　贷：长期借款——本金　　　　　　　　　　　　　　　　　　　　　1 000 000
　　　　递延收益　　　　　　　　　　　　　　　　　　　　　　　　　106 183

②2017年1月31日，丙企业按月计提利息时：

借：在建工程	8 938	
贷：应付利息		5 000
长期借款——利息调整		3 938

同时，摊销递延收益：

借：递延收益	3 938	
贷：在建工程		3 938

在这两种方法下，计入在建工程的利息支出是一致的，均为5 000元。所不同的是第一种方法下，银行贷款在资产负债表中反映账面价值为1 000 000元，第二种方法下，银行贷款的入账价值为893 817元，递延收益为106 183元，各月需要按照实际利率法进行摊销。

（2）财政将贴息资金直接拨付给企业，企业应当将对应的贴息冲减相关借款费用。财政将贴息资金直接拨付给受益企业，企业先按照同类贷款市场利率向银行支付利息，财政部门定期与企业结算贴息。在这种方式下，由于企业先按照同类贷款市场利率向银行支付利息，所以实际收到的借款金额通常就是借款的公允价值，企业应当将对应的贴息冲减相关借款费用。

【例13-10】接【例13-9】，丙企业与银行签订的贷款合同约定的年利率是9%，丙企业按月计提利息，按季度向银行支付贷款利息，以付息凭证向财政申请贴息资金，财政按年与丙企业结算贴息资金。丙企业编制的会计分录如下：

①2017年1月1日，丙企业取得银行贷款100万元时：

借：银行存款	1 000 000	
贷：长期借款——本金		1 000 000

②2017年1月31日起每月末，丙企业按月计提利息，应向银行支付的利息金额为7 500元（1 000 000×9%÷12），企业实际承担的利息支出为2 500元（1 000 000×3%÷12），丙企业应收政府贴息为5 000元。

借：在建工程	7 500	
贷：应付利息		7 500
借：其他应收款	5 000	
贷：在建工程		5 000

（五）政府补助退回

已确认的政府补助需要退回的，应当在需要退回的当期分情况按照以下规定进行会计处理：

（1）初始确认时冲减相关资产账面价值的，调整资产账面价值；

（2）存在相关递延收益的，冲减相关递延收益账面余额，超出部分计入当期损益；

（3）属于其他情况的，直接计入当期损益。

此外，对于属于前期差错的政府补助退回，应当按照前期差错更正进行追溯调整。

【例13-11】按照国家有关政策，企业购置环保设备可以申请补贴以补偿其环保支出。丁企业于2017年1月向政府有关部门提交了210万元的补助申请作为其购置环保设备的补贴。2017年3月15日，丁企业收到了政府补贴款210万元。2017年4月20日，丁企业购入不需安装环保设备，实际成本为480万元，使用寿命10年，采用直线法计提折旧（不考虑净残值）。本例中不考虑相关税费。假定2018年5月，有关部门在对丁企业进行检查时发现，丁企业不符合申请补助的条件，要求丁企业退回补助款。丁企业于当月退回了补助款210万元。

解析：

方法一：丁企业选择总额法进行会计处理，应当结转递延收益，并将超出部分计入当期损益。因为以前期间计入其他收益，所以本例中这部分退回的补助冲减应退回当期的其他收益。

2018年5月丁企业退回补助款时，应编制会计分录如下：

借：递延收益　　　　　　　　　　　　　　　　　　　1 890 000
　　其他收益　　　　　　　　　　　　　　　　　　　　 210 000
　贷：银行存款　　　　　　　　　　　　　　　　　　　　　　　2 100 000

方法二：丁企业选择净额法进行会计处理，应当视同一开始就没有收到政府补助，调整固定资产的账面价值，将实际退回金额与账面价值调整数之间的差额计入当期损益。因为本例中以前期间实际冲减了制造费用，所以本例中这部分退回的补助补记退回当期的制造费用。

2018年5月丁企业退回补助款时，应编制会计分录如下：

借：固定资产　　　　　　　　　　　　　　　　　　　1 890 000
　　制造费用　　　　　　　　　　　　　　　　　　　　 210 000
　贷：银行存款　　　　　　　　　　　　　　　　　　　　　　　2 100 000

第三节 政府补助的列示与披露

一、政府补助列示

对于政府补助的相关事项应该在资产负债表、利润表和现金流量表中的对应项目上加以列示和反映。例如，资产负债表中"其他应收款""其他应付款""其他非流动负债"等资产负债类项目。企业应当在利润表中的"营业利润"项目之上单独列报"其他收益"项目，计入其他收益的政府补助在该项目中反映。现金流量表中企业收到税收返还等，列入"收到的税费返还"项目，如为其他现金形式补助，列入"收到的其他与经营活动有关的现金"项目；以现金返还的政府补助，列入"支付的其他与经营活动有关的现金"项目。

二、政府补助的披露

企业应当在附注中单独披露与政府补助有关的信息，如政府补助的种类、金额和列报项目，计入当期损益的政府补助金额，本期退回的政府补助金额及原因。

由于政府补助涉及递延收益、其他收益、营业外收入以及成本费用等多个报表项目，为了全面反映政府补助情况，企业应当在附注中单设项目披露政府补助的相关性信息。

关键词

政府补助　与收益相关的政府补助　与资产相关的政府补助　总额法　净额法

复习思考题

1. 政府补助有哪些特征？
2. 不属于政府补助的情形有哪些？
3. 非货币性资产应当如何进行计量？
4. 政府补助的收益法和总额法有什么区别？
5. 已确认的政府补助需要退回的应如何进行账务处理？
6. 政府补助披露的内容包括哪些？

第十四章 利润

第一节 本年利润

一、利润的含义

利润是企业在一定会计期间的经营成果,利润包括收入减去费用后的净额、直接计入当期利润的利得和损失等。直接计入当期利润的利得和损失是指应当计入当期损益、会导致所有者权益发生增减变动的、与所有者投入或者向所有者分配利润无关的利得或者损失。

利润的确定与资本保全之间存在着密切的联系。企业在一个经营周期以后,只有保全了资本方有利润可言。从企业的经济行为过程分析,企业投入资本(表现为投入各种经济资源),产生资本回报,资本回报时,首先应是资本收回,然后才会产生资本增值,而资本增值部分才是利润,只有这样才符合资本保全原则的要求。因此,在确认和计量利润时,首先应在理论上区分资本收回和资本增值这两个基本概念。从会计核算的角度分析,资本收回即指企业投入资本的收回,主要指营业成本、各项费用、损失的补偿;而资本增值是指企业收入减去费用的差额。企业从事生产经营活动的主要目的就是要不断提高企业的盈利水平,获得最大限度的利润,这样才能为国家积累更多的资金,促进社会生产的发展。同时又有利于提高职工生活水平,调动职工积极性,提高生产效率,增强企业的市场竞争能力。

二、利润的构成

利润的确认和计量取决于收入和费用、直接计入当期利润的利得和损失金额的确认和计量。利润的构成主要是指营业利润、利润总额、净利润的构成。

(一)营业利润

营业利润是将企业某一会计期间日常活动获得的营业收入、公允价值变动收益、投资收益等收入扣除日常活动中与其相关所发生的营业成本、税金及附加、期间费用、资产减值损失、公允价值变动损失、投资损失等费用、成本的结果，是企业利润的主要来源。

营业收入包括主营业务收入和其他业务收入。

营业成本包括主营业务成本和其他业务成本。

资产减值损失是企业各种资产在当期计提的减值损失，包括应收款项、存货、长期股权投资、债权投资、其他权益工具投资、其他债权投资、固定资产、无形资产、投资性房地产、在建工程、商誉等资产发生减值确认的减值损失。

公允价值变动损益是指交易性金融资产、交易性金融负债，以及其他以公允价值计量的资产和负债由于公允价值变动形成的应计入当期损益的利得和损失。有关资产（负债）公允价值高于其账面价值时，应确认为公允价值变动净收益（净损失）；有关资产（负债）公允价值低于其账面价值时，应确认为公允价值变动净损失（净收益）。

投资收益是指企业从事各种对外投资活动所获得的利润、股利、利息等投资收益扣除投资发生的损失后的净额。

（二）利润总额

利润总额是指企业的营业利润加上营业外收入减去营业外支出的金额。

营业外收入和营业外支出是指企业发生的与生产经营活动没有直接关系的各种利得和损失。

（三）净利润

净利润是指企业的利润总额减去所得税费用后的金额。

三、利润的计算

结合利润的构成内容可得出利润的计算公式如下：

净利润＝利润总额－所得税费用

利润总额＝营业利润＋营业外收入－营业外支出

营业利润＝营业收入－营业成本－税金及附加－销售费用－管理费用－财务费用－资产减值损失＋公允价值变动净收益（－净损失）＋投资收益（－净损失）＋其他收益

四、营业外收支的内容及会计处理

（一）营业外收入的内容及会计处理

营业外收入是指企业发生的与生产经营活动没有直接关系的各种利得，包括资产处置损益、债务重组利得、政府补助、盘盈利得、捐赠利得、罚款利得等。

资产处置损益包括固定资产处置利得和无形资产处置利得。固定资产处置利得是指企业出售固定资产所取得的价款或报废固定资产的残料价值、变价收入等，扣除固定资产的账面价值、清理费用、处置相关税费后的净收益；无形资产出售利得是指出售无形资产所得价款扣除无形资产的账面价值、出售相关税费后的净收益。

债务重组利得是指企业在进行债务重组时，债务人因重组债务的账面价值超过实际偿还债务的现金及非现金资产的公允价值、所转股份的公允价值，或者重组后债务的入账价值金额的差额。

政府补助是指企业从政府无偿取得的，与企业日常活动无关的货币性资产或非货币性资产形成的利得。

捐赠利得是指企业接受捐赠产生的利得。

盘盈利得是指企业对现金等资产清查盘点中盘盈的资产，经批准后计入营业外收入的金额。

罚款利得是指企业收取的违约金以及其他形式的罚款，在弥补了由于对方违约而造成的经济损失后的净收益。

营业外收入并不是由企业经营资金耗费所产生的，不需要企业付出代价，实际上是一种纯收入，不可能也不需要与有关费用进行配比。因此在会计核算上应当严格区分营业外收入与营业收入的界限。

企业应设置"营业外收入"账户，核算营业外收入的取得和结转情况。该账户按营业外收入项目设置明细账。在实务中应按实际发生数，借记"银行存款""固定资产清理""待处理财产损溢"等科目，贷记"营业外收入"科目，期末将本账户余额转入"本年利润"账户，结账后该账户应无余额。

【例14-1】 A企业转让一项无形资产获取收入55 000元存入银行。无形资产账面原值为52 000元，累计摊销10 000元，已计提的无形资产减值准备2 000元，假定不考虑相关税费。A企业编制的会计分录如下：

借：银行存款	55 000
累计摊销	10 000
无形资产减值准备	2 000
贷：无形资产	52 000
资产处置损益——非流动资产处置利得	15 000

（二）营业外支出的内容及会计处理

营业外支出是指企业与生产经营活动没有直接关系的各项损失或支出，包括资产处置损失、非流动资产报废和非正常原因造成的损失、债务重组损失、捐赠支出、非常损失、盘亏损失、罚款支出等。

资产处置损失包括固定资产处置损失和无形资产处置损失。固定资产处置损失是指企业出售固定资产所取得的价款不足抵补处置固定资产的账面价值、清理费用、处置相关税费后的净损失；无形资产出售损失是指出售无形资产所得价款不足抵补出售无形资产的账面价值、出售相关税费后的净损失。

非流动资产报废和非正常原因造成的损失是指固定资产、无形资产已丧失使用功能正常报废所产生的损失和自然灾害等非正常原因造成的损失。

债务重组损失是指企业在进行债务重组时，重组债权的账面价值超过债务人实际偿还债务的现金及非现金资产的公允价值、所转股份的公允价值，或者重组后债权的入账价值金额的差额。

捐赠支出是指企业对外进行公益性捐赠发生的支出。

非常损失是指企业因自然灾害等客观原因造成的损失，在扣除保险公司赔偿和残料价值后的净损失。

盘亏损失是指企业在财产清查中,发现的固定资产盘亏造成的资产损失。

企业应设置"营业外支出"账户,核算营业外支出的发生及结转情况。该账户按营业外支出项目设置明细科目。企业发生的营业外支出按实际发生数,借记"营业外支出"科目,贷记"待处理财产损溢""固定资产清理""银行存款"等科目,期末将本账户余额转至"本年利润"账户,结账后该账户应无余额。

【例14-2】B企业由于发生火灾,发生流动资产损失50 000元,保险公司赔偿30 000元,其余由企业自己承担,经批准转为营业外支出,B企业编制的会计分录如下:

借:营业外支出——非常损失　　　　　　　　　　　　　　20 000
　　其他应收款——××保险公司　　　　　　　　　　　　30 000
　　贷:待处理财产损溢——待处理流动资产损溢　　　　　　　50 000

【例14-3】B企业支付违法经营罚款5 000元,B企业编制的会计分录如下:

借:营业外支出——罚款支出　　　　　　　　　　　　　　5 000
　　贷:银行存款　　　　　　　　　　　　　　　　　　　　5 000

值得注意的是,营业外收入和营业外支出应当分别核算,不得以营业外支出直接冲减营业外收入,也不得以营业外收入冲减营业外支出,它们所包括的项目互不相关。

五、本年利润的结转

企业实现的利润（或亏损）是通过设置"本年利润"账户进行核算的。期末,企业将各收益类账户的余额转入"本年利润"账户的贷方;将各成本、费用类账户的余额转入"本年利润"账户的借方。转账后,"本年利润"账户如为贷方余额,表示本年度自年初开始累计实现的净利润;如为借方余额,表示本年度自年初开始累计发生的净亏损。年度终了,应将所结算的本年实现的净利润转入"利润分配"账户,借记"本年利润"科目,贷记"利润分配——未分配利润"科目;如为净亏损,做相反的会计分录。年终结账后,"本年利润"账户无余额。企业利润的结转方法有账结法和表结法两种方法。

（1）账结法。账结法是于每月终了将损益类账户余额转入"本年利润"账户,通过"本年利润"账户结出本月份利润或亏损总额以及本年累计损益,同时也结平各损益类账户。这种方法反映了全部利润形成情况,核算资料齐全,但每月结转本年利润的工作量较大。

（2）表结法。表结法是指每月结账时,损益类各账户的余额不需要结转到"本年利润"账户,而是将损益类各账户的余额直接填入"损益表",通过"损益表"计算出从年初至本月末止的本年累计利润,然后减去上月末本表中的本年累计利润,计算出本月份的利润或亏损。只有到年度终了进行年度决算时,才用账结法将损益类各账户的全年累计余额转入"本年利润"账户,以结平损益类各账户。采用这种方法能简化平日核算工作,但各月末的累计净利润或净亏损不能在本年利润账面上直接得到反映。

【例14-4】某企业2017年12月31日结账前各损益类账户的余额如表14-1所示。

表 14-1　　　　　　　某企业结账前各损益类账户余额表　　　　　　　单位：元

收入类	贷方	成本、费用和损失类	借方
主营业务收入	1 000 000	主营业务成本	600 000
其他业务收入	30 000	其他业务成本	12 000
投资收益	25 000	税金及附加	40 000
公允价值变动损益	20 000	销售费用	25 000
营业外收入	7 000	管理费用	10 000
		财务费用	10 000
		资产减值损失	10 000
		营业外支出	8 000
		所得税费用	125 000

根据上述资料，某企业编制的会计分录如下：

(1) 结转本年收入：

借：主营业务收入　　　　　　　　　　　　　　　　　　　1 000 000
　　其他业务收入　　　　　　　　　　　　　　　　　　　　 30 000
　　投资收益　　　　　　　　　　　　　　　　　　　　　　 25 000
　　公允价值变动损益　　　　　　　　　　　　　　　　　　 20 000
　　营业外收入　　　　　　　　　　　　　　　　　　　　　　7 000
　　贷：本年利润　　　　　　　　　　　　　　　　　　　1 082 000

(2) 结转业务成本、税金、费用及损失：

借：本年利润　　　　　　　　　　　　　　　　　　　　　 715 000
　　贷：主营业务成本　　　　　　　　　　　　　　　　　 600 000
　　　　其他业务成本　　　　　　　　　　　　　　　　　　 12 000
　　　　税金及附加　　　　　　　　　　　　　　　　　　　 40 000
　　　　销售费用　　　　　　　　　　　　　　　　　　　　 25 000
　　　　管理费用　　　　　　　　　　　　　　　　　　　　 10 000
　　　　财务费用　　　　　　　　　　　　　　　　　　　　 10 000
　　　　资产减值损失　　　　　　　　　　　　　　　　　　 10 000
　　　　营业外支出　　　　　　　　　　　　　　　　　　　　8 000

经过结账后，"本年利润"账户贷方发生额为1 082 000元 (1 000 000 + 30 000 + 25 000 + 20 000 + 7 000)，"本年利润"账户借方发生额为715 000元 (600 000 + 40 000 + 25 000 + 10 000 + 20 000 + 12 000 + 8 000)，企业实现的利润总额为367 000元 (1 082 000 - 715 000)。

(3) 结转所得税费用125 000元：

借：本年利润　　　　　　　　　　　　　　　　　　　　　 125 000
　　贷：所得税费用　　　　　　　　　　　　　　　　　　 125 000

(4) 计算并结转本年净利润：

净利润 = 367 000 - 125 000 = 242 000（元）

借：本年利润 242 000
　　贷：利润分配——未分配利润 242 000

第二节 所得税

一、所得税会计概述

（一）所得税会计的形成及特点

税法中与会计联系最为密切的是所得税法。现代所得税始于拿破仑战争之后。1793年法国采用战时财政政策，实行综合所得税，此后，英国、奥地利、德国、美国等国也先后开始课征所得税。

随着各国会计环境的变化，所得税会计在世界各国的发展进程和发达程度也不平衡，各国法律体制和会计体制的不同又导致所得税会计准则不尽相同。世界各国对所得税的会计处理方法上也各不相同，主要有应付税款法、纳税影响会计法（包括递延法和利润表债务法）以及资产负债表债务法。目前，国际会计准则委员会（IASC）要求采用资产负债表债务法对所得税进行核算。

我国所得税的开征及立法较晚，1980年，第一部企业所得税法——《中外合资企业所得税法》颁布。国有企业从1983年利改税之后才开始缴纳所得税。而这一时期企业计算缴纳的所得税作为利润分配的一项内容，其计税依据与企业的税前利润基本一致。随着市场经济体制的建立，会计体制和税收体制也进行了相应的改革。会计准则与税法之间对有关收入、费用或损失的确认与计量的差异不断增多。1994年6月，财政部颁布了《企业所得税会计处理的暂行规定》，明确了企业在按会计准则规定与按税法规定对企业收益、费用或损失因确认和计量不同产生的差异，可以选择应付税款法和纳税影响会计法进行处理，对纳税影响会计法既可以选择递延法，也可以选择利润表债务法，并且《企业所得税会计处理的暂行规定》不再将所得税作为利润分配的一项内容，而视为一项费用，在净利润前扣除。

应付税款法和纳税影响会计法主要侧重于某一会计期间对收入或费用的发生额来分析会计利润与应纳税所得额之间的差异对所得税的影响，揭示的是某一会计期间内产生的差异。随着经济环境的发展和变化，企业不断涌现出新的业务，如企业重组、合并等现象的大量出现，必然对所得税产生重大的影响，而应付税款法、递延法和利润表债务法均无法反映和处理这些方面的差异。为了满足会计信息使用者对所得税会计信息更高层次的要求。2006年2月，财政部出台了《企业会计准则第18号——所得税》，要求企业采用资产负债表债务法对所得税进行核算。

资产负债表债务法就是在资产负债表日，对资产或负债按照会计准则规定确定的账面价值与按照税法规定确定的计税基础的不同而产生的差异，确认为递延所得税资产或递延所得税负债,并在此基础上确认所得税费用的方法。这一方法侧重于从资产和负债的角度分析其账面价值与计税基础产生的差异对所得税的影响,揭示的是某个时点上存在的差异。显然,在这一方法下确认的递延所得税资产或递延所得税负债更符合资产或负债的定义,更能真实准确地反映企业资产负债表日的财务状况。

(二) 所得税会计核算的一般程序

在资产负债表债务法下,企业一般应于每一资产负债表日进行所得税的核算。所得税会计核算的主要内容是计算确定利润表中的所得税费用,利润表中的所得税费用是由当期所得税和递延所得税两部分构成的。企业进行所得税核算的一般程序是:

(1) 在资产负债表日,按照相关会计准则规定确定资产负债表中除递延所得税资产和递延所得税负债以外的其他资产和负债项目的账面价值。其中资产和负债的账面价值就是企业按照会计准则的规定确认和计量并在资产负债表中列示的金额。

(2) 按照会计准则对有关资产和负债计税基础的确定方法,依据于相关的税收法规,确定资产和负债的计税基础。

(3) 比较资产、负债的账面价值与其计税基础,两者之间存在差异的,确定应纳税暂时性差异和可抵扣暂时性差异。

(4) 根据应纳税暂时性差异和可抵扣暂时性差异分别乘以适用的所得税税率,确定资产负债表日递延所得税负债或递延所得税资产应有余额,并与期初递延所得税负债或递延所得税资产的余额相比,进一步确认递延所得税负债或递延所得税资产当期发生额或应予转销的金额,作为递延所得税。

(5) 对企业当期发生的交易或事项,在确定当期利润总额的基础上,依据税法的规定计算确定应纳税所得额,应纳税所得额乘以适用的所得税税率计算当期应交所得税,作为当期所得税。

(6) 确定利润表中的所得税费用。利润表中的所得税费用是由当期所得税和递延所得税两部分所组成。

二、计税基础和暂时性差异

所得税会计的关键是确定资产和负债的计税基础。资产和负债的计税基础是按下列方法确定的金额。

(一) 计税基础

1. 资产的计税基础

资产的计税基础是指企业收回资产账面价值过程中,计算应纳税所得额时按照税法规定可以自应税经济利益中抵扣的金额。也就是说,该项资产在未来使用或最终处置时,允许作为成本或费用于税前扣除的金额。即:

资产的计税基础 = 未来可税前扣除的金额

资产在初始确认时,其计税基础一般为取得成本,即企业为取得某项资产支付的成本在未来期间准予税前扣除。在资产持续持有的过程中,其计税基础是指资产的取得成本减去以前期间按照税法规定已经税前扣除的金额后的余额。如固定资产、无形资产和按成本模式计量的投资性房地产等长期资产在某一资产负债表日的计税基础是指其成本扣除按照税法规定已在以前期间税前扣除的累计折旧额或累计摊销额后的金额。下面举例说明资产的计税基础的确定。

（1）固定资产。企业取得的固定资产，初始确认时按照会计准则规定确定的入账价值基本上是被税法认可的，即取得时其账面价值一般等于计税基础。固定资产在后续计量时，由于会计与税法对折旧年限、折旧方法以及固定资产减值准备的计提等方面的规定可能存在不同，使得固定资产的账面价值与计税基础产生差异。

【例14-5】甲企业2017年12月3日购入一项生产设备，原价为4万元，企业规定按2年计提折旧，税法规定对该项资产按4年计提的折旧允许税前扣除，净残值为零。

解析：

固定资产取得时原值为4万元，税法认可企业初始取得的价值，即计税基础等于账面价值4万元。在后续计量中，2018年企业计提的折旧为2万元，固定资产原值扣除已提的折旧后账面价值为2万元（4-2）。税法规定本期税前扣除的折旧为1万元，而未来允许税前扣除的金额为3万元（4-1），即固定资产计税基础为3万元，则在这一期间固定资产账面价值与计税基础的不同产生了1万元的差异。

假如本例中，2018年企业计提了减值准备0.2万元，则2018年末固定资产账面价值为1.8万元（4-2-0.2），而税法规定企业计提的资产减值准备不得税前扣除，只有发生实质性损失时才允许税前扣除，2018年该项固定资产计税基础仍为3万元，由此产生了差异1.2万元（3-1.8）。

可见，本例中差异的产生主要是因为企业固定资产计提折旧和计提减值的处理与税法规定不同而引起的。

（2）无形资产。企业取得的无形资产，初始确认时按照会计准则规定确定的入账价值与按照税法规定确定的计税基础一般不存在差异，但对于企业内部研究开发的无形资产和使用寿命不确定的无形资产由于会计处理与税法规定不同从而产生差异。

【例14-6】甲企业为开发新技术本期发生研究开发支出1 000万元，其中符合资本化条件的研发支出为600万元，并在期末该项研究开发的无形资产已达到预定用途，确认为无形资产，但尚未摊销。税法规定，企业为开发新技术、新产品、新工艺发生的研究开发费用，未形成无形资产计入当期损益的，在据实扣除的基础上，按照研究开发费用的50%加计扣除；形成无形资产的，按照无形资产成本的150%计算每期摊销额。

解析：

按照会计准则规定，符合资本化条件的研发支出确认为无形资产，即无形资产账面价值为600万元，而税法规定未来可按无形资产价值的150%计算每期摊销额，即未来允许税前扣除的金额为900万元，其计税基础是900万元，由此产生差异300万元。

【例14-7】甲企业拥有一项无形资产，取得成本为160万元，因其使用寿命无法合理估计，会计上视为使用寿命不确定的无形资产，不予摊销，但税法规定按不短于10年的期限摊销。

解析：

企业取得该项无形资产1年后，其账面价值为160万元，而计税基础为144万元（160-16），本期产生的差异为16万元。

（3）以公允价值计量且其变动计入当期损益的金融资产。按会计准则规定，以公允价值计量且其变动计入当期损益的金融资产在资产负债表日的账面价值为其公允价值。税法规定，企业以公允价值计量的金融资产、金融负债和投资性房地产等，持有期间公允价值变动不计入应纳税所得额，在实际结算或处置时，取得的价款扣除其历史成本后的差额计入结算或处置期间的应纳税所得额。按照此规定，有关金融资产在某一会计期末的计税基础应是为其取得时的成本，从而导致在公允价值变动的情况下，以公允价值计量的金融资产其账面价值与计税基础不同产生差异。

【例14-8】甲企业持有的一项交易性金融资产，取得成本为100万元，会计期末该项交易性金融资产公允价值为90万元。税法规定该项交易性金融资产在持有期间产生的公允价值变动损益不计入应纳税所得额，在实际处置或结算时允许在税前扣除。

解析：

该项交易性金融资产在会计期末公允价值为90万元，即账面价值为90万元。而税法规定该项交易性金融资产在持有期间产生的公允价值变动损益不计入应纳税所得额，其计税基础应是维持取得成本100万元，由此产生了10万元的差异。

（4）投资性房地产。企业持有的投资性房地产在后续计量时，有两种计量模式：成本模式和公允价值模式。采用成本模式计量的投资性房地产，其账面价值和计税基础的确定与固定资产、无形资产相同；采用公允价值模式计量的投资性房地产，其账面价值为每一资产负债表日的公允价值，而按税法规定计算的计税基础是指其初始取得的成本扣除按照税法规定已在以前期间税前扣除的累计折旧额或累计摊销额后的金额。

【例14-9】甲企业2017年1月1日将一栋自建的房屋对外出租，实际成本为1 000万元，预计使用50年，预计净残值为零。由于甲企业对该项投资性房地产能够可靠持续取得其公允价值，所以采用公允价值计量，2017年12月31日该项房地产公允价值为1 200万元。假定税法规定对该项投资性房地产采用年限平均法计提折旧。

解析：

甲企业对该项投资性房地产公允价值模式计量，2017年末的账面价值应为1 200万元，但税法规定按照年限平均法计提折旧，因此，2017年末该项投资性房地产的计税基础为980万元（1 000 - 20），由此产生差异220万元。

（5）其他计提减值准备的各项资产。企业除了上述有关资产因计提减值准备会使其账面价值与计税基础不同产生差异之外，还有些资产如应收账款、存货等，在计提了减值准备后，账面价值随之下降，而税法规定资产在未发生实质性损失之前，计提的减值损失不得税前扣除，即计税基础不会受计提的减值准备的影响而发生变化，从而造成其账面价值与计税基础不同产生差异。

【例14-10】乙企业2017年末库存商品实际成本为800万元，由于该种商品市场价格下降，企业计算的可变现净值为760万元，假定该企业存货跌价准备账户期初余额为零。税法规定企业计提的存货跌价损失当期不得在税前扣除，在实际转销时才能扣除。

解析：

企业期末存货的可变现净值低于实际成本，且存货跌价准备期初无余额，因此计提了40万元的存货跌价准备，存货期末账面价值为760万元（800 - 40），而税法规定企业计提的存货跌价准备当期不得在税前扣除,在实际转销时才能扣除,则存货的计税基础应是 800 万元,由此产生了 40 万元的差异。

【例 14-11】乙企业 2017 年末应收账款余额为 300 万元,按照账龄分析法当年计提了坏账准备 30 万元,坏账准备期初余额为 20 万元,税法规定企业各期计提的资产减值准备不得税前扣除,只有发生实质性损失时才准予扣除。

解析:

2017 年末乙企业计提了 30 万元的坏账准备,使得坏账准备的期末余额为 50 万元,应收账款余额减去坏账准备的余额后,其账面价值为 250 万元(300-50)。而税法规定企业各期计提的资产减值准备不得税前扣除,则应收账款的计税基础仍是 300 万元,从而产生 50 万元的差异。

2. 负债的计税基础

负债的计税基础是指其账面价值减去该负债在未来期间可予税前抵扣的金额,即:

负债的计税基础=账面价值-未来期间按照税法规定可税前抵扣的金额

一般情况下,负债的确认与清偿不会影响到损益或应纳税所得额的计算,如短期借款、应付票据、应付账款等,其计税基础即为账面价值。但是在某些情况下,负债的确认可能会影响企业的损益,进而影响不同期间的应纳税所得额,使得其账面价值与计税基础不同产生差异。

(1)预计负债。按照会计准则规定,企业因销售商品计提售后服务费用在满足预计负债确认条件时可以确认为预计负债,其账务处理为借记"销售费用"科目;贷记"预计负债"科目。如果税法规定,企业预提的该类销售费用不得在当期税前扣除,而应在实际发生支出时才准予扣除,则预计负债账面价值与计税基础不同产生了差异。

【例 14-12】甲企业因销售商品提供售后三包服务等原因于当期确认了 100 万元的预计负债,同时确认销售费用 100 万元。假定企业在确认预计负债的当期未发生三包费用。税法规定,有关产品售后服务等与取得经营收入直接相关的费用于实际发生时允许税前列支。

解析:

由于甲企业在确认预计负债的当期未发生三包费用,该项预计负债账面价值为 100 万元。而税法规定,有关产品售后服务等与取得经营收入直接相关的费用于实际发生时允许税前列支,也就是甲企业计提的预计负债在未来提供售后服务时予以支付,并允许未来提供服务期间税前扣除金额 100 万元,由此得出预计负债的计税基础为 0(账面价值 100 万-可从未来经济利益中扣除的金额 100 万),产生差异 100 万元。

(2)预收账款。按照会计准则规定,企业收到客户预付的款项时,因不符合收入确认条件,确认为预收账款。税法中对于收入的确认原则一般与会计规定相同,在这种情况下,预收账款的账面价值与计税基础相同,不存在差异。但在某些情况下,因不符合会计准则收入确认条件,会计上未作为收入的预收账款,按照税法规定应计入当期应纳税所得额,等到企业将来满足收入确认条件,将预收账款转为收入时,可以税前扣除,不计入应纳税所得额。

【例 14-13】甲企业 2017 年 12 月 1 日按合同规定预收 A 客户一笔款项 80 万元,因不符合收入确认条件，会计上作为预收账款反映。假定税法规定将该笔款项计入当期应纳税所得额，计算交纳所得税，在未来期间企业确认收入时，不再计入应纳税所得额。

解析：

甲企业2017年12月31日预收账款账面价值为80万元。按照税法规定该笔预收款应计入当期应纳税所得额，计算缴纳所得税，而在未来企业确认收入期间，不再计入应纳税所得额，即在企业确认收入期间允许税前扣除的金额为80万元。则本期预收账款的计税基础为0（账面价值80万元－可从未来经济利益中扣除的金额80万元），由此产生差异80万元。

假定本例中企业确认为预收账款时不确认收入，税法与企业确认时点相同，也不确认收入，不将该笔款项计入当期应纳税所得额，只有等到企业确认收入时，才能计入应纳税所得额，计算交纳所得税。显然对该笔预收款按照税法规定在未来期间（企业确认收入时）不允许税前扣除，即未来期间允许扣除的金额为0。本期预收账款的计税基础为80万元（账面价值80万元－可从未来经济利益中扣除的金额0），其账面价值也为80万元，不存在差异。

（3）应付职工薪酬。按照会计准则规定，企业为获得职工提供的服务给予的各种形式的报酬以及相关支出应作为企业的成本费用，在未支付之前确认为应付职工薪酬。税法中对于合理的职工薪酬基本允许税前扣除，但税法中如果规定了税前扣除标准的，按照会计准则规定计入成本费用的金额超过税法规定扣除标准部分，在计算应纳税所得额时当期不仅不能扣除，在以后期间也不允许税前扣除，也就是超过扣除标准部分，只在本期计算应纳税所得额时进行调整，而在未来期间计税时不产生影响，即应付职工薪酬的账面价值与计税基础相同，不产生差异。

【例14-14】甲企业当期计入成本费用的工资为800万元，期末尚未支付，形成应付职工薪酬账面价值800万元。假如税法规定可以在当期税前扣除的工资标准为600万元，超过部分不得税前扣除。

解析：

按会计准则规定计入成本费用的工资800万元与按税法规定当期准予扣除的工资600万元之间的差额在当期调整增加应纳税所得额，计算交纳所得税。而在未来期间不能再税前扣除，即该项工资费用在未来期间准予扣除的金额为0，则该项负债的账面价值为800万元，其计税基础为800万元（账面价值800万元－可从未来经济利益中扣除的金额0），不产生差异。

（4）企业的其他负债。企业的其他负债如应交的罚款和滞纳金等，在尚未支付之前按照会计规定确认为费用，同时作为负债反映。税法规定罚款和滞纳金不能税前扣除，即该部分费用无论是在发生当期还是在以后期间均不允许税前扣除，其计税基础为账面价值减去未来期间计税时可予税前扣除的金额0之间的差额，即计税基础等于账面价值。

（二）暂时性差异

暂时性差异是指资产或负债的账面价值与其计税基础不同产生的差异。按照暂时性差异对未来期间应纳税所得额的影响，其分为应纳税暂时性差异和可抵扣暂时性差异两种类型。

1. 应纳税暂时性差异

应纳税暂时性差异是指在确定未来收回资产或清偿负债期间的应纳税所得额时,将导致未来期间增加应纳税所得的暂时性差异。即该差异在未来期间转回时,会增加转回期间的应纳税所得额,进而增加转回期间的应交所得税金额。具体来说,应纳税暂时性差异通常产生于以下情况:

(1) 对一项资产来说,当其账面价值大于其计税基础时产生了应纳税暂时性差异。例如,某一项资产本期账面价值为 200 万元,其计税基础为 180 万元,则该项固定资产在未来期间收回的金额是 200 万元,而允许税前扣除的金额是 180 万元,即该项固定资产未来期间收回金额大,而未来允许税前扣除的金额小,两者的差额视为产生的利益而应该纳税,即为纳税暂时性差异 20 万元,从而增加未来期间应纳税所得额。

(2) 对一项负债来说,当其账面价值小于其计税基础时产生了应纳税暂时性差异。例如,某一项负债本期账面价值为 100 万元,其计税基础为 150 万元,则该项负债可从未来经济利益中扣除的金额是 -50 万元 (100-150),这意味着该项负债在未来期间清偿时,不仅不能从未来期间税前扣除,而且还应增加未来期间的应纳税所得额,由此产生应纳税暂时性差异 50 万元。

可见,企业产生的应纳税暂时性差异在确认期间允许抵扣应纳税所得额,但在转回期间必须增加应纳税所得额。也就是说,应纳税暂时性差异在确认期间不纳税而在转回期间纳税。

2. 可抵扣暂时性差异

可抵扣暂时性是指在确定未来收回资产或清偿负债期间的应纳税所得额时,将导致产生可抵扣应税金额的暂时性差异。即该差异在未来期间转回时,会抵减转回期间的应纳税所得额,进而减少转回期间的应交所得税金额。具体来说,可抵扣暂时性差异通常产生于以下情况:

(1) 对一项资产来说,当其账面价值小于其计税基础时产生了可抵扣暂时性差异。例如,某一项资产本期账面价值为 200 万元,其计税基础为 230 万元,则该项固定资产在未来期间收回的金额是 200 万元,允许税前扣除的金额是 230 万元,即该项固定资产未来期间收回金额小,而允许税前扣除的金额大,因此,在未来期间将会减少应纳税所得额 30 万元,由此产生可抵扣暂时性差异 30 万元。

(2) 对一项负债来说,当其账面价值大于其计税基础时产生了可抵扣暂时性差异。例如,某一项负债本期账面价值为 100 万元,其计税基础为 0 万元,则该项负债在未来期间清偿时可从未来经济利益中扣除的金额是 100 万元 (100-0),即允许税前扣除的金额是 100 万元,由此产生可抵扣暂时性差异 100 万元。

显然,企业产生的可抵扣暂时性在确认期间不允许抵扣应纳税所得额,只有在转回期间才能抵扣应纳税所得额。也就是说,可抵扣暂时性差异在确认期间纳税而在转回期间不纳税。

3. 特殊项目产生的暂时性差异

(1) 某些交易或事项未作为资产负债表上资产或负债确认的项目,按照税法规定可以确定其计税基础的,其账面价值 (为 0) 与计税基础之间的差异也构成暂时性差异。如企业发生的广告费和业务宣传费,除另有规定外,税法规定按照不超过当年销售收入15%的部分准予扣除,超过部分在以后纳税年度结转扣除,从而产生暂时性差异。

【例14-15】乙企业2017年共支付了2 000万元的广告费和业务宣传费,计入当期损益。税法规定,这类支出不超过当年销售收入15%的部分允许当期税前扣除,超过部分可以在以后年度税前扣除。乙企业当年实现销售收入12 000万元。

解析:

乙企业当年发生的2 000万元广告费和业务宣传费按照会计准则规定已计入当期损益,不属于资产负债表中的资产,如果视同为资产,其账面价值为0。但按税法规定当年允许税前扣除1 800万元(12 000×15%),其余的200万元(2 000-1 800)可以在以后年度结转扣除,其计税基础为200万元。该项资产的账面价值0小于其计税基础200万元,其差额属于可抵扣暂时性差异。

(2)可抵扣亏损及税款抵减产生的暂时性差异。对于按照税法规定可以结转以后年度的未弥补亏损及税款抵减,虽不是因资产、负债的账面价值与计税基础不同产生的,但本质上可抵扣亏损和税款抵减可以在规定的纳税期间抵扣应纳税所得额,因此视同暂时性差异,应属于可抵扣暂时性差异。

(3)企业合并取得的有关资产和负债,按照会计准则规定与按照税法规定不同产生的差异也构成暂时性差异。如非同一控制下的企业合并,购买方对于合并中取得的被购买方各项可辨认资产和负债按照会计准则规定按公允价值计量。如果按照税法规定,该企业合并税收上维持有关资产、负债的原账面价值,则企业合并取得的可辨认资产和负债因账面价值与其计税基础不同产生暂时性差异。

三、递延所得税负债或递延所得税资产的确认与计量

(一)递延所得税负债的确认和计量

1. 递延所得税负债的确认

资产负债表日,除特殊交易或事项外,资产或负债的账面价值与其计税基础不同产生的应纳税暂时性差异乘以适用的所得税税率,确认为递延所得税负债。除了直接计入所有者权益的交易或事项以及企业合并中取得的资产、负债相关的以外,在确认递延所得税负债的同时确认为所得税费用。

2. 递延所得税负债的计量

确认递延所得税负债选择的税率应按照应纳税暂时性差异预计转回期间适用的税率计量,且递延所得税负债不要求折现。

企业应设置"递延所得税负债"账户,核算企业由于应纳税暂时性差异确认的所得税负债的金额。当递延所得税负债的期末余额大于期初余额时,借记"所得税费用"等科目,贷记本科目;当递延所得税负债的期末余额小于期初余额时,做相反的会计分录。该账户余额在贷方,反映企业确认的递延所得税负债余额。

【例14-16】甲公司2014年12月5日购入一项固定资产,实际成本120万元,净残值为0,会计上折旧期限为4年,税法规定折旧期限为2年,均采用直线法计提折旧,企业适用的所得税税率为25%。假定不存在其他会计与税收处理的差异。

解析：

企业按照会计准则规定确定折旧年限为 4 年，每年计提折旧 30 万元，但税法规定折旧年限为 2 年，每年计税折旧为 60 万元，使得该项固定资产在各期计算的账面价值大于其计税基础，产生应纳税暂时性差异，进而确认递延所得税负债。具体计算如表 14-2 所示。

表 14-2　　　　　　　　　　　递延所得税负债计算表　　　　　　　　　　单位：元

年份 项目	2014	2015	2016	2017	2018
累计折旧	0	300 000	600 000	900 000	1 200 000
账面价值	1 200 000	900 000	600 000	300 000	0
累计计税折旧	0	600 000	1 200 000	0	0
计税基础	1 200 000	600 000	0	0	0
应纳税暂时性差异	0	300 000	600 000	300 000	0
所得税税率	25%	25%	25%	25%	25%
递延所得税负债余额	0	75 000	150 000	75 000	0
递延所得税负债发生额	—	75 000	75 000	−75 000	−75 000

（1）2015 年资产负债表日，该项资产账面价值 900 000 元大于计税基础 600 000 元，产生应纳税暂时性差异 300 000 元，应确认为递延所得税负债 75 000 元。甲公司编制的会计分录如下：

借：所得税费用　　　　　　　　　　　　　　　　　　　　　　　75 000
　　贷：递延所得税负债　　　　　　　　　　　　　　　　　　　　　75 000

（2）2016 年资产负债表日，该项资产账面价值 600 000 元大于计税基础 0，产生应纳税暂时性差异 600 000 元，确认递延所得税负债 150 000 元，但递延所得税负债期初余额为 75 000 元，当期进一步确认的递延所得税负债为 75 000 元。甲公司编制的会计分录如下：

借：所得税费用　　　　　　　　　　　　　　　　　　　　　　　75 000
　　贷：递延所得税负债　　　　　　　　　　　　　　　　　　　　　75 000

（3）2017 年资产负债表日，该项资产账面价值 300 000 元大于计税基础 0，产生应纳税暂时性差异 300 000 元，确认递延所得税负债 75 000 元，但递延所得税负债期初余额为 150 000 元，当期应转回原已确认的递延所得税负债为 75 000 元。甲公司编制的会计分录如下：

借：递延所得税负债　　　　　　　　　　　　　　　　　　　　　75 000
　　贷：所得税费用　　　　　　　　　　　　　　　　　　　　　　　75 000

（4）2018 年资产负债表日，该项资产账面价值和计税基础均为 0，不存在暂时性差异，原已确认的递延所得税负债应全额转回。甲公司编制的会计分录如下：

借：递延所得税负债　　　　　　　　　　　　　　　　　　　　　75 000

贷：所得税费用　　　　　　　　　　　　　　　　　　　　　　75 000

3. 不确认递延所得税负债的特殊情况

如前所述，对一项资产或负债，如果产生应纳税暂时性差异应确认递延所得税负债，但在下列情况下产生的应纳税暂时性差异不得确认递延所得税负债：

（1）商誉的初始确认。按照会计准则规定，企业在非同一控制下的企业合并中确认的商誉不进行摊销，但每年进行减值测试。按照税法规定作为免税合并的情况下，计税时不认可商誉的价值，即商誉的计税基础为0。这样，商誉在初始确认时，其账面价值与计税基础不同产生了应纳税暂时性差异。按照会计准则规定，因商誉产生的应纳税暂时性差异不确认递延所得税负债。原因在于：一是商誉是合并成本大于可辨认净资产公允价值的差额而产生的，是一项剩余价值，且属于不可辨认的资产。如果确认因商誉产生的递延所得税负债，则会进一步增加商誉的账面价值，从而影响会计信息的可靠性。二是确认该部分暂时性差异产生的递延所得税负债，则意味着购买方在企业合并中获得的可辨认净资产的价值量下降，企业应增加商誉的价值，商誉的账面价值增加以后，可能很快就要计提减值准备，同时其账面价值的增加还会进一步产生应纳税暂时性差异，使得递延所得税负债和商誉价值量的变化不断循环。

应予说明的是，按照会计准则规定在非同一控制下企业合并中确认了商誉，并且按照税法规定该商誉在初始确认时计税基础等于账面价值的，该商誉在后续计量过程中因会计准则规定与税法规定不同产生税暂时性差异的，应当确认相关的所得税影响。

（2）与子公司、联营企业、合营企业的投资相关的应纳税暂时性差异，一般应确认相关的递延所得税负债，但同时满足以下两个条件时不予确认：一是投资企业能够控制暂时性差异转回的时间；二是该暂时性差异在可预见的未来很可能不会转回。投资企业可以运用自身的影响力决定暂时性差异的转回，如果不希望其转回，则在可预见的未来该项暂时性差异即不会转回，从而对未来期间不会产生所得税影响。满足上述条件时，无须确认相应的递延所得税负债。

对于采用权益法核算的长期股权投资，其账面价值与计税基础产生的暂时性差异是否应确认相关的所得税影响，应考虑该项投资的持有意图。如果企业拟长期持有该项投资，则下列情况产生的应纳税暂时性差异均不确认递延所得税负债：①因初始投资成本的调整产生的暂时性差异。按照会计准则规定，权益法下长期股权投资的投资成本小于拥有被投资企业可辨认净资产公允价值份额的部分记入当期损益，按照税法规定长期股权投资的计税基础仍是初始投资成本金额，账面价值与计税基础不同产生的暂时性差异，如果预计未来期间不会转回，则不确认为递延所得税负债；②因确认投资损益产生的暂时性差异。权益法下投资企业每年按持有比例确认的投资收益增加了长期股权投资账面价值，按照税法规定，这部分收益如果在未来期间逐期分回现金股利或利润时免税，则不存在对未来期间的所得税影响；③因确认应享有被投资单位其他权益的变动而产生的暂时性差异。权益法下被投资单位除当期净损益之外其他权益发生变动，投资企业按持股比例调整长期股权投资账面价值，在长期持有的情况下，对于长期股权投资账面价值与计税基础不同产生的暂时性差异一般不确认相关的所得税影响。

采用权益法核算的长期股权投资，如果投资企业改变持有意图拟对外出售的情况下，因长期股权投资账面价值与计税基础不同产生的有关暂时性差异均应确认相关的所得税影响。

（3）除企业合并以外的其他交易中，如果交易发生时既不影响会计利润，也不影响应纳税所得额，则由资产、负债的初始确认所产生的递延所得税负债不予确认。该规定主要是考虑由于交易发生时既不影响会计利润，也不影响应纳税所得额，确认递延所得税负债的直接结果是增加有关资产的账面价值或是降低所确认负债的账面价值，使得资产、负债在初始确认时，违背历史成本原则，影响会计信息的可靠性。

（二）递延所得税资产的确认与计量

1. 递延所得税资产的确认

资产或负债的账面价值与其计税基础不同产生的可抵扣暂时性差异，企业应当以很可能取得用来抵扣可抵扣暂时性差异的应纳税所得额为限，确认为递延所得税资产，除了直接计入所有者权益的交易或事项以及企业合并中取得的资产、负债相关的以外，同时减少利润表中的所得税费用。如果资产或负债的账面价值与其计税基础不同产生的可抵扣暂时性差异在未来期间没有足够的应纳税所得额予以抵扣时，不应确认递延所得税资产。

2. 递延所得税资产的计量

资产负债表日，资产或负债的账面价值与其计税基础不同产生的可抵扣暂时性差异乘以适用的所得税税率确认为递延所得税资产。适用所得税税率的选择应当按照预计收回该资产或清偿该负债期间的适用税率计量。即在计量递延所得税资产时，应当采用与收回资产或清偿债务的预期方式相一致的税率和计税基础，且对递延所得税资产不予折现。这样使得递延所得税资产能够反映资产负债表日企业预期收回资产或清偿负债方式的所得税影响。

企业应设置"递延所得税资产"账户，核算企业由于可抵扣暂时性差异确认的所得税资产金额。企业确认的递延所得税资产的期末余额大于期初余额时，借记本科目，贷记"所得税费用"等科目；当递延所得税资产的期末余额小于期初余额时，做相反的会计分录。该账户余额在借方，反映企业确认的递延所得税资产余额。

【例14-17】乙企业本期预计产品保修费用200万元，确认为预计负债。本期没有支付保修费用。按照税法规定，该项产品保修费用只有在实际发生时允许税前抵扣。预计企业将来能够产生足够的应纳税所得额，所得税税率为25%。

解析：

乙企业本期期末预计负债的账面价值为200万元，其计税基础为0（200万元－200万元），本期产生了可抵扣暂时性差异200万元，企业预计将来能够产生足够的应纳税所得额，足以抵扣产生的可抵扣暂时性差异，因此应确认递延所得税资产为50万元（200×25%）。乙企业编制的会计分录如下：

借：递延所得税资产　　　　　　　　　　　　　　　　500 000
　　　贷：所得税费用　　　　　　　　　　　　　　　　500 000

需要指出的是，按税法规定，企业能够结转以后年度的可抵扣亏损和税款抵减应视同可抵扣暂时性差异，应以很可能获得用来抵扣可抵扣亏损和税款抵减的未来期间应纳税所得额为限，确认相应的递延所得税资产。如果亏损额较大，且缺乏证据表明企业未来期间很可能有足够的应纳税所得额予以抵扣的，不应确认递延所得税资产。

3. 不确认递延所得税资产的特殊情况

某些情况下，如果企业发生的交易或事项不属于企业合并，且交易发生时既不影响会计利润也不影响应纳税所得额，则该项交易中产生的资产、负债的初始确认金额与计税基础存在可抵扣暂时性差异的，不确认相关的递延所得税资产。

例如，某企业内部研究开发形成无形资产，其成本为1 000万元，按照税法规定，该项无形资产在未来寿命期内按150%计算每期摊销额，其计税基础为1 500万元。该项无形资产在初始确认时产生可抵扣暂时性差异500万元。按照会计准则规定，该项资产并非产生于企业合并，且初始确认时既不影响会计利润也不影响应纳税所得额，产生的可抵扣暂时性差异不确认递延所得税资产。

四、所得税费用的会计处理

采用资产负债表债务法，企业列入利润表中的所得税费用由两部分构成，即当期所得税和递延所得税。

(一) 当期所得税

当期所得税即为当期应交所得税，应交所得税的确定是应纳税所得额乘以适用的所得税税率计算的结果。依据税法规定，应纳税所得额是指企业每一纳税年度的收入总额减去不征税收入、免除收入、各项扣除以及允许弥补的以前年度亏损后的余额。

应纳税所得额是一个税收概念，它不同于企业的税前会计利润。在很多情况下，企业根据会计准则计算的税前会计利润与按税法规定计算的应纳税所得额之间由于对收入、费用等确认的时间和标准不同而会产生差异。在缴纳所得税时，企业就应按照税法规定对税前会计利润进行差异调整，调整为按税法规定确定的应纳税所得额。因此企业计算的应纳税所得额是以税前会计利润为基础来确定的。其计算公式如下：

应纳税所得额 = 每一会计年度税前会计利润总额 + 按照会计准则规定计入利润表但计税时不允许税前扣除的费用 - 税法规定不征税收入 ± 计入利润表的费用与按照税法规定可予税前抵扣的金额之间的差额 ± 计入利润表的收入与按照税法规定可计入应纳税所得额的收入之间的差额 - 允许弥补以前年度亏损额 ± 其他需要调整的项目

按照会计准则规定，计入利润表但计税时不允许税前扣除的费用主要是指：①企业支付的各种税收滞纳金和罚款、违法经营的罚款、各种赞助支出、非公益性捐赠支出等。按照会计准则规定，企业将这类支出确认为费用或损失，从税前利润中扣除。但税法规定不允许作为应纳税所得额的扣除项目，因此在计算应纳税所得额时应予以调整。②超过税法规定扣除标准的职工薪酬支出、公益性捐赠支出、业务招待费支出、广告费和业务宣传费支出等。按照会计准则规定，企业将这类支出全额确认为成本或费用，从税前利润中扣除。但税法规定了作为应纳税所得额扣除的一定限额，因此在计算应纳税所得额时超过税法规定准许扣除的部分应予以调整。例如，企业发生的公益性捐赠支出，按照会计准则规定，应全部确认为营业外支出，而税法规定在年度利润总额的12%以内的部分，准予在计算应纳税所得额时扣除，其余部分不允许扣除。再如，企业发生的业务招待费会计准则规定据实计入费用,税法规定业务招待费按发生额的60%部分准予税前扣除,但最高不得超过当年销售收入的5‰,超过部分不得税前扣除。

税法规定不征税收入主要是指企业取得的国债利息收入、从被投资企业获得的现金股利或红利等。按照会计准则规定,企业收到的国债利息收入、现金股利等确认为投资收益,增加税前会计利润,但税法规定企业取得的国债利息收入、现金股利属于免税收入,不计入应纳税所得额。因此在计算应纳税所得额时予以调整。

企业对利润总额进行纳税调整后计算出应纳税所得额,应纳税所得额乘以适用的所得税税率计算出当期所得税。即:

当期所得税 = 当期应交所得税 = 应纳税所得额 × 适用的所得税税率

【例14-18】 A公司2017年实现的利润总额为1 000 000元,所得税税率为25%。当年获得的国库券利息收入为30 000元,发生税收罚款支出为25 000元。对某一项固定资产按会计规定的折旧年限计提的折旧费为3 000元,按税法规定的折旧年限计提的折旧费为6 000元。当年计提存货跌价损失50 000元,税法规定该项存货发生实质性损失时,才可以从应纳税所得额中扣除。该公司不存在税前未弥补亏损。

解析:

企业当年获得的国债利息收入,会计上确认为投资收益,增加了税前利润,而税法规定企业获得的国债利息收入属于免税收入,不计入应纳税所得额,则企业在计算应纳税所得额时,应从税前会计利润中扣除30 000元的国债利息收入。

企业支付的税收罚款,会计上确认为营业外支出,减少了税前利润,而税法规定企业发生的各种税收滞纳金和罚款等,不得从应纳税所得额中扣除,则企业在计算应纳税所得额时,在税前会计利润基础上调整增加税收罚款支出25 000元。

企业拥有的固定资产会计上计提的折旧3 000元,计入相关费用,减少了税前利润,而按税法规定的折旧年限计提的折旧费为6 000元,则企业在计算应纳税所得额时,应在税前会计利润基础上再扣除折旧费用3 000元。

企业计提的存货跌价损失,会计上计入资产减值损失,减少了税前利润,而税法规定只有发生实质性损失时才准予扣除,则企业在计算应纳税所得额时,对计提的资产减值损失予以调整,即调整增加税前会计利润50 000元。

A公司本期应纳税所得额和应交所得税计算如下:

应纳税所得额 = 1 000 000 - 30 000 + 25 000 - (6 000 - 3 000) + 50 000 = 1 042 000(元)

应交所得税 = 1 042 000 × 25% = 260 500(元)

(二)递延所得税

递延所得税的确定是按照《企业会计准则第18号——所得税》规定确认的递延所得税资产和递延所得税负债当期发生额的综合结果,其计算公式如下:

递延所得税 = (递延所得税负债期末余额 - 递延所得税负债期初余额) - (递延所得税资产期末余额 - 递延所得税资产期初余额)

公式中,如果前者为正,后者为负,则形成递延所得税费用;如果前者为负,后者为正,则形成递延所得税收益。

需要说明的是,企业本期产生的递延所得税费用(或收益)不一定全部构成利润表中的所得税费用。如果是因企业合并或直接在所有者权益中确认的交易或事项产生的递延所得税,不构成所得税费用,而应调整商誉或其他综合收益项目。

(三) 所得税费用

如前所述,计入利润表中的所得税费用是由当期所得税和递延所得税两部分构成,即:

所得税费用 = 当期所得税 + 递延所得税

= 当期所得税 + 递延所得税费用 – 递延所得税收益

【例14-19】甲企业2017年利润表中的利润总额为1 000万元,递延所得税资产和递延所得税负债无期初余额。预计该企业会持续经营,能够获得足够的应纳税所得额。甲企业适用的所得税税率25%,且3年内所得税税率不会变化。有关资料如下:

(1) 收到被投资单位分来的现金股利30万元,被投资单位适用的所得税率与甲企业相同。税法规定该企业从被投资单位取得的现金股利属于免税收入。

(2) 企业因违法经营已支付罚款50万元,税法规定违法经营的罚款不得税前扣除。

(3) 2017年11月1日取得一项交易性金融资产,成本为240万元,2017年12月31日公允价值为280万元。税法规定以公允价值计量的金融资产持有期间公允价值变动不计入应纳税所得额。

(4) 2016年12月购入一项管理用的设备,成本为800万元,会计上规定使用年限为8年,净残值为零,采用直线法计提折旧,税法规定按照10年计提折旧。

(5) 2017年企业因计提售后服务费用确认的预计负债为30万元,税法规定售后服务费用实际发生时准许税前扣除。

(6) 2017年末企业对存货计提了10万元的存货跌价准备,未计提减值前存货的余额为100万元。税法规定企业计提的资产减值损失不得从应纳税所得额中扣除。

根据上述资料,甲企业2017年应交所得税、递延所得税和所得税费用计算如下:

(1) 计算2017年应交所得税。

应纳税所得额 = 10 000 000 – 300 000 + 500 000 – (2 800 000 – 2 400 000) + (8 000 000 ÷ 8 – 8 000 000 ÷ 10) + 300 000 + 100 000

= 10 400 000(元)

应交所得税 = 10 400 000 × 25% = 2 600 000(元)

(2) 计算2017年递延所得税。

①2017年暂时性差异计算如表14-3所示。

表14-3 2017年暂时性差异计算表 单位:元

项目	2017年			
	账面价值	计税基础	应纳税暂时性差异	可抵扣暂时性差异
交易性金融资产	2 800 000	2 400 000	400 000	
存货	900 000	1 000 000		100 000
固定资产	7 000 000	7 200 000		200 000
预计负债	300 000	0		300 000
合计			400 000	600 000

②确认递延所得税资产和负债。

递延所得税资产 = 600 000 × 25% = 150 000（元）

递延所得税负债 = 400 000 × 25% = 100 000（元）

递延所得税 = 100 000 − 150 000 = −50 000（元）（收益）

（3）计算所得税费用。

所得税费用 = 2 600 000 − 50 000 = 2 550 000（元）

甲企业编制的会计分录如下：

借：所得税费用　　　　　　　　　　　　　　　　2 550 000
　　递延所得税资产　　　　　　　　　　　　　　　 150 000
　　贷：应交税费——应交所得税　　　　　　　　　　　　 2 600 000
　　　　递延所得税负债　　　　　　　　　　　　　　　　 1 100 000

【例14-20】沿用【例14-19】，甲企业2018年利润表中的利润总额为1 000万元，资产负债表中"递延所得税资产"期初余额为15万元，"递延所得税负债"期初余额为10万元。预计该企业会持续经营，能够获得足够的应纳税所得额。甲企业适用的所得税税率25%，且3年内所得税税率不会变化。有关资料如下：

（1）收到国债利息收入20万元，税法规定国债利息收入属于免税收入。

（2）企业对关联企业捐赠现金30万元，税法规定该笔捐赠不得税前扣除。

（3）2017年11月1日取得一项交易性金融资产，成本为240万元，2017年12月31日公允价值为280万元。2018年12月31日公允价值为300万元。税法规定以公允价值计量的金融资产持有期间公允价值变动不计入应纳税所得额。

（4）2016年12月购入一项管理用的设备，成本为800万元，会计上规定使用年限为8年，净残值为零，采用直线法计提折旧，税法规定按照10年计提折旧。

（5）2018年预计负债期初余额为30万元，本年计提售后服务费用30万元，本期实际发生售后服务费用40万元。税法规定售后服务费用实际发生时准许税前扣除。

（6）2018年末企业对存货又计提了20万元的存货跌价准备，年初存货跌价准备余额为10万元，未计提减值前存货的余额为100万元。税法规定企业计提的资产减值损失不得从应纳税所得额中扣除。

根据上述资料，甲企业应交所得税、递延所得税、所得税费用计算及会计处理如下：

（1）计算2018年应交所得税。

应纳税所得额 = 10 000 000 − 200 000 + 300 000 − (3 000 000 − 2 800 000) + (8 000 000 ÷ 8 − 8 000 000 ÷ 10) + (300 000 − 400 000) + 200 000
　　　　　　 = 10 200 000（元）

应交所得税 = 10 200 000 × 25% = 2 550 000（元）

（2）计算2018年递延所得税。

①2018年暂时性差异计算如表14-4所示。

表 14-4 2018年暂时性差异计算表 单位：元

项目	2018年			
	账面价值	计税基础	应纳税暂时性差异	可抵扣暂时性差异
交易性金融资产	3 000 000	2 400 000	600 000	
存货	700 000	1 000 000		300 000
固定资产	6 000 000	6 400 000		400 000
预计负债	200 000	0		200 000
合计			600 000	900 000

② 确认递延所得税资产和负债。

期末递延所得税资产 = 900 000 × 25% = 225 000（元）

期初递延所得税资产 = 150 000（元）

递延所得税资产增加 = 225 000 - 150 000 = 75 000（元）（收益）

期末递延所得税负债 = 600 000 × 25% = 150 000（元）

期初递延所得税负债 = 100 000（元）

递延所得税负债增加 = 150 000 - 100 000 = 50 000（元）（费用）

(3) 计算所得税费用。

所得税费用 = 2 550 000 - 75 000 + 50 000 = 2 525 000（元）

甲企业编制的会计分录如下：

借：所得税费用　　　　　　　　　　　　　　　　　　2 525 000
　　递延所得税资产　　　　　　　　　　　　　　　　　　75 000
　　贷：应交税费——应交所得税　　　　　　　　　　　　　　2 550 000
　　　　递延所得税负债　　　　　　　　　　　　　　　　　　50 000

如果企业在某一会计期间确认递延所得税负债或递延所得税资产时，就已知本期产生的暂时性差异在未来转回期间适用的所得税税率，那么应选择暂时性差异转回期间适用的所得税税率确认递延所得税负债或递延所得税资产；如果企业在某一会计期间适用税率发生变化的，应对已确认的递延所得税负债或递延所得税资产按照新税率重新计量。递延所得税负债或递延所得税资产代表的是相关的应纳税暂时性差异或可抵扣暂时性差异于未来期间转回时，影响应交所得税金额的增加或减少的情况。因此，当适用税率变化时，如果递延所得税负债或资产金额与相关暂时性差异转回期间影响应交所得税金额不一致时，应对已确认的递延所得税负债或资产进行调整，以反映税率变化带来的影响。

（四）计入所有者权益的交易或事项产生的递延所得税

对某项交易或事项按照企业会计准则规定计入所有者权益的，由该项交易或事项产生的递延所得税资产或递延所得税负债也计入所有者权益。

【例 14-21】B企业2017年持有一项以公允价值计量且变动计入所有者权益的金融资产，成本为200万元，2017年12月31日公允价值为220万元。按照税法规定资产在持有期间公允价值变动不计入应纳税所得额，待处置时一并计入应纳税所得额。B企业适用的所得税税率25%。B企业编制的会计分录如下：

2017年末，确认20万元的公允价值变动时：

借：其他权益工具投资——公允价值变动　　　　　　　　　200 000
　　贷：其他综合收益　　　　　　　　　　　　　　　　　　　200 000

2017年末该金融资产账面价值为220万元，税法规定其计税基础为200万元，由此产生的应纳税暂时性差异确认的递延所得税负债5万元，应调整应公允价值变动引起的其他综合收益。B企业编制的会计分录如下：

借：其他综合收益　　　　　　　　　　　　　　　　　　　　50 000
　　贷：递延所得税负债　　　　　　　　　　　　　　　　　　　50 000

第三节　利润分配

一、利润分配核算的内容

企业实现的净利润，一部分以股利的形式分派给投资者或股东，作为投资者进行投资的回报；一部分留存企业，用于企业以后的发展，以扩大其生产经营规模，创造更多的利润，或者用于弥补可能出现的亏损。可见，利润的分配过程和结果不仅关系到所有者的合法权益是否得到保护，而且还关系到企业能否长期、稳定的发展。企业本年实现的净利润加上年初未分配利润（或减去年初未弥补亏损）后余额，作为可供分配的利润。企业利润分配的程序和核算内容如下：

（1）提取法定公积金。法定公积金按照本年实现净利润的10%比例提取。企业提取的法定公积金累计额达到其注册资本的50%以后，可以不再提取。

（2）提取任意公积金。任意公积金提取比例由投资者（股东大会或类似权力机构）决议。

（3）向投资者分配现金股利或利润。企业在充分考虑现金流量状况后，向投资者分配利润或发放现金股利。

（4）转作股本（或资本）的股票股利和利润。企业按照利润分配方案以分派股票股利的形式转作的股本，或者以利润转增的资本。

国有企业可以将法定公积金与任意公积金合并提取。股份有限公司依法回购后未转让或者注销的股份，不得参与利润分配；以回购股份对经营者及其他职工实施股权激励的，在拟定利润分配方案时，应当预留回购股份所需利润。

企业弥补以前年度亏损和提取盈余公积后，当年没有可供分配的利润时不得向投资者分配利润，但法律、行政法规另有规定的除外。

二、利润分配的会计处理

为了反映企业净利润的分配情况，应设置"利润分配"账户，该账户核算企业利润的分配（或亏损的弥补）情况和历年利润分配（或亏损的弥补）后的结存余额。在"利润分配"账户下应设置以下明细账户进行明细核算：

（1）"盈余公积补亏"明细账户。该账户核算企业按照规定用盈余公积弥补亏损等转入的金额。企业按规定用盈余公积弥补亏损时，借记"盈余公积"科目，贷记本科目（盈余公积补亏）。

（2）"提取法定盈余公积"明细账户。该账户核算企业按规定提取的法定盈余公积。企业从净利润中提取盈余公积时，借记本科目（提取法定盈余公积），贷记"盈余公积——法定盈余公积"科目。

（3）"提取任意盈余公积"明细账户。企业按规定从净利润中提取任意盈余公积时，借记本科目（提取任意盈余公积），贷记"盈余公积——任意盈余公积"科目。

（4）"应付现金股利或利润"明细账户。企业按照股东大会或类似机构决议分配给股东或投资者的现金股利或利润，借记本科目（应付现金股利或利润），贷记"应付股利"科目。

（5）"转作股本的股利"明细账户。该账户核算企业分配给股东的股票股利。企业按股东大会或类似机构决议分配给股东的股票股利在办理增资手续后，借记本科目（转作股本的股利），贷记"股本"科目。

（6）"未分配利润"明细账户。该账户核算企业全年实现的净利润（或净亏损）、利润分配和尚未分配利润（或尚未弥补的亏损）。年度终了，企业将全年实现的净利润自"本年利润"账户转入本账户，借记"本年利润"科目，贷记本科目（未分配利润）；如为净亏损，做相反会计分录。同时，将"利润分配"账户下的其他明细账户的余额转入本账户的"未分配利润"明细账户，结转后，除"未分配利润"明细账户外，本账户的其他明细账户无余额。年度终了，"利润分配"账户的"未分配利润"账户如为贷方余额，反映企业历年积存的尚未分配的利润；如为借方余额，反映企业累计尚未弥补的亏损。

【例14-22】甲股份有限公司2017年实现净利润2 000 000元，公司董事会于2018年1月10日拟定公司当年利润分配方案如下：提取法定盈余公积200 000元，提取任意盈余公积100 000元，分配现金股利500 000元，分配股票股利1 000 000元。甲公司召开的股东大会在财务报表批准报出日之后。根据以上业务，甲股份有限公司编制的会计分录如下：

（1）2017年末，结转本年利润：

借：本年利润　　　　　　　　　　　　　　　　　　　　　2 000 000
　　贷：利润分配——未分配利润　　　　　　　　　　　　　　　　2 000 000

（2）2016年提取法定盈余公积、任意盈余公积：

借：利润分配——提取法定盈余公积　　　　　　　　　　　200 000
　　　　　　——提取任意盈余公积　　　　　　　　　　　100 000
　　贷：盈余公积——法定盈余公积　　　　　　　　　　　　　　　200 000
　　　　　　　　——任意盈余公积　　　　　　　　　　　　　　　100 000

（3）分配现金股利：

借：利润分配——应付现金股利　　　　　　　　　　　　　　　500 000
　　　贷：应付股利　　　　　　　　　　　　　　　　　　　　　　500 000

需要说明的是，企业在资产负债表日后至财务报表批准报出日之前，由公司董事会或类似机构所制订利润分配方案中拟分配的以及经审议批准宣告发放的股利或利润，不确认为资产负债表日的负债。但应当在报表附注中单独披露。经股东大会决议后，再确认为当期负债。

对于股票股利，在董事会确定利润分配方案时也不需要进行账务处理，应在股东大会批准董事会提请批准的年度利润分配方案并且办理了增资手续后，再做账务处理。在实际发放股票股利时，甲公司应编制的会计分录如下：

借：利润分配——转作股本的股利　　　　　　　　　　　　　1 000 000
　　　贷：股本　　　　　　　　　　　　　　　　　　　　　　　1 000 000

可见，企业利润分配方案中拟分配的股利或利润不反映在报告年度报表中。如本例中企业宣告发放的现金股利和股票股利均不计入2016年度的报表中，而反映在2017年度的报表中。

（4）将2016年度利润分配的各明细账户转入未分配利润：

借：利润分配——未分配利润　　　　　　　　　　　　　　　　300 000
　　　贷：利润分配——提取的法定盈余公积　　　　　　　　　　200 000
　　　　　　　　　——提取的任意盈余公积　　　　　　　　　　100 000

关键词

利润　计税基础　暂时性差异　所得税费用　资产负债表债务法

复习思考题

1. 利润的构成及确定方法是什么？
2. 营业外收支包括哪些内容？
3. 说明按照资产负债表债务法核算所得税费用的基本原理。
4. 举例说明资产、负债计税基础的确定及其含义。

第十五章 财务会计报告

第一节 财务会计报告概述

一、财务会计报告及其构成

财务会计报告是对企业财务状况、经营成果和现金流量的结构性表述。财务会计报告至少应该包括下列组成部分：资产负债表、利润表、现金流量表、所有者权益（或股东权益）变动表和附注。资产负债表是指反映企业在某一特定日期的财务状况的财务报表；利润表是指反映企业在一定会计期间的经营成果的财务报表；现金流量表是指反映企业在一定会计期间的现金和现金等价物流入和流出的财务报表；所有者权益（或股东权益）变动表是指反映企业构成所有者权益的各组成部分当期增减变动情况的财务报表；附注是指对资产负债表、利润表、现金流量表和所有者权益变动表等报表中列示项目的文字描述或明细资料以及对未能在这些报表中列示项目的说明等。

财务会计报告按编报期间不同可分为中期财务会计报告和年度财务会计报告；按财务会计报告编报主体不同分为个别财务会计报告和合并财务会计报告。本章内容主要讲解个别财务会计报告。

二、财务会计报告的作用

（一）为企业的经营者提供信息，促进企业加强和改善经营管理

企业的经营者通过对财务会计报告的分析、研究，能够了解企业在财务、经营等方面取得的成绩和存在的问题，以便采取措施，推广经验，解决问题，并为合理地制定下一阶段的财务、经营计划提供依据。

（二）为企业的投资者提供信息，促进社会资源的合理配置

在市场经济条件下，企业的经营者和所有者往往是分离的，所有者在决定资金投向时，主要通过对企业财务报表的分析、研究，把资金投向效益高、风险小的企业，从而促

进社会资源的合理配置。

（三）为国家经济管理部门提供信息，促进国民经济宏观控制

国家银行、财政、税收、审计等部门通过对企业财务报表的审查和分析，一方面帮助企业合理使用资金，提高资金使用效果；另一方面督促企业遵守各项法规，维护社会经济秩序。另外，国家宏观经济管理部门通过对企业财务报表的分析，可以掌握国家经济总体的运行情况，发现国民经济运行中带有倾向性、普遍性的问题，从而为加强国民经济宏观调控提供依据。

三、财务会计报告提供的信息及特征

编制财务会计报告应当能够提供企业的经济资源、现存的义务和投资者的权益，以及引起资源、义务和投资者权益增减变动的各项交易、事项和情况的影响等。具体来说，企业的财务会计报告主要提供企业财务状况、经营业绩和现金流量等信息；财务会计报告附注是对财务会计报告的某些项目作进一步的补充说明，它提供了企业财务状况、经营成果和现金流量增减变动的更详细的信息。

会计信息的质量特征是指财务会计报告提供的信息对使用者有用的那些性质，也是在选用各种会计政策时所期望的质量。由于企业的财务决策一般是以会计信息为依据，满足决策所需要的财务会计信息是编制财务会计报告的基本目的。因此，财务会计信息有用性是财务会计信息质量最为重要的特征，如果所提供的信息没有用，信息就不能为人们带来利益。财务会计报告的信息质量有不同的层次，有用性是最高层次，它是建立在相关性和可靠性基础上的。相关性是指财务会计报告提供的财务信息必须与使用者的决策需要相关联。如果财务会计报告提供的信息能够为使用者了解过去、现在或未来事项的影响及其变化趋势，则可认为财务会计报告提供的财务信息是相关的。可靠性是指财务会计报告提供的财务信息必须是真实可靠的。会计是一个信息系统，如实反映企业的经营活动和财务状况是财务信息的基本要求。如果财务会计报告所提供的财务信息不真实可靠，甚至提供虚假的信息，这种财务会计报告不仅不能发挥其应有的作用，反而会由于错误的信息导致财务会计报告使用者对企业财务状况作出相反的结论，从而使其决策失误。

四、编制财务会计报告的基本要求

（一）依据各项会计准则确认和计量的结果编制财务会计报告

企业应当根据实际发生的交易和事项，按照各项具体会计准则的规定进行确认和计量，并在此基础上编制财务报表。企业应当在附注中对这一情况作出声明，只有遵循了企业会计准则的所有规定时，财务报表才应当被称为"遵循了企业会计准则"。

（二）财务会计报告应以持续经营为基础

企业应当以持续经营为基础，根据实际发生的交易和事项，按照会计准则的规定进行确认和计量，并在此基础上编制财务报表。企业管理层应当评价企业的持续经营能力，对持续经营能力产生重大怀疑的，应当在附注中披露导致对持续经营能力产生重大怀疑的影响因素。

企业正式决定或被迫在当期或将在下一个会计期间进行清算或停止营业的，表明其处

于非持续经营状态，应当采用其他基础编制财务会计报告，并在附注中声明财务会计报告未以持续经营为基础列报、披露未以持续经营为基础的原因和财务报表的编制基础。

（三）权责发生制

除现金流量表按照收付实现制编制外，企业应当按照权责发生制编制其他财务报表。

（四）财务会计报告的项目要保持一致

财务会计报告项目的列报应当在各个会计期间保持一致，不得随意变更。但下列情况除外：①会计准则要求改变财务报表项目的列报；②企业经营业务的性质发生了重大变化后，变更财务报表项目的列报能够提供更可靠、更相关的会计信息。

（五）性质或功能不同的项目在财务会计报告中应当单独列报

性质或功能类似的项目，其所属类别具有重要性的，应当按其类别在财务会计报告中单独列报，但不具有重要性的项目除外。

所谓重要性，是指财务会计报告某项目的省略或错报会影响使用者据此作出经济决策的，该项目就具有重要性。重要性应当根据企业所处的环境，从项目的性质和金额大小两个方面予以判断。判断项目性质的重要性，应当考虑该项目的性质是否属于企业日常活动等因素；判断项目金额大小的重要性，应当通过单项金额占资产总额、负债总额、所有者权益总额、营业收入总额、营业成本总额、净利润等直接相关项目金额的比重加以确定。

（六）财务会计报告中资产项目和负债项目的金额、收入项目和费用项目的金额不得相互抵销

财务会计报告中资产项目和负债项目的金额、收入项目和费用项目的金额不得相互抵销，但会计准则另有规定的除外。资产项目按扣除减值准备后的净额列示，不属于抵销；非日常活动产生的损益，以收入扣减费用后的净额列示，不属于抵销。

（七）当期财务会计报告应提供上一可比会计期间的比较数据

当期财务会计报告的列报至少应当提供所有列报项目上一可比会计期间的比较数据，以及与理解当期财务会计报告相关的说明，但会计准则另有规定的除外。

财务会计报告项目的列报发生变更的，应当对上期比较数据按照当期的列报要求进行调整，并在附注中披露调整的原因和性质以及调整的各项目金额。对于上期比较数据进行调整不切实可行的，应当在附注中披露不能调整的原因。

（八）财务会计报告表首的要求

财务会计报告中的有关报表一般分为表首、正表两部分。

企业应当在财务报告显著的位置披露下列各项：①编报企业的名称；②资产负债表日或财务报表涵盖的会计期间；③人民币金额单位；④财务报表是合并财务报表的，应当予以标明。

（九）财务会计报告编报的时间

企业至少应当按年度编制财务会计报告，根据《中华人民共和国会计法》的规定，会计年度自公历1月1日起至12月31日止。年度财务会计报告涵盖的期间短于一年的，应当披露其年度财务会计报告涵盖的期间以及短于一年的原因。

第二节 资产负债表

一、资产负债表及其作用

资产负债表是反映企业某一特定日期财务状况的财务报表。资产负债表是企业对外提供的主要报表，它是根据"资产＝负债＋所有者权益"的会计平衡公式，按照一定的分类标准和顺序，将企业在一定日期的资产、负债、所有者权益各项目予以适当排列，并对日常会计工作中形成的会计数据进行加工、整理后编制而成的。资产负债表充分反映了企业在某一特定日期所拥有或控制的经济资源、所承担的经济义务和所有者对企业净资产的要求权。这些会计信息对财务报表使用者具有十分重要的作用，具体体现在四个方面。

（一）反映企业经济资源的数量和结构

资产负债表不仅反映了企业所拥有或控制的经济资源总额，而且还反映了企业流动资产、长期股权投资、固定资产、无形资产等各类经济资源的具体数量。财务报表使用者通过对资产负债表进行分析，可以了解企业经济资源的具体构成情况，并据以判断其经济资源结构是否合理。

（二）反映企业资金来源及其构成情况

资产负债表将企业的全部经营资金区分为负债和所有者权益两大类。负债，即债权人提供的资金，在资产负债表中又分为流动负债和非流动负债；而所有者权益又具体划分为实收资本（股本）、资本公积、盈余公积和未分配利润。财务报表使用者通过对负债和所有者权益的对比，可以了解一个企业的资本结构是否合理，从而揭示企业财务风险的高低以及是否有效地利用了财务杠杆作用。

（三）反映企业的变现能力

变现能力通常是指企业某项资产转换成现金或某项负债到期清偿所需要的时间。财务报表使用者，无论是短期债权人，还是长期债权人，一般都非常重视现金或其等价物与流动负债的比率。由于资产负债表按照资产和负债的流动性对有关项目进行排列，财务报表使用者可以根据有关资产项目和负债项目的对比来评价企业的变现能力；同样地，投资者也可以评价企业未来支付股利的能力和未来扩充经营的可能性。

（四）反映企业的经营业绩

企业的经营业绩主要表现为获利能力，从绝对指标来衡量，主要体现为期间的损益，但从相对指标来衡量，则可用净资产收益率、每股收益、资金利润率等指标来反映。可见，用相对指标来评价企业经营绩效就离不开资产负债表的信息。将资产负债表与利润表等信息结合起来，可全面地评价、预测企业的经营绩效，进而寻求提高企业资金利用率的有效途径。

二、资产负债表项目的分类

资产负债表分类就是指在编制资产负债表时，按照一定的标准对资产、负债、所有者权益项目加以归类，从而形成资产负债表各项目在内容上的有机联系。

（一）资产项目的分类

在资产负债表中，应当将资产分为流动资产和非流动资产分别列示。资产满足下列条件之一的，应当归属为流动资产：

（1）预计在一个正常营业周期中变现、出售或耗用。

（2）主要为交易目的而持有。

（3）预计在资产负债表日起一年内（含一年，下同）变现。

（4）自资产负债表日起一年内，交换其他资产或清偿负债的能力不受限制的现金或现金等价物。

一般而言，企业的流动资产主要包括货币资金、交易性金融资产、应收票据、应收账款、预付账款、应收利息、应收股利、其他应收款、存货以及其他流动资产等。非流动资产主要包括：其他债权投资、债权投资、长期应收款、长期股权投资、其他权益工具投资、投资性房地产、固定资产、在建工程、工程物资、固定资产清理、生产性生物资产、油气资产、无形资产、开发支出、商誉、长期待摊费用、递延所得税资产以及其他非流动资产。

（二）负债项目的分类

在资产负债表中，应当将负债分为流动负债和非流动负债分别列示。负债满足下列条件之一的，应当归属为流动负债：

（1）预计在一个正常营业周期中清偿；

（2）主要为交易目的而持有；

（3）自资产负债表日起一年内到期应予以清偿；

（4）企业无权自主地将清偿推迟至资产负债表日后一年以上。

一般而言，企业的流动负债主要包括短期借款、交易性金融负债、应付票据、应付账款、预收账款、应付职工薪酬、应交税费、应付利息、应付股利、其他应付款、一年内到期的非流动负债以及其他流动负债。非流动负债主要包括长期借款、应付债券、长期应付款、专项应付款、预计负债、递延所得税负债以及其他非流动负债。

（三）所有者权益项目的分类

在资产负债表中，所有者权益按其永久性程度可分为实收资本（股本）、其他权益工具、资本公积、其他综合收益、盈余公积和未分配利润等部分。其中，盈余公积和未分配利润统称为留存收益。实收资本是指企业所有者实际投入企业的资本。对股份有限公司而言，实收资本即股本，表现为已投入企业的资本中相当于股票面值或设定价值的部分。对非股份制企业而言，实收资本是指企业投资者实交的并经注册的出资额。其他权益工具是指企业发行的普通股以外，按照金融负债和权益工具区分原则分类为权益工具的其他权益工具（优先股、永续债等）。资本公积是指企业收到投资者出资额超出其注册资本或股本中所占份额的部分。其他综合收益是指企业根据会计准则规定未在当期损益中确认的各项利得和损失。留存收益是指通过企业的生产经营活动而形成的资本,即经营所得净收益的积累,它主要包括盈余公积和未分配利润两部分。

此外,高危行业企业如有按国家规定提取的安全生产费用的,应当在资产负债表所有者权益项下"其他综合收益"项目和"盈余公积"项目之间增设"专项储备"项目,反映企业提取的安全生产费用期末余额。

三、资产负债表的格式

资产负债表是对企业财务状况所做的结构性表述,为了便于信息使用者阅读和分析,需要对其所揭示的内容按照一定的格式进行设计。资产负债表主要有账户式、报告式和财务状况式三种格式。

(一) 账户式资产负债表

账户式资产负债表是以"资产=负债+所有者权益"为基础,将资产项目列示在左方,负债和所有者权益项目列示在右方,形成左右对称结构,类似"T"型账户,账户式资产负债表也就由此而得名。这种格式的资产负债表,其优点是将会计主体的资产和权益之间的平衡关系直观地进行了反映,做到了形式和内容的统一,便于财务报表的使用者了解企业的财务状况,并对其进行分析。其不足之处主要是在编制比较资产负债表时,尤其是对某些项目进行旁注时,就显得不方便。账户式资产负债表的简化格式如表15-1所示。

表15-1　　　　　　　　账户式资产负债表 (简式)

资　产		负债和所有者权益	
流动资产	×××	流动负债	×××
非流动资产	×××	非流动负债	×××
		所有者权益	
资产总计	×××	负债和所有者权益总计	×××

(二) 报告式资产负债表

报告式资产负债表是将资产、负债和所有者权益项目采用垂直分列的形式进行列示。报告式资产负债表依据不同的会计等式,通常又分为两种形式:一种是根据"资产=负债+所有者权益"等式,即上边的资产项目总计与垂直排列在下边的负债和所有者权益项目总计保持相等;另一种是根据"资产-负债=所有者权益"等式,即上边的资产项目总计与负债项目总计之差,与垂直排列在下边的所有者权益项目总计保持相等。报告式资产负债表的优点是便于编制比较资产负债表,即在一张报表中,除了可以反映本期会计数据以外,还可以增设几个栏目,分别反映过去一期或几期的财务状况。若以旁注方式注明某些项目的计价方法时,也有更多的空间。其不足之处是会计主体的资产和权益之间的平衡关系反映的不太直观明了。报告式资产负债表的简化格式如表15-2、15-3所示。

表 15-2	报告式资产负债表（简式）
流动资产	×××
非流动资产	×××
资产总计	×××
流动负债	×××
非流动负债	×××
所有者权益	×××
负债和所有者权益总计	×××

表 15-3	报告式资产负债表（简式）
流动资产	×××
非流动资产	×××
资产总计	×××
流动负债	×××
非流动负债	×××
负债总计	×××
资产减负债	×××
所有者权益	×××
所有者权益总计	×××

（三）财务状况式资产负债表

财务状况式资产负债表是在表内将全部项目分为流动资产、流动负债、非流动资产、非流动负债、所有者权益等几部分列示，运用"流动资产 – 流动负债 = 营运资金"和"营运资金 + 非流动资产 = 非流动负债 + 所有者权益"的关系，求得报表各项目金额的平衡。这种格式的资产负债表，其特点是能够提供企业营运资金的信息，从而使财务报表的使用者了解企业的偿债能力。财务状况式资产负债表的简化格式如表 15-4 所示。

表 15-4	财务状况式资产负债表（简式）
流动资产	×××
减：流动负债	×××
营运资金	×××
加：非流动资产	×××
减：非流动负债	×××
所有者权益	×××

四、资产负债表的编制

（一）资产负债表中"年初数"的填制

资产负债表中"年初数"栏内各项数字，应根据上年末资产负债表"期末数"栏内所列数字填列。如果本年度资产负债表规定的个别项目的名称和内容同上年度不相一致，应对上年年末资产负债表各项目的名称和数字按照本年度的规定进行调整，填入本表

"年初数"栏内。

（二）资产负债表中"期末数"的内容和填列方法

（1）"货币资金"项目，反映企业库存现金、银行结算户存款、外埠存款、银行汇票存款、银行本票存款、信用卡存款、信用证保证金存款等的合计数。本项目应根据"库存现金""银行存款""其他货币资金"账户的期末余额合计填列。

（2）"交易性金融资产"项目，反映企业为交易目的所持有的债券投资、股票投资、基金投资等交易性资产的公允价值。本项目应根据"交易性金融资产"账户的期末余额填列。

（3）"衍生金融资产"项目，应根据"衍生金融资产"账户的期末余额计算分析填列。

（4）"应收票据及应收账款"项目，反映企业资产负债表日以摊余成本计量的、企业因销售商品、产品和提供劳务等经营活动应收取的款项，以及收到的商业汇票，包括商业承兑汇票和银行承兑汇票。本项目应根据"应收票据和应收账款"账户的期末余额，减去"坏账准备"账户中有关应收账款计提的坏账准备期末余额后的金额填列。

（5）"预付款项"项目，反映企业预付给供应单位的款项。本项目应根据"预付账款"账户和"应付账款"账户所属各明细账户的期末借方余额合计填列。如"预付账款"账户所属有关明细账户期末有贷方余额的，应在本表"应付账款"项目内填列。

（6）"其他应收款"项目，反映企业对其他单位和个人的应收和暂付的款项，减去已计提的坏账准备后的净额。本项目应根据"应收利息""应收股利"和"其他应收款"账户的期末余额合计数，减去"坏账准备"账户中相关的坏账准备期末余额后的金额填列。

（7）"存货"项目，反映企业期末在库、在途和加工中的各项存货的可变现净值，包括各种材料、库存商品、发出商品等。本项目应根据"材料采购""在途材料""原材料""库存商品""发出商品""委托加工物资"等账户的期末余额合计，减去"存货跌价准备"账户期末余额后的金额填列。材料采用计划成本核算，以及库存商品采用计划成本或售价核算的企业，还应按加减材料成本差异、商品进销差价后的金额填列。

（8）"合同资产"项目，应根据"合同资产"科目的期末明细科目余额分析填列，已计提减值准备还应减去"合同资产减值准备"科目中相应的期末余额后的金额填列。

（9）"持有待售资产"项目，应根据相关科目的期末余额分析填列。

（10）"其他流动资产"项目，反映企业除以上流动资产项目以外的其他流动资产。本项目应根据有关账户的期末余额填列。如其他流动资产价值较大的，应在财务报表附注中披露其内容和余额。

（11）"债权投资"项目，反映企业持有至到期债权投资的可收回金额。本项目应根据"债权投资"账户的期末余额减去"债权投资减值准备"账户期末余额后的金额填列。

（12）"其他债权投资"项目，反映企业持有的可供出售的债权金融资产的公允价值。本项目应根据"其他债权投资"账户的期末余额填列。

（13）"长期应收款"项目，反映企业发生的各项长期应收款项，包括融资租赁产生的应收款项、采用递延方式具有融资性质的销售商品和提供劳务等产生的应收款项。本项目应根据"长期应收款"账户的期末余额减去为实现融资收益期末余额以及"坏账准备"账户中有关长期应收款计提的坏账准备期末余额的净额填列。

(14)"长期股权投资"项目,反映企业持有的采用成本法和权益法换算的长期股权投资。本项目应根据"长期股权投资"账户的期末余额减去"长期股权投资减值准备"账户期末余额后的金额填列。

(15)"其他权益工具投资"项目,反映企业持有的可供出售的股权金融资产的公允价值。本项目应根据"其他权益工具投资"账户的期末余额填列。

(16)"投资性房地产"项目,反映企业各种投资性房地产的价值。本项目应根据"投资性房地产"账户的期末余额减去"投资性房地产累计折旧(摊销)"以及"投资性房地产减值准备"账户期末余额后的金额填列。

(17)"固定资产"项目,反映资产负债表日企业固定资产的期末账面价值和企业尚未清理完毕的固定资产清理净损益。融资租入固定资产的价值也包括在内。本项目应根据"固定资产"账户的期末余额,减去"累计折旧"和"固定资产减值准备"账户期末余额后的金额,以及"固定资产清理"账户的期末余额计算分析填列。

(18)"在建工程"项目,反映资产负债表日企业尚未达到预定可使用状态的在建工程的期末账面价值和企业为在建工程准备的各种物资的期末账面价值。本项目应根据"在建工程"账户的期末余额,减去"在建工程减值准备"账户期末余额后的金额,以及"工程物资"账户的期末余额,减去"工程物资减值准备"账户的期末余额后的金额填列。

(19)"无形资产"项目,反映企业无形资产的价值。本项目应根据"无形资产"账户的期末余额减去"无形资产摊销"和"无形资产减值准备"账户的期末余额后的金额填列。

(20)"开发支出"项目,反映企业正在进行无形资产研究开发项目满足资本化条件的支出。本项目应根据"开发支出"账户期末的借方余额填列。

(21)"商誉"项目,反映企业商誉的价值。本项目应根据"商誉"账户的期末余额减去"商誉减值准备"账户期末余额后的金额填列。

(22)"长期待摊费用"项目,反映企业尚未摊销的长期待摊费用。本项目应根据"长期待摊费用"账户的期末借方余额填列。

(23)"递延所得税资产"项目,反映企业确认的递延所得税资产。本项目应根据"递延所得税资产"账户的期末余额填列。

(24)"短期借款"项目,反映企业借入尚未归还的一年期以下(含一年)的借款。本项目应根据"短期借款"账户的期末余额填列。

(25)"交易性金融负债"项目,反映企业承担的交易性金融负债的公允价值。本项目应根据"交易性金融负债"账户的期末余额填列。

(26)"衍生金融负债"项目,本项目应根据"衍生金融负债"账户的期末余额计算分析填列。

(27)"应付票据及应付账款"项目,反映资产负债表日企业因购买原材料、商品和接受劳务等经营活动应支付而未付的款项,以及开出的企业为了抵付货款等而承兑的尚未到期付款的应付票据，包括银行承兑汇票和商业承兑汇票。本项目应根据"应付票据"账户的期末余额，以及"应付账款"和"预付账款"账户所属的相关明细科目的期末贷方余额合计数填列。

（28）"预收账款"项目，反映企业按照合同规定预收的账款。本项目应根据"预收账款"账户和"应收账款"账户所属各有关明细账户的期末贷方余额合计填列。

（29）"合同负债"项目，本项目应根据"合同资产"科目和"合同负债"科目的明细科目期末余额分析填列，同一合同下的合同资产和合同负债应当以净额列示，其中净额为借方余额的，在"合同资产"项目中填列，其中净额为贷方余额的，在"合同负债"项目中填列。

（30）"应付职工薪酬"项目，反映企业应付未付的职工薪酬。本项目应根据"应付职工薪酬"账户期末贷方余额填列。如该账户期末为借方余额，以"－"号填列。

（31）"应交税费"项目，反映企业期末尚未交纳的税费。本项目根据"应交税费"账户的期末贷方余额填列。如该账户期末为借方余额，以"－"号填列。

（32）"其他应付款"项目，反映企业应付未付的其他应付款。本项目应根据"应付利息""应付股利"和"其他应付款"科目的期末余额合计数填列。

（33）"持有待售负债"项目，应根据相关科目的期末余额分析填列。

（34）"其他流动负债"项目，反映企业除以上流动负债以外的其他流动负债。本项目应根据有关账户的期末余额填列。如其他流动负债价值较大的，应在财务报表附注中披露其内容及金额。

（35）"长期借款"项目，反映企业借入尚未归还的一年期以上（不含一年）的借款本息。本项目应根据"长期借款"账户的期末余额分析填列。

（36）"应付债券"项目，反映企业发行的尚未偿还的长期债券的摊余成本。本项目应根据"应付债券"账户的期末余额填列。

（37）"长期应付款"项目，反映资产负债表日企业除长期借款和应付债券以外的其他各种长期应付款项的期末账面价值。本项目应根据"长期应付款"账户的期末余额，减去相应的"未确认融资费用"账户的期末余额后的金额，以及"专项应付款"科目的期末余额填列。

（38）"预计负债"项目，反映企业已确认尚未支付的负债。本项目应根据"预计负债"账户的期末余额填列。

（39）"递延收益"项目，本项目根据"递延收益"账户的期末余额填列。

（40）"递延所得税负债"项目，反映企业确认的递延所得税负债。本项目应根据"递延所得税负债"账户的期末余额填列。

（41）"其他非流动负债"项目，反映企业除以上长期负债项目以外的其他非流动负债。本项目应根据有关账户的期末余额填列。如其他长期非流动负债价值较大的，应在财务报表附注中披露其内容和金额。

上述长期负债各项目中将于一年内（含一年）到期的长期负债，应在"一年内到期的长期负债"项目内单独反映。上述长期负债各项目均应根据有关账户期末余额减去将于一年内（含一年）到期的长期负债后的金额填列。

(42)"实收资本(或股本)"项目,反映企业各投资者实际投入的资本(或股本)总额。本项目应根据"实收资本"(或"股本")账户的期末余额填列。

(43)"其他权益工具"项目,本项目应根据"其他权益工具"账户的期末余额填列。

(44)"资本公积"项目,反映企业资本公积的期末余额。本项目应根据"资本公积"账户的期末余额填列。

(45)"其他综合收益"项目,本项目应根据"其他综合收益"账户的期末余额填列。

(46)"盈余公积"项目,反映企业盈余公积的期末余额。本项目应根据"盈余公积"账户的期末余额填列。其中,法定公益金期末余额应根据"盈余公积"账户所属的"法定公益金"明细账户的期末余额填列。

(47)"未分配利润"项目,反映企业尚未分配的利润。本项目应根据"本年利润"账户和"利润分配"账户的余额计算填列。未弥补的亏损,在本项目内以"-"号填列。

五、资产负债表编制举例

【例15-1】A企业2018年6月30日有关总账账户余额如表15-5所示,有关明细账户余额如表15-6所示。

表15-5　　　　　　　　　　　总账账户余额表　　　　　　　　　　单位:元

科　目	借方金额	科　目	贷方金额
库存现金	5 000	短期借款	40 000
银行存款	92 600	交易性金融负债	70 000
其他货币资金	2 000	应付票据	24 600
交易性金融资产	55 000	应付账款	17 500
应收票据	10 000	预收账款	5 600
应收账款	80 000	应付职工薪酬	28 900
预付账款	4 000	应交税费	20 210
应收股利	3 000	应付利息	2 920
应收利息	1 000	应付股利	31 170
其他应收款	3 210	其他应付款	6 320
材料采购	64 560	累计折旧	78 000
原材料	477 000	累计摊销	5 000
库存商品	124 190	坏账准备	400
发出商品	12 760	存货跌价准备	4 310
委托加工物资	8 930	债权投资减值准备	1 600
其他权益工具投资	10 600	长期股权投资减值准备	2 000
债权投资	16 000	固定资产减值准备	20 000
长期股权投资	52 000	长期借款	116 000
固定资产	620 000	应付债券	20 000

续表

科　　目	借方金额	科　　目	贷方金额
在建工程	26 000	实收资本	800 000
工程物资	4 000	资本公积	80 000
无形资产	13 000	其他综合收益	29 220
长期待摊费用	8 540	盈余公积	253 800
		利润分配	35 840
合　　计	1 693 390	合　　计	1 693 390

表 15-6　　　　　　　　　　明细账户余额表　　　　　　　　　　单位：元

科　　目	借方余额	贷方余额
应收账款——B 公司	84 000	
——C 公司		4 000
预收账款——D 公司		6 000
——E 公司	400	
应付账款——F 公司		22 500
——G 公司	5 000	
预付账款——H 公司	5 000	
——I 公司		1 000
债权投资——一年内到期的投资	2 000	
长期待摊费用——一年内摊销的待摊费用	2 230	
长期借款——一年内到期的长期借款		15 000
坏账准备——应收账款坏账准备		360
——其他应收款坏帐准备		40
债权投资减值准备		1 600

根据上述有关资料，A 企业 2018 年 6 月 30 日编制的资产负债表如表 15-7 所示。

表 15-7　　　　　　　　　　资产负债表　　　　　　　　　　会企 01 表
编制单位：A 企业　　　　　　　　　2018 年 6 月 30 日　　　　　　　　　单位：元

资　　产	期末余额	年初余额	负债和所有者权益	期末余额	年初余额
流动资产：			流动负债：		
货币资金	99 600		短期借款	40 000	
交易性金融资产	55 000		交易性金融负债	70 000	
衍生金融资产	0		衍生金融负债	0	
应收票据及应收账款	94 040		应付票据及应付账款	48 100	
预付账款	10 000		预收款项	10 000	
其他应收款	7 170		合同负债	0	
存货	683 130		应付职工薪酬	28 900	

续表

资产	期末余额	年初余额	负债和所有者权益	期末余额	年初余额
合同资产	0		应交税费	20 210	
持有待售资产			其他应付款	40 410	
一年内到期的非流动资产	4 230		持有待售负债		
其他流动资产	0		一年内到期的非流动负债	15 000	
流动资产合计	953 170		其他流动负债	0	
非流动资产：			流动负债合计	272 620	
债权投资	12 400		非流动负债：		
其他债权投资			长期借款	101 000	
长期应收款	0		应付债券	20 000	
长期股权投资	50 000		长期应付款	0	
其他权益工具投资	10 600		预计负债	0	
投资性房地产	0		递延收益	0	
固定资产	522 000		递延所得税负债	0	
在建工程	30 000		非流动负债合计	121 000	
无形资产	8 000		负债合计	393 620	
开发支出	0		所有者权益（或股东权益）：		
商誉	0		实收资本（股本）	800 000	
长期待摊费用	6 310		其他权益工具	0	
递延所得税资产	0		资本公积	109 220	
非流动资产合计	639 310		其他综合收益	0	
			盈余公积	253 800	
			未分配利润	35 840	
			所有者权益（或股东权益）合计	1 198 860	
资产总计	1 592 480		负债和所有者权益（或股东权益）总计	1 592 480	

第三节 利 润 表

一、利润表及其作用

（一）利润表的概念

利润表又称损益表，它是反映企业在一定期间经营业绩（经营成果）的财务报表。企业在一定期间的经营成果，一般指企业在一定期间所取得的利润，利润是企业经济效益的综合体现。目前，由于人们对利润的界定尚存在争议，在利润表中反映的净利润应包括哪些内容，通常有两种观点，一种是"当期经营观"，它认为，为了便于本期与前期之间进行比较，所以净利润只能包括本期正常经营所得，而不应该包括其他所得。由于这种观点只将本期正常活动所取得的利润列入利润表，而忽略了本期影响所有者权益的其他项目，因而往往会导致财务报表的使用者忽略没有列入净利润的其他项目的重要性。另一种是"损益满计观"，它认为，除股利和企业与股东间其他经济业务以外，在利润表中列入报告期影响所有者权益的项目能为财务报表使用者提供更为有用的资料，使之能对这些项目的重要性及其对经营成果的影响作出更好地评价，因此需要在利润表中列入所有报告期影响所有者权益净增或净减的经济业务。

（二）利润表的作用

利润额的高低及其发展趋势是企业生存与发展的关键，也是企业投资者及其利害人关注的焦点。因此利润表的编制与披露对信息使用者是至关重要的。具体地说，利润表的作用主要体现在五个方面。

1. 反映企业的经营成果和获利能力

企业的经营成果和获利能力都是与企业的损益紧密相连的，经营成果是指企业在其所控制的资源上取得的报酬，它可以直接表现为一定期间的利润总额；而获利能力则是指企业运用一定经济资源获取经营成果的能力，它可以通过各种相对指标予以体现，如资产收益率、净资产收益率、成本收益率、每股收益等。通过当期利润表的数据可以反映一个企业当期的经营成果和获利能力；通过比较和分析同一企业不同时期的利润情况，可以分析、评价、预测企业未来的经营成果和获利能力。

2. 分析预测企业的偿债能力

偿债能力是指企业以其资产清偿债务的能力，企业的偿债能力不仅取决于资产的流动性和资本结构，也取决于企业的获利能力。企业获利能力越强，其资产流动速度就越快，资本结构就更加优化，偿债能力也就越强；企业获利能力不强，其资产流动速度就越慢，资本结构也可能恶化，最终势必影响到企业的偿债能力。利润表虽然不能直接提供企业偿债能力的信息，但债权人和管理者可以通过比较分析利润表的有关信息，间接地评价、预测企业的偿债能力，并揭示其偿债能力的变化趋势，进而制定信贷政策和改进企业管理工作的决策。

3. 分析预测企业的现金流动状况

在现代企业财务管理活动中，企业未来现金流动的来源、金额、时间及其不确定性等状况，也是财务报表使用者所重点关注的信息，这些预测的现金流动与企业的获利能力具有密切的联系。通过对利润表的分析，不仅能够揭示企业过去的经营业绩及利润的来源，而且可以评价企业的营业收入、营业成本、营业费用变化对企业损益的影响，因为企业过去和现在的利润水平与企业未来的现金流量之间存在着密切的关系。因此，通过利润表可以分析、评价、预测企业未来的现金流动状况。

4. 评价考核管理人员的绩效

在现代企业财务指标考核体系中，利润实现的多寡，是反映企业管理人员工作绩效的一个重要指标。因此，通过利润表前后期各种收入、成本、费用及损益的增减变动情况，可以评价考核管理当局、各职能部门和管理人员的绩效，及时进行人事调整，提高企业经营管理水平。

5. 为企业分配经营成果提供依据

利润表反映了企业经营成果的形成及各部分的具体数额，在一定的分配制度下，企业利润额的多少决定了各利害关系人的分享额，如国家税收收入、股东可分配的股利、职工的工资及奖金等。在企业利润的分配过程中，无论是制定股利分配办法，还是提取盈余公积，都必须以利润表为主要依据。

二、利润表的项目

在我国，企业利润表主要包括七个方面的内容。

（一）营业收入

营业收入是指企业在销售商品和提供劳务等经营业务中实现的收入。企业营业收入按其重要性分类，可分为主营业务收入和其他业务收入。主营业务收入是指企业在主要的或主体业务中所取得的收入，如工业企业的产品销售收入、商品流通企业的商品销售收入等。其他业务收入是指除基本业务收入以外的其他业务活动中所取得的收入，如技术转让收入、包装物出租收入等。

（二）营业利润

营业收入减去营业成本（主营业务成本、其他业务成本）、税金及附加、销售费用、管理费用、研发费用、财务费用、资产减值损失，加上其他收益、公允价值变动收益、投资收益、资产处置损益，即为营业利润。

（三）利润总额

在营业利润的基础上，加上营业外收入，减去营业外支出，即为利润总额。营业外收入主要包括非流动资产处置利得、非货币性资产交换利得、债务重组利得、政府补助、盘盈利得、捐赠利得等。营业外支出主要包括非流动资产处置损失、非货币性资产交换损失、债务重组损失、公益性捐赠支出、非常损失、盘亏损失等。

（四）净利润

企业利润总额减去所得税费用即为净利润。

（五）每股收益

每股收益是反映企业普通股股东持有每一股份能享受企业利润或承担亏损的业绩评价指标。每股收益包括基本每股收益和稀释每股收益。

（六）其他综合收益

其他综合收益反映企业根据企业会计准则规定未在损益中确认的各项利得和损失扣除所得税影响后的净额。

（七）综合收益总额

综合收益总额反映企业净利润与其他综合收益的合计金额。

三、利润表的格式

利润表的格式一般有两种：单步式利润表和多步式利润表。

（一）单步式利润表

单步式利润表是将当期所有收入列在一起，然后将所有的费用列在一起，两者相减得出当期净损益。单步式利润表编制方式简单，收入支出归类清楚，但缺点是收入、费用的性质不加区分，笼统归为一类，不利于报表分析。单步式利润表的格式如表15-8所示。

表15-8　　　　　　　　　　　　单步式利润表

项　目	本期金额
一、收入	
营业收入	
其他收益	
投资收益	
公允价值变动收益	
资产处置收益	
营业外收入	
收入合计	
二、费用	
营业成本	
税金及附加	
销售费用	
管理费用	
财务费用	
资产减值损失	
营业外支出	
所得税费用	
费用合计	
三、净利润	

（二）多步式利润表

多步式利润表将不同性质的收入和费用进行对比，从而可以得出一些中间性的利润数据，便于使用者理解企业经营成果的不同来源。多步式利润表的编制一般分为三个步骤。

第一步，以营业收入为基础，减去营业成本、税金及附加、销售费用、管理费用、研发费用、财务费用、资产减值损失，加上其他收益公允价值变动收益（减去公允价值变动损失）、投资收益（减去投资损失）和资产处置损益，计算出营业利润。

第二步，以营业利润为基础，加上营业外收入，减去营业外支出，计算出利润总额。

第三步，以利润总额为基础，减去所得税费用，计算出净利润（或净损失）。普通股或潜在普通股已公开交易的企业以及正处于公开发行普通股或潜在普通股过程中的企业，还应当在利润表中列示每股收益信息。根据《企业会计准则第30号——财务列表列报》的规定，企业需要提供比较利润表，以使报表使用者通过比较不同期间利润的实现情况，判断企业经营成果的未来发展趋势。所以,多步式利润表还就各项目再分为"本期金额"和"上期金额"两栏分别填列。我国企业主要采用多步式利润表。多步式利润表的格式如表15-9所示。

表15-9　　　　　　　　　　　　多步式利润表

项　　目	本期金额	上期金额（略）
一、营业收入		
减：营业成本		
税金及附加		
销售费用		
管理费用		
研发费用		
财务费用		
其中：利息费用		
利息收入		
资产减值损失		
加：公允价值变动净收益（净损失以"-"号填列）		
投资收益（净损失以"-"号填列）		
其中：对联营企业和合营企业的投资收益		
二、营业利润		
加：营业外收入		
其中：非流动性资产处置利得		
减：营业外支出		
其中：非流动资产处置净损失		
三、利润总额（亏损总额以"-"号填列）		
减：所得税费用		
四、净利润（净亏损以"-"号填列）		
（一）持续经营净利润（净亏损以"-"号填列）		
（二）终止经营净利润（净亏损以"-"号填列）		
五、其他综合收益的税后净利润		
（一）以后不能重分类进损益的其他综合收益		
1. 重新计量设定收益计划净负债或净资产的变动		
2. 权益法下被投资单位不能重分类进损益的其他综合收益中享有的份额		
……		
（二）以后将重分类进损益的其他综合收益		

续表

项　　目	本期金额	上期金额（略）
1. 权益法下在被投资单位以后将重分类进损益的其他综合收益中享有的份额		
2. 其他债权投资公允价值变动损益		
3. 金融资产重分类转让损益的累计利得或损失		
4. 现金流量套期损益的有效部分		
5. 外币财务报表折算差额		
……		
六、综合收益总额		
七、每股收益：		
（一）基本每股收益		
（二）稀释每股收益		

四、利润表的编制

企业利润表分为"本期金额"和"上期金额"两栏。除"其他综合收益"项目及其各组成部分根据"其他综合收益"的明细科目的本期发生余额分析填列外，"本期金额"栏反映企业本期各项目的实际发生数，主要根据各损益类账户的发生额分析填列。"营业利润""利润总额""净利润""综合收益总额"项目根据总表中相关项目计算填列。"上期金额"栏反映企业上期各项目的实际发生数，应当根据企业上期利润表中的金额填列。如果上年度利润表的项目名称和内容与本年度利润表不一致时，应对上年度利润表项目的名称和数字按本年度的规定进行调整，填入报表的"上期金额"栏。

五、利润表编制举例

【例15-2】B股份有限公司2018年6月有关损益类科目和"其他综合收益"明细科目的本年累计发生净额如表15-10和表15-11所示。

表15-10　　　　　　　　2018年6月损益类科目累计发生净额　　　　　　　　单位：元

科目名称	借方发生额	贷方发生额
主营业务收入		2 500 000
主营业务成本	1 500 000	
税金及附加	140 625	
销售费用	50 000	
管理费用	320 000	
财务费用	80 000	
资产减值损失	62 000	
投资收益		50 000
营业外收入		120 000
营业外支出	39 775	
所得税费用	106 900	

表 15-11　　　　2018 年 "其他综合收益" 明细科目累计发生净额　　　　单位：元

明细科目名称	借方发生额	贷方发生额
权益法下在被投资单位以后将重分类进损益的其他综合收益中享有的份额		31 000
其他债权投资公允价值变动损益		6 000
金融资产重分类转入损益的累计利得或损失	7 780	
合　　计	7 780	37 000

根据上述资料，编制 B 股份有限公司 2018 年 6 月的利润表如表 15-12 所示。

表 15-12　　　　　　　　　　　　利　润　表

编制单位：B 股份有限公司　　　　2018 年 6 月 30 日　　　　　　　　　　单位：元

项　　目	本期金额	上期金额（略）
一、营业收入	2 500 000	
减：营业成本	1 500 000	
税金及附加	140 625	
销售费用	50 000	
管理费用	320 000	
研发费用		
财务费用	80 000	
其中：利息费用		
利息收入		
资产减值损失	62 000	
信用减值损失		
加：其他收益		
投资收益（净损失以"-"号填列）	50 000	
其中：对联营企业和合营企业的投资收益	0	
净敞口套期收益（损失以"-"号表示）		
公允价值变动收益（损失以"-"号填列）		
资产处置收益（损失以"-"号表示）		
二、营业利润（损失以"-"号表示）	397 375	
加：营业外收入	120 000	
减：营业外支出	39 775	
三、利润总额（亏损总额以"-"号填列）	477 600	
减：所得税费用	106 900	
四、净利润（净亏损以"-"号填列）	370 700	
（一）持续经营净利润（净亏损以"-"号填列）		
（二）终止经营净利润（净亏损以"-"号填列）		

续表

项　　目	本期金额	上期金额（略）
五、其他综合收益的税后净额	29 220	
（一）不能重分类进损益的其他综合收益	0	
1. 重新计量设定收益计划变动额		
2. 权益法下不能转损益的其他综合收益		
3. 其他权益工具投资公允价值变动		
4. 企业自身信用风险公允价值变动		
……		
（二）将重分类进损益的其他综合收益	29 220	
1. 权益法下可转损益的其他综合收益	31 000	
2. 其他债权投资公允价值变动	6 000	
3. 金融资产重分类计入其他综合收益的金额	-7780	
4. 其他债权投资信用减值准备		
5. 现金流量套期储备		
6. 外币财务报表折算差额		
……		
六、综合收益总额	399 920	
七、每股收益：		
（一）基本每股收益	（略）	
（二）稀释每股收益	（略）	

六、其他综合收益

其他综合收益是指企业根据其他会计准则规定未在当期损益中确认的各项利得和损失，具体分为"以后会计期间不能重分类进损益的其他综合收益项目"和"以后会计期间在满足规定条件时将重分类进损益的其他综合收益项目"两类，并以扣除相关所得税影响后的净额列报。"以后会计期间不能重分类进损益的其他综合收益项目"又包括"重新计量设定受益计划净负债或净资产导致的变动的税后净额"和"按照权益法核算的在被投资单位不能重分类进损益的其他综合收益中所享有份额的税后净额"。"以后会计期间在满足规定条件时将重分类进损益的其他综合收益项目"又包括"按照权益法核算的在被投资单位可重分类进行损益的其他综合收益中所有享有份额的税后净额""其他权益工具投资公允价值变动产生损益""金融资产重分类时形成的损益""现金流量套期工具产生的利得中属于有效套期的部分的税后净额""外币财务报表折算差额的税后净额""自用房地产或存货转为公允价值模式计量的投资性房地产在转换时公允价值大于账面价值产生的其他综合收益"等。

七、每股收益

普通股或潜在普通股已公开交易的企业，以及正处于公开发行普通股或潜在普通股过程中的企业，应当在利润表中分别列示基本每股收益和稀释每股收益。

（一）基本每股收益

企业应当按照归属于普通股股东的当期净利润，除以发行在外普通股的加权平均数计算基本每股收益。

计算基本每股收益时，分子为归属于普通股股东的当期净利润，即企业当期实现的可供普通股股东分配的净利润或应由普通股股东分担的净亏损金额。发生亏损的企业，每股收益以负数列示。以合并财务报表为基础计算的每股收益，分子应当是归属于母公司普通股股东的合并净利润，即扣除少数股东损益后的余额。

计算基本每股收益时，分母为当期发行在外普通股的算术加权平均数，即期初发行在外普通股股数根据当期新发行或回购的普通股股数乘以其发行在外的时间权重计算的股数进行调整后的数量。其计算公式如下：

发行在外普通股的加权平均数 = 期初发行在外普通股股数 + 当期新发行普通股股数 × 已发行时间/报告期时间 − 当期回购普通股股数 × 已回购时间/报告期时间

已发行时间、报告期时间和已回购时间一般按照天数计算；在不影响计算结果合理性的前提下，也可以采用简化的计算方法。

【例15−3】C公司2018年期初发行在外的普通股为10 000万股；3月1日新发行普通股4 800万股；6月1日回购普通股2 400万股，以备将来奖励职工之用。该公司当年6月实现净利润为2 760万元。基本每股收益的计算如下：

该公司发行在外普通股加权平均数为：

$10\ 000 \times 12/12 + 4\ 800 \times 10/12 - 2\ 400 \times 1/12 = 13\ 800$（万股）

或者：

$10\ 000 \times 2/12 + 14\ 800 \times 9/12 + 12\ 400 \times 1/12 = 13\ 800$（万股）

基本每股收益 = $2\ 760/13\ 800 = 0.20$（元）

（二）稀释每股收益

企业存在稀释性潜在普通股的，应当根据其影响分别调整归属于普通股股东的当期净利润以及发行在外普通股的加权平均数，并据以计算稀释每股收益。稀释性潜在普通股是指假设当期转换为普通股会减少每股收益的潜在普通股。潜在普通股是指赋予其持有者在报告期或以后期间享有取得普通股权利的一种金融工具或其他合同。目前，我国企业发行的潜在普通股主要有可转换公司债券、认股权证、股份期权等。计算稀释每股收益时，假设潜在普通股在当期期初已全部转换为普通股，如果潜在普通股为当期发行的，则假设在发行日就全部转换为普通股，据此计算稀释每股收益。

1. 分子的调整

计算稀释每股收益，应当根据下列事项对归属于普通股股东的当期净利润进行调整：①当期已确认为费用的稀释性潜在普通股的利息；②稀释性潜在普通股转换时将产生的收益或费用。上述调整应当考虑相关的所得税影响。

2. 分母的调整

计算稀释每股收益时,当期发行在外普通股的加权平均数应当为计算基本每股收益时普通股的加权平均数与假定稀释性潜在普通股转换为已发行普通股而增加的普通股股数的加权平均数之和。

【例15-4】D公司2018年归属于普通股股东的净利润为2 306万元,期初发行在外普通股股数为2 000万股,年内普通股股数未发生变化。2018年1月2日公司按面值发行400万元的可转换公司债券,票面利率为4%,每100元债券可转换为110股面值为1元的普通股。所得税税率为25%。假设不考虑可转换公司债券在负债和权益成分之间的分拆,那么,2018年度每股收益计算如下:

基本每股收益=2 306/2 000=1.153(元)

增加的净利润=400×4%×(1-25%)=12(万元)

增加的普通股股数=400/100×110=440(万股)

稀释的每股收益=(2 306+12)/(2 000+440)=0.95(元)

(三)相关信息的披露

企业除了在利润表中应列示以上基本每股收益和稀释每股收益以外,还应当在附注中披露下列信息:

(1)基本每股收益和稀释每股收益分子、分母的计算过程;

(2)列报期间不具有稀释性但以后期间很可能具有稀释性的潜在普通股;

(3)在资产负债表日至财务报告批准报出日之间,企业发行在外普通股或潜在普通股股数发生重大变化的情况。

第四节 现金流量表

一、现金流量表及其作用

(一)基本概念

为了便于理解和编制现金流量表,有必要对一些基本概念进行介绍。

1. 现金流量表

现金流量表是以现金为基础编制的财务状况变动表,它反映企业一定期间内现金的流入和流出情况,表明企业获取现金和现金等价物(本节中除特别说明外,以下所称的现金均包括现金等价物)的能力。

2. 现金

现金流量表中所称的现金与日常财务会计工作所讲的现金有所不同。现金流量表所称的现金是指:①库存现金;②可以随时用于支付的存款。

库存现金即为库存现金账户核算的现金。可以随时用于支付的存款包括：①银行存款账户核算的存入金融企业、随时可以用于支付的存款，如结算户存款、通知存款等，但不包括定期存款；②其他货币资金账户核算的外埠存款、银行汇票存款、银行本票存款、信用证保证金存款、信用卡存款等。

3. 现金等价物

现金等价物是指企业持有的期限短、流动性强、易于转换为已知金额的现金、价值变动风险较小的投资。现金等价物的定义本身就包含了判断一项投资是否属于现金等价物的四个条件。现金等价物虽然不是现金，但其支付能力与现金差别不大，可视为现金。在我国企业中，现金等价物通常是指购买在 3 个月或更短时间内即到期或即可转换为现金的交易性金融资产。

4. 现金流量

现金流量是指某一时期内企业的现金和现金等价物流入和流出的数量。影响现金流量的因素有经营活动、投资活动和筹资活动。衡量企业经营状况是否良好、是否有足够的现金偿还债务、资产的变现能力等，现金流量是非常重要的指标。

5. 现金净流量

现金净流量是指企业现金流入和流出的差额。现金净流量可能是正数，也可能是负数。如果是正数，为净流入，如果是负数，则为净流出。现金净流量反映了企业各类活动形成的现金流量的最终结果。一般说来，流入大于流出时，反映出了企业现金流量的积极现象和趋势。现金净流量也是现金流量表所要反映的一个重要指标。

（二）现金流量表的作用

现金流量表以现金的流入和流出反映企业在一定期间内的经营活动、投资活动和筹资活动的动态情况，反映企业现金流入和流出的全貌。现金流量表的作用主要体现在三个方面。

1. 评价企业支付能力、偿债能力和周转能力

通过现金流量表，并结合资产负债表和利润表，可以掌握企业经营活动、投资活动和筹资活动的现金流量，了解企业现金流转效率和效果，了解企业现金的来源和用途是否合理，了解企业的现金能否偿还到期债务、支付股利和必要的固定资产投资，了解企业从经营活动中获取了多少现金，企业在多大程度上依赖于外部资金，等等。

2. 分析企业收益质量及影响现金流量的因素

利润表中反映的净利润，虽然是反映企业经营业绩的一个重要指标，但是，利润是按照权责发生制原则体现的，它不能反映企业经营活动产生了多少现金。通过编制现金流量表，掌握经营活动产生了多少现金，并与净利润相比较，就可以从现金流量的角度了解利润的质量，并判断是哪些因素影响现金流入，从而为分析和判断企业的财务前景提供信息。

3. 预测企业未来现金流量

通过现金流量表所反映的企业过去一定期间的现金流量以及其他生产经营指标就可以预测企业未来现金流量，从而为企业编制现金流量计划、组织现金调度、合理节约地使用现金创造条件，为投资者和债权人评价企业的未来现金流量、作出投资和信贷决策提供必

要信息。

二、现金流量的分类和经营活动现金流量的列报方法

(一) 现金流量的分类

企业的现金有不同的收入来源，不同的支出用途。对现金流量进行合理分类，有助于深入地分析企业财务状况变动，预测企业现金流量未来前景。《企业会计准则第 31 号——现金流量表》将现金流量分为三类，即：经营活动现金流量，投资活动现金流量，筹资活动现金流量。

1. 经营活动现金流量

经营活动是指企业投资活动和筹资活动以外的所有交易和事项。经营活动流入的现金主要包括销售商品、提供劳务收到的现金，收到的税费返还，收到的其他与经营活动有关的现金。经营活动流出的现金主要包括购买商品、接受劳务支付的现金，支付给职工的薪酬以及为职工支付的现金，支付的各项税费，支付的其他与经营活动有关的现金。

2. 投资活动现金流量

投资活动是指企业长期资产的购建和不包括在现金等价物范围内的投资及其处置活动。投资活动流入的现金主要包括：吸收投资收到的现金，取得投资收益所收到的现金，处置固定资产、无形资产和其他长期资产收回的现金净额，处置子公司及其他营业单位收到的现金净额，收到的其他与投资活动有关的现金。投资活动流出的现金主要包括：购建固定资产、无形资产和其他长期资产支付的现金，投资支付的现金，取得子公司及其他营业单位支付的现金净额，支付的其他与投资活动有关的现金。

3. 筹资活动现金流量

筹资活动是指导致企业资本及债务规模和构成发生变化的活动。筹资活动流入的现金主要包括吸收投资收到的现金、取得借款收到的现金、收到其他与投资活动有关的现金。筹资活动流出的现金主要包括偿还债务支付的现金，分配股利、利润和偿付利息支付的现金，支付的其他与筹资活动有关的现金。

(二) 经营活动现金流量的列报方法

经营活动产生的现金流量是一项重要的指标，它可以说明企业在不动用外部资金的情况下，通过经营活动产生的现金流量是否足以偿还负债、支付股利和对外投资。经营活动产生的现金流量通常可以采用两种方法进行反映，即直接法和间接法。

1. 直接法

直接法是通过现金收入和现金支付的主要类别反映来自企业经营活动的现金流量。采用直接法时，一般是以利润表中的营业收入为起算点，调整与经营活动有关项目的增减变化，然后计算出经营活动现金流量。

2. 间接法

间接法是以本期净利润为起算点，调整不涉及现金的收入、费用、营业外收支等有关项目的增减变动，据此计算出经营活动的现金流量。

采用直接法编报的现金流量表能够直接提供企业经营活动现金流量的来源和用途，便于预测企业现金流量的未来前景；采用间接法编报的现金流量表，则便于将企业净利润与

经营活动现金净流量进行比较，了解净利润与经营活动现金净流量差异的原因，从现金流量的角度分析净利润的质量。国际会计准则鼓励企业采用直接法编制现金流量表。《企业会计准则第 31 号——现金流量表》规定，企业应当采用直接法编制现金流量表；同时要求在提供净利润的基础上，调节经营活动现金流量的信息。即同时采用直接法和间接法编报现金流量表。

三、现金流量表各项目的内容及填列方法

(一) 经营活动产生的现金流量

1. "销售商品、提供劳务收到的现金"项目

本项目反映企业销售商品、提供劳务实际收到的现金（含销售收入和应向购买者收取的增值税额）。由于现金流量表是以现金制为基础，所以，本项目应包括本期销售商品、提供劳务收到的现金，以及前期销售和前期提供劳务本期收到的现金和本期预收的账款，减去本期退回本期销售的商品和前期销售本期退回的商品支付的现金。企业销售材料和代购代销业务收到的现金也在本项目反映。本项目可以根据"库存现金""银行存款""应收账款""应收票据""预收账款""主营业务收入""其他业务收入"等账户的记录分析填列。

在填列本项目时，需要注意以下几点：

（1）关于销售商品、提供劳务所取得的收入。销售商品、提供劳务所取得的收入应该以"主营业务收入"和"其他业务收入"账户的发生额为出发点，结合其他账户的记录分析填列。

（2）关于应收账款和应收票据。本期"主营业务收入"和"其他业务收入"账户反映的是按照权责发生制原则确认的销售商品、提供劳务应取得的收入，而并非一定是本期实际的现金收入。如果因为本期销售而增加了应收账款和应收票据，则表明销售实现的收入并没有收到现金；如果本期应收账款和应收票据减少，则表明本期收回应收账款和应收票据有现金流入。当然，如果债务人以非现金资产抵偿债务，则应收账款和应收票据减少实际是没有现金流入的。所以，在计算销售商品、提供劳务收到的现金时，总的原则是以"主营业务收入"和"其他业务收入"为出发点，但还要考虑应收账款和应收票据增减的因素，以及应收账款和应收票据中债务人以非现金资产抵偿债务的部分。

（3）关于销售退回支付的现金。本期销售退回一般是通过"主营业务收入"和"其他业务收入"账户的借方反映，但本期销售退回有的可能已支付了现金，有的可能尚未支付现金，在填列本项目时应当考虑已支付现金的销售退回的因素。

（4）关于增值税。企业销售商品、提供劳务收到的现金中包含的增值税税额可以包括在本项目中。

（5）关于预收账款。本期收到的预收账款有实际的现金流入，在填列本项目时应当考虑本期预收账款的增减因素。

（6）关于核销的坏账损失。本期核销的坏账损失是减少应收账款的因素，通常应收账款的减少表明收回现金，但核销坏账减少的应收账款却没有现金流入。在填列本项目时还应考虑当期减去核销坏账损失而减少的应收账款的因素。如果本期收回前期已核销的坏

账损失，在填列本项目时还应当加上本期收回前期已核销的坏账损失。

2."收到的税费返还"项目

本项目反映企业收到的各种税费，如收到的增值税、消费税、所得税、教育费附加返还等。本项目可以根据"库存现金""银行存款""税金及附加""营业外收入""其他应收款"等账户的记录分析填列。

3."收到的其他与经营活动有关的现金"项目

本项目反映企业除了上述各项目外，收到的其他与经营活动有关的现金流入，如罚款收入、流动资产损失中由个人赔偿的现金收入等。其他现金流入价值较大的，应单列项目反映。本项目可以根据"库存现金""银行存款""营业外收入"等账户的记录分析填列。

4."购买商品、接受劳务支付的现金"项目

本项目反映企业购买商品、接受劳务实际支付的现金，包括本期购入材料、商品、接受劳务支付的现金（包括增值税进项税款），以及本期支付前期的购入商品、接受劳务的未付款项和本期预付款项。本期发生的购货退回收到的现金应从本项目内减去。本项目可以根据"库存现金""银行存款""应付账款""应付票据""主营业务成本"等账户的记录分析填列。

在填列本项目时，需要注意以下几点：

（1）关于购买商品、接受劳务支付的现金。购买商品、接受劳务支付的现金应该以"主营业务成本""其他业务支出"账户的发生额为出发点，结合其他有关账户的记录分析填列。

（2）关于应付账款和应付票据。本期"主营业务成本"和"其他业务支出"账户反映的销售商品、提供劳务所结转的成本并不代表本期实际的现金支出，企业本期销售实现并结转的销售成本是按照权责发生制原则确认、计量和记录。本期结转的销售成本中可能有的部分并未支付现金，未支付的现金体现在应付账款和应付票据中。因此，在填列本项目时应当考虑应付账款和应付票据增减因素。

（3）购货退回的现金。本期购货退回时有的可能已收到了现金，有的可能尚未收到现金，在填列本项目时应当考虑已收到现金的购货退回的因素。

（4）关于增值税。企业购买商品、接受劳务支付的现金中包含的增值税进项税额可以包括在本项目中。

（5）关于预付账款。本期预付账款时有实际的现金流出，在填列本项目时应当考虑预付账款的增减因素。

5."支付给职工以及为职工支付的现金"项目

本项目反映企业实际支付给职工以及为职工支付的现金，包括本期实际支付给职工的工资、奖金、各种津贴和补贴，以及为职工支付的其他费用。本项目中不包括企业支付的离退休人员的各项费用和支付给在建工程人员的工资等。

企业支付给离退休人员的费用包括支付的统筹退休金以及未参加统筹的退休人员的费用，在"支付的其他与经营活动有关的现金"项目中反映；企业支付的在建工程人员的工资在"购建固定资产、无形资产和其他长期资产支付的现金"项目反映。本项目可以

根据"应付职工薪酬""库存现金""银行存款"等账户的记录分析填列。

企业为职工支付的养老、失业等社会保险基金、补充养老保险、住房公积金、支付给职工的住房困难补助以及企业支付给职工和为职工支付的其他福利费用等，应按职工的工作性质和服务对象，分别在本项目和"购建固定资产、无形资产和其他长期资产支付的现金"项目反映。

6. "支付的各项税费"项目

本项目反映企业按规定支付的各种税费，包括本期发生并支付的税费，以及本期支付以前各期发生的税费和预交的税费，如支付的教育费附加、矿产资源补偿费、印花税、房产税、土地增值税、车船使用税、所得税、消费税等。不包括计入固定资产价值、实际支付的耕地占用税等；也不包括本期退回的增值税、所得税，本期退回的增值税、所得税在"收到的税费返还"项目反映。本项目可以根据"库存现金""银行存款""应交税费"等账户的记录分析填列。

7. "支付的其他与经营活动有关的现金"项目

本项目反映企业除上述各项目以外支付的其他与经营活动有关的现金流出，如罚款支出、支付的差旅费、业务招待费支出、支付的保险、宣传广告费等。其他现金流出如果价值较大的，应单列项目反映。本项目可以根据有关账户的记录分析填列。

（二）投资活动产生的现金流量

1. "收回投资收到的现金"项目

本项目反映企业出售、转让或到期收回除现金等价物以外的对其他企业的权益工具、债务工具和合营中的权益等投资收到的现金。收回债务工具实现的投资收益、处置子公司及其他营业单位收到的现金净额不在本项目内反映。本项目可以根据"其他权益工具投资""其他债权投资""债权投资""长期股权投资""库存现金""银行存款"等账户的记录分析填列。

2. "取得投资收益收到的现金"项目

本项目反映企业除现金等价物以外的其他企业的权益工具、债务工具和合营中的权益投资分回的现金股利的利息等，但不包括股票股利。本项目可以根据"库存现金""银行存款""投资收益"等账户的记录分析填列。

3. "处置固定资产、无形资产和其他长期资产收回的现金净额"项目

本项目反映企业处置固定资产、无形资产和其他长期资产取得的现金减去处置这些资产而支付的有关费用后的净额。由于自然灾害所造成的固定资产等长期资产损失而收到的保险赔偿收入也在本项目反映。本项目可以根据"固定资产清理""库存现金""银行存款"等账户的记录分析填列。

4. "处置子公司及其他营业单位收到的现金净额"项目

本项目反映企业处置子公司及其他营业单位取得的现金减去相关处置费用以及子公司及其他营业单位持有的现金和现金等价物后的净额。本项目可以根据"长期股权投资""库存现金""银行存款"等账户的记录分析填列。

5. "收到的其他与投资活动有关的现金"项目

本项目反映企业除了上述各项目以外收到的其他与投资活动有关的现金流入。比如，

企业收回购买股票和债券时支付的已宣告但尚未领取的现金股利或已到付息期但尚未领取的债券利息。其他现金流入如价值较大的，应单列项目反映。本项目可以根据有关账户的记录分析填列。

6. "购建固定资产、无形资产和其他长期资产支付的现金"项目

本项目反映企业购买、建造固定资产、取得无形资产和其他长期资产支付的现金，以及用现金支付的应由在建工程和无形资产负担的职工薪酬，不包括为购建固定资产而发生的借款利息资本化的部分，以及融资租入固定资产支付的租赁费。借款利息和融资租入固定资产支付的租赁费在筹资活动产生的现金流量中反映。本项目可以根据"固定资产""在建工程""工程物资""无形资产""库存现金""银行存款"等账户记录分析填列。

7. "投资支付的现金"项目

本项目反映企业取得的除现金以外的对其他企业的权益工具、债务工具和合营中的权益等投资支付的现金，以及支付的佣金、手续费等交易费用，但取得子公司及其他营业单位支付的现金除外。本项目可以根据"其他权益工具投资""其他债权投资""债权投资""长期股权投资""库存现金""银行存款"等账户的记录分析填列。

企业购买股票和债券时实际支付的价款中包含的已宣告但尚未领取的现金股利或已到付息期但尚未领取的债券的利息，应在投资活动的"支付的其他与投资活动有关的现金"项目反映；收回购买股票和债券时支付的已宣告但尚未领取的现金股利或已到付息期但尚未领取的债券的利息，应在投资活动的"收到的其他与投资活动有关的现金"项目反映。

8. "取得子公司及其他营业单位支付的现金净额"项目

本项目反映企业购买子公司及其他营业单位购买出价中以现金支付的部分，减去子公司及其他营业单位持有的现金和现金等价物后的净额。本项目可以根据"长期股权投资""库存现金""银行存款"等账户的记录分析填列。

9. "支付的其他与投资活动有关的现金"项目

本项目反映企业除上述各项以外支付的其他与投资活动有关的现金流出。比如，企业购买股票时实际支付的价款中包含的已宣告但尚未领取的现金股利，购买债券时支付的价款中包含已到期但尚未领取的债券利息等。其他现金流出如价值较大的，应单列项目反映。本项目可以根据"应收股利""应收利息""库存现金""银行存款"等账户的记录分析填列。

（三）筹资活动产生的现金流量

1. "吸收投资收到的现金"项目

本项目反映企业以发行股票、债券等方式筹集资金实际收到的款项，减去直接支付的佣金、手续费、宣传费、咨询费、印刷费等发行费用后的净额。本项目可以根据"实收资本（或股本）""库存现金""银行存款"等账户的记录分析填列。

2. "取得借款收到的现金"项目

本项目反映企业举借各种短期、长期借款收到的现金。本项目可以根据"短期借款""长期借款""库存现金""银行存款"等账户的记录分析填列。

3. "收到的其他与筹资活动有关的现金"项目

本项目反映企业除了上述各项目外所收到的其他与筹资活动有关的现金流入，如接受

现金捐赠等。其他现金收入如价值较大的，应当单列项目反映。本项目可以根据有关账户的记录分析填列。

4. "偿还债务支付的现金"项目

本项目反映企业以现金偿还债务的本金，包括偿还金融企业的借款本金、偿还债券本金等。企业偿还的借款利息、债券利息在"分配股利、利润和偿付利息支付的现金"项目反映，不包括在本项目内。本项目可以根据"短期借款""长期借款""库存现金""银行存款"等账户的记录分析填列。

5. "分配股利、利润和偿付利息支付的现金"项目

本项目反映企业实际支付的现金股利、支付给其他投资单位的利润以及支付的借款利息、债券利息等。本项目可根据"应付股利""应付利息""财务费用""长期借款""库存现金""银行存款"等账户的记录分析填列。

6. "支付的其他与筹资活动有关的现金"项目

本项目反映企业除了上述各项目以外支付的其他与筹资活动有关的现金流出，如捐赠现金支出、融资租入固定资产支付的租赁费等。其他现金流出如价值较大的，应单列项目反映。本项目可以根据"营业外支出""长期应付款""库存现金""银行存款"等账户的记录分析填列。

（四）汇率变动对现金及现金等价物的影响

本项目反映企业外币现金流量及境外子公司的现金流量折算为人民币时，所采用的现金流量发生日的即期汇率或按照系统合理的方法确定的、与现金流量发生日即期汇率近似汇率折算的人民币金额与"现金及现金等价物净增加额"中外币现金净增加额按期末汇率折算的人民币金额之间的差额。

在编制现金流量表时，可逐笔计算外币业务发生的汇率变动对现金的影响，也可不必逐笔计算而采用简化的计算方法，即通过现金流量表补充资料中"现金及现金等价物净增加额"数额与现金流量表中"经营活动产生的现金流量净额""投资活动产生的现金流量净额""筹资活动产生的现金流量净额"三项之和比较，其差额即为"汇率变动对现金及现金等价物的影响"项目的金额。

（五）补充资料项目的内容及填列

1. 将净利润调节为经营活动的现金流量

补充资料中将净利润调节为经营活动的现金流量实际上是指以间接法编制的经营活动的现金流量。间接法是以净利润为出发点，净利润是利润表上反映的数字，在利润表中反映的净利润是按权责发生制确定的，其中有些收入和费用项目并没有实际发生现金流入和流出。另外，利润表中的利润不仅包括经营活动，而且包括投资活动和筹资活动。通过对这些项目的调整就可将净利润调节为经营活动现金流量。

将净利润调节为经营活动的现金流量各项目的填列方法如下：

（1）"资产减值准备"项目。本项目反映企业本期实际计提的各项资产的减值准备，包括坏账准备、存货跌价准备、长期股权投资减值准备、持有至到期投资减值准备、投资性房地产减值准备、固定资产减值准备、在建工程减值准备、无形资产减值准备、商誉减值准备、生产性生物资产减值准备、油气资产减值准备等。本项目可以根据"资产减值

损失"账户的记录分析填列。

（2）"固定资产折旧、油气资产折耗、生产性生物资产折旧"项目。本项目反映企业本期累计计提的固定资产折旧、油气资产折耗、生产性生物资产折旧。本项目可以根据"累计折旧""累计折耗"等账户的贷方发生额分析填列。

（3）"无形资产摊销"项目。本项目反映企业本期累计摊入成本费用的无形资产的价值。本项目可以根据"累计摊销"账户的贷方发生额分析填列。

（4）"长期待摊费用摊销"项目。本项目反映企业本期累计摊入成本费用的长期待摊费用。本项目可以根据"长期待摊费用"账户的贷方发生额分析填列。

（5）"处置固定资产、无形资产和其他资产的损失"项目。本项目反映企业本期处置固定资产、无形资产和其他长期资产发生的净损失（或净收益）。如为净收益以"－"号填列。本项目可以根据"营业外收入""营业外支出"等账户所属有关明细账户的记录分析填列。

（6）"固定资产报废损失"项目。本项目反映企业本期发生的固定资产盘亏净损失。本项目可根据"营业外支出"和"营业外收入"账户所属有关明细账户的记录分析填列。

（7）"公允价值变动损失"项目。本项目反映企业持有的交易性金融资产、交易性金融负债、采用公允价值模式计量的投资性房地产等公允价值变动形成的净损失。如为净收益以"－"号填列。本项目可以根据"公允价值变动损益"账户所属有关明细账户的记录分析填列。

（8）"财务费用"项目。本项目反映企业本期实际发生的属于投资活动或筹资活动的财务费用。属于投资活动、筹资活动的部分，在计算净利润时已扣除，但这部分发生的现金流出不属于经营活动现金流量的范畴，所以，在将净利润调解为经营活动现金流量时需要予以加回。本项目可以根据"财务费用"账户的本期借方发生额分析填列，如为收益以"－"号填列。

（9）"投资损失"项目。本项目反映企业对外投资实际发生的投资损失减去收益后的净损失。本项目可以根据利润表"投资收益"项目的数字填列，如为投资收益以"－"号填列。

（10）"递延所得税资产减少"项目。本项目反映企业资产负债表中"递延所得税资产"项目的期初余额与期末余额的差额。本项目可根据"递延所得税资产"账户发生额分析填列。

（11）"递延所得税负债增加"项目。本项目反映企业资产负债表中"递延所得税负债"项目的期初余额与期末余额的差额。本项目可根据"递延所得税负债"账户发生额分析填列。

（12）"存货的减少"项目。本项目反映企业资产负债表中"存货"项目的期初与期末余额的差额。本项目可以根据资产负债表中"存货"项目期初和期末的差额填列。期末数大于期初数的差额以"－"号填列。

（13）"经营性应收项目的减少"项目。本项目反映企业本期经营性应收项目（包括应收账款、应收票据、预付账款、长期应收款和其他应收款等经营性应收项目中与经营活动有关的部分及应收的增值税销项税额等）的期初与期末余额的差额。本项目可以根据应收账款、应收票据、预付账款、长期应收款和其他应收款等账户的资料分析填列。期末数大于期初数的差额以"-"号填列。

（14）"经营性应付项目的增加"项目。本项目反映企业本期经营性应付项目（包括应付账款、应付票据、预收账款、应付职工薪酬、应交税费和其他应付款等经营性应付项目中与经营活动有关的部分以及应付的增值税进项税额等）的期初与期末余额的差额。本项目可以根据应付账款、应付票据、预收账款、长期应付款和其他应付款等账户的资料分析填列。期末数大于期初数的差额以"-"号填列。

2. 不涉及现金收支的投资和筹资活动

补充资料中"不涉及现金收支的投资和筹资活动"项目主要反映企业一定期间内影响资产或负债但不形成该期现金收支的所有投资和筹资活动的信息。这部分内容的填列方法如下：

（1）"债务转为资本"项目。本项目反映企业本期转为资本的债务净额。本项目可根据"应付账款""应付票据""应付债券""实收资本"（或"股本"）"等账户的记录分析填列。

（2）"一年内到期的可转换公司债券"项目。本项目反映企业一年内到期的可转换公司债券的本息。本项目可根据"应付债券"账户的记录分析填列。

（3）"融资租入固定资产"项目。本项目反映企业本期融资租入固定资产的最低租赁付款额扣除应分期记入利息费用的未确认融资费用后的净额。本项目可根据"固定资产"和"长期应付款"账户的记录分析填列。

3. 现金及现金等价物净变动情况

本项目反映企业一定会计期间现金及现金等价物的期末余额减去期初余额后的净增加额（或净减少额），是对现金流量表中"现金及现金等价物净增加额"项目的补充说明。本项目的金额应与现金流量表"现金及现金等价物净增加额"项目的金额核对相符。

四、现金流量表的编制

在编制现金流量表时，企业可根据业务量的大小及复杂程度，采用工作底稿法、T型账户法，或直接根据有关账户的记录分析填列各项目。

（一）工作底稿法

采用工作底稿法编制现金流量表就是以工作底稿为手段，以利润表和资产负债表的数据为基础，对每一项目进行分析并编制调整分录从而编制现金流量表。

1. 工作底稿的结构

在直接法下，工作底稿纵向分为三段，第一段是资产负债表项目，其中又分为借方项目和贷方项目两部分；第二段是利润表项目；第三段是现金流量表项目。工作底稿横向分为五栏，在资产负债表部分，第一栏是项目栏，填列资产负债表各项目名称；第二栏是期初数，用来填列资产负债表项目的期初数；第三栏是调整分录的借方；第四栏是调整分录的贷方；第五栏是期末数，用来填列资产负债表项目的期末数。在利润表和现金流量表部分，第一栏也是项目栏，用来填列利润表和现金流量表项目各栏；第二栏空置不填；第三栏、第四栏分别是调整分录的借方和贷方；第五栏是本期数，利润表部分这一栏数字应和本期利润表数字核对相符；现金流量表部分这一栏的数字可直接用来编制正式的现金流量表。

2. 工作底稿法编制程序

采用工作底稿法编制现金流量表时，其程序一般如下：

（1）将资产负债表各项目的期初数和期末数过入工作底稿的期初数栏和期末数栏。

（2）根据利润表和资产负债表对本期业务进行分析并编制调整分录。分析编制调整分录可从利润表项目开始，并结合资产负债表有关项目期初期末的差额逐一进行。在分析完利润表各项目之后，再对资产负债表各项目（主要是期初与期末数额有变动的项目）结合有关账簿记录逐一进行分析编制调整分录。

调整分录主要有以下几类，一是涉及利润表中的收入、成本和费用项目以及资产负债表中的有关资产、负债及所有者权益项目，通过调整将权责发生制下的收入费用调整为收付实现制下的收入费用；二是调整资产负债表中涉及现金的投资活动和筹资活动项目，以反映投资和筹资活动的现金流量；三是调整利润表中涉及现金的投资活动和筹资活动项目所产生的收益和费用，以反映投资活动和筹资活动产生的收益和费用所引起的现金流量；四是调整资产负债表中并不涉及现金收支的有关项目，以核对资产负债表项目期初与期末的变动数。

编制调整分录时，借贷方都是工作底稿中三段报表各项目的名称，涉及有关现金及现金等价物的事项并不直接借记或贷记库存现金和银行存款等，而是分别记入"经营活动产生的现金流量""投资活动产生的现金流量""筹资活动产生的现金流量"的有关项目，借记表明现金流入，贷记表明现金流出。

（3）将调整分录过入工作底稿中有关项目的借方或贷方栏内。

（4）核对调整分录，借贷方合计应当相等，资产负债表项目期初数加减调整分录中的借贷金额以后应当等于期末数。

（5）根据工作底稿中的第三段现金流量表项目部分编制正式的现金流量表。

（二）T型账户法

T型账户法是通过开设T型账户的形式把资产负债表、利润表的有关数据，以及调整分录登记到各个T型账户中，并加以计算、核对，从而编制现金流量表的一种方法。

1. T型账户的设置

在采用T型账户法编制现金流量表时，首先要为所有的非现金项目（包括资产负债表项目和利润表项目）分别开设T型账户。其次还要开设一个大的"现金及现金等价物"T型账户，该T型账户的每边都应分设经营活动、投资活动和筹资活动三个部分，左边记现金流入，右边记现金流出。

2. T型账户编制程序

采用T型账户法编制现金流量表时，其程序一般如下：

（1）将所有的非现金项目期末期初变动数分别过入各T型账户。

（2）将现金及现金等价物期末期初变动数过入专设的"现金及现金等价物"T型账户。

（3）以利润表项目为基础，结合资产负债表及有关账户发生额分析每一非现金项目的增减变动，并据以编制调整分录。

(4) 将调整分录过入各 T 型账户，并进行核对，各账户借贷相抵后的余额与原先过入的期末期初变动数应当一致。

(5) 根据专设的"现金及现金等价物" T 型账户所产生的数据编制正式的现金流量表。

（三）分析填列法

分析填列法是直接根据资产负债表、利润表和有关会计账户明细账的记录，分析计算出现金流量表各项目的金额，并据以编制现金流量表的一种方法。

五、现金流量表编制举例

【例 15-5】E 企业为增值税一般纳税人，2018 年 6 月 1 日资产负债表如表 15-13 所示。

表 15-13　　　　　　　　　　　　　　资产负债表

编制单位：E 企业　　　　　　　　　　2018 年 6 月 1 日　　　　　　　　　　单位：元

资　产	期末余额	负债和所有者权益	期末余额
流动资产：		流动负债：	
货币资金	760 000	短期借款	600 000
交易性金融资产	80 000	应付票据	116 000
应收票据	351 000	应付账款	257 400
应收账款	232 000	应付职工薪酬	55 000
减：坏账准备	1 170	应交税费	191 000
应收账款净额	230 830	应付利息	21 000
预付账款	30 000	其他应付款	1 800
其他应收款	4 370	流动负债合计	1 242 200
存货	1 360 000	非流动负债：	
流动资产合计	2 816 200	长期借款	800 000
非流动资产：		负债合计	2 042 200
长期股权投资	300 000	所有者权益：	
固定资产	4 100 000	实收资本	5 000 000
在建工程	350 000	盈余公积	600 000
无形资产	140 000	未分配利润	184 000
长期待摊费用	120 000	所有者权益合计	5 784 000
非流动资产合计	5 010 000		
资产总计	7 826 200	负债和所有者权益总计	7 826 200

该企业 2018 年发生经济业务如下：

(1) 收到银行通知，用银行存款支付到期的商业承兑汇票 23 200 元（其中含增值税 3 200 元）。

(2) 购入一批原材料，用银行存款支付原材料货款 300 000 元，支付购入材料的增值税 48 000 元，材料已经验收入库。

（3）用银行汇票购入一批原材料，企业收到开户银行转来的银行汇票多余款项收账通知，通知上写的多余额为 3 400 元，购入材料的价款及运杂费 83 000 元，支付的增值税 12 800 元，原材料已验收入库。

（4）销售产品一批，销售价款 600 000 元，增值税 96 000 元，该批产品实际成本 350 000 元，产品已发出，货款和增值税已收到并存入银行。

（5）在市场出售交易性金融资产，实际收到金额 45 000 元存入银行，该项金融资产账面余额为 40 000 元。

（6）偿还长期借款 400 000 元（其中利息 2 000 元）。

（7）购入一台不需要安装的设备，价款 105 300 元，支付包装费、运杂费 700 元，货款均以银行存款支付。

（8）用银行存款支付在建工程价款 200 000 元。

（9）经计算应付在建工程人员工资 100 000 元，应付职工福利费 14 000 元。

（10）结转在建固定资产项目其他应付款 50 000 元。

（11）计提由在建工程负担的长期借款利息 86 000 元。

（12）工程完工交付使用，已办理竣工手续，固定资产价值 620 000 元。

（13）出售一台不需用的设备，原价 200 000 元，已提取折旧 80 000 元，出售时收到价款 150 000 元，用银行存款支付有关清理费用 5 000 元，设备已交给买方。

（14）向银行借入五年期款项 600 000 元，已存入银行。

（15）销售产品一批，价款 800 000 元，增值税 128 000 元，款项尚未收到，实际成本 480 000 元。

（16）收到被投资企业分来的股利 80 000 元，已存入银行，该项投资按成本法核算，对方的税率与本企业一致。

（17）报废一台设备，原价 120 000 元，已提折旧 112 000 元，残料出售收到价款 8 500 元，支付清理费用 3 000 元，款项均通过银行收支，设备已清理完毕。

（18）归还短期借款本金 100 000 元，利息 8 000 元。

（19）提取现金 500 000 元，备发工资。

（20）发放职工工资 500 000 元，其中包括支付给在建工程人员工资 100 000 元。

（21）分配应付工资 400 000 元（不包括在建工程工资），其中生产工人工资 300 000 元，车间管理人员工资 50 000 元，行政管理人员工资 50 000 元。并按 14% 计提职工福利费 56 000 元（不包括在建工程人员福利费）。

（22）生产车间生产产品领用原材料 250 000 元，车间一般消耗材料 30 000 元。

（23）计提固定资产折旧 150 000 元，其中生产车间 100 000 元，行政管理部门 50 000 元。

（24）摊销无形资产 45 900 元，摊销印花税 12 000 元（已计入长期待摊费用），计提短期借款利息 10 000 元。

（25）以银行存款支付产品销售广告费 120 000 元。

（26）以银行存款支付违反合同的违约金 40 000 元。

(27) 收到某公司归还的应收账款 464 000 元，含增值税 64 000 元，存入银行。

(28) 分配结转制造费用，该企业生产车间年初在产品成本 160 000 元，本年年末所有产品均已完工，结转完工产成品成本。

(29) 向银行提取现金 60 000 元，并全部支付退休金。

(30) 出售产品一批，销售价款 700 000 元，增值税 112 000 元，收到购货单位交来的面值为 812 000 元的商业承兑汇票一张，该批产品的实际成本为 400 000 元。

(31) 企业将上述商业汇票向银行办理贴现，贴现利息为 38 500 元。

(32) 用银行存款归还以前欠某公司应付账款 116 000 元（其中增值税 16 000 元）。

(33) 按应收账款期末余额 5‰提取坏账准备。

(34) 结转本年应交城市维护建设税 30 000 元，应交教育费附加 9 660 元。

(35) 用银行存款交纳增值税 300 000 元，城建税 30 000 元，教育费附加 9 660 元，固定资产项目的其他应付款 50 000 元。

(36) 用银行存款支付行政管理部门日常办公费 2 100 元。

(37) 结转本年产品销售成本。

(38) 结转本年收入、支出及其他各项费用。

(39) 计算并结转应交所得税 138 600 元。

(40) 按净利润的 10%提取法定盈余公积，按 5%提取法定公益金，分配普通股现金股利 291 190 元。

(41) 结转本期净利润和利润分配各明细账户的余额。

(42) 用银行存款交纳所得税 138 600 元。

根据上述各项业务编制会计分录，并采用工作底稿法编制 2018 年度的现金流量表如下：

1. 编制会计分录

(1) 借：应付票据　　　　　　　　　　　　　　　　　　23 200
　　　贷：银行存款　　　　　　　　　　　　　　　　　　　　23 200
(2) 借：原材料　　　　　　　　　　　　　　　　　　　300 000
　　　应交税费——应交增值税（进项税额）　　　　　　48 000
　　　贷：银行存款　　　　　　　　　　　　　　　　　　　348 000
(3) 借：原材料　　　　　　　　　　　　　　　　　　　 83 000
　　　应交税费——应交增值税（进项税额）　　　　　　12 800
　　　银行存款　　　　　　　　　　　　　　　　　　　　3 400
　　　贷：其他货币资金　　　　　　　　　　　　　　　　　99 200
(4) 借：银行存款　　　　　　　　　　　　　　　　　　696 000
　　　贷：主营业务收入　　　　　　　　　　　　　　　　　600 000
　　　　　应交税费——应交增值税（销项税额）　　　　　 96 000
(5) 借：银行存款　　　　　　　　　　　　　　　　　　 45 000
　　　贷：交易性金融资产　　　　　　　　　　　　　　　　40 000
　　　　　投资收益　　　　　　　　　　　　　　　　　　　 5 000

(6) 借：长期借款　　　　　　　　　　　　　　　　400 000
　　　贷：银行存款　　　　　　　　　　　　　　　　　　400 000
(7) 借：固定资产　　　　　　　　　　　　　　　　106 000
　　　贷：银行存款　　　　　　　　　　　　　　　　　　106 000
(8) 借：在建工程　　　　　　　　　　　　　　　　200 000
　　　贷：银行存款　　　　　　　　　　　　　　　　　　200 000
(9) 借：在建工程　　　　　　　　　　　　　　　　114 000
　　　贷：应付职工薪酬　　　　　　　　　　　　　　　　114 000
(10) 借：在建工程　　　　　　　　　　　　　　　　 50 000
　　　贷：其他应交款　　　　　　　　　　　　　　　　　50 000
(11) 借：在建工程　　　　　　　　　　　　　　　　 86 000
　　　贷：长期借款　　　　　　　　　　　　　　　　　　86 000
(12) 借：固定资产　　　　　　　　　　　　　　　　620 000
　　　贷：在建工程　　　　　　　　　　　　　　　　　　620 000
(13) ①借：累计折旧　　　　　　　　　　　　　　　 80 000
　　　　 固定资产清理　　　　　　　　　　　　　　120 000
　　　　 贷：固定资产　　　　　　　　　　　　　　　　200 000
　　　②借：银行存款　　　　　　　　　　　　　　　150 000
　　　　 贷：固定资产清理　　　　　　　　　　　　　　150 000
　　　③借：固定资产清理　　　　　　　　　　　　　　5 000
　　　　 贷：银行存款　　　　　　　　　　　　　　　　　5 000
　　　④借：固定资产清理　　　　　　　　　　　　　 25 000
　　　　 贷：营业外收入　　　　　　　　　　　　　　　 25 000
(14) 借：银行存款　　　　　　　　　　　　　　　　600 000
　　　贷：长期借款　　　　　　　　　　　　　　　　　　600 000
(15) 借：应收账款　　　　　　　　　　　　　　　　928 000
　　　贷：主营业务收入　　　　　　　　　　　　　　　 800 000
　　　　　应交税费——应交增值税（销项税额）　　　 128 000
(16) 借：银行存款　　　　　　　　　　　　　　　　 80 000
　　　贷：投资收益　　　　　　　　　　　　　　　　　　80 000
(17) ①借：累计折旧　　　　　　　　　　　　　　　112 000
　　　　 固定资产清理　　　　　　　　　　　　　　　 8 000
　　　　 贷：固定资产　　　　　　　　　　　　　　　　120 000
　　　②借：银行存款　　　　　　　　　　　　　　　　8 500
　　　　 贷：固定资产清理　　　　　　　　　　　　　　　8 500
　　　③借：固定资产清理　　　　　　　　　　　　　　3 000
　　　　 贷：银行存款　　　　　　　　　　　　　　　　　3 000
　　　④借：营业外支出　　　　　　　　　　　　　　　2 500

		贷：固定资产清理	2 500
(18)	借：	短期借款	100 000
		应付利息	8 000
		贷：银行存款	108 000
(19)	借：	库存现金	500 000
		贷：银行存款	500 000
(20)	借：	应付职工薪酬	500 000
		贷：库存现金	500 000
(21)	①借：	生产成本	300 000
		制造费用	50 000
		管理费用	50 000
		贷：应付职工薪酬	400 000
	②借：	生产成本	42 000
		制造费用	7 000
		管理费用	7 000
		贷：应付职工薪酬	56 000
(22)	借：	生产成本	250 000
		制造费用	30 000
		贷：原材料	280 000
(23)	借：	制造费用	100 000
		管理费用	50 000
		贷：累计折旧	150 000
(24)	①借：	管理费用	45 900
		贷：累计摊销	45 900
	②借：	管理费用	12 000
		贷：长期待摊费用	12 000
	③借：	财务费用	10 000
		贷：应付利息	10 000
(25)	借：	销售费用	120 000
		贷：银行存款	120 000
(26)	借：	营业外支出	40 000
		贷：银行存款	40 000
(27)	借：	银行存款	464 000
		贷：应收账款	464 000
(28)	①借：	生产成本	187 000
		贷：制造费用	187 000
	②借：	库存商品	939 000
		贷：生产成本	939 000

(29) ①借：库存现金　　　　　　　　　　　　　　　　　　60 000
　　　　贷：银行存款　　　　　　　　　　　　　　　　　　　60 000
　　②借：管理费用　　　　　　　　　　　　　　　　　　　60 000
　　　　贷：库存现金　　　　　　　　　　　　　　　　　　　60 000
(30) 借：应收票据　　　　　　　　　　　　　　　　　　　812 000
　　　贷：主营业务收入　　　　　　　　　　　　　　　　　700 000
　　　　　应交税费——应交增值税（销项税额）　　　　　112 000
(31) 借：银行存款　　　　　　　　　　　　　　　　　　　773 500
　　　　财务费用　　　　　　　　　　　　　　　　　　　　38 500
　　　贷：应收票据　　　　　　　　　　　　　　　　　　　812 000
(32) 借：应付账款　　　　　　　　　　　　　　　　　　　116 000
　　　贷：银行存款　　　　　　　　　　　　　　　　　　　116 000
(33) 借：资产减值损失　　　　　　　　　　　　　　　　　　2 340
　　　贷：坏账准备　　　　　　　　　　　　　　　　　　　　2 340
(34) 借：税金及附加　　　　　　　　　　　　　　　　　　39 660
　　　贷：应交税费——应交城建税　　　　　　　　　　　　30 000
　　　　　　　　　——教育费附加　　　　　　　　　　　　　9 660
(35) 借：应交税费——应交增值税（已交税金）　　　　　 300 000
　　　　　　　　——应交城建税　　　　　　　　　　　　　30 000
　　　　　　　　——教育费附加　　　　　　　　　　　　　 9 660
　　　　其他应付款　　　　　　　　　　　　　　　　　　　50 000
　　　贷：银行存款　　　　　　　　　　　　　　　　　　　389 660
(36) 借：管理费用　　　　　　　　　　　　　　　　　　　　2 100
　　　贷：银行存款　　　　　　　　　　　　　　　　　　　　2 100
(37) 借：主营业务成本　　　　　　　　　　　　　　　　1 230 000
　　　贷：库存商品　　　　　　　　　　　　　　　　　　1 230 000
(38) ①借：主营业务收入　　　　　　　　　　　　　　　2 100 000
　　　　　投资收益　　　　　　　　　　　　　　　　　　　85 000
　　　　　营业外收入　　　　　　　　　　　　　　　　　　25 000
　　　　贷：本年利润　　　　　　　　　　　　　　　　　2 210 000
　　②借：本年利润　　　　　　　　　　　　　　　　　　1 710 000
　　　　贷：主营业务成本　　　　　　　　　　　　　　　1 230 000
　　　　　　销售费用　　　　　　　　　　　　　　　　　 120 000
　　　　　　税金及附加　　　　　　　　　　　　　　　　　39 660
　　　　　　管理费用　　　　　　　　　　　　　　　　　 227 000
　　　　　　财务费用　　　　　　　　　　　　　　　　　　48 500
　　　　　　营业外支出　　　　　　　　　　　　　　　　　42 500
　　　　　　资产减值损失　　　　　　　　　　　　　　　　2 340

(39) ①借：所得税费用　　　　　　　　　　　　　　　138 600
　　　　　贷：应交税费——应交所得税　　　　　　　　　　　138 600
　　　②借：本年利润　　　　　　　　　　　　　　　　138 600
　　　　　贷：所得税费用　　　　　　　　　　　　　　　　　138 600
(40)　借：利润分配——提取法定盈余公积　　　　　　　36 140
　　　　　　　　——提取法定公益金　　　　　　　　 18 070
　　　　　　　　——应付普通股股利　　　　　　　　 291 190
　　　　　贷：盈余公积——法定盈余公积　　　　　　　　　　 36 140
　　　　　　　　　　——法定公益金　　　　　　　　　　　 18 070
　　　　　　　应付股利　　　　　　　　　　　　　　　　　 291 190
(41) ①借：本年利润　　　　　　　　　　　　　　　　361 400
　　　　　贷：利润分配——未分配利润　　　　　　　　　　　 361 400
　　　②借：利润分配——未分配利润　　　　　　　　　345 400
　　　　　贷：利润分配——提取法定盈余公积　　　　　　　　 36 140
　　　　　　　　　　　——提取法定公益金　　　　　　　　 18 070
　　　　　　　　　　　——应付普通股股利　　　　　　　　 291 190
(42)　借：应交税费——应交所得税　　　　　　　　　138 600
　　　　　贷：银行存款　　　　　　　　　　　　　　　　　 138 600

2. 根据上述业务及分录，编制本期资产负债表和利润表（如表15-14、表15-15所示）

表 15-14　　　　　　　　　　　　　资产负债表
编制单位：E 企业　　　　　　　2018 年 6 月 30 日　　　　　　　　单位：元

资　产	期末余额	年初余额	负债和所有者权益	期末余额	年初余额
流动资产：			流动负债：		
货币资金	921 640	760 000	短期借款	500 000	600 000
交易性金融资产	40 000	80 000	应付票据及应付账款	234 200	373 400
应收票据及应收账款	1 047 000	583 000	应付职工薪酬	125 000	55 000
减：坏账准备	3 510	1 170	应交税费	166 200	191 000
应收账款净额	1 043 490	581 830	其他应付款	315 990	22 800
预付账款	30 000	30 000	持有待售负债		
其他应收款	4 370	4 370	流动负债合计	1 341 390	1 242 200
存货	1 012 000	1 360 000	非流动负债：		
持有待售资产			长期借款	1 086 000	800 000
流动资产合计	3 051 500	2 816 200	负债合计	2 427 390	2 042 200
非流动资产：			所有者权益：		
长期股权投资	300 000	300 000	实收资本	5 000 000	5 000 000
固定资产	4 548 000	4 100 000	盈余公积	654 210	600 000

续表

资　产	期末余额	年初余额	负债和所有者权益	期末余额	年初余额
在建工程	180 000	350 000	未分配利润	200 000	184 000
无形资产	94 100	140 000	所有者权益合计	5 854 210	5 784 000
长期待摊费用	108 000	120 000			
非流动资产合计	5 230 100	5 010 000			
资产总计	8 281 600	7 826 200	负债和所有者权益总计	8 281 600	7 826 200

表15-15　　　　　　　　　　　　利　润　表

编制单位：E企业　　　　　　　2018年6月30日　　　　　　　　　　　　单位：元

项　目	本期金额	上期金额（略）
一、营业收入	2 100 000	
减：营业成本	1 230 000	
税金及附加	39 660	
销售费用	120 000	
管理费用	227 000	
研发费用	0	
财务费用	48 500	
资产减值损失	2 340	
加：公允价值变动净收益（净损失以"-"号填列）		
投资收益（净损失以"-"号填列）	85 000	
其中：对联营企业和合营企业的投资收益	80 000	
二、营业利润	517 500	
加：营业外收入	25 000	
减：营业外支出	42 500	
其中：非流动资产处置净损失		
三、利润总额（亏损总额以"-"号填列）	500 000	
减：所得税费用	138 600	
四、净利润（净亏损以"-"号填列）	361 400	
五、其他综合收益的税后金额	0	
六、综合收益总额	361 400	
七、每股收益：		
（一）基本每股收益	（略）	
（二）稀释每股收益	（略）	

3. 采用工作底稿法编制本期现金流量表

编制现金流量表具体步骤如下：

第一步，将资产负债表的期初数和期末数过入工作底稿的期初数和期末数栏，将利润表的本期数也过入工作底稿的本期数栏（见工作底稿的资产负债表部分和利润表部分）。

第二步，根据资产负债表期初和期末的变动数和利润表的本期数，结合有关账簿记录，对当期业务进行分析，并编制调整分录。编制调整分录时，从利润表的"主营业务收入"项目开始，并按利润表中各项目排列顺序，结合资产负债表项目逐一进行分析，编制调整分录。

本例调整分录编制如下：

（1）分析调整主营业务收入。利润表中的主营业务收入是按权责发生制反映的，应转换为现金制。为此，应调整应收账款和应收票据的增减变动。本例中，应收账款增加了400 000元，说明本期主营业务收入中有400 000元未收到现金，所以应减少本期主营业务收入，未收到的增值税销项税额为64 000元，与应交税费相对应；应收票据的期初与期末变动数为0，不再调整。

借：经营活动现金流量——销售商品收到的现金　　　　　1 700 000
　　应收账款　　　　　　　　　　　　　　　　　　　　464 000
　　贷：主营业务收入　　　　　　　　　　　　　　　　　　　2 100 000
　　　　应交税费　　　　　　　　　　　　　　　　　　　　　　64 000

（2）分析调整主营业务成本。利润表中的主营业务成本是按权责发生制确认的，应转换为现金制。本期主营业务成本可能全部是本期增加的存货，也可能一部分为本期增加的存货，一部分为前期收入的存货，因而应分析存货期初与期末的增减变动情况。而本期增加的存货中可能已全部支付现金，也可能只支付了一部分，或不仅本期的购货款已支付，而且还支付了前期的购货款，因此还应分析应付账款和应付票据等账户的增减变动情况。本例中，主营业务成本为1 230 000元，存货期末比期初减少了348 000元，说明本期主营业务成本中有348 000元耗用的是前期的存货，应予以剔除。应付账款和应付票据中的货款分别减少了100 000元和20 000元，说明本期用现金偿还了前期所欠的购货款，所以本期用于购买存货的现金支出应增加。同时，应付账款和应付票据中的增值税分别减少了16 000元和3 200元，说明本期已用现金支付前期未付的进项税额，计算现金流出时也应加上这部分金额。

借：主营业务成本　　　　　　　　　　　　　　　　　　1 230 000
　　应付票据　　　　　　　　　　　　　　　　　　　　　　23 200
　　应付账款　　　　　　　　　　　　　　　　　　　　　　116 000
　　贷：经营活动现金流量——购买商品支付现金　　　　　　1 021 200
　　　　存货　　　　　　　　　　　　　　　　　　　　　　　348 000

（3）分析调整税金及附加。本例中，税金及附加为城建税和教育费附加，而这两个项目期初期末数一致，说明本期的税金及附加已全部用现金支付，所以可以直接调整。

借：税金及附加　　　　　　　　　　　　　　　　　　　　　39 660
　　贷：经营活动现金流量——支付的各项税费　　　　　　　　　39 660

（4）分析调整销售费用。本例中，销售费用与按现金制确认的相同，均是用现金支付的广告费，所以可以直接调整。

借：销售费用　　　　　　　　　　　　　　　　　　　　　　120 000

贷：经营活动现金流量——支付的其他与经营活动有关的现金　　120 000

（5）分析调整管理费用。管理费用中涉及的内容较多，其中有的用现金支付，有的不涉及现金的支付，如折旧、无形资产摊销等。为简化起见，在编制调整分录时，可以先假定管理费用全部用现金支付，将其全额作为现金流出，至于其中不涉及现金支出的部分，以后再分别进行调整。

借：管理费用　　227 000
　　贷：经营活动现金流量——支付的其他与经营活动有关的现金　　227 000

（6）分析调整财务费用。本例中，财务费用48 500元中有38 500元为贴现利息，这部分贴现利息在应收票据减少时并未收到现金，但在调整营业收入时，已全额计入了"经营活动现金流量——销售商品收到的现金"项目，所以应从该项目中冲回，不能作为现金流出。

借：财务费用　　48 500
　　贷：经营活动现金流量——销售商品收到的现金　　38 500
　　　　应付利息　　10 000

（7）分析调整资产减值损失。企业计提资产减值损失虽然不涉及现金的支付，但为了统一起见，在编制调整分录时，可以先假设资产减值损失全部用现金支付，以后调整各项资产减值准备时再进行补充调整。

借：资产减值损失　　2340
　　贷：经营活动现金流量——支付的其他与经营活动有关的现金　　2340

（8）分析调整投资收益。投资收益应结合投资收益明细账等进行分析，本例中，投资收益85 000元是由两部分组成，其中收到分得的现金股利80 000元，出售交易性金融资产获利5 000元。

借：投资活动现金流量——取得投资收益收到的现金　　80 000
　　　　　　　　　　——收回投资收到的现金　　45 000
　　贷：交易性金融资产　　40 000
　　　　投资收益　　85 000

（9）分析调整营业外收入。由于营业外收入和支出的项目较多，在编制现金流量表时，应根据营业外收支明细账详细分析，以便列入现金流量表的不同部分。本例中，营业外收入25 000元是处置固定资产的净收益，应列入投资活动现金流量。

借：投资活动现金流量——处置固定资产、无形资产和
　　　　　　　　　　　其他长期资产收回的现金净额　　145 000
　　累计折旧　　80 000
　　贷：固定资产　　200 000
　　　　营业外收入　　25 000

（10）分析调整营业外支出。本例中，营业外支出42 500元包括两部分内容，一是报废固定资产的净损失2 500元，二是企业支付的违约金40 000元，因此应结合固定资产、累计折旧和营业外支出等账户进行分析。

借：投资活动现金流量——处置固定资产、无形资产和

　　　　其他长期资产收回的现金净额　　　　　　　　　　　　5 500
　　累计折旧　　　　　　　　　　　　　　　　　　　　　　　112 000
　　营业外支出　　　　　　　　　　　　　　　　　　　　　　 42 500
　　　　贷：经营活动现金流量——支付的其他与经营活动有关的现金　 40 000
　　　　　　固定资产　　　　　　　　　　　　　　　　　　　120 000

（11）分析调整坏账准备。企业计提坏账准备时已列入资产减值损失，因此坏账准备的期末期初差额应调整资产减值损失，而资产减值损失已在第（7）笔调整分录中全额调整到"经营活动现金流量——支付的其他与经营活动有关的现金"中，因此需要补充调整。
　　借：经营活动现金流量——支付的其他与经营活动有关的现金　　 2 340
　　　　贷：坏账准备　　　　　　　　　　　　　　　　　　　 2 340

（12）分析调整长期待摊费用。本例中，长期待摊费用期末比期初减少12 000元，均为摊销的印花税，并已计入了管理费用，而这部分印花税本期并未支付现金，但在前面已调整作为"支付的其他与经营活动有关的现金"处理，所以应予以冲回。
　　借：经营活动现金流量——支付的其他与经营活动有关的现金　　12 000
　　　　贷：长期待摊费用　　　　　　　　　　　　　　　　　12 000

（13）分析调整固定资产。固定资产原价应结合"固定资产"账户的发生额来分析，本例中，"固定资产"账户借方发生额为726 000元，其中有106 000元是购入设备支付的现金，另外620 000元是在建工程完工转入。"固定资产"贷方发生额320 000元，在调整营业外收入和营业外支出时已作调整。
　　借：固定资产　　　　　　　　　　　　　　　　　　　　　726 000
　　　　贷：投资活动现金流量——购建固定资产、无形资产和
　　　　　　　其他长期资产支付的现金　　　　　　　　　　　106 000
　　　　　　在建工程　　　　　　　　　　　　　　　　　　　620 000

（14）分析调整累计折旧。累计折旧应结合"累计折旧"账户的发生额分析调整。本例中，"累计折旧"的借方发生额192 000元为转出数，在前面已作了调整。贷方发生额150 000元为计提的折旧，其中计入制造费用100 000元已在前面调整主营业务成本时作为"购买商品支付的现金"，计入管理费用的50 000元已在前面调整作为"支付的其他与经营活动有关的现金"，因此，对这部分并未付出现金的折旧费均应调整冲回。
　　借：经营活动现金流量——购买商品支付的现金　　　　　　100 000
　　　　　　　　　　　　　——支付的其他与经营活动有关的现金　50 000
　　　　贷：累计折旧　　　　　　　　　　　　　　　　　　　150 000

（15）分析调整在建工程。在建工程项目应结合"在建工程"账户进行分析调整。本例中，其贷方发生额620 000元为完工转出的固定资产，在前面已作调整。其借方发生额450 000元中有200 000元为用现金支付的工程价款，有100 000元为工程人员工资，14 000元为计提的职工福利费，有86 000元为工程负担的长期借款利息，还有50 000元为固定资产项目的其他应付款，并已全部支付。
　　借：在建工程　　　　　　　　　　　　　　　　　　　　　450 000
　　　　贷：投资活动现金流量——购建固定资产、无形资产和

    其他长期资产支付的现金   300 000
   长期借款   86 000
   应付职工薪酬   14 000
   其他应付款   50 000
 借：其他应付款   50 000
  贷：投资活动现金流量——购建固定资产、无形资产和
     其他长期资产支付的现金   50 000

（16）分析调整无形资产。本例中，无形资产期末比期初减少45 900元，均为摊销数，在摊销时已计入管理费用，所以应作补充调整。

 借：经营活动现金流量——支付的其他与经营活动有关的现金 45 900
  贷：累计摊销   45 900

（17）分析调整短期借款。偿还短期借款应列入筹资活动的现金流量。

 借：短期借款   100 000
  贷：筹资活动现金流量——偿还债务支付的现金   100 000

（18）分析调整应付职工薪酬中的工资。本例中，本期应付工资的期末期初差额为0，但并不意味着本期支付给职工的工资为0。由于工资费用分配时已分别计入制造费用、生产成本和管理费用，所以要补充调整。

 借：应付职工薪酬   400 000
  贷：经营活动现金流量——支付给职工以及为职工支付的现金 400 000
 借：经营活动现金流量——购买商品支付的现金   350 000
        ——支付的其他与经营活动有关的现金 50 000
  贷：应付职工薪酬   400 000

（19）分析调整应付职工薪酬中的福利费。本例中，没有出现使用应付福利费的业务。若本期使用了应付福利费，则应将这部分金额分别列入各种不同活动的现金流量。

 借：经营活动现金流量——购买商品支付现金   49 000
        ——支付的其他与经营活动有关的现金 7 000
  贷：应付职工薪酬   56 000

（20）分析调整应交税费。应交税费应结合"应交税费"明细账进行分析调整。本例中，"应交税费"期末比期初减少6 600元，其中"应交增值税"本期贷方发生额336 000元，未收到的增值税64 000元已在前面调整应收账款时作了调整，其余的272 000元已全部收到；本期借方发生额360 800元，其中包括支付的进项税款60 800元和上交的增值税300 000元，均已用现金支付。而应交城市建设税在前面已作了调整。

 借：经营活动现金流量——销售商品提供劳务收到的现金 272 000
  贷：应交税费   272 000
 借：应交税费   360 800
  贷：经营活动现金流量——购买商品接受劳务支付的现金 60 800
        ——支付的各项税费   300 000

（21）分析调整应付利息。本例中，应付短期借款利息10 000元已在调整财务费用时

作了调整,借方发生额 8 000 元为用现金支付的利息。

  借:应付利息   8 000
    贷:筹资活动现金流量——分配股利、利润或偿付利息所支付的现金 8 000

(22) 分析调整长期借款。本例中,用现金偿还借款本金 380 000 元,利息 20 000 元,举借长期借款 600 000 元。

  借:长期借款   400 000
    贷:筹资活动现金流量——偿还债务支付的现金   380 000
          ——分配股利、利润和偿付利息支付的现金 20 000
  借:筹资活动现金流量——借款收到的现金   600 000
    贷:长期借款   600 000

(23) 分析调整所得税费用。本例中,应交所得税 138 600 元,已全部上交。

  借:所得税费用   138 600
    贷:应交税费   138 600
  借:应交税费   138 600
    贷:经营活动现金流量——支付的各项税费   138 600

(24) 结转净利润。

  借:净利润   361 400
    贷:未分配利润   361 400

(25) 分析调整盈余公积和应付股利。

  借:未分配利润   345 400
    贷:盈余公积   54 210
      应付股利   291 190

(26) 调整现金净变化额。

  借:现金   161 640
    贷:现金净增加额   161 640

第三步,将调整分录过入工作底稿相应项目,如表 15-16 所示。

表 15-16   现金流量表工作底稿   单位:元

项目	年初数	调整分录 借方	调整分录 贷方	期末数
一、资产负债表项目				
借方项目:				
货币资金	760 000	(26) 161 640		921 640
交易性金融资产	80 000		(8) 40 000	40 000
应收票据	351 000			351 000
应收账款	232 000	(1) 464 000		696 000
预付账款	30 000			30 000
其他应收款	4 370			4 370

续表

项　　目	年初数	调整分录 借方	调整分录 贷方	期末数
存货	1 360 000		（2） 348 000	1 012 000
长期股权投资	300 000			300 000
固定资产原价	5 500 000	（13） 726 000	（9） 200 000 （10） 120 000	5 906 000
在建工程	350 000	（15） 450 000	（13） 620 000	180 000
无形资产	140 000		（16） 45 900	94 100
长期待摊费用	120 000		（12） 12 000	108 000
借方项目合计	9 227 370	1 801 640	1 385 900	9 643 110
贷方项目：				
坏账准备	1 170		（11） 2 340	3 510
累计折旧	1 400 000	（9） 80 000 （10） 112 000	（14） 150 000	1 358 000
短期借款	600 000	（17） 100 000		500 000
应付票据	116 000	（2） 23 200		92 800
应付账款	257 400	（2） 116 000		141 400
应付职工薪酬	55 000	（18） 400 000	（18） 400 000 （15） 14 000 （19） 56 000	125 000
应付股利			（25） 291 190	291 190
应交税费	191 000	（20） 360 800 （23） 138 600	（1） 64 000 （20） 272 000 （23） 138 600	166 200
其他应付款	1 800	（15） 50 000	（15） 50 000	1 800
应付利息	21 000	（21） 8 000	（6） 10 000	23 000
长期借款	800 000	（22） 400 000	（15） 86 000 （22） 600 000	1 086 000
实收资本	5 000 000			5 000 000
盈余公积	600 000		（25） 54 210	654 210
未分配利润	184 000	（25） 345 400	（24） 361 400	200 000
贷方项目合计	9 227 370	2 134 000	2 549 740	9 643 110
二、利润表项目				
营业收入			（1） 2 100 000	2 100 000
营业成本		（2） 1 230 000		1 230 000
税金及附加		（4） 39 660		39 660

续表

项　　目	年初数	调整分录 借方	调整分录 贷方	期末数
销售费用		（3） 120 000		120 000
管理费用		（5） 227 000		227 000
财务费用		（6） 48 500		48 500
资产减值损失		（7） 2 340		2 340
投资收益			（8） 85 000	85 000
营业外收入			（9） 25 000	25 000
营业外支出		（10） 42 500		42 500
所得税费用		（23） 138 600		138 600
净利润		（24） 361 400		361 400
三、现金流量表项目				
（一）经营活动产生的现金流量				
销售商品、提供劳务收到的现金		（1） 1 700 000 （20） 272 000	（6） 38 500	1 933 500
现金收入小计				1 933 500
购买商品、接受劳务支付的现金		（14） 100 000 （18） 350 000 （19） 49 000	（2） 1 021 200 （20） 60 800	583 000
支付给职工以及为职工支付的现金			（18） 400 000	400 000
支付的各项税费			（3） 39 660 （20） 300 000 （23） 138 600	478 260
支付的其他与经营活动有关的现金		（11） 2 340 （12） 12 000 （14） 50 000 （16） 45 900 （18） 50 000 （19） 7 000	（4） 120 000 （5） 227 000 （7） 2 340 （10） 40 000	222 100
现金支出小计				1 683 360
经营活动产生的现金流量净额				250 140
（二）投资活动产生的现金流量				
收回投资收到的现金		（8） 45 000		45 000
取得投资收益收到的现金		（8） 80 000		80 000

续表

项 目	年初数	调整分录 借方	调整分录 贷方	期末数
处置固定资产、无形资产和其他长期资产收回的现金净额		(9) 145 000 (10) 5 500		150 500
现金收入小计				275 500
购建固定资产、无形资产和其他长期资产支付的现金			(13) 106 000 (15) 300 000 (15) 50 000	456 000
现金支出小计				456 000
投资活动产生的现金流量净额				-180 500
(三)筹资活动产生的现金流量				
借款收到的现金		(22) 600 000		600 000
现金收入小计				600 000
偿还债务支付的现金			(17) 100 000 (22) 380 000	480 000
分配股利、利润或偿还利息支付的现金			(21) 8 000 (22) 20 000	28 000
现金流出小计				508 000
筹资活动产生的现金流量净额				92 000
(四)现金及现金等价物净增加额			(26) 161 640	161 640
调整分录借贷方合计		9 671 380	9 671 380	

第四步,核对调整分录,借方、贷方合计数均已相等,资产负债表项目期初数加减调整分录中的借贷方金额以后也已等于期末数。

第五步,根据工作底稿中的现金流量表项目部分编制正式的现金流量表如表15-17、表15-18所示。

表15-17　　　　　　　　　　　　　现金流量表　　　　　　　　　　　　　会企03表
编制单位:E企业　　　　　　　　　　2018年6月　　　　　　　　　　　　　单位:元

项 目	本期金额	上期金额
一、经营活动产生的现金流量:		(略)
销售商品、提供劳务收到的现金	1 933 500	
收到的税费返还		
收到其他与经营活动有关的现金		
经营活动现金流入小计	1 933 500	
购买商品、接受劳务支付的现金	583 000	

续表

项　　目	本期金额	上期金额
支付给职工以及为职工支付的现金	400 000	
支付的各项税费	478 260	
支付其他与经营活动有关的现金	222 100	
经营活动现金流出合计	1 683 360	
经营活动产生的现金流量净额	250 140	
二、投资活动产生的现金流量：		
收回投资收到的现金	45 000	
取得投资收益收到的现金	80 000	
处置固定资产、无形资产和其他长期资产收回的现金净额	150 500	
处置子公司及其他营业单位收到的现金净额		
收到其他与投资活动有关的现金		
投资活动现金流入小计	275 500	
购置固定资产、无形资产和其他长期资产支付的现金	456 000	
投资支付的现金		
取得子公司及其他营业单位支付的现金净额		
支付其他与投资活动有关的现金		
投资活动现金流出小计	456 000	
投资活动产生的现金流量净额	－180 500	
三、筹资活动产生的现金流量：		
吸收投资收到的现金		
取得借款收到的现金	600 000	
收到其他与筹资活动有关的现金		
筹资活动现金流入小计	600 000	
偿还债务支付的现金	480 000	
分配股利、利润或偿付利息支付的现金	28 000	
支付其他与筹资活动有关的现金		
筹资活动现金流出小计	508 000	
筹资活动产生的现金流量净额	92 000	
四、汇率变动对现金及现金等价物的影响		
五、现金及现金等价物净增加额	161 640	
加：期初现金及现金等价物余额		
六、期末现金及现金等价物余额		

表 15-18　　　　　　　　　　　　　现金流量表补充资料

补充资料	本期金额	上期金额
1. 将净利润调节为经营活动现金流量：		（略）
净利润	361 400	
加：资产减值准备	2 340	
固定资产折旧、油气资产折耗、生产性生物资产折旧	150 000	
无形资产摊销	45 900	
长期待摊费用摊销	12 000	
处置固定资产、无形资产和其他长期资产的损失（收益以"-"号填列）	-25 000	
固定资产报废损失（收益以"-"号填列）	2 500	
公允价值变动损失（收益以"-"号填列）		
财务费用（收益以"-"号填列）	10 000	
投资损失（收益以"-"号填列）	-85 000	
递延所得税资产减少（增加以"-"号填列）		
递延所得税负债增加（减少以"-"号填列）		
存货的减少（增加以"-"号填列）	348 000	
经营性应收项目的减少（增加以"-"号填列）	-464 000	
经营性应付项目的增加（减少以"-"号填列）	-108 000	
其他		
经营活动产生的现金流量净额	250 140	
2. 不涉及现金收支的重大投资和筹资活动：		
债务转为资本		
一年内到期的可转换公司债券		
融资租入固定资产		
3. 现金及现金等价物净变动情况：		
现金的期末余额	921 640	
减：现金的期初余额	760 000	
加：现金等价物的期末余额		
减：现金等价物的期初余额		
现金及现金等价物净增加额	161 640	

第五节 所有者权益变动表

一、所有者权益变动表及其作用

（一）所有者权益变动表的概念

所有者权益变动表是反映构成所有者权益各组成部分当期增减变动情况的报表。在所有者权益变动表中，企业当期损益、直接计入所有者权益的利得和损失，以及与所有者（或股东）的资本交易导致的所有者权益的变动，应当分别列示。

（二）所有者权益变动表的作用

1. 反映企业所有者权益各组成部分及其增减变动情况

不同的组织形式，其所有者权益构成项目的名称及包含的具体内容是有所差异的，但不论何种形式的企业，其所有者权益的基本构成情况也有相似之处。所有者权益变动表不仅能够反映企业所有者权益各个组成部分，而且能够反映企业在一定时期内所有者权益各组成部分的增减变动情况。

2. 揭示所有者权益增减变动的来源与去向

企业所有者权益的变动不仅取决于所有者资本的投入和减少，而且取决于企业净利润的增减和直接计入所有者权益的利得和损失。所有者权益变动表能够揭示企业所有者权益增减变动的来源和去向。

3. 提供利润分配的资料

所有者权益变动表能够提供企业各年度提取的盈余公积、对所有者（或股东）分配利润，以及其他利润分配方面的会计信息。

4. 分析所有者权益内部结转情况

所有者权益变动表还能够反映企业一定时期资本公积、盈余公积转增资本（或股本）的数额，以及用盈余公积弥补亏损的数额，为会计信息的使用者分析企业所有者权益内部结转情况提供相关的会计信息。

（三）所有者权益变动表的内容

在所有者权益变动表中，企业至少应当反映下列内容：①综合收益总额；②会计政策变更和差错更正的累积影响金额；③所有者投入资本和向所有者分配利润等；④按照规定提取的盈余公积；⑤实收资本（或股本）、资本公积、其他综合收益、盈余公积、未分配利润的期初和期末余额及其调节情况。

二、所有者权益变动表的填列方法

（一）上年年末余额

本项目反映企业上年资产负债表中实收资本（或股本）、资本公积、库存股、盈余公积、未分配利润的年末余额。本项目应当根据企业上年度财务报表的资料填列。

（二）会计政策变更、前期差错更正

本项目分别反映企业采用追溯调整法处理的会计政策变更的累计影响金额和采用追溯重述法处理的会计差错更正的累计影响金额。本项目应当根据未分配利润及其他资料分析填列。

（三）本年增减变动额

1. 综合收益总额

本项目反映企业当年的综合收益总额，应根据当年利润表中"其他综合收益的税后净额"和"净利润"项目填列，并对应列在"其他综合收益"和"未分配利润"栏。

2. 所有者投入和减少资本

本项目反映企业当年所有者投入的资本和减少的资本，应当根据所有者权益类账户中的数字，分别按照下列内容列示：①所有者投入普通股；②其他权益工具持有者投入资本；③股份支付计入所有者权益的金额。

3. 利润分配

本项目反映企业当年的利润分配金额，应当根据"利润分配"各明细账户的数字，分别按照下列内容列示：①提取盈余公积；②对所有者（或股东）的分配。

4. 所有者权益内部结转

本项目反映企业所有者权益的组成部分之间的增减变动情况，应当根据所有者权益类账户的有关数字，分别按照下列内容列示：①资本公积转增资本（或股本）；②盈余公积转增资本（或股本）；③盈余公积弥补亏损。

三、所有者权益变动表编制举例

【例15-6】F企业为股份有限公司，2018年初实收资本为5 000 000元，资本公积为3 000 000元，盈余公积为400 000元，未分配利润1 600 000元；2018年实现净利润2 000 000元，提取盈余公积300 000元，向股东分配股利700 000元。

根据上述资料，编制F企业2018年所有者权益变动表（如表15-19所示）。

表 15–19

所有者权益变动表

2018 年度

编制单位：F 企业　　会企 04 表　单位：万元

项目	本年金额								上年金额
	实收资本（或股本）	其他权益工具（优先股／永续债／其他）	资本公积	减：库存股	其他综合收益	盈余公积	未分配利润	所有者权益合计	（略，同本年格式）
一、上年年末余额	500		300		60	40	160	1 060	
加：会计政策变更									
前期差错更正									
其他									
二、本年初余额	500		300		60	40	160	1 060	
三、本年增减变动额（减少以"–"号填列）					25		200	225	
（一）综合收益总额									
（二）所有者投入和减少资本									
1. 所有者投入的普通股									
2. 其他权益工具持有者投入资本									
3. 股份支付计入所有者权益的金额									
4. 其他									
（三）利润分配								0	
1. 提取盈余公积						30	–30		
2. 对所有者（或股东）的分配							–70	–70	
3. 其他									
（四）所有者权益内部结转									
1. 资本公积转增资本（或股本）									
2. 盈余公积转增资本（或股本）									
3. 盈余公积弥补亏损									
4. 其他									
四、本年末余额	500		300		85	70	260	1 215	

第六节 会计报表附注

附注是对在资产负债表、利润表、现金流量表、所有者权益变动表等报表中列示项目的文字描述或详细资料，以及对未能在这些报表中列示项目的说明，是财务报表的重要组成部分。附注所披露的相关信息应当与财务报表中列示的项目相互参照，附注一般应当按照一定的顺序予以披露。

一、企业的基本情况

（1）企业注册地、组织形式和总部地址。

（2）企业的业务性质和主要经营活动。

（3）母公司以及集团最终母公司的名称。

（4）财务报告的批准报出者和财务报告批准报出日，或者以签字人及其签字日期为准。

（5）营业期限有限的企业，还应当披露有关其营业期限的信息。

二、财务报表的编制基础

企业应当以权责发生制和持续经营为基础，根据实际发生的交易和事项，按照《企业会计准则——基本准则》和其他各项会计准则的规定进行确认和计量，并在此基础上编制财务报表。

三、遵循企业会计准则的说明

企业应当声明编制的财务报表符合企业会计准则的要求，真实、完整地反映了企业的财务状况、经营成果和现金流量等有关信息，以此明确企业财务报表所依据的制度基础。

如果企业编制的财务报表只是部分地遵循了企业会计准则，附注中不得作出这种表述。

四、重要会计政策和会计估计

企业应当披露采用的重要会计政策和会计估计，不重要的会计政策和会计估计可以不披露。在披露重要的会计政策和会计估计时，应当披露重要的会计政策的确定依据和财务报表项目的计量基础，以及会计估计中所采用的关键假设和不确定因素。

（一）重要会计政策的说明

由于企业经济业务的复杂性和多样化，某些经济业务可以有多种会计处理方法，也即存在不止一种可供选择的会计政策。企业在发生某项经济业务时，必须从允许的会计处理方法中选择适合本企业特点的会计政策。为了有助于使用者理解，有必要对这些会计政策加以披露。

（二）会计估计的说明

企业应当披露会计估计中所采用的关键假设和不确定因素的确定依据，这些关键假设和不确定因素很可能导致下一个会计期间内资产、负债账面价值进行重大调整。在确定报表中确认的资产和负债的账面金额过程中，企业有时需要对不确定的未来事项在资产负债表日对这些资产和负债的影响加以估计。这些假设的变动对这些资产和负债项目金额的确定影响很大，有可能会在下一个会计年度内作出重大调整。因此强调这一披露要求有助于提高财务报表的可理解性。

五、会计政策和会计估计变更以及差错更正的说明

企业应当按照有关会计准则和其他规定，披露会计政策和会计估计变更以及差错更正的有关情况。重要会计政策变更和会计估计变更以及差错更正的说明主要包括以下事项：

（一）重要会计政策变更的说明

（1）会计政策变更的内容和理由；

（2）会计政策变更的影响数；

（3）会计政策变更累积影响数不能合理确定的理由。

（二）会计估计变更的说明

（1）会计估计变更的内容和理由；

（2）会计估计变更的影响数；

（3）会计估计变更的影响数不能合理确定的理由。

（三）重大会计差错更正的说明

（1）重大会计差错的内容；

（2）重大会计差错的更正金额。

六、报表重要项目的说明

企业应当以文字和数字描述相结合并尽可能以列表形式披露重要报表项目的构成或当期增减变动情况。企业应当按照资产负债表、利润表、现金流量表、所有者权益变动表及其项目列示的顺序，对报表重要项目的说明采用文字和数字描述相结合的方式进行披露。报表重要项目的明细金额合计应当与报表项目金额相衔接。

附注中需要披露的报表重要项目有：

（1）交易性金融资产。企业应当披露交易性金融资产的种类以及各项交易性金融资产期末公允价值和年初公允价值。

（2）应收款项。企业应当分别按照应收账款的账龄结构和应收账款的客户类别披露各项应收账款的期末账面余额和年初账面余额。企业有应收票据、预付账款、长期应收款、其他应收款的，比照应收账款进行披露。

（3）存货。企业应当披露存货的种类，各项存货年初账面余额、本期增加额、本期减少额和期末账面余额，各种存货跌价准备年初账面余额、本年计提金额、本期减少金额以及期末账面余额。

（4）其他流动资产。企业应当披露其他流动资产项目期末账面价值和年初账面价值。企业有长期待摊费用、其他非流动资产的，比照流动资产进行披露。

（5）其他债权投资。企业应当披露其他债权投资的期末公允价值和年初公允价值。

（6）债权投资。企业应当披露债权投资的期末公允价值和年初公允价值。

（7）长期股权投资。企业应当按照被投资单位的名称，披露各项长期股权投资的期末账面余额和年初账面余额。被投资单位由于所在国家或地区及其他方面的影响，其向投资企业转移资金能力受到限制的，应披露受限制的具体情况。此外企业还应当披露当期及累计未确认的投资损失金额。

（8）其他权益工具投资。企业应当披露其他权益工具投资的期末公允价值和年初的公允价值。

（9）投资性房地产。企业采用成本模式进行后续计量的，应当披露投资性房地产的原价、累计折旧、减值准备各项目的年初账面余额、本期增加额、本期减少额和期末账面余额；企业采用公允价值模式进行后续计量的，应当披露投资性房地产公允价值的确定依据及公允价值金额的增减变动情况。

（10）固定资产。企业应当分别不同的项目，披露固定资产年初账面余额、本期增加额、本期减少额和期末账面余额。企业确有准备处置固定资产的，应当说明准备处置的固定资产名称、账面价值、公允价值、预计处置费用和处置时间等。

（11）无形资产。企业应当披露无形资产、累计摊销和无形资产减值准备各项目的年初账面余额、本期增加额、本期减少额和期末账面余额，有研发支出的，还应披露计入当期损益和确认为无形资产的研究开发支出金额。

（12）商誉。企业应当披露商誉的形成来源和账面价值的增减变动情况。

（13）递延所得税资产和递延所得税负债。企业应当按照递延所得税资产和递延所得税负债项目分别披露期末账面余额和年初账面余额，对于未确认递延所得税资产的可抵扣暂时性差异、可抵扣亏损项目的金额，也应当进行披露。

（14）资产减值准备。企业应当按照各项资产减值准备分别披露年初账面余额、本期计提额、本期减少额和期末账面余额。

（15）交易性金融负债。企业应当按照各项交易性金融负债分别披露期末公允价值和年初公允价值。

（16）职工薪酬。企业应当按照各项应付职工薪酬分别披露年初账面余额、本期增加额、本期减少额和期末账面余额。对于本期为职工提供的各种非货币性福利，企业应当披露其支付形式、金额及其计算依据。

（17）应交税费。企业应当按照各项税费项目分别披露期末账面余额和年初账面余额。

（18）短期借款和长期借款。企业应当按照短期借款和长期借款项目分别披露期末账面余额和年初账面余额。对于期末逾期借款应分别贷款单位、借款金额、逾期时间、年利率、逾期未偿还原因和预计偿还期等进行披露。

（19）应付债券。企业应当按照应付债券的项目分别披露年初账面余额、本期增加额、本期减少额和期末账面余额。

（20）长期应付款。企业应当按照长期应付款的项目分别披露期末账面价值和年初账面价值。

（21）营业收入。企业应当按照主营业务收入和其他业务收入项目分别披露本期发生额和上期发生额。对于建造合同，应当按照项目披露各项合同的总金额、累计已发生的成本、累计已确认的毛利和已办理结算的价款金额。

（22）公允价值变动收益。企业应当按照公允价值变动收益项目分别披露产生公允价值变动来源的本期发生额和上期发生额。

（23）投资收益。企业应当按照投资收益项目分别披露产生投资收益来源的本期发生额和上期发生额。

（24）资产减值损失。企业应当按照各项资产减值损失项目分别披露本期发生额和上期发生额。

（25）营业外收入。企业应当按照营业外收入项目分别披露各项利得本期发生额和上期发生额。

（26）营业外支出。企业应当按照营业外支出项目分别披露各项损失本期发生额和上期发生额。

（27）所得税费用。企业应当披露所得税费用的组成，所得税费用与会计利润的关系。

（28）其他综合收益。企业应当披露其他综合收益年末余额和年初余额以及其他综合收益增减变动的情况。

（29）政府补助。企业应当披露取得政府补助的种类及金额。

（30）每股收益。企业应当披露基本每股收益和稀释每股收益分子、分母的计算过程。对于列报期间不具有稀释性但以后期间很可能具有稀释性的潜在普通股也应当进行披露。在资产负债表日至财务报告批准报出日之间，企业发行在外普通股或潜在普通股股数发生重大变化时也应当进行披露。

（31）非货币性资产交换。企业应当披露换入资产、换出资产的类别，换入资产成本的确定方式，换入资产、换出资产的公允价值及换出资产的账面价值。

（32）股份支付。企业应当披露当期授予、行权和失效的各项权益工具总额，期末发行在外的股份期权或其他权益工具行权价格的范围和合同剩余期限，当期行权的股份期权或其他权益工具以其行权日价格计算的加权平均价格，权益工具公允价值的确定方法，股份支付交易对当期财务状况和经营成果的影响。

（33）债务重组。企业应当按照有关会计准则规定对债务重组业务进行披露。

（34）借款费用。企业应当披露当期资本化的借款费用金额，当期用于计算确定借款费用资本化金额的资本化率。

（35）外币折算。企业应当披露计入当期损益的汇兑差额，处置境外经营对外币财务报表折算差额的影响。

（36）企业合并。企业合并发生当期的期末，合并方或购买方应当按照有关会计准则规定对企业合并进行披露。

（37）租赁。对于融资租赁和经营租赁业务，出租人和承租人都应当按照有关会计准则规定对租赁业务进行披露。

（38）终止经营。终止经营的企业，在附注中应当披露终止经营的收入、终止经营的费用、终止经营利润总额、终止经营所得税费用和终止经营净利润。

（39）分部报告。企业应当按照业务分部和地区分部，披露各分部的营业收入、营业费用、营业利润（或亏损）、资产总额、负债总额等。

七、或有事项

企业应当在附注中披露与或有事项有关的下列信息：

（1）预计负债。包括预计负债的种类、形成原因以及经济利益流出不确定性的说明，各类预计负债的期初、期末余额和本期变动情况，与预计负债有关的预期补偿金额和本期已确认的预期补偿金额。

（2）或有负债（不包括极小可能导致经济利益流出企业的或有负债）。包括或有负债的种类、形成原因及经济利益流出不确定性的说明，或有负债预计产生的财务影响，以及获得补偿的可能性；无法预计的，应当说明原因。

在附注中，企业通常不应当披露或有资产。但或有资产很可能会给企业带来经济利益的，应当披露其形成的原因、预计产生的财务影响等。

八、资产负债表日后事项

企业应当在附注中披露与资产负债表日后事项有关的下列信息：

（1）财务报表的批准报出者和财务报表批准报出日。

（2）每项重要的资产负债表日后非调整事项的性质、内容，及其对财务状况和经营成果的影响。无法作出估计的，应当说明原因。

（3）资产负债表日后，企业利润分配方案中拟分配的以及经审议批准宣告发放的股利或利润。

九、关联方关系及其交易

企业应当在附注中披露与关联方关系及其交易有关的下列信息：

（1）企业与母公司和子公司有关的情况，无论是否发生交易都应当披露母公司与子公司的名称、母公司和子公司的业务性质、注册地、注册资本（或实收资本、股本）及其当期发生的变化，母公司对该企业或者该企业对子公司的持股比例和表决权比例。

（2）企业与关联方发生关联方交易时，应当披露该关联方关系的性质、交易类型及交易要素。交易要素至少应当包括交易的金额、未结算项目的金额、条款和条件，以及有关提供或取得担保的信息、定价政策等。

十、其他综合收益

应当在附注中披露下列关于其他综合收益各项目的信息：①其他综合收益各项目及其所得税影响。②其他综合收益各项目原计入其他综合收益、当期转出计入当期损益的金额。③其他综合收益各项目的期初和期末余额及其调节情况。

十一、重要资产转让及其出售

企业应当在会计报表附注中披露固定资产或有关资产组合等重要资产转让及出售原因、金额以及对企业财务的影响。

企业满足下列条件之一的已被企业处置或被企业划归为持有待售的、在经营和编制财务报表时能够单独区分的组成部分：①该组成部分代表一项独立的主要业务或一个主要经营地区。②该组成部分是拟对一项独立的主要业务或一个主要经营地区进行处置计划的一部分。③该组成部分是仅仅为了再出售而取得的子公司。

同时满足下列条件的企业组成部分（或非流动资产，下同）应当确认为持有待售：①该组成部分必须在其当前状况下仅根据出售此类组成部分的惯常条款即可立即出售；②企业已经就处置该组成部分作出决议，如按规定需得到股东批准的，应当已经取得股东大会或相应权力机构的批准；③企业已经与受让方签订了不可撤销的转让协议；④该项转让将在一年内完成。

十二、企业合并与分立

企业合并是指将两个或两个以上单独的企业合并形成一个报告主体的交易或事项。企业应当在会计报表附注中说明企业合并的方式，企业分立的原因以及对企业财务的影响。

十三、有助于财务报表使用者评价企业管理资本的目标、政策及程序的信息

关键词

财务报告　财务报表　资产负债表　利润表　现金流量表

复习思考题

1. 简述资产负债表、利润表、现金流量表的性质与作用。
2. 财务会计报表附注包括哪些内容？

第十六章 会计政策、会计估计变更和会计差错更正

第一节 会计政策及其变更

一、会计政策的定义及特点

（一）会计政策的定义

会计政策是指企业在会计确认、计量和会计报告中所采用的原则、基础及会计处理方法。

（二）会计政策的特点

企业会计政策的选择和运用具有如下特点：

（1）企业应在国家统一的会计制度规定的会计政策范围内选择适用的会计政策。随着市场经济的发展，企业的经济业务日趋复杂和多样化，某些经济业务可以有多种会计处理方法，例如，《企业会计准则第 1 号——存货》规定，企业应当采用先进先出法、加权平均法或者个别计价法确定发出存货的实际成本。企业在发生某项经济业务时，必须从允许选用的会计原则、基础和会计处理方法中选择适合本企业实际情况的会计政策。

（2）会计政策涉及会计原则、会计基础和具体的会计处理方法。会计原则有一般原则和特定原则。会计政策所指的会计原则是指某一类会计业务的核算所应遵循的特定原则，而不是笼统地指所有会计原则。例如，借款费用是费用化还是资本化，即属于特定会计原则。

会计基础主要指会计确认基础和会计计量基础。从会计实务的角度看，可供选择的会计确认基础有权责发生制和收付实现制。在我国，企业应当采用权责发生制作为会计确认基础。会计计量基础主要包括历史成本、重置成本、可变现净值、现值和公允价值等。企业在进行会计核算时，应当按照国家统一的会计制度选择和使用会计基础。

具体的会计处理方法是指企业根据国家统一的会计制度允许选择的、对某一类会计业务的具体处理方法作出具体选择。

（3）企业所采用的会计政策是企业进行会计核算的基础。企业在国家统一的会计制度允许选择的会计政策中选择适用的具体会计原则、会计基础和会计处理方法，是企业进行会计核算的基础。例如，采用实际成本核算存货的领用和发出的企业，对于发出或销售的存货如果选择采用先进先出法确定其实际成本，则应按照先进先出法确定发出或销售存货成本的要求进行会计核算。

（4）会计政策应当保持前后各期的一致性。会计信息使用者需要比较一个以上期间的会计信息，为了保持会计信息的可比性，以判断企业的财务状况、经营成果和现金流量的趋势，会计政策在一般情况下不得随意变更。因此企业通常应在每期采用相同的会计政策。

（三）会计政策的主要内容

企业在会计核算中所采用的会计政策通常应在报表附注中加以披露，需要披露的会计政策项目主要有以下几项：

（1）财务报表的编制基础、计量基础和会计政策的确定依据等。

（2）合并政策。其是指编制合并财务报表所采纳的原则。例如，母公司与子公司的会计年度不一致的处理原则；合并范围的确定原则；母公司和子公司所采用会计政策不一致时的处理原则等。

（3）外币折算。其是指外币折算所采用的方法以及汇兑损益的处理。例如，外币报表折算是采用现行汇率法，还是采用时态法或其他方法；发生的外币业务汇兑损益是计入发生当期的费用，还是资本化计入所购建固定资产的成本。

（4）收入的确认。其是指收入确认的会计方法。例如，建造合同是按完成合同法确认收入，还是按完工百分比法或其他方法确认收入。

（5）存货的计价。其是指企业存货的计价方法。例如，企业发出和领用的存货是采用先进先出法，还是采用国家统一的会计制度所允许的其他计价方法；存货的期末计价是采用历史成本法，还是采用成本与可变现净值孰低法。

（6）长期股权投资的核算。其是指长期股权投资的具体会计处理方法。例如，企业对被投资单位的长期股权投资是采用成本法核算，还是采用权益法核算。

（7）坏账损失的核算。其是指坏账损失的具体会计处理方法。例如，企业的坏账损失是采用直接转销法核算，还是采用备抵法进行核算。

（8）借款费用的处理。其是指借款费用的处理方法，即是采用资本化，还是采用费用化。

二、会计政策变更的条件

（一）会计政策变更的概念

会计政策变更是指企业对相同的交易或者事项由原来采用的会计政策改用另一会计政策的行为。为保证会计信息的可比性，使财务报告使用者在比较企业一个以上期间的财务报表时，能够正确判断企业的财务状况、经营成果和现金流量的趋势，一般情况下，企业在不同的会计期间应采用相同的会计政策，不应也不能随意变更会计政策；否则，势必削弱会计信息的可比性，使财务报告使用者在比较企业的经营成果时发生困难。

企业不能随意变更会计政策并不意味着企业的会计政策在任何情况下均不能变更。《企业会计准则——基本准则》规定，企业提供的会计信息应当具有可比性。同一企业不同时期发生的相同或者相似的交易或者事项，应当采用一致的会计政策，不得随意变更。确需变更的，应当在附注中说明。不同企业发生的相同或相似的交易或者事项，应当采用规定的会计政策，确保会计信息口径一致，相互可比。

（二）会计政策变更的条件

会计政策变更并不意味着以前期间的会计政策是错误的，只是由于情况发生了变化，或者掌握了新的信息、积累了更多的经验，使得变更会计政策能够更好地反映企业的财务状况、经营成果和现金流量。如果以前期间会计政策的选择和运用是错误的，则属于前期差错，应按前期差错更正的会计处理方法进行处理。

符合下列条件之一，企业可以变更会计政策：

（1）法律、行政法规或国家统一的会计制度等要求变更。这种情况是指按照法律、行政法规以及国家统一的会计制度的规定，要求企业采用新的会计政策。在这种情况下，企业应按规定改变原会计政策，采用新的会计政策。

（2）会计政策的变更能够提供更可靠、更相关的会计信息。这种情况是指由于经济环境、客观情况的改变，使企业原来采用的会计政策所提供的会计信息已不能恰当地反映企业的财务状况、经营成果和现金流量等情况。在这种情况下，应改变原有会计政策，按新的会计政策进行核算，以对外提供更可靠、更相关的会计信息。

（三）不属于会计政策变更的事项

对会计政策变更的认定直接影响到会计处理方法的选择。实务中，企业应当分清哪些属于会计政策变更，哪些不属于会计政策变更。下列情况不属于会计政策变更：

（1）本期发生的交易或者事项与以前相比具有本质差别而采用新的会计政策。例如，某企业以往租入的设备均为临时需要而租入的，企业按经营租赁会计处理方法核算，但自本年度起租入的设备均采用融资租赁方式，则该企业自本年度起对新租赁的设备采用融资租赁会计处理方法核算。该企业原租入的设备均为经营性租赁，本年度起租赁的设备均改为融资租赁，由于经营租赁和融资租赁有着本质差别，因而改变会计政策不属于会计政策变更。

（2）对初次发生的或不重要的交易或者事项采用新的会计政策。例如，某企业第一次签订一项建造合同，为另一企业建造三幢厂房，该企业对该项建造合同采用完工百分比法确认收入。由于该企业初次发生该项交易，采用完工百分比法确认该项交易的收入，不属于会计政策变更。

三、会计政策变更的累积影响数

会计政策变更的累积影响数是指按照变更后的会计政策对以前各期追溯计算的列报前期最早期初留存收益应有金额与现有金额之间的差额。会计政策变更的累积影响数是假设与会计政策变更相关的交易或事项在初次发生时即采用新的会计政策，而得出的列报前期最早期初留存收益应有的金额与现有金额之间的差额。这里的留存收益包括当年和以前年度的未分配利润和按照相关法律规定提取并累积的盈余公积。会计政策变更的累积影响数是对变更会计政策所导致的对净损益的累积影响,以及由此导致的对利润分配及未分配利润的累积影响金额,不包括分配的利润或股利。

会计政策变更的累积影响数通常可以通过以下各步计算获得:

第一步,根据新会计政策重新计算受影响的前期交易或事项。

第二步,计算两种会计政策下的差异。

第三步,计算差异的所得税影响金额。

第四部,确定前期中的每一步的税后差异。

第五步,计算会计政策变更的积累影响数。

需要注意的是,对以前年度损益进行追溯调整或追溯重述的,应当重新计算各列报期间的每股收益。

四、会计政策变更的会计处理

会计政策变更的会计处理方法主要有以下几种:

(1) 企业依据法律、行政法规或者国家统一的会计制度等的要求变更会计政策的,应当按照国家相关规定执行。

(2) 如果国家没有相关规定的,会计政策变更能够提供更可靠、更相关的会计信息的,应当采用追溯调整法处理,将会计政策变更的累积影响数调整列报前期最早期初留存收益,其他相关项目的期初余额和列报前期披露的其他比较数据也应当一并调整,但确定该项会计政策变更的累积影响数不切实可行的除外。

(3) 确定会计政策变更对列报前期影响数不切实可行的,应当从可追溯调整的最早期间期初开始应用变更的会计政策。在当期期初确定会计政策变更对以前各期累积影响数不切实可行的,应当采用未来适用法处理。

(一) 追溯调整法应用

追溯调整法是指对某项交易或事项变更会计政策,视同该项交易或事项初次发生时即采用变更后的会计政策,并以此对财务报表相关项目进行调整的方法。

追溯调整法的运用通常由以下几步构成:

(1) 计算会计政策变更的累积影响数。

(2) 相关的会计分录。

(3) 调整报表相关项目。

(4) 报表附注说明。

采用追溯调整法时,会计政策变更的累积影响数应包括在变更当期期初留存收益中,如果提供可比财务报表,对于比较财务报表期间的会计政策变更,应调整各该期间净损益各项目和财务报表其他相关项目,视同该政策在比较财务报表期间一直采用。对于比较财务报表可比期间以前的会计政策变更的累积影响数,应调整比较财务报表最早期间的期初留存收益,财务报表其他相关项目的数字也应一并调整。

【例16-1】2017年1月1日,某股份有限公司按照新企业会计准则规定,对专门借款费用核算原则进行变更。按照原会计准则规定专门借款费用资本化时要与资产累计支出相挂钩,而新企业会计准则规定专门借款费用资本化时与资产累计支出不挂钩。某股份有限公司 2015 年 1 月 1 日开始建造的固定资产将在 2017 年 12 月 31 日完工。为该资产建造取得专门借款 3 000 万元，假定该借款每年发生利息费用 180 万元。按原会计准则规定所采用的计算方法计算，假定 2015 年、2016 年借款费用需计入"财务费用"的数字分别为 80 万和 20 万。而新会计准则规定该借款的利息费用在固定资产建造未达到可使用状态之前发生的，全部计入"在建工程"科目。假定该公司所得税税率为 25%，该公司按净利润的 10% 提取法定盈余公积。

根据上述资料，某股份有限公司的会计分录如下：

（1）计算改变财务费用确认方法后的累积影响数如表 16-1 所示。

表 16-1　　　　　　　　　　累积影响数计算表　　　　　　　　　　单位：万元

年　　　度	新政策确定的费用	旧政策确定的费用	税前差异	所得税影响	税后差异
2015	0	80	80	20	60
2016	0	20	20	5	15
合计	0	100	100	25	75

（2）相关的会计分录如下：

①调整会计政策变更的累积影响数：

借：在建工程　　　　　　　　　　　　　　　　　　　　　　　100
　　贷：利润分配——未分配利润　　　　　　　　　　　　　　75
　　　　递延所得税负债　　　　　　　　　　　　　　　　　　25

②调整利润分配：

借：利润分配——未分配利润　　　　　　　　　　　　　　　　7.5
　　贷：盈余公积　　　　　　　　　　　　　　　　　　　　　7.5

（3）报表调整。某股份有限公司在编 2017 年度的财务报表时，应调整资产负债表的年初数（如表 16-2 所示）；利润表、股东权益变动表的上年数（如表 16-3 和表 16-4 所示）。

2017 年 12 月 31 日的有关报表上年数栏应以调整后的数字为基础编制。

表 16-2　　　　　　　　　　资产负债表（局部）　　　　　　　　　　会企 01 表

编制单位：某股份有限公司　　　　　2017 年 2 月 31 日　　　　　　　　单位：万元

资　　产	年初数		负债和所有者权益	年初数	
	调整前	调整后		调整前	调整后
在建工程	260	360	递延所得税负债	0	25
			盈余公积	12.5	20
			未分配利润	132.5	200

表 16-3　　　　　　　　　　　　　利润表（局部）　　　　　　　　　　　　企业 02 表

编制单位：某股份有限公司　　　　　　　2017 年度　　　　　　　　　　　单位：万元

项目	上期金额	
	调整前	调整后
一、财务费用	30	10
……		
二、营业利润	450	470
……		
三、利润总额	540	560
减：所得税费用	135	140
四、净利润	405	420

表 16-4　　　　　　　　　　　　股东权益变动表（局部）　　　　　　　　　　企业 04 表

编制单位：某股份有限公司　　　　　　　2017 年度　　　　　　　　　　　单位：万元

项目	上年金额			
……	……	盈余公积	未分配利润	……
一、上年年末余额		12.5	132.5	
加：会计政策变更前期差错更正		7.5	67.5	
二、本年年初余额		20	200	
……				

（4）报表附注说明。2017 年某股份有限公司按照企业会计准则规定，专门借款费用核算原则进行变更。此项会计政策变更采用追溯调整法，2016 年的比较报表已重新表述。2017 年运用新的方法追溯计算的会计政策变更的累积影响数为 -75 万元。对 2016 年度报表的损益的影响为 +15 万元，2016 年的期初留存收益 +60 万元，其中，调增盈余公积 6 万元。

（二）未来适用法应用

未来适用法是指将变更后的会计政策应用于变更日及以后发生的交易或者事项，或者在会计估计变更当期和未来期间确认会计估计变更影响数的方法。

在未来适用法下，不需要计算会计政策变更产生的累积影响数，也无须重编以前年度的财务报表。企业会计账簿记录及财务报表上反映的金额变更之日仍保留原有的金额，不因会计政策变更而改变以前年度的既定结果，并在现有金额的基础上再按新的会计政策进行核算。企业如果因账簿、凭证超过法定保存期限而销毁，或因不可抗力而毁坏、遗失，如火灾、水灾等，或因人为因素，如盗窃、故意毁坏等，也可能使会计政策变更的累积影响数无法计算。在这种情况下，会计政策变更可以采用未来适用法进行处理。

五、会计政策变更的披露

企业应当在附注中与会计政策变更有关的下列信息：

(1) 会计政策变更的性质、内容和原因。包括：对会计政策变更的简要阐述；会计政策变更的日期；变更前采用的会计政策和变更后所采用的新会计政策及会计政策变更的原因。

(2) 当期和各个列报前期财务报表中受影响的项目名称和调整金额。包括：采用追溯调整法时，计算出的会计政策变更的累积影响数；当期和各个列报前期财务报表中需要调整的净损益及其影响金额，以及其他需要调整的项目名称和调整金额。

(3) 无法进行追溯调整的，说明该事实和原因以及开始应用变更后的会计政策的时点、具体应用情况。包括：无法进行追溯调整的事实；确定会计政策变更对列报前期影响数不切实可行的原因；在当期期初确定会计政策变更对以前各期累积影响数不切实可行的原因；开始应用新会计政策的时点和具体应用情况。

需要注意的是，在以后期间的财务报表中，不需要重复披露在以前期间的附注中已被披露的会计政策变更的信息。

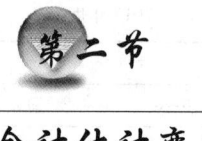

第二节 会计估计变更

一、会计估计变更的定义及特点

(一) 会计估计的概念

会计估计是指企业对其结果不确定的交易或事项以最近可利用的信息为基础所作的判断。会计估计具有以下特点：

(1) 会计估计的存在是由于经济活动中内在的不确定性因素的影响。在会计核算中，企业总是力求保持会计核算的准确性，但有些交易或事项本身具有不确定性，因而需要根据经验作出估计。同时，采用权责发生制原则编制财务报表这一事项本身，也使得有必要充分估计未来交易或事项的影响。

(2) 会计估计应当以最近可利用的信息或资料为基础。由于经营活动内在的不确定性，企业在会计核算中不得不经常进行估计。企业在进行会计估计时，通常应根据当时的情况和经验，以最近可利用的信息或资料为基础进行。但是随着时间的推移、环境的变化，进行会计估计的基础可能会发生变化。

(3) 进行会计估计并不会削弱会计核算的可靠性。进行合理的会计估计是会计核算中必不可少的部分，它不会削弱会计核算的可靠性。企业为了定期、及时地提供有用的会计信息，将延续不断的经营活动人为划分为一定的期间，并在权责发生制的基础上对企业的财务状况和经营成果进行定期确认和计量。在确认和计量过程中，不得不对许多尚在延续中、其结果不确定的交易或事项予以估计入账。但是估计是建立在具有确凿证据的前提下，而不是随意的。企业根据当时所掌握的可靠证据作出最佳估计，不会削弱会计核算的可靠性。

下列各项属于常见的需要进行估计的项目：①存货可变现净值的确定；②采用公允价值模式下的投资性房地产公允价值的确定；③固定资产的耐用年限与净残值以及固定资产的折旧方法；④使用寿命有限的无形资产的预计使用寿命与净残值；⑤预计负债初始计量的最佳估计数的确定；⑥金融资产公允价值的确定；⑦非同一控制下企业合并成本的公允价值的确定；⑧其他重要会计估计；等等。

（二）会计估计变更的概念

会计估计变更是指由于资产和负债的当前状况及预期经济利益和义务发生了变化，从而对资产或负债的账面价值或者资产的定期消耗金额进行调整。

二、会计估计变更的原因

通常情况下，企业可能由于以下原因而发生会计估计变更：

（1）赖以进行估计的基础发生了变化。企业进行会计估计，总是依赖于一定的基础，如果其所依赖的基础发生了变化，则会计估计也应相应作出改变。例如，企业某项无形资产的摊销年限原定为10年，以后发生的情况表明，该资产的受益年限已不足10年，则应相应调减摊销年限。

（2）取得了新的信息，积累了更多的经验。企业进行会计估计是就现有资料对未来所作的判断，随着时间的推移，企业有可能取得新的信息、积累更多的经验，在这种情况下，也需要对会计估计进行修订。例如，企业原对固定资产采用年限平均法按15年计提折旧，后来根据新得到的信息——固定资产经济使用寿命不足15年，只有10年，企业改采用年限平均法按10年计提固定资产折旧。

三、会计估计变更的会计处理

会计估计变更应采用未来适用法处理，即在会计估计变更当期及以后期间，采用新的会计估计，不改变以前期间的会计估计，也不调整以前期间的报告结果。

（1）如果会计估计的变更仅影响变更当期，有关估计变更的影响应于当期确认。

（2）如果会计估计的变更既影响变更当期又影响未来期间，有关估计变更的影响在当期及以后各期确认。会计估计变更的影响数应计入变更当期与前期相同的项目中。为了保证不同期间的财务报表具有可比性，会计估计变更的影响如果以前包括在企业日常活动的损益中，则以后也应包括在相应的损益类项目中，如果会计估计变更的影响数以前包括在特殊项目中，则以后也应作为特殊项目反映。

（3）企业难以对某项变更区分会计政策变更或会计估计变更的，应当将其作为会计估计变更处理。

【例16-2】某股份有限公司于2014年1月1日起开始计提折旧管理用的设备一台，价值840 000元，预计使用年限为8年，预计净残值为40 000元，按直线法计提折旧。至2018年初，由于新技术发展等原因，需要对原估计的使用年限和净残值作出修正，修改后该设备预计尚可使用年限为2年，预计净残值为20 000元。

某股份有限公司对上述会计估计变更的处理方式如下：

（1）不调整以前各期折旧，也不计算累积影响数。

（2）变更日以后发生的经济业务改按新的估计提取折旧。

按原估计，每年折旧额为 100 000 元，已提折旧 4 年，共计 400 000 元，固定资产账面价值为 440 000 元，则第 5 年相关科目的期初余额如下：

固定资产	840 000
减：累计折旧	400 000
固定资产账面价值	440 000

改变预计使用年限后，2018 年起每年计提的折旧费用为 210 000 元〔（440 000 － 20 000）÷2〕。2018 年不必对以前年度已提折旧进行调整，只需按重新预计的尚可使用年限和净残值计算确定年折旧费用，某股份有限公司编制的会计分录如下：

借：管理费用	210 000
贷：累计折旧	210 000

2019 年计提折旧时：

借：管理费用	210 000
贷：累计折旧	210 000

四、会计估计变更的披露

对于会计估计变更，企业除按前文所述进行会计处理外，还应在会计报表附注中披露以下事项：

（1）会计估计变更的内容和理由，主要包括会计估计变更的内容、会计估计变更的日期以及会计估计变更的原因；

（2）会计估计变更的影响数，主要包括会计估计变更对当期损益的影响金额、会计估计变更对其他项目的影响金额；

（3）会计估计变更的影响数不能确定的理由。

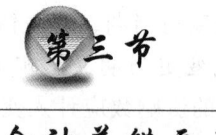

第三节　会计差错更正

一、会计差错产生的原因及分类

前期差错是指由于没有运用或错误运用下列两种信息，而对前期财务报表造成省略或错报：

（1）编报前期财务报表时预期能够取得并加以考虑的可靠信息。

（2）前期财务报告批准报出时能够取得的可靠信息。

前期差错通常包括以下方面：

（1）计算错误及账户分类错误。例如，企业本期应计提折旧 5 000 万元，但由于计算出现差错，得出错误数据为 4 500 万元。

（2）应用会计政策错误。例如，按照企业会计准则规定，为购建固定资产而发生的借款费用，在固定资产达到预定可使用状态前发生的，满足一定条件时应予资本化，计入所购建固定资产的成本；在固定资产达到预定可使用状态后发生的，计入当期损益。如果企业固定资产达到预定可使用状态后发生的借款费用，也计入该项固定资产价值，予以资本化，则属于采用法律、行政法规或者国家统一的会计制度等所不允许的会计政策。

（3）疏忽或曲解事实以及舞弊产生的影响。例如，企业销售一批商品，商品已经发出，开出增值税专用发票，商品销售收入确认条件均已满足，但企业在期末未将已实现的销售收入入账。

二、会计差错更正的会计处理

会计差错主要有不重要的会计差错和重要的会计差错两种形式。

需要注意的是，就会计估计的性质来说，它是个近似值，随着更多信息的获得，估计可能需要进行修正，但是会计估计变更不属于前期差错更正。

前期差错的重要程度应根据差错的性质和金额加以具体判断。企业发现前期差错时应当根据差错的性质及时纠正。

（一）不重要的前期差错的会计处理

对于不重要的前期差错，企业不需要调整财务报表相关项目的期初数，但应调整发现当期与前期相同的相关项目。属于影响损益的，应直接计入本期与上期相同的净损益项目；属于不影响损益的，应调整本期与前期相同的相关项目。

（二）重要的前期差错的会计处理

（1）企业应当采用追溯重述法更正重要的前期差错，但确定前期差错累积影响数不切实可行的除外。追溯重述法是指在发现前期差错时，视同该项前期差错从未发生过，从而对财务报表相关项目进行更正的方法。追溯重述法的会计处理与追溯调整法相同。

（2）确定前期差错影响数不切实可行的，可以从可追溯重述的最早期间开始调整留存收益的期初余额，财务报表其他相关项目的期初余额也应当一并调整，也可以采用未来适用法。

（3）企业应当在重要的前期差错发现当期的财务报表中调整前期比较数据。

【例16-3】2018年12月31日，某股份有限公司发现2017年漏记了一项固定资产的折旧费用250 000元，但在所得税申报表中扣除了该项折旧。假设该公司2017年适用的所得税税率为25%，采用会计方法计提的折旧额与按照税法规定计提的折旧额相同。除该事项外，无其他纳税调整事项。该公司按净利润的10%提取法定盈余公积。

（1）分析错误的后果。

①2017年少计折旧费用250 000元；

②少计累计折旧250 000元；

③多计净利润250 000元；

④多提法定盈余公积25 000元。

（2）会计处理。

①补提折旧：

借：以前年度损益调整　　　　　　　　　　　　　250 000
　　　贷：累计折旧　　　　　　　　　　　　　　　　　　250 000

②将"以前年度损益调整"科目的余额转入利润分配：

借：利润分配——未分配利润　　　　　　　　　250 000
　　　贷：以前年度损益调整　　　　　　　　　　　　　　250 000

③调整利润分配有关数字：

借：盈余公积　　　　　　　　　　　　　　　　25 000
　　　贷：利润分配——未分配利润　　　　　　　　　　　25 000

（3）报表调整。

资产负债表项目调整如下：
①固定资产调减250 000元；
②盈余公积调减25 000元；
③未分配利润调减225 000元。

利润表项目调整如下：
①管理费用调增250 000元；
②营业利润调减250 000元；
③利润总额调减250 000元；
④净利润调减250 000元。

所有者权益变动表项目调整如下：
①盈余公积调减25 000元；
②未分配利润调减225 000元。

三、会计差错更正的披露

企业应当在附注中披露与前期差错更正有关的下列信息：
（1）前期差错的性质。
（2）各个列报前期财务报表中受影响的项目名称和更正金额。
（3）无法进行追溯重述的，说明该事实和原因以及前期差错开始进行更正的时点、具体更正情况。在以后期间的财务报表中，不需要重复披露在以前期间的附注中已披露的前期差错更正的信息。

关键词

会计政策　会计估计　会计差错更正

复习思考题

1. 会计政策包括的主要内容有哪些?
2. 会计政策变更可以用哪些方法?
3. 会计政策变更的会计处理原则有哪些?
4. 会计估计变更的原因是什么?
5. 前期差错产生的原因主要有哪些?对前期差错应采用什么原则处理?

第十七章 或有事项

第一节 或有事项概述

或有事项是指过去的交易或者事项形成的，其结果须由某些未来事项的发生或不发生才能决定的不确定事项。常见的或有事项包括已贴现商业承兑汇票、未决诉讼、未决仲裁、对外提供担保、产品质量保证（含产品安全保证）。

一、或有事项特征

企业在会计核算中经常面临某些不确定事项，其最终结果须由某些未来事项的发生或不发生加以决定，需要会计人员对此结果事先作出分析和判断。这种不确定性事项，即为或有事项。

或有事项具有以下特征：

（1）或有事项是由过去的交易或事项形成的。或有事项是企业过去的交易或事项引起的，它对企业的影响只能由某些未来事项的发生或不发生才能决定，现在尚不能完全确定。例如，产品质量保证是企业对已出售商品或已提供劳务的质量提供的保证，不是为尚未出售商品或尚未提供劳务的质量提供的保证；未决诉讼虽是正在进行当中的诉讼，但它是企业因过去的经济行为起诉其他单位或被其他单位起诉引起的，是现存的一种状况，不是将要存在的某种状况。基于这一特征，未来可能发生的自然灾害、未来可能发生的交通事故、未来可能发生的经营亏损等事项，都不构成或有事项。

（2）或有事项具有不确定性。其主要是指或有事项的结果具有不确定性。

首先，或有事项的结果是否发生具有不确定性。例如，为其他单位提供债务担保，如果被担保方到期无力还款，担保方将负连带责任。对于担保方而言，担保所引起的可能发生的连带责任构成或有事项。但是担保方是否需要履行连带责任，在担保协议达成时是不能确定的。

其次，或有事项的结果即会发生，但具体发生的时间或发生的金额具有不确定性。例如，乙股份有限公司因对周围环境造成污染而被起诉，如无特殊情况，公司很可能败诉。但是，在诉讼成立时，公司因败诉将要支出多少金额，或支出发生于何时，是难以确定的。或有事项的这种不确定性，是其区别于其他不确定性会计事项的重要特征。

需要注意的是，或有事项所具有的不确定性与其他具有不确定性的事项并不完全相同。也就是说，在会计工作中存在不确定性的事项并不都是或有事项。例如，对固定资产计提折旧，虽然也涉及对固定资产残值和使用年限进行分析和判断，带有一定的不确定性。但是固定资产折旧是已经发生的损耗，其结果是确定的。因此对固定资产计提折旧不属于或有事项。

（3）或有事项的结果只能由某些未来事项的发生或不发生加以决定。或有事项的结果在或有事项发生时是难以证实的。这种不确定性的消失需要由未来不确定性事项的发生或不发生来证实。例如，未决诉讼，其最终结果只能随着案情的发展，由判决结果来确定。或有事项的这一特征说明或有事项具有时效性，即随着影响或有事项结果的因素发生变化，或有事项最终会转化为确定事项。

（4）影响或有事项结果的不确定性因素不能由企业控制。或有事项本身所具有的不确定性，从一个侧面说明了影响或有事项结果的不确定因素不能由企业所控制。如果企业能够加以控制，那么它也就不属于或有事项。

或有事项与不确定性联系在一起，但会计处理过程中存在的不确定性并不都形成或有事项准则所规范的或有事项，企业应当按照或有事项的定义和特征进行判断。例如，折旧的提取虽然涉及对固定资产净残值和使用寿命的估计，具有一定的不确定性，但固定资产原值是确定的，其价值最终会转移到成本或费用中也是确定的，因此折旧不是或有事项。

二、或有资产和或有负债

作为过去的交易或事项形成的一种状况，或有事项的结果有两种情况：

一种情况是导致经济利益流入企业。如果或有事项的结果为很可能导致经济利益流入企业，就形成企业的或有资产，需要在报表附注中加以披露；如果或有事项的结果仅为可能导致经济利益流入企业，一般不需要在附注中加以披露；对或有资产企业不应加以确认。

另一种情况是导致经济利益流出企业。如果或有事项的结果很可能导致经济利益流出企业，同时满足其他确认条件，企业需要将其确认为负债，会计实务中一般作为预计负债核算，并在报表中予以披露；如果不满足确认条件，企业不作为预计负债加以确认，但是需要作为或有负债在附注中披露。

但是企业应当持续地对影响或有负债和或有资产的多种因素予以关注。随着时间推移和事态的进展，或有负债对应的潜在义务可能转化为现时义务，原本不是很可能导致经济利益流出的现时义务也可能被证实将很可能导致企业流出经济利益，并且现时义务的金额也能够可靠计量。在这种情况下，或有负债就转化为企业的或有预计负债，应当予以确认。或有资产对应的潜在资产最终是否能够流入企业会逐渐变得明确，如果某一时点企业基本确定能够收到这项潜在资产并且其金额能够可靠计量，则应当将其确认为企业的资产。

（一）或有资产

或有资产是指过去的交易或者事项形成的潜在资产，其存在须通过未来不确定事项的发生或不发生予以证实。

或有资产具有以下特征：

（1）或有资产是过去的交易或事项形成的。例如，2013年12月25日，甲股份有限公司状告乙股份有限公司侵犯了其专利权。至2013年12月31日，法院还没有对该诉讼案进行公开审理，甲股份有限公司是否胜诉尚难判断。对于甲股份有限公司而言，将来可能胜诉而获得的资产属于一项潜在资产，它是由过去事项（乙股份有限公司"可能侵犯"甲股份有限公司的专利权，并受到起诉）形成的。但是，如果某企业计划在3个月后购入一批原材料，那么因此可能获得的资产并不是或有资产，因为企业的计划并不是过去的"交易或事项"。

（2）或有资产的结果具有不确定性。或有资产是一种潜在资产，随着经济情况的变化，其是否会形成企业真正的资产，须通过不完全由企业控制的未来不确定事项的发生或不发生才能证实。沿用以上例子，甲股份有限公司的或有资产，是否真的会转化成其真正的资产，要由诉讼案件的调解或判决结果确定。如果终审判决结果是甲股份有限公司胜诉，那么或有资产便转化为一项基本可以肯定收到的资产。如果终审判决结果是甲股份有限公司败诉，那么或有资产便"消失"了，而且还应承担一项支付诉讼费的义务。

（二）或有负债

或有负债是指过去的交易或者事项形成的潜在义务，其存在须通过未来不确定事项的发生或不发生予以证实；或过去的交易或者事项形成的现时义务，履行该义务不是很可能导致经济利益流出企业或该义务的金额不能可靠计量。

或有负债具有以下特征：

（1）或有负债是过去的交易或者事项形成的。例如，2013年12月25日，甲股份有限公司状告乙股份有限公司侵犯了其专利权。至2013年12月31日，法院还没有对诉讼案进行公开审理，乙股份有限公司是否败诉尚难判断。对于乙股份有限公司而言，一项或有负债已经形成。它是由过去事项（乙股份有限公司"可能侵犯"甲股份有限公司的专利权，并受到起诉）形成的。而某企业计划在3个月后购入一批原材料可能须承担支付货款的义务则不属于或有负债。

（2）或有负债的结果具有不确定性。或有负债包括两类义务：一类是潜在义务；另一类是特殊的现时义务。或有负债作为一项潜在义务，其结果如何只能由未来不确定事项的发生或不发生来证实。例如，2013年12月2日，甲股份有限公司因故与乙股份有限公司发生经济纠纷，并被乙股份有限公司提起诉讼。至2013年12月31日，该起诉讼尚未进行审理。由于案情复杂，相关的法律法规也不健全，截止到2013年12月31日，诉讼的最后结果如何尚难确定。2013年12月31日，甲股份有限公司承担的义务就属于潜在义务。

或有负债作为特殊的现时义务，其特殊之处在于，该现时义务的履行不是很可能导致经济利益流出企业，或者该现时义务的金额不能可靠地计量。其中，不是很可能导致经济利益流出企业是指该现时义务导致经济利益流出企业的可能性不超过50%（含50%）。

例如，2013年12月20日，甲股份有限公司与乙股份有限公司签订担保合同，承诺为乙股份有限公司的3年期项目贷款提供担保。由于担保合同的签订，甲股份有限公司承担了一项现时义务。但是承担现时义务并不意味着经济利益将很可能因此而流出甲股份有限公司。如2013年度乙股份有限公司的财务状况良好，则说明甲股份有限公司履行连带责任的可能性不大。也就是说，从2013年看，甲股份有限公司不是很可能被要求流出经济利益以履行该义务。为此甲股份有限公司应将该项现时义务作为或有负债进行披露。

第二节 预计负债的确认和计量

一、预计负债的确认

或有事项的确认是指与或有事项相关义务的确认。根据企业会计准则的规定，如果与或有事项相关的义务同时满足以下条件的，企业应将其确认为预计负债：

（1）该义务是企业承担的现时义务。这一条件是指与或有事项有关的义务是企业承担的现时义务而非推定义务，企业必须履行该现时义务。例如，乙股份有限公司的司机因违犯交通规则造成严重交通事故，公司将要因此而承担赔偿义务。即，公司司机违规事项发生后，公司随即承担一项现时义务。再如，甲股份有限公司与乙股份有限公司发生经济纠纷，调解无效。甲股份有限公司遂于2017年12月28日向法院提起诉讼。至2017年12月31日，法院尚未判决，但法庭调查表明，乙股份有限公司的行为违反了国家的有关经济法规。这种情况表明，对乙股份有限公司而言，一项现时义务已经产生。

（2）该义务的履行很可能导致经济利益流出企业。这一条件是指企业履行因或有事项而承担的现时义务导致经济利益流出企业的可能性超过50%但小于或等于95%。

在对或有事项加以确认时，通常需要对其发生的概率加以分析和判断。这涉及对发生概率的区间加以确定。一般情况下，将发生的概率分为以下几个层次：基本确定、很可能、可能、极小可能。其中，"基本确定"是指发生的可能性大于95%但小于100%；"很可能"是指发生的可能性大于50%但小于或等于95%；"可能"是指发生的可能性大于5%但小于或等于50%；"极小可能"是指发生的可能性大于0但小于或等于5%。

企业因或有事项承担现时义务，并不说明该现时义务很可能导致经济利益流出企业；只有在其很可能导致经济利益流出企业时，企业才能加以确认。例如，2017年5月1日，乙股份有限公司与甲股份有限公司签订协议，承诺为甲股份有限公司的2年期银行借款提供全额担保。对于乙股份有限公司而言，由于担保事项而承担了一项现时义务。这项义务的履行是否很可能导致经济利益流出企业，需依据甲股份有限公司的经营情况和财务状况等因素来定。假定2017年12月31日，甲股份有限公司财务状况良好。此时，如果没有其他特殊情况，一般可以认定甲股份有限公司不会违约，从而乙股份有限公司履行承担的现时义务不是很可能导致经济利益流出。假定2017年12月31日，甲股份有限公司的财务状况恶化，且没有迹象表明可能发生好转。这种情况出现，表明甲股份有限公司很可能违约，从而乙股份有限公司履行承担的现时义务将很可能导致经济利益流出企业。

（3）该义务的金额能够可靠地计量。该义务的金额能够可靠地计量是指与或有事项相关的现时义务的金额能够合理地估计。由于或有事项具有不确定性，因或有事项产生的现时义务的金额也具有不确定性，需要估计。对或有事项确认一项预计负债，相关现时义务的金额应当能够可靠估计。例如，甲企业（被告）涉及一桩诉讼案。根据以往的审判案例推断，甲企业很可能要败诉，相关的赔偿金额也可以估算出一个范围。这种情况下，可以认为甲企业因未决诉讼承担的现时义务的金额能够可靠地估计。

预计负债应当与应付账款、应计项目等其他负债严格区分。因为与预计负债相关的未来支出的时间或金额具有一定的不确定性。应付账款是为已收到或已提供的、并已开出发票或已与供应商达成正式协议的货物或劳务支出的负债；应计项目是为已收到或已提供的、但还未支付、未开出发票或未与供应商达成正式协议的货物或劳务支出的负债，尽管有时需要估计应计项目的金额或时间，但是其不确定性通常远小于预计负债。应计项目经常作为应付账款和其他应付账款的一部分进行列报，而预计负债单独进行列报。

根据预计负债的确认条件，按照《企业会计准则第9号——职工薪酬》规定，应付职工辞退福利在满足一定条件下，应当确认为预计负债。按照《企业会计准则第4号——固定资产》规定，存在弃置义务的固定资产，应将弃置费用按照其现值确定为预计负债。

二、预计负债的计量

因或有事项而确认的预计负债的金额，应当按照履行相关现时义务所需支出的最佳估计数进行初始计量，并在资产负债表日对预计负债的账面价值进行复核，有确凿证据表明该账面价值不能真实反映当前最佳估计数的，应当按照当前最佳估计数对该账面价值进行调整。企业清偿预计负债所需支出还可能从第三方或其他方获得补偿。因此，或有事项的计量主要涉及三个问题：一是最佳估计数的确定；二是预期可获得补偿的处理；三是预计负债账面价值的复核。

（一）最佳估计数的确定

预计负债应当按照履行相关现时义务所需支出的最佳估计数进行初始计量。最佳估计数的确定应当分别以下两种情况处理：

（1）所需支出存在一个连续范围（或区间，下同），且该范围内各种结果发生的可能性相同，则最佳估计数应当按照该范围内的中间值，即上下限金额的平均数确定。

【例17-1】2016年11月20日，A银行批准B公司的信用贷款（无担保、无抵押）申请，同意向其贷款2 000万元，期限1年，年利率7.2%。2017年11月20日，B公司的借款（本金和利息）到期。B公司具有还款能力，但因与A银行之间存在其他经济纠纷，而未按时归还A银行的贷款。A银行遂与B公司协商，但没有达成协议。2017年12月25日，A银行向法院提起诉讼。截至2017年12月31日，法院尚未对A银行提起的诉讼进行审理。

解析：

本例中，A银行如无特殊情况很可能在诉讼中获胜。因此，在2017年12月31日，A

银行可以作"很可能胜诉"的判断,并预计除可以收回本金和利息外,还可能获得罚息等。假定 A 银行根据规定的标准估计,将来最可能获得罚息等的收入 24 万元(这项金额在提起诉讼时已作估计)。根据《企业会计准则第 13 号——或有事项》的规定,A 银行不应当确认这项或有资产,而应当在 2017 年 12 月 31 日于资产负债表附注中披露或有资产 24 万元,同时说明很可能收回 B 公司所欠的贷款本金和利息 2 144 万元。

B 公司如无特殊情况很可能败诉。为此,B 公司不仅须偿还贷款本金和利息,还需要支付罚息、诉讼费等费用。假定 B 公司预计将要支付的罚息、诉讼费等费用估计为 20 万元至 24 万元之间,而且这个区间内每个金额的可能性都大致相同。根据《企业会计准则第 13 号——或有事项》的规定,B 公司应在 2017 年 12 月 31 日确认一项预计负债 22 万元[(20+24)÷2=22,其中支付的诉讼费为 3 万元],同时在资产负债表附注中进行披露。B 公司编制的会计分录如下:

借:管理费用——诉讼费　　　　　　　　　　　　　　　　30 000
　　营业外支出——罚息支出　　　　　　　　　　　　　　190 000
　　贷:预计负债——未决诉讼　　　　　　　　　　　　　　　　　220 000

(2) 所需支出不存在一个连续范围,或者虽然存在一个连续范围但该范围内各种结果发生的可能性不相同。在这种情况下,最佳估计数按照如下方法确定:

①或有事项涉及单个项目的,按照最可能发生金额确定。"涉及单个项目"指或有事项涉及的项目只有一个,如一项未决诉讼、一项未决仲裁或一项债务担保等。

【例 17-2】2017 年 11 月 2 日,A 公司因与 B 公司签订了互相担保协议,成为相关诉讼的第二被告。截至 2017 年 12 月 31 日,诉讼尚未判决。但由于 B 公司经营困难,A 公司很可能要承担还款连带责任。据预计,A 公司承担还款金额 200 万元责任的可能性为 60%,而承担还款金额 100 万元责任的可能性为 40%(假定不考虑诉讼费)。B 公司编制的会计分录如下:

借:营业外支出——赔偿支出　　　　　　　　　　　　　2 000 000
　　贷:预计负债——未决诉讼　　　　　　　　　　　　　　　　2 000 000

②或有事项涉及多个项目的,按照各种可能结果及相关概率计算确定。"涉及多个项目"指或有事项涉及的项目不止一个,如在产品质量保证中,提出产品保修要求的可能有许多客户。相应地,企业对这些客户负有保修义务。

【例 17-3】2017 年,乙企业销售产品 3 万件,销售额 1.2 亿元。乙企业的产品质量保证条款规定:产品售出后一年内,如发生正常质量问题,乙企业将免费负责修理。

根据以往的经验,如果出现较小的质量问题,则须发生的修理费为销售额的 1%;而如果出现较大的质量问题,则须发生的修理费为销售额的 2%。据预测,本年度已售产品中,有 80% 不会发生质量问题,有 15% 将发生较小质量问题,有 5% 将发生较大质量问题。

本例中,2017 年末乙企业应确认的预计负债金额(最佳估计数)=(1.2×1%)×15% + (1.2×2%)×5% = 0.003(亿元)。

(二) 预期可获得的补偿

企业清偿预计负债所需支出全部或部分预期由第三方补偿的,补偿金额只有在基本确定能够收到时才能作为资产单独确认。确认的补偿金额不应当超过预计负债的账面价值。

首先，企业预期从第三方获得的补偿是一种潜在资产，其最终是否真的会转化为企业真正的资产（即企业是否能够收到这项补偿）具有较大的不确定性，企业只能在基本确定能够收到补偿时才能对其进行确认。其次，根据资产和负债不能随意抵销的原则，预期可获得的补偿在基本确定能够收到时应当确认为一项资产，而不能作为预计负债金额的扣减。

补偿金额的确认涉及两个问题：一是确认时间，补偿只有在"基本确定"能够收到时予以确认；二是确认金额，确认的金额是基本确定能够收到的金额，而且不能超过相关预计负债的账面价值。例如，甲企业因或有事项确认了一项预计负债50万元，同时，因该或有事项，甲企业还可从乙企业获得35万元的赔偿，且这项金额基本确定能收到。在这种情况下，甲企业应分别确认一项预计负债50万元和一项资产35万元。如果甲企业基本确定能从乙企业获得55万元的赔偿，则应分别确认一项预计负债50万元和一项资产50万元。

（三）预计负债账面价值的复核

对于已确认的预计负债，企业应当在资产负债表日对其账面价值进行复核。有确凿证据表明该账面价值不能真实反映当前最佳估计数的，应当按照当前最佳估计数对该账面价值进行调整，调整金额计入当期损益。此外，在对或有事项形成的现时义务进行确认和计量时，企业应当注意以下问题：

（1）待执行合同变成亏损合同的，该亏损合同产生的义务满足预计负债确定条件时，应当确认为预计负债。亏损合同是指履行合同义务不可避免会发生的成本超过预期经济利益的合同。待执行合同是指合同各方尚未履行任何合同义务，或部分地履行了同等义务的合同。

（2）对于未来经营亏损企业不应当确认预计负债。

（3）企业承担的重组义务满足预计负债确认条件的，应当确认预计负债。

同时存在下列情况时，表明企业承担了重组义务：①有详细、正式的重组计划，包括重组涉及的业务、主要地点、需要补偿的职工人数及其岗位性质、预计重组支出、计划实施时间等；②该重组计划已对外公告。重组是指企业制订和控制的，将显著改变企业组织形式、经营范围或经营方式的计划实施行为。

对于与重组义务有关的预计负债，企业应当按照与重组有关的直接支出确定预计负债金额。直接支出不包括留用职工岗前培训、市场推广、新系统和营销网络投入等支出。

（4）对于因担保事项产生的预计负债，企业应当分下列情况进行会计处理：

①在涉及担保诉讼的情况下，如果企业已被判决败诉，则应当按照法院判决的应承担的损失金额，确认为预计负债，并计入当期营业外支出（不含诉讼费，下同）；如果已判决败诉，但企业正在上诉，或者经上一级法院裁定暂缓执行，或者由上一级法院发回重审等，企业应当在资产负债表日，根据已有判决结果合理估计可能产生的损失金额，确认为预计负债，并计入当期营业外支出；如果法院尚未判决，企业应向其律师或法律顾问等咨询，估计败诉的可能性，以及败诉后可能发生的损失金额，并取得有关书面意见。如果败诉的可能性大于胜诉的可能性，并且损失金额能够合理估计的，应当在资产负债表日将预

计担保损失金额,确认为预计负债,并计入当期营业外支出。

②企业当期实际发生的担保诉讼损失金额与已计提的相关预计负债之间的差额,应分情况处理:

第一,企业在前期资产负债表日,依据当时实际情况和所掌握的证据合理预计了预计负债,应当将当期实际发生的担保诉讼损失金额与已计提的相关预计负债之间的差额,直接计入当期营业外支出或营业外收入。

第二,企业在前期资产负债表日,依据当时实际情况和所掌握的证据本应当能够合理估计并确认和计量因担保诉讼所产生的损失,但企业所作的估计却与当时的事实严重不符(如未合理预计损失或不恰当地多计或少计损失),应当视为滥用会计估计,按照前期差错更正的方法进行会计处理。

第三,企业在前期资产负债表日,依据当时实际情况和所掌握的证据确实无法合理确认和计量因担保诉讼所产生的损失,因而未确认预计负债的,则在该项损失实际发生的当期,直接计入当期营业外支出或营业外收入。

第四,资产负债表日后至财务报告报出日之间发生的需要调整或说明的未决诉讼,按照《企业会计准则29号——资产负债表日后事项》的有关规定进行处理。

三、预计负债的会计处理

【例17-4】永安股份有限公司属于运输机械行业的重要生产和销售企业。2017年第1季度、第2季度、第3季度、第4季度分别销售机床400台、600台、800台和700台,每台售价为50 000元。为了占领市场,扩大销售,永安股份有限公司的销售合同规定:运输机械销售后3年内如果出现非意外事件造成的运输机械故障和质量问题,永安股份有限公司负责免费保修以及零部件更换。根据以往的销售、维修经验,永安股份有限公司的销售部门、维修部门以及财务部门分析后认为,发生的保修费用一般占销售额的1%至1.5%之间。如果永安股份有限公司2017年4个季度实际发生的维修费用分别为40 000元、400 000元、360 000元和700 000元;2016年"预计负债——产品质量保证"科目年末余额为240 000元。

解析:

永安股份有限公司因销售运输机械并在销售合同中规定了负责免费维修的条款,因而承担了现时义务,该义务的履行很可能导致经济利益流出永安股份有限公司,该义务的金额能够可靠地计量。基于此,永安股份有限公司应在每季度末确认一项负债。

(1) 第1季度,发生产品质量保证费用:

借:预计负债——产品质量保证　　　　　　　　　　　　　　　40 000
　　贷:银行存款　　　　　　　　　　　　　　　　　　　　　　　　40 000

第1季度末应确认的产品质量保证负债金额为:

$400 \times 50\ 000 \times (1\% + 1.5\%) \div 2 = 250\ 000$ (元)

借:销售费用——产品质量保证　　　　　　　　　　　　　　　25 000
　　贷:预计负债——产品质量保证　　　　　　　　　　　　　　　25 000

第1季度末,"预计负债——产品质量保证"科目余额为:

240 000 + 40 000 + 250 000 = 450 000（元）

(2) 第 2 季度，发生生产品质量保证费用：

借：预计负债——产品质量保证　　　　　　　　　　　　400 000
　　贷：银行存款　　　　　　　　　　　　　　　　　　　　400 000

第 2 季度末应确认的产品质量保证负债金额为：
600 × 50 000 × (1% + 1.5%) ÷ 2 = 375 000（元）

借：销售费用——产品质量保证　　　　　　　　　　　　375 000
　　贷：预计负债——产品质量保证　　　　　　　　　　　375 000

第 2 季度末，"预计负债——产品质量保证" 科目余额为：
450 000 − 400 000 + 375 000 = 425 000（元）

(3) 第 3 季度，发生产品质量保证费用：

借：预计负债——产品质量保证　　　　　　　　　　　　360 000
　　贷：银行存款　　　　　　　　　　　　　　　　　　　　360 000

第 3 季度末应确认的产品质量保证负债金额为：
800 × 50 000 × (1% + 1.5%) ÷ 2 = 500 000（元）

借：销售费用——产品质量保证　　　　　　　　　　　　500 000
　　贷：预计负债——产品质量保证　　　　　　　　　　　500 000

第 3 季度末，"预计负债——产品质量保证" 科目余额为：
425 000 − 360 000 + 500 000 = 565 000（元）

(4) 第 4 季度，发生产品质量保证费用：

借：预计负债——产品质量保证　　　　　　　　　　　　700 000
　　贷：银行存款　　　　　　　　　　　　　　　　　　　　700 000

第 4 季度末应确认的产品质量保证负债金额为：
700 × 50 000 × (1% + 1.5%) ÷ 2 = 437 500（元）

借：销售费用——产品质量保证　　　　　　　　　　　　437 500
　　贷：预计负债——产品质量保证　　　　　　　　　　　437 500

第 4 季度末，"预计负债——产品质量保证" 科目余额为：
565 000 − 700 000 + 437 500 = 302 500（元）

第三节　或有事项的披露

一、预计负债的披露

在资产负债表中，对预计负债应与其他负债项目区别开来，单独反映，并在附注中披露下列信息：

(1) 预计负债的种类、形成原因以及经济利益流出不确定性的说明；

(2) 各类预计负债的期初、期末余额和本期变动情况；

(3) 与预计负债有关的预期补偿金额和本期已确认的预期补偿金额。如果企业因多项或有事项确认了预计负债，在资产负债表上一般只需通过"预计负债"项目进行总括反映。

在将或有事项确认负债的同时，应确认一项支出或费用。这项支出或费用在利润表中不应单列项目反映，而应与其他费用或支出项目（如"营业费用""管理费用""营业外支出"等）合并反映。例如，企业因产品质量保证确认负债时所确认的费用，在利润表中，应作为"营业费用"的组成部分予以反映；企业因对其他单位提供债务担保确认负债时所确认的费用，应作为"营业外支出"的组成部分予以反映。

需要说明的是，如果企业基本确定能获得补偿，那么企业在利润表中反映因或有事项确认的费用或支出时，应将这些补偿预先抵减。比如，甲企业因提供债务担保而确认了金额为 30 000 元的一项负债和一项支出，同时基本确定可以从第三方获得金额为 23 000 元的补偿。在这种情况下，甲企业应在利润表中反映损失 7 000 元，并将其在利润表中并入"营业外支出"项目。

【例 17-5】2017 年 11 月 2 日，甲股份有限公司因与乙股份有限公司签订了互相担保协议而成为相关诉讼的第二被告。截止到 2017 年 12 月 31 日，诉讼尚未判决。但是，由于乙股份有限公司经营困难，甲股份有限公司很可能需要承担还款连带责任。根据公司法律顾问的职业判断，甲股份有限公司很可能需要承担 2 000 000 元的还款连带责任。

解析：

本例中，甲股份有限公司因连带责任而承担了现时义务，该义务的履行很可能导致经济利益流出企业，并且该义务的金额能够可靠地计量，因此，2017 年 12 月 31 日，甲股份有限公司应确认一项金额为 2 000 000 元的预计负债，并在附注中作相关披露。甲股份有限公司编制的会计分录如下：

借：营业外支出——赔偿支出　　　　　　　　　　　　　　2 000 000
　　贷：预计负债——未决诉讼　　　　　　　　　　　　　　　　2 000 000

2017 年 12 月 31 日，甲股份有限公司应在附注中作如下披露：

或有事项：乙股份有限公司因借款逾期未还被某银行起诉。由于乙股份有限公司与本公司签订有互相担保协议，本公司因此负有还款连带责任。2017 年 12 月 31 日，本公司为此确认了一笔预计负债，金额为 2 000 000 元。目前，相关诉讼正在审理当中。在利润表中，所确认的 2 000 000 元的"营业外支出"应与公司发生的其他营业外支出合并反映。

【例 17-6】2017 年 11 月 20 日，A 银行批准乙股份有限公司的信用贷款（假设无担保、无抵押）申请，同意向其贷款 20 000 000 元，期限 1 年，年利率 7.2%。2017 年 11 月 20 日，乙股份有限公司的借款（本金和利息）到期。乙股份有限公司具有还款能力，但因与 A 银行之间存在其他经济纠纷，而未按时归还 A 银行的贷款。A 银行遂与乙股份有限公司协商，但没有达成协议。2017 年 12 月 25 日，A 银行向法院提起诉讼。截止到 2017 年 12 月 31 日，法院尚未对 A 银行提起的诉讼进行审理。

解析：

本例中，对于乙股份有限公司而言，如无特殊情况，其很可能败诉。为此，乙股份有限公司不仅须偿还贷款本金和利息，还需要支付罚息、诉讼费等费用。假定乙股份有限公司预计将要支付的罚息、诉讼费等费用估计为 200 000 元至 240 000 元之间，且各种结果发生的可能性相同。2017 年 12 月 31 日，乙股份有限公司应确认一项金额为 220 000 元 [（200 000 + 240 000）÷ 2 = 220 000，包括对方支付的诉讼费为 30 000 元] 的预计负债，并在附注中作相关披露。乙股份有限公司编制的会计分录如下：

借：管理费用——诉讼费　　　　　　　　　　　　　　　　30 000
　　营业外支出——罚息支出　　　　　　　　　　　　　　190 000
　　　贷：预计负债——未决诉讼　　　　　　　　　　　　　　　220 000

2017 年 12 月 31 日，乙股份有限公司在资产负债表附注中作如下披露：

或有事项：本公司欠 A 银行贷款 2017 年 11 月 20 日到期，到期本金和利息合计 21 440 000 元。由于与 A 银行存在其他经济纠纷，所以本公司尚未偿还上述借款本金和利息。为此，A 银行起诉本公司，除要求本公司偿还本金和利息外，还要求支付罚息等费用。2017 年 12 月 31 日，本公司据此确认了一笔金额为 220 000 元的预计负债。目前，此案正在审理中。在利润表中，所确认的 30 000 元"管理费用"应与公司发生的其他管理费用合并反映，所确认的 190 000 元"营业外支出"应与公司发生的其他营业外支出合并反映。

二、或有负债的披露

（1）或有负债无论作为潜在义务，还是现时义务，均不符合预计负债的确认条件，因而不予确认。但是，如果或有负债符合某些条件，则应予以披露。

或有负债披露的基本原则是，极小可能导致经济利益流出企业的或有负债一般不予披露。但是，对某些经常发生或对企业的财务状况和经营成果有较大影响的或有负债，即使其导致经济利益流出企业的可能性极小，也应予以披露，以确保财务会计报告信息使用者获得足够充分和详细的信息。这些或有负债包括：已贴现商业承兑汇票形成的或有负债、未决诉讼、未决仲裁形成的或有负债，以及为其他单位提供担保形成的或有负债。

（2）对于应予披露的或有负债，企业应在附注中披露如下内容：或有负债的种类及形成的原因，经济利益流出不确定性的说明，或有负债预计产生的财务影响，以及获得补偿的可能性，无法预计的，应当说明原因。

（3）有时充分披露未决诉讼、未决仲裁形成的或有负债信息可能会对企业的生产经营造成重大不利影响。为此，在涉及未决诉讼、未决仲裁的情况下，如果披露全部或部分信息预期会对企业造成重大不利影响，则企业无需披露这些信息。但这并不表明企业可以不披露任何相关的信息。此时，企业至少应披露未决诉讼、未决仲裁的性质，以及没有披露这些信息的事实和原因。

（4）企业对其他单位的承诺事项应予以披露。承诺是指由合同或协议的要求引起的义务，在未来的特定期间内，只要特定条件达到，即发生现金流出、其他资产的减少或负债的增加。因此企业正常经营过程中对其他单位作出的具有法律约束力的重要承诺事项，例如，企业对其联营企业提供债务担保，并承诺在未来期间以一定的价格从其联营企业购入或向其联营企业出售某项产品等，应在附注中予以披露。披露的内容包括承诺事项的性质、承诺的对象、承诺的主要内容、承诺的时间期限、承诺的金额、相关的违约责任等。

【例 17-7】2017 年度，甲股份有限公司背书转让了 3 张应收票据，金额合计 3 500 000 元。它们分别是：被背书人 B 公司，票据金额为 5 000 000 元，到期日为 2018 年 1 月 10 日；被背书人 C 公司，票据金额为 15 000 000 元，到期日为 2018 年 3 月 2 日；被背书人 D 公司，票据金额 15 000 000 元，到期日为 2018 年 4 月 16 日。

解析：

本例中，被背书人到时不能获得付款时，甲股份有限公司负有全额偿付的经济责任，从而甲股份有限公司因应收票据背书转让而承担了一项现时义务，但经济利益是否很可能流出企业尚难以确定。2017 年 12 月 31 日，甲股份有限公司应在附注中披露一项或有负债。

或有负债：截至 2017 年 12 月 31 日，本公司背书转让应收票据金额合计 35 000 000 元。被背书人到时不能获得付款时，本公司负有代为付款的义务。

三、或有资产的披露

或有资产作为一种潜在资产，不符合资产确认的条件，因而不予确认。但如果或有资产符合某些条件，则应予披露。一般情况下，或有资产不应在附注中披露；但或有资产很可能会给企业带来经济利益时，则应在附注中披露。

对或有资产企业只需披露或有资产的形成原因、预期对企业产生的财务影响等。在进行或有资产披露时，企业应遵循谨慎性原则，以免使财务会计报告信息使用者误以为所披露的或有资产会实现。

【例 17-8】甲股份有限公司欠乙股份有限公司货款 1 000 000 元。按合同规定，甲股份有限公司应于 2017 年 10 月 10 日前付清货款，但甲股份有限公司未按期付款。为此，乙股份有限公司向法院提起诉讼。2017 年 12 月 10 日，法院一审判决甲股份有限公司应向乙股份有限公司全额支付货款，并按每日 0.5‰ 的利率支付货款延付期间的利息 30 000 元；此外，还应承担诉讼费 10 000 元，三项合计 1 040 000 元。甲股份有限公司不服，认为乙股份有限公司所提供的货物不符合双方合同约定条款的要求，并因此向乙股份有限公司提出索赔要求，金额为 200 000 元。截止到 2017 年 12 月 31 日，该诉讼尚在审理当中。

解析：

甲股份有限公司的处理：本例中，虽然法院一审已经判决，但甲股份有限公司不服，因此不能认为诉讼事件已结束。一审判决结果表明，甲股份有限公司因诉讼承担了一项现时义务，该现时义务的履行很可能导致经济利益流出企业，并且该义务的金额能够可靠地计量。因此，甲股份有限公司应在一审判决日确认一项负债。甲股份有限公司应编制会计分录如下：

借：管理费用——诉讼费　　　　　　　　　　　　　　　　　　　10 000
　　营业外支出——罚息支出　　　　　　　　　　　　　　　　　　30 000

　　　　贷：预计负债——未决诉讼　　　　　　　　　　　　　　　　40 000

　　至于甲股份有限公司反诉乙股份有限公司能否胜诉，只有等判决后才能确定。如果根据以往的经验和当时的情况，甲股份有限公司有充分的理由说明很可能胜诉，那么，2017年12月31日，甲股份有限公司应在附注中作如下披露：

　　或有事项：本公司欠乙股份有限公司货款1 000 000元，因本公司认为乙股份有限公司所提供的货物不符合双方合同约定条款的要求，故到期未付。为此，乙股份有限公司向法院起诉本公司。2017年12月10日，法院一审判决本公司应向乙股份有限公司全额支付所欠货款，按每日0.5‰的利率支付货款延付期间的利息30 000元，以及诉讼费10 000元，三项合计1 040 000元。本公司不服，反诉乙股份有限公司，要求乙股份有限公司赔偿损失200 000元。目前，案件正在审理当中。

　　在利润表中，所确认的"管理费用"10 000元应与公司发生的其他管理费用合并反映，所确认的"营业外支出"30 000元应与公司发生的其他营业外支出合并反映。

　　如果甲股份有限公司缺乏充分的理由说明其很可能胜诉，则不应对相关的或有资产作出披露。

　　乙股份有限公司的处理：本例中，法院一审判决甲股份有限公司败诉，为此，乙股份有限公司获得了收取罚息和诉讼费的权利。从谨慎的原则出发，除非甲股份有限公司服从判决结果，不再提起诉讼或反诉，否则不应确认一项资产，只能作相关披露。事实是，甲股份有限公司不服判决结果并提起反诉，因此，对胜诉可能获得的资产40 000元，乙股份有限公司只能在2017年12月31日的附注中作出披露。对于甲股份有限公司提起反诉是否导致乙股份有限公司承担现时义务，乙股份有限公司应作仔细判断。如果认为甲股份有限公司很可能胜诉，由此造成乙股份有限公司发生的损失也能够可靠地计量时，则乙股份有限公司应确认一项预计负债。否则，只须作出相关披露即可。如果乙股份有限公司判断甲股份有限公司有可能胜诉，则应在附注中作如下披露：

　　或有事项：甲股份有限公司欠本公司货款1 000 000元，因认为本公司所提供的货物不符合双方合同约定条款的要求，故到期未还。为此，本公司向法院起诉甲股份有限公司。2017年12月10日，法院一审判决本公司胜诉，要求甲股份有限公司全额偿还本公司货款1 000 000元，同时按每日0.5‰的利率支付货款延付期间的利息30 000元，以及诉讼费10 000元。甲股份有限公司不服，反诉本公司，要求本公司赔偿损失200 000元。目前，案件正在审理当中。

关键词

　　或有事项　或有负债　或有资产　预计负债

复习思考题

1. 或有事项的特征是什么?
2. 为什么或有负债和或有资产不能在财务报表内确认?
3. 或有事项的确认与计量原则主要包括哪些内容?

第十八章 资产负债表日后事项

第一节 资产负债表日后事项概述

一、资产负债表日后事项的概念

资产负债表日后事项是指资产负债表日至财务报告批准报出日之间发生的有利或不利事项。它包括资产负债表日后调整事项和资产负债表日后非调整事项。

（一）资产负债表日

资产负债表日包括年度末和中期（中期是指短于一个完整的会计年度的报告期间）期末。年度资产负债表日是指每年的 12 月 31 日；中期资产负债表日是指年度中间各期期末。例如，提供半年度财务报告时，资产负债表日是该年度的 6 月 30 日。这里的财务报告是指对外提供的财务报告，不包括为企业内部管理部门提供的内部报表。

如果母公司或者子公司在国外，无论该母公司或子公司如何确定会计年度和会计中期，其向国内提供的财务报告都应根据我国《会计法》和会计准则的要求确定资产负债表日。

（二）财务报告批准报出日

财务会计报告批准报出日是指董事会，或经理（厂长）会议或类似机构批准财务会计报告报出的日期。通常是指对财务会计报告的内容负有法律责任的单位或个人批准财务会计报告向企业外部公布的日期，这里"对财务会计报告的内容负有法律责任的单位或个人"一般是指所有者、所有者中的多数、董事会或类似的管理单位。根据《公司法》的规定，董事会有权制订公司的年度财务预算方案、决算方案、利润分配方案和弥补亏损方案，董事会有权批准对外公布财务会计报告，因此，对于上市公司而言，财务会计报告批准报出日是指董事会批准财务会计报告报出的日期。对于其他企业而言，财务会计报告批准报出日是指经理（厂长）会议或类似机构批准财务会计报告报出的日期。

（三）资产负债表日后事项的范围

（1）期后发生的需要调整或说明的所有有利事项和不利事项。如果某些事项的发生对企业并无任何影响，那么，这些事项既不是有利事项也不是不利事项，也就不属于会计准则所称资产负债表日后事项。

（2）不是特定时期发生的全部事项，只是与资产负债表日存在状况有关的事项，或虽然与资产负债表日存在状况无关，但对企业财务状况有重大影响的事项。例如，资产负债表日正在诉讼的案件在资产负债表日后事项期间结案；在资产负债表日后事项期间发行可转换债券等均属于资产负债表日后事项。

二、资产负债表日后事项涵盖的期间

资产负债表日后事项所涵盖的期间是资产负债表日后至财务报告批准报出日之间。具体而言，资产负债表日后事项涵盖的期间应包括：

（1）通常情况下，报告年度次年的1月1日至董事会或类似权力机构批准财务报告对外公布的日期。

（2）我国年度资产负债表日为12月31日，但如果母公司在国外，或子公司在国外，无论国外母公司或子公司如何确定会计年度，其向国内提供的会计报表均应按照我国对会计年度的规定，提供相应期间的会计报表，而不能以国外母公司或子公司确定的会计年度作为依据。

（3）财务报告批准报出后、实际报出之前又发生与资产负债表日后事项有关的事项，并由此影响财务报告对外公布日期的，应以董事会或类似机构再次批准对外公布的日期为截止日期。

【例18-1】某上市公司2017年财务报告于2018年2月20日编制完成，注册会计师签署审计报告的日期为2018年4月10日，董事会批准可以对外公布的日期是4月15日，实际对外公布的日期是4月18日，股东大会召开日期是2018年5月12日。

据定义，资产负债表日后事项的区间是2018年1月1日至4月15日；如果在15日与18日中间又发生重大事项，则须要对报表进行调整，调整后，如果重新批准报出日是25日，实际报出日是28日，则资产负债表日后调整事项的区间是1月1日至4月25日。

需要说明的是，企业会计核算应当建立在持续经营基础上，其对外提供的财务报告也应当以持续经营为基础进行编制。如果资产负债表日后事项表明持续经营不再适用的，则对资产的计量等方面与在持续经营的会计假设前提下所适用的会计政策不同，需要作出特殊的会计处理规定，因此，资产负债表日后事项不涉及资产负债表日前、资产负债表日或资产负债表日后确定的中止营业。

三、资产负债表日后事项的内容

资产负债表日后事项包括资产负债表日后调整事项和资产负债表日后非调整事项。

（一）资产负债表日后调整事项

资产负债表日后调整事项是指对资产负债表日已经存在的情况提供了新的或进一步证据的事项。

资产负债表日后调整事项的特点是：①在资产负债表日已经存在，资产负债表日后得以证实的事项；②对按资产负债表日存在状况编制的财务报表产生重大影响的事项。

【例 18-2】甲企业应收乙企业账款 5 600 000 元，按合同约定应在 2017 年 11 月 10 日前偿还。在 2017 年 12 月 31 日结账时，甲企业尚未收到这笔应收账款，并已知乙企业财务状况不佳，近期内难以偿还债务，甲企业对该项应收账款提 10% 的坏账准备。2018 年 2 月 10 日，在甲企业报出财务会计报告之前收到乙企业通知，乙企业已宣告破产，无法偿付部分欠款。

本例中，甲企业于 2017 年 12 月 31 日结账时已经知道乙企业财务状况不佳，即在 2017 年 12 月 31 日资产负债表日，乙企业财务状况不佳的事实已经存在，但未得到乙企业破产的确切证据。2018 年 2 月 10 日甲企业正式收到乙企业通知，得知乙企业已破产，并且无法偿付部分贷款，即 2018 年 2 月 10 日对 2017 年 12 月 31 日存在状况提供的资产负债表所反映的应收乙企业账款中已有部分成为坏账，依据资产负债表日存在状况编制的会计报表所提供的信息已不能真实反映企业的实际情况，因此应据此对会计报表相关项目的数字进行调整。

以下是资产负债表日后调整事项：

（1）资产负债表日后诉讼案件结案，法院判决证实了企业在资产负债表日后已经存在现时义务，需要调整原先确认的与该诉讼案件相关的预计负债，或确认一项新负债。

【例 18-3】甲公司与 C 公司签订供销合同，合同规定甲公司于 2017 年 9 月供给 C 公司一批货物，由于甲公司未能按照合同发货，致使 C 公司发生重大经济损失。C 公司通过法律途径要求甲公司赔偿经济损失 150 万元，该诉讼案在 12 月 31 日尚未判决，甲公司已确认预计负债 60 万元（含诉讼费用 3 万元），2018 年 3 月 27 日，经法院一审判决，甲公司需赔偿 C 公司经济损失 87 万元，支付诉讼费用 3 万元。甲决定公司不再上诉。

解析：

甲公司在 2017 年 12 月 31 日财务报表编制日已经预计了将要进行的赔偿，但不能确定确切的赔偿数额。2018 年 3 月 27 日的判决表明根据 2017 年 12 月 31 日存在的状况提供的财务报表所反映的信息已不能真实表明企业的实际情况，因此应据此对财务报表的相关数字进行调整。

（2）资产负债表日后取得确凿证据表明，某项资产在资产负债表日发生了减值或者需要调整该项资产原先确认的减值金额。

【例 18-4】2018 年 1 月 25 日，甲公司收到丙企业通知，被告知丙企业因现金流量严重不足，无法持续经营而宣告破产，预计只能收回丙企业所欠 200 万元的贷款的 50%。丙企业现金流量不足的情况于 2017 年 12 月 31 日已经存在，且积欠甲公司的款项已经超过 2 年，2017 年 12 月 31 日，甲公司对应收丙企业的 200 万元的账款已经计提了 10% 的坏账准备。

解析：

甲公司于 2017 年 12 月 31 日结账时已经知道丙公司财务状况不佳，即在 2017 年 12 月 31 日，丙公司财务状况不佳的事实已经存在，但未得到乙公司破产的确切证据，表明根据 2017 年 12 月 31 日存在的情况提供的资产负债表反映的应收账款中的大部分已经成为坏账,依据资产负债表日存在状况编制的财务报表所提供的信息已不能真实反映企业的实际情况,因此应按此对财务报表项目的数字进行调整。

(3) 资产负债表日后进一步确定了资产负债表日前购入资产的成本或售出资产的收入。

【例 18-5】2018 年 3 月 2 日,甲公司于 2017 年 11 月销售给戊企业的一批产品因发生质量问题被退回,同时收到了增值税进货退出证明单。甲公司销售该产品销售收入为 800 万元,销售成本为 400 万元,增值税销项税额为 128 万元,退回商品已经入库,应退回的产品价款尚未支付,已开具红字增值税专用发票。

解析:

根据资产负债表日后事项的判断原则,甲公司 2018 年发生的销售退回是由于 2017 年的销售业务引起的,属于资产负债表日后事项,应调整财务报表相关项目的金额。

(4) 资产负债表日后发现了财务报表舞弊或差错。

【例 18-6】2018 年 1 月 15 日,甲公司发现在 2017 年 12 月 31 日计算 A 库存商品的可变现净值时发生差错,该库存商品的成本为 1 500 万元,预计可变现净值为 1 000 万元。2017 年 12 月 31 日,甲公司误将这一库存产品的可变现净值预计为 1 200 万元。

解析:

这一事项是资产负债表日后发现报告期或以前期间存在的财务报表舞弊或差错,因此属于资产负债表日后事项中的调整事项,应调整报告期财务报告相关项目的数字。

(二) 资产负债表日后非调整事项

资产负债表日后非调整事项是指表明资产负债表日后发生的情况的事项。

资产负债表日后非调整事项的特点是:①资产负债表日并未发生或存在,完全是资产负债表日后才发生的事项;②对理解和分析财务报告有重大影响的事项。

【例 18-7】甲公司应收 B 企业一笔货款,在 2017 年 12 月 31 日结账时,B 企业经营状况良好,并无显示财务困难的迹象。但在 2018 年 1 月 25 日,B 企业发生火灾,烧毁了全部厂房、设备和存货,无法偿还甲公司的货款。对于这一事项,完全是由于资产负债表日后才发生的,与资产负债表日存在状况无关。

以下是资产负债表日后非调整事项:

(1) 资产负债表日后发生重大诉讼、仲裁、承诺;

(2) 资产负债表日后资产价格、税收政策、外汇汇率发生重大变化;

(3) 资产负债表日后因自然灾害导致资产发生重大损失;

(4) 资产负债表日后发行股票和债券以及其他巨额举债;

(5) 资产负债表日后资本公积转增资本;

(6) 资产负债表日后发生巨额亏损;

(7) 资产负债表日后发生企业合并或处置子公司。

(三) 资产负债表日后调整事项和非调整事项的区别

在判断资产负债表日后调整事项和非调整事项时,还需要明确以下问题:

(1) 如何确定资产负债表日后事项是调整还是非调整事项。调整和非调整事项是一个广泛的概念,就事项本身来说,可以有各种各样的性质,只要符合这两类事项的判断原则即可;同一性质的事项可能是调整事项,也可能是非调整事项,这取决于有关状况是在资产负债表日或以前已经存在,还是资产负债表日后才发生的。

例如,因债务人破产而使应收账款发生损失。如果债权人在 12 月 31 日或之前根据所掌握的资料判断债务人有破产清算的可能,或债务人正处于破产清算的过程中,在资产负债表日债权人已经按该项应收账款 10% 计提了坏账准备。如果在资产负债表日后至财务会计报告批准报出日之间,接到债务人的通知表明其已宣告破产清算,债权人无法收回全部应收账款,由于应收账款可能受到损失的状况在资产负债表日已经存在,只是在资产负债表日后提供了受损的进一步证据,表明原估计的坏账准备不足,应重新调整。因此这一事项应当作为调整事项。

与此相反,如果在 12 月 31 日债务人财务状况良好,没有任何财务状况恶化的信息,债权人按照当时所掌握的资料按应收账款的 2% 计提了坏账准备。但在债权人财务会计报告批准报出前,有资料证明债务人由于火灾发生重大损失,债权人的应收账款有可能收不回来,由于这一情况在资产负债表日并不存在,是资产负债表日后才发生的事项。因此应作为非调整事项在会计报表附注中进行披露。

又如,债务人由于遇到自然灾害而导致无法偿还债权人的应收账款。对于这一事项,如果债务人是在资产负债表日或以前已发生自然灾害,但由于种种原因,债权人在资产负债表日或之前不知道这一情况,在资产负债表日后才得知,应将这一事项作为调整事项。因为不论债权人知道与否,债务人遇到自然灾害的事实在资产负债表日已经存在,在资产负债表日后发生的事项只是对这一情况提供了进一步的证据。如果债务人的自然灾害是在资产负债表日后才发生的,即使债权人在灾害发生后立即得到消息,也应作为非调整事项,与资产负债表日存在状况无关,不能据此对资产负债表日存在状况的有关金额进行调整。

(2) 会计准则列举的不是全部的资产负债表日后事项。会计制度对资产负债表日后事项以列举的方式说明了哪些属于调整事项,哪些属于非调整事项,但并没有包括所有调整和非调整事项。会计人员应当按照企业会计制度中给出的判断标准,确定资产负债表日后事项中哪些属于调整事项,哪些属于非调整事项。

资产负债表日后调整事项

一、资产负债表日后调整事项的会计处理原则

调整事项虽然发生在资产负债表日之后,但由于业务本身是资产负债表日后发生的,应当如同资产负债表所属期间发生的事项一样,作出相关会计分录并对资产负债表日已经编制的财务报表进行调整。这里的财务报表包括资产负债表、利润表及所有者权益变动表等内容,但不包括现金流量表正表。但涉及损益类的项目由于在上年度已经结转,已经没

有余额。所以不能直接调整损益类账户,而是通过"以前年度损益调整"账户进行调整。

资产负债表日后发生的调整事项,应当分别以下情况进行处理:

(1) 涉及损益的事项,通过"以前年度损益调整"账户核算。调整完成后,应将"以前年度损益调整"账户的贷方或借方余额,转入"利润分配——未分配利润"账户。

资产负债表日后调整事项涉及所得税调整的,如果事项发生在所得税汇算清缴前的,应调整报告年度应纳税所得额以及应纳所得税。如果涉及所得税调整的发生在报告年度所得税汇算清缴后的,应调整本年度(即报告年度次年)的应纳所得税。

(2) 涉及利润分配调整的事项,直接在"利润分配——未分配利润"账户核算。

(3) 不涉及损益以及利润分配的事项,调整相关账户。

(4) 通过上述会计分录后,还应同时调整财务报表相关项目的数字,包括:

①资产负债表日编制的财务报表相关项目的期末或本年发生数;

②当期编制的财务报表相关项目的期初数或上年数;

③经过上述调整后,如果涉及报表附注内容的,还应当调整报表附注相关项目的数字。

需要说明的是,资产负债表日后事项已经作调整事项调整会计报表有关项目数字的,除法律、法规以及其他会计制度另有规定外,不需要在会计报表附注中进行披露。

二、资产负债表日后调整事项的具体会计处理方法

如无特殊说明,本章所有例题均假定:财务报告批准报出日为 4 月 15 日,所得税税率为 25%,按净利润的 10% 提取法定盈余公积;调整事项按税法规定均可以调整应交纳的所得税,涉及递延所得税资产的,均假定未来期间很可能取得用来抵扣暂时性差异的应纳税所得额。

(1) 法院判决证实了企业在资产负债表日后已经存在现时义务,需要调整原先确认的与该诉讼案件相关的预计负债,或确认一项新负债。

【例 18-8】A 公司与 B 企业签订合同,合同中约定 B 企业在 2017 年内给 A 公司提供指定数量的电力。由于 B 企业延迟了修建新发电厂的计划,致使 B 企业没有履行合同规定的义务,A 公司不得不以明显较高的价格从另一供电单位购买电力。在 2017 年内,A 公司通过法律手段要求 B 企业赔偿由于其对供电合同的违约造成的经济损失共计 100 万元。截至 2017 年末,法院尚未作出判决。在编制 2017 年 12 月 31 日的资产负债表时 B 企业预计了 96 万元的赔偿。2018 年 1 月,法院判决 B 企业赔偿 90 万元,A 公司与其法律顾问协商后得出结论认为,法院的判决基本可以补偿企业的损失,决定不再上诉。B 企业也不再上诉,B 企业用现金结算 90 万元赔偿款,A 公司 2018 年 2 月收到 90 万元的赔款。所有调整业务均发生在所得税汇算清缴前。

B 企业编制的会计分录如下:

①2017 年 12 月 31 日:

借:营业外支出　　　　　　　　　　　　　　　　960 000
　　贷:预计负债　　　　　　　　　　　　　　　　　　960 000
借:递延所得税资产　　　　　　　　　240 000(960 000×25%)

　　　　贷：所得税费用　　　　　　　　　　　　　　　　　　　　　　　240 000

　　注：预计赔款时按或有事项的有关原则处理；所得税的有关处理仅涉及该业务的所得税。

　②2018年1月记录支付的赔偿款：

　　借：预计负债　　　　　　　　　　　　　　　　　　　　　　　　　 60 000
　　　　贷：以前年度损益调整　　　　　　　　　　　　　　　　　　　　 60 000
　　借：预计负债　　　　　　　　　　　　　　　　　　　　　　　　　900 000
　　　　贷：其他应付款　　　　　　　　　　　　　　　　　　　　　　 900 000
　　借：其他应付款　　　　　　　　　　　　　　　　　　　　　　　　900 000
　　　　贷：银行存款　　　　　　　　　　　　　　　　　　　　　　　 900 000

　　注：资产负债表日后事项如涉及现金收支项目，均不调整报告年度资产负债表的货币资金项目和现金流量表项目的数字。

　③调整递延所得税资产及应交所得税：

　　借：以前年度损益调整　　　　　　　　　　15 000（60 000×25%）
　　　　贷：应交税费——应交所得税　　　　　　　　　　　　　　　　　 15 000
　　借：以前年度损益调整　　　　　　　　　　　　　　　　　　　　　240 000
　　　　贷：递延所得税资产　　　　　　　　　　　　　　　　　　　　 240 000
　　借：应交税费——应交所得税　　　　　　　　　　　　　　　　　　240 000
　　　　贷：以前年度损益调整　　　　　　　　　　　　　　　　　　　 240 000

　　注：2017年底因确认预计负债960 000元已确认的递延所得税资产，资产负债表日后事项发生后计税基础和账面价值相等，递延所得税资产不复存在，应予冲销。

　④将"以前年度损益调整"科目余额转入利润分配：

　　借：以前年度损益调整　　　　　　　　　　　　　　　　　　　　　 45 000
　　　　贷：利润分配——未分配利润　　　　　　　　　　　　　　　　　 45 000

　⑤调整利润分配有关数字：

　　借：利润分配——未分配利润　　　　　　　　　　　　　　　　　　　4 500
　　　　贷：盈余公积　　　　　　　　　　　　　　　　　　　　　　　　 4 500

　⑥报表相关项目的调整如下：

　　资产负债表项目的调整：调减递延所得税240 000，调增其他应付款900 000，调减应交税费225 000，调减预计负债960 000，调增盈余公积4 500，调增未分配利润40 500。

　　利润表项目的调整：调减营业外支出60 000，调增所得税费用15 000。

　　所有者权益变动表调整项目：调增净利润45 000，调增提取盈余公积4 500，调减未分配利润4 500。

　　A公司编制的会计分录如下：

　　根据《企业会计准则第13号——或有事项》不确认或有资产的相关规定，A公司在2017年不做账务处理。

　　A公司2018年2月编制的会计分录如下：

　①记录已收到的赔偿款：

借：银行存款　　　　　　　　　　　　　　　　　　　900 000
　　贷：以前年度损益调整　　　　　　　　　　　　　　　　900 000

②调整应交所得税：
借：以前年度损益调整　　　　　　　　　225 000（900 000×25%）
　　贷：应交税费——应交所得税　　　　　　　　　　　　225 000

③将"以前年度损益调整"科目余额转入利润分配：
借：以前年度损益调整　　　　　　　　　　　　　　　　675 000
　　贷：利润分配——未分配利润　　　　　　　　　　　　675 000

④因净利润变动，调整盈余公积：
借：利润分配——未分配利润　　　　　　　　　　　　　 67 500
　　贷：盈余公积　　　　　　　　　　　　　　　　　　　 67 500

⑤报表相关项目的调整如下：

资产负债表项目的调整：调增应交税费225 000，调增盈余公积67 500，调增未分配利润607 500。

利润表项目的调整：调增营业外收入900 000，调增所得税费用225 000。

所有者权益变动表调整项目：调增净利润675 000，调增提取盈余公积67 500，调减未分配利润67 500。

（2）资产负债表日后取得确凿证据，表明某项资产在资产负债表日发生了减值或者需要调整该项资产原先确认的减值金额。

根据相关的会计规范，在资产负债表日可根据当时的资料判断可能发生的资产损失或减值，由于没有最后发生，因而按照当时的最佳估计数反映在资产负债表中；但在资产负债表日和财务报告报出日之间所取得的确凿证据能证明该事实成立，也就是某项资产已经发生了损失或减值，则应对资产负债表日的估计作出修正。

【例18-9】A公司2017年3月销售给C企业一批产品，价款为135万元（含增值税额），C企业3月份收到所购物资并验收入库。按合同规定，C企业应于收到所购物资后一个月内付款，由于C企业财务状况不佳，面临破产，并已到2017年12月31日仍未付款。A公司为该应收账款提取坏账准备21万元。A公司于2018年2月4日收到C企业通知，C企业已进行破产清算，无力偿还所欠部分贷款，预计A公司可收回应收账款的40%。（注：资产负债表日计算的税前会计利润等于按税法规定计算的应纳税所得额，提取法定盈余公积后不再做其他分配。资产负债表日后事项假定均可调整应交纳的所得税）。A公司编制的会计分录如下：

①补提坏账准备：
借：以前年度损益调整　　　　　　　　　　　　　　　　600 000
　　贷：坏账准备　　　　　　　　　600 000（1 350 000×60%-210 000）

②调整递延所得税资产：
借：递延所得税资产　　　　　　　　　　150 000（600 000×25%）
　　贷：以前年度损益调整——所得税费用　　　　　　　 150 000

③将"以前年度损益调整"科目余额转入利润分配：

借：利润分配——未分配利润　　　　　　　　　　　　　　450 000
　　　贷：以前年度损益调整　　　　　　　　　　　　　　　　450 000

④因净利润减少，调整盈余公积：
借：盈余公积　　　　　　　　　　　　　　　　　　　　　　45 000
　　　贷：利润分配——未分配利润　　　　　　　　　　　　　　45 000

⑤报表相关项目的调整如下：

资产负债表项目的调整：调增递延所得税资 150 000，调减应收账款 600 000，调减盈余公积 45 000，调减未分配利润 405 000。

利润表项目的调整：调增资产减值损失 600 000，调减所得税费用 150 000。

所有者权益变动表调整项目：调减净利润 450 000，调减提取盈余公积 45 000，调增未分配利润 45 000。

(3) 资产负债表日后进一步确定了资产负债表日前购入资产的成本或售出资产的收入。该类事项包括两种情况：①资产负债日前购入的资产已经按暂估金额入账，资产负债表日后获得进一步的证据，可以进一步确定该资产的成本，则应对已入账的资产成本进行调整。②企业在资产负债表日已根据收入确认条件确认资产销售收入，但资产负债表日后获得关于资产收入的进一步证据，表明原来入账的收入不符合收入确认的条件，此时应调整财务报表相关项目的金额。这类事项包括销售退回以及销售折让等。这里需要说明的是，资产负债表日后发生的销售退回，既包括报告年度的销售退回，也包括报告年度以前的销售退回。

资产负债表所属期间或以前期间所售商品在资产负债表日后退回的，应作为资产负债表日后调整事项处理。发生于资产负债表日后至财务报告批准报出日之间的销售退回事项，根据发生于所得税汇算清缴前后其会计核算可以分为以下两种情况：

①发生于所得税汇算清缴之前的。涉及报告年度所属期间的销售退回的，应调整报告年度利润标的收入、成本的，并相应调整报告年度的应纳税所得额和报告年度应交的所得税。

【例 18-10】A 公司 2017 年 12 月 10 日销售给 D 公司产品一批，价款为 150 万元，增值税税额为 24 万元，产品成本为 105 万元，D 公司验收货物时发现不符合合同要求需要退货，A 公司收到 D 公司的通知后希望再与 D 公司协商，因此 D 公司编制 12 月 31 日资产负债表时，仍确认了收入，将此应收账款 174 万元（含增值税）列入资产负债表应收账款项目，对此项目应收账款年末没有计提坏账准备。A 公司 2018 年 2 月 15 日收到 D 公司退货的产品以及退回的增值税发票联、抵扣联。A 公司所得税汇算清缴时间为 2 月 25 日。A 公司编制的会计分录如下：

①调整退回时的销售收入：
借：以前年度损益调整　　　　　　　　　　　　　　　　1 500 000
　　　应交税费——应交增值税（销项税额）　　　　　　　　240 000
　　　贷：应收账款　　　　　　　　　　　　　　　　　　　　1 740 000

②调整销售成本：
借：库存商品　　　　　　　　　　　　　　　　　　　　1 050 000

贷：以前年度损益调整 1 050 000

③调整应交纳的所得税：

借：应交税费——应交所得税　　112 500〔（1 500 000 - 1 050 000）×25%〕
　　　贷：以前年度损益调整 112 500

④将"以前年度损益调整"科目余额转入利润分配：

借：利润分配——未分配利润 337 500
　　　贷：以前年度损益调整 337 500

⑤调整盈余公积：

借：盈余公积 33 750
　　　贷：利润分配——未分配利润 33 750

⑥报表相关项目的调整如下：

资产负债表项目的调整：调减应收账款1 740 000，调增库存商品1 050 000，调减应交税费352 500（240 000+112 500），调减盈余公积33 750，调减未分配利润303 750。

利润表项目的调整：调减主营业务收入1 500 000，调减主营业务成本1 050 000，调减所得税费用112 500。

所有者权益变动表调整项目：调减净利润337 500，调减提取盈余公积33 750，调增未分配利润33 750。

②发生于所得税汇算清缴之后的。涉及报告年度所属期间的销售退回的，应调整报告年度利润标的收入、成本的，但按照税法规定在此期间的销售退回所涉及的应缴所得税，应作为本年的纳税调整事项。

【例18-11】沿用【例18-10】资料，假定销售退回的时间为3月10日（即报告年度所得税汇算清缴之后）。A公司编制的会计分录如下：

①调整退回时的销售收入：

借：以前年度损益调整 1 500 000
　　应交税费——应交增值税（销项税额） 240 000
　　　贷：应收账款 1 740 000

②调整销售成本：

借：库存商品 1 050 000
　　　贷：以前年度损益调整 1 050 000

③调整应交纳的所得税：

借：应交税费——应交所得税　　112 500〔（1 500 000 - 1 050 000）×25%〕
　　　贷：所得税费用 112 500

注：调整所得税作为当期的纳税调整事项处理，不通过以前年度损益账户核算。

④将"以前年度损益调整"科目余额转入利润分配：

借：利润分配——未分配利润 450 000
　　　贷：以前年度损益调整 450 000

⑤调整盈余公积：

借：盈余公积 45 000

贷：利润分配——未分配利润　　　　　　　　　　　　　　　　　　　45 000

⑥报表相关项目的调整如下：

资产负债表项目的调整：调减应收账款 1 755 000，调增库存商品 1 050 000，调减应交税费 352 500（240 000＋112 500），调减盈余公积 45 000，调减未分配利润 405 000。

利润表项目的调整：调减营业收入 1 500 000，调减营业成本 1 050 000。

所有者权益变动表调整项目：调减净利润 450 000，调减提取盈余公积 45 000，调增未分配利润 405 000。

（4）资产负债表日后发现了财务报表舞弊或差错。这一事项是指资产负债表日至财务报告批准日之间发生的属于资产负债表期间或以前期间存在的财务报表舞弊或差错，这种舞弊或差错应当作为资产负债表日后调整事项，调整报告的年度财务报告相关项目的数字。具体可以参照会计差错的更正处理。

第三节　资产负债表日后非调整事项

一、资产负债表日后非调整事项的会计处理原则

资产负债表日后发生的非调整事项是资产负债表日后才发生或存在的事项，不影响资产负债表日存在状况，不应当调整资产负债表日的财务报表。但由于事项重大，如不加以说明将会影响财务报告使用者作出正确估计和决策，因此应在报表附注中加以披露。

资产负债表日后，企业利润分配方案中拟分配的以及经审议批准宣告发放的股利或利润，不确认为资产负债表日的负债，但应当在附注中单独披露。

二、资产负债表日后非调整事项的具体会计处理方法

资产负债表日后发生的非调整事项，应当在报表附注中披露每项重要的资产负债表日后非调整事项的性质、内容及其对财务状况和经营成果的影响。无法作出估计的，应当说明原因。

（一）资产负债表日后发生重大诉讼、仲裁、承诺

由于资产负债表日后发生的重大诉讼、仲裁、承诺等事项影响较大，为防止误导投资者及其他财务报告使用者，应当在报表附注中进行相关披露。

（二）资产负债表日后资产价格、税收政策、外汇汇率发生重大变化

资产负债表日后发生资产价格、税收政策、外汇汇率发生重大变化均不影响资产负债表日的财务状况和经营成果。但是，如果资产负债表日后发生资产价格、税收政策、外汇汇率重大变化，将会影响企业的财务状况和经营成果，应对由此产生的影响在报表附注中披露。

【例 18-12】甲企业有一笔长期美元贷款,在编制 2017 年 12 月 31 日的财务报表时已按 2017 年末的汇率进行折算(假设 2017 年末的汇率为 1 美元兑换 6.33 元人民币),假设国家规定从 2018 年 1 月 1 日起进行外汇管理体制改革,外汇管理体制改革后人民币对美元的汇率发生重大变化。

本例中,甲企业在资产负债表日已经按照当天的资产计量方式进行处理,或按规定的汇率对有关账户进行调整,因此,无论资产负债表日后的资产价格和汇率如何变化,均不应影响资产负债表日的财务状况和经营成果。但是,如果资产负债表日后资产价格、外汇汇率发生重大变化,应对由此产生的影响在报表附注中进行披露。同样,国家税收政策发生重大改变将会影响企业的财务状况和经营成果,也应当在 2017 年报表附注中及时披露该信息。

(三) 资产负债表日后因自然灾害导致资产发生重大损失

如果资产负债表日后因自然灾害导致资产发生重大损失,虽然不会对资产负债表日的财务状况和经营成果产生影响,但会对资产负债表日后的财务和经营成果产生重大的影响,如不加以披露,有可能使财务报告的使用者作出错误的决策,因此该事项应该在年度资产负债表附注中披露。

【例 18-13】甲企业拥有某外国企业(乙企业)15% 的股权,无重大影响,投资成本 2 000 000 元。乙企业的股票在国外的某股票交易所上市交易。在编制 2017 年 12 月 31 日的资产负债表时,甲企业对乙企业投资的账面价值按初始投资成本反映。2018 年 1 月,该国发生海啸造成乙企业的股票市场价值大幅下跌,甲企业对乙企业的股权投资遭受重大损失。

本例中,自然灾害导致的资产重大损失对企业资产表日后财务状况的影响较大,如果不加以披露,有可能使财务报告使用者作出错误的决策,因此应作为非调整事项在报表附注中进行披露。本例中,海啸发生在 2018 年 1 月,属于资产负债表日后才发生或存在的事项,应当作为非调整事项在 2017 年度报表附注中进行披露。

(四) 资产负债表日后发行股票和债券以及其他巨额举债

企业发行股票和债券以及向银行或其他非银行金融机构举借巨额债务,虽然不会对资产负债表日的财务状况和财务成果产生影响,但这一事项的披露能使财务报告的使用者据此作出正确的决策,因此对该类事项应该在财务报告附注中披露。

(五) 资产负债表日后资本公积转增资本

企业以资本公积转增资本将会改变企业的资本(或股本)结构,影响较大,应当在报表附注中进行披露。

(六) 资产负债表日后发生巨额亏损

企业资产负债表日后发生巨额亏损将会对企业财务报告期以后的财务状况和经营成果产生重大影响,应当在报表附注中及时披露该事项,以便为投资者或其他财务报告使用者作出正确决策提供依据。

(七) 资产负债表日后发生企业合并或处置子公司

企业合并或者处置子公司的行为可以影响股权结构、经营范围等方面,对企业未来的生产经营活动能产生重大影响,应当在报表附注中进行披露。

（八）资产负债表日后，企业利润分配方案中拟分配的以及经审议批准宣告发放的股利或利润

资产负债表日后，企业制定利润分配方案，拟分配或经审议批准宣告发放股利或利润的行为，并不会导致企业在资产负债表日形成现时义务，但支付义务在资产负债表日尚不存在，不应该调整资产负债表日的财务报告，因此该事项为非调整事项。不过该事项对企业资产负债表日后的财务状况有较大影响，可能导致现金大规模流出、企业股权结构变动等，为便于财务报告使用者更充分了解相关信息，企业需要在财务报表附注中适当披露该信息。

关键词

资产负债表日后事项　调整事项　非调整事项

复习思考题

1. 资产负债表日后事项中调整事项和非调整事项如何区分？
2. 简述资产负债表日后调整事项的内容。
3. 资产负债表日后调整事项和非调整事项的会计处理有何不同？

第十九章 关联方关系及其交易

第一节 关联方关系及其披露

一、关联方与关联方关系

(一) 关联方的定义

在企业财务和经营决策中,如果一方有能力直接或间接控制、共同控制另一方或对另一方施加重大影响,则视为关联方;如果两方或多方同受一方控制、共同控制和重大影响,也将其视为关联方。

(二) 关联方关系及其特征

关联方关系是指关联方之间存在的内在联系。关联方的特征包括:

1. 关联方关系必须存在于两方或多方之间,任何单独的个体不能构成关联方关系。

2. 关联方关系以各方之间的影响为前提,这种影响包括控制或被控制、共同控制或被共同控制、施加重大影响或被施加重大影响。

3. 关联方关系的存在可能会影响交易的公允性。在不存在关联方关系的情况下,企业间发生交易时,往往会从各自的利益出发,一般不会轻易接受不利于自身的交易条款。这种在对交易各方相互了解、自由的、不受各方之间任何关系影响的基础上形成的交易称为公平交易。企业对外提供的财务报告一般被认为是建立在公平交易基础上的。但当存在关联方关系时,关联方之间的交易可能不是建立在公平交易基础上的,因为关联方之间进行交易时,往往不存在竞争性的、自由市场交易的条件,而且交易各方的关系常常以一种微妙的方式影响着交易。在某些情况下,关联方之间通过虚假交易可以达到粉饰经营业绩的目的。即使关联方关系是在公平交易基础上进行的,重要关联方交易的披露也是有用的,因为它提供了未来可能再发生,而且很可能以不同形式发生的交易类型的信息。

二、关联方关系的认定

关联方关系的存在是以控制、共同控制或重大影响为前提条件的。在判断是否存在关联方关系时，尤其应当遵守实质重于形式的原则。《企业会计准则第 36 号——关联方披露》第 3 条第 1 款规定，"一方控制、共同控制另一方或对另一方施加重大影响，以及两方或两方以上同受一方控制、共同控制或重大影响的，构成关联方。"其是判断关联方关系是否存在的基本标准，界定了构成企业关联方关系的有关方面。根据该规定，关联方关系存在于：

（1）该企业的母公司。不仅包括直接或间接地控制该企业的其他企业，也包括能够对该企业实施直接或间接控制的单位等。

①某一个企业直接控制一个或多个企业。例如，母公司控制一个或若干个子公司，则母公司与子公司之间即为关联方关系。

②某一个企业通过一个或若干个中间企业间接控制一个或多个企业。例如，母公司通过其子公司，间接控制子公司的子公司，表明母公司与其子公司的子公司存在关联方关系。

③某一个企业直接地和通过一个或若干中间企业间接地控制一个或多个企业。例如，母公司对某一企业的投资虽然没有达到控股的程度，但由于其子公司也拥有该企业的股份或权益，母公司与其子公司对该企业的投资之和达到拥有该企业一半以上表决权资本的控制权的，表明母公司与该企业之间存在关联方关系。

（2）该企业的子公司。包括直接或间接地被该企业控制的其他企业，也包括直接或间接地被该企业控制的企业、单位、基金等特殊目的的实体。

（3）与该企业受同一母公司控制的其他企业。因为两个或多个企业有相同的母公司，对它们都具有控制能力，即两个或多个企业如果有相同的母公司，它们的财务和经营政策都由相同的母公司决定，各个被投资企业之间由于受相同母公司的控制，可能为自身利益而进行的交易受到某种限制。因此，《企业会计准则第 36 号——关联方披露》规定与该企业受同一母公司控制的两个或多个企业之间构成关联方关系。

（4）对该企业实施共同控制的投资方。这里的共同控制包括直接的共同控制和间接的共同控制。需要强调的是，对企业实施直接或间接共同控制的投资方与该企业之间是关联方关系，但这些投资方之间并不能仅仅因为共同控制了同一家企业而视为存在关联方关系。例如，A、B、C 三个企业共同控制 D 企业，从而 A 和 D、B 和 D 以及 C 和 D 成为关联方关系。如果不存在其他关联方关系，A 和 B、A 和 C 以及 B 和 C 之间不构成关联方关系。

（5）对该企业施加重大影响的投资方。这里的重大影响包括直接的重大影响和间接的重大影响。对企业实施重大影响的投资方与该企业之间是关联方关系，但这些投资方之间并不能仅仅因为对同一家企业具有重大影响而视为存在关联方关系。例如，A 企业和 C 企业均能够对 B 企业施加重大影响，如果 A 和 C 不存在其他关联方关系，则 A 和 C 不构成关联方关系。

（6）该企业的合营企业。合营企业是指按照合同规定经营活动由投资双方或若干方共同控制的企业。合营企业包括合营企业的子公司。合营企业的主要特点在于投资各方均不能对被投资企业的财务和经营政策单独作出决策,必须由投资各方共同作出决策。因此,合营企业是以共同控制为前提的,两方或多方共同控制某一企业时,该企业则为投资者的合营企业。例如,A、B、C、D 企业各占 F 企业表决权资本的 25%,按照合同规定,投资各方按照出资比例控制 F 企业,由于出资比例相同,F 企业由 A、B、C、D 企业共同控制,在这种情况下,A 和 F、B 和 F、C 和 F 以及 D 和 F 之间构成关联方关系。

(7) 该企业的联营企业。联营企业是指投资方对其具有重大影响,但不是投资者的子公司或合营企业的企业。联营企业包括联营企业的子公司。联营企业和重大影响是相联系的,如果投资者能对被投资企业施加重大影响,则该被投资企业视为投资者的联营企业。

(8) 该企业的主要投资者个人及与其关系密切的家庭成员。主要投资者个人,是指能够控制、共同控制一个企业或者对一个企业施加重大影响的个人投资者。

①某一企业与其主要投资者个人之间的关系。例如,张某是 A 企业的主要投资者,则 A 企业与张某构成关联方关系。

②某一企业与其主要投资者个人关系密切的家庭成员之间的关系。例如,A 企业的主要投资者张某的儿子与 A 企业构成关联方关系。

(9) 该企业或其母公司的关键管理人员及与其关系密切的家庭成员。关键管理人员是指有权力并负责计划、指挥和控制企业活动的人员。通常情况下,企业关键管理人员负责制定战略目标、经营计划、指挥调度生产经营活动等,主要包括董事长、董事、董事会秘书、总经理、总会计师、财务总监、主管各项事务的副总经理以及行使类似职能的人员等。

①某一企业与其关键管理人员之间的关系。例如,A 企业的总经理与 A 企业构成关联方关系。

②某一企业与其关键管理人员关系密切的家庭成员之间的关系。例如,A 企业的总经理的儿子与 A 企业构成关联方关系。

(10) 该企业主要投资者个人、关键管理人员或与其关系密切的家庭成员控制、共同控制的其他企业。主要投资者个人、关键管理人员或与其关系密切的家庭成员是指在处理与企业的交易时可能影响该个人或受该个人影响的家庭成员,如父母、配偶、兄弟、姐妹和子女等。判断与主要投资者个人、关键管理人员或与其关系密切的家庭成员是否为一个企业的关联方,应当视他们在处理与企业交易时的互相影响程度而定。对于这类关联方,应当根据主要投资者个人、关键管理人员或与其关系密切的家庭成员对两家企业的实际影响力具体分析判断。

①某一企业与受该企业主要投资者个人控制、共同控制或施加重大影响的其他企业之间的关系。例如,A 企业的主要投资者 H 拥有甲企业 60% 的表决权资本,则 A 企业和甲企业存在关联方关系。

②某一企业与受该企业主要投资者个人关系密切的家庭成员控制、共同控制或施加重大影响的其他企业之间的关系。例如,A 企业的主要投资者乙的妻子拥有 C 企业 60% 的表决权资本,则 A 和 C 存在关联方关系。

③某一企业与受该企业关键管理人员控制、共同控制的其他企业之间的关系。例如，A 企业的关键管理人员 D 控制了丙企业，则 A 和丙企业存在关联方关系。

④某一企业与受该企业关键管理人员关系密切的家庭成员控制、共同控制或施加重大影响的其他企业之间的关系。例如，A 企业的财务总监 Y 的妻子是丁企业的董事长，则 A 和丁存在关联方关系。

三、关联方关系的判断标准

企业会计准则关于关联方关系的定义实际上给出了判断关联方关系的标准，即"在企业财务和经营决策中，如果一方有能力直接或间接控制、共同控制另一方或对另一方施加重大影响，则他们之间存在关联方关系；如果两方或多方同受一方控制、共同控制和重大影响，则他们之间也存在关联方关系"。从这一判断标准可以看出：

（1）上述判断关联方关系是否存在的标准，包括了横向和纵向之间存在关联方关系的主要形式。从纵向的关联方关系看，主要指一方能够控制、共同控制另一方，或能对另一方施加重大影响；从横向的关联方关系看，当两方或多方同受一方控制，则该两方或多方之间视为关联方。

（2）关联方关系的存在是以控制、共同控制或重大影响为前提条件的。但横向和纵向存在关联方关系的侧重点不同。纵向的关联方关系在控制、共同控制和重大影响三种情况下均视为关联方；横向的关联方关系仅仅指控制的情况，而不包括共同控制和重大影响的情形，即如果两方或多方同受一方共同控制或受一方施加的重大影响，则该两方或多方之间通常不视为关联方。

（3）关联方关系存在于企业与企业之间、企业与个人之间、企业与部门（或单位）之间。

（4）共同控制和重大影响包括间接共同控制和间接重大影响。

（5）国家控制的企业间不应仅仅因为彼此同受国家控制而成为关联方，但企业间如果存在控制、共同控制和重大影响，以及受同一关键管理人员或与其关系密切的家庭成员直接控制时，彼此应视为存在关联方关系。

（6）与企业仅发生日常往来而不存在其他关联方关系的资金提供者、公用事业部门、政府部门和机构，以及仅仅由于与企业发生大量交易而存在经济依存性的单个购买者、供应商或代理商，通常不视为存在关联方关系。

（7）在判断是否存在关联方关系时，应当看其关系的实质，即视各方关系是否存在控制、共同控制和重大影响的情况，而不仅仅是持股比例这种形式。

四、关联方关系的类型

（1）母子公司之间、受同一母公司控制的各个子公司之间。例如，根据 2017 年年报，甲上市公司持有 A 财务有限责任公司 100% 的股权，还持有 B 变压器厂 100% 的股权，则甲上市公司与 A 财务有限责任公司之间、甲上市公司与 B 变压器厂之间、A 财务有限责任公司与 B 变压器厂之间都构成关联方关系。

（2）不存在投资关系，但存在控制与被控制关系的企业之间。例如，乙集团拥有 C

上市公司50.40%的表决权资本，而C上市公司拥有D公司100%的股本，则乙集团通过C上市公司对D存在控制关系，两者之间构成关联方关系。

（3）企业与其合营企业。例如，E上市公司2018年4月18日发布公告称，其将与F公司、G公司、H公司等三家公司各出资900万元，共同组建S公司，合营期限70年，注册资本3 600万元，四方各占25%的股权。则共同投资的四家公司与组建的合营企业之间构成关联方关系。

（4）企业与其联营企业。例如，根据公开资料，K股份有限公司拥有上市公司T公司30.69%的表决权资本，这表明K股份有限公司对T公司具有重大影响，则这两者之间构成关联方关系。

（5）企业与主要投资者个人、关键管理人员或与其关系密切的家庭成员。其主要形式有：

①企业与其主要投资者个人之间的关系。例如，李林是A公司的主要投资者，拥有A公司15%的表决权资本，则A公司与李林构成关联方关系。

②企业与其关键管理人员之间的关系。例如，A公司的董事长王明与A公司构成关联方关系。

③企业与其主要投资者个人关系密切的家庭成员之间的关系。例如，A公司的主要投资者李林的儿子李成与A公司构成关联方关系。

④企业与其关键管理人员关系密切的家庭成员之间的关系。例如，A公司的董事长王明的儿子王刚与A公司构成关联方关系。

（6）企业与受该企业主要投资者个人、关键管理人员或与其关系密切的家庭成员直接控制的其他企业。其主要形式有：

①企业与受该企业主要投资者个人直接控制的其他企业之间的关系。例如，A公司的主要投资者李林同时拥有B公司60%的表决权资本，则A公司和B公司之间构成关联方关系。

②企业与受该企业关键管理人员直接控制的其他企业之间的关系。例如，A公司的董事长王明同时拥有B公司60%的表决权资本，则A公司和B公司之间构成关联方关系。

③企业与受该企业主要投资者个人关系密切的家庭成员直接控制的其他企业之间的关系。例如，A公司的主要投资者李林的儿子李成拥有B公司60%的表决权资本，则A公司和B公司之间构成关联方关系。

④企业与受该企业关键管理人员关系密切的家庭成员直接控制的其他企业之间的关系。例如，A公司的总经理张平的妻子是B公司的总经理，则A公司和B公司之间构成关联方关系。

五、关联方关系的披露

关联方关系的披露原则为：

（1）当关联方之间为企业，并且存在控制和被控制关系时，无论关联方之间有无交易，均应当在会计报表附注中披露如下资料：

①企业经济性质或类型、名称、法定代表人、注册地、注册资本及其变化。

②企业的主营业务。

③所持股份或权益及其变化。

(2) 当存在共同控制、重大影响时,在没有发生交易的情况下,可以不披露关联方关系。在发生交易的情况下,应当披露关联方关系的性质,即关联方为子公司、合营企业、联营企业、主要投资者个人、关键管理人员、主要投资者个人或关键管理人员关系密切的家庭成员等。

第二节 关联方交易及其披露

一、关联方交易

关联方交易是指在关联方之间转移资源或义务的事项,而不论是否收取价款。这一定义的要点有:

(1) 按照关联方的判断标准,构成关联方关系的企业之间、企业与个人之间的交易,即通常是在关联方关系已经存在的情况下,关联各方之间的交易。

(2) 资源或义务的转移是关联方交易的主要特征。通常情况下,在资源或义务转移的同时,风险和报酬也相应转移。

(3) 关联方之间资源或义务的转移价格是了解关联方交易的关键。

二、关联方交易的类型

判断关联方交易是否存在应当遵循实质重于形式原则,即应以交易是否实际发生为依据,而不以是否收取价款为前提。关联方交易的主要类型有:

(1) 购买或销售商品。购买或销售商品是关联方交易较常见的交易事项。例如,企业集团成员之间互相购买或销售商品,从而形成了关联方交易。

(2) 购买或销售除商品以外的其他资产。例如,母公司出售给其子公司设备或建筑物等。

(3) 提供或接受劳务。例如,A 企业为 B 企业的联营企业,A 企业专门从事设备维修服务,B 企业的所有设备均由 A 企业负责维修,B 企业每年支付设备维修费用 20 万元。

(4) 代理。代理主要是依据合同条款,一方可为另一方代理某些事务,如代理销售货物,或代理签订合同等。

(5) 租赁。租赁通常包括经营租赁和融资租赁等,关联方之间的租赁合同也是主要的交易事项。

(6) 提供资金(包括以现金或实物形式提供的贷款或权益性资金)。例如,企业从其关联方取得资金,或权益性资金在关联方之间的增减变动等。

(7) 担保和抵押。担保包括在借贷、买卖、货物运输、加工承揽等经济活动中,为了保障其债权实现而实行的保证、抵押等。当存在关联方关系时,一方往往为另一方提供为取得借贷、买卖等经济活动中所需的担保或抵押。

(8) 管理方面的合同。管理方面的合同通常指企业与某一企业或个人签订管理企业或某一项目的合同,按照管理合同约定,由一方管理另一方的财务和日常经营。因此,管理方面的合同也是关联方交易的主要形式。

(9) 研究与开发项目的转移。在存在关联方关系时,有时某一企业所研究与开发的项目会由于一方的要求而放弃或转移给其他企业。例如,B 公司是 A 公司的子公司,A 公司要求 B 公司停止对某一新产品的研究和试制,并将 B 公司研究的现有成果转给 A 公司最近购买的、研究和开发能力超过 B 公司的 C 公司继续研制,从而形成关联方交易。

(10) 许可协议。当存在关联方关系时,关联方之间可能达成某项协议,允许一方使用另一方的商标等,从而形成了关联方之间交易。

(11) 关键管理人员报酬。企业支付给关键管理人员的报酬也是一项主要的关联方交易。

关联方交易还包括就某特定事项在未来发生或不发生时所作出的采取相应行动的任何承诺,如(已确认及未确认的)待执行合同。

三、关联方交易的披露

关联方交易的披露要求包括:

(1) 关联方之间的交易应按照重要性原则分别情况处理:

①零星的关联方交易,如果对企业财务状况和经营成果影响较小的或几乎没有影响的,可以不予披露。例如,B 企业为 A 企业的联营企业,B 企业当期从 A 企业购入一台闲置不用的计算机,其账面价值为 2 万元,经双方协议,B 企业按照市场公允价格 1.5 万元购入。由于 A 企业和 B 企业日常经营中很少有业务往来,这次交易是其成为关联方关系 5 年来的第一次,并且对 A 企业和 B 企业的财务状况和经营成果影响较小的或几乎没有影响,对这一交易可以不予披露。

②对财务状况和经营成果有影响的关联方交易如果属于重大交易(主要指交易金额较大的,如销售给关联方产品的销售收入占本企业销售收入的 10% 及以上的),应当分别关联方以及交易类型披露。

分别关联方披露是指分别各个关联企业和关联个人予以披露;分别交易类型披露是指按照交易的各种类型分别披露,这里的类型是指企业会计制度中就关联方交易所举例子的内容。如果关联方之间属于非重大交易,类型相同的非重大交易可以合并披露,但以不影响财务会计报告使用者正确理解企业财务状况和经营成果为前提。例如,甲企业有两家联营企业乙企业和丙企业,乙企业和丙企业当期从甲企业购入材料分别占乙企业和丙企业当期购入材料的 1% 和 2%,在这种情况下,甲企业和乙企业、丙企业之间的交易可以合并披露。

判断关联方交易是否需要披露不应以交易金额的大小作为判断标准,而应以交易对企业财务状况和经营成果的影响程度来确定。例如,关联方之间有一项很重要的交易,这项交易没有金额或只有象征性金额,但是它对企业财务状况和经营成果的影响很大,在这种情况下，应披露与这项交易有关的信息。

（2）在企业与关联方发生交易的情况下，企业应当在会计报表附注中披露关联方关系的性质、交易类型及其交易要素。这些要素一般包括：

①交易的金额或相应比例。在披露时要求披露两年期的比较数据，两年期的比较数据是指各期的实际发生额或各期实际发生额占该类交易金额的比例。如果两年比较资料中有一年属于重大交易，另一年属于非重大交易，应视为重大交易分别关联方和交易类型予以披露，不能采用合并披露的方法。

②未结算项目的金额或相应比例。在披露时要求披露至本期期末止的关联方交易累计未结算的金额或相应比例，并披露其两年期的比较数据，但不需要披露本期发生额。

③定价政策（包括没有金额或只有象征性金额的交易）。关联方之间资源或义务的转移价格是了解关联方交易公允性的关键。充分披露关联方之间的定价政策及交易价格，有助于财务会计报告使用者充分了解关联方交易对企业财务状况、经营成果和现金流量的影响程度，以及关联各方受益的具体情况。

关联方之间的定价政策应当披露：一是关联方之间交易的定价方法以及在进行交易时确定交易价格的原则；二是交易的收付款方式及条件；三是交易价格的确定是否与非关联方的交易价格一致，如果与非关联方的交易价格不一致，应说明差额的比例或金额；四是如果关联方之间交易没有金额或只有象征性金额，应披露是如何进行交易的；五是对关联交易价格的公允性作出特别说明。

④关联方之间签订的交易协议或合同涉及当期和以后各期的，应当在签订协议或合同的当期和以后各期披露协议或合同的主要内容、交易总额以及当期的交易数量及金额。

（3）不需披露的关联方交易。对外提供合并财务报表的，对于已经包括在合并范围内各企业之间的交易不予披露。合并财务报表是将集团作为一个整体来反映与其有关的财务信息，在合并财务报表中，企业集团作为一个整体看待，企业集团内的交易已不属于交易，并且已经在编制合并财务报表时予以抵销。因此，《企业会计准则第36号——关联方披露》规定对外提供合并财务报表的，除了应按上述（1）、（2）的要求进行披露外，对于已经包括在合并范围内并已抵销的各企业之间的交易不予披露。

第三节 关联方披露举例

某上市公司对外披露合并会计报表，所有子公司均包括在合并会计报表内，其关联方的有关情况如下：

1. 关联方关系披露举例

（1）存在控制关系的关联方如表19-1所示。

表 19-1

企业名称	注册地址	主营业务	与本企业关系	经济性质或类型	法定代表人
M 企业	上海四川路 20 号	工业加工	母公司	国有	王成
A 企业	上海淮海路 10 号	商业零售	子公司	集体	丁一
B 企业	北京西单 51 号	工业加工	子公司	集体	陈民
C 企业	大连南京路 5 号	商业批发	子公司	国有	李勇
D 企业	深圳大道 1212 号	工业加工	子公司	股份有限公司	李强
E 企业	青岛北京路 50 号	批发零售	子公司	国有	王和

（2）存在控制关系的关联方的注册资本及其变化如表 19-2 所示。

表 19-2　　　　　　　　　　　　　　　　　　　　　　　　　　　　　　　　　　　　　单位：元

企业名称	年初数	本年增加数	本年减少数	年末数
M 企业	90 000 000	0	0	90 000 000
A 企业	5 500 000	0	0	5 500 000
B 企业	6 000 000	540 000	0	6 540 000
C 企业	8 850 000	0	50 000	8 800 000
D 企业	4 500 000	0	0	4 500 000
E 企业	12 000 000	0	0	12 000 000

（3）存在控制关系的关联方所持股份（或权益）及其变化如表 19-3 所示。

表 19-3　　　　　　　　　　　　　　　　　　　　　　　　　　　　　　　　　　　　　单位：元

企业名称	年初数		本年增加数		本年减少数		年末数	
	金额	%	金额	%	金额	%	金额	%
M 企业	50 000 000	55	0	0	0	0	50 000 000	55
A 企业	4 950 000	90	0	0	0	0	4 950 000	90
B 企业	3 060 000	51	540 000	4.046	0	0	3 600 000	55.05
C 企业	4 602 000	52	0	0	26 000	0	4 576 000	52
D 企业	2 700 000	60	0	0	0	0	2 700 000	60
E 企业	6 600 000	55	0	0	0	0	6 600 000	55

2. 关联方交易披露举例

本公司与关联方的交易披露如下：

（1）本公司所销售的产品价格由母公司规定。如果母公司规定的价格低于本公司的正常售价，则母公司退回给本公司销售产品的差价；如果母公司规定的价格高于本公司的正常售价，则本公司必须上交给母公司产品销售的差价。2016 年和 2017 年度内本公司无任何高于或低于正常销售价格的情况。

（2）不存在控制关系的关联方关系的性质如表 19-4 所示。

表 19-4

企业名称	与本企业的关系
甲企业	与本企业同一董事长
乙企业	合营企业
丙企业	与本企业同一总经理
丁企业	联营企业
F企业	联营企业
G企业	合营企业

（3）采购货物。本公司2017年度及2016年度向关联方采购货物有关明细资料如表19-5所示。

表 19-5　　　　　　　　　　　　　　　　　　　　　　　　　　　　　　　　　　单位：元

企业名称	2017年		2016年	
	金额	占年度购货百分比（%）	金额	占年度购货百分比（%）
M企业	3 750 000	15	4 680 000	18
乙企业	3 500 000	14	2 600 000	10
丙企业	4 500 000	18	5 980 000	23
丁企业	2 750 000	11	7 800 000	30
其他企业	1 000 000	4		
合计	15 500 000	62	21 060 000	81

注：①上述交易可以只披露金额，也可以只披露相应比例。

②上述非重大交易也可以合并披露，但以不影响财务会计报告使用者正确理解企业的财务状况和经营成果为前提。

（4）销售货物。本公司2017年度及2016年度向关联方销售货物有关明细资料如表19-6所示。

表 19-6　　　　　　　　　　　　　　　　　　　　　　　　　　　　　　　　　　单位：元

企业名称	2017年		2016年	
	金额	占年度销售百分比（%）	金额	占年度销售百分比（%）
乙企业	3 850 000	10	4 600 000	10
丙企业	5 005 000	13	7 820 000	17
丁企业	7 700 000	20	6 900 000	15
其他企业	4 235 000	11	7 820 000	17
合计	20 790 000	54	27 140 000	59

注：①上述交易可以只披露金额，也可以只披露相应比例。

②上述非重大交易也可以合并披露，但以不影响财务会计报告使用者正确理解企业的财务状况和经营成果为前提。

(5) 关联方应收应付款项余额如表 19-7 所示。

表 19-7 单位：元

项目	年末余额 2017 年	年末余额 2016 年	或：占全部应收（付）款项余额的比重（%） 2017 年	或：占全部应收（付）款项余额的比重（%） 2016 年
应收账款：				
甲企业	5 680	3 200	10	8
丙企业	6 816	4 000	12	10
其他企业	3 976	2 000	7	5
应收票据：				
甲企业	560 000		12	
应付账款：				
甲企业	25 000	30 000	10	16
丁企业	35 000	20 625	14	11
其他企业	7 500		3	
应付票据				
丁企业	20 000	15 000	12	8

注：①上述交易可以只披露金额，也可以只披露相应比例。
②上述非重大交易也可以合并披露，但以不影响财务会计报告使用者正确理解企业的财务状况和经营成果为前提。

(6) 其他应披露的事项如下：

①本公司本年度从甲企业购入一栋厂房，以低于市场价格1%的价格购入，购入价格20万元。另外，本公司按市价出售一台闲置设备给乙企业，出售价格为85万元，此项交易所获得的净利润为15万元。

②根据本公司与母公司M企业签订的协议，由M企业统一管理本公司的退休统筹基金，并汇总后统一上交给退休统筹基金单位，2017年本公司按规定计算并支付此项费用为70万元，2016年本公司支付的此项费用为70万元。

③母公司M企业的运输队为本公司提供运输服务，收费标准按向外单位提供同样服务所收费用的70%计算。2017年度支付运输费用60万元，2016年度支付运输费用55万元。

④本公司本年度用一栋办公楼为甲企业提供贷款担保，办公楼的账面原价500万元，由于这一项担保，甲企业从银行获得3年期贷款400万元。

⑤由于甲企业生产的某种产品为名牌产品，本公司生产的同样产品也使用甲企业的商标，并与甲企业签订了商标使用许可合同，合同规定，本公司每年按照该种产品销售收入的1%向甲企业支付商标使用费。本年度共支付给甲企业商标使用费500万元，2017年支付给甲企业该项费用为350万元。

⑥2017年度支付给关键管理人员的报酬（包括采用货币、实物形式和其他形式的工资、福利、奖金、特殊待遇及有价证券等）总额为人民币150万元；2016年为人民币100

万元。

⑦本公司本年度将部分资产委托 A 企业经营,按照托管协议,委托 A 企业经营的资产账面价值为 3 000 万元,委托期限为 3 年,本公司每年获得固定收益 200 万元。本年度 A 企业受托经营的资产实现利润 220 万元。

⑧母公司 M 企业占用本公司资金 1 000 万元,获得资金使用费 20 万元。

关键词

关联方　关联方关系　关联方交易

复习思考题

1. 如何判定关联方关系?
2. 关联方交易有哪些?
3. 如何披露关联方关系与关联方交易?

第二十章 债务重组

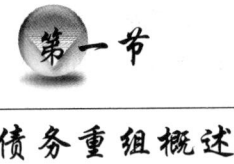

第一节 债务重组概述

一、债务重组的定义

债务重组是指在债务人发生财务困难的情况下,债权人按照其与债务人达成的协议或者法院的裁定作出让步的事项。债务重组涉及两个关系人,对债权人而言,为"债权重组",对债务人而言,为"债务重组"。为便于表述,统称为"债务重组"。在理解债务重组定义时,应注意以下几点:

(1) 债务重组强调了债务人处于财务困难的前提条件,并突出了债权人作出让步的实质,从而排除了债务人未处于财务困难条件下的债务重组、处于清算或改组时的债务重组、以及虽修改了债务条件但实质上债权人并未作出让步的债务重组事项,如在债务人发生财务困难时,债权人同意债务人用等值库存商品抵偿到期债务,但不调整偿还金额,实质上债权人并未作出让步,不属于债务重组的内容。

(2) 债务人发生财务困难、债权人作出让步是债务重组的基本特征。"债务人发生财务困难"是指因债务人出现资金周转困难、经营陷入困境或者其他原因,导致其无法或者没有能力按原定条件偿还债务。"债权人作出让步"是指债权人同意发生财务困难的债务人现在或者将来以低于重组债务账面价值的金额或者价值偿还债务。债权人作出让步的情形包括债权人减免债务人部分债务本金或者利息、降低债务人应付债务的利率等。

二、债务重组的方式

债务重组的方式主要包括:

(1) 以资产清偿债务。以资产清偿债务是指债务人转让其资产给债权人以清偿债务的债务重组方式。债务人通常用于清偿债务的资产包括现金资产和非现金资产,主要有:库存现金、银行存款、其他货币资金、存货、金融资产、固定资产、无形资产等。在债务重组的情况下，以现金清偿通常是指以低于应付债务的账面价值的现金清偿债务。

（2）将债务转为资本。债务转为资本时，对股份有限公司而言，是将债务转为股本，对其他企业而言，是将债务转为实收资本。其结果是债务人因此而增加股本（或实收资本），债权人因此而增加长期股权投资等。

值得说明的是，债务人发行的可转换债券按正常条件转为股权，债务人破产清算时发生的债务重组、债务人改组、债务人借新债还旧债以及债权人没有作出金额上的让步等，不属于债务重组。

（3）修改其他债务条件。修改其他债务条件是指不包括上述两种方式在内的修改其他债务条件进行的债务重组方式，如降低利率、减少债务本金、减少或免去债务利息等。

（4）以上三种方式的组合。以上三种方式的组合是指采用以上三种方式共同清偿债务的债务重组方式。其组合偿债方式可能是：债务的一部分以资产清偿，一部分转为资本，剩余部分则修改其他债务条件。在债务重组中涉及的金融负债和金融资产只有在满足《企业会计准则第 22 号——金融工具确认和计量》所规定的金融负债和金融资产终止确认条件时，才能终止确认。

三、债务重组日的确定

债务重组可能发生在债务到期前、到期日或到期后。债务重组日是指债务重组完成日，有以下三种情况：

（1）债务人以资产偿还债务。以债权人收到了相关资产并办理有关债务解除手续作为债务重组完成日。

（2）将债务转为资本。以债务人办妥增资批准手续并向债权企业出具了出资证明作为债务重组完成日。

（3）修改其他债务条件。以修改后的偿债条件开始执行的日期作为债务重组完成日。

第二节 债务重组的会计处理

一、债务重组会计处理的一般原则

（一）基本原则

债务重组日，债务人一定要确认债务重组利得（营业外收入）；债权人可能确认重组损失，也可能不确认债务重组损失而冲减资产减值损失。

（二）债权人受让资产入账价值的确认原则

（1）对于实际收到或将会收到的货币性资产，如现金、应收账款等，以实际收到或预计将会收到的价值入账；实际收到或预计将会收到的货币性资产价值小于应收债权账面价值的部分，作为债务重组损失，计入营业外支出。

（2）对于非货币性资产，如存货、固定资产、金融资产等，以其公允价值作为收到非货币性资产的入账价值。

(三) 债务人重组利得的确认原则

用于偿债的资产的公允价值小于重组债务账面价值等之间的差额，计入"营业外收入——债务重组利得"。对于增值税应税项目，如债权人不向债务人另行支付增值税，则债务重组利得应为非货币性资产的公允价值和该非货币性资产的增值税销项税额与重组债务账面价值的差额；如债权人向债务人另行支付增值税，则债务重组利得应为非货币性资产的公允价值与重组债务账面价值的差额。重组债务账面价值一般是指债务的面值或本金、原值；如有利息的，还应加上应计未付利息，如长期借款等。用于偿债的非货币性资产的账面价值与其公允价值之间的差额确认为资产处置损益。债务人转让非货币性资产的过程中发生的一些税费，如评估费，运杂费等，直接计入转让资产损益。

二、债务重组的会计处理

(一) 以资产清偿债务

1. 以现金清偿债务的会计处理

（1）债务人的处理。以现金清偿债务的，债务人应当将重组债务的账面价值与实际支付现金之间的差额，确认为债务重组利得，计入营业外收入。

（2）债权人的处理。债权人应当将重组债权的账面余额与收到的现金之间的差额，确认为债务重组损失，计入营业外支出。债权人已对债权计提减值准备的，应当先冲减减值准备，冲减后尚有余额的，计入营业外支出，冲减后减值准备仍有余额的，应予转回并抵减当期资产减值损失。未对债权计提减值准备的，应直接将该差额确认为债务重组损失。

【例 20-1】 甲企业于 2018 年 1 月 20 日销售一批材料给乙企业，不含税价格为 200 000 元，增值税税率为 17%，按合同规定，乙企业应于 2018 年 4 月 1 日前偿付货款。由于乙企业发生财务困难，无法按合同规定的期限偿还债务，经双方协议于 7 月 1 日进行债务重组。债务重组协议规定，甲企业同意减免乙企业 30 000 元债务，余额用现金立即偿清。乙企业于当日通过银行转账支付了该笔剩余款项，甲企业随即收到了通过银行转账偿还的款项。甲企业已为该项应收债权计提了 20 000 元的坏账准备。

乙企业编制的会计分录如下：

借：应付账款　　　　　　　　　　　　　　　　　234 000
　　贷：银行存款　　　　　　　　　　　　　　　　204 000
　　　　营业外收入——债务重组利得　　　　　　　 30 000

甲企业编制的会计分录如下：

借：银行存款　　　　　　　　　　　　　　　　　204 000
　　营业外支出——债务重组损失　　　　　　　　 10 000
　　坏账准备　　　　　　　　　　　　　　　　　　20 000
　　贷：应收账款　　　　　　　　　　　　　　　　234 000

假设甲企业为该项应收账款计提了 40 000 元坏账准备，则甲企业编制的会计分录如下：

  借：银行存款   204 000
    坏账准备   40 000
   贷：应收账款   234 000
    资产减值损失   10 000

  2. 以非现金资产清偿债务的会计处理

  企业以非现金资产清偿债务的，非现金资产类别不同，其会计处理也略有不同。

  （1）债务人的处理。以非现金资产清偿债务的，债务人应分清债务重组利得与资产转让损益的界限，并于债务重组当期予以确认。债务重组利得是指重组债务的账面价值超过非现金资产（即抵债资产）的公允价值之间的差额，应计入营业外收入。非现金资产的公允价值应当按照下列规定进行计量：

  ①非现金资产属于企业持有的股票、债券、基金等金融资产，且该金融资产存在活跃市场的，应当以金融资产的市价作为非现金资产的公允价值。

  ②非现金资产属于金融资产但该金融资产不存在活跃市场的，应当采用《企业会计准则第22号——金融工具确认和计量》规定的估值技术等合理的方法确定其公允价值。

  ③非现金资产属于存货、固定资产、无形资产等其他资产，且存在活跃市场的，应当以其市场价格为基础确定其公允价值；不存在活跃市场但与其类似资产存在活跃市场的，应当以类似资产的市场价格为基础确定其公允价值；在上述两种情况下仍不能确定非现金资产公允价值的，应当采用估值技术等合理的方法确定其公允价值。

  资产转让损益是指抵债的非现金资产的公允价值与其账面价值之间的差额。非现金资产公允价值与账面价值的差额，应按照相关准则规定处理：

  ①抵债资产为存货的，应当作为销售处理，分别计入主营业务收入和其他业务收入，并按其账面价值结转成本。

  ②抵债资产为固定资产、无形资产的，其公允价值和账面价值的差额，计入资产处置损益。

  ③抵债资产为长期股权投资的，其公允价值和账面价值的差额，计入投资收益。

  非现金资产的账面价值一般为非现金资产的账面余额扣除其资产减值准备后的金额。其中，非现金资产的账面余额是指非现金资产账户在期末未扣除其资产减值准备之前的余额。未计提减值准备的非现金资产的账面价值就是账面余额。

  （2）债权人的处理。对债权人来说，以非现金资产清偿债务的，债权人应当对受让的非现金资产按其公允价值入账，重组债权的账面余额与受让的非现金资产的公允价值之间的差额，确认为债务重组损失，计入营业外支出。重组债权已经计提了减值准备的，分别以下情况进行处理：

  ①债权人对重组债权个别计提减值准备的，只需要将上述差额冲减已计提的减值准备，减值准备不足以冲减的部分作为债务重组损失，计入营业外支出，如果减值准备冲减完该差额后，仍有余额，应予转回并抵减当期资产减值损失，不再确认债务重组损失。

  ②如果债权人对重组债权不是个别计提减值准备，而是采取组合计提减值准备的方法，则债权人应将对应于该债务人的损失准备倒算出来，再确定是否确认债务重组损失。

【例20-2】 甲公司于2017年1月1日销售给乙公司一批材料，价值400 000元（包括应收取的增值税税额），按购销合同约定，乙公司应于2017年10月31日前支付货款，但至2018年1月31日乙公司尚未支付货款。由于乙公司财务发生困难，短期内不能支付货款。2018年2月3日，乙公司与甲公司协商，甲公司同意乙公司以一台设备偿还债务。该项设备的账面原价为350 000元，已提折旧50 000元，设备的公允价值为360 000元。甲公司对该项应收账款已提取坏账准备20 000元。抵债设备已于2018年3月10日运抵甲公司。假定不考虑该项债务重组相关的税费。

乙公司编制的会计分录如下：

①将固定资产净值转入固定资产清理：

借：固定资产清理	300 000
累计折旧	50 000
贷：固定资产	350 000

②确认债务重组利得：

借：应付账款	400 000
贷：固定资产清理	360 000
营业外收入——债务重组利得	40 000

③确认固定资产处置利得：

借：固定资产清理	60 000
贷：资产处置损益	60 000

甲公司编制的会计分录如下：

借：固定资产	360 000
坏账准备	20 000
营业外支出——债务重组损失	20 000
贷：应收账款	400 000

假设甲公司计提坏账准备50 000元，则甲公司编制的会计分录如下：

借：固定资产	360 000
坏账准备	50 000
贷：应收账款	400 000
资产减值损失	10 000

（二）债务转为资本

1. 债务人的会计处理

对债务人而言，将债务转为资本，应当将债权人放弃债权而享有股份的面值总额（或者股权份额）确认为股本（或者实收资本），股份（或者股权）的公允价值总额与股本（或者实收资本）之间的差额确认为股本溢价（或者资本溢价），计入资本公积。重组债务账面价值超过股份的公允价值总额（或者股权的公允价值）的差额，确认为债务重组利得，计入当期营业外收入。

对于上市公司，其发行的股票有市价，因此通常应以市价作为股份或者股权的公允价值；对于其他企业，债权人因放弃债权而享有的股份或者股权可能没有市价，因此应当采用恰当的估值技术确定其公允价值。

2. 债权人的会计处理

对债权人而言,将债务转为资本,应当将因放弃债权而享有股份的公允价值确认为对债务人的投资,重组债权的账面余额与股份的公允价值之间的差额,确认为债务重组损失,计入营业外支出。债权人已对债权计提减值准备的,先冲减减值准备,减值准备不足以冲减的部分,或未提取减值准备的,该差额确认为债务重组损失,计入营业外支出。发生的相关税费,分别按照长期股权投资或者金融工具确认和计量等准则的规定进行处理。

【例20-3】2018年1月1日,甲公司应收乙公司账款的账面余额为60 000元,由于乙公司发生财务困难,无法偿付应付账款。经双方协商同意,采取将乙公司所欠债务转为乙公司股本的方式进行债务重组,假定乙公司普通股的面值为1元,乙公司以20 000股抵偿该项债务,股票每股市价为2.5元。甲公司对该项应收账款计提了坏账准备2 000元。股票登记手续已办理完毕,甲公司对其作为长期股权投资处理。

乙公司编制的会计分录如下:

借:应付账款	60 000	
贷:股本		20 000
资本公积——股本溢价		30 000
营业外收入——债务重组利得		10 000

甲公司编制的会计分录如下:

借:长期股权投资	50 000	
营业外支出——债务重组损失	8 000	
坏账准备	2 000	
贷:应收账款		60 000

假设计提坏账准备12 000元,则甲公司编制的会计分录如下:

借:长期股权投资	50 000	
坏账准备	12 000	
贷:应收账款		60 000
资产减值损失		2 000

三、修改其他债务条件清偿债务

修改其他债务条件清偿债务是指债务人不以其资产清偿债务,也不将其债务转为资本,而是与债权人达成债务重组协议,以减少未来债务本金、降低利率、减少或免除债务利息等方式清偿债务。企业采用修改其他债务条件进行债务重组的,应当区分是否涉及或有应付(或应收)金额进行会计处理。所谓或有应付(或应收)金额,是指需要根据未来某种事项出现而发生的应付(或应收)金额,而且该未来事项的出现具有不确定性。

(一)不涉及或有应付金额的债务重组

1. 债务人的会计处理

对债务人来说,以修改其他债务条件进行债务重组,如修改后的债务条款中不涉及或有应付金额,则重组债务的账面价值大于重组后债务的入账价值(即修改其他债务条件后债务的公允价值）的差额为债务重组利得，计入营业外收入。

2. 债权人的会计处理

对债权人而言，以修改其他债务条件进行债务重组，如修改后的债务条款中不涉及或有应收金额，则债权人应当将修改其他债务条件后的债权的公允价值作为重组后债权的账面价值，重组债权的账面余额与重组后债权的账面价值之间的差额作为债务重组损失，计入营业外支出。如债权人已对该债权计提减值准备的，应当先将该差额冲减减值准备，减值准备不足以冲减的部分作为债务重组损失，计入营业外支出。

【例 20 - 4】甲公司从乙公司购入原材料 50 万元（含税），由于财务困难无法归还，2018 年 1 月 1 日进行债务重组。经双方协商，甲公司在一年后支付 42 万元。乙公司对应收账款已计提坏账准备 3 万元。

甲公司（债务人）编制的会计分录如下：

重组后债务的入账价值 = 42（万元）

债务重组利得 = 50 - 42 = 8（万元）

借：应付账款——乙公司	500 000
贷：应付账款——债务重组	420 000
营业外收入——债务重组利得	80 000

乙公司（债权人）编制的会计分录如下：

重组后债权的入账价值 = 42（万元）

债务重组损失 = 50 - 42 - 3 = 5（万元）

借：应收账款——债务重组	420 000
坏账准备	30 000
营业外支出——债务重组损失	50 000
贷：应收账款——甲公司	500 000

（二）涉及或有应付金额的债务重组

1. 债务人的会计处理

以修改其他债务条件进行的债务重组，修改后的债务条款如涉及或有应付金额，且该或有应付金额符合《企业会计准则第 13 号——或有事项》中有关预计负债确认条件的，债务人应当将该或有应付金额确认为预计负债，并根据《企业会计准则第 13 号——或有事项》的规定确定其金额。重组债务的账面价值与重组后债务的入账价值（即重组后债务的公允价值）以及预计负债金额之和的差额作为债务重组利得，计入营业外收入。上述或有应付金额在随后会计期间没有发生的，企业应当冲销已确认的预计负债，同时确认营业外收入。

2. 债权人的会计处理

对债权人而言，以修改其他债务条件进行债务重组，修改后的债务条款中涉及或有应收金额的，不应当确认或有应收金额，不得将其计入重组后债权的账面价值。根据谨慎性原则，或有应收金额属于或有资产，或资产不予确认。只有在或有应收金额实际发生时才计入当期损益。

【例 20 - 5】甲公司从乙公司购入原材料 50 万元（含税），由于财务困难无法归还，

2015年12月31日进行债务重组。经协商,甲公司在2年后支付本金40万元,利息按5%计算;同时规定,如果2016年甲公司有盈利,从2017年起则按8%计息。

根据2015年末债务重组时甲企业的生产经营情况判断,2016年甲公司很可能实现盈利;2017年末甲公司编制的利润表表明已经实现盈利。假设利息按年支付。乙公司已计提坏账准备5万元。假设实际利率等于名义利率。

甲公司(债务人)编制的会计分录如下:

重组后债务入账价值 = 40(万元)

或有应付金额 = 40×3% = 1.2(万元)

债务重组利得 = 50 - 40 - 1.2 = 8.8(万元)

2015年12月31日:

借:应付账款 500 000
  贷:长期应付款——债务重组 400 000
    预计负债——债务重组 12 000
    营业外收入——债务重组利得 88 000

2016年12月31日:

借:财务费用 20 000
  贷:银行存款 20 000

2017年12月31日:

借:长期应付款——债务重组 400 000
  财务费用 20 000
  预计负债——债务重组 12 000
  贷:银行存款 432 000

乙公司(债权人)编制的会计分录如下:

重组后债权入账价值 = 40(万元)

债务重组损失 = 50 - 40 - 5 = 5(万元)

2015年12月31日:

借:长期应收款——债务重组 400 000
  坏账准备 50 000
  营业外支出——债务重组损失 50 000
  贷:应收账款 500 000

2016年12月31日:

借:银行存款 20 000
  贷:财务费用 20 000

2017年12月31日:

借:银行存款 432 000
  贷:长期应收款 400 000
    财务费用 32 000

四、组合方式清偿债务

组合方式清偿债务是以现金、非现金资产、债务转为资本、修改其他债务条件等方式组合在一起进行债务清偿。

(一) 债务人的会计处理

债务重组以现金、非现金资产、债务转为资本、修改其他债务条件等方式组合偿债的,对债务人来说,应当依次以支付的现金、转让的非现金资产公允价值、债权人享有股份的公允价值冲减重组债务的账面价值,修改其他债务条件的,应当将修改其他债务条件后债务的公允价值作为重组后债务的入账价值。重组债务的账面价值与重组后债务的入账价值之间的差额作为债务重组利得,计入营业外收入。修改后的债务条款如涉及或有应付金额,且该或有应付金额符合预计负债确认条件的,债务人应当将该或有应付金额确认为预计负债。重组债务的账面价值与重组后债务的入账价值和预计负债金额之和的差额计入营业外收入。以上所产生的债务重组利得、资产转让损益等均于债务重组当期确认。

(二) 债权人的会计处理

债务重组采用以现金、非现金资产、债务转为资本、修改其他债务条件等方式组合偿债的,对债权人来说,应先以收到的现金、受让非现金资产的公允价值、因放弃债权而享有的股权的公允价值冲减重组债权的账面余额,其差额与将来应收金额进行比较,据此计算债务重组损失。债权人已对债权计提减值准备的,应当先将该差额冲减资产减值准备,资产减值准备不足以冲减的部分作为债务重组损失,计入营业外支出。以上产生的债务重组损失于债务重组当期确认。

【例20-6】2017年1月1日,A企业应收B企业货款为1 500万元。由于B企业资金周转发生困难,2018年1月1日,经与双方企业协商进行债务重组,协议如下:

(1) 豁免债务30万元。

(2) B企业以一台设备清偿部分债务。该设备原价750万元,已计提折旧300万元,公允价值为540万元。

(3) B企业以其普通股抵偿部分债务,用于抵债的普通股为750万股,股票市价为每股1.08元,股票面值为1元。

(4) B企业1年后将支付价款为120万元,加收利息的利率为3%,同时规定1年内如果B企业实现净利润,将归还豁免债务30万元的50%。

A企业已为该债权计提坏账准备40万元,B企业2018年发生亏损,假定不考虑其他税费。

A企业(债权人)编制的会计分录如下:

固定资产入账价值=540(万元)

长期股权投资入账价值=810(万元)

重组后债权入账价值=120(万元)

应冲减资产减值损失=1 500-540-810-120-40=-10(万元)

2018年1月1日:

借:固定资产　　　　　　　　　　　　　　　　　　　　　　　5 400 000

长期股权投资	8 100 000
应收账款——债务重组	1 200 000
坏账准备	400 000
贷：应收账款	15 000 000
资产减值损失	100 000

2018 年 12 月 31 日：
借：银行存款　　　　　　　　　　　　　　　　　1 236 000
　　贷：应收账款——债务重组　　　　　　　　　　　1 200 000
　　　　财务费用　　　　　　　　　　　　　　　　　　36 000

B 企业（债务人）编制的会计分录如下：

处置固定资产净收益 = 540 - 450 = 90（万元）
股本 = 750 × 1 = 750（万元）
股本溢价 = 750 × 1.08 - 750 = 60（万元）
重组后债务入账价值 = 120（万元）
或有应付金额 = 30 × 50% = 15（万元）
债务重组利得 = 1 500 - 540 - 810 - 120 - 15 = 15（万元）

2018 年 1 月 1 日：
借：固定资产清理　　　　　　　　　　　　　　　　4 500 000
　　累计折旧　　　　　　　　　　　　　　　　　　3 000 000
　　贷：固定资产　　　　　　　　　　　　　　　　　7 500 000
借：应付账款　　　　　　　　　　　　　　　　　　15 000 000
　　贷：固定资产清理　　　　　　　　　　　　　　　4 500 000
　　　　股本　　　　　　　　　　　　　　　　　　　7 500 000
　　　　资本公积——股本溢价　　　　　　　　　　　　600 000
　　　　应付账款——债务重组　　　　　　　　　　　1 200 000
　　　　预计负债　　　　　　　　　　　　　　　　　　150 000
　　　　资产处置损益　　　　　　　　　　　　　　　　900 000
　　　　营业外收入——债务重组利得　　　　　　　　　150 000

2018 年 12 月 31 日：
借：应付账款——债务重组　　　　　　　　　　　　1 200 000
　　财务费用　　　　　　　　　　　　　　　　　　　　36 000
　　预计负债　　　　　　　　　　　　　　　　　　　 150 000
　　贷：银行存款　　　　　　　　　　　　　　　　　1 236 000
　　　　营业外收入——债务重组利得　　　　　　　　　150 000

关键词

债务重组　重组利得　重组损失

复习思考题

1. 债务重组的概念及条件是什么?
2. 债务重组的方式有哪些?
3. 债务重组中的重组利得与重组损失应如何确认与计量?

第二十一章 非货币性资产交换

第一节 非货币性资产交换概述

一、非货币性资产交换中涉及的主要概念

(一) 货币性资产

货币性资产是指持有的货币资金和将以固定或可确定的金额收取的资产。货币性资产是相对于非货币性资产而言的。两者区分的主要依据是资产在将来为企业带来的经济利益,即货币金额是否是固定的或可确定的。如果资产在将来为企业带来的经济利益是固定的或可确定的,则该项资产是货币性资产;反之则是非货币性资产。例如,库存现金、银行存款和其他货币资金是企业所持有的货币资金,其金额是固定的,符合货币性资产的定义,属于货币性资产。再如,应收款项作为企业的债权,在将来收到的现金是固定的或可确定的,符合货币性资产的定义,因此应收款项也属于货币性资产。一般来说,货币性资产主要有:货币资金、应收票据、应收账款、应收股利、应收利息、其他应收款、准备持有至到期的债券投资等。

(二) 非货币性资产

非货币性资产是指货币性资产以外的资产。非货币性资产区别于货币性资产的最基本特征是其在将来收到的现金是不固定的,或不可确定的。例如,固定资产,企业持有的主要目的是作为劳动手段,在正常的生产经营过程中通过作用于劳动对象或服务于生产过程而以折旧的方式将其损耗的价值转移到产品成本中,最后通过销售收回并获利。在这一过程中,固定资产在将来为企业带来的经济利益是不固定的,或是不可确定的,不符合货币性资产的定义,因此固定资产属于非货币性资产。再如,不准备持有到期的债券投资,由于企业随时可能处置该债券投资,同时债券投资的市场价格受多种因素的影响,所以不准备持有至到期的债券投资在将来为企业带来的经济利益是不固定的,或是不可确定的,不符合货币性资产的定义,因此不准备持有至到期的债券投资属于非货币性资产。一般说

来，非货币性资产主要有：股权投资、存货、不准备持有至到期的债券投资、固定资产、工程物资、在建工程、无形资产等。

二、非货币性资产交换的概念

非货币性资产交换是指交易双方主要以存货、固定资产、无形资产和长期股权投资等非货币性资产进行的交换。

非货币性资产交换的交换对象主要是非货币性资产，一般不涉及或只涉及少量货币性资产（即补价）。涉及补价的交换，认定为非货币性资产交换，通常以补价占整个资产金额的比例低于25%作为参考。对于支付补价的一方，支付的补价占换入资产公允价值（或占换出资产公允价值与支付的补价之和）的比例低于25%的，认定为非货币性资产交换；对于收到补价的一方，收到的补价占换出资产公允价值（或占换入资产公允价值与收到的补价之和）的比例低于25%的，认定为非货币性资产交换。例如，甲公司以一项固定资产与乙公司的一项无形资产相交换。甲公司的固定资产原价1 200 000元，已提折旧500 000元，公允价值800 000元；乙公司的无形资产账面价值600 000元，公允价值900 000元。以公允价值为基础，按照等价交换原则，甲公司应支付补价100 000元给乙公司。对于甲公司，补价100 000元占换入资产公允价值900 000元（或占换出资产公允价值800 000元与支付的补价100 000元之和）的比例是11.11%，低于25%，可以认定该项交换为非货币性资产交换；对于乙公司，收到的补价100 000元占换出资产公允价值900 000元（或占换入资产公允价值800 000元与收到的补价100 000元之和）的比例是11.11%，低于25%，可以认定该项交换为非货币性资产交换。如果补价占整个资产交换金额比例高于25%（含25%），则不认定为非货币性资产交换，而是视为以货币性资产取得非货币性资产。

三、非货币性资产交换的核算主要解决的会计问题

货币性资产交换的情况下，无论是以何种非货币性资产换入企业所需或不需的非货币性资产，其核心都是如何正确确定换入资产入账价值，是否确认换出资产处置损益。这些会计问题如何解决详见本章第二节内容。

非货币性资产交换的会计处理

非货币性资产交换按其对企业产生的效用和对企业未来现金流量的影响，可分为具有商业实质的非货币性资产交换和不具有商业实质的非货币性资产交换。具有商业实质的非货币资产交换，与换出的资产相比，换入的资产与企业现有的资产相结合能够产生更大的效用，从而导致换入资产影响产生的现金流量与换出资产明显不同。不具有商业实质的非货币性资产交换，换出的资产往往是放弃该资产的效用，换入的资产是取得该资产的效

用，换入资产对整个企业产生的现金流量与换出资产相比不会产生明显的影响。由于具有商业实质的非货币性资产交换与不具有商业实质的非货币性资产交换对企业未来现金流量产生的影响不同，相应地，作为反映的会计确认和计量也就不同。因此对于非货币性资产交换，会计确认和计量应首先判断该交换是否具有商业实质。

一、非货币性资产交换具有商业实质的判断

企业应遵循实质重于形式的原则判断非货币性资产交换是否具有商业实质。一般情况下，满足下列条件之一的非货币性资产交换具有商业实质：

（1）换入资产的未来现金流量在风险、时间和金额方面与换出资产显著不同。这种情况包括下列三种情形：

①未来现金流量的风险、金额相同，时间不同。此种情形是指换入资产和换出资产产生的未来现金流量总额相同，未来获得现金流量的风险相同，但未来现金流量流入企业的时间明显不同。例如，某企业以一项固定资产与另一企业的一批存货相交换。预计固定资产与存货未来产生的现金流量总额相同，获得现金流量的风险相同。但是，固定资产产生的现金流量将在未来相当长的时期通过其所生产产品或提供劳务的收入流入企业，存货则可在较短的时期通过销售或耗用产生现金流量流入企业。固定资产与存货产生的现金流量流入企业的时间明显不同。

②未来现金流量的时间、金额相同，风险不同。此种情形是指换入资产和换出资产产生的未来现金流量时间和金额相同，但企业获得现金流量的不确定性程度存在明显差异。例如，某企业以一项生产用设备与另一企业新开发的一项专利技术相交换。预计设备与专利技术产生的现金流量时间和金额相同。但是，由于专利技术是新开发的，其所产产品的市场前景尚不明朗，与设备相比，未来获得现金流量的不确定性程度存在明显差异。

③未来现金流量的风险、时间相同，金额不同。此种情形是指换入资产和换出资产产生的未来现金流量总额相同，预计为企业带来现金流量的时间跨度相同，风险也相同，但各年产生的现金流量金额存在明显差异。例如，某企业以一幢出租房屋与另一企业的生产厂房相交换。出租房屋与生产厂房预计使用年限相同，在使用年限内预计产生的现金流量总额相同。但是，出租房屋在使用年限内各年产生的现金流入量比较均衡，生产厂房在生产开始阶段产生的现金流入量往往明显少于后期，两者在未来各年产生的现金流量显著不同。

（2）换入资产与换出资产的预计现金流量现值不同，且其差额与换入资产和换出资产的公允价值相比是重大的。这种情况是指换入资产对换入企业的特定价值（即预计未来现金流量现值）与换出资产存在明显差异。例如，某企业以一项土地使用权换入另一企业拥有的长期股权投资。该土地使用权与长期股权投资的公允价值相同，且在原企业中未来现金流量的风险、时间和金额相同。但是，在两项资产交换后，换入长期股权投资的企业拥有了被投资企业的控制权；换入土地使用权的企业则可扩大企业生产规模。由此，经过资产交换，换入资产的两企业的预计未来现金流量与换入前存在明显差异。因此两项资产交换具有商业实质。

二、非货币性资产交换具有商业实质，且公允价值能够可靠计量的会计处理

非货币性资产交换具有商业实质，其交换就应是等价交换。等价是以公允价值为基础。也就是说，具有商业实质的非货币性资产交换应当以公允价值计量。但其前提条件是公允价值能够可靠地计量。

非货币性资产交换，符合下列情形之一的，表明换入资产或换出资产的公允价值能够可靠地计量：

（1）换入资产或换出资产存在活跃市场。对于存在活跃市场的存货、长期股权投资、固定资产、无形资产等非货币性资产，应当以该资产的市场价格为基础确定其公允价值。

（2）换入资产或换出资产不存在活跃市场、但同类或类似资产存在活跃市场。对于同类或类似资产存在活跃市场的存货、长期股权投资、固定资产、无形资产等非货币性资产，应当以同类或类似资产价格为基础确定其公允价值。

（3）换入资产或换出资产不存在同类或类似资产的可比市场交易，应当采用估值技术确定其公允价值。该公允价值估计数的变动区间很小，或者在公允价值估计数变动区间内，各种用于确定公允价值估计数的概率能够合理确定的，视为公允价值能够可靠计量。

具有商业实质，且换入资产或换出资产的公允价值能够可靠计量的非货币性资产交换，应当以公允价值和应支付的相关税费作为换入资产的成本，公允价值与换出资产账面价值的差额计入当期损益。

（一）单项资产交换的会计处理

1. 不涉及补价的会计处理

具有商业实质且换入或换出资产的公允价值能够可靠计量的非货币性资产交换，不涉及补价的，应当以换出资产的公允价值和应支付的相关税费作为换入资产的成本。有确凿证据表明换入资产的公允价值更加可靠的，以换入资产的公允价值和应支付的相关税费作为换入资产的成本。换出资产的账面价值和应支付的相关税费与公允价值之间的差额计入当期损益。

换出资产公允价值和应支付的相关税费与其账面价值的差额在具体会计处理上，应当分别不同情况处理：

（1）换出资产为存货的，应当作为销售处理，以其公允价值确认收入，同时结转相应的成本。

（2）换出资产为固定资产和无形资产的，换出资产公允价值与其账面价值的差额计入资产处置损益。

（3）换出资产为长期股权投资的，换出资产公允价值与其账面价值的差额计入投资损益。

需要说明的是，非货币性资产交换中涉及除增值税以外的税费按下列原则处理：

（1）与换出资产有关的相关税费与出售资产相关税费的会计处理相同，如换出固定资产支付的清理费用先通过"固定资产清理"科目核算，最后结转计入资产处置损益等。

（2）与换入资产有关的相关税费与购入资产相关税费的会计处理相同，如换入资产的运费和保险费计入换入资产的成本等（以下相同）。

【例21-1】A公司和B公司均为增值税一般纳税人，适用的增值税率均为16%。A

公司以一批库存商品与B公司使用中的一台设备相交换。A公司库存商品账面价值450 000元，公允价值600 000元，公允价值与计税价格相同。B公司设备的账面原价为900 000元，已提折旧350 000元，公允价值600 000元。A公司换入B公司的设备作为固定资产管理和使用。B公司换入的A公司的库存商品作为原材料管理和使用。A公司与B公司不存在关联方关系，交换价格公允，交换过程中相关税费只考虑增值税，不考虑其他税费。

A公司编制的会计分录如下：

借：固定资产　　　　　　　　　　　　　　　　　　　　　600 000
　　应交税费——应交增值税（进项税额）　　　　　　　　 96 000
　　贷：主营业务收入　　　　　　　　　　　　　　　　　600 000
　　　　应交税费——应交增值税（销项税额）　　　　　　 96 000
借：主营业务成本　　　　　　　　　　　　　　　　　　　450 000
　　贷：库存商品　　　　　　　　　　　　　　　　　　　450 000

B公司编制的会计分录如下：

借：固定资产清理　　　　　　　　　　　　　　　　　　　550 000
　　累计折旧　　　　　　　　　　　　　　　　　　　　　350 000
　　贷：固定资产　　　　　　　　　　　　　　　　　　　900 000
借：原材料　　　　　　　　　　　　　　　　　　　　　　600 000
　　应交税费——应交增值税（进项税额）　　　　　　　　 96 000
　　贷：固定资产清理　　　　　　　　　　　　　　　　　550 000
　　　　资产处置损益　　　　　　　　　　　　　　　　　 50 000
　　　　应交税费——应交增值税（销项税额）　　　　　　 96 000

2. 涉及补价的会计处理

具有商业实质且公允价值能够可靠计量的非货币性资产交换发生补价的，应当分别下列情况处理：

（1）支付补价的，应当以换出资产的公允价值加上支付的补价（或换入资产的公允价值）和应支付的相关税费，作为换入资产的成本。

（2）收到补价的，应当以换出资产的公允价值减去补价（或换入资产的公允价值），加上应支付的相关税费，作为换入资产的成本。

【例21-2】E公司以一项营业用门面房与F公司的一项专利技术所有权相交换。营业用门面房账面原价500 000元，已提折旧160 000元，公允价值800 000元，公允价值与计税价格相同，销售营业用门面房适用的增值税税率为10%；专利技术所有权的账面成本680 000元，累计摊销34 000元，公允价值650 000元，公允价值与计税价格相同，转让无形资产适用的增值税税率为6%。以公允价值为交换基础，F公司向E公司支付补价191 000元（含税），以银行存款支付。假定E公司与F公司不存在关联方关系，交换价格公允，交换过程除增值税外不考虑其他税费，增值税当期可全部抵扣。

解析：

门面房与专利技术所有权交换涉及补价。因此首先应计算补价占整个资产交换金额的比例。

E公司收到的补价占换出资产公允价值（含税）的比例 = 191 000 ÷ 880 000 × 100%
= 21.7%

F公司支付的补价占换入资产公允价值（含税）的比例 = 191 000 ÷ 880 000 × 100%
= 21.7%

补价占整个资产交换金额的比例为21.7%，小于25%，可以认定该交换属于非货币性资产交换。

E公司编制的会计分录如下：

$$\text{换入无形资产（专利权）的成本} = \text{换出资产公允价值} + \text{应支付的相关税费} - \text{收到的补价} - \text{可抵扣增值税}$$
$$= 800\,000 + (800\,000 \times 10\%) - 191\,000 - (650\,000 \times 6\%)$$
$$= 650\,000（元）$$

借：固定资产清理	340 000
累计折旧	160 000
贷：固定资产	500 000
借：无形资产——专利权	650 000
银行存款	191 000
应交税费——应交增值税（进项税额）	39 000
贷：固定资产清理	340 000
应交税费——应交增值税（销项税额）	80 000
资产处置损益	460 000

F公司会计分录如下：

换入固定资产（门面房）的成本 = 换出资产公允价值 + 支付的补价 + 应支付的相关税费 - 可抵扣增值税
= 650 000 + 191 000 + 39 000 - 80 000
= 800 000（元）

借：固定资产	800 000
累计摊销	34 000
应交税费——应交增值税（进项税额）	80 000
贷：无形资产——专利权	680 000
应交税费——应交增值税（销项税额）	39 000
银行存款	191 000
资产处置损益	14 000

（二）多项资产交换的会计处理

非货币性资产交换具有商业实质，且换入资产的公允价值能够可靠计量的，应当按照换入各项资产的公允价值占换入资产公允价值总额的比例，对换入资产的成本总额进行分配，确定各项换入资产的成本。

每项换入资产成本 = 该项资产的公允价值 ÷ 换入资产公允价值总额 × 换入资产的成本总额

【例21-3】公司和乙公司均为增值税一般纳税人，适用的增值税税率均为16%，不动产适用的增值税税率10%。2018年8月,为适应业务发展的需要,经协商,甲公司决定以生产经营过程中使用的厂房、设备以及库存商品换入乙公司生产经营过程中使用的办公楼、小汽车、客运汽车。甲公司厂房的账面原价为1 500万元,在交换日的累计折旧为300万元,公允价值为1 000万元;设备的账面原价为600万元,在交换日的累计折旧为480万元,公允价值为100万元;库存商品的账面余额为300万元,交换日的市场价格为350万元,市场价格等于计税价格。乙公司办公楼的账面原价为2 000万元,在交换日的累计折旧为1 000万元,公允价值为1 100万元;小汽车的账面原价为300万元,在交换日的累计折旧为190万元,公允价值为159.5万元;客运汽车的账面原价为300万元,在交换日的累计折旧为180万元,公允价值为150万元。乙公司另外向甲公司支付银行存款52.98万元。其中包括由于换出和换入资产公允价值不同而支付的补价40.5万元,以及换出资产销项税额与换入资产进项税额的差额12.48万元。

假定甲公司和乙公司都没有为换出资产计提减值准备;甲公司换入乙公司的办公楼、小汽车、客运汽车均作为固定资产使用和管理;乙公司换入甲公司的厂房、设备作为固定资产使用和管理,换入的库存商品作为原材料使用和管理。甲公司和乙公司均开具了增值税专用发票。

解析:

本例涉及收付货币性资产,应当计算甲公司收到的货币性资产占甲公司换出资产公允价值总额的比例(等于乙公司支付的货币性资产占乙公司换入资产公允价值与支付的补价之和的比例),即:

40.5万元÷(1 000+100+350)万元=2.79%<25%

可以认定这一涉及多项资产的交换行为属于非货币性资产交换。对于甲公司而言,为了拓展运输业务需要小汽车、客运汽车,乙公司为了扩大产品生产需要厂房、设备和原材料,换入资产对换入企业均能发挥更大的作用。因此该项涉及多项资产的非货币性资产交换具有商业实质;同时,各单项换入资产和换出资产的公允价值均能可靠计量,因此甲、乙公司均应当以公允价值为基础确定换入资产的总成本,确认产生的相关损益。同时,按照各单项换入资产的公允价值占换入资产公允价值总额的比例,确定各单项换入资产的成本。

甲公司的账务处理如下:

(1)根据税法的有关规定计算相关税额。

换出库存商品的增值税销项税额=350×16%=56(万元)

换出设备的增值税销项税额=100×16%=16(万元)

换出厂房的增值税销项税额=1 000×10%=100(万元)

换入办公楼、小汽车、客运汽车的增值税进项税额=1 100×10%+(159.5+150)×16%
=159.52(万元)

(2)计算换入资产、换出资产公允价值总额。

换出资产公允价值(不含税)总额=1 000+100+350=1 450(万元)

换入资产公允价值(不含税)总额=1 100+159.5+150=1 409.5(万元)

(3)计算换入资产总成本。

换入资产总成本=换出资产公允价值(不含税)-收到的补价(不含税)

$$= 1\,450 - 40.5 + 0$$
$$= 1\,409.5\,(万元)$$

或：

换入资产总成本 = 换出资产公允价值 + 换出资产增值税销项税额 – 换入资产可抵扣的增值税进项税额 – 收到的补价（含税）

$$= 1\,450 + (100 + 16 + 56) - (110 + 25.52 + 24) - 52.98$$
$$= 1\,409.5\,(万元)$$

（4）计算确定换入各项资产的公允价值占换入资产公允价值总额的比例。

办公楼公允价值占换入资产公允价值总额的比例 = 1 100 ÷ 1 409.5 = 78%

小汽车公允价值占换入资产公允价值总额的比例 = 159.5 ÷ 1 409.5 = 11.4%

客运汽车公允价值占换入资产公允价值总额的比例 = 150 ÷ 1 409.5 = 10.6%

（5）计算确定换入各项资产的成本。

办公楼的成本 = 1 409.5 × 78% = 1 100（万元）

小汽车的成本 = 1 409.5 × 11.4% = 159.5（万元）

客运汽车的成本 = 1 409.5 × 10.6% = 150（万元）

（6）编制会计分录。

借：固定资产清理		13 200 000
累计折旧		7 800 000
贷：固定资产——厂房		15 000 000
——设备		6 000 000
借：固定资产——办公楼		11 000 000
——小汽车		1 595 000
——客运汽车		1 500 000
应交税费——应交增值税（进项税额）		1 595 200
银行存款		529 800
资产处置损益		2 200 000
贷：固定资产清理		13 200 000
主营业务收入		3 500 000
应交税费——应交增值税（销项税额）		1 720 000
借：主营业务成本		3 000 000
贷：库存商品		3 000 000

资产处置损益（损失）= 换出固定资产公允价值与其账面价值的差额
$$= 13\,200\,000 - 10\,000\,000 - 1\,000\,000$$
$$= 2\,200\,000\,(元)$$

乙公司的账务处理如下：

（1）根据税法的有关规定计算相关税额。

换入资产原材料的增值税进项税额 = 350 × 16% = 56（万元）

换入设备的增值税进项税额 = 100 × 16% = 16（万元）

换入厂房的增值税进项税额 = 1 000 × 10% = 100（万元）

换出办公楼、小汽车、客运汽车
的增值税销项税额 = 1 100 × 10% +（159.5 + 150）× 16%

= 159.52（万元）

（2）计算换入资产、换出资产公允价值总额。

换入资产公允价值（不含税）总额 = 1 000 + 100 + 350 = 1 450（万元）

换出资产公允价值（不含税）总额 = 1 100 + 159.5 + 150 = 1 409.5（万元）

（3）确定换入资产总成本。

换入资产总成本 = 换出资产公允价值（不含税）+ 支付的补价（不含税）

= 1 409.5 + 40.5

= 1 450（万元）

或：

换入资产总成本 = 换出资产公允价值总额 + 支付的补价（含税）+ 换出资产增值税
销项税额 - 换入资产可抵扣的增值税进项税额

= 1 409.5 + 52.98 + 159.52 - 172

= 1 450（万元）

（4）计算确定换入各项资产的公允价值占换入资产公允价值总额的比例。

厂房公允价值占换入资产公允价值总额的比例 = 1 000 ÷ 1 450 = 69%

设备公允价值占换入资产公允价值总额的比例 = 100 ÷ 1 450 = 6.9%

原材料公允价值占换入资产公允价值总额的比例 = 350 ÷ 1 450 = 24.1%

（5）计算确定换入各项资产的成本。

厂房的成本 = 1 450 × 69% = 1 000（万元）

设备的成本 = 1 450 × 6.9% = 100（万元）

原材料的成本 = 1 450 × 24.1% = 350（万元）

（6）编制会计分录。

借：固定资产清理		12 300 000
累计折旧		13 700 000
贷：固定资产——办公楼		20 000 000
——小汽车		3 000 000
——客运汽车		3 000 000
借：固定资产——厂房		10 000 000
——设备		1 000 000
原材料		3 500 000
应交税费——应交增值税（进项税额）		1 720 000
贷：固定资产清理		12 300 000
应交税费——应交增值税（销项税额）		1 595 200
银行存款		529 800
资产处置损益		1 795 000

资产处置损益（收益）＝换出资产公允价值（不含税）与账面价值的差额
＝14 095 000－12 300 000
＝1 795 000（元）

三、非货币性资产交换不具有商业实质，或公允价值不能可靠计量的会计处理

不具有商业实质或公允价值不能可靠计量的非货币性资产交换，其会计处理应当以换出资产的账面价值和应支付的相关税费作为换入资产的成本，不确认损益。

（一）单项资产交换的会计处理

1. 不涉及补价的会计处理

不具有商业实质或公允价值不能可靠计量的非货币性资产交换，不涉及补价的，应当以换出资产的账面价值加上应支付的相关税费作为换入资产的成本。

【例21－4】L公司以作为固定资产管理和使用的一辆小轿车换入V公司作为固定资产管理和使用的一辆客运大轿车。小轿车账面原价合计560 000元，已提折旧220 000元，公允价值180 000元；客运大轿车账面原价550 000元，已提折旧200 000元，公允价值180 000元。交换前，双方均未对换出资产计提减值准备。交换后，双方仍将小轿车和客运大轿车作为固定资产管理和使用。假设不考虑相关税费。

L公司编制会计分录如下：

借：固定资产清理	340 000	
累计折旧	220 000	
贷：固定资产——小轿车		560 000
借：固定资产——客运大轿车	340 000	
贷：固定资产清理		340 000

V公司编制会计分录如下：

借：固定资产清理	350 000	
累计折旧	200 000	
贷：固定资产——客运大轿车		550 000
借：固定资产——小轿车	350 000	
贷：固定资产清理		350 000

2. 涉及补价的会计处理

不具有商业实质或公允价值不能可靠计量的非货币性资产交换，发生补价的，应当分别下列情况处理：

（1）支付补价的，应当以换出资产账面价值加上支付的补价和应支付的相关税费作为换入资产的成本，不确认损益。

（2）收到补价的，应当以换出资产的账面价值减去收到的补价加上应支付的相关税费作为换入资产的成本，不确认损益。

【例21－5】丙公司拥有一台专有设备，该设备账面原价450万元，已计提折旧330万元。丁公司拥有一项长期股权投资，账面价值90万元，两项资产均未计提减值准备。丙公司决定以其专有设备交换丁公司的长期股权投资，该专有设备是生产某种产品必需的

设备。由于专有设备系当时专门制造、性质特殊,其公允价值不能可靠计量;丁公司拥有的长期股权投资在活跃市场中没有报价,其公允价值也不能可靠计量。经双方商定,丁公司支付了 20 万元补价。假定交易中没有涉及相关税费。

丙公司编制会计分录如下:

借:固定资产清理   1 200 000
    累计折旧   3 300 000
    贷:固定资产——专有设备   4 500 000
借:长期股权投资   1 000 000
    银行存款   200 000
    贷:固定资产清理   1 200 000

丁公司编制会计分录如下:

借:固定资产——专有设备   1 100 000
    贷:长期股权投资   900 000
    银行存款   200 000

(二) 多项资产交换的会计处理

不具有商业实质或公允价值不能可靠计量的非货币性资产交换,涉及多项资产交换的,应当按照换入各项资产的原账面价值占换入资产原账面价值总额的比例,对换入资产的成本总额进行分配,确定各项换入资产的成本。

【例 21 -6】 2018 年 5 月,甲公司因经营战略发生较大转变,产品结构发生重大调整,原生产产品的专有设备、生产该产品的专利技术等已不符合生产新产品的需要,经与乙公司协商,将其专用设备连同专利技术与乙公司正在建造过程中的一幢建筑物、对丙公司的长期股权投资进行交换。甲公司换出专有设备的账面原价为 1 200 万元,已计提折旧 750 万元;专利技术的账面原价为 450 万元,已摊销金额为 270 万元。乙公司在建工程截止到交换日的成本为 525 万元,对丙公司的长期股权投资账面余额为 150 万元。由于甲公司持有的专有设备和专利技术市场上已不多见,因此,公允价值不能可靠计量。乙公司的在建工程因完工程度难以合理确定,其公允价值不能可靠计量,由于丙公司不是上市公司,乙公司对丙公司长期股权投资的公允价值也不能可靠计量。假定甲、乙公司均未对上述资产计提减值准备,不考虑相关税费。

解析:

本例不涉及收付货币性资产,属于非货币性资产交换。由于换入资产、换出资产的公允价值均不能可靠计量,甲、乙公司均应当以换出资产账面价值总额作为换入资产的成本,各项换入资产的成本应当按各项换入资产的账面价值占换入资产账面价值总额的比例分配后确定。

甲公司的账务处理如下:

(1) 计算换入资产、换出资产账面价值总额。

换入资产账面价值总额 = 525 + 150 = 675(万元)

换出资产账面价值总额 = (1 200 - 750) + (450 - 270) = 630(万元)

(2) 确定换入资产总成本。

换入资产总成本＝换出资产账面价值总额＝630（万元）

（3）计算各项换入资产账面价值占换入资产账面价值总额的比例。

在建工程占换入资产账面价值总额的比例＝525/675＝77.8%

长期股权投资占换入资产账面价值总额的比例＝150/675＝22.2%

（4）确定各项换入资产成本。

在建工程成本＝630×77.8%＝490.14（万元）

长期股权投资成本＝630×22.2%＝139.86（万元）

（5）编制会计分录。

借：固定资产清理　　　　　　　　　　　　　　　　4 500 000
　　累计折旧　　　　　　　　　　　　　　　　　　7 500 000
　　贷：固定资产——专有设备　　　　　　　　　　　　　　12 000 000
借：在建工程　　　　　　　　　　　　　　　　　　4 901 400
　　长期股权投资　　　　　　　　　　　　　　　　1 398 600
　　累计摊销　　　　　　　　　　　　　　　　　　2 700 000
　　贷：固定资产清理　　　　　　　　　　　　　　　　　4 500 000
　　　　无形资产——专利技术　　　　　　　　　　　　　4 500 000

乙公司的账务处理如下：

（1）计算换入资产、换出资产账面价值总额。

换入资产账面价值总额＝（1 200－750）＋（450－270）＝630（万元）

换出资产账面价值总额＝525＋150＝675（万元）

（2）确定换入资产总成本。

换入资产总成本＝换出资产账面价值总额＝675（万元）

（3）计算各项换入资产账面价值占换入资产账面价值总额的比例。

专有设备占换入资产账面价值总额的比例＝450/630＝71.4%

专利技术占换入资产账面价值总额的比例＝180/630＝28.6%

（4）确定各项换入资产成本。

专有设备成本＝675×71.4%＝481.95（万元）

专利技术成本＝675×28.6%＝193.05（万元）

（5）编制会计分录。

借：固定资产——专有设备　　　　　　　　　　　　4 819 500
　　无形资产——专利技术　　　　　　　　　　　　1 930 500
　　贷：在建工程　　　　　　　　　　　　　　　　　　　5 250 000
　　　　长期股权投资　　　　　　　　　　　　　　　　　1 500 000

关键词

货币性资产　非货币性资产　非货币性资产交换　商业实质

复习思考题

1. 如何区分货币性资产与非货币性资产?
2. 如何判断非货币性资产交换?
3. 什么是商业实质?判断是否具有商业实质的主要依据有哪些?
4. 具有商业实质且公允价值能够可靠计量的非货币性资产交换交易,应当如何计量换入资产的价值?

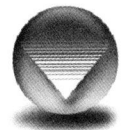
主要参考文献

1. 财政部：《企业会计准则（2006）》，北京：经济科学出版社2006年版。
2. 财政部：《企业会计准则——应用指南（2006）》，北京：中国财政经济出版社2006年版。
3. 财政部：《企业会计准则讲解（2010）》，北京：人民出版社2010年版。
4. 财政部：《企业会计准则（合订本）》，北京：经济科学出版社2017年版。
5. 财政部：《企业会计准则解释（1-9号）》，http://www.casc.gov.cn/。